Peter Bendixen · Bernd Weikl

Einführung in die Kultur- und Kunstökonomie

Peter Bendixen · Bernd Weikl

Einführung in die Kultur- und Kunstökonomie

3. Auflage

Mit einem Vorwort von
Prinz & Prinzessin Georg Yourievsky

VS VERLAG

Bibliografische Information der Deutschen Nationalbibliothek
Die Deutsche Nationalbibliothek verzeichnet diese Publikation in der
Deutschen Nationalbibliografie; detaillierte bibliografische Daten sind im Internet über
<http://dnb.d-nb.de> abrufbar.

3. Auflage 2011

Alle Rechte vorbehalten
© VS Verlag für Sozialwissenschaften | Springer Fachmedien Wiesbaden GmbH 2011

Lektorat: Frank Schindler | Verena Metzger

VS Verlag für Sozialwissenschaften ist eine Marke von Springer Fachmedien.
Springer Fachmedien ist Teil der Fachverlagsgruppe Springer Science+Business Media.
www.vs-verlag.de

Umschlaggestaltung: KünkelLopka Medienentwicklung, Heidelberg
Druck und buchbinderische Verarbeitung: Ten Brink, Meppel
Gedruckt auf säurefreiem und chlorfrei gebleichtem Papier
Printed in the Netherlands

ISBN 978-3-531-18279-7

Inhalt

Vorwort

Seit Jahrtausenden fördern und unterstützen die Kaiser- und Königshäuser die Schönen Künste. Im Mittelalter zogen dann adelige Troubadoure und Minnesänger an die Höfe der Fürsten, boten dort ihre Künste an und erhielten dafür entsprechende, materielle Zuwendungen. Später übernahmen Kirchen, Klöster und Landesherren als Mäzene die Aufgabe Künstler zu finanzieren, die sakrale Bauten oder barocke Schlösser errichteten, wie sie König Ludwig II in Bayern in Auftrag gab und wie sie heute als Schönheiten bewundert werden. Bei aller aufwendigen Unterhaltung solcher architektonischer künstlerischer Arbeit sind diese Bauwerke heute eine touristische Attraktion mit entsprechender Umwegrentabilität.

In unseren Tagen hat sich die staatliche Gemeinschaft zu einem selber finanzierten Bildungsauftrag verpflichtet, denn immaterielle künstlerische Leistungen sollen mithelfen beim Aufbau von individueller Persönlichkeit und multipliziert als Ergebnis zur Bildung einer friedfertigen demokratischen Ordnung beitragen.

Wie aber wären immaterielle Arbeiten als Dienstleistung zu beurteilen? Welche allgemeingültigen Wertmaßstäbe könnten hinzugezogen werden? Nach welchen Parametern wäre z. B. die heute so viel diskutierte Praxis im Neuen Musiktheater zu messen?

Peter Bendixen und Bernd Weikl versuchen solche Fragen aufzugreifen und Antworten und Vorschläge zu finden, indem sie beispielsweise interdisziplinär Anleihe nehmen bei wissenschaftlichen Ergebnissen aus der Hirnforschung. Sie erklären die psychologischen Gesetze der Wahrnehmung und übertragen diese auf das Theaterpublikum, so dass sich Erfolge oder Misserfolge bei so genannten „modernen" Regiekonzepten besser darstellen und damit quantifizieren lassen.

Unsere Theater, und hier das Musiktheater Oper, unterliegen gerade in den letzten Jahrzehnten mehr und mehr einem deutlichen Subventionsabbau. Wäre das auch eine Reaktion auf die mangelhafte Erfüllung des Bildungsauftrages?

Musikalische Bildung sollte in der Familie gefördert werden und schon ab Kindergarten gewährleistet sein und zwar durch tägliches angeleitetes Singen. Es müssen nicht alle Kinder ein Instrument erlernen. Kinder werden als klingende Instrumente geboren, und dieses sollte unbedingt erhalten und gefördert werden. Hier verbindet sich künstlerische Arbeit auf ideale Weise mit physischer und mentaler Gesundheit.

Singende Jugend führt der Weg eher zu einem machbaren und verständlichen Neuen Musiktheater, zu einer Kunst, die wertvoll ist, weil sie wirkungsvoll tätig wird. Die Oper wird weiterleben und auch gerade in rezessiven Zeiten subventioniert werden können, wenn dort Musik und Gesang eine dominierende Rolle spielen und über die emotionale Kommunikation tiefer ausdifferenzierte Sinne beim Publikum erzeugen.

Prinz & Prinzessin Georg Yourievsky

Anmerkungen zur 3. Auflage

Die 2. Auflage der *Einführung in die Kultur- und Kunstökonomie* liegt zehn Jahre zurück und war seit längerer Zeit vergriffen. In diesen wenigen Jahren haben sich einige zum Teil gravierende Verschiebungen im Bereich von Kultur und Kunst ergeben, die uns veranlasst haben, das Werk zum größten Teil neu zu fassen. Die Grundlinien einer eigenständigen Kulturökonomie haben wir fortgesetzt, aber mit vertieften Denkansätzen und einem für das aktuelle Geschehen offenen Blick neu gestaltet.

Gravierend hat sich der allgemeine Trend der Haushaltskürzungen der Länder und Kommunen an den Finanzzuwendungen für öffentliche Einrichtungen im Bereich *Kultur und Kunst* verstärkt. Der Druck auf die Kultur- und Kunstinstitutionen, ihre wirtschaftliche Lage durch private Quellen und insbesondere durch Eigeneinnahmen zu verbessern, hat wenig gefruchtet, jedenfalls nicht genug, um den Reichtum an kulturellem Erbe und die Experimentierlust der Kunstschaffenden auf einem hohen Niveau aufrecht zu erhalten. Das gilt in besonderem Maße für die darstellenden Künste, zu denen wir auch die Museen rechnen. Diese Einrichtungen waren nie und sind bis heute nicht ohne private und öffentliche Zuwendungen zu betreiben gewesen. Sie mit den Maßstäben der kommerziellen Wirtschaft zu überziehen, hat keine vernünftige Begründung.

Das große Missverständnis vor allem auf Seiten von Ökonomen und solchen Politikern, die über den Rand des traditionellen ökonomischen Denkens nicht hinausblicken mögen, hängt im Kern am Begriff der Wirtschaftlichkeit. Das allgemein vernünftige Prinzip, dass man mit begrenzten Mitteln nicht verschwenderisch umgehen soll, hat nichts mit der Wirtschaft als tragendem Sektor für die materielle Versorgung der Gesellschaft mit Gütern und Dienstleistungen zu tun, zumindest nicht ursprünglich.

Solch lapidare Einsichten wie das vernünftige Haushalten mit begrenzten Mitteln gilt für sämtliche Bereiche der Gesellschaft, für das Bildungswesen nicht weniger als für das Gesundheitswesen, für den Städtebau nicht weniger als für die Landwirtschaft, und es betrifft nicht nur die öffentlichen Haushalte, sondern jeden privaten Haushalt in gleicher Weise. Niemals aber kann dieses Prinzip dazu herhalten, über Zwecke oder den Sinn eines Vorhabens zu entscheiden. Wirtschaftlichkeit zum Kriterium von Zwecken zu machen, ist irrational.

Der Mensch setzt Zwecke und stellt die Mittel zu ihrer Erreichung zur Verfügung. Erst wenn der Zweck definiert und über seine Verwirklichung entschieden ist, kann in der Art und Weise des Mitteleinsatzes das Wirtschaftlichkeitsprinzip zum Zuge kommen. Darüber gibt es sicher keinen Streit. Ob aber eine Stadt ein Theater mitfinanzieren soll, ob das Land sich ein großes Sinfonieorchester leisten will oder ob die Traditionen eines Festspieles fortgesetzt werden sollen, muss mit anderen Gründen als dem Wirtschaftlichkeitsprinzip entschieden werden.

Knappe Kassen können ein solcher Grund sein, und wenn man sich für Kultur und Kunst entscheidet, dann könnte es in der Staatskasse in anderen Sektoren eng werden, beispielsweise zu Lasten des Straßenbaus oder der gewerblichen Infrastruktur. Das maßgebliche Kriterium in solchen Entscheidungslagen ist die Frage, welcher gesellschaftliche Wert und Rang und welche Entwicklungsperspektiven der finanziell konkurrierenden Projekte tangiert werden.

Knappe Kassen sind selten allein der Grund. Oft trifft dieser Zustand mit inneren Fehlentwicklungen vor allem in den Künsten selber zusammen. Dramatisch ist die Situation der Sprechtheater und noch mehr der Oper, aber auch ganz allgemein der darstellenden Künste. Nicht nur wegen der Brisanz, die darin steckt, sondern auch wegen der Beispielhaftigkeit der Verwebungen zwischen Kunst und Ökonomie, werden wir uns dem Drama der Theater und Opernhäuser detailliert zuwenden.

Verallgemeinerbare Lösung für solche Lagen gibt es weder für die darstellenden Künste noch für kulturelle Aktivitäten allgemein; sie müssen in jedem Einzelfall gefunden werden. Aber eine seit langem anhaltende Tendenz zu Gunsten wirtschaftlich profitabler Zwecke – profitabel auch hinsichtlich der Schaffung von Arbeitsplätzen und der Generierung von Steuereinnahmen – ist zu einem abenteuerlich riskanten Ausmaß wirksam geworden: die Überschätzung der materiellen Versorgung der Gesellschaft mit Gütern gegenüber den zivilisatorischen Erfordernissen der Aufrechterhaltung eines hohen Bildungsniveaus in der Bevölkerung und der Förderung schöpferischer Kräfte zur Stärkung stabiler sozialer Entwicklungen. Mit anderen Worten: Eine vitale Kultur ist die Voraussetzung für eine friedliche, kreative, freudvolle und Geborgenheit vermittelnde Lebensweise für jeden Einzelnen und für die Gesellschaft als Ganzes. Und auch dies gilt es zu erkennen: Kultur im weitesten Sinne ist der geistige Mutterboden für eine prosperierende Wirtschaft.

Die Zusammenhänge zwischen Kultur und Wirtschaft sind ein kompliziertes Thema, für das weder die Kulturwissenschaften alleine noch die Wirtschaftswissenschaft als maßgebliches Fachgebiet zuständig sind. Die Traditionen des ökonomischen Denkens haben sich seit ihren modernen Anfängen in der Nachfolge Adam Smiths (1723–1790) von der Dimension der Kultur (in ihr eingeschlossen die Moral) verabschiedet und sind den Weg entlang den analytischen Methoden des wissenschaftlichen Rationalismus gegangen, wie er für die Naturwissenschaften als großes Forschungsleitbild entwickelt wurde. Das Missverständnis der traditionellen Ökonomie begann damit, dass man die Wirtschaft als ein dem Naturgeschehen analoges Gebilde deutete und folglich wie ein ingenieurtechnisches System zu analysieren, zu gestalten und zu praktizieren bestrebt war. Effizienz rangiert in den Ingenieurwissenschaften vor kulturellen Sinnzusammenhängen.

Wir setzen in diesem Band ein Gegengewicht: Maßgeblich für eine prosperierende Wirtschaft sind die geistig-schöpferischen Kräfte all jener, die auf diesem wichtigen Gebiet tätig sind. Kultur und Bildung zusammen genommen ist der einzig wahre Produktionsfaktor der Wirtschaft. Die orthodoxe Sicht der ökonomischen Theorie, wonach es um die optimale Allokation der Produktionsfaktoren *Boden*, *Arbeit* und *Kapital* geht, ist deswegen nicht grundsätzlich falsch, sondern gehört in den zweiten Rang. Erst wenn entschieden ist, wohin sich die Gesellschaft materiell und geistig entwickeln will und wozu die schöpferischen Kräfte der Menschen erforderlich sind, kann man die physischen Mittel, insbesondere das benötigte Geld, besorgen und mit guten Gründen wirtschaftlich einsetzen. Kulturelle Werte sind jedoch nicht allein für die Wirtschaft geschaffen, sondern bilden das Rückgrat der Zivilisation, und die muss der Wirtschaft übergeordnet sein.

Unsere Auffassung von Kulturökonomie setzt sich klar ab von den ökonomietheoretisch dominierten Denkansätzen der Kulturökonomik (Cultural Economics). Das ist kein bloßes Sprachproblem, hervorgerufen durch die Anglifizierung des Begriffs Ökonom*ie* durch Ökonom*ik* (in Übertragung des englischen *economics*), sondern ein konzeptionelles und methodologisches. Ökonomik und mit ihr die Kulturökonomik (beide berufen sich streng auf die neoklassische Mikroökonomik) sind nach unserem Verständnis unfruchtbare Bemühungen, die die Kernprobleme des Kulturlebens und insbesondere des Geschehens in den Künsten nicht treffen.

Die traditionelle Ökonomie kann, wenn sie sich selbst für unverrückbar erklärt, kein geeigneter Boden für die Erkenntnis der überaus schwierigen Lage in Kultur und Kunst sein. Gehen Kultur und Ökonomie eine Verbindung ein, die es wert ist wissenschaftlich untersucht zu werden, dann färben sich beide anders ein, das Kulturverständnis ebenso wie das Ökonomieverständnis. Das Gleiche gilt in noch weitaus stärkerem Maße für die Verbindung von Kunst und Ökonomie. Dies ist der gedanklich Ansatz dieses Bandes. Er läuft darauf hinaus, dass in der Kulturökonomie und mit ihr in der Kunstökonomie ein eigenes ökonomisches Denkfundament geschaffen werden muss.

Unser Anliegen ist es nicht, zu allen diesen Fragen fertige Lösungen zu präsentieren, sondern dazu beizutragen, dass über Kultur und Kunst tiefgründiger und fachkundiger debattiert werden kann. Wir haben – wie kann das anders sein – unsere persönlichen Erfahrungen mit ins Spiel gebracht und versuchen, an erlebten und erlebbaren Beispielen aus der Kultur- und Kunstpraxis zu zeigen, zu welchen Einsichten man gelangen kann, wenn über Kultur und Wirtschaft differenziert nachgedacht wird. Wir haben zugleich Rückhalt gesucht in vielen anderen Wissenschaften, die mit Kultur und Wirtschaft in Berührung kommen, und auch einige Türen zur Philosophie offen gehalten.

Wir verstehen unser Buch als eine Einladung zu fortgesetzten Diskussionen über einige schicksalhafte Grundlagen für eine tragfähige Zivilisation, die dem *Kultur*wesen Mensch gemäß ist. Eine begründete Theorie der Kultur- und Kunstökonomie ist eine wichtige Voraussetzung. Aber wissenschaftliche Fachgebiete, deren Erkenntnisgegenstand bestimmte Ausschnitte der gesellschaftlichen Vitalität bilden, können nicht auf der Stufe des bloßen Debattierens auf hohem Niveau stehen bleiben. Insbesondere Kunstökonomie muss, mit wissenschaftlich erhärteten Gründen, kritisch in das Geschehen eingreifen können. Nicht, um es zu dirigieren, wohl aber um gefährliche Fehlentwicklung zu benennen und dadurch öffentlich diskutierbar zu machen. Unser Abschnitt mit dem provokanten Titel *Die Oper ist tot! Es lebe die Oper!* dient genau diesem Anspruch.

Eine kultur- und kunstökonomische Einführung kann heute neurowissenschaftliche Studien beifügen, deren Ergebnisse nachweisen, wann und wie Kunstausübung und Konsumierung künstlerischer Produktionen immaterielle und sehr essentielle Bedürfnisse des Menschen entdecken und erweitern können. Wir sind heute in der Lage zu quantifizieren, wie sich Psyche und Soma und sogar Gesundheit und Intelligenz durch künstlerische Tätigkeit beim Künstler selbst und auch beim „Kunden" verbessern können.

Daraus folgend haben wir jetzt die Möglichkeit, Erfolg oder Versagen im modernen Musiktheater sichtbar zu machen. Nach Maßgabe des staatlichen Bildungsauftrages sollten dort Erfolge eingeplant werden, was handwerklich möglich ist. Wir weisen in diesem Buch zum ersten Mal auf interessante Zusammenhänge hin und geben Anleitung für die Praxis. Das entspricht unserem Anspruch an eine Kultur- und Kunstökonomie, die wissenschaftliche Fundamente mit Pragmatik verbindet.

Die fast bis zur Unübersichtlichkeit ausufernden Fachfragen sind ein methodisches Problem im Allgemeinen und für diese Einführung in die Kultur- und Kunstökonomie im Besonderen. Viele Fragen konnten gestellt, aber nicht vollständig beantwortet werden. Das hätte im Übrigen dieses Buch auch extrem voluminös gemacht. Stattdessen haben wir eine umfangreiche, nach Schwerpunktgebieten in Themenpakete aufgeteilte Liste an lesenswerter Literatur zusammengestellt. Sie möge jeden Interessierten ermuntern, das eigene Weiterstudium in der einen oder anderen Richtung aufzunehmen und eigene Einsichten wissenschaftlich, künstlerisch oder wirtschaftlich zum Ausdruck zu bringen. Wenn das Buch das erreichen kann, hat es sein wichtigstes Ziel erreicht.

Der Spannungsbogen zwischen theoretischen Grundlagen und philosophischen Betrachtungen auf der einen Seite und pragmatischen Bezügen und Erfahrungen auf der anderen Seite ist Teil unseres interdisziplinären Denkansatzes. Einige Abschnitte stammen aus der Feder Bernd Weikls, dessen mehr als vierzigjährige Erfahrungen auf den großen Opernbühnen dieser Welt und wissenschaftliche Studien uns als Anreicherung unserer wissenschaftlichen Positionen unverzichtbar waren. Wir haben diese Textpassagen namentlich gekennzeichnet. Das ändert nichts daran, dass wir beide für den gesamten Text Buchstabe für Buchstabe gemeinsam verantwortlich sind.

Ausdrücklich bedanken möchten wir uns bei Frank Schindler und Verena Metzger vom VS-Verlag für ihre tatkräftige und einfühlsame Unterstützung unseres Publikationsvorhabens.

Bodrum und Hamburg
März 2011
P. B. und B. W.

I. Kapitel:
Einführung in die Thematik

1 Einleitung

Kulturökonomie handelt von der Aufgabe, das geistig-schöpferische Potential einer Gesellschaft als einen individuellen und sozialen Eigenwert zu erkennen, welcher letztlich auch die kreativen Grundlagen der Wirtschaft sichert, und ihn materiell und geistig zu fördern. Wirtschaften ist notwendige materielle Existenzsicherung, aber sie gedeiht nicht ohne Einbettung in ein vitales gesellschaftliches Kulturleben, aus dem auch die Gestaltideen für wirtschaftliche Tätigkeiten kommen. Wirtschaft ist kein bloßes dingliches Disponieren unter dem Leitstern der Wirtschaftlichkeit, der Gewinnmaximierung und des Wirtschaftswachstums. Sie ist vielmehr individuelle und korporative Kopfarbeit.

Kunstökonomie – im Unterschied zur Kulturökonomie – handelt von der Aufgabe, den gesellschaftlichen Eigenwert der Künste als Teil der Kultur zu erkennen, sie materiell und geistig zu fördern und die Mittel für die individuelle Bildungs- und soziale Stabilisierungsfunktion der verschiedenen Künste aufzubringen und einzusetzen. Kunst ist ein Teil des Kulturlebens und über dieses auf eine zum Teil hintergründig verwickelte Weise auch mit der Wirtschaft verbunden.

Kunst benötigt nicht nur materielle Ressourcen, sondern sie ist zugleich ein Erzeuger von gesellschaftlich erwünschten und selbst die Wirtschaft beflügelnden Leistungen. Um es mit den üblichen Begriffen der Ökonomen auszudrücken: Kunst ist einer der zentralen Produktionsfaktoren der Lebenswelt, aus der alle Marktnachfrage kommt. Sie erschöpft sich zwar nicht in dieser Rolle. Diese aber bildet den Anknüpfungspunkt für unsere Kunstökonomie.

Diese vorerst noch unpräzisen Beschreibungen für Kulturökonomie und Kunstökonomie müssen zunächst so stehen bleiben. Angekündigt wird damit zugleich, dass Kulturökonomie und Kunstökonomie große Überlappungsbereiche aufweisen, aber in ihrer Fokussierung teilweise eigene Wege gehen. Das Verhältnis zwischen beiden ist nur formal das von Oberbegriff und Unterbegriff. Substanziell kann Kunst eine die Kultur treibende Kraft sein, sie also zu ihrem Gegenstand machen. Dies muss in den folgenden Kapiteln noch eingehender erläutert werden.

Ziel unserer Bemühungen in diesem Buch ist der Versuch, einige Irrwege des traditionellen ökonomischen Denkens aufzudecken, die ein ungeklärtes, wenn nicht falsches Bild von der Bedeutung von Kultur und Kunst aufweisen. Im Weiteren wird an ausgewählten, konkreten Problembereichen in der Kulturökonomie und insbesondere der Kunstökonomie nach neuen Ansätzen gesucht, die eine Aussicht auf perspektivische Tragfähigkeit enthalten.

Wir werden herausarbeiten, dass die gegenwärtigen Abwege und Verwirrungen der Kultur- und Kunstpraxis sich aus zwei Quellen zusammenbrauen: Das zu einem bloßen Sermon verkommene Gerede von der Heilkraft des Marktes, welches von der die Weltzivili-

sation bedrohenden Wirklichkeit ablenkt, und die absolutistische Auslegung des Verfas-
sungsgrundsatzes der Freiheit der Kunst, welche den essentiellen Zusammenhang von Kunst
und Öffentlichkeit zu zerreißen droht und jenen schon lange im gesellschaftlichen Fundament in Gang gekommenen Verschleiß kultureller Werte in Kauf nimmt, indem er auf dieser
Bewegung gleitet und sich so ihr anschließt. Das mag sibyllinisch klingen, doch alle erkennbaren Zeichen der kulturellen Wirklichkeit weisen eine Neigung in diese Richtung auf.

Die betonte Hervorhebung der Bedeutung von Kultur und Kunst für die Wirtschaft
hat einen besonderen Grund, den wir noch ausführlich behandeln müssen. Es geht um nicht
weniger als um die begründete Gegenposition zu der gängigen und in den Medien gerne kol-
portierten Behauptung, man müsse das Geld, das man für die Kultur ausgeben will, zuerst in
der Wirtschaft verdienen. Das ist eine fiskalische Deutung, die der Sache nicht gerecht wird.
Natürlich gilt auch nicht das genaue Gegenteil, wonach die Wirtschaft erst Geld verdienen
kann, wenn die Vitalität der Kultur dies ermöglicht. Kultur und Wirtschaft sind beide je für
sich keine Extremisten und bilden zusammen kein polares Paar.

Die Wahrheit liegt dort, wo sich beide berühren und auf dialektischem Wege Früchte
ansetzen können. Die Berührung aber wird nicht stattfinden, wenn man der Wirtschaft den
Status einer reinen Sozialtechnik zur profitablen Erzeugung von Waren gibt (was ja nur
äußerlich so scheint), statt das Wirtschaften als eine individuelle und soziale Kopfarbeit
zu bestimmen, welche im Kontext einer gelebten Kultur und nur in ihr sich formieren und
tatkräftig werden kann. Kultur und Wirtschaft befinden sich permanent in wechselseitiger
Inspiration und dialektischer Spannung.

Das verbreitete Bild der Wirtschaft ist ein Produkt der Alltagssprache, welche mit dem
Begriff ohne alle Umschweife das kaum präzisierbare Konglomerat von gewerblich tätigen
Betrieben assoziiert, welche allerlei Waren und Dienste hervorbringt und sich den kleinen
oder großen Gewinn davon verspricht. Kein Ökonom würde sich auf dieses alltagssprach-
liche Verständnis von Wirtschaft verlassen können, denn das hieße zu behaupten, dass der
Markt nur aus lauter Anbietern (also der erzeugenden Wirtschaft) besteht.

Auch das Gegenteil wäre natürlich absurd, nämlich zu sagen, der Markt besteht aus
lauter Nachfragern. Und doch spielen solche Vereinfachungen durch die Hintertür eine ge-
wichtige Rolle beispielsweise in der Wirtschaftspolitik. Dort werden seit eh und je zwei
polare Positionen eingenommen, von denen aus wirtschaftspolitische Programme ausgebreitet werden: Zum einen die so genannte Angebotspolitik, welche sich wirtschaftliche
Prosperität davon verspricht, dass, etwa über die Steuerpolitik, stärkende Anreize für die
gewerbliche Wirtschaft, also die Angebotsseite, gesetzt werden. Zum anderen die so genannte Nachfragepolitik, welche sich wirtschaftliche Prosperität von der Stärkung der Kaufkraft
auf der Nachfrageseite, vor allem dem Konsum, verspricht.

Der Markt ist ein dialektisches Medium, kein Mechanismus, und die spannende Frage
stellt sich (später ausführlicher), was geschähe, würde Kulturpolitik in der Form einer Angebotspolitik praktiziert, etwa durch Investitionsanreize für Theater oder Orchester, und
was im Unterschied dazu geschähe, wenn sich die Kulturpolitiker der Nachfragepolitik
verschrieben, indem sie beispielsweise einen Steuererlass auf Ticketpreise oder die Steuer-
abzugsfähigkeit von privaten Ausgaben für kulturelle Veranstaltungen auf ihre Fahnen
schrieben. Was in der Kulturpolitik absurd erscheint, wird in der Wirtschaftspolitik zu
einem festen Standpunkt.

Was solchen Ambitionen abgeht, ist die klare Erkenntnis, dass weder die Kultur (genauer: die kulturelle Praxis) noch die Wirtschaft in starre Fronten von Angebot und Nachfrage gepresst werden können. Das macht auch theoretisch keinen Sinn. Kultur spielt in jeden realen Wirtschaftsvorgang hinein, weil die dafür nötige Kopfarbeit es mit lebenden Gehirnen zu tun hat, deren neuronale Architektur lebenslange kulturelle Erfahrungen reflektiert. Und Wirtschaft spielt in jeden geistigen Prozess der Kulturbildung hinein, weil diese sich auf die Gestaltbarkeit von Realitäten bezieht und damit die Gegebenheiten der äußeren Welt und die Möglichkeiten dinglicher Eingriffe (also Wirtschaftstätigkeit im landläufigen Verständnis) ins Visier nimmt.

Kulturökonomie ist ein Versuch, dieser Dialektik von geistigem Wollen und physischer Tat, von kultureller Prägung und handelnder Praxis als einem historisch sich hinziehenden, vielerlei bewussten Interventionen und zufälligen Konstellationen ausgesetzten Vorgang mit begrenzter Rationalität und Lenkungsfähigkeit nachzugehen, und zwar sowohl theoretisch als auch pragmatisch. Dass darin die Kunstpraxis – ihrerseits bekanntlich eine historisch höchst wandelbare Erscheinung – eine sehr spezifische Rolle im Zusammenhang mit der Vitalität des Kulturlebens spielt, ist der konkrete Anlass, eine auf bestimmte Fragestellungen fokussierte Kunstökonomie auszuarbeiten, die den größten Teil dieses Buches ausmacht.

Ein wachsamer Blick in die Wirklichkeit des Weltgeschehens macht deutlich, dass in der Dialektik zwischen Kultur und Wirtschaft etwas aus den Fugen geraten ist. Aus der überzogenen materiellen Wohlstandseuphorie der letzten Generationen (der Verwechselung von Spaß und Freude), vornehmlich in den so genannten entwickelten Ländern des Westens, ist nicht nur ein existenziell bedrohlicher Klimawandel, sondern auch ein existenziell bedrohlicher Kulturwandel entstanden. Der Diagnose von Amin Maalouf (Maalouf 2010), dass die Weltordnungen sich im Niedergang befinden, weil kulturelle Werte als Bindegewebe weltweit verschwinden, lässt sich eine Menge abgewinnen. Ob es sich dabei um eine Auflösung von Kultur oder „nur" um einen Wandel handelt, kann man nicht mit Gewissheit beantworten.

Auflösung würde bedeuten, dass wir einem ungeahnten Chaos, also der Strukturlosigkeit und Unverbindlichkeit entgegengehen, wofür es manche Anzeichen gibt. Ein Wandel würde bedeuten, dass aus der Asche der alten Werte neue hervorgehen, die auf einer ganz unerwarteten Grundlage neue, stabile Entwicklungen einleiten können. Wir stehen heute an einem Scheideweg. Es zeichnet sich ab, dass die Menschheit dies allmählich begreift, dass aber die politische Klasse (Regierungen, Parlamente, internationale Organisationen, Medien und so manche Wissenschaftler) in einem selbstverschuldeten Faradayschen Käfig gefangen sind, aus dem keine Geistesblitze und schon gar nicht zupackende Taten zu erwarten sind.

Die daraus resultierenden gesellschaftlichen Spannungen, die sich in der milderen Form von Bürgerprotesten und in der verschärften Form von Fundamentalismus und Terrorismus äußern, dürften sich verstärken, wenn man dem Faradayschen Käfig nicht den Strom abschaltet. Im Frühjahr des Jahres 2011 scheint sich ein wichtiger Teil der Menschheit, nämlich in Nordafrika und im Nahen Osten, auf den Weg gemacht zu haben, von sich aus in ihren Ländern den Faradayschen Käfigen der Tyranneien den Strom abzuschalten. Der Ausgang des Umbruchs in Tunesien und Ägypten ist allerdings völlig offen.

Auflösung und damit Chaos ist ebenso gut möglich wie Wandel durch Erneuerung und die Bildung von Strukturen zur Befriedung sozialer Energien. Was kann der Mensch – als

Einzelner oder in organisierter Form – in Situationen der Auflösung tun, da er doch nicht gelernt hat, dem Meister allen Weltgeschehens, dem Zufall, auf kultivierte Weise zu begegnen?

2   Allgemeine Eingrenzungen und Differenzierungen

Der Begriff *Kultur* und mit ihm alle damit gebildeten Ableitungen, darunter natürlich auch *Kulturökonomie*, leidet unter seiner ungeheuren Bedeutungskomplexität, die zur Vorsicht vor voreiligen Definitionen rät. Einer der Hauptgründe liegt in den nur wenig reflektierten Erläuterungen des Kulturbegriffs, die zwischen zwei Polen pendeln: der Systemauffassung, welche die Kultur als Teilsystem der Gesellschaft sieht, und der Texturauffassung, welche den abstrakten, dem menschlichen Denken mit seiner inneren Wertearchitektur zugewandten Charakter von Kultur betont und sie zu einem Quermedium der Gesellschaft macht.

Wir werden darauf im Einzelnen eingehen und eine Begrifflichkeit vorschlagen, die besonders für die Kunstökonomie hilfreich sein wird. Zunächst aber geht es um einige Klarstellungen in diesem ausgedehnten Themenfeld, um Ausuferungen zu vermeiden. Wer alles erklären will, klärt meistens gar nichts, sondern stiftet Verwirrung und Verwicklung in Details, denen es an einer strukturierenden Zusammenschau mangelt. In diesem Abschnitt geht es uns um einige allgemeine Eingrenzungen, die die weiteren Gedankengänge vorbereiten.

2.1   Kulturökonomie oder Kulturökonomik?

Die in der Überschrift liegende, mit den Wortenden spielende Alternative ist künstlich und eine deutsche Sprachmarotte, die sich in anderen Sprachen, etwa im Englischen, gar nicht erklären ließe. Hinter dieser Sprachmarotte lebt der feine Unterschied zwischen Ökonomie und Ökonomik. Der hat methodologische Wurzeln und ist zugleich eine sprachliche Verneigung gegenüber den dominanten angloamerikanischen Denktraditionen in den Wirtschaftswissenschaften.

Die deutsche Sprache verfügt, wie in vielen anderen Bereichen, in Fragen der Wirtschaft über zwei Sprachprovenienzen, mit denen vielsagende Unterschiede angesprochen werden können: einer germanischstämmigen und einer lateinischstämmigen Wort- und Begriffsbildung. Das germanischstämmige Wort *Wirtschaft* wurzelt im Wort *Wirt* und assoziiert das pragmatische Handeln eines Hausherrn in der Versorgungsfunktion für eine (kleine oder große) Gemeinschaft zusammenlebender Menschen.

Das lateinischstämmige Wort *Ökonomie* hat soziologisch die gleiche Bedeutung, indem es auf das altgriechische *oikos* für eine Hausgemeinschaft Bezug nimmt. Ganz nebenbei bemerkt: Der administrative Charakter dieser Hausherrentätigkeit weist darauf hin, dass *Wirtschaft* eine nach innen in die Hausgemeinschaft gerichtete Arbeit ist, die nichts mit dem Markt zu tun hat, sondern eine regulative Ausrichtung auf die Gesamtheit der materiellen Versorgung innerhalb der Hausgemeinschaft einnimmt. Der Begriff *Marktwirtschaft* ist also ein Kunstwort.

Die lateinische Sprache ist bis heute über die mittelalterliche Theologie und Philosophie als die gehobene Sprache der Gebildeten und der Wissenschaften dazu benutzt worden, Unterschiede zwischen dem profanen Alltagsgeschehen und der geistigen Disziplin akademischer Diskurse zu betonen. Wir kennen dies aus der Fachsprache der Mediziner, der Physiker, der Chemiker, und es findet sich in der im 18. Jahrhundert sich formierenden Wissenschaft von der Wirtschaft in der Bezeichnung *Nationalökonomie,* mit der das Wirtschaften einer ganzen Nation in all ihren Details und Differenzierungen angesprochen wird.

An sich hätte diese Unterscheidung zweier Sprachebenen genügt und sie hat ja auch über lange Generationenfolgen hinweg unter dem Leitbegriff der Nationalökonomie gegolten. Im Englischen dagegen hat immer schon die präzise Begrifflichkeit von *economy* (als dem realen Wirtschaftsgeschehen) und *economics* (als die Lehre von eben diesem Wirtschaftsgeschehen) Klarheit geschaffen. Die sprachliche Feinheit in *economics* zur Abstandswahrung der akademischen Diskurse von der Realität ist eine Notwendigkeit, weil so anders klingende Wörter wie *Wirtschaft* und *Ökonomie* im Deutschen im Englischen nicht zur Verfügung stehen.

Dass die Realität *Wirtschaft* und ihre Abbildung auf der diskursiven Ebene ein methodologisches Problem ersten Ranges darstellen kann, welches die Wirtschaftswissenschaften besonders tangiert, ist an dieser Stelle noch nicht augenscheinlich, wird uns aber wegen einiger erheblicher Konsequenzen noch beschäftigen müssen. Vielleicht hilft vorerst eine Metapher: Ein bekanntes Gemälde des belgischen Malers René Magritte (1898–1967) zeigt fast fotografisch genau eine Tabakspfeife. Das Kunstwerk daran ist nicht die Pfeife, sondern die Abbildung derselben. Mit der Abbildung kann man in der Regel nicht das tun, was man in der Realität tun könnte, nämlich im Falle der abgebildeten Tabakspfeife mit derselben rauchen.

Das (neu-)deutsche Wort *Ökonomik* ist ein Kunstwort aus der direkten Übertragung aus dem englischen *economics.* Das ist einerseits eine Marotte, die aus einer nicht unberechtigten (wenn man sich das wissenschaftliche Gewicht von Autoren wie Adam Smith, David Hume, David Ricardo, John Stuart Mill, Alfred Marshall und vielen Nachfolgenden vor Augen führt) Verneigung gegenüber der angloamerikanischen Theoriearbeit seit vielen Generationen resultiert. Marotte deshalb, weil sie unnötig ist, denn das Wort *Ökonomie* leistet zur Abgrenzung gegen *Wirtschaft* das Gleiche.

Andererseits steckt dahinter – und das ist hier der wichtigere Grund – eine mit dem Gestus der Alleinherrschaft die Szene prägende Methodologie: die rationalistisch fundierte, mathematische Kalküle nutzende neoklassische Ökonomie, wie sie sich in der zweiten Hälfte des 19. Jahrhunderts auszubilden begann. Der Begriff *economics* signalisiert genau diesen methodologischen Bezug, und dieses Signal wird ins deutsche Wort *Ökonomik* mitgenommen. Das Pendant zu *Ökonomik* ist nun aber in dieser neoklassischen Ausrichtung nicht etwa *Ökonomie,* sondern *Wirtschaft. Ökonomie* gibt es offenbar nicht mehr oder der Begriff stirbt als akademischer Sprachgebrauch aus.

Die Problematik, mit der wir uns beschäftigen müssen, hängt mit dem fast unbeugsamen Geltungsanspruch der Ökonomik zusammen, die in der Tat so in sich gefestigt ist, dass man sie entweder im Ganzen annehmen muss oder nur im Ganzen zurückweisen kann. Eine mittlere Lösung scheint es eigentlich nicht geben zu können. Und doch gibt es einen entscheidenden Angriffspunkt, der für unsere Darstellungen und Argumentationen für eine allgemeine Kulturökonomie und eine spezielle Kunstökonomie von fundamentaler Bedeutung ist.

Im diskursiven Kontakt zwischen Kultur und Ökonomik wird die Schwäche der Theorieapparate der *Ökonomik* deutlich, die nicht angemessen das Phänomen *Kultur* in sich aufnehmen kann. Die Ökonomik hat sich quasi nach außen versiegelt und verleugnet damit die reale Dialektik zwischen Kultur und Wirtschaft. Ob uns damit die Freiheit der Nutzung des offeneren Begriffs Ökonomie für den Zusammenhang von Kultur- und Kunstökonomie wieder offensteht, werden wir ausführlich klären müssen.

In der neoklassischen Denktradition haben sich beide Begriffe, *Kulturökonomie* und *Kulturökonomik,* etablieren können, und beide müssen deshalb säuberlich auseinandergehalten werden. Zwei so nahe beieinander liegende Begriffe entpuppen sich als ein regelrechtes Verwirrspiel, wenn man im nächsten Schritt das Begriffspaar *Kunstökonomie* und *Kunstökonomik* zur Sprache bringt. Kunstökonomik gerät infolge der terminologischen und methodologischen Versiegelung des Oberbegriffs *Ökonomik* in die seltsame Lage, ein reales Sachgebiet thematisch aufzugreifen, das sie substanziell eigentlich gar nicht berühren kann.

Um diese begrifflichen Verknotungen deutlich zu machen, ohne den notwendigen Klärungen jetzt schon vorzugreifen, eröffnen wir das Verwirrspiel mit der Frage nach der eigentlich lapidaren, aber oft missglückten oder oberflächlichen Definition von Kultur. Die meisten Definitionen sind aufzählerischer, nicht erklärender Natur, so die oft zitierte Definition der UNESCO (Näheres s. im Anhang unter *[1]):

> *Die Kultur kann in ihrem weitesten Sinne als die Gesamtheit der einzigartigen geistigen, materiellen, intellektuellen und emotionalen Aspekte angesehen werden, die eine Gesellschaft oder eine soziale Gruppe kennzeichnen. Dies schließt nicht nur Kunst und Literatur ein, sondern auch Lebensformen, die Grundrechte des Menschen, Wertsysteme, Traditionen und Glaubensrichtungen (UNESCO 1983, 121).*

Diese Definition lässt im Grunde nichts aus, was Menschen im Rahmen ihres Könnens gestalten. Diese weit gefasste Sicht kommt der aristotelischen Philosophie nahe, welche zwischen der Wissenschaft (von den Dingen der Natur, die ohne Zutun des Menschen existieren), der Pragmatik (des Eingreifens des Menschen in die konkrete Welt) und der Ethik (der Führung des guten Lebens) unterscheidet. Die UNESCO-Definition ist so allgemein, dass sie kaum falsch sein kann. Aber sie ist dadurch derart unspezifisch, dass sie differenzierenden Betrachtungen und Bewertungen nicht genügt. Sie schadet nicht, aber sie nützt auch nicht oder nur als vorläufige, allgemeine Plattform für Spezifizierungen.

In öffentlichen Debatten und Sonntagsreden wird der Begriff *Kultur* meist ohne nähere Umschreibung oder gar Definition wie eine Selbstverständlichkeit in Gebrauch genommen, als ob jeder weiß, was damit gemeint ist (oder meint, es zu wissen). Nicht im Wort selbst, wohl aber in seinem eingebürgerten Gebrauch in öffentlichen Reden lässt *Kultur* etwas von der Erhabenheit und geistigen Hoheit des Menschen gegenüber dem rein Materiellen der Natur anklingen. Dabei hat das lateinische Wort cultura einen ganz profanen Bezug zum Wohnen und zum Ackerbau.

Die auf etwas Höheres verweisenden Assoziationen fließen in ritualisierte Begriffsspiele ein, in welchen manche Redner und Schreiber die imaginative Undeutlichkeit des Wortes *Kultur* als ein Medium der Selbsterhöhung als Kenner und Förderer von Kunst und Kultur nutzen. Niemand lässt sich gerne nachsagen, er halte nichts von Kultur und steht dann als

Banause da. Der wohlgesetzte Gebrauch des Wortes an hervorstechender Stelle hebt auch den Redner selbst empor auf die Ebene weit oberhalb von Ackerbau und Wohnen.

Das Wort *Kultur* führt im Moment seiner Einführung in einen Diskurs den Leser oder Zuhörer auf einen mentalen Sockel, von dem aus alles Profane und Alltägliche als von minderem Rang erscheinen soll. Insider des Kulturlebens erkennen ihre Chance, ihrem Arbeitsfeld den Mantel des Ehrfürchtigen umzuhängen, um das, was sie unter Kultur und Kunst verstehen, allen profanen Anfeindungen, besonders solchen durch das Insistieren auf Wirtschaftlichkeit, entgegenzuwirken. Solcher Umgang mit einem Begriff kann als eine Art Verbalerschleichung von Würde bezeichnet werden. Das ist ja nicht ganz ungefährlich, weil die Distanz zum Profanen auch als Arroganz ausgelegt werden könnte.

Der Begriff *Kultur* wird meistens mit dem der *Kunst* in einem Atemzug genannt, als ob beide wie Zwillinge verschwistert wären. Ein Kulturminister beschäftigt sich in der Tat fast nur mit Einrichtungen wie Theatern, Opernhäusern, Musikhochschulen, Ausstellungen, Museen und was sonst noch üblicherweise dazu gerechnet wird, im Kern also mit Einrichtungen, die über die Künste die Assoziation von etwas sehr Bedeutendem, fast Sakralen bekommt.

Wird solches Alltagsverständnis von Kultur und Kunst mit Ökonomie und Ökonomik in Verbindung gebracht, wobei ja diese selbst der Klärung bedürfen, ist das eigentliche Verwirrspiel eröffnet. Würde ein Kulturminister für alles zuständig (und fähig) sein, was die UNESCO in ihren Kulturbegriff gepackt hat, wäre er ein Superminister, dem jeder Regierungschef sich unterzuordnen hätte. Die politische Wirklichkeit sieht natürlich ganz anders aus: In der Empore der Erhabenheit des den Künsten zugewandten Kulturministers drückt sich keineswegs eine entsprechende Gestaltungsmacht gegenüber allen anderen politischen Ressort aus.

Auch in akademischen Abhandlungen, die üblicherweise nach einer strengen begrifflichen Klarheit streben sollten, scheint der Begriff *Kultur* und mit ihm der Begriff *Kunst* keiner allzu ausschweifenden Klärung zu bedürfen. Man geht großzügig oder lapidar davon aus, dass jeder weiß, was in etwa damit gemeint ist, und begnügt sich zur Erläuterung mit einer Aufzählung markanter Beispiele. Charakteristisch ist die Darstellung von Ingrid Gottschalk:

> *Kultur ist der Oberbegriff, Kunst der für den Kulturbetrieb wichtigste und umfassendste Teilbereich. Üblicherweise, und wohl nicht zuletzt um der ‚Gretchenfrage' aus dem Weg zu gehen, was nun eigentlich Kunst sei, wird eine Abgrenzung nach Themen und Darstellungsformen favorisiert. Als klassische, allgemein gebräuchliche Aufteilung werden die vier Sparten bildende Kunst (z. B. Malerei, Bildhauerei, Architektur), darstellende Kunst (z. B. Theater, Ballett, Pantomime) sowie Musik (z. B. Oper, Konzerte, Musicals) und Literatur (z. B. Romane, Essays, Gedichte) unterschieden (Gottschalk, 22).*

Diese geläufige Sparteneinteilung der Künste steckt voller Ungereimtheiten. Ohne das hier zu vertiefen, machen wir nur ein paar exemplarische Anmerkungen. Malerei und Architektur gehören nicht etwa deshalb zusammen, weil sie visuelle Künste sind. Architektur ist Gebrauchskunst, auch wenn sie oft schön anzusehen ist. Malerei ist dagegen keine Gebrauchskunst. Oper und Musical sind darstellende Künste, die zwar auf Musik beruhen, aber ebenso wie das Sprechtheater Handlungen ästhetisieren.

Abgesehen von alledem kann Kultur nicht einfach als Oberbegriff für verschiedene Arten von Kunst verstanden werden, so wenig wie Holz als Oberbegriff für verschiedene Arten von Wäldern herhalten kann. Kultur reicht sehr weit über Kunst hinaus und ist eine eigene Seinskategorie, worauf noch im Einzelnen einzugehen ist, während Kunst mehr ist als nur ein Sondergebiet der allgemeinen Kultur.

Die zitierte Aussage, dass Kunst für den Kulturbegriff der wichtigste und umfassendste Teilbereich ist, legt deutlich die Enge dieses Kulturbegriffs frei. Er ist eine erhebliche Verkürzung der UNESCO-Definition. Kultur wird in der Tat oft nur als Schirm über verschiedene Arten von Kunstpraktiken und Kunstinstitutionen aufgespannt (Gottschalk, 21). Dieser terminologische Schirm breitet sich hauptsächlich über Künste und einige kunstnahe Institutionen aus. Sein Rand deckt bei weitem nicht ab, was sich die UNESCO darunter vorgestellt hat und was im Allgemeinen die Kulturwissenschaften darunter verstehen.

Dass zu den kulturellen Errungenschaften auch die Philosophie, die Wissenschaften, die politischen Institutionen, der gepflegte Forst, das entwässerte Moorgebiet und – nicht einmal ganz am Ende – alle Hervorbringungen der Wirtschaft gehören könnten, entfällt in diesem fast schon populistischen Begriffsverständnis. Der anthropologisch erklärliche Geist der Kultur als das Ergebnis des Ringens des Menschen gegen die übermächtigen Kräfte der Natur kann durchaus etwas Triumphales aufweisen, welches dann in der Kunst seinen Niederschlag und seine Ritualisierungen erfahren kann.

Aber die Antriebskräfte der Kultur richten sich auf die ganze Breite und Fülle der menschlichen Selbstbehauptungen in den Gegebenheiten der Natur, also auf den Ackerbau ebenso wie auf die Baukunst, auf die Medizin ebenso wie auf den Straßen- und Siedlungsbau, auf die Konstruktion der politischen Institutionen ebenso wie auf die Aufzucht von Nachwuchs und die Archivierung von Wissen.

Dieser Geist der Kultur ist aufs Engste mit der Evolution der Zivilisation verbunden und ist das intellektuelle Medium der Geschichte überhaupt. Seine Ambivalenz liegt in der nie endenden Spannung zwischen Aggression und Defensive unter den örtlich und zeitlich höchst verschiedenen Bedingungen der äußeren Natur. Der Geist der Kultur kann durchaus bis in die bedenkenlose Selbstüberschätzung führen, wenn der Mensch sein Können unbedacht und hemmungslos vorantreibt und er seine natürlichen Limitationen nicht mehr erkennt.

Aus pragmatischen Gründen, nämlich die genannten Kultur- und Kunstbereiche, die seit langem und im Grunde immer schon einem enormen ökonomischen, vor allem finanziellen Stress unterliegen, mit den Instrumenten und Erfahrungen der Wirtschaft und den theoretischen Antworten der Ökonomie zu untersuchen und zu erklären, könnte man vielleicht auf einer vorwiegend theoretischen Ebene mit dieser Unbestimmtheit des Kulturbegriffs klarkommen, denn zweifelsfreie Definitionen sind meist eine kaum einlösbare Forderung.

Ob allzu grobe Nachlässigkeit für wissenschaftliche Ansprüche genügt, muss allerdings bezweifelt werden, und genau das ist das Thema dieser Einführung in die Kultur-, und Kunstökonomie. Was Kultur, Kunst und Wirtschaft tatsächlich miteinander verbindet, hat nicht nur Bedeutung für das Kunstleben einer Gesellschaft, sondern wirkt auch auf das Verständnis von wirtschaftlichen Vorgängen zurück und eröffnet für das ökonomischen Denken auf theoretischer Ebene weit reichende Perspektiven.

Auch wenn der praktische Nutzen gründlicher Untersuchungen der wirtschaftlichen Seite von Kunstaktivitäten nicht zu bestreiten ist, sofern dies mit der nötigen Sensibilität geschieht, so bleibt doch eine Grundhaltung des ökonomischen Denkens erhalten, die wie ein Fels in der Brandung gar nicht mehr um die Geltung ihrer Einsichten fürchten muss. Mit Ökonomik ist die heute vorherrschende neoklassische Auffassung der Mikro- und der Makroökonomik praktisch zementiert worden. Sie geht an *Kunst und Kultur* heran mit einer Geisteshaltung der Unverrückbarkeit ökonomischer Einsichten und Welterklärungen.

Diese gefestigte Geisteshaltung der Ökonomik beruht auf bestimmten methodologischen Traditionen (des aufgeklärten wissenschaftlichen Rationalismus), die heute nicht mehr hinterfragt werden. Ökonomik kann sich dann folgerichtig nicht nur für zuständig erklären für den harten Kern der Wirtschaft, bestehend aus industriellen Schwergewichten und leichtfüßigen Dienstleistungen, sondern kann eben auch solche Bereiche der Gesellschaft ins Visier nehmen, deren wirtschaftliche Seiten besonders ins Gewicht fallen, so eben in Kultur- und Kunstinstitutionen, die teilweise den staatlichen Haushalt spürbar belasten.

Die Zuständigkeitserweiterung der Ökonomik gilt natürlich nicht nur für Kunst und Kultur, sondern genauso für Sport und Erholung, Bildung und Gesundheit, öffentliche Verwaltung und politische Programme (zu den markantesten Vertretern dieser Auffassung von Ökonomik gehören Homann/Suchanek 2005). Die wissenschaftliche Untersuchung der ökonomischen Seite des Sports etwa, keineswegs nur der Sportorganisationen, sondern auch des einzelnen Berufssportlers, macht allemal Sinn. Wir werden in Analogie dazu beispielhaft die ökonomischen Seiten von Berufssängern näher darstellen, deren Leistungsbedingungen in vieler Hinsicht Ähnlichkeiten mit den Berufssportlern und ihren Höchstleistungen haben.

Die verabsolutierte Geltung der klassischen Ökonomik, die sich selbst nicht mehr glaubt hinterfragen zu müssen, ist die Mutter der gleichen, fremden Kulturen gegenüber unbeugsamen Haltung, mit der die westliche Version von Marktwirtschaft als bewährtes und theoretisch untermauertes Muster eines Wirtschaftsstils den Entwicklungsländern aufgedrängt wird. Die tief reichende kulturelle Färbung abendländischer Denkformen kommt denen, die darin aufwachsen und ihr Leben einrichten, gar nicht zu Bewusstsein, so wenig wie einem jeder einzelne Atemzug bewusst wird – er geschieht einfach.

Die Frage wird gar nicht erst gestellt, ob die Marktwirtschaft industrieller Prägung und westlicher Provenienz ihre Bewährungsprobe wirklich schon bestanden hat und, wenn ja, wer die herangezogenen Urteilskriterien bestimmt hat und zu welchen ökologischen, sozialen und kulturellen Kosten das geschah. Die Fragwürdigkeit des traditionellen ökonomischen Denkens ist weder unter Ökonomen noch unter angrenzenden Wissenschaftlern und Philosophen unentdeckt geblieben (Brodbeck 2007, Bendixen 2009b, Bendixen 2010c). Aber eine Entdeckung bereichert vielleicht das Wissen, ändert aber nicht automatisch auch die Praxis.

Die industriell geprägte Marktwirtschaft westlicher Varianten war von ihrem historischen Beginn an und ist bis heute eingebettet in die kulturelle Vitalität und Varietät auf dem europäischen Kontinent und jenen Regionen der Erde, die auf europäische Weise in Zivilisation genommen wurden. Das ist keine Kritik, sondern nur ein Hinweis auf die Relativität der Geltung dieser Ausformungen marktwirtschaftlicher Grundprinzipien.

Unter gleichen Prinzipien, aber ganz anderen kulturellen Rahmenbedingungen könnten sich ja Versionen von Marktwirtschaft eigener Art gebildet und etabliert haben. Die sehr alten Handelstraditionen, wie sie über lange historische Epochen im orientalisch-asiatischen Raum praktiziert wurden, beugen sich (auch heute) nicht westlicher Rationalität, waren aber viel früher als diese eine Form vitaler Marktwirtschaft.

In dieser Abhandlung steht, abgesehen von dem Anliegen einer etwas genaueren Deutung und Erklärung der Begriffe *Kultur* und *Kunst*, auch das herkömmliche ökonomische Denken, insbesondere seine Auswüchse unter dem Segel *Ökonomik* zur Diskussion, in Teilen sogar zur Disposition. Es geht nicht darum, das herkömmliche ökonomische Denken gänzlich zu Fall zu bringen, das wäre unmöglich und unnötig, sondern weiter reichende Potentiale des Erkennens der Strukturen und Abläufe in der Wirtschaft und ihrer Geflechte in andere Bereiche der Gesellschaft hinein zu erschließen. Dann erst wird man einen einigermaßen festen Boden unter den Füßen haben, um in einem Bereich wie Kunst und all ihren angrenzenden Aktivitäten fördernd tätig zu werden.

Aus der Ökonomie eine um die Kulturdimension erweiterte Kulturökonomie zu machen, ist somit das primäre Kernthema dieses Buches. Hier festen wissenschaftlichen Boden unter die Füße zu bekommen, ist die Voraussetzung für die Entwicklung einer argumentativ stabilen Kunstökonomie. Es wird sich zeigen, dass Kulturökonomie und Kunstökonomie als wissenschaftliche Fachgebiete zwar miteinander verwoben sind, Kunstökonomie aber einige eigene Akzente setzen muss.

Kultur ist, wie wir noch sehen werden, in unserer Sicht kein isoliertes Sachgebiet (schon gar nicht ein Untersystem des Gesellschaftssystems), sondern ein normatives Gewebe, indem sie geistige Verbindungsfäden zieht, deren Endpunkte auf der Ebene des individuellen Denkens und der sozialen Kommunikation befestigt sind und geistige Stützen zur Orientierung in der Lebenswelt und zur kreativen Suche nach gangbaren Pfaden der künftigen Entwicklung bietet.

Kulturökonomie ist ein Kunstwort ebenso wie Kulturökonomik und zweifellos auch Kunstökonomie. Die Semantik dieses Wortes ist keine bloße Addition seiner beiden Bestandteile. Zwar handelt es sich einerseits um Kultur – die Kunst bleibe vorerst beiseite –, und andererseits um Ökonomie beziehungsweise um Ökonomik. Es handelt sich aber weder um eine ökonomische Deutung der Kultur noch – jedenfalls für uns – um eine Bearbeitung der Kultur mit ökonomischen Mitteln, wie es sich die Kulturökonomik vorstellt.

Ginge es nämlich wirklich um eine ökonomische Deutung von Kultur, müsste erstens sehr präzise bestimmt werden, um was es sich bei diesem Gegenstand handelt, und zweitens müsste hinreichend begründet werden, weshalb ausgerechnet die Denkmethoden und analytischen Werkzeuge der Ökonomie etwas Ergiebiges in der Erkenntnis von Kultur(praxis) hervorbringen können, was andere wie etwa die Kulturphilosophie, die Kultursoziologie, die Kulturanthropologie oder die Kulturpsychologie nicht leisten.

Ein solches Unterfangen muss schon daran scheitern, dass Kultur ein *geistiges* Phänomen darstellt, dass aber die gesamte ökonomische Methodologie auf die Analyse und Komposition *dinglicher* Phänomene angelegt ist. Die Statik eines Gebäudes ist eine dingliche Kunst der zweckmäßigen Berechnung von Material und Gesamtkonstruktion, kann also mit analytischen Methoden ermittelt werden; mit den gleichen Methoden der Berechnung wird man jedoch den kulturellen Geist des Gebäudes, vielleicht den einer Fabrik oder einer Kathedrale, nicht zu fassen bekommen.

Etwas mehr Klarheit könnte dadurch erreicht werden, dass ein terminologischer Unterschied gemacht wird zwischen Ökonomie und Wirtschaft mit der Bestimmung, dass sich die Kulturökonomie (als wissenschaftliche Teildisziplin) mit der Kulturwirtschaft (als realem Gegenstand) befasst. Gleichwohl bleibt auch dann zu klären, was unter Kulturwirtschaft zu verstehen ist (jedenfalls nicht einfach *Cultural Industries*) und ob die reale Kulturwirtschaft andere dingliche Voraussetzungen und Konfigurationen (aus Geld, Sachgütern und Arbeitsenergien) aufweist als ganz normale Gewerbetriebe. Wir stellen diese Frage zurück bin zu den Ergebnissen in Kapitel II.

Die Denktraditionen der Ökonomie haben sich heute weitgehend auf die um die Neoklassik aufgerollte Methodologie festgelegt, welche das reale Geschehen in der Wirtschaft durch eine (keineswegs ideologiefreie) Brille betrachtet und hervorhebt: die fundamentale, axiomatische Geltung der ökonomischen Rationalität.

Man hat in älteren Methodologien der Wirtschaftswissenschaft noch deutlich unterschieden zwischen dem Erfahrungsobjekt *Wirtschaft* und dem Erkenntnisobjekt *Wirtschaft*, wobei das Erfahrungsobjekt die unverkürzte komplexe Realität (Winter/Mosena/Roberts 2009) umfasst und der Erkenntnisgegenstand eine gedankliche Destillation daraus darstellt, die nur noch die rein ökonomischen Sachverhalte in sich aufnimmt. Das Klärungsproblem, das hinter dieser Unterscheidung steckt, wird damit allerdings auch nur verschoben auf die Frage, wie rein ökonomische Sachverhalte oder Kriterien zu definieren sind. Es liegt nahe anzunehmen, dass hier eine methodologische Tautologie am Wirken ist.

Im Grunde wird damit schon das methodologische Dilemma des ökonomischen Denkens herausgestrichen: Man gewinnt wissenschaftliche Erkenntnisse an einem präparierten Gegenstand, nicht aber aus der komplexen Wirklichkeit. Ohne ein wie immer gewonnenes Vorwissen über das Wesen der Wirtschaft könnte jedoch der Gegenstand gar nicht präpariert werden. Die Alternative hätte sein können hinzunehmen, dass die volle Realität niemals und von keiner Wissenschaft allein erfasst werden kann und dass man lernen muss damit erkenntnistheoretisch ebenso wie pragmatisch umzugehen. Ein solcher wissenschaftlicher Relativismus ist weiten Kreisen der ökonomischen Denker anscheinend fremd.

Die Wirtschaft ist so, wie sie sich dem wachen Verstand präsentiert und wie sie verstanden wird, der wissenschaftliche Gegenstand der Ökonomie, und sie ist als Praxis ein schwer bestimmbares Gebilde. Die Alltagssprache macht es sich einfach. Sie verweist auf das, was man beobachten und erfahren kann: Fabriken, Rohstoffe, arbeitende Menschen, Lagerhallen, Transportwege und Vehikel aller Art, aber auch Marktplätze, Börsen und Messen. Das sind die beobachtbaren Erscheinungsformen der Wirtschaft. Aber ist das auch ihr Wesen? Hinter all diesen Erscheinungen stehen Menschen, die ihr Denkvermögen eingesetzt haben, die sich etwas vorgestellt und vorgenommen und mit Geschick oder Ungeschick selber Hand angelegt oder die Möglichkeit genutzt haben, anderen Leuten ihre Anweisungen zur ausführenden Tat zu erteilen.

Dieser Punkt wird in einem der folgenden Kapitel zum Anknüpfungspunkt einer erweiterten Sicht auf das Wirtschaftsgeschehen werden, welche auf den Ursprung allen Wirtschaftens in individuellen Köpfen und ihren Verdichtungen in sozialen Vorstellungen und kulturellen Mustern verweist. Was sich in Köpfen abspielt – und später zu Fakten wird –, ist das Primäre des Wirtschaftens, nicht die empirisch gewordenen dinglichen Tatsachen. Das Wesen der Wirtschaft erschließt sich allein aus der dialektischen Einheit von Denken und Handeln in einem gesellschaftlichen Basisbereich, der für die laufende Versorgung mit materiell Lebensnotwendigem und für den fortschreitenden Umbau der *materiellen* Lebensverhältnisse im Sinne des Zivilisationsprozesses zuständig ist.

Die Versorgung mit dem *geistig* Lebensnotwendigen gehört dann natürlich nicht primär zur Wirtschaft. Aber es wäre verheerend, würden wir zwischen beiden eine strikte Trennlinie einziehen, denn das Geistige nistet in allen Gehirnen und formt in allen das Denken, ob dieses Denken gerade mit der Ausarbeitung des Textes für eine Sonntagspredigt oder mit dem Entwurf einer Strategie zur Eroberung eines Marktsegmentes befasst ist.

Wir könnten philosophisch noch einen Schritt weiter gehen und mit Arthur Schopenhauer sagen, dass die Welt, die das Denken vor sich hat, eine innere Vorstellung ist, und der Wille, sie zu ergründen und zu gestalten, die Vorstellung formt entsprechend seinem gerichteten Streben (Safranski 2010, insb. Kap III). Wir könnten weiterhin auf die (kontroversen) Philosophien und Neurowissenschaften der Gegenwart verweisen, wonach das Denken die inneren Muster schafft, die das gestaltende Eingreifen in die reale Welt lenkt, und wonach unser Wissen über die reale Welt notgedrungen unvollkommen, fragmentiert und wandelbar ist. Wir müssen jedoch die Verzweigtheiten solcher Überlegungen hier auf sich beruhen lassen.

Eine irgendwie geartete Trennlinie zwischen materiellen und geistigen Lebensbedürfnissen, für die die Wirtschaft oder die Geistesproduzenten (die Religionen, die Philosophien, die Künste, die Demagogen und viele mehr) zuständig sind, ist ausgesprochen problematisch, denn damit wird die alte philosophische und theologische Tradition einer Dichotomie zwischen Geist und Materie oder Geist und Körper (bei gleichzeitiger Überlegenheit des Geistes) verlängert.

Der Prozesscharakter des tätigen Kreislaufs zwischen Denken und Tun, zwischen innerem Gestalten und materiellem Formen, wird darin nicht thematisiert. Doch genau darin liegt das Manko dieser Sicht, denn in einem Kreis gibt es keinen Vorrang irgendeines Punktes, auch nicht, wenn der Kreis in Phasen und Segmente aufgeteilt wird. Die Kreisfigur hat den Vorzug, dass sie keine Hierarchie kennt und keinem Stillstand des Denkens zustrebt, weil jeder Punkt den nachfolgenden endlos weiter anstößt.

Wenn wir dies so gelten lassen können, dann befasst sich die Ökonomie mit den Bedingungen des menschlichen Denkens, sobald dieses in bestimmte Arten von materiellen Arbeitsprozessen eingefügt ist. Gegenstand des ökonomischen Denkens ist mithin das Denken und das von dort aus gelenkte Handeln bei der Nutzung natürlicher (physischer) Ressourcen für materielle Lebenszwecke des Menschen und die Anstöße, die das Denken jeweils aus den Resultaten wieder empfängt.

Dann ist völlig klar, dass der so genannte Produktionsfaktor *Arbeit*, wie er in Verbindung mit den Produktionsfaktoren *Boden* und *Kapital* in Lehrbüchern und theoretischen Modellen der Ökonomie als Grundmodell herumgereicht wird, beileibe nicht auf physische Arbeit beschränkt werden darf, sondern primär und originär die Geistestätigkeit der Wirtschaftenden ins Auge fassen muss. Dieses Grundmodell der Produktionsfaktoren geht auf Adam Smith zurück. Man findet in diesem Zusammenhang dann oft zur Begründung, weshalb die ökonomisch relevanten Größen regelmäßig in Geldeinheiten repräsentiert werden, die sinnbildliche Erklärung, Geld sei das Blut in den Adern der Wirtschaft. Übersehen wird dabei allerdings, dass die Wirtschaft nicht vom Geld angetrieben wird, sondern *vom Denken* an das Geld.

Wenn jemand einen Nagel in die Wand schlägt, folgt er einer gestaltenden Eingebung seines Denkens, nicht irgendeiner sinnleeren, formalen Logik der ökonomischen Rationalität. Die Kopfarbeit ist deshalb nicht frei vom Denken an die Wirklichkeit, um die es jeweils geht. Deshalb sind die beliebten Spiele mit Unternehmensmodellen, die als Training des rationalen Denkvermögens von Studenten gedacht sind, nicht ergiebiger als das Klimpern auf einem Klavier, wenn man kein bestimmtes Melos oder Motiv im Kopf hat. Vielen so genannten Fallstudien fehlt der sinnliche Bezug zu einer zumindest vorstellbaren Realität.

Real gibt es zweifellos und sehr verbreitet eine strukturelle Arbeitsteilung zwischen Kopfarbeit (z. B. leitende Tätigkeiten) und Handarbeit (z. B. Handlangerdienste am Fließband), aber selbst die extremste Form fremdbestimmter Arbeit in der Produktion kann das denkende Gehirn der Betreffenden nicht ausschalten. Wird dieses Denken aber nicht oder nur rudimentär für den physischen Arbeitsvorgang in Anspruch genommen, beginnt es im Hintergrund mitzulaufen wie ein unsichtbares Computerprogramm und verführt zum Abschweifen. Das ist die Gefahrenquelle monotoner Arbeitsverhältnisse, weil daraus Unaufmerksamkeit und damit Unfallrisiken entstehen (Bendixen/Büning/Kiefer/Kasiske/Neumann-Cosel 1984).

Eine dichotomische Trennung von Kopf- und Leibesarbeit ist jedoch nicht nur pragmatisch sinnlos, sondern verfehlt auch die Erfahrung und Erkenntnis, dass Sozialkörper wie produzierende Betriebe oder musizierende Orchester keine Maschinen sind, die einem einzigen dirigierenden Maschinenführer gehorchen, der erbarmungslos seine technische Partitur herunterspielt, sondern Einzelwesen miteinander verbinden, die zu einem intentionalen Gleichklang bewegt werden sollen und von denen folglich mentales Mitgehen in den Intentionen abverlangt werden muss.

Die Unmittelbarkeit des Zusammenhangs von Denken und Handeln, in welchem jeder Handgriff von komplexen gestaltenden Operationen des Denkens geleitet wird, kommt im künstlerischen Schaffen besonders deutlich zum Ausdruck. Andererseits sind es spezifische Eigenschaften von industriellen Arbeitsprozessen, die sie als Wirtschaftätigkeiten erkennbar und von anderen Arbeitsprozessen wie etwa sportlichem Training oder Verwaltungstätigkeiten in einem Standesamt unterscheidbar machen.

Vielleicht gewinnt man mit der Annahme mehr Klarheit, es gehe in der Wirtschaft um die Nutzung von Ressourcen für die materielle Versorgung einer Gesellschaft und für den fortschreitenden zivilisatorischen Umbau der Lebensverhältnisse entlang bestimmten kulturellen Grundwerten. Die Bestimmung der Wirtschaft als Ressourcennutzung (unter den Bedingungen ihrer begrenzten Verfügbarkeiten) käme der ausgesprochen dinglichen methodologischen Orientierung der herkömmlichen Ökonomie entgegen, ohne allerdings im Dinglichen hängen zu bleiben.

Die traditionelle Ökonomie grenzt sich ein auf die Frage der Optimierung der Ressourcennutzung unter der Geltung gegebener Zwecke und unter strikter Einhaltung des Prinzips der ökonomischen Rationalität (der strikt zweckorientierten Entscheidung unter gegebenen Alternativen). Das ökonomische Modell ist logisch bis hin zu mathematischer Präzision aufgebaut und kennt nur den geradlinigen Weg zur Erreichung eines Zwecks, der jeden unnötigen Umweg, jeden den Verlauf verzögernden Seitenblick und jeden Missgriff im Gebrauch von Instrumenten als potenziell irrational einstuft.

Die Eleganz dieser Prozedur ist nicht zu bestreiten. Doch wird zumindest im Modell der Wirtschaftspraktiker mit diesem *Kunstgriff* zu einem Denksklaven gemacht, der mittels des ökonomischen Prinzips immer und überall zur Ordnung gerufen wird, sobald er vom Streben nach höchstmöglicher Wirtschaftlichkeit abweicht. Der Entscheidungsweg, auf den der Wirtschaftende gebracht wird, ist erbarmungslos geradlinig und lässt keinen Spielraum für Wagnisse und kreative Seitenblicke. Diesem Sklaven ist es nicht gestattet, während seiner auf den Arbeitsvollzug zentrierten Tätigkeit irgendwelche äußerliche Einflüsse, die diese beeinträchtigen könnten, in seinem Arbeitsumfeld wahrzunehmen, z. B. Musik zu hören oder sich einen schmuckvollen Arbeitsplatz herzurichten.

Doch das ist unmenschlich, denn das natürliche Bedürfnis des Menschen nach Orientierung – Wo bin ich? Was geschah gerade und was wird darauf folgen? – wird unterdrückt. Das ist nicht nur unmenschlich, sondern auch unproduktiv. Das allgemeine Prinzip der Orientierung in einem Ambiente gilt auch für künstlerische Gestaltungen, z. B. die Positionierung einer Skulptur in einem Schlosspark oder musealen Raum, die Einfügung einer Architektur in ihre urbanes Umfeld oder das Bühnenbild eines Theaterstücks. Für die praktische Anwendung des Prinzips der ökonomischen Rationalität gilt das Gleiche. Sie ist im Kern stringent, aber für sich allein nur ein Gerippe ohne Leben.

Stellt sich schon mit Blick auf die Wirtschaft das theoretische Postulat der strikten Befolgung der ökonomischen Rationalität als ein in der Praxis nahezu uneinlösbares Problem dar, so wird umso mehr die Frage akut: Kann man ohne weiteres Nachdenken diese Geisteshaltung des Ökonomen auf die Kultur und die Künste anwenden? Nein, denn – unabhängig davon, wie Kultur letztlich verstanden wird – Kultur ist immer das Ergebnis *geistiger* Arbeit von Menschen und kein materielles Objekt, das aus irgendwelchen Rohstoffen herstellbar ist.

Es sind zwar materielle Objekte, für die die Wirtschaft zuständig ist. Ihr gesellschaftlicher Auftrag kann aber nicht Beliebigkeit aus profitabler Willkür praktizieren, sondern die Wirtschaft muss kulturelle Empathie aufbringen, sich also mit ihren ästhetischen und symbolischen Formkriterien in die lebende Kultur versetzen, und das bedeutet geistige Arbeit vor der dinglichen. Die geistige Vorarbeit aber unterliegt anderen Kriterien als der Kausalität der physischen Arbeit, nämlich kulturellen Gestaltmustern, die der Markt goutiert.

Wird Kultur als ein geistiges Substrat aufgefasst, entzieht sie sich selbstverständlich der Methodik ökonomischer Analysen herkömmlicher Art, denn die ist auf Phänomene der dinglichen Operationen zur materiellen Versorgung der Gesellschaft fokussiert, nicht dagegen auf geistige Bedürfnisse.

Für Kunst gilt etwas Ähnliches. Aber dazu müssen wir (später) noch präziser untersuchen, welche für unsere Thematik wichtigen Eigenschaften Kunst hat. Es wird keine vollständige, unbezweifelbare Definition geben können, sondern nur Annäherungen und Hervorhebungen. Nur so viel: ein zusammengebundener Stapel bedruckten Papiers ist kein Kunstwerk (es könnte ja das Notizbuch eines Fahnders vom Finanzamt sein), wenn sich sein geistiger Gehalt beim Lesen nicht erschließt und der Gesamteindruck als Ergebnis der Leseprozedur die Bewertung als Kunst verdient.

Natürlich muss ein Buch gedruckt werden, wofür materielle Ressourcen benötigt werden. Doch ein gebundener Stapel bedruckten Papiers wird erst durch seinen geistigen Inhalt zum Buch und erlangt erst durch seine Aussagen, Bedeutungen und mentalen Anstiftungen den Status eines Kulturgutes (z. B. ein Bildband) oder eines Kunstwerkes (z. B. ein Roman). Das Wesen der Kunst ist ihr produktiver Ursprung im Geiste ihres Erschaffers, doch in das reicht die Kombinatorik ökonomischer Ressourcen materiell nicht hinein.

Dass jedoch – und dies ist bedeutsam – die *Vorstellung*, welche sich ein Künstler von den Stoffen und Werkzeugen seiner Kunst und den Möglichkeiten ihrer Bearbeitung macht, sein Schaffen beeinflusst, dürfte einsichtig sein. Doch Vorstellungen sind geistige Hervorbringungen, keine realen dinglichen Objekte. Erst der künstlerische (oder fachliche, wissenschaftliche, dokumentarische) Inhalt macht den Marktwert eines Buches aus. Der betriebswirtschaftliche Kostenwert (die Summe des monetären Aufwands) hat deshalb einen komplett anderen Hintergrund als der (im Preis ausgedrückte) Marktwert, dessen Hintergrund stets Inhalte sind.

Geistige Gehalte – ob sie nun Kunst sind oder etwas anderes – können nicht Gegenstand produktiver Ressourcenverwendung sein, sondern gehen aus geistigen Anstrengungen hervor, die als Mitteilungen an die Öffentlichkeit drängen und sich dabei bestimmter Medien bedienen, über die kommuniziert werden kann. Wer seine Mitteilungen über musikalischen Ausdruck ausstreuen will, muss sich – falls nicht die eigene Stimme durch viel Übung und Talent Gesangsqualität erlangt hat – eines Instrumentes bedienen.

Das allerdings muss in einem ganz normalen Produktionsprozess hergestellt werden. Wer als Wissenschaftler die Ergebnisse seiner Forschungen publizieren will, kann dies – falls seine Gabe als Redner für einen mitreißenden Vortrag nicht ausreicht – in Form einer wissenschaftlichen Buchpublikation tun. Und in der Tat, das Buch muss natürlich in einem ganz normalen Produktionsprozess hergestellt werden. Solche materiellen Produktionsprozesse sind das ureigene Metier der gewerblichen Wirtschaft.

Hinsichtlich des Realitätsverständnisses, wie man die Rolle disponierenden Wirtschaftens im engen Verbund mit ihrem kulturellen Umfeld verstehen soll, gibt es keine einheitliche Auffassung in den Wirtschaftswissenschaften. In den ökonomischen Sinndeutungen, die sich in der langen Theoriegeschichte dieses Fachs entfaltet haben, ist die neoklassische Ökonom*ik* als die dominierende und konzeptionell konsequenteste methodologische Position hervorgetreten.

Die neoklassische Ökonomik ist kein Gegensatz zur, sondern eine Heraushebung aus der herkömmlichen Ökonomie. Das hat gewisse Konsequenzen für unsere Terminologie. Wir schlagen eine zunächst vielleicht willkürlich erscheinende Unterscheidung zwischen Kulturökonom*ie* und Kulturökonom*ik* vor, die es uns ermöglichen wird, zwei zum Teil konträre Denkansätze zu diskutieren, ohne sie unnötig aufzuweichen: die auf den neoklassischen Denkansätzen errichtete Kulturökonom*ik* und die auf einer Vielfalt unterschiedlicher Denktraditionen beruhende, sich nicht mehr allein auf die Ökonomie einschränkende Kulturökonom*ie*.

Mit Kulturökonom*ik* beschreiben wir die akademischen Anstrengungen, die fachlich anerkannten Prinzipien und Theoreme der Ökonomik (u. a. Wirtschaftlichkeit, Nachhaltigkeit, rationale Planung und Organisation, Beachtung von Knappheiten, zielorientiertes Verhalten und vieles mehr) auf Vorgänge in der allgemeinen Kultur- und der spezifischen Kunstpraxis anzuwenden. Kulturökonomik ist angewandte Ökonomik und deshalb kein eigenständig nach theoretischen Grundlagen suchendes Fach innerhalb oder gar außerhalb der herkömmlichen Ökonomik. Dieses Teilgebiet der Ökonomik hat seinen festen Platz in ökonomischen Fakultäten erlangt, teilweise mit Übergängen in Nachbarwissenschaften, und bereits eine beachtliche Menge an (überwiegend englischer) Fachliteratur hinterlassen.

Mit Kulturökonom*ie* beschreiben wir dagegen die akademischen Anstrengungen, das gesamte ökonomische Denken um die Dimension des Kulturellen zu erweitern und damit die kognitive Basis allen Wirtschaftens hervorzuheben. Kulturökonomie ist folglich ein auf Pragmatik ausgerichtetes Bemühen um eine neue methodologische Grundlage der Ökonomie, die erst als solche eine geeignete Plattform bieten kann für Untersuchungen der wirtschaftlichen Textur in gesellschaftlichen Zonen des Kunstschaffens und anderer Kulturaktivitäten, die sich mit dem Erzeugen von wertorientierten Botschaften an die Öffentlichkeit wenden.

Ökonomisch relevant wird vor allem der Gebrauch materieller Hilfsmittel für die Vergegenständlichung ästhetisch eingekleideter Botschaften und bei der Einbringung des Geschaffenen in die Öffentlichkeit. Letzteres vor allem deshalb, weil öffentliche Kommunikation heute kaum noch die Form des direkten Gesprächs kennt, sondern sich überwiegend technischer Instrumente bedient: Schreibgeräte, Druckwerke, Veranstaltungsorte, Medien und endlos vieles mehr.

Im Gebrauch materieller Mittel begegnen sich Kulturökonomie und Kulturökonomik, und sie trennen sich in der Frage des Vorrangs des Materiellen vor den geistigen Gehalten. Kulturökonomik wurzelt in den dinglichen (meist über Geld vermittelten) Prinzipien der wirtschaftlichen Nutzung von Ressourcen. Kulturökonomie wurzelt in der These, dass Materie (als naturwissenschaftliche Kategorie) gegenüber geistiger Energie (als neuropsychologische Kategorie) nachrangig, zumindest nicht vorrangig sein muss.

Der Geist (menschlicher Schaffensenergie) geht dem Dinglichen der Vergegenständlichung voran, und das gilt für die Wirtschaft nicht anders als für die Künste und alle anderen gesellschaftlichen Aktivitäten in menschlichen Gemeinschaften, solange diese sich selbst als auf Kultur gebaut verstehen. Aber die geistige Tätigkeit ihrerseits folgt der Wahrnehmung der dinglichen Realität, ohne die das geistige Potential nicht wachsen kann. Es handelt sich folglich um einen Kreislauf von Denken und Tun, der keinen bevorzugten Anfang und kein fixiertes Ende kennt.

Somit postulieren wir also keinen absoluten Vorrang des Geistigen, sondern in den intentionalen Prozessen des Gestaltens wird den mentalen Antrieben – im Unterschied, aber nicht im Gegensatz zu den Instinkthandlungen – die Rolle der Kulturbildung zugewiesen. Diese Rolle ist die historische Geistesenergie der Entwicklung von Zivilisationen. Im Unterschied zu instinkthaftem Handeln durchläuft das Kultur formende Denken des Menschen immer eine Phase intellektueller Durchdringung einer Sachlage, die einen größeren Handlungsspielraum fixieren kann als ein auf reaktive Spontaneität verengtes Instinkthandeln. Kultur bildet sich aus erfolgreichen Taten, welche zu Wiederholungen animieren und im sozialen Umfeld Nachahmer finden.

Diese vorläufigen Differenzierungen sollen nur ankündigen, womit sich diese Schrift im weiteren Verlauf befassen wird. Viel wird davon abhängen, zu welchem Ergebnis die detaillierten Überlegungen zum Begriff *Kultur* gelangen. Für die Begriffe *Ökonomie* und *Ökonomik* geht es um weit mehr als nur die Klärung zweier Kernbegriffe: Thema sind die geistige Grundorientierung und die methodologischen Grundprinzipien der Ökonomie als akademisches Fachgebiet.

Die historische Herausbildung der Ökonomie – zunächst als Nationalökonomie, später als Volkswirtschaftslehre in den beiden Versionen der Makro- und der Mikroökonomie – war kein zufälliger Vorgang, sondern wurzelte in einem epochebedingten kultur- und gesellschaftsgeschichtlichen Klima, dass dem Fach ganz bestimmte Initialgehalte mitgab.

Mit Rücksicht auf das pragmatische Anliegen der Kulturökonomie wie auch der Kulturökonomik, nämlich sich auf Fragen und Probleme der Bedingungen für kulturelle, vorwiegend künstlerische Arbeit auszurichten und Antworten und Lösungen anzustreben, verdient die Kunstökonomie als Sonderfall innerhalb der Kulturökonomie eine spezielle Aufmerksamkeit, jedoch mit betontem Bezug auf die prekäre Frage, was denn Kunst ihrem Wesen nach ist. Die (publizierte) Kulturökonomik hat sich offenbar auf Künste und ihnen nahe stehende Aktivitäten, z.B. historische Museen, Kulturtourismus, architektonische Sehenswürdigkeiten, Messen und Ausstellungen, Auktionen fokussiert.

Oft ohne nähere Erklärungen werden die Begriffe *Kultur* und *Kunst* fast gleichgesetzt, wie es dem alltäglichen Sprachempfinden entspricht. Eine akademische Kulturökonomie muss dagegen erklären, welche methodologisch umfassende Bedeutung dem Begriff *Kultur* im Rahmen der Ökonomie zukommt und weshalb *Kunst* und *Kunstökonomie* ganz eigene Bedeutungen annehmen, die den korrespondieren Oberbegriffen *Kultur* bzw. *Kulturökonomie* natürlich nicht wesensfremd sind (weitere Literatur unter *Leseempfehlungen*).

2.2   Der Sonderfall Kunstökonomie

Es gibt kaum eine Publikation zum Thema *Kunst und Wirtschaft* oder *Kunstökonomie,* die nicht auf die Empfindlichkeit dieser Paarung hinweist und den von der rationalen, analytischen Seite her kommenden Ökonomen rät, der Kunst nicht ins Handwerk zu pfuschen, denn diese folge ihren eigenen ästhetischen Gesetzmäßigkeiten. *Für viele Menschen paßt Rationalität und Kunst nicht zusammen,* schreiben Bruno S. Frey und Isabelle Busenhart (Frey/Busenhart 41). Ein thematisch veranlasster und methodisch gesicherter Zugang zum Geschehen in der Kunstpraxis muss daher ausdrücklich begründet werden, denn eine Untersuchung von Kunst mit den analytischen Mitteln ökonomischer Rationalität ist keine Selbstverständlichkeit.

Kunst weist zwar im Vergleich zur gewerblichen Wirtschaft einige Besonderheiten auf, die zu beachten sind. Aber im Grunde ist sie wie alle anderen gesellschaftlichen Lebensbereiche etwas ganz Normales ebenso wie Philosophie, Sport oder Religion. So heißt es weiter bei Frey und Busenhart: *Die Kunst wird als etwas ganz Besonderes behandelt... Oft besteht eine Abneigung, Kunst als einen normalen Bereich des Lebens und der Wirtschaft anzusehen, in welchem rationales Verhalten die Handelnden bestimmt* (Frey/Busenhart 41).

Wir lassen die falsche Formulierung *Kunst als ein normaler Bereich des Lebens und der Wirtschaft* im Wesentlichen unkommentiert so stehen. Kurzerhand wird hier nämlich Kunst als ein Bereich der Wirtschaft bezeichnet, eine selbst für Ökonomen etwas ungewöhnliche Zuordnung. Das ist keineswegs eine nachlässige Ausdrucksweise, sondern eine verbale Erschleichung der Anwendbarkeit ökonomisch-rationaler Maßstäbe auf die Kunst.

Ähnlich äußert sich Ingrid Gottschalk: *Viele Menschen sehen in Kunst und Kultur einen Bereich außerhalb der ökonomischen Sphäre. Ökonomisches Denken und Handeln passt nach Meinung jener nicht zu dem kontroversen wie fragilen und emotionsbeladenen Raum künstlerischen Schaffens und Erlebens* (Gottschalk 13).

Der kontrastierende Rückgriff auf die übliche Sicht, wonach Kunst ein vom profanen Alltag herausgehobener Bereich der Gesellschaft ist, dient häufig bloß dazu, der nüchternen, sachlichen, von Rationalität geleiteten Herangehensweise von Ökonomen die gewünschte Geltung zu verschaffen und ihrer Methodologie einen der Ökonomie ansonsten eher fremden Bereich des gesellschaftlichen Lebens zu erschließen, indem man ihm seinen angeblichen Flair des Erhabenen entzieht. Die Wahrheit aber sieht anders aus. Kunst und Kunstpraxis sind, wie ihre lange Kulturgeschichte zeigt, nicht erhabener als beispielsweise die Tätigkeit der Ärzte, der Lehrer, der Philosophen, der Priester, der Forscher oder der Architekten.

Das Problem liegt vielmehr im herkömmlichen ökonomischen Denken und seinen den genannten gesellschaftlichen Bereichen (zum Teil sogar der praktizierenden Wirtschaft selbst) in befremdlicher Weise aufgesetzten Methoden und Geltungsansprüchen. Wie jede menschliche Tätigkeit so haben eben auch die Künste einige aus der Sache stammende spezifische Seiten, die bei genügend sachdienlicher Betrachtung herausgehoben und untersucht werden können, ohne sie künstlich herauszupräparieren und die Rückstände als Torso hinter sich zu lassen.

Kunst hat natürlich ökonomische Seiten, sobald materielle Ressourcen eingesetzt werden; sie hat juristische Seiten, sobald sie als Praxis und als geschaffene Objekte in den gesellschaftlichen Rechtsverkehr eintreten; sie hat soziologische, psychologische, neuroästhetische, historische und – denkt man beispielsweise an die Gesangskunst, die Schauspielerei oder ans Tanztheater – sogar medizinische Seiten. Kunst ist viel zu komplex, als dass man sie einer einzigen Fakultät anvertrauen könnte. Dennoch ergibt es niemals Kunst, wenn man die Ergebnisse sämtlicher Fachaspekte zusammenfasste. Kunst ist eben mehr als nur die Summe ihrer Komponenten, nämlich etwas ganzheitlich Eigenes.

Befassen sich Ökonomen mit Kunst, kommt es zu einer Begegnung zwischen dem Profanen und dem Metaphysischen, denn Kunst vermittelt Erfahrung *hinter* dem Physischen. Sie liefert kein Wissen, sondern erspürte Weisheit (wenn sie glückt). Der Ökonom, der sich auf Kunst einlässt, kann sich natürlich mit einem Hauch des Metaphysischen umgeben und seiner eigener *Kunst der optimalen Ressourcenallokation* einen Glanz des Kultivierten geben, der das Profane in dieser Denkweise kaschiert.

Das Umgekehrte, nämlich eine gewisse Nüchternheit im Umgang mit knappen Mitteln, könnte (und muss in manchen Fällen dringend) in die Kunstpraxis einziehen, ohne sie ihres metaphysischen Charakters zu berauben. Mit anderen Worten: Es schädigt die Kunst als eine gesellschaftlich gewünschte, wenn nicht notwendige Geistespraxis keineswegs zwingend, wenn in ihr das Bewusstsein für die physischen Limitationen, welche ein Element der Ökonomie sind, aktiviert wird.

Es kann nicht darum gehen, das Profane gegen das Metaphysische auszuspielen, sondern nur um den Versuch, oberhalb der physischen Limitationen, nicht aber jenseits von ihnen den großen Tanz der Kunst aufzuführen und mit den dinglichen Bedingungen eine Balance zu finden. Wir lassen hier außer Betracht, dass ein zu eng gefasster Rahmen materieller Limitationen, z.B. beengende Finanzmittel, die Energien für künstlerische Praxis ersterben lassen kann. Wem die notwendigen Mittel entzogen werden, dem ist ab einem gewissen Maß die Lust an der Kunst vergangen.

Die Schönheit der ästhetischen Balance oberhalb des gegebenen materiellen Fundaments liegt in der Anhebung bis hinaus zum gerade noch Möglichen. Nicht die opulente Ausstattung eines Films oder eines Theaterstücks macht seine Schönheit aus, sondern die vielschichtige Komposition mit einfachen Mitteln, in welcher sich Intuition als eine *Form der suprarationalen Einsicht* (Waldenfels) ausdrückt und in der Wahrnehmung durch den Kunstrezipienten wieder angestiftet wird.

Diese, wenn man so will: relativistischen Anmerkungen zum Verhältnis von Kunst und Ökonomie stoßen in der Wirklichkeit vielfach auf ein sich selbst immunisierendes Ökonomieverständnis. Der angeeignete oder aus politischen oder gar ideologischen Motiven zuerkannte Vorrang des Ökonomischen ist ein generelles Problem, welches weit über den Bereich von Kunst und Kultur hinausreicht bis in die schleichende Machtübernahme im Denken von Politikern. Für die Kunstökonomie wird dieser Zustand zur Falle, weil die Empfindlichkeit künstlerischer und kultureller Werke nicht wahrgenommen wird als genau jene fragile geistige Substanz, die die Vitalität der Gesellschaft und in ihr letztlich das Wirtschaften ermöglicht.

Die daraus folgende Grundhaltung der meisten Kunstökonomien gibt die Bescheidenheit der dienenden Rolle gegenüber der Kunst lediglich vor, bedrängt sie aber gerade dadurch, dass sie den Einsatz materieller Ressourcen in der Kunstpraxis optimieren will, angeblich ohne diese zu beeinträchtigen. Das findet sich keineswegs nur in der deutschsprachigen Fachliteratur zur Kultur- und Kunstökonomik: *In the modern era, the making of art has occupied a special position among human activities. Some might rank it as the highest of all callings; many probably think of it as above „mere commerce"; a few might wish that economists would keep their dirty hands off it"* (Heilbrun/Gray 3).

Aufgegriffen wird die Diskussion um die heiklen Beziehungen zwischen Kunst und Ökonomie/Wirtschaft auch in Publikationen zum Kulturmanagement, und auch dies nicht nur im deutschsprachigen Raum (Bendixen 2010 a). Derrick Chong zitiert in seinem Buch *Arts Management* eine Bemerkung von Hans Haacke mit Bezug auf die Professionalisierung von Kulturmanagern: *It is expected that the lack of delusions and aspirations among new arts administrators will have a noticeable impact on the state of the industry. Being trained primarily as technocrats, they are less likely to have an emotional attachment to the pecliar nature of the product they are promoting. And this attitude, in turn, will have an effect on the type of products we will* soon *begin to see* (Chong 3).

Die übliche Schlussfolgerung setzt sich dann fort in einer weit verbreiteten gedanklichen Grundfigur, wonach wirtschaftliche Aspekte der Kunst ohne Umschweife der ökonomischen Analyse zugänglich sind und, wo immer Künstler auf materielle Ressourcen angewiesen sind, etwa beim Erwerb und der Pflege eines Musikinstrumentes oder beim Bau und der Nutzung eines Theater, künstlerische Autonomie angeblich unberührt davon sich entfalten kann. Wir werden sehen, dass diese Form des *divide et impera* nicht funktioniert, weil die dinglichen Limitationen, beispielsweise die Akustik einer Konzerthalle, die Kunstproduktion häufig sehr deutlich beeinflusst.

Diese Annahme der isolierten Betrachtung der physischen Implikationen der Kunstpraxis liefert ohne nähere Begründung dann die Rechtfertigung für die Anwendung von

Prinzipien der allgemeinen Ökonomik in diesem speziellen Gebiet. Es wird an keiner Stelle in Erwägung gezogen, dass vielleicht aus den Besonderheiten der Kunstpraxis eine eigene Art ökonomischen Denkens erforderlich sein könnte, die sich nur teilweise der allgemeinen Ökonomie bedient, nicht aber ihr in allen Details folgt.

Das Dilemma dieser traditionellen ökonomischen Grundfigur ist nicht so leicht durchschaubar. Es zeigt sich darin, dass man nach wie vor von zwei sich zwar berührenden, aber eigenständigen Sphären, nämlich der Ökonomie und der Kultur, ausgeht und man das Verhältnis zwischen beiden als prekär betrachten muss (Grasskamp 1998). Das Problem wird man solange nicht lösen, als man ganz allgemein die Wechselwirkungen zwischen Objekt und Ambiente und die Wechselwirkungen zwischen geistiger und dinglicher Arbeit nicht zum Kern der Betrachtungen macht.

Plastisch und zugleich offenbarend kommt diese unklare Grundeinstellung in folgender Beschreibung bei Ingrid Gottschalk zum Vorschein, die sich dabei auf David Throsby bezieht: Throsby erläutert, *wie man sich den Zugang zur Beschäftigung mit Kunst und Wirtschaft am ehesten versinnbildlichen kann. Er tut das durch Personifizierung. Vor unserem geistigen Auge erscheinen die Wirtschaft und die Kunst als Personen mit spezifischen Eigenschaften* (Gottschalk 19). Nicht ohne Ironie, aber doch im Kern sachlich gemeint, identifiziert David Throsby (in den Worten Gottschalks) *die Wirtschaft als männlich, etwas übergewichtig und hypochondrisch, schwatzhaft und nicht immer auf die persönliche Frische bedacht... Auf der anderen Seite sei die Kunst vorstellbar als weiblich, intelligent, unvorhersagbar und etwas intrigenhaft* (Gottschalk 19).

Wenn darin eine sich bis in Verehrungshaltungen steigernde Besonderheit des Kunstschaffens dominiert, welche ihre Göttlichkeit nicht zu Gunsten schnöden Mammons opfern soll, dann zieht sich das Ökonomische auf die Rahmenbedingungen der Ressourcenbeschaffung und -bewirtschaftung und auf die Kontaktanbahnung zur profanen Öffentlichkeit zurück und wird zur bloßen Dienerin. Künstler haben gelegentlich selbst dazu beigetragen, indem sie die Anliegen ökonomischer Dienste mit einer deutlichen Haltung des *noli me tangere* (Rühr mich nicht an!) in die Servilität drängten. Der Geniekult um manche Künstler hat einen bestimmten historischen Hintergrund, der für das Verständnis der prekären Paarung *Kunst und Wirtschaft* wichtig ist.

Der Geniekult hat seine Wurzeln in der frühromantischen Philosophie und Literatur gegen Ende des 18. Jahrhunderts. Die das bürgerliche Nützlichkeitsdenken abweisende Haltung und die gleichzeitige Verklärung der subjektiven Phantasiewelten haben sich auf verwickelte Weise nicht nur der Philosophie und der Literatur, sondern auch den übrigen Künsten einschließlich der Architektur mitgeteilt. Die erzwungene Ehrfurcht vor den klerikalen und fürstlichen Vorgaben, die die künstlerischen Stile der vorromantischen Zeit stark geprägt, wenn nicht im Griff hatte, löste sich allmählich auf zu Gunsten der im künstlerischen Genius selbst sich entfaltenden Imaginationskräfte (Gombrich 475 ff.).

Diese historische Erscheinung ist Ausdruck der langsamen Herausbildung des eigenständigen Individuums seit der Renaissance und der Befreiung von obrigkeitlichen Umklammerungen im Sinne der Aufklärung. Der Geniekult kann als eine Übersteigerung dieses Entfaltungsprozesses verstanden werden und hängt mit dem Zwang zur Selbstbehauptung gegenüber den Kräften einer offenen Gesellschaft zusammen, die sich zunehmend von der Bevormundung durch die Höfe zu befreien begann. Parallel entwickelte sich zugleich der freie Markt, über den Künstler aller Gattungen nun ebenfalls ihren Weg suchten (Schmidt 2004).

Wenn demgegenüber in der Beziehung zwischen Kunst und Wirtschaft der Geltungsanspruch des ökonomischen Denkens als Grundprinzip der Gestaltung künstlerischer Prozesse dominiert, weil nun mal mit knappen Mitteln nicht beliebig verfahren werden kann, dann wird das Kunstschaffen von einer äußeren Normentextur überformt, die mit den Gesetzen der ästhetischen Gestaltung von Inhalten, die als Botschaften über die figurierten Kunstwerke ihren Weg in die Öffentlichkeit finden sollen, nicht ohne Weiteres in Einklang zu bringen ist.

Die Dominanz des Ökonomischen geht gleitend in die Dominanz des Kommerziellen über, welches in gewohnter Weise über das Kriterium *Geld* und die Intention *Gewinn* den Inhalten einen monetären Mantel umhängt. Was nicht aussichtsreicher Träger eines Profits ist, wird aus dem Sortiment gedrängt. Damit fällt Kunst, welche dem Markt zu anstrengend, zu ungewohnt oder zu heikel ist, durch. Eine im Kunsthandel vielfach thematisierte Erfahrung. Die begriffliche Unterscheidung zwischen Ökonomie und Kommerz, so notwendig sie an sich ist, würde allerdings eine in Details gehende Debatte über die methodologischen Grundlagen der Ökonomie erfordern, die hier nicht zu leisten und den Lesern auch nicht zuzumuten ist.

Die Vorstellung einer spannungsgeladenen, dennoch existenziell unvermeidlichen Berührung von Kunst und Wirtschaft bleibt in kunstökonomischen Abhandlungen und Betrachtungen, also im Visier von Ökonomen, die gedankliche Grundfigur, von der aus die verschiedensten Pragmatiken ausgehen, die zwar keine endgültige Lösung anpeilen können, aber das Verhältnis zu balancieren versuchen. Denn man ist sich darüber im Klaren, dass Kunst eine für die Gesellschaft, d. h. für das Schaffen von Kunstwerken und für die Wahrnehmung von Kunstwerken als Bildungskraft wertvolle Aktivität darstellt, dass aber die Beanspruchung von materiellen Ressourcen, insbesondere von Geld, nicht ausufern darf.

Die gedankliche und begriffliche Trennung der Welt des Geistigen von der Welt des Materiellen ist ein altes philosophisches Thema. Es hat insbesondere durch die Philosophie René Descartes einen nachhaltigen Auftrieb erhalten. Dem Philosophen und (Natur-) Wissenschaftler, dem es um die Erkenntnis der Gesetze hinter den dinglichen Erscheinungen geht, ist eine solche Trennung ein wichtiger methodologischer Kunstgriff. Fachgebiete jedoch, die ohne einen Schuss Pragmatik ihren Erkenntnisanspruch kaum einlösen könnten, werden allzu leicht in die Irre geführt, und das gilt insbesondere für Fachgebiete wie Kunstökonomie und Kunstmanagement.

Naturwissenschaft führt zur Erkenntnis von Gesetzen, die das Naturgeschehen bedingen und bewegen. Aber menschliche Werke sind Geistesprodukte, die, obschon sie im Dinglichen vielfach verankert sind, ihrem Wesen nach auf figurativen Vorstellungen im Denken beruhen, das zwar gewissen Regeln der Logik und des prüfenden Bewusstseins, nicht aber naturgesetzlichen Kausalitäten (diese Position wird allerdings von manchen Gehirnforschern bestritten) gehorchen, die nur auf dichte Materie anwendbar sind. Philosophie und Kunst sind einander näher als beide zusammen den Naturwissenschaften, denn sie bieten kein Gesetzeswissen, sondern geistige Anschauung und metaphysisches Erleben (Waldenfels). Die Ratio wird in beiden durch den Intellekt überragt. Bernhard Waldenfels spricht in diesem Zusammenhang *von Einsicht oder auch von einer Vernunft, die vernimmt, statt zu rechnen* (Waldenfels 19).

Im praktischen Lebenszusammenhang wird die Trennung von Geist und Materie oder von Denken und Dingen zu einem Problem. Nur selten – und von Ökonomen eigentlich nie – wird darüber nachgedacht, welche Einflüsse die physischen Eigenschaften der beim Kunstschaffen eingesetzten materiellen Ressourcen und Instrumente auf das entstehende Werk ausüben. Die Klangeigenschaften einer Stradivari, eines Bösendorfer Flügels oder einer Arp Schnitger-Orgel regten Komponisten zu filigranen Musikwerken an, die Formbarkeit von Marmor begrenzte und beflügelte zugleich die Bildhauer, die Absenkung des Orchestergrabens in Bayreuth machte Richard Wagners Musiktheaterschaffen überhaupt erst möglich.

Die technischen Möglichkeiten der Verbreitung von Kunst durch Drucke (für die Literatur ebenso fundamental wie für Gemäldereproduktionen oder die Verbreitung von Partituren), die Verlagerung des Musikgenusses vom Konzerthaus auf das heimische CD-Abspielgerät, die akustischen Glanzleistungen von Architekten beim Bau von Konzerthallen zeigen, dass die physischen Eigenschaften von Kunstwerken auch auf der Seite der Rezipienten einen erheblichen Einfluss ausüben. Diese Zusammenhänge werden an späterer Stelle noch vertieft.

Die Vorstellung von zwei aufeinander bezogenen, aber jeweils ihren eigenen Wert- und Normstrukturen folgenden gesellschaftlichen Bereichen gehört zu den gefestigten Bestandteilen der akademischen Diskussion im Rahmen kunstökonomischer und (mit einigen Eigenarten) kulturökonomischer Abhandlungen. Das bedeutet, dass sich diese Paarungsstruktur soweit in Gehirnen eingefügt und über Generationen immer wieder übertragen hat, dass sie den Charakter einer Tatsachen schaffenden Kraft angenommen haben.

Von der Kulturpolitik bis zu den Problemen des Urheberrechts, vom Kunstunterricht in den Schulen bis zu den Kunstsammlungen von Banken, von den Konzeptionen des Kultur- und Kunstmanagements bis zur Ausstattung kommunaler Kulturämter hat sich ein zwar vitales und veränderungsbereites, aber im Grundschema stets gleich bleibendes Muster kultureller und kunstnaher Institutionen gebildet. Das sind historische Fakten.

Der Versuch, dieses Grundschema zu durchdenken und seine historische Relativität und damit seine prinzipielle Gestaltbarkeit herauszuarbeiten, ist ein zentrales Anliegen dieses Buches. Das ist kein leichtes Unterfangen, denn es geht um nicht weniger als um die Frage, welche kulturgeschichtlichen Kräfte an der vermeintlichen Gegensätzlichkeit von Kunst und Wirtschaft und – übergreifend – von Kultur und Ökonomie beteiligt waren und über lange Zeitspannen hinweg Einstellungen, Erfahrungen und Reflexionen zu festen inneren Überzeugungen zementiert haben.

Was sich bewährt hat, muss man nicht zwingend in Frage stellen. Die Frage aber ist berechtigt, ob sich das Muster der strukturellen Teilung zwischen den ästhetisch-gestalterischen und den ökonomisch-rationalen Aspekten in künstlerischer Arbeit tatsächlich bewährt hat und welches Kriterium eine solche Bewertung begründen kann.

Das Ziel einer wissenschaftlichen Abhandlung kann nur ein Erkenntnisgewinn sein, nicht ein pragmatisches Lösungsangebot oder Postulate empfohlenen Wandels, der ein historisch eingefahrenes Muster auflösen soll. Der Erkenntnisgewinn einer Kunstökonomie kann darin bestehen, dass das Verständnis für die prekären Beziehungen zwischen Kunst und Wirtschaft verbessert und der Horizont oder das Kontinuum an Möglichkeiten erweitert wird, wenn man vermeintliche Unverrückbarkeiten relativiert. Einen wichtigen Beitrag dazu können Untersuchungen über den geschichtlichen Ursprung einer kulturellen Erscheinung bieten, wenn sie darauf ausgerichtet wird, die beteiligten Kräfte freizulegen und zu zeigen, in welcher Gestalt und mit welcher Festigkeit sie immer noch wirken.

An dieser frühen Stelle gehen wir nur kursorisch auf eine spannungsreiche Periode der Kulturgeschichte ein, die ein erkennbares geistiges Klima geschaffen hatte, in welchem sich die genannte Trennung vollzog: das 18. Jahrhundert (der abendländischen Kultur- und Wirtschaftsgeschichte). Kursorisch deshalb, weil die geistigen Erscheinungen und Verwicklungen jener Phase viel zu kompliziert sind, um sie in wenigen, nur die Oberfläche streifenden Gedanken angemessen ausleuchten zu können.

Der Durchbruch des ökonomischen Denkens zur Moderne, eine herausragende Leistung des schottischen Philosophen Adam Smith (1723–1790), hat die Zentralfigur des (von obrigkeitlichen Interventionen verschonten) freies Marktverkehrs in den Mittelpunkt der Politik der aufkommenden bürgerlichen Gesellschaft der Neuzeit gerückt. Die Herausbildung der Prinzipien der freien Marktwirtschaft ist ein Meilenstein im 18. Jahrhundert, der aber nur verständlich wird im Konzert unzähliger Umbrüche auf den verschiedensten Gebieten, von den sozialen Bedingungen des Alltags bis zu den Höhen der Politik, von den Antrieben zur Eigenständig bis zu den Gipfeln der Naturwissenschaften und der Philosophie.

Die damit verbundene Befreiung des ökonomischen Denkens vom Absolutismus der merkantilistischen Wirtschaftspolitik barocken Stils hat sich mit den philosophischen Strömungen der Aufklärung bis hin zu Kant verschmelzen können und dadurch eine erhebliche Durchsetzungskraft erlangt. Die parallele Befreiung der barocken Kunstauffassungen aus den Fängen hoheitlicher Umklammerungen der höfischen Gesellschaft ist eine vergleichsweise schwierigere Geistesgeburt gewesen, denn sie hat sich in eine Zweifrontenlage manövriert: Sie artikulierte (vor allem in der Romantik) ihr Unbehagen am aufkommenden bürgerlichen Nützlichkeitsdenken, und sie trotze der aristokratischen Bevormundung einer Rokokogesellschaft, die im 18. Jahrhundert vorerst noch absolutistisch dominierte.

Damit aber standen die Künste und die Künstler plötzlich wie ungeschützt unter freiem Himmel. Das löste die verschiedensten Strömungen aus: den Sturm und Drang und vor allem die frühe Romantik in der zweiten Hälfte des 18. und im beginnenden 19. Jahrhundert. In diesem aufbegehrenden geistigen Klima formierte sich in aller Deutlichkeit die Distanz, wenn nicht Abweisung des puren Nützlichkeitsdenkens, welches begonnen hatte, zur vorherrschenden Praxis auf Märkten zu werden. In diesem Dunst des Aufbegehrens entstanden die frühen Formen der Selbststilisierung von Künstlern und Literaten als Genies (Schmidt 2004, Fleck 2006, Veeser 2008).

Aus dieser Epoche der Kulturgeschichte stammt die bis heute das kunstökonomische Denken beherrschende Figur des Antagonismus zwischen Kunst und Kommerz und im umfassenden Sinne von Kultur und Wirtschaft. Dieses Strukturbild durchdringt die verschiedensten Gebiete der kulturnahen Gesellschaftspraxis und politischen Programmatik, insbesondere die Kulturpolitik und eine erst relativ spät (in Deutschland kaum vor den achtziger Jahren des 20. Jahrhundert) in Erscheinung tretende Professionalisierung der Kulturverwaltung und Lenkung von kulturellen Einrichtungen unter der Bezeichnung *Kulturmanagement*.

2.3   Kulturökonomie und Kulturmanagement

Unklarheiten ergeben sich in vielen Abhandlungen zur Kulturökonomie daraus, dass der theoretische Hintergrund und Bezugsrahmen des Ökonomieteils, von dem aus argumentiert wird, nicht ausreichend fundiert geklärt wird. Stillschweigend wird die so genannte mikroökonomische Variante gewählt, während makroökonomische Betrachtungen offenbar gar nicht in Erwägung gezogen werden.

Das methodologische Problem der Mikroökonomik liegt in ihrer eigenen Geschichte, die mit dem Prinzip des so genannten methodologischen Individualismus verknüpft ist. Mikroökonomik folgt dem Prinzip, dass das gesamte Geschehen in einer Volkswirtschaft auf individuelle Dispositionen der am Markt operierenden Wirtschaftssubjekte: Produzenten, Konsumenten und die öffentliche Hand (Frey/Busenhart 41) zurückführbar ist und deshalb die Theoriearbeit auf der elementaren Ebene der wirtschaftlichen Dispositionen der verschiedenen Beteiligten, im Mittelpunkt der Anbieter oder Produzenten und der Nachfrager oder Konsumente, ansetzen muss, um zu Erkenntnissen des Ganzen des Wirtschaftsgeschehens zu gelangen.

Kulturökonomen legen daher üblicherweise Wert darauf, eine volkswirtschaftliche Betrachtungsposition einzunehmen, die – obwohl sie sich mit individuellen Handlungen der einzelnen Wirtschaftssubjekte befasst – von der betriebswirtschaftlichen Sicht deutlich zu unterscheiden ist. Der Volkswirt bleibt bei seinem Blick von oben herab auf das individuelle Geschehen am Boden; der Betriebswirt nimmt eine Position auf der Bodenebene ein und sieht sich als begleitender Beobachter des Geschehens in der Wirtschaft gewissermaßen auf gleicher Ebene.

Das volkswirtschaftliche Prinzip des methodologischen Individualismus ist selber problematisch. Dieser Ansatz geht auf einen der bedeutendsten Ökonomen des 20. Jahrhunderts, Joseph A. Schumpeter (1883–1950), zurück (Schumpeter 90 f., Raschke 2005). Das Ganze einer Volkswirtschaft, also die Aggregation millionenfacher individueller Wirtschaftshandlungen, hat Eigenschaften, die sich jedoch nicht einfach als die Summe seiner Teile ergeben, so wie ein Fischschwarm Eigenschaften hat, die der einzelne Fisch nicht hat.

Diese Problematik ist Teil eines schwelenden Streits unter Ökonomen über die Frage der Geltung der klassischen und neoklassischen analytischen Ökonomik, die sich Mikroökonomik nennt, und ihrer Gegenposition, der Makroökonomik, die sich mit jenen wirtschaftlichen Phänomenen beschäftigt, die nur die Ganzheit dieses sich ständig bewegenden Gebildes zu erkennen gibt. Wir können dies hier nicht vertiefen, weisen aber zumindest darauf hin, dass die mikroökonomischen Denktraditionen die Herausbildung der heute weitgehend etablierten Kulturökonomik dominieren, die ihrerseits aus diesem Grund die methodologische Problematik der Mikroökonomik teilt (Näheres in Galbraith 1991). Der methodologische Individualismus ist eine Basisargumentation und hat gewissermaßen Defensivcharakter, um die Dominanz der Mikroökonomie (der neoklassischen Theorie) zu behaupten.

Die volkswirtschaftliche Mikroökonomik konstruiert ihre Theorie von unter herauf, indem sie das Wirtschaftsverhalten von Individuen zu bestimmen sucht. Sie von der Betriebswirtschaftslehre zu unterscheiden, ist ohnehin nicht ganz einfach, und diese Schwierigkeit überträgt sich dann entsprechend auf die meisten Konzeptionen der Kulturökonomie bzw. Kulturökonomik, die sich in zahlreichen Aspekten mit dem Kulturmanagement überkreuzt.

Dieses Problem ist nicht unlösbar, bedarf aber präziserer Untersuchungen an späterer Stelle. Zur schärferen Profilierung des wissenschaftlichen Gegenstandes der Kulturökonomie noch im Vorfeld weiterer Untersuchungen gehen wir an dieser Stelle nur beispielhaft auf die bereits zitierte Publikation von Ingrid Gottschalk ein.

Grundlage des kultur- bzw. kunstökonomischen Denkens, wie es sich in den fast 40 Jahren seit der berühmten Initialzündung für wissenschaftliche Untersuchungen dieser Art durch William J. Baumol und William G. Bowen aus dem Jahre 1966 (Baumol/Bown 1966) gefestigt hat, ist die analytische Hinwendung zum wirtschaftlichen Entscheidungsverhalten einzelner Marktteilnehmer. Das einzelne Wirtschaftssubjekt, sei es ein Produzent oder sei es ein Konsument, folgt zwar, realistisch gesehen, einem unauflösbar verwickelten Knäuel psychischer Impulse und emotionaler Energien, die sich in oft nur verschwommen wahrgenommenen Präferenzen verdichten. Aber die kunstökonomische Betrachtung, deren Erkenntnisinteresse auf die Entdeckung von verallgemeinerbaren Einsichten ausgerichtet ist, muss sich auf das Grundsätzliche des Entscheidungsverhaltens zurücknehmen. Deshalb gilt in den kulturökonomischen wie ansonsten in allen mikroökonomischen Modellen die Grundannahme rationalen Handelns (Gottschalk 64).

Rationale Überlegungen bei den Problemen der Finanzierung von Kulturprojekten, insbesondere bei Kunstinstitutionen wie Theatern. Orchestern oder Museen, gehören zu den Kernaufgaben des Kulturmanagements neben den Fragen der innerbetrieblichen Organisation, der Personalführung und vor allem des Marketings und der Öffentlichkeitsarbeit (Bendixen 2010 a).

Der Themenkanon in Ingrid Gottschalks *Kulturökonomik* liegt in Kapiteln wie *Märkte und Markteingriffe bei Kunstgütern, Ökonomische Analyse des Kulturangebots, Ökonomische Analyse der Kulturnachfrage* sowie in mehreren Abschnitten das schwierige Gebiet der Kulturfinanzierung *(Sponsern und Spenden, Auswege aus der Finanzierungskrise usw.)* (Gottschalk 5–7) ganz auf der Linie des Kultur- und Kunstmanagements. Sind deshalb die Gebiete *Kultur- und Kunstökonomie* und *Kultur- und Kunstmanagement* identisch oder gibt es weit reichende Überschneidungen?

Nur bei oberflächlicher Betrachtung scheint es Überschneidungen und teilweise sogar gleiche Fragestellungen und wissenschaftliche Antworten zu geben. Doch die mentale Position, die ein Kunst*ökonom* einnimmt, unterscheidet sich deutlich und kategorial von der mentalen Position, die ein Kunst*manager* einnimmt.

Der Kunstökonom behält bei seinen Analysen die distanzierte Position des Betrachters von der höheren Warte (des Volkswirts) bei, von der aus er sich die Einzelereignisse (individuelle Dispositionen, Marktverläufe, Präferenzbildungen etc.) ansieht und zu erklären trachtet. Der Kulturmanager jedoch nimmt gedanklich die ebenerdige Position des mitten im Geschehen stehenden, den komplexen Situationsbedingungen und Konstellationen ausgesetzten und nach pragmatischen Lösungen suchenden Managers ein. Die Instrumente und Methoden sowie den theoretischen Unterbau für Fragen des Kulturmanagements findet man nicht in der Volkswirtschaftslehre, sondern in der Betriebswirtschaftslehre (Literatur s. unter Leseempfehlungen).

Angemerkt sei auch hier im Vorgriff auf detailliertere Erörterungen an späterer Stelle, dass in beiden Ebenen der unreflektierte Rückgriff auf etablierte Methoden, Instrumente und Modelle der traditionellen Wirtschaftswissenschaften ein Grundproblem der Wirtschaftswissenschaften berührt, auf das wir kritisch eingehen werden. Die in der methodologischen Anlage der Ökonomie verankerte Kulturvergessenheit tritt mit aller Deutlichkeit zutage, sobald man wissenschaftlich das Feld von Kultur und über sie das der Künste betritt.

2.4 Kulturwirtschaft und Wirtschaftskultur

Die Ökonomie befasst sich als akademisches Fachgebiet und eigenständige Wissenschaft mit der Wirtschaft als einem Kerngebiet der Gesellschaftspraxis, die über die Organisation von Produktion und Distribution ihre Versorgung mit den notwendigen und lebensdienlichen materiellen Mitteln betreibt. Ist von Kulturökonomie die Rede, so ist damit ein besonderer Akzent der wissenschaftlichen Betrachtungsweise gemeint, der die kulturelle Dimension im Wirtschaftsgeschehen als unverzichtbare Grundlage hervorhebt. Aber damit ist nicht festgelegt, ob ein spezieller Teil der Wirtschaft gemeint ist, nämlich Betriebe, die sich so genannten Kulturgütern widmen, oder ob Kultur als eine das gesamte Wirtschaftsgeschehen durchziehende Wertedimension bedeutet.

Daraus folgen ganz zwanglos Fragen nach den Eigenheiten, Fassetten, Strukturen und Wertbedeutungen der Kultur in der realen Wirtschaft. Die Realität der Kultur kann und wird auch in der Kulturökonomie nur selektiv und akzentuiert wahrgenommen, bleibt also auf dieser Ebene ein gedankliches Konstrukt. Was wir Kultur nennen, ist stets im Denken vorgeprägt; wir erkennen als Kultur, was wir darüber schon wissen, und reichern es mit entsprechend fokussierter Wahrnehmung weiter an. Es bleibt ein überhängender Rest an kulturellen Phänomenen, die der Wahrnehmung entgehen. Daraus resultieren immer neue Fragen. Was also können wir tatsächlich über die Kultur wissen, die das gesamte Geschehen in der Wirtschaftspraxis in Bewegung hält und für erlebbare und verlässliche Strukturen sorgt?

In diesem Zusammenhang sind zwei Begriffe von Bedeutung, auf die wir zur Vorklärung aller weiteren Überlegungen eingehen müssen: Kulturwirtschaft und Wirtschaftskultur. Dass die beiden Begriffe schon im ersten Sprachverständnis nicht identisch sind, ist nur eine erste Annäherung und zugleich ein Verweis darauf, dass in der Rationalität der Begriffserklärung die mathematische Formel, dass es zwischen a + b und b + a keinen Unterschied im Ergebnis ergibt, nicht unbedingt gilt. Der Satz *Paul geht ins Theater und Hans geht mit* ist formal und im Ergebnis mit dem Satz *Hans geht ins Theater und Paul geht mit* gleich. Inhaltlich aber gibt es um gravierende Nuancen einen Unterschied. Gleiches gilt für die Begriffspaare *Wirtschaft und Kultur* und *Kultur und Wirtschaft*. Im ersten Fall ruft unser Gehirn *Wirtschaft* auf und stöbert darin nach Kultur; im zweiten Fall ruft es *Kultur* auf und sucht nach wirtschaftlichen Erscheinungen innerhalb dieses Feldes. Das Ergebnis kann nicht gleich sein.

Der Begriff *Kulturwirtschaft* ist alltagssprachlich und akademisch weitgehend festgelegt auf solche Bereiche der Wirtschaft, in denen künstlerische oder allgemein kulturell-ästhetische Innovationen im Mittelpunkt stehen. Kulturwirtschaft, manchmal auch Kreativwirtschaft (creative industries) genannt, ist mithin ein durch Erfindungsreichtum hervorgehobener Teil der Wirtschaft, der sich nicht präzise gegen andere Wirtschaftsbereiche abgrenzen lässt, aber sich im Kern um Branchen wie Filmwirtschaft, Phonoindustrie,

Mode und Design, Computer-Ästhetik, Werbung und Produktgestaltung, Arrangements von Ausstellung und Veranstaltungen und viele weiter gruppiert (Literatur s. Leseempfehlungen).

Zweifellos unterscheiden sich diese Branchen von der Schwerindustrie, der Land- und Forstwirtschaft, dem Bergbau, dem Siedlungs- und Straßenbau, dem Verkehrswesen und weiteren. Aber schon undeutlich sind die Grenzen zum konsumorientierten Handel und zur Freizeitindustrie. Klassifikatorische Schärfe und Eindeutigkeit ist auch deshalb nicht zu erwarten, weil es sich bei der Kulturwirtschaft nicht um einen isoliert operierenden Teil der Gesamtwirtschaft handelt, sondern um ein komplexes Flechtwerk an Wirkungs- und Austauschbeziehungen.

Die Kreativwirtschaft wird zuweilen auch von der Kulturwirtschaft (und erst Recht von der so genannten Kulturindustrie) unterschieden durch eine Milieukomponente, mit der aufgezeigt werden soll, dass die Entstehung von vielen kleinen, sich wechselseitig stimulierenden Innovativzellen unternehmerischer Initiativen sich zu einem wirksamen Komplex auswachsen kann, wenn entsprechende infrastrukturelle Voraussetzungen und ein kaum planbares geistig-kreatives Klima auf lokaler oder regionaler Ebene entstehen (Deckert 2008, Florida 2003, Florida 2008, Landry 2008).

Im Unterschied zur Kulturwirtschaft handelt es sich bei der Wirtschaftskultur um eine dem Begriff *Kulturökonomie* korrespondierende Realität des Wirtschaftslebens, die zu einem akzentuierten Verständnis der Wirtschaft gelangt, das auch mit Wirtschaft *als* Kultur gelesen werden kann (Koslowski 1989, Pridat 2008, LeMont 2003, Schuß/Weiß/Wippel 2008). Diese Sicht hat ihre Wurzeln in anthropologischen Betrachtungsweisen, die die zivilisatorischen Anstrengungen der Menschheit, sich durch zunehmendes Wissen und geistige Energie von den Bedrängnissen einer übermächtigen Natur (Nahrungsmangel, Klimabedingungen, Krankheiten, Naturkatastrophen) zu befreien und Lebensverhältnisse aus eigener Kraft zu schaffen, wissenschaftlich ergründen. Die Wirtschaftskultur betont dabei die lokal und regional sehr unterschiedlichen Stile, die sich über lange Perioden hinweg aus den Gegebenheiten der natürlichen Umgebung und den gesellschaftlichen Grundüberzeugungen heraus entwickelt haben (Schmidt 2004 a).

In diesem allgemeinen Sinne ist also die Wirtschaftskultur ein (maßgeblicher) Teil der Gesellschaftskultur, wohingegen Kulturwirtschaft ein Sektor der Wirtschaft ist, in welchem kulturelle Dimensionen zum Kern des Leistungsspektrums gehören. Ohne dies im Einzelnen zu diskutieren und zu klären, sei festgehalten, dass viele Publikationen unter dem Titel „Kulturökonomie" in dieser Hinsicht ambivalent bleiben. Sie erklären nicht, ob sie Kulturwirtschaft oder Wirtschaftskultur oder sogar – ein weitere Problembegriff – Kunstwirtschaft ins Auge fassen. Der häufig lasche Umgang mit dem Begriff *Kultur* lässt in vielen Fällen ohne nähere Bestimmungen erkennen, dass in Wahrheit nur von Kunst oder von den Künsten gesprochen wird.

2.5   *Kultur- und Kunstökonomie im akademischen Forschungs- und Lehrbetrieb*

Weder Kulturökonomie noch Kunstökonomie sind, soweit bekannt, eigenständige Studien mit einem akademischen Abschluss auf diesen Gebieten, sondern sie werden als Teilgebiete in kultur- und kunstorientierte Studienprogramme wie *Kulturpolitik, Kulturstudien* und *Kulturmanagement* eingefügt. Das ist keineswegs durchgängig der Fall, und die tatsächlichen Lehrinhalte zeigen, dass eine eher diffuse als geklärte Auffassung über dieses Gebietes herrscht.

Fragt man in diesem Zusammenhang nach Kulturökonomik oder gar nach Kunstökonomik, wird man wenig Präsenz in Studienprogrammen finden. Das hat wahrscheinlich seinen Hauptgrund darin, dass Ökonomik ein wirtschaftswissenschaftliches Thema mit spezifischem methodologischen Hintergrund darstellt und folglich dessen Fokussierung auf den Kultur- bzw. Kunstbereich an der Zuordnung zu den Wirtschaftswissenschaften nichts ändert. Kulturökonomik ist – abgesehen von der unklaren definitorischen Ausgangslage bezüglich des Begriffs *Kultur* und letztlich *Kunst* – angewandte Ökonomik und teilt mit dieser einige fundamentale methodologische Probleme, auf die im folgenden Kapitel genauer einzugehen ist.

Im Übrigen findet sich Kulturökonomie zwar als Begriff in einigen Curricula wieder, jedoch nicht in der Konzeption, wie sie hier im Weiteren entwickelt wird. Vielmehr verbergen sich dahinter einzelne volkswirtschaftliche Inhalte von gewisser Relevanz für Kultur und Kunst. In einigen Fällen wird Kulturökonomie schlicht als Oberbegriff für betriebswirtschaftliche Lehrinhalte benutzt, ohne auf die an sich übliche Platzierung in der Volkswirtschaftslehre Rücksicht zu nehmen.

In allen Fällen ergibt sich aber die größte Schwierigkeit daraus, dass Kultur als ein gesellschaftliches Tätigkeitsfeld aufgefasst und häufig unreflektiert mit Kunst gleichgesetzt wird. Zuweilen bildet Kultur einen über die Künste im engeren Sinne hinausreichenden Dunstkreis, unter dessen Spannweite mehr aufzählerisch als klassifikatorisch ein Sammelsurium an Aktivitäten aufgeführt wird: Volksfeste, Freizeit und Erholung, Museen, Monumente und architektonische Sehenswürdigkeiten, Bibliotheken, Rundfunk und Fernsehen usw. Man liegt wahrscheinlich nicht falsch mit der Vermutung, dass man alle diese Tätigkeiten und Hervorbringungen am äußeren Rand der Wirtschaft mit ihren kommerziellen Erzeugnissen und Dienstleistungen dem weiten Feld der Kultur zurechnet, um sie zumindest im Fokus zu behalten.

Eine wissenschaftlich befriedigende Klärung des Begriffs *Kultur* wird damit nicht erreicht. Aber dieses Verständnis genügt für pragmatische Zwecke durchaus. Die Schwäche dieses Verständnisses wird deutlich, wenn man – etwa soziologisch und teilweise auch philosophisch – Kultur als eine normative Textur der Gesellschaft definiert, die über Lebensideen und Lebensmuster, angefangen von der Sprache bis hin zu sozialen Gewohnheiten, den Zusammenhalt einer menschlichen Gemeinschaft ausmacht. In diesem Sinne definiert die UNESCO einen allumfassenden Kulturbegriff:

> *In its widest sense, culture may now be said to be the whole complex of distinctive spiritual, material, intellectual and emotional features that characterize a society or group. It includes not only the arts and letters, but also modes of life, the fundamental rights of human beings, value systems, traditions and beliefs (Dick 2007).*

Lebensideen und Lebensmuster ebenso wie die eine Gesellschaft kennzeichnende gemeinsame Sprache bilden sich historisch durch Praxis heraus. Sie waren und sind niemals

Gegenstand lenkender rationaler Planung und zielorientierter Nützlichkeitsgestaltung (ausgenommen die Fachsprachen), wie das beispielsweise für architektonische Bauten oder andere Kunst- und Kultobjekte der Fall ist. Die gekonnte Ausführung einer architektonischen Gestaltidee ist jedoch Sache von Baumeistern und Ingenieuren, nicht von Betriebswirten oder Managern. Es kann mit Bezug auf die Kulturauffassung, wie sie in der Definition der UNESCO zum Ausdruck kommt, zwar Kulturpolitik, aber auf keinen Fall Kulturmanagement geben.

Im landläufigen Verständnis von Kulturökonomie (Ökonomie hier offener verstanden als die neoklassische Version der volkswirtschaftlichen Ökonomik) wird Kunstökonomie – parallel zum Kunstmanagement – als ein darin aufgehobener und durch die Eigenarten künstlerischer Arbeit sich auszeichnender Bereich eingeschlossen. Kunst ist eben ein ganz besonderer Stoff.

Dass diese Sicht die größten Abgrenzungsschwierigkeiten nach sich zieht, wird gewöhnlich nicht diskutiert, weil dies eine akzeptable Definition von Kunst voraussetzt. Wo liegt die Grenze zwischen Malerei und der so genannten Kunst am Bau? Wo liegt die Grenze zwischen klassischer und neuer Musik der Abteilung *ernste Musik* und banaler Volksmusik und Schlager, von Hintergrundgeräuschen und Klangteppichen in Kaufhäusern und Filmen ganz zu schweigen? Könnte ernsthaft, ohne ideologische Willkür, erwogen werden, zwischen seriöser Literatur (Romane, Erzählungen, Lyrik) und unseriöser Unterhaltungsliteratur zu unterscheiden?

Unsere weiteren Untersuchungen werden zeigen, dass es zwar endgültige, unumstößliche Definitionen nicht geben kann (aus methodologischen Gründen, auf die wir noch eingehen müssen), dass aber deutlich mehr Klarheit erreicht werden kann, wenn man den Sachverhalten etwas detaillierter auf den Grund geht. Man kann sich definitorisch annähern, ohne je etwas Endgültiges zu erreichen. Im Zusammenhang mit dem Begriff *Kulturökonomie* bestehen Unklarheiten nicht nur hinsichtlich des Kulturbegriffs, sondern auch hinsichtlich der Begriffe *Wirtschaft* und *Ökonomie*.

Einer der gravierenden Gründe in Letzterem besteht darin, dass das allgemeine Verständnis, was Wirtschaft und was Ökonomie ist, und der wissenschaftliche Umgang mit beiden auf akademischem Niveau Formen der sprachlichen Verkapselung aufweisen, die besonders das Verhältnis zwischen Wirtschaft und Kunst, insbesondere von Kommerz und Kunst verschwimmen lässt. Auf eine genauere Unterscheidung werden wir an anderer Stelle noch hinarbeiten müssen.

Geht man kulturhistorisch weit genug zurück, erkennt man die große Nähe zwischen Kunst als Handwerk, etwa Malerei, Schauspielerei oder Musikkomposition, und dem meisterlichen Können vieler alter Handwerke, etwa Baumeister, Steinmetze, Möbelschreiner oder Keramiker. Die Nähe von Kunst und Handwerk war einmal eine Selbstverständlichkeit. Unter diesem Gesichtspunkt kann man selbst das Management und damit auch das Kulturmanagement als ein Handwerk erklären, auch heute noch (Bendixen 2009 a).

Ein möglicher Lösungsweg, einen etwas deutlicheren Zugang zu den Erscheinungen der Wirklichkeit, in denen kulturelle Werte, Normen und Muster eine spezifische Rolle spielen, liegt in der Geschichte, denn sie kann die verschiedenen Auffaltungen und Kongruenzen menschlicher Praxis über längere Zeiträume sichtbar machen. Dass darin die Produktion für kommerzielle Zwecke nicht ausgeschlossen werden kann, sondern nun ihrerseits als eine von kulturellen Mustern und Normen geprägte Praxis aufzufassen ist, ergibt sich zwangsläufig. Doch das ist ein Vorgriff auf ein erst noch ausführlich auszuarbeitendes Verständnis von Wirtschaft, welches die kulturelle Dimension nicht ausschließt, sondern gerade betont.

3   Der weitere Aufbau der Abhandlung

Das Hauptziel dieses Buches besteht darin, den beiden Begriffen *Kulturökonomie* und *Kunstökonomie* inhaltlich auf den Leib zu rücken, um ihnen ihrem wissenschaftlichen Gehalt und ihrer pragmatischen Bedeutung entsprechend mit Inhalt zu füllen und eine zweckmäßige Positionierung innerhalb der beteiligten Wissenschaften zu geben.

Es wird insbesondere zu zeigen sein, dass Kulturökonomie und Kunstökonomie keinesfalls deckungsgleich sind, wie das gelegentlich in Abhandlungen zu lesen ist, in denen zwischen Kultur und Kunst nicht dezidiert unterschieden wird. Zusammenhänge sind zwar nicht zu bestreiten, aber wir werden argumentieren, dass Kulturökonomie – selbstverständlich erst recht die Kulturökonomik – fachlich zu den Wirtschaftswissenschaften gehört, während Kunstökonomie einen Platz in den Kulturwissenschaften, wenn nicht teilweise in den Kunstwissenschaften finden muss.

Die Abzweigung beider Wissensgebiete kann nicht verleugnen, dass eine Menge Unklarheiten bleiben. Wir müssen uns mit dem Kulturbegriff beschäftigen, werden später vorschlagen, dass ein anthropologischer Kulturbegriff wahrscheinlich am tragfähigsten ist, weil er die Künste anthropologisch als ein Sondergebiet kulturbetonter Praxis enthält. Wie aber sieht dann das Verhältnis zwischen Kulturwissenschaften und Wirtschaftswissenschaften aus? Macht man damit nicht indirekt die Wirtschaftswissenschaften zu Teilgebieten der Kulturwissenschaften? Das wird eine streitbare und bestreitbare Position sein, doch ganz abwegig ist sie nicht.

Die Kulturwissenschaften sind kein homogenes, klar umrissenes Fachgebiet, sondern ein Sammelbecken einer großen Fülle einzelner Themenfelder, welche die Kulturphilosophie, die Kulturanthropologie, die Kulturgeschichte, die Kultursoziologie ebenso umfasst wie Kulturpolitik, Kulturmanagement und Kulturstudien (Cultural Studies). Die Wirtschaftswissenschaften stehen vor ganz ähnlichen Problemen. Doch ihre besondere Problematik ergibt sich aus ihrem methodologischen Selbstverständnis, welches sich im Verlaufe der jüngeren Theoriegeschichte als dominierend herausgebildet hat. Das Hauptmerkmal dieser methodologischen Entwicklung ist die vollständige und bedingungslose Eliminierung der Kultur als reale Dimension im Wirtschaftsgeschehen.

Aus dieser Problematik ergibt sich für die weitere Argumentation eine Logik des Vorgehens, die im unmittelbar folgenden Kapitel rekonstruieren soll, wie es zur Herausbildung des vorherrschenden ökonomischen Denkens in kulturfreien, abstrakten Modellen der Wirtschaft kam und welche philosophische, methodologische und pragmatische Problematik die Ökonomen sich damit eingehandelt haben. Mit der Wiederbelebung der kulturellen Dimension in der Wahrnehmung des Wirtschaftsgeschehens ist zwar der Blick erweitert, aber die Vorstellungen über Kultur sind alles andere als klar, wie der Wirrwarr der vielen Kulturbegriffe und Kulturkonzeptionen zeigt. Wir müssen uns damit auseinandersetzen und versuchen, eine tragfähige Plattform zu finden, die einer kulturökonomischen Betrachtung der Wirtschaft zugänglich ist. Das wird im dritten Kapitel bearbeitet.

Mit einem tragfähigen Kulturbegriff, mit welchem wir dann das wissenschaftliche Feld der Ökonomie wieder betreten können, ergibt sich als eine Art Zwischenbilanz eine Neuformierung der beiden verwandten Begriffe und Konzeptionen der Kulturökonomie und der Kunstökonomie und die schon angedeutete Abzweigung beider in je verschiedene Disziplinen in den Wissenschaften. Diese Abzweigung ist freilich ein Zugeständnis an die gewohnten Fachgebietsstrukturen der akademischen Praxis und Fakultätenbildung an Universitäten, die aus pragmatischen Gründen in dieser Abhandlung nicht ausführlich thematisiert werden sollen.

Die auf das Kunstgeschehen zugespitzte, nicht den Wirtschaftswissenschaften zugerechnete Kunstökonomie greift die ökonomischen Dimensionen innerhalb der Kunstpraxis auf und untersucht sie theoretisch erklärend und instrumentell pragmatisch. So wie die kulturelle Dimension im Wirtschaftsgeschehen dem ökonomischen Denken einige erweiternde Nuancen geben kann, so kann umgekehrt die ökonomische Dimension im Kunstgeschehen diesem eine Facette verdeutlichen, die bei aller Eigenständigkeit des Kunstschaffens in der Wirklichkeit eine unbestreitbar essenzielle Bedeutung einnimmt. So wie die kulturelle Dimension in der Wirtschaft ein geistiges Stützgerüst von fundamentaler Bedeutung thematisiert, so hebt die ökonomische Dimension in der Kunstpraxis ein physisches Stützgerüst hervor, ohne das Kunstpraxis kaum stattfinden kann.

Im fünften und ausführlichsten Kapitel wenden wir unsere ganze Aufmerksamkeit der Kunstökonomie zu, die eine Reihe von Fragestellungen aufgreift, die immer schon und gegenwärtig mit besonderer Brisanz die ökonomisch heikle Lage der Kunstpraxis behandelt. Das ist die eigentliche Hauptaufgabe der Kunstökonomie, die mit ihren Erkenntnissen und Ergebnissen sowohl in die kulturpolitische Praxis hineinragt als auch für die Konzeption und Praxis des Kulturmanagements grundlegend ist.

Im Vorgriff auf diesen wichtigen Teil mag die Erläuterung hilfreich sein, dass Kunst in allen ihren Schattierungen an der Bildung und Entwicklung eines hohen zivilisatorischen Niveaus in einer modernen Gesellschaft beteiligt ist. Ein hohes zivilisatorisches Niveau ist andererseits eine, wenn nicht die entscheidende Voraussetzung für wirtschaftlichen Wohlstand, denn der beruht auf geistigen Potenzialen (Intuition, Inspiration, Kreativität, Erfinderlust und innovativen Impetus).

Über allem aber steht die nie aufzugebende Aufgabe, eine friedliche oder friedfertige Weltzivilisation zu schaffen. Davon sind wir noch weit entfernt. Aber Kunst kann dazu beitragen. Und auch hier finden wir die Verbindung zur Wirtschaft, denn marktwirtschaftliche Praxis, wie sie sich über Jahrhunderte bis heute historisch entfaltet hat, kommt immer dann am besten und ethisch am vernünftigsten zum Zuge, wenn sie unter Bedingungen des Friedens stattfindet, wofür man im Mittelalter die Begriffe des Gottesfriedens (Pax Dei) und der Waffenruhe (Treuga Dei) kannte, die von kirchlichen Institutionen häufig für die Zeit von Messen und Märkten ausgerufen wurde.

II. Kapitel:
Die ökonomischen Grundlagen

Ökonomisches Denken gibt sich gewöhnlich als ein Streben nach empirisch belegbaren, rational nachvollziehbaren Erklärungen für das gesamte Wirtschaftsgeschehen und einzelner Ausschnitte daraus. Das erste methodologische Problem folgt daraus, dass es nicht einfach ist, den Gegenstand des ökonomischen Denkens eindeutig zu identifizieren, dass das Bild von der Wirtschaft, mit welchem Ökonomen zu arbeiten pflegen, ein aus hervorgehobenen Wahrnehmungen gefiltertes ist und dass das Maschennetz, welches Relevantes von Irrelevantem und Nebensächlichen scheidet, kein objektives sein kann. Erkenntnisse aus einer Bildanalyse müssen nicht unbedingt auch Wahrheiten für die Wirklichkeit sein.

Der Grad möglicher Diskrepanzen zwischen Bildwirklichkeit und empirischer Wirklichkeit korrespondiert mit den Eigenschaften der Selektionskriterien, die bei der Bestimmung bildrelevanter Fakten oder Beobachtungen in der Wirklichkeit angewendet werden. Wird das Augenmerk rigoros auf das physisch Wahrnehmbare der dinglichen Wirtschaftswelt – auf die Stoffe, Anlagen, Warenlager, Transportmittel usw. – fokussiert, fehlen dem Bild das Geistig-Schöpferische und die vom kulturellen Umfeld ausgehenden mentalen Prägungen, die das konkrete unternehmerische Handeln und die Programmatik wirtschaftspolitischer Konzeptionen anstiften und leiten.

Man muss es so krass sagen: Kein lebendes Gehirn kann sich von den organischen, sensorischen Kräften frei machen und um des reinen rationalen Denkens willen die neuronalen Strukturen des Gedächtnisses einfach abschütteln, welches mit dem lebenden Menschen wächst und aus einer endlosen Ketten unzusammenhängender Erlebnissen sich mehr und mehr differenziert. Diese die individuellen Kulturmuster formenden Kräfte sind immer schon da, wenn ein Mensch zu denken beginnt und sich Klarheit über einen Sachzusammenhang machen will. Mit anderen Worten: Es gibt kein voraussetzungsloses Bild von der Wirtschaft und in diesem Sinne auch keine objektive, d.h. interpersonal zwingend gültige Definition des Gegenstandes ökonomischen Denkens auf wissenschaftlichem Niveau.

Dennoch wird von Ökonomen in ihren Theorien behauptet, dass man mit einem auf die dinglichen Erscheinungen in der Wirtschaft fokussierten Bild die nötige Objektivität erlangen kann, die die Wirtschaftswissenschaften in die Nähe der Naturwissenschaften rückt. *Man hat die Gesetze der gesellschaftlichen Kooperation zu erforschen, wie der Physiker die Gesetze der Mechanik erforscht,* sagt Ludwig von Mises (Brodbeck 1998, 38). Solche methodologische Festlegung kann nur gelingen, wenn man Wirtschaft als einen von Kausalität durchdrungenen Realitätsausschnitt denkt und entsprechend mit mathematischen Mitteln modelliert.

Die Absurdität dieser Methodologie müssen wir diskutieren, denn sie hätte, hielte man sie für allgemein gültig, unabsehbare Folgen für die Kulturökonomie und für die Kunstökonomie. Die Kulturökonomen stellen den theoretischen Boden der Ökonomie traditioneller Bauart nicht in Frage, sondern gehen davon aus, dass die gesamte Sphäre der Künste und die ihnen nahe stehenden Kulturpraktiken, die in ganz eigener Weise auf kreative Geistesarbeit ausgerichtet sind, mit den analytischen Methoden der Ökonomik untersucht und erklärt werden können.

Das ist sogar – wie wir sehen werden – bis zu einem gewissen Grad möglich, jedoch nur, wenn man eine Reihe grundlegender Einschränkungen der Geltung von so gewonnenen Resultaten der Kulturökonomik beachtet. Partialergebnisse aber sind selten nützlich, wenn es um die wissenschaftliche Bearbeitung und Beurteilung von Ganzheiten geht. In jedem Fall aber ist es notwendig, das herkömmliche ökonomische Denken kritisch und zugleich kompakt unter die Lupe zu nehmen, um die Limitationen dieser Vorgehensweise aufzuzeigen. Wir werden zeigen, dass es sich um Limitationen handelt, die selbst den klassischen Bereich der Wirtschaft tangieren. Umso problematischer werden kulturökonomische Ansätze, wenn man sie auf die Künste projiziert.

4   Geschichte und Gegenstand der modernen ökonomischen Theorie

4.1   *Vorbemerkungen*

Kulturökonomik ist eine Wirtschaftswissenschaft hauptsächlich durch ihr methodologisches Fundament. Auch wenn ein spezielles Feld kultureller Aktivitäten ausgemacht wird, bleibt es dabei, dass zuvörderst die wirtschaftliche Seite aller menschlichen Handlungen im weiten Feld des Gesellschaftslebens untersucht wird, also nicht nur die der Produzenten, sondern auch die aller privaten und öffentlichen Haushalte und Organisationen. Zu den Produzenten rechnen wir den organisierten Fabrikationsbetrieb genauso wie den persönlichen Ratgeber in Sachen *Recht* oder *Gesundheit* oder den einsamen Dichter und den sich physisch und mental aufrüstenden Künstler.

Sie alle sind in gewisser Weise Produzenten und Konsumenten in eins, die materielle Ressourcen verbrauchen und Waren oder Dienstleistungen herstellen. Nicht alle erzeugen verkäufliche Waren. Aber Sinn stiftendes soziales Engagement, nachbarschaftliche Hilfe oder ehrenamtliche Tätigkeiten in einem Sportverein sind Ressourcen verbrauchende Leistungen, ohne die die Gesellschaft ein armseliges Gerippe wäre. Das Kriterium *Herstellung verkäuflicher Waren oder Dienstleistungen* verkürzt den Fokus auf kommerziell ausgerichtete Produzententätigkeit, eine methodologische Festlegung, die begründet werden muss.

In unserem Fokus der Kunstökonomie, die hier aber noch nicht zur Sprache kommt, werden wir auf den Typus des individuellen Einzelkämpfers als gesellschaftlichen Produzenten noch detailliert zurückkommen: Wir wollen exemplarisch den Aufbau, den Ausbau und die ständige Pflege der Leistungskräfte eines Künstlers einschließlich der charakteristischen äußeren Bedingungen für eine erfolgreiche Künstlerkarriere aufzeigen. Aus guten Gründen haben wir die Arbeit eines professionellen Sängers dafür ausgewählt. Wir wollen an diesem Beispiel eine kleine Betriebswirtschaftslehre der künstlerischen Arbeit entwickeln.

Kulturökonomik teilt als Wirtschaftswissenschaft die Methodologie des traditionellen ökonomischen Denkens, in großen Teilen auch die der neoklassischen Ökonomik. Die dennoch notwendigen Einschränkungen oder Differenzierungen haben im Wesentlichen zwei Gründe:

- Erstens, mit der Einführung der Dimension der Kultur als geistige Komponente praktischen Wirtschaftens werden einige, zum Teil gravierende Schwächen insbesondere der neoklassischen Ökonomik freigelegt. Das zwingt zum Überdenken und Umgestalten bestimmter Grundlagen der Ökonomie.

- Zweitens, die theoretische und pragmatische Beurteilung des Wirtschaftsgeschehens verschiebt mit der Einbringung der Dimension der Kultur die Perspektive der Wahrnehmung von einer traditionell betont dinglichen zu einer in die Mitte gerückten Aufmerksamkeit für die geistige „Kernenergie" der schöpferischen Kräfte des Menschen. Mit dieser Rochade wird das denkende Haupt im großen Spiel der Wirtschaftshandlungen neu positioniert und damit die Geltung der orthodoxen Sicht maßgeblich relativiert.

Dieses Menschenbild, eingebunden in eine anders akzentuierte ökonomische Methodologie, ist eine zwingende Voraussetzung für die Kulturökonomie, wie wir sie entwickeln werden, und ebenso unerlässlich für die Kunstökonomie, wenn es darum geht, Kunstereignisse gleich welcher Art nicht kategorial zu trennen in die materiellen (ökonomischen) und die geistig-schöpferisch (künstlerischen) Komponenten, als ob beide je für sich bearbeitet werden könnten. Unsere Position wird sehr eindeutig die einer wechselseitigen Durchdringung sein.

Wir beginnen unsere Darstellungen zunächst mit einem Überblick über die Entstehung der modernen und zugleich traditionellen Ökonomie, mit den Leitbildern und Prinzipien ihrer Theorien und den methodologischen Grundlagen ihrer wissenschaftlichen Arbeit. Es geht uns um den Nachweis, dass die herkömmliche methodologische Orientierung nicht etwa dadurch auffällt, dass sie in sich nicht stimmig wäre oder zur Beurteilung des Wirtschaftsgeschehens vielleicht nicht stringent genug wäre. Das anzunehmen, wäre ein grober Irrtum.

Vielmehr zeigen sich die Schwächen darin, dass wesentliche Tatbestände des realen Wirtschaftens nicht erfasst und deshalb eine unvollständige theoretische Abbildung geboten und nur eine fragmentierte pragmatische Beurteilung abgeben werden kann. In dieser Schieflage verbergen sich die Keime vieler Fehldeutungen und problematischer Empfehlungen für die Wirtschaftspraxis und die Wirtschaftspolitik.

4.2   Vom Anfang der modernen Ökonomie in der Klassik

Geschichtsbetrachtungen stehen stets vor der heiklen Frage nach dem genauen Ursprung oder Beginn einer historischen Erscheinung. Sie ist unweigerlich mit der weiteren Frage verbunden, was vor dieser Erscheinung liegt und sie zu etwas Besonderem qualifiziert. Welche Kräfte haben einen bestimmten, auf der Zeit- und Raumskala der Vergangenheit zugeordneten Zustand bewirkt. Was immer ins Auge gefasst wird, hat einen meist ziemlich komplexen Vorlauf, den man endlos weiter zurückverfolgen kann. Bricht man diese Rückfragen bei einem markanten Punkt oder Ereignis ab, fällt es oft schwer, diesen künstlich festgelegten Anfang zu erklären. Wo also setzt man in diesem Fall den Beginn des modernen ökonomischen Denkens an?

Regelmäßig und oft mit einer gewissen Selbstverständlichkeit setzen Ökonomen den Beginn des modernen ökonomischen Denkens im 18. Jahrhundert an, jener in der Tat maßgeblichen Umbruchzeit der Ablösung des absolutistischen Wirtschaftsstils des späten Feudalismus und des Übergangs in ein bürgerlich-kommerzielles Denken. Ulrich van Suntum beginnt sein geschichtlich aufgebautes Buch *Die unsichtbare Hand* ohne nähere Begründung bei Adam Smith (Suntum 2000). Das kann man so hinnehmen, denn jede andere Zäsur im endlosen Strom menschlichen Nachdenkens über die Wirtschaft wäre nicht weniger willkürlich und könnte sich den Vorwurf der Langatmigkeit einhandeln, wenn man – wie verbreitet – das ökonomische Denken bei Aristoteles ansetzt.

Die Hauptfigur dieser Epoche war der *Philosoph* Adam Smith (1723–1790), dem mit seinem Hauptwerk über den *Wohlstand der Nationen* in der Tat das große Verdienst zukommt, eine umfassende, historisch-pragmatisch angelegte Systematik des Wirtschaftens unter den Bedingungen eines (relativ) freien, jedenfalls weitgehend von merkantilistischen Zwängen befreiten Marktes vorgelegt zu haben, die für die weitere Entwicklung der ökonomischen Theorie die entscheidenden Maßstäbe setzte.

Geschichtliche Ereignisse sind nicht nur Momente auf einer Zeitskala, sondern finden an einem konkret benennbaren geographischen Ort oder Raum statt. Die beiden Dimension von Raum (Wo hat sich etwas ereignet?) und Zeit (Wann hat sich etwas ereignet?) sind in historischen Betrachtungen kaum trennbar. Geschichtliche Erscheinungen ragen aus dem Kontinuum der historischen Ereignisströme heraus, wenn sie aus bestimmten Erkenntnisgründen im Denken des Betrachters eine hervortretende Bedeutung bekommen.

Die Hervorhebungen sind also nicht empirischer Natur, sondern geistig-konstruktiver. Die Entsprechung dieser Konstruktionen zur historischen Wirklichkeit sind deshalb stets prekär. Das 18. Jahrhundert, welches übereinstimmend als der Beginn der Moderne auch für die Ökonomie gedeutet wird, kann nur im Nachhinein als große Umbruchzeit gewertet werden. Das Empfinden der Zeitgenossen dürfte weitaus weniger konturiert gewesen sein, denn die meist zufällige, inselartige Wahrnehmung aktueller Ereignisse ist hinsichtlich deren Nachwirkungen und Verkettungen in statu nascendi nicht eindeutig, selbst wenn jemand ein Gespür dafür gehabt haben mag, dass etwas Neues auf dem Weg ist. Dieses Gespür für einen Umbruch scheint aber bei Adam Smith vorhanden gewesen zu sein (Ballestrem 2001; Aßländer 2007, Buchan 2006, Bendixen 2009 b).

Einzelereignisse und ihr historischer Verlauf sind konstruierte Hervorhebungen, deren Verknüpfungen und Verstrickungen im Gesamtstrom der zeitgleichen Ereignisse stets akut bleiben und zur Deutung einzelner Geschehnisse herangezogen werden müssen. In einem auf diese Weise hervorgehobenen Einzelereignis oder einer historischen Strömung spiegeln sich folglich nicht nur die Zeitströmungen, beispielsweise die Aufklärung als geistiger Humus für die Einsichten und philosophischen Konstruktionen Adam Smiths (Bendixen 2010 d), sondern sie nehmen vielfältige Färbungen und Nuancierungen der gesellschaftlichen und natürlichen Umstände in sich auf an dem Ort und in der historischen Epoche, in der sie sich ereignen.

Die Eigenheiten der Schottischen Aufklärung im 18. Jahrhundert haben die Weltsicht Adam Smiths nachhaltig geprägt, und diese besondere Variante der Aufklärung unterschied sich (u. a. durch ihren markanten Pragmatismus) nicht nur von den vielen kontinentaleuropäischen Varianten der Aufklärung, sondern spielte selbst innerhalb des britischen Königreichs eine Art Opponentenrolle gegenüber dem dominanten England (Ballestrem 2001, Aßländer 2007).

Weder die Leistungen von Einzelkämpfern noch die Zeitströmungen und der Wandel der Einstellungen zu einem bestimmten Thema lassen sich historisch isolieren von den faktischen Begleitumständen und den Perspektiven der zeitgenössischen Wahrnehmungen des Weltgeschehens. Die Wahrnehmungen im Augenblick des Geschehens sind anders als in allen Nachbetrachtungen, und diese wiederum weisen die Züge des Zeitgeistes desjenigen auf, der von einer nachfolgenden Epoche aus zurückblickt. Selbst mit den kühnsten empathischen Fähigkeiten wäre es undenkbar, detailgenau nachzuempfinden, wie die Lebensumstände in Edinburgh im (frühen) 18. Jahrhundert und das mit großen Verzögerungen dahin vordringende Wissen um das Weltgeschehen das Denken Adam Smiths beeinflusst haben.

Die historische Methode ist im Prinzip ganzheitlich (hermeneutisch). Bekanntlich hatte Adam Smith nicht nur Gedanken und Schriften seines engen Freundeskreises in Edinburgh und Glasgow, namentlich David Hume (1711–1776) und Adam Fergusson (1723–1816), aufgenommen und in sein Denken integriert, sondern sich umfassend gebildet und orientiert an anderen Zeitgenossen und an genialen Denkern wie beispielsweise Isaac Newton (1643–1727) oder Giovanni Battista Vico (1668–1744), dem damals viel beachteten Geschichtsphilosophen. Die beiden genannten sind aus Gründen, die wir hier nicht im Einzelnen darlegen können (Bendixen 2009 b), zu einem entscheidenden geistigen Einfluss auf Adam Smiths Denken geworden.

Fruchtbar werden konnten zeitgenössische Denker und bedeutende Vorläufer auf Adam Smiths Wirtschaftsphilosophie nur in dem geistigen Klima Schottlands, insbesondere Edinburghs und Glasgows, im frühen 18. Jahrhundert, das sich unmittelbar nach dem gewaltsamen Anschluss Schottlands 1717 an das (damals immer noch) absolutistische England mit seinen merkantilistischen Traditionen und Herrschaftsansprüchen (wie sie beispielsweise die Britisch East India Company pflegte) dem verschlafenen, provinziellen Edinburgh mit einem Geist des Aufruhrs versorgte, der das akademische Leben im 18. Jahrhundert gravierend beeinflusste, und zwar weit über Schottland hinaus.

Macht es Sinn, den Beginn des modernen ökonomischen Denkens in der Epoche der Aufklärung anzusetzen, repräsentiert durch den Moral- und Wirtschaftsphilosophen Adam Smith und lokalisiert im geistigen Klima Edinburghs? Es gibt in der Tat gute Gründe dafür, auch wenn jeder Schnitt im historischen Zeitkontinuum einer gewissen Willkür nicht entbehrt. So könnte man mit Gegengründen durchaus argumentieren, dass die heute mächtigen Strömungen und Nachwirkungen der industriellen Revolution den Zeitgenossen des 18. Jahrhunderts kaum gegenwärtig sein konnten. Konstrukteure und Erfinder wie James Watt, einem langjährigen persönlichen Freund Adam Smiths in Edinburgh, waren frühe Anfänge, deren mächtige Wirkungen erst viel später zutage traten.

Die für die heutigen Wirtschaften bis hin zur Weltwirtschaft immens wichtige industrielle Revolution (besser: die industrielle Evolution) hat erst einige Generationen nach Adam Smith stattgefunden, wenn auch zweifellos von dessen marktwirtschaftlichem Denken beeinflusst. Es hätte also Gründe geben können, den Beginn der ökonomischen Moderne an den Anfang des 19. Jahrhunderts zu legen.

Die Geschichte der ökonomischen Theorie beginnt in den Darstellungen der meisten Autoren der Theoriegeschichte (Literatur unter Leseempfehlungen) jedoch mit der ökonomischen Klassik und Denkern wie Adam Smith, David Ricardo (1772–1823), Thomas Malthus (1766–1834) und John Stuart Mill (1806–1873); durchaus nicht zufällig alles Engländer. Paul A. Samuelson und William D. Nordhaus bemerken dazu:

> *Wo und wann ist eigentlich dieser große Strom, als den wir uns die heutige Volkswirtschafts-lehre vorstellen können, entsprungen? Der Ursprung, die Quelle der modernen Ökonomie, lässt sich mit dem Jahr 1776 genau datieren, jenem Jahr also, in dem Adam Smith seinen Klassiker ,An Inquiry into the Nature and Causes of the Wealth of Nations ... herausbrachte* (Samuelson/ Nordhaus 29).

Die Maßgeblichkeit Adam Smiths für die weitere Entwicklung der ökonomischen Theorie steht wohl außer Zweifel. Die Maßstäblichkeit erkennt man an dem Umstand, dass dieses Werk noch zu Smiths Lebzeiten in sehr kurzer Zeit in zahlreiche (Welt-) Sprachen übersetzt wurde und mehrere Auflagen erlebte.

Adam Smith hat jedoch die politischen, wirtschaftlichen und kulturellen Umbrüche im 18. Jahrhundert nicht ausgelöst, sondern er hat den Geist des Wandels, der in ihnen steckte, erfasst, durchdacht und gedeutet und hat daraus ein systematisches Gesamtkonzept einer neuzeitlichen Wirtschaftsphilosophie gemacht. Die historischen Umbrüche im 18. Jahrhundert besaßen ihre eigene Dynamik – und Smith traf damit den Kern der Sache.

Das Werk Adam Smiths hat der realen wirtschaftlichen Entwicklung Leitplanken einer modernen Politischen Ökonomie geben können. Es hat mit Nachwirkungen bis heute sehr rasch Eingang in die Wirtschaftspolitik der gerade erst geborenen Vereinigten Staaten von Amerika gefunden, nicht zuletzt mit ausdrücklicher Unterstützung Benjamin Franklins (1706–1790), auf den Adam Smith nachweislich deutlichen Einfluss ausübte. Beide sind sich während eines Aufenthaltes Franklins in Glasgow 1759 persönlich begegnet (Buchan 2006, 42).

Eine geschlossene, methodologisch und argumentativ durchkomponierte ökonomische Theorie der Funktionsweise freier Marktwirtschaften hat sich indessen erst im Verlaufe des 19. Jahrhunderts gebildet, aufbauend auf den Arbeiten von David Ricardo, Thomas Malthus, John Stuart Mill und vieler weiterer, die den Weg hin zu einer gefestigten Denkplattform der Nationalökonomie garnierten, die sich über die so genannte Grenznutzenschule (Alfred Marshall, Carl Menger) und die ökonomischen Mathematiker im späten 19. und beginnenden 20. Jahrhundert (Léon Walras, Vilfredo Pareto) als bis heute bestandsfähig erwiesen hat.

Diese traditionsreiche nationalökonomische (volkswirtschaftliche) Theorie wurde später Mikroökonomie genannt – im Kontrast zu John Maynard Keynes' *Ökonomie der Volkswirtschaft* als einer Ganzheit, die die Bezeichnung Makroökonomie bekam (Samuelson/Nordhaus 29). Eine aufschlussreiche und zugleich theoriekritische Darstellung der Geschichte des ökonomischen Denkens mit einer ausführlichen Gegenüberstellung von Mikroökonomie und Makroökonomie findet sich bei John Kenneth Galbraith (Galbraith 1991).

4.3   Die Bausteine und die Methodologie der Ökonomik

Die meisten umfassenden Darstellungen des modernen ökonomischen Denkens sind zugleich Lehrbücher, in welchen die in der Klassik und Neoklassik entfalteten theoretischen

Grundlagen der Ökonomik (genauer: der Mikroökonomik) breit diskutiert und mit Beispielen erläutert werden. Sie variieren häufig in ihrer Diktion und ihren didaktischen Aufbereitungen, nicht aber in ihren elementaren Systemkonstruktionen und logischen Argumentationen.

In diesem Abschnitt führen wir in konzentrierter Form nur die zentralen Bausteine und theoretischen Grundmodelle des Marktgeschehens vor, um ihren methodologischen Kern freizulegen. Wir bedienen uns im Wesentlichen der bekannten Schrift *Volkswirtschaftslehre* von Paul A. Samuelson und William D. Nordhaus (Samuelson/Nordhaus) und werden nur gelegentlich auf parallele Lehrbücher zurückgreifen.

Die Volkswirtschaftslehre befasst sich mit drei elementaren Grundfragen: 1. Welche Güter werden in welchen Mengen hergestellt? 2. Mit welchen Ressourcen und durch welche Produzenten werden die Güter hergestellt? 3. Wer sind die Empfänger der Wirtschaftsleistung und nach welchen Regeln erfolgt die Verteilung (Samuelson/Nordhaus 30)?

In einer diktatorischen Planwirtschaft entscheidet eine staatliche Instanz, welche Güter durch welche Produzenten herzustellen sind und wie die Verteilung auf die Bedarfsträger (private und öffentliche Haushalte) geregelt werden. Um diesen (theoretischen Extrem-) Fall kümmern wir uns nicht weiter. Die drei Fragen charakterisieren deutlich den spezifischen Blickwinkel des traditionellen ökonomischen Denkens auf das dingliche Geschehen und die dinglichen Dispositionen in der Wirtschaft (Produktion und Distribution über den Markt).

In einer auf (geregelten) Dispositionsfreiheiten beruhenden Marktwirtschaft sind die Mitglieder der Gesellschaft frei, ihren Bedarf an Gütern und Dienstleistungen entsprechend ihren Präferenzen zu äußern, konkurrieren die Produzenten um den Auftrag, die Bedarfe möglichst kostengünstig und damit preiswürdig und profitabel herzustellen und die (meist Lohn- und Einkommens-) Regeln zu bestimmen, nach denen die Verteilung der Früchte der Wirtschaftstätigkeit (im theoretischen Jargon: des Sozialprodukt) erfolgen soll. Das gesamte Regelwerk des praktischen Marktverkehrs bildet sich teils organisch aus dem historischen Entfaltungsprozess dieser Wirtschaftsweise, teils aber wird es über parlamentarisch-demokratische Prozeduren gesetzlich bestimmt, um überall gleiche Ausgangsbedingungen für einen fairen Marktverkehr zu schaffen.

Von diesem in der Realität historisch und geographisch überaus wandlungsreichen Wirtschaftsmodell der freien (nur begrenzt regulierten) Märkte gehen wir im Folgenden aus. Der Blick richtet sich dabei nicht auf eine umfassende und in Einzelheiten gehende Darstellung, sondern auf die Hervorhebung der methodologischen Grundlagen und Deutungen des Geschehens in der Wirtschaft, die direkt und indirekt das heutige ökonomische Denken hervorgebracht haben.

Die Frage wird sich fast von selbst stellen, ob das Grundmodell der Marktwirtschaft, wie es von der modernen Ökonomie gezeichnet wird, der Realität in ausreichendem Maße entspricht und folglich Erkenntnisse für die Anwendung in wirtschaftspolitischen Alltagsfragen bieten kann. Eine kritische Beurteilung der modernen Ökonomik im Hinblick auf die Inhalte und Perspektiven einer allgemeinen Kulturökonomie und einer besonderen Kunstökonomie folgt anschließend in einem eigenen Abschnitt.

Die Ökonomie ist kein Spiegel der Wirklichkeit, sondern ein um Nebensächliches bereinigtes Abbild, welches als Bild seine eigene mentale Realität besitzt, auch wenn diese nicht objektiv auf gedrucktem Papier, sondern nur als besondere Prägung der individuellen Gehirnarchitektur des über die Wirtschaft Denkenden existiert. Ähnlich wie bei einem Gemälde ist die Abbildung das (Kunst-) Werk, um das es geht, nicht das Abgebildete selbst. Das ökonomische Marktmodell hat in diesem Sinne also eine eigene Realität, die man wahrnehmen und deuten kann.

Im Fluss der realen Ereignisse in der Wirtschaft und im wirtschaftlichen Umfeld nimmt der Ökonom durch seine bereinigten Abbilder die Zustände nur gefiltert wahr. Seine Wahrnehmungen sind zudem zeitversetzt gegenüber der Realität, weil der Strom der Ereignisse ein nie stillstehendes Kontinuum ist.

Das zu Studienzwecken konstruierte Bild oder Modell der Wirklichkeit bleibt zeitlos, so wie ein Gemälde zeitlos ist, obwohl es auf zeitbedingte Wirklichkeiten verweist, aber – wie gesagt – das Abgebildete ist nicht das (Kunst-) Werk. Modelle eines Ausschnitts der Realität haben – anders als Gemälde – instrumentellen Charakter. Man will sie als Schablonen benutzen, um sie auf eine empirische beschriebene Realität zu projizieren. Das ist nicht ohne Probleme, denn empirische Daten beschreiben nie die Gegenwart, sondern das bereits Geschehene. Weil alles fließt, können empirische Befunde unter Umständen rasch ihre Geltung verlieren.

Dennoch ist das Arbeiten mit Modellen nicht nutzlos. Flüsse halten bekanntlich nicht inne, um sich messen und bewerten zu lassen, aber ihr Erscheinungsbild zeigt über längere Zeit im Kontinuum der Ereignisse markante Muster, die für die Vorgänge strukturierend wirken, z. B. Studel und Kaskaden. Auch Ereignisströme können markante Muster bilden: Regeln, Gewohnheiten, Wertgrundlagen, Verhaltensmuster, Gesetzgebungen, politische Zielvorgaben.

Doch dazwischen pulsiert die Vitalität der Gesellschaft und in ihr die Wirtschaft und in dieser die unzählbaren einzelnen Dispositionen und Handlungen. Die kreativen Einfälle von Beteiligten können mit der Zeit ihrerseits neue Muster und Strukturen hervorbringen, die die eingefahrenen Verhaltensweisen und Institutionen umwandeln oder sogar brechen. Bleiben sie unbemerkt, setzen sie das Modell partiell außer Kraft.

Die Ökonomie ist eine Wissenschaft, die sich auf das Beständige in diesem Kontinuum der Wirtschaftsströme ausrichtet. Die Konzentration des erkennenden Blicks auf das Beständige löst zugleich bis zu einem gewissen Grad das methodologische Problem auf, dass Beobachtungen von Wirklichkeiten keinen Spiegel bieten, weil sie nur zeitversetzt zu prägnanten Vorstellungen gelangen, die unter Umständen sogar nicht mehr der Realität entsprechen und zugleich wegen der selektiven Konstruktion nur unvollständig die ganze Wirklichkeit repräsentieren.

Das Beständige an den Erscheinungen reduziert aber den Verlust an Entsprechungen in der Realität. Das Bleibende behält für eine lange Periode – wenn auch langfristigem Strukturwandel unterworfen – seine Gültigkeit. Grundsätzlich ist die Wissenschaft von der Wirtschaft auf eben dieses Bleibende in einem Kontinuum an Geschehnissen ausgerichtet. Sie gewinnt an perspektivischer Verlässlichkeit, auch in beschränktem Ausmaß für die Zukunft, nicht aber an Kompetenz zum Handeln in der Wirklichkeit, denn die Konfrontation mit dieser ist prinzipiell meist unergründlichen Irregularitäten und Zufallskonstellationen von maßgeblicher Bedeutung ausgesetzt und verlangt komplexere Kompetenzen als die eines Mechanisten an einem rational konstruierten Planungs- und Regelungssystem, als welche beispielsweise zahlreiche Modelle der computergesteuerten Entscheidungsverfahren der Unternehmensführung vorgestellt werden (Koop/Moock 2007).

Aus dieser methodologischen Grundbestimmung der Ökonomie als einer nach Gesetzmäßigkeiten (Kontinuitäten) suchenden Wissenschaft ergibt sich logischerweise, dass ihre Theorien und Modelle auf historische Details und Bezüge nicht eingehen können, sie also ihrem erklärten Selbstverständnis nach a-historisch sein müssen. Eine dieser Grundbestimmungen, die zugleich den Ausgangspunkt aller volkswirtschaftlichen Theorien und Untersuchungen bildet, *ist der Sachverhalt, daß Menschen Bedürfnisse haben, zu deren Befriedigung nur in beschränktem Maße Mittel zur Verfügung stehen* (Fehl/Oberender 1). Die Aufgabe der Wirtschaft, die niemals vollständig zu beseitigende Spannung zwischen Bedürfnissen und Mitteln zu ihrer Befriedigung zu mindern, gehört zur sinnstiftenden Ethik des Wirtschaftens.

Als kleine philosophische Nebenbemerkung sei an dieser Stelle die Sicht Arthur Schopenhauers eingeflochten, der die Wünsche des Menschen als die eigentliche Ursache allen Leidens und allen vergeblichen Strebens nach Beseitigung von Mängeln erklärt. Bedürfnisbefriedigungen können allenfalls vorübergehend Linderung verschaffen, denn anschließend kehren sie – häufig mit größerer Wucht – als drängend zurück und erneuern das Leiden an Mängeln. Deshalb, so Schopenhauer, besteht das ganze menschliche Leben aus Leiden an den Mängeln, denen es ausgesetzt ist.

Diese Philosophie Schopenhauers gedanklich ein kleines Stück weitergeführt, können wir folgern, dass die Wirtschaft das ständige Leiden an Mängeln als einen Glücksfall betrachten muss, denn jeder beseitigte Mangel entfiele ja für künftige Nachfrage, wenn er sich nicht quasi von selbst erneuerte. Die Wirtschaft sei dazu da, Bedürfnisse zu befriedigen, soweit dies unter den Bedingungen knapper Ressourcen möglich ist. Sie verdient damit ihr Geld. Die Wirtschaft spürt deshalb potentielle Bedürfnisse auf, und sie strengt sich sogar an, latente Bedürnisse zu aktivieren. Ganz neue schaffen kann sie sicher nicht.

Doch was würde geschehen, wenn die Begehrlichkeiten von Menschen in der Rolle von Konsumenten an Intensität und Dauer hängen bleiben, so dass die technisch aufgerüsteten Kapazitäten der Wirtschaft Kosten verursachen? Muss man da nicht mit etwas Überredungs- und Verführungskunst die Konsumenten zum Verbrauch anstiften? Nichts anderes aber tut die Werbung, unterstützt durch die Medien. Die Wirtschaft dient der Gesellschaft, sagt man. Aber wem dient das absichtliche Anheizen von Begehrlichkeiten, die – wir die Realität zeigt – schon lange nicht mehr fest im kulturellen Boden der Selbstbestimmung von Lebensmustern und Lebensweisen verankert ist.

Unaufhebbar bleibt im Raum die grundsätzliche methodologische und zugleich ethische Frage der ökonomischen Theorie akut, auf welche Weise man festlegen kann, ob ein beobachtetes Ereignis oder eine Klasse von Ereignissen in ihren vielfältigen realen Ausformungen und Eigenschaften die fundamentale Eigenschaft eines Anfangsprinzips oder Axioms aufweist und gesetzmäßig bestimmten Regeln oder Mustern folgt, wie das eben mit der Annahme der Spannung zwischen Bedürfnissen und begrenzten Mitteln geschehen ist.

Die Annahme beispielsweise, dass sich Unternehmer im Verfolg ihrer Geschäfte rational verhalten (eine weitere Grundbestimmung), lässt sich aus der Schnittmenge realer Beobachtungen, aber ebenso aus der Logik des wachsamen Verstandes im Verfolg von Eigeninteressen herleiten und begründen. Was aber ist rational? Kann man Rationalität überhaupt aus empirischen Befunden herausdestillieren, ohne zuvor dieses Kriterium präzise definiert und operabel gemacht zu haben?

Auf diese methodologische Problematik müssen wir noch im Einzelnen zurückkommen, wenn es um den empirischen Charakter geistiger Gestalten und Dispositionen geht, wie sie im Verhalten von Unternehmern und Managern in der Wirtschaft anzutreffen sind. Haben Ideen objektiv ermittelbare Substanz, die man herausfindet, indem man hinter ihre sprachliche Verkleidung im Denken und in der Kommunikation in die Bedingungen der Gehirntätigkeit zurückfragt? Nur wenn die Anfangsbedingungen eines Vorgangs, hier also die logischen Schlussfolgerungen in der ökonomischen Theorie, vollständig und eindeutig sind, können in sich stimmige gedankliche Ableitungen in Form von Gesetzen ermittelt werden. Wo nicht, leiden Theorien und Modelle an der Unzulänglichkeit ihrer Axiome.

Als ein Sinnbild für die Problematik von Anfangsbedingungen und zugleich ein Erklärungsmuster erinnern wir an Isaac Newtons Gravitationstheorie, mit deren Hilfe er exakt den Umlauf der Erde wie aller anderen Planeten um die Sonne berechnen konnte. Die Formel macht den Eindruck uneingeschränkter, zeitloser Gültigkeit. Es sieht so aus, als befolge die Erde das von Newton gefundene Gravitationsgesetz uneingeschränkt und für alle Ewigkeit.

Doch es gibt einen kleinen Fehler in dieser Rechnung. Uneingeschränkte Kausalität gibt es nur dann, wenn sämtliche Anfangsbedingungen vollständig und eindeutig bestimmt werden können. Selbst die kleinste Abweichung erzeugt auf lange Sicht einen kausal nicht erklärbaren Zustand. Man weiß heute, dass die Drehung der Erde um ihre eigene Achse ganz langsam, für uns nicht wahrnehmbar, schwächer wird, sie also durch sich selbst und den Einfluss des nahen Mondes auf eine Erstarrung zuläuft, die alles verändern muss. Auf gleiche Weise wird auch der Umlauf um die Sonne sich verändern.

Sinnbildlich arbeitet der Mechanismus von Angebot und Nachfrage um eine eigene Achse, dem Gravitationszentrum des Gleichgewichtspreises, an dem beide Seiten gewissermaßen zur Ruhe kommen. Deutlich rascher und sprunghafter als die Verlangsamung der Erdumdrehung gerät dieser gedachte Gleichgewichtspreis in Bruchteilen von Sekunden wieder aus den Fugen. Die „Gravitationslehre" des theoretischen Marktmodells ruft den falschen Eindruck eines den Kausalgesetzen gehorchenden Mechanismus hervor.

Im Weiteren können wir uns bei der kritischen Bewertung der ökonomischen Theoriebildung auf solche Beständigkeiten oder Konstanten im Wirtschaftsgeschehen beschränken, die zu den erklärten axiomatischen Grundannahmen der (neoklassischen) Theorien und Modelle gehören. Eine dieser axiomatischen Grundannahmen ist die erwähnte Annahme oder Prämisse des rationalen Verhaltens, die zumindest dem Bestreben nach bei allen Marktteilnehmern (Anbietern wie Nachfragern) zu vermuten und durch Beobachtung zu bestätigen ist und die etwa so umschrieben werden kann: Die Klugheit des haushälterischen Umgangs mit Geld, das nicht in beliebiger Menge zur Verfügung steht, verlangt eine angemessene (im Idealfall der vollständigen Konkurrenz perfekte) Prüfung der Erfolgswahrscheinlichkeiten für eine Reihe von Alternativen, die nicht gleichzeitig verwirklicht werden können.

Rationales Verhalten bzw. das ökonomische Rationalprinzip wird häufig selbst in umfangreichen Lehrbüchern der Mikroökonomie gar nicht erklärt oder definiert, sondern als selbstverständlicher Ausdruck des natürlichen Maximierungsstrebens des Menschen in bestimmten Lebenssituationen hingenommen und nicht weiter hinterfragt. Für Unternehmen heißt das dann Gewinnmaximierung, für die Haushalte Nutzenmaximierung (Fehl/Oberender 4 f.). Aus jeder Lage das Beste für sich herauszuholen, mag abstrakt rational sein. Ob es auch vernünftig ist, folgt daraus nicht zwangläufig.

Mit der Frage nach der Vernunft wirtschaftenden Handelns befasst sich die Wirtschaftsethik, die nach wie vor als Randerscheinung der Ökonomie behandelt wird (Bendixen
2009 c). Gegen die Idee des allein regierenden Rationalverhaltens sprechen zahlreiche wissenschaftliche Studien vor allem der Psychologie und der Neurologie. Ernst Pöppel schreibt:
*Es zeigt sich, dass Entscheidungsprozesse nur dann möglich sind, wenn sie emotional ein-
gebettet sind. Der Verlust von Emotionalität führt interessanterweise meist zu irrationalen
Entscheidungen* (Pöppel 2008, 38).

Eine weitere Grundannahme besteht darin, dass nicht nur Geld der Knappheit unterliegt (selbst wenn jemand davon im Überfluss hat), sondern sämtliche materiellen Ressourcen: Rohstoffe und daraus abgeleitete Ausrüstungen wie Maschinen, Fahrzeuge, Gebäude
und Energie, aber auch die verfügbare menschliche Arbeitskraft. Knappheit ist allerdings
keine physische Eigenschaft all dieser Dinge (natürlich auch keine Eigenschaft des Geldes),
sondern ist das Ergebnis von Begehrlichkeiten.

*Betrachten wir vorerst die Knappheit. Welche Folgen hätte es, könnte man unbegrenzte Men-
gen aller Güter herstellen, oder wären die Bedürfnisse der Menschheit zur Gänze befriedigt?
Die Leute hätten keine Sorgen mit der Erstellung ihres Haushaltsbudgets, denn sie könnten
ohnehin alles bekommen, was sie wollen, auch die Unternehmen müssten sich nicht mit Ar-
beitskosten oder Krankenversicherungen herumschlagen; dem Staat bliebe die Sorge über die
Steuern oder Staatsausgaben erspart, weil sie ohnehin jedermann gleichgültig wären... In einem solchen Paradies des Überflusses gäbe es überhaupt keine Wirtschaftsgüter* (Samuelson/
Nordhaus 28/29).*

Nun sind aber Begehrlichkeiten subjektive und in ihren Agglomerationen soziale Erscheinungen und gehören deshalb der Sozial- oder Kultursphäre, nicht der physischen Welt der
Natur an. Wüstensand ist zwar physisch ein begrenzter Stoff auf der Erde, aber er ist nicht
knapp, denn niemand begehrt ihn (außer vielleicht der Eremit). Ein Diamant ist nicht knapp,
weil er selten ist, sondern weil er sehr begehrt wird und dies etwas mit der Psychologie von
Menschen zu tun hat, die sich mit dem Glanz dieses seltenen Steins selbst veredeln wollen.
Ein Gemälde ist weder knapp noch selten (denn es kommt im Original überhaupt nur ein
einziges Mal vor), doch es hat einen unter Umständen sehr hohen Preis, weil es viele Liebhaber gibt, die es gerne hätten.

Erklärungsversuche der hohen Auktionspreise für begehrte Kunstobjekte mit der klassischen Monopoltheorie gehen völlig in die Irre. Die gesamte ökonomische Markttheorie
ist darauf aufgebaut, dass bestimmte Güter gleicher Gestalt und Qualität beliebig oft wiederholt hergestellt werden können, solange die Ressourcen ausreichen. Dies wäre im Falle
von Gemälden nur dann möglich, wenn das Urheberrecht vollständig aufgehoben würde
und beliebig viele Kopien, die als solche nicht zu erkennen sind, herstellt werden könnten.
Dann würde sich allerdings erweisen, dass viele Kunstliebhaber weniger an der Kunst als
an deren spekulativen Werten interessiert sind, denn sie würden solche Massenware nicht
kaufen wollen.

Um den Kampf um begehrte Dinge nicht in wilde Beuteschlachten ausarten zu lassen, sondern den Wettbewerb auf eine einigermaßen zivilisierte Weise abzuwickeln, sind
über sehr lange Epochen der Zivilisationsgeschichte Märkte entstanden, die bestimmten (oft

obrigkeitlichen) Reglementierungen und Förderungen folgten. Märkte sind also ein *Zivilisationsprodukt* und funktionierende Märkte haben auch heute noch *zivilisierende Potentiale*. Dass heute so viel über Wirtschaftsethik geredet und geschrieben wird, ist ein deutliches Indiz dafür, dass etwas mit der Zivilisationswirkung von Märkten nicht stimmt oder nicht mehr stimmt.

Die historischen Gewalttätigkeiten zwischen dem spätmittelalterlichen Raubrittertum und den große Strecken mit reicher Ware überwindenden Fernkaufleuten sind gewissermaßen Symbol für den zivilisatorischen Aufstieg des kommerziell orientierten Bürgertums und seiner frühen Kaufmannsstädte und den letzten Atemzügen einer verschwindenden Praxis der Aneignung von Gütern durch Gewalt. Der ursprüngliche Reichtum der Grundherrschaften beruhte nicht auf Handel, sondern auf der Privatisierung von Grund und Boden, also Raub (nach der Bedeutung des lateinischen „privare" für „absondern", „jemand von etwas befreien" oder „jemand berauben").

Knappheit wird häufig erklärt mit einem soziologischen Kunstgriff, wonach es einen offensichtlichen Kontrast gibt zwischen der Endlichkeit der irdischen Physis und den grenzenlosen Bedürfnissen des Menschen. Bei Samuelson/Nordhaus heißt es:

> *Betrachtet man die Summe aller Wünsche und Bedürfnisse, stellt man sehr schnell fest, dass es einfach nicht genügend Güter und Dienstleistungen gibt, um auch nur einen Bruchteil der Konsumbedürfnisse aller Leute zu befriedigen... Angesichts der grenzenlosen Bedürfnisse ist es wichtig, dass eine Wirtschaft das Optimum aus ihren knappen Ressourcen herausholt* (Samuelson/Nordhaus 29).

Auch Knappheit wird als Grundbestimmung der ökonomischen Theorie so gut wie nie inhaltlich geklärt, sondern es wird lediglich konstatiert: *Hierbei handelt es sich um einen ganz allgemeinen Sachverhalt, der völlig unabhängig von der historischen Situation immer gegeben ist. Die Diskrepanz zwischen den Bedürfnissen und den zu ihrer Befriedigung notwendigen Mitteln oder Gütern bezeichnet man als Knappheit* (Fehl/Oberender 1). Knappheit als einen naturgegebenen, ahistorischen Zustand anzunehmen, ist jedoch ein methodologischer Fehlgriff, wie wir noch sehen werden.

Lassen wir an dieser Stelle das verzerrte Menschenbild außer Acht, das in dieser in ökonomischen Lehrbüchern weit verbreiteten Sicht zum Ausdruck kommt, wonach dem Menschen die kulturelle Vernunft der einsichtigen Selbstbeschränkung auf das geistig, emotional und körperlich Zumutbare und Verkraftbare und die Unmöglichkeit jeder Form von Grenzenlosigkeit nicht zugetraut wird.

Dieses Vorurteil ist zugleich ein methodologischer Kunstgriff, der darin besteht, dass auf diese Weise Argumente für unbegrenztes volkswirtschaftliches Wachstum und unternehmerische Gewinnmaximierung eröffnet werden (Bendixen 2007). Die aktuellen Grenzen der Wirtschaftstätigkeit liegen dann nur noch in den limitierten Kapazitäten der Wirtschaftsleistung, nicht in äußeren materiellen und kulturellen Bedingungen und der Vernunft der Selbstbegrenzung.

Der Kunstgriff oder das Theorem ist der Versuch einer wissenschaftlichen Begründung für die Logik endlosen Wirtschaftwachstums und indirekt für eine Moral der Rücksichtslosigkeit beim Verfolg von kommerziellen Eigeninteressen. Das verabsolutierte Verfolgen von Eigeninteressen käme ja nicht zum Zuge, wenn sich die Wirtschaftssubjekte (übrigens auch die Konsumenten, die privaten wie die öffentlichen) aus eigener Einsicht und Verantwortung selbst begrenzten.

An dieser Stelle sei nochmals der Hinweis wiederholt, dass die seit einiger Zeit immer stärker und politisch heftiger gewordene Diskussion zu den Themen *Wirtschaftsethik* und *unternehmerische Verantwortung* ein deutliches Indiz dafür ist, dass das für rational erklärte Recht auf grenzenloses Wachstum weder in der ökonomischen Theorie noch in der Wirtschaftspraxis angemessen positioniert sind, nämlich im methodologischen und pragmatischen Mittelpunkt des Denkens, wohin es zweifellos gehören würde. Rationales Wirtschaften und ethische Vernunft werden in der Theorie nach wie vor wie zwei paar Stiefel angesehen, von denen das eine nur zur Sonntagspredigt getragen wird.

> *Wenn Leute über wirtschaftliche Themen sprechen, verwechseln sie häufig Fakten mit Fragen der Fairness. Die positive oder beschreibende Ökonomie beschreibt die Fakten einer Wirtschaft ... und ihr Verhalten... Die normative Ökonomie befasst sich mit ethischen Konzepten und Werturteilen bezüglich des Was, Wie und Für wen einer Wirtschaft. ... Auf diese Fragen gibt es keine richtigen oder falschen Antworten, weil hier Ethik und Wertvorstellungen, nicht so sehr Fakten eine Rolle spielen. Sie lassen sich nur in der politischen Debatte und mit politischen Entscheidungen lösen, die ökonomische Analyse ist hier überfordert* (Samuelson/Nordhaus 30/31).

Eine nur wenig beachtete Komponente der Theorie des Marktes ist seine historische Herkunft aus der Sphäre des Handels, nicht aus der der Erzeugung von Gütern. Die übliche Beschreibung der Wirtschaft als organisiertes System der optimalen Allokation der Produktionsfaktoren *Boden*, *Arbeit* und *Kapital* zur materiellen Versorgung der Gesellschaft trifft auf den Handel selbst nur mit begrifflichen Verrenkungen und auf das Marktgeschehen nicht einmal im Ansatz zu, während das Fertigen eine Ware ob mit oder ohne strikte optimale Allokation von Ressourcen nichts mit dem Marktgeschehen zu tun hat.

Diese axiomatische Formel zur Kennzeichnung der Wirtschaft ist ein Zuschnitt für bestimmte theoretische Erkenntnisinteressen. Sie ist zwar kein ausgesprochener Anachronismus, aber auch kein wirklich greifendes Denkwerkzeug zur Erklärung von Konstellationen und Abläufen auf Märkten. Einzug gehalten in die moderne ökonomische Theorie hat diese Formel durch Adam Smith, der den (materielle) Werte schaffenden Prozess der Produktion und die Effekte zunehmender Arbeitsteilung im Herstellungsprozess zum ersten Mal in den Mittelpunkt einer Philosophie der Wirtschaft stellte und systematisch abhandelte. Der Handel und damit die Vermarktung wird bei ihm zum Anhängsel, über das sich die erfolgreiche Produktion verwirklicht.

Das Grundproblem der Philosophie Adam Smiths ist das Fehlen der Dimension der Kultur. Der Faktor *Arbeit* setzt – ob körperliche oder geistige Arbeit – eine Bildungs-, Kultivierungs- und Zivilisationsleistung am Menschen voraus. Der Faktor *Kapital* setzt ein kulturelles Grundverständnis für die Akkumulation von materiellen Wertpotentialen zu fortgesetzter Investition in Zivilisationsniveaus voraus. Der Faktor *Boden* ist beileibe nicht einfach ein Grundstück, auf dem man seine Fabrik errichtet oder, falls die Natur darin Ressourcen wie Roherze oder Nutzpflanzen beherbergt, geplante Nutzung organisiert, sondern eine kulturell determinierte Form der Inbesitznahme (der Aussonderung für menschliche Zwecke, mithin der Privatisierung). Bodenbesitz ist eine kulturelle Erscheinung.

Die Verkürzung der Natur auf den Faktor *Boden* war schon bei Adam Smith, dem Philosophen, eine ihm kaum bewusste Fehlleistung, die den systematischen Anfang bildete für eine irrationale Fehlentwicklung der kapitalistischen Wirtschaftsweise der Moderne mit unabsehbaren, wahrscheinlich irreversiblen Schäden auf der dünnen, verletzlichen Haut der Natur der Erde. Der Ausdruck *Fehlentwicklung* macht zweierlei klar: Es kann eine andere, vielleicht ethisch besser begründete Praxis von Kapitalismus geben und die Logik des Kapitalismus ist nicht identisch mit den normativen Fundamenten der Marktwirtschaft.

Smith hat die Folgen der Industrialisierung nicht erkennen können. Wohl aber hätte dies das Kardinalthema der gesamten Ökonomie sein müssen, und zwar von Beginn an. Statt Modelle zu zimmern, wie man – angeblich rational und vernünftig – Ressourcen optimal nutzt, hätte sich die Ökonomie mit den verschiedenen Natur- und Kulturwissenschaften verbünden müssen, um das Problem anzugehen, dass *unsere Zivilisation den Boden unter den Füßen verliert* (so der Titel des Buches von David R. Montgomery 2010).

Der Handel behält im Denken Adam Smiths zwar seine funktionale Bedeutung als logischer Abschluss arbeitsteilig operierender Produktionsprozesse. Aber die Traditionen des eigenständigen (Fern-) Handels der international wirkenden Kaufleute rücken als historische Realitäten bei Smith in den Hintergrund. Mag sein, dass im Bewusstsein Smiths der damalige Handel Englands noch zu sehr vom Merkantilismus gezeichnet war, den er heftig bekämpfte. Seine argumentative Beteiligung an Edmund Burkes Kritik an der British East India Company und der Versuch, sie auf parlamentarischem Weg abzuschaffen (was zunächst misslang, die Gesellschaft existierte bis 1858), ist bekannt (Buchan 2006)

Der historisch gebildete Adam Smith wird die fundamentale Rolle des Handels in den Epochen vor seiner eigenen gewiss gesehen haben, worauf zahlreiche Stellen in seinem bekannten Werk über den Wohlstand der Nationen hindeuten. Er betrachtete aber den Handel mehr als eine funktionale Marktoperation der Produzenten, denn als eigenen Wirtschaftszweig mit einer Jahrtausende alten und das gesamte Marktsystem kulturell und normativ gestaltend durchdringenden Kraft, seit dem Ausgang des Mittelalters zunehmend in der Mitte der Gesellschaft.

Die Händler und Kaufleute der Antike und des abendländischen Mittelalters bis weit hinein in die Neuzeit haben sich niemals mit eigenen Erzeugungen befasst, sondern immer nur ihre Handelsdienste angeboten für Waren, die an einem bestimmten Ort erzeugt und an einem anderen gebraucht wurden. Die Verschmelzung von Handel mit der Fabrikation von Erzeugnissen, heute eine Selbstverständlichkeit, liegt nur eine historisch relativ kurze Zeit zurück (nicht über die Zeit der ausklingenden Renaissance hinaus) und war ein langsamer Prozess, der erst in der Lebensperiode Adam Smiths im 18. Jahrhundert ganz langsam Kontur gewann und gleitend in die Industrialisierung heutiger Provenienz überging.

Der Prozess der Verschmelzung von Handel und Produktion unter ein Kapitaldach und ein unternehmerisches Kommando war im Erlebnishorizont Adam Smiths und seiner Zeitgenossen noch gar nicht richtig ausgebildet. Die frühe Phase der so genannten industriellen Revolution (der ingenieurwissenschaftlichen Technisierung und ökonomischen Industrialisierung der Fabrikation) begann erst gegen Ende des 18. und um den Anfang des 19. Jahrhunderts.

Der Geist des Marktgeschehens war (und ist) auch nach der industriellen Revolution von der Rationalität des Vorteilsstrebens im marktförmigen Tauschverkehr geprägt. Daraus resultiert auch noch in der modernen Volkswirtschaftslehre die zentrale Rolle des Marktes als Scharniere zwischen Produktion und Konsum. Damit rücken logischerweise die Verhaltensweisen und Verhaltenskonstanten der Marktteilnehmer (Anbieter und Nachfrager) in den Mittelpunkt.

Eine Marktwirtschaft ist eine Wirtschaft, in der Haushalte und private Unternehmen die wichtigsten Entscheidungen über Produktion und Konsum treffen. Ein System der Preise, Märkte, Gewinne und Verluste, Anreize und Belohnungen bestimmt das Was, Wie und Für wen. Unternehmen produzieren die Güter, die den höchsten Gewinn erwarten lassen (was) mit den kostengünstigsten Produktionsmethoden (wie). Der Konsum wird durch die Entscheidung der Haushalte darüber bestimmt, wie sie ihr Einkommen aus Arbeit und Vermögen ausgeben (für wen). (Samuelson/Nordhaus 31).

Die Verfasser würden sicher nicht bestreiten, dass die an den Unternehmensentscheidungen beteiligten Menschen zugleich Konsumenten sind. Ein in der Praxis natürlich nicht auszuschließender, wenn nicht sogar regelmäßiger Einfluss der privaten Lebensweise von Managern auf ihre Entscheidungen im Unternehmen ist ein in der ökonomischen Markttheorie nicht vorkommender Fall.

Die theoretischen Mechanismen der Preisbildung sind allzu bekannt, so dass wir uns damit nicht lange aufhalten müssen. Die rationalen Reaktionen der Anbieter und Nachfrager werden im Modell allerdings mechanisch konzipiert und sind schneller als der Donner auf den Blitz folgt. Geht der erlangbare Marktpreis unter die Kosten des Produktionsaufwands, steigen die davon betroffenen Anbieter aus.

Aber was machen sie dann mit den gestapelten Waren und den aufgebauten Produktionskapazitäten? Ein niedriger Marktpreis ruft umgekehrt mehr Nachfrager auf den Plan. Es treten solche hinzu, die sich zuvor mangels Kaufkraft zurückhalten mussten. Daneben aber kaufen die bisherigen Nachfrager unter Umständen mehr von dieser Ware. Doch: Was machen sie mit den Mengen, wenn sie sie nicht selbst und sogleich verzehren oder sonstwie konsumtiv bei sich integrieren können?

Dem klassischen Marktmodell des vollständigen oder vollkommenen Wettbewerbs fehlt die Dimension der Zeit als ein Dehnungsmoment, in dem während der Marktvorgänge (der umgebungsvergessenen mechanischen Anpassung von Angebot und Nachfrage) sehr viel Nebensächliches, aber auch manch Entscheidendes passieren kann.

Zeit ist die Erfahrung vom Werden und Vergehen, und die Wirtschaft ist ein ununterbrochener, unplanbarer, von vielen Zufälligkeiten durchsetzter Ereignisstrom koordinierter und unkoordinierter Einzelhandlungen, die kommen und gehen. Zeitspannen sind daher unausweichlich auch Ereignisräume für Spekulationen, von denen ganze Branchen (in Börsengeschäften) leben. Kurzsichtigkeit ist ein erhebliches definitorisches Problem für den Begriff des rationalen Verhaltens. Doch damit greifen wir der Kritik des neoklassischen ökonomischen Denkens voraus.

Man kann sich die Frage, was ein Markt ist, relativ einfach machen und an die Erfahrung anknüpfen, dass Anbieter mit Nachfragern in Kontakt treten, um über Preise, Mengen,

Qualitäten und Konditionen zu verhandeln. Diese in allen volkswirtschaftlichen und betriebswirtschaftlichen Lehrbüchern unisono beschriebene Funktion des Marktes als (realer oder fiktiver) Ort des Zusammentreffens von Angebot und Nachfrage hat es bei genauerer Betrachtung allerdings in sich.

Wir müssen uns damit im Zusammenhang mit der Kritik der neoklassischen ökonomischen Ökonomie noch im Einzelnen befassen. Hier genügt vorerst für die weiteren Erläuterungen der Hinweis, dass für eine einzelne Tauschaktion, beispielsweise der Kauf eines Buches in einer Buchhandlung, tatsächlich gilt, dass ein (Buch-) Händler mit einem (Lese-) Interessenten zusammenkommt. Ob sie allerdings um die Qualität des Buches, die Mengen an Büchern und die Preiskonditionen verhandeln, sei als fraglich dahingestellt.

Aber eine einzelne Aktion ist noch kein Markt. Erst die gedankliche Bündelung einer unbestimmten Vielzahl gleicher oder ähnlicher Vorgänge konstituiert einen Markt. Der Markt ist ein abstraktes Makrogebilde, das sich aus der individuellen Synopsis vieler einander stilistisch ähnlicher Einzelereignisse im Denken konstituiert. Welche Eigenschaften ein solcher Markt hat, bleibt allerdings vielfach im Dunkeln:

Ein Markt ist ein Mechanismus, mit dessen Hilfe Käufer und Verkäufer miteinander in Beziehung treten, um Preis und Menge einer Ware oder Dienstleistung zu ermitteln. (Samuelson/ Nordhaus 51).

Dass der Markt ein Mechanismus ist (der als solcher natürlich einer unbeugsamen Logik folgen muss), erscheint etwas befremdlich, wenn der Ausdruck *Mechanismus* nicht lediglich floskelhaft oder metaphorisch gemeint sein sollte. Mechanismen sind technische Anordnungen, die einer strikten, technologischen Kausalität unterliegen. Das allerdings würde voraussetzen, dass es sich um ein dingliches Gebilde ähnlich einer Maschine handelt oder, falls damit die Logik der Kommunikation gemeint sein sollte, dass Kommunikation unter Menschen der gleichen Kausalität unterliegt wie physikalische Vorgänge und Konstruktionen.

Eine besondere Eigenschaft, die seit Adam Smiths Tagen zu einem methodologischen Kern der Theorie des Marktes geworden ist, wird mit der Redeweise von der unsichtbaren Hand (des Marktes) bezeichnet. Sie ist nicht nur eine geheimnisvolle Direktive aus einer der menschlichen Rationalität nicht erschließbaren metaphysischen Welt und als der große Regulator im Marktgeschehen zu verstehen, sondern muss auch mit dem Begriff des Marktmechanismus in Zusammenhang gebracht werden. N. Gregory Mankiw preist die unsichtbare Hand fast lyrisch an, wenn er schreibt:

In seinem 1776 erschienenen Buch „The Wealth of Nations" machte Adam Smith die berühmte und höchst bedeutsame Aussage: Haushalte und Unternehmungen wirken auf Märkten zusammen, als ob sie von einer „unsichtbaren Hand" zu guten Marktergebnissen geführt würden... (es geht darum) verständlich zu machen, wie die unsichtbare Hand ihren Zauber entfaltet... (man werde begreifen) dass Preise die Instrumente sind, mit denen die unsichtbare Hand die wirtschaftliche Aktivität dirigiert (Mankiw 11).

Preise sind eigenartigerweise nicht das Ergebnis von Verhandlungen, sondern eine Art Dirigentenstab, mit dem die unsichtbare Hand das Marktgeschehen dirigiert (wie ein Orchester?).

Diese Beschreibung ist voller Metaphorik und trägt nicht unbedingt zu einer nüchternen Darstellung der Verhältnisse in der Wirtschaft bei. Welche Wesenheit sich hinter der *unsichtbaren Hand* verbirgt, bleibt ein Geheimnis. Die unsichtbare Hand regelt die Marktvorgänge auf eine Weise, dass die einzelnen Akteure im Verfolg ihrer egoistischen Ziele ungewollt dazu beitragen, dass insgesamt ein segensreicher Effekt für die gesamte Gesellschaft herauskommt. Samuelson/Nordhaus drücken das so aus:

> *Smith proklamierte das Prinzip „unsichtbare Hand". Dieses Prinzip besagt, dass jedes Individuum durch die egoistische Verfolgung seines eigenen, persönlichen Vorteils wie durch eine unsichtbare Hand so gelenkt wird, dass er zum Wohle aller tätig wird. In einer der berühmtesten Textaussagen der gesamten Volkswirtschaftslehre erkannte Smith die Harmonie zwischen privaten und öffentlichen Interessen. (Samuelson/Nordhaus 54).*

Was genau sich hinter der unsichtbaren Hand verbirgt und wie dieses so genannte Smithsche Prinzip zu interpretieren ist, werden wir im nächsten Abschnitt ausführlich untersuchen. Wichtig für das Verständnis der methodologischen Anlage der neoklassischen oder herkömmlichen Ökonomie ist der offensichtliche Zusammenhang zwischen der Annahme eines Marktmechanismus und der Idee einer unsichtbaren Hand, die das Ganze zum Wohle aller lenkt.

Ein erster Widerspruch wird hier schon klar erkennbar: Ein vollständig durch Kausalitäten arbeitender Mechanismus des Marktes bedarf keiner lenkenden Hand über sich; er funktioniert, wie er eben kraft seiner eingebauten Logik funktionieren muss. Was die unsichtbare Hand ideologisch leisten kann, ist die Stärkung des individuellen Egoismus des Vorteilsstrebens, welches sich auf die wohltätige Regentschaft der unsichtbaren Hand verlassen darf.

Man darf sich in solchem metaphysischen Mechanismus vertrauensvoll den eigenen Zielen hingeben, denn es kann ja nichts schief gehen dank der unsichtbaren Hand. Zugegeben, in der Formulierung ist dies eine ironische Banalisierung: Der Marktmechanismus kommt einem perfekten Automobil gleich. Der es bedienende Mensch ist entweder selbst ein perfekter Sklave, während ein unsichtbarer göttlicher Lenker, jedenfalls ein übermenschliches Wesen am Werk ist, oder er ist der gewitzte Fahrer, auf dessen geschickten Lenkungsmanövern der Erfolg der Reise beruht und der außer seinem Maximierungstrieb nichts anderem mehr gehorcht.

Eine der komplexesten und zugleich zentralen Kategorien des ökonomischen Denkens ist das Geld. Komplex ist das Geld, weil es ein diffuses Wertkonzentrat darstellt und als solches selber einen Wert- oder Begehrpotential aufweist. Zentral ist das Geld im ökonomischen Denken wegen seiner Funktionalität in der reibungslosen Besorgung von Tauschvorgängen. Man kann in einer ahistorisch angelegten ökonomischen Theorie davon ausgehen, dass Geld irgendwie in die Welt gekommen ist und es ohne dessen Funktionstüchtigkeit zur Entfaltung moderner Marktwirtschaft nicht hätte kommen können.

Die Geschichtslosigkeit der ökonomischen Theorie – natürlich nicht nur in Sachen *Geld* – hat den Vorzug der abstrakten Bearbeitung wirtschaftlicher Funktions- und Prozesszusammenhänge auf einer grundsätzlichen, fast könnte man sagen: metaphysischen Basis mit einem selektierenden Blick auf das Kontinuierliche der Realität. Ihr entgehen aber auf diese Weise Verstehens- und Erklärungsmöglichkeiten, die nur aus dem Werden und Vergehen realer Erscheinungen zum Vorschein gebracht werden können.

Die Begehrlichkeiten, die das Geld auf sich zieht und die manche Wirtschaftspraktiken bis zur Gier und schließlich bis zu kriminellen Machenschaften ausarten lassen können, haben unterschiedlichen Wertschätzungsrückhalt bei Anbietern und bei Nachfragern. Anbieter schätzen das Geld, das sie über den Verkauf ihrer Ware erlangen, als ein notwendiges Mittel zur Aufrechterhaltung des produktiven Kreislaufs von Investition (Hergabe von Geld für dingliche Ressourcen und Dienstleistungen), materieller Produktion und profitablem Verkauf unter Einschluss eines Gewinns für die Erweiterung eben dieses Kreislaufs oder zur Ausschüttung. Nachfrager schätzen das Geld wegen seines weit reichenden Potentials zum Erwerb von begehrten Erzeugnissen zur Integration (Verzehr oder Gebrauch) in ihren kulturellen Lebensarrangements, und zwar in eigener Entscheidungsmacht.

Aus diesem Grund ist Geld also selber eine Ware, aber eben nicht eine, die jeder nach Belieben herstellen kann, sondern die man durch nützliche Leistung erwerben kann. Geld ist eine Ware, mit der man Handeln kann, die man aber nicht selbst herstellen darf. Das ist vielleicht genügend Ausweis für unsere These, dass ursprünglich das Fertigen von handelbaren Gegenständen kein Bestandteil des Marktverkehrs war und dies auch heute noch nicht ist. Geld ist eine (staatlicherseits) bewusst und gesteuert begrenzte Ware. Sie ist knapp, weil sie künstlich so gehalten wird. Man könnte diese programmierte Knappheit auch daraus begründen, dass die Wertobjekte, auf die sich die Geldausgabe stützen muss, beispielsweise Gold- und Devisenreserven, ihrerseits knapp sind.

Doch die Wirklichkeit hat immer wieder vorgeführt, dass Staaten im Zweifel oder aus Unkenntnis die Gelddruckmaschine angeworfen haben, und das teilweise direkt oder auch indirekt, indem beispielsweise die Leitzinsen für die Vergabe von Bankkrediten gegen Null gesenkt wurden. Geldknappheit ist ein geradezu erstklassiger Operator für die Steuerung von Wirtschaftsverläufen und hat nicht das Geringste mit natürlicher Knappheit physischer Ressourcen zu tun.

Die wirkliche Bedeutung des Geldes erklärt sich jedoch nicht aus seiner etwas herausgehobenen Rolle als Ware von ganz besonderer Machart und auch nicht aus seiner Funktionalität als „Schmiermittel" des marktwirtschaftlichen Tauschverkehrs, sondern aus seinen kulturellen Verflechtungen mit den Wertkomponenten unterschiedlicher Sphären der Praxis, die im Geld aufeinander stoßen. Wir lassen diesen gedanklichen Vorgriff auf spätere Betrachtungen zunächst so stehen und beschränken uns auf die Kernrolle des Geldes, wie sie in der ökonomischen Theorie gesehen wird.

Erstaunlicherweise wird das Geld, diese Zentralsubstanz einer funktionierenden Marktwirtschaft, in den Lehrbüchern der Ökonomie so gut wie nicht ausführlich definiert, jedenfalls nicht über den bloßen Hinweis hinaus, das es eben als Zahlungsmittel dient und den Tauschverkehr erleichtert. N. Gregory Mankiw nennt drei Funktionen des Geldes: Tauschmittel, Recheneinheit und Wertaufbewahrungsmittel (Mankiw 682).

Man könnte also meinen – und einige Ökonomen haben dies ausdrücklich so gesehen –, dass der schon in frühester Zeit sich formierende Handel als der Erfinder des Geldes auf die Weltbühne der Geschichte getreten ist, um ein elegantes Mittel zur Erleichterung des Warentauschs zu etablieren. Das leuchtet allerdings nur oberflächlich ein; genauerer Betrachtung hält es nicht stand. Der Handel war nie selbst ein Erzeuger, und er hat auch nicht das Geld erfunden, um damit den Handel zu organisieren.

Es könnte historisch vielmehr umgekehrt gewesen sein: Wäre tatsächlich der Handel der Erfinder des Geldes gewesen, hätte es ihn, den Handel, historisch bereits in entwickelter Form gegeben haben müssen, um aus der Logik des Warentauschs heraus das Geld zu erfinden. Das ist historisch wenig überzeugend. Vermutlich waren Wertobjekte, die leicht zu handhaben sind, längst in der Welt der Tauschpraktiken, bevor es Händler gab. Die Leichtigkeit und Wertbeständigkeit bestimmter Stoffe, z.B. Bronze oder Silber, hat clevere Händler animiert, sich in den direkten Tausch einzuschalten und spezielle Dienste des Handelsverkehrs über weite Distanzen auf sich zu nehmen. Dass die operative Gestaltung des Geldes durch den sich entwickelnden Handel funktional und normativ ausgefeilt wurde, steht außer Frage (Brodbeck 2009).

Letztlich spielen aber diese Feinheiten nur eine untergeordnete Rolle, solange es lediglich um die Funktionsfähigkeit von Märkten geht. Das kulturelle Gravitationsfeld, das sich um das Geld oder genauer: um den Geldbesitz und die Jagd danach historisch aufgebaut hat, werden wir an späterer Stelle ausführlicher behandeln. Wir belassen es vorerst bei der lakonischen Bemerkung, dass Geld den Charakter keineswegs verdirbt, wohl aber das ständige Denken *ans* Geld und die Verkürzung der Lebensäußerungen durch vorrangiges Denken *in* Geld. Der Markt ist das Jagdrevier, und es gibt Jäger, Treiber und Gejagte. Man schmückt sich mit Jagdtrophäen und lässt die Strecke verblasen.

Bei nüchterner Betrachtung des Geschehens treten andere Komponenten des Marktes hervor, die gerade auch unter kulturellen Gesichtspunkten von Bedeutung sind, z.B. die Charakterisierung des Marktes als Spielfeld von teilweise kasinoartiger Qualität. Ein guter Unternehmer ist ein Spieler (nicht so einer wie Dostojewski ihn sich in seinem Roman *Der Spieler* vorstellte, sondern wie einer nach Schillerschem Vorbild: der Mensch ist nur da ganz Mensch, wo er spielt). Der Markt hat weiters ein Potential an zivilisierender Kraft, wenn den Beteiligten bewusst ist, dass der Individualismus des Strebens nach dem eigenen Vorteil eng gekoppelt sein muss mit der Verantwortlichkeit für die Geschicke der Gesellschaft als Ganzes.

Abschließend zu diesem Thema sei noch einmal unterstrichen, dass es uns hier nicht um eine methodologische Grundsatzkritik der (neoklassischen) Ökonomik geht, sondern nur um die Prüfung, ob überhaupt und mit welchen Konzepten und Instrumenten der Ökonomik Ereignisse und Einrichtungen im Kunstbereich für solche Herangehensweisen zugänglich sind oder gemacht werden können.

Das ist keine einfache Fragestellung, die mit oberflächlichen Argumenten beantwortet werden könnte. Es ist eher unwahrscheinlich, dass es schlüssige Gründe für eine Zurückweisung der traditionellen Ökonomik in Bausch und Bogen geben wird. Aber es muss einschneidende Korrekturen geben, und zwar nicht nur im Interesse einer nützlichen Kultur- und Kunstökonomie, sondern auch im Interesse an einer pragmatischen und zugleich weitsichtigen Wirtschaftspolitik. Um das detailgenauer Beurteilen zu können, genügt eine Schwerpunktkritik der wichtigsten Grundlagen des klassischen ökonomischen Denkens, kein systematisches, methodologisch ausgefeiltes Aushebeln des gesamten Lehrgebäudes (Literatur zur Volkswirtschaftslehre und Betriebswirtschaftslehre s. unter Leseempfehlungen).

5   Kritik der methodologischen Grundlagen

5.1   Grundsätzliche Anmerkungen

Mit wenigen Federstrichen kann man ein so kompaktes und komplexes Sachgebiet wie die Ökonomie nur in wenigen Grundzügen und in akzentuierter Auswahl der Grundlinien dieser Wissenschaft darstellen. Dasselbe gilt für eine Kritik der Ökonomie, die als Ganzes hier nicht geleistet werden kann und im Zusammenhang mit der Begründung einer speziellen Kulturökonomie auch weder Sinn machte noch notwendig wäre. Wir konzentrieren uns auf zentrale Punkte, die zu den unverzichtbaren Stützen des Theoriegebäudes gehören.

Die Schwäche des traditionellen ökonomischen Denkens, welches sich eng an die Logik der Mikro- und Makroökonomik hält, liegt nicht in Unstimmigkeiten der inneren Argumentation, sondern im rationalistisch verkürzten Blick auf die Erscheinungen in der Wirtschaft, welcher die dinglich-materielle Seite wirtschaftlicher Dispositionen hervorhebt und zugleich alles vermeintlich Subjektive, Emotionale, Ideologische, Irrationale und Intuitive eliminiert. Ein kritischer Umgang mit dieser Methodologie setzt voraus, dass eine andere Urteilsplattform für wissenschaftliche Argumentation gefunden wird, die ihrerseits genügend geklärt ist und von der aus die Resultate der Kritik diskutierbar gemacht werden können.

Die geistige Plattform, um die es uns geht, ist vordergründig relativ leicht auszumachen. Es ist die an anderer Stelle schon angeklungene These, dass menschliches Handeln, damit auch das Handeln in der Wirtschaft, auf schöpferischen Initiativen des individuellen menschlichen Geistes beruht. Es ist der Geist, der im Denken Gestalten schafft und abklärt, welchen Sinn sie haben und welchen Zweck sie erfüllen können, bevor sie in die Tat umgesetzt werden. Die reale Tat ist das Eingreifen in oder die Einwirkung auf die dingliche Welt, und erst hier trifft man auf Kausalitäten und Phänomene wie limitierte Verfügbarkeit an Ressourcen.

Das bedeutet, dass in der Erzeugung von nützlichen Gegenständen in der Wirtschaft formende Eingriffe in die dingliche Welt des Materiellen notwendig sind, die nicht planlos, unbedacht und ohne Bezug auf kulturelle Sinnzusammenhänge erfolgen sollen. Man kreiert eine Idee und entwirft eine Gestalt im Kopf oder im Computer, um anschließend ihre Realisierbarkeit hinsichtlich ihrer Zweckmäßigkeit und ihrer gesellschaftlichen Vernunft zu prüfen. Umgekehrt folgt daraus, jeder tatsächlich ausgeführten Gestalt ein schöpferischer Gedanke vorausgegangen sein muss. Diese Reihenfolge erlaubt es – nebenbei bemerkt – Archäologen, aus Fragmenten und Funden auf die Kultur eines Volkes oder einer Gruppe zu schließen.

Daraus ergibt sich als eine weitere Komponente unserer Urteilsplattform, dass die geistigen Potentiale des Menschen, die den Urgrund für die Schaffung von Kultur und Zivilisation sind, den Rang einer zivilisatorischen Gestaltkraft bekommen müssen – und das auch in der Wirtschaft –, ohne die nichts zustande käme und ohne die man Erscheinungen in der Wirklichkeit wissenschaftlich nicht umfassend erklären könnte.

Das menschliche Leben ist unteilbar eine Verschmelzung von geistigen und körperlichen Potentialen und Aktivitäten. Das menschliche Zusammenleben, also die durch Kultur zusammengehaltene Gesellschaft oder Gemeinschaft, ist eine Steigerung des Geistigen mit dem Streben nach Schaffung von dinglichen und emotionalen Lebensverhältnissen und stabilen sozialen Perspektiven.

Das menschliche Gehirn als der Träger dieser geistigen Potentiale ist zwar ein biologisches Organ, das der physischen Welt angehört und an den naturgesetzlichen Kausalitäten teilhat. Doch der menschliche Geist als eine Superstruktur über dem neuronalen Organismus ragt aus dieser naturgesetzlichen Kausalität hervor als ein höchst individuell sich vollziehender Aufbau der Gedächtnisarchitektur.

Das dem Verstand zugeordnete Bewusstsein kann im Denken eine der natürlichen Kausalität analoge Logik der Schlussfolgerungen praktizieren, doch die Einfälle und inneren Visionen, die die Kreativität beflügeln, werden von außen (durch sinnliche Wahrnehmungen) und von innen (aus den Tiefen des Gedächtnisses) stimuliert und sind dem Zufall näher als jedem kognitiven Mechanismus.

Der menschliche Geist ist nicht schon ausgeformt angeboren, sondern nur als Potential angelegt und bildet sich aus der Vielfalt der Begegnungen und ihrer Reflexion und Archivierung in der Erinnerung. Er formt sich im erlebten Umgang mit den Bedingungen und Anstiftungen der äußeren Welt. Das Besondere des menschlichen Geistes ist die Fähigkeit, im Denken weit über die sinnlich erfahrene Realität hinausgehen zu können und mit der Energie der Vorstellungskraft etwas im Kopf zu erfinden, was so oder überhaupt nicht existiert. Der Mensch kann findig über das dinglich Gegebene hinausdenken und so zum Erfinder werden. Warum sollte ausgerechnet die Wirtschaft davon ausgenommen sein?

Die Priorität des schöpferischen Geistes geht keinesfalls verloren, sobald ein Mensch sich mit nichts anderem mehr zu beschäftigen weiß als mit dem schnöden Mammon, dem er talentiert nachgeht. Diese Karikatur des Homo oeconomicus, wie er sich in der ökonomischen Theorie offen oder verborgen ins Spiel gebracht hat, verweist auf einen konzeptionellen Mangel: Die reine ökonomische Theorie hat ihren wissenschaftlichen Gegenstand auf das Rationale skelettiert mit der Folge, dass die Realität eines kultivierten Individuums als Marktteilnehmer nicht im wissenschaftlichen Fokus erscheint. Dies macht die Notwendigkeit eines fundierten methodologischen Umbruchs deutlich: Die Wirtschaft ist eine spezifische Form von kultureller Praxis.

Dies berücksichtigen heißt, mit kognitiven Prozessen rechnen, die keiner naturgesetzlichen Kausalität oder logischen Zwanghaftigkeit folgen, und auf Ungewissheiten und Zufälligkeiten gefasst zu sein und auf willkürlich erscheinende Verhaltensweise zu stoßen, statt diese durch mathematische Kunststücke zu negieren. Die Wirtschaft zeigt auf vielfältige Weise Seiten, die nicht durch rationale Kalküle aus dem Denken zu eliminieren sind. Ein rationales Kalkül ist ein logisch stringentes Handlungsprogramm zur Bewältigung von Eingriffen und Gestaltungen in der dinglichen Welt der naturgesetzlichen Kausalitäten.

Davon zu unterscheiden ist die bewusste Arbeit des Verstandes im Denken. Solch rationale Verstandesarbeit ist keine Besonderheit des Wirtschaftens, sondern findet sich in nahezu allen Lebenslagen, in denen es auf das aufmerksame Kontrollieren der instrumentellen Handhabungen ankommt, etwa die des Chirurgen oder des Romanschriftstellers oder des Komponisten oder des wissenschaftlichen Experimentators. Die hellwache Arbeit des Verstandes ist dem Denken eigen; die Annahme der Ökonomen, dass die Welt der Wirtschaft nach der Idee der Rationalität gebaut ist oder jedenfalls diesem Postulat folgen muss, ist eine der dinglichen Welt zugeschriebene Eigenschaft.

Rationalität ist eine mehrdeutige Kategorie in der Ökonomie. Sie kann sich auf die Methodologie des wissenschaftlichen Denkens in diesem Fach beziehen und teilt damit eines der zentralen Prinzipien des anerkannten wissenschaftlichen Arbeitens, nämlich den bewussten Gebrauch des Verstandes. Rationalität als Anforderung an die Wissenschaftlichkeit muss unterschieden werden von der Rationalität des Gegenstandes, auf den sich eine Wissenschaft einlassen will.

Das ist der Fall, wenn man das *reale* Geschehen in der Wirtschaft in das Postulat kleidet, dass in der Wirtschaftspraxis zumindest dem Streben nach rational, also wohlüberlegt, vorzugehen ist. Hier wird praktische Rationalität zum Gegenstand der wissenschaftlichen Theoriebildung und Erklärung. In diese zweite Version gehört die Figur des Homo oeconomicus als eine Form der Idealisierung des wirtschaftenden Handelns. Sie wird seit eh und je propagiert und kritisiert (Literatur in Leseempfehlungen). Im ersten Fall ist Rationalität ein Kriterium für Wissenschaftlichkeit, im zweiten Fall ist Rationalität eine Norm.

5.2   Knappheit und grenzenlose Bedürfnisse

Knappheit ist eine Verfügbarkeitsbegrenzung, die sich auf die *physische* Vorrätigkeit von Gegenständen bezieht. Die häufige Rede von Zeitknappheit im Sinne von Terminnot ist eine Floskel, denn Zeit an sich ist niemals knapp, sondern unendlich. Knappheit an verfügbaren Zeiteinheiten, z. B. für einen Arbeitsvorgang, ist eine soziale Konstruktion, ähnlich wie die Knappheit an Geld. Alle physischen Vorgänge sind Ereignisse in der Zeit, und indem wir sie beobachten oder selbst darin tätig werden, erleben wir Zeitverlauf. Anderenfalls wird Zeit nicht erfahrbar.

Der physikalische Charakter der Zeit ist ein kompliziertes Thema, das wir den Naturwissenschaftlern und Philosophen überlassen müssen (spezielle Literatur s. unter Leseempfehlungen). Gemeint ist mit physischer Knappheit dagegen, dass ein und derselbe Gegenstand nicht gleichzeitig für mehr als einen Zweck zur Verfügung stehen kann, dass also ausgewählt werden muss. Das gilt auch für die persönliche Arbeitskraft als Gegenstand von Dispositionen. Zeitknappheit ist eine Verfügungskategorie, die von Prioritäten bestimmt wird. Sie ist mithin eine soziale Konstruktion.

Ein Mangel an Verfügbarkeit verweist indirekt auf die Behebbarkeit des Mangels. So mögen begehrte Gegenstände zur verlangten Zeit und am nachgefragten Ort und mit den gesuchten Eigenschaften nicht verfügbar sein und deshalb ein Bestreben oder konkret einen Arbeitsprozess auslösen, z. B. einen Händler auf die Suche schicken oder einen Handwerker beauftragen. Solche Mangelzustände der örtlichen und zeitlichen Verfügbarkeit zu beheben, ist die Kernfunktion der Warenhändler. Die Behebung eines Mangels an geeigneten Objekten hinsichtlich ihrer Funktionalität, ihrer Qualität, Stofflichkeit und Gestalt obliegt dagegen dem Handwerker oder industriellen Produzenten.

Über die mangelnde Verfügbarkeit in Raum und Zeit hinaus können bestimmte begehrte Gegenstände auch aus einem Mangel der gewünschter Qualität, Stofflichkeit und Gestalt fehlen. Dies zu beheben, ist Sache der Waren erzeugenden Industrie. Gegenstände, z. B. Rohstoffe, die wie Rohöl oder Kupfer auf der Erde physisch endlich sind, sind dagegen nicht knapp, weil dieser Zustand aus Menschenhand, also auch durch Wirtschaftstätigkeit nicht behebbar ist. Knappheit und absolute Limitation sind zwei verschiedene Zustände.

Die Wirtschaft dient der Gesellschaft durch Leistungen, die über den Markt signalisierte gesellschaftliche Mangellagen empfängt und zu beheben in der Lage sind, wenn der Profit stimmt. Aus der Systemlogik von Marktwirtschaften folgt daraus das allgemeine Postulat, mit knappen Mitteln sparsam, d. h. wohlbedacht umzugehen. Knappheit ist das Gegenstück zu Opulenz mit der Folge, dass nicht alles, was bedient werden will, mit guten Gründen auch bedient werden kann. Die Leistungen der Wirtschaft folgen deshalb – jedenfalls dem Prinzip nach – auch dem Postulat weitsichtigen und umsichtigen Disponierens zur Vermeidung von ungerechtfertigter Ressourcenverwendung. Das ist die allgemeine Ethik des Wirtschaftens.

Das Postulat des sparsamen Umgangs kann nur für echte Knappheitslagen, nicht aber für das Faktum der Endlichkeit bestimmter zu Ressourcen erklärter Stoffe herangezogen werden. Die Entscheidung über die Nutzung einer nur begrenzt verfügbaren Ressource kann nicht nach dem Sparsamkeitsprinzip reguliert werden, denn selbst bei extremer Auslegung dieses Postulats kann es durch exzessives Wirtschaftswachstum zu einer vorzeitigen Erschöpfung aller Vorräte kommen. Die Nutzung von Rohöl zur Erzeugung von Kraftstoff ist zweifellos eine gut begründete Verwendung. Aber diese Begründung legt kein Mengenmaß fest, sondern gibt ausschließlich kategorial diese Nutzung frei.

Die Natur selbst hat keinen Zweck (vielleicht einen metaphysischen, ihr vom Menschen zugeschriebenen Sinn). Deshalb macht auch das Postulat des sparsamen Umgangs mit ihren Gaben oder Ressourcen nur Sinn, wenn Alternativen zur wirtschaftlichen Nutzung einschließlich der Nichtnutzung im Gespräch sind. Eine innere Optimierung der wirtschaftlichen Nutzungsmöglichkeiten ist zweitrangig. Deshalb greift auch das Normengefüge einer Marktwirtschaft nicht über den Tellerrand der Zweitrangigkeit hinaus. Aber damit sind wir schon bei der Frage der Kultur, die erst später zur Diskussion steht.

Solche Probleme sind wirtschaftlicher Alltag, z. B. in bei der Frage, ob eine einmalige Naturlandschaft durch urbane Bebauung gestört oder gar zerstört werden darf. Das ist kein Problem des haushälterischen Umgangs mit dieser seltenen oder einmaligen Ressource, sondern eine Frage des Ob-überhaupt. Es kommen in solchen Entscheidungssituationen kulturelle Werte ins Spiel, die nicht gegen das ökonomische Sparsamkeitsprinzip oder auch Wirtschaftlichkeitsprinzip ausgespielt werden können. Wirtschaftliches Handeln stößt also rasch an seine ethischen Grenzen, wenn es sich nicht an die kulturellen Werte und Lebensmuster der sie tragenden Gesellschaft bindet, sondern eigenmächtig regieren will. Die Entscheidung über die Nutzung begrenzter Ressourcen hat ein anderes Kaliber als die Pflicht zum Haushalten.

Die Endlichkeit physischer Ressourcen ist ein Faktum, das kein vernünftiges Wirtschaftssystem übergehen kann. Auch wenn, wie das gegenwärtig zu sein scheint, die Wachstumsdynamik der globalisierten Wirtschaft häufig allzu leichtfüßig über das Problem unangemessener Übernutzung oder unmoralischen Raubbaus hinweggeht – mit zivilisatorischen Fernwirkung, die niemand mehr verleugnen kann –, so bleibt doch im Grundsatz auch diese Ethik ein Grundpfeiler vernünftigen Wirtschaftens: Um bestimmte individuelle oder gesellschaftliche Bedürfnisse befriedigen zu können, muss menschlicher Erfinder- und Entdeckergeist (der historisch die treibende Energie der Entfaltung der menschlichen Zivilisation war) mobilisiert werden. Es müssen Lösungen entwickelt werden, die nicht oder in deutlich geringerem Ausmaß auf endliche Stoffe der Erde zurückgreifen muss.

Erfinder- und Entdeckergeist trifft bei weitem nicht nur auf wagemutige Kaufleute und Unternehmer zu, sondern gilt ebenso für Forscher und Entdecker und in einem erweiterten Sinne für Künstler und Kulturschaffende. Diese umfassende Ethik, welche sich (auch und besonders) an die Wirtschaft richtet, appelliert nicht an die kalkulatorische Rationalität, wie man sie für das Sparsamkeits- oder auch Wirtschaftlichkeitspostulat heranzieht, sondern an die schöpferischen Kräfte jedes Einzelnen in der Wirtschaft.

Dies ist eine fundamentale Herausforderung, die unmittelbar auf die geistigen, kreativen Potentiale und damit auf Anregungen und Anstiftungen verweist, die aus einem vitalen, stimulierenden kulturellen Klima kommen. Das zweite Postulat kommt nicht ausschließlich aus dem Innenleben der Wirtschaft, sondern bekommt seine geistigen Energien aus der Mitte der Gesellschaft.

Die gekonnte Bewältigung von Knappheitslagen ist indessen nur die eine Seite der Münze. Die andere Seite geht auf den Ursprung von Knappheiten in den Begehrlichkeiten von Menschen ein, die sich in Bedürfnissen artikulieren und in konkretem Bedarf am Markt äußern. Knappheit ist deshalb kein Naturereignis – es sei denn, man legte den unaufhörlichen, ungezielten biologischen Drang nach Existenzsicherung als angeboren zugrunde –, sondern folgt aus gezieltem Streben nach konkreten Gegenständen, die das Bewusstsein aktiviert und das Triebleben stimuliert.

Knappheit ist weder eine Eigenschaft von Menschen, denen ein Mangel bewusst wird, noch ist sie eine Eigenschaft von Gegenständen. Vielmehr kennzeichnet sie eine Beziehungsdimension zwischen Objekten und auf sie gerichteten Wünschen. Der Wunschlose – wahrlich kein erstrebenswerter Zustand – kennt keine Knappheiten. Aber dafür ist sein Leben vermutlich äußerst karg.

Arthur Schopenhauer würde dies zweifellos als das unvermeidliche Leiden des Menschen erklären und darauf verweisen, dass alle Wuscherfüllung eine Täuschung, ein Traum ist, mit dem das wahre Leiden verdeckt wird, denn der Mangel wird für einen kurzen Moment behoben und ist schon im nächsten Augenblick wieder zur Stelle. Deshalb kommt er zu der Aussage, dass das ganze Leben ein Traum und der Tod das Erwachen daraus ist. Wir müssen uns dieser pessimistischen Stimmung nicht anschließen, aber uns dessen bewusst sein, dass das Begehren, von den animalischen Urbegierden der biologischen Existenz abgesehen, seine Wurzeln in der Kultur hat, in der und von der ein Mensch lebt.

In vielen Lehrbüchern der Ökonomie (Volkswirtschaftslehre und Betriebswirtschaftslehre) findet sich die deklamatorische Aussage, dass die Wirtschaft die Aufgabe habe, zwischen der Endlichkeit oder Knappheit von Mitteln und den im Prinzip grenzenlosen Bedürfnissen des Menschen einen Ausgleich zu finden. Bei Samuelson/Nordhaus steht der bereits zitierte entscheidende Satz:

Angesichts der grenzenlosen Bedürfnisse ist es wichtig, dass eine Wirtschaft das Optimum aus ihren knappen Ressourcen herausholt. Undeutlicher ist die Aussage bei Fehl/Oberender: *Hierbei handelt es sich um einen ganz allgemeinen Sachverhalt, der völlig unabhängig von der historischen Situation immer gegeben ist. Die Diskrepanz zwischen den Bedürfnissen und den*

zu ihrer Befriedigung notwendigen Mitteln oder Gütern bezeichnet man als Knappheit (Fehl/
Oberender 1).

Der Ausdruck *unabhängig von der historischen Situation* signalisiert die von uns in Zweifel
gezogene Idee, dass es sich um eine naturgegebene Befindlichkeit des Menschen handelt.
Eine stichhaltige Begründung dafür wird allerdings nicht gegeben.

Sind die Begehrlichkeiten, auf die die Wirtschaft mit Angeboten reagiert, tatsächlich
ein Naturgewächs, weil der Mensch angeborene grenzenlose Bedürfnisse hat? Dass der
Mensch nach biologischer Existenzsicherung strebt, ist eine ebenso nichtssagende wie richtige Feststellung. Der Mensch ist Teil der Natur und kann ihr – trotz kultureller Anstrengungen – nicht entgehen. Grenzenlos könnten Wünsche und Begierden nur werden, wenn
der Mensch sich selbst entgrenzte, und zwar körperlich-animalisch. Es kann individuell
keine Grenzenlosigkeit geben. Man könnte sich zwar darauf berufen, dass es immer und
wachsend Menschen auf dem Globus geben wird, so dass in der Summe stets (scheinbar)
grenzenloser Bedarf zu erwarten ist. Ob allerdings die Menschheit als Ganzen noch allzu
lange unbegrenzt zunehmen kann, ist zweifelhaft.

Natürliche Sättigung ist das Gegengewicht gegen entgrenzende Begierden, indem sie
dafür sorgt, dass es zur Entgrenzung gar nicht erst kommt. Versuche, diese Möglichkeit
auszutesten, enden in der Regel tödlich, wie man aus dem ironischen Kinofilm *Das große
Fressen* hat lernen können. Dieses Gegengewicht könnte nur dann übersprungen werden,
wenn es nicht mehr um die organische Ernährung als solche, sondern um immer neue Varianten der begehrten Befriedigungsmittel geht. Anschauliche Beispiele für die Lust an unaufhörlichen Varianten der Ernährung liefern die unzähligen Kochsendungen im Fernsehen.
Das aber ist ein eindeutiger Hinweis darauf, dass die (natürlich auch hier nicht grenzenlose)
Steigerung der Begehrlichkeiten ein kulturelles und eben kein natürliches Phänomen ist.

Kulturell heißt dann, dass die Häufigkeit der Artikulation von Begierden sich nicht
aus den biologischen Anlagen ableitet, sondern von den Anstiftungen herrühren, die die
soziale Umgebung durch die Präferenzen ihrer Lebensweisen zur Annahme und Nachah-
mung aussendet. Wäre dies anders, hätten jede Art von Werbung und alle Bemühungen um
verführerische Produktgestaltung keinerlei Sinn. Die animalischen Bedürfnisse als solche
lassen sich nicht künstlich durch raffinierte Kommunikation erschaffen oder umbauen. Wir
tun also gut daran, die Frage der Formung von Bedürfnissen nicht als etwas Naturgegebenes
hinzunehmen, sondern deren kulturelle Eigenschaften und Bezugsmomente zu erkennen
und zu bearbeiten.

Was ist nun aber im engeren Zusammenhang der ökonomischen Theorie mit dem
Knappheitstheorem und den grenzenlosen Bedürfnissen gemeint? Im Grundsatz geht es bei
beiden Begriffen um nicht weniger als um fundamentale Axiome der Theoriekonstruktion
in der Ökonomie. Sie braucht offensichtlich die Vorstellung, dass der Mensch, wenn er es
nur vermöchte und es sich leisten könnte, über ein unbegrenztes Potential an Bedürfnissen
verfügt, die als Nachfrage marktwirksam werden kann, wenn es der Wirtschaft gelingt, die
entsprechenden Mittel bereitzustellen. Es liegt also an der Kunst des klugen Wirtschaftens,
latente Bedürfnisse (über Arbeitsentgelt) mit Kaufkraft zu versorgen und die geäußerten
Wünsche zu bedienen.

Die Grenzenlosigkeit ist letztlich nur ein theoretischer Kunstgriff, um mit der Mathematik der Maximierung zurechtzukommen. Die Formel strebt dem Unendlichen zu und wird real geblockt an Limitationen, z. B. Kapazitätsgrenzen oder Verfügungen über Ressourcen. Mit dieser Formel kann man – mathematisch – überzeugend darstellen, dass Wachstumsfortschritt dadurch erzielt werden kann, dass man die Limitationen verschiebt, z. B. die Produktionskapazitäten durch Investitionen ausweitet oder die begrenzten Ressourcen durch Forschung steigert (oder sich mit kolonialistischen Mitteln die Alleinherrschaft über Rohstoffvorkommen aneignet).

In dieser Denkfigur, der Kunst der Aktivierung latenter Bedürfnisse, verbirgt sich eine Art Erweckungsmentalität, die mit dem Argument arbeitet, dass man mit verführerischer Werbung zwar keine neuen Bedürfnisse schaffen, wohl aber dem Konsumenten erweiterte Möglichkeiten vorführen kann, seine latenten Bedürfnisse zu erkennen und mit kaufkräftiger Nachfrage zu befriedigen. Die werbende und erzeugende Wirtschaft tut ihrem eigenen Selbstverständnis (oder dem von der Ökonomie so formulierten Credo) nach eigentlich dem Konsumenten einen Gefallen, wenn er ihn tatkräftig und mit ein wenig Überredungskunst dahin bringt, ein erweitertes Spektrum seiner ohnehin gegebenen Bedürfnisse auszuleben. Diese Erweiterungen werden dann als Wohlstandssteigerung ausgegeben.

Welches Menschenbild verbirgt sich hinter solcher Argumentation? Es ist der passive, ständig auf sein Glück durch andere wartende, unmündige Mensch in der Rolle eines Verbrauchers all dessen, was ihm die Wirtschaft vorführt. Ihm kommt in der Ökonomie keine einwirkende Rolle zu, sondern nur die eines Statthalters seiner eigenen Wünsche, die aktiviert werden, sobald ein Produzent mit passenden Angeboten auf dem Markt erscheint.

Der Konsument ist Träger seiner eigenen Präferenzen, aber er bleibt damit passiv, bis er von einem leistungsfähigen Produzenten zu deren Aktivierung angestoßen wird. In der Realität sieht die Lage allerdings anders aus. Es gibt sehr viel mehr wechselseitige Kommunikation zwischen Produzenten und Konsumenten, und dieser Trend scheint sich gegenwärtig sogar weiter auszubreiten. Das Hineinregieren des Konsumenten in die Dispositionen von Produzenten ist keine Ausnahme mehr (Stehr 2007).

Dieses ökonomische Menschenbild erlaubt es den Produzenten, nun ihrerseits aus den inneren Bedingungen ihrer Produktionsgegebenheiten heraus das Bestmögliche aus ihren Potentialen herauszuholen. Mit anderen Worten: Sie können bedingungslos Gewinn maximierend operieren. Die einzigen Grenzen, die ein Produzent kennt und beachten muss, sind seine limitierten Ressourcen materieller und monetärer Art. Aber sein Streben ist an sich grenzenlos. Wir haben es also nicht nur mit den grenzenlosen Bedürfnissen, sondern auch mit dem grenzenlosen Gewinnstreben zu tun.

Die Problematik beginnt schon mit der Frage, wie ein Produzent überhaupt wissen kann, welche Güter die Konsumenten wünschen und gutheißen könnten. Wie kann er auf Verdacht produzieren, wenn er nichts darüber weiß? Wartet er ab, bis sich Konsumenten von selbst äußern, und muss er seine Dispositionen und damit den Anspruch auf möglichst wirtschaftliche Produktion solange in der Schwebe lassen, bis das Diktat der Konsumenten ihn davon erlöst?

Diese theoretische Konstellation ist aufgebaut auf der Annahme kompletter Unselbständigkeit sowohl des Produzenten als auch des Konsumenten – ein eklatanter Widerspruch zur Aufklärungsphilosophie Immanuel Kants, der zur Selbstbefreiung von Unmündigkeit aufrief. Das mündige Individuum, das seinen schöpferischen Fähigkeiten als Innovator traut und zugleich sein Verhalten ausrichtet auf die Verallgemeinerbarkeit als Gesetz für alle, war historisch und ist im Grunde auch heute noch die tragende Säule der Entwicklung einer offenen (demokratischen) Gesellschaft und in ihr einer verantwortungsvollen Marktwirtschaft. Die klassische ökonomische Theorie verlässt mit ihrer Methodologie den historischen Boden ihres wissenschaftlichen Gegenstandes.

Knappheit ist, wie wir an anderer Stelle schon ausführten, keine Eigenschaft von Dingen, sondern Ausdruck von Begehren gegenüber bestimmten Dingen. Diese Dinge sind in der Regel nicht irgendwelcher roher Stoff, sondern bearbeitete Objekte, in diesem Sinne also Produkte. Wie kann diese Bearbeitung vonstatten gehen, ohne zu wissen oder zu ahnen, ob das Ergebnis vom Markt angenommen wird?

Selbst eine Produktion wie die Schaffung eines Kunstwerks, die ja üblicherweise nicht möglichen Klienten nach dem Mund arbeitet, kommt nicht umhin, auf die gesellschaftlichen Umstände einzugehen, an die sich das Kunstwerk als Kommunikation (in jüngster Zeit auch oft als Provokation, z. B. im modernen Regietheater einer bestimmten Provenienz) wenden will. Kunstwerke, die auf Publikation gänzlich verzichten, sollten wir aus pragmatischen Gründen als künstlerische Taten ignorieren.

Der auf Gewinn ausgerichtete Produzent (ebenso natürlich der Händler) wird sich umso mehr Gedanken machen, welche Gestalt und Ästhetik seiner Erzeugnisse bei den Kunden ankommen könnten (mit entsprechendem Nachdruck durch geschicktes Marketing). Sein Wissen, seine Erfahrung und seine Intuition sind die einzige geistige Versicherung, dass seine Produktionen nicht gänzlich in die Irre laufen, d. h. als Ladenhüter hängen bleiben.

Im Vorfeld der Produktion läuft also ein beträchtliches Maß an erkundender Kommunikation über die – allgemein gesagt – kulturellen Bedingungen der Produktion. Kein Produzent wird einen aufwendigen Produktionsapparat installieren und in Gang setzen, wenn er die vermeintliche Knappheit in ihren wichtigsten Details nicht kennt und wenn ihm das kulturelle Ambiente seiner erwarteten Klienten ein Rätsel bleibt.

Da Knappheit keine Eigenschaft von Dingen ist, kann sie auch nicht durch stoffliche Bearbeitung beseitigt oder gemildert werden, sondern kann nur die notwendige Geschmeidigkeit in Funktion und Design anstreben, um nicht auf härtesten Widerstand zu stoßen, und kann kommunikativ in die sich formierenden Bedarfe auf der Konsumentenseite hineinwirken, im Kern also offensives Marketing betreiben. Das gehört heute zur Normalität in jeder Marktwirtschaft.

Man kann Marketing unter Einschluss von Produktgestaltung deuten als das Bestreben, konkrete Knappheit durch Vitalisierung latenter Bedürfnisse absichtlich zu erzeugen, denn latente (kaum präzisierbare, erst im Angesicht der Verlockungen eines Produktes wach werdende) Bedürfnisse schaffen von sich aus keine Bedarfsartikulation.

Auf latente Wünsche oder Bedarfe kann die Wirtschaft nicht reagieren, wenn sie sie nicht kennt und keine Wege findet, sie zu aktivieren. Die latente Knappheit muss aber, um für den Produzenten wirksam zu werden, gezielt und nicht diffus geformt werden, damit es zu möglichst enger Kongruenz zwischen dem aus den latenten Bedürfnissen aktualisierten Bedarf und dem kulturellen Magnetfeld der sozialen Umgebung (woraus Nutzenwerte, Symbolwerte und ästhetischen Werte Gestalt annehmen) auf Seiten des Konsumenten kommt.

Dann erst kann der Markt mit Angebot und Nachfrage funktionieren. Unternehmen operieren deshalb nicht nach dem simplen Muster, mit konkreten Angeboten und Preisvorstellungen der konkreten Nachfrage auf dem Markt zu begegnen. Vielmehr sind sie – und das hat außerordentliche kulturelle Relevanz – innerhalb der gesellschaftlichen Öffentlichkeit mächtige Operateure, die die kulturellen Lebensmuster bearbeiten, um sie anschließend bedienen zu können, so wie der Bauer sein Land bestellt, um die Saat einbringen zu können. Die Dimension der Kultur als das mentale Quellgebiet der Bedürfnisartikulation ist wesentlich für das Verständnis des Wirtschaftsgeschehens, so dass es wenig Sinn macht, davon in Theorien mit einem gewissen Realitätsanspruch zu abstrahieren.

Dass eine Theorie zu Vereinfachungen greifen muss, um das Grundsätzliche in komplexen Erscheinungen der Realität einfangen und verstehen zu können, ist methodologisch eine Selbstverständlichkeit. Dass die Vereinfachungen aber in fundamentalen Aspekten sich auf eine hochgradig simplifizierende Weise von der Realität entfernen, ist keine Selbstverständlichkeit und ein schwerwiegender methodologischer Konstruktionsfehler.

Das hier angesprochene Begriffspaar *Knappheit* und *grenzenlose Bedürfnisse* ist eines von mehreren Axiomen der orthodoxen ökonomischen Theorie. Aber es handelt sich um fundamentale Bestimmungen von Modellkonstruktionen *der Theorie* und zugleich um eine allgemeine Basis der *Ethik* marktwirtschaftlicher Systeme, die bei weitem noch nicht erschöpfend abgeklärt ist.

5.3   Vernunft und ökonomische Rationalität

Der Begriff der Rationalität erklärt das Verlangen nach bewusstem Gebrauch des Verstandes, um einen erklärten oder verlangten Zweck zu erfüllen. Diese formale Kennzeichnung bezieht sich in wirtschaftlichem Zusammenhang auf die Erfüllung eines ökonomischen Zwecks, welcher allgemein in Gewinnmaximierung und im Einzelnen auf sachlich präzisierte Ziele oder angestrebte Zustände besteht, z.B. die Markteinführung einer Produktinnovation innerhalb einer gesetzten Frist.

Schon der so genannte gesunde Menschenverstand wird folgern, dass unter den Bedingungen limitierter Ressourcen einschließlich des Zeitbedarfs für die zugehörigen Operationen alle Anstrengungen darauf gerichtet sein müssen, weder materielle Ressourcen noch verfügbare Zeit zu verschwenden und so umweglos wie möglich auf das Ziel zuzugehen.

Die logische Struktur der ökonomischen, auch instrumentell oder intentional genannten Rationalität ist unbeugsam und keinesfalls realitätsfremd. Das Problem dieser Profilierung der ökonomischen Rationalität ist ihre scheinbar absolut geltende Kausalität und Herausgehobenheit aus dem realen Bedingungskranz, in dem diese Art des Verstandesgebrauchs eingefügt ist. Mit anderen Worten: Im wirtschaftenden Handeln wird es regelmäßig bestimmte Situationen oder Phasen solch strikter Logik der Zweckrationalität geben, in denen nicht anders als nach dieser Regel vorgegangen werden kann oder sollte.

Aber Wirtschaften oder unternehmerisches Handelns ist umfassender und gewichtiger, denn die innere Rationalität zweckdienlicher Vollzugsstrukturen, etwa Produktionsprozesse, ist eingefügt in Entscheidungsprozesse über diese Zwecke, und für sie müssen Begründungen und keine technischen Kausalitäten herangezogen werden. Wirtschaftliche Zwecke bilden sich aus dem Streben nach Eigennutz (unter Einschluss der Verantwortung für einen ganzen Betrieb) und die Rücksichtnahme auf mögliche Folgewirkungen eigennützigen Handelns auf den Zustand der Gesellschaft und der umgebenden Natur (also das Prinzip der Verantwortung). Die Rationalität des Zwecksetzens geht über in die Vernunft der Begründung, letztlich eine ethische Frage.

Wir können den Grundgedanken der ökonomischen Rationalität als bewussten Verstandesgebrauch in Momenten *bereits abgeklärter Zwecke* so gelten lassen, wie er üblicherweise auch in ökonomischen Lehrbüchern beschrieben wird. Rationalität darf jedoch nicht mit Vernunft gleichgesetzt werden. Wird, wie es in der ökonomischen Theorie durchwegs geschieht, Rationalität zum Kernprinzip und methodologischen Fundament des Wirtschaften erklärt, dann beschränkt sich das Erkenntnisstreben der ökonomischen Wissenschaften auf die Stringenz der Kausalbedingungen und -verkettungen eines Mechanismus der Zweckerfüllung. Man kann einen Zweck erst erfüllen wollen, wenn er gegeben ist. Folglich wird ökonomische Rationalität zu etwas Zweitrangigem – was ihre Bedeutung natürlich nicht schmälert.

In der ökonomischen Theorie und in den Operationen mit ökonomischen Modellen hat – insofern folgerichtig – das kausallogische Denken die Oberhand. Es überrascht dann nicht mehr, dass die Metapher des *Mechanismus* zu den beliebtesten in der ökonomischen Theorie gehört: Preismechanismus, Marktmechanismus, Zinsmechanismus, Bilanzmechanismus und zahlreiche weitere Begriffe. Die ökonomische Theorie bietet einen breit gefächerten Werkzeugkasten, ohne sich allzu viele Gedanken um die Vernunft dessen zu machen, was man damit sinnvoll, ethisch vertretbar und gesellschaftlich erwünscht oder aber auch anrichten kann.

Vernunft ist eine menschliche Kompetenz, die als die eigentliche Substanz der Bildung von Kultur betrachtet werden kann. Sie beruht auf der Fähigkeit des Menschen, sich über die Gründe und Folgen seines Handelns rechtfertigende Gedanken zu machen. Sich über etwas Beabsichtigtes Gedanken machen, ist eine Leistung der Vernunft. Der Gebrauch der menschlichen Denkfähigkeit ist deshalb nicht beschränkt auf das, was üblicherweise als Rationalität definiert wird, sondern schließt das Bestreben nach vernünftigen Begründungen und Verantwortlichkeiten ein. Wir können uns hier der Beschreibung von Rüdiger Safranski anschließen:

Der Mensch ist ein Wesen, das sich zu sich selbst verhalten kann ... Verstand entdecken wir auch im Tierreich. Der Schimpanse, der durch Erfahrung lernt, mit einem Stock nach der Banane zu angeln, beweist verständiges Verhalten. Verstand ist am Werk, wo Werkzeuge hergestellt werden ... Vernunft, im Unterschied zum Verstand, vermag über Zwecke zu disponieren (Safranski 2004, 7).

Rüdiger Safranskis Erklärung des Unterschiedes zwischen Verstand und Vernunft können wir mit dem Unterschied zwischen Egoismus und Eigennutz in Verbindung bringen und uns dabei auf eine Erklärung von Arthur Schopenhauer beziehen, der – in Weiterentwicklung der Kantschen Philosophie und, ohne Hinweis auf Adam Smith, dennoch auch in dessen wohlverstandenem Sinne – auf die Vernunft als die besondere Befähigung des Menschen zur Reflexion seines Wollens in einer sozialen Umwelt hinwies:

Die Haupt- und Grundtriebfeder im Menschen wie im Tiere ist der Egoismus, d. h. der Drang
zum Dasein und Wohlsein. – Das deutsche Wort ‚Selbstsucht' führt einen falschen Nebenbegriff
von Krankheit mit sich. Das Wort ‚Eigennutz' aber bezeichnet den Egoismus, sofern er unter
Leitung der Vernunft steht, welche ihn befähigt, vermöge der Reflexion seiner Zwecke ‚plan-
mäßig' zu verfolgen; daher man die Tiere wohl egoistisch, aber nicht eigennützig nennen kann
(zit. in Safranski 2010, 229).

Über Zwecke disponieren ist ein komplizierter Vorgang, der weit über das bloße Individual-
interesse am Eigennutz hinausreicht. Für vernünftiges Handeln in der Wirtschaft reicht es
nicht, ein angestrebtes Ziel damit zu rechtfertigen, dass es den höchsten Grad an Eigennutz
verspricht. Das ist pragmatisch nur die eine Seite. Die andere ist gebunden an Prozesse der
Folgenabschätzung im sozialen und natürlichen Umfeld und – noch einen Schritt weiter –
am prinzipiellen Beitrag zur konstruktiven, nachhaltigen Entwicklung der Zivilisation vor
Ort und am Ende für die gesamte Weltzivilisation.

    Vernunft ist der ethische Kern unternehmerischen und wirtschaftspolitischen Handelns.
Diesen Teil der wirtschaftlichen Pragmatik zu kappen, nur um eine möglichst elegante Mo-
dellkonstruktion zu erreichen, die solche Unwägbarkeiten wie Weltdeutungen, Überzeugungen, Lageeinschätzungen, Selbstbeschränkung und viele Komponenten mehr ausschaltet,
weil sie nicht operabel sind, verfehlt den Anspruch auf gültige Deutung des Wirtschaftsgeschehens mit wissenschaftlichen Methoden.

    Verstandesgebrauch und Vernunft lassen sich noch in einer weiteren Version qualifi-
zieren mit dem Hinweis auf den analytischen Charakter verstandesgemäßer Handlungspro-
grammierung und dem ganzheitlichen Charakter der Erschließung von Vernunftgründen für
eine Tat. Es handelt sich hier nicht um einen ausschließenden Gegensatz, sondern um eine
auf Vernunft gerichtete, sich der Intuition bedienende Einsicht in Ganzheiten, die – entsprechend dem aristotelischen Satz, wonach das Ganze mehr ist als die Summe seiner Teile –
weiter reichender Geistesarbeit bedarf als die empirische Zerlegung eines Gegenstandes.
Der Analytiker geht den Einzelheiten der dinglichen Komposition nach, um zu erkennen,
was die Welt im Innersten zusammenhält (Goethe, Faust 1. Teil). Der Holist geht aufs Ganze,
um Sinnzusammenhänge zu erkennen.

    Im Erkennen des Charakters von Ganzheiten – sie spielen in der Wahrnehmung von
Kunst eine zentrale Rolle – kommt Intuition als eine die reine Verstandestätigkeit über-
schreitende Kraft der Erkenntnis ins Spiel. Zu den bedeutenden Philosophen der intuitiven
Erkenntnis gehört Henri Bergson (1859–1941) (Bergson 2007). Mittlerweile haben sich zahlreiche auch neurologisch fundierte Schriften zu Wort gemeldet (Gigerenzer 2008).

    Die große geistige und pragmatische Ferne, die häufig für das Verhältnis von Wirt-
schaft und Kunst (und im Übrigen auch von Wissenschaft und Kunst) als unausweichlich
hingestellt wird, hat – wie wir am Beispiel der Misere des Theaters heute noch zeigen
werden – ihren Grund hauptsächlich darin, dass auf Ganzheiten bezogene Vernunftüberle-
gungen in der Wirtschaft unter dem Diktat der ökonomischen Rationalität nicht aufkommen
können – nicht einmal in den meisten Publikationen zur Wirtschaftsethik. Das praktische
Wirtschaften wird selbst in Kunstinstitutionen wie Theatern zu einem Diktator, dem die
öffentliche Haushaltsmisere obendrein zuarbeitet.

Es gibt streng genommen keinen Gegensatz zwischen Intuition und Rationalität, sondern beide Formen der Geistestätigkeit stehen in einem komplementären Verhältnis. Was intuitiv erspürt wird, bedarf, um pragmatisch werden zu können, des Zugangs zur Überprüfung durch die Arbeit des analytischen Verstandes. Diesen Zusammenhang hat Bernhard Waldenfels verdeutlicht:

> *Intuition oder Anschauung überschreiten den Rahmen diskursiver Rationalität, sobald sie eine höhere, unvermittelte Erkenntnisweise für sich in Anspruch nehmen. In der klassischen Tradition steht dafür der 'Nus' im Gegensatz zur 'Dianoia' beziehungsweise der Intellekt im Gegensatz zur Ratio. Im Deutschen spricht man in diesem Zusammenhang von Einsicht oder auch von einer Vernunft, die vernimmt, statt zu rechnen. Darin liegt ein deutlicher Bezug zum Sehen als einer geistigen Schau oder Vision, aber es fehlt auch nicht das Hören auf Stimmen, die aus einer anderen Welt zu uns dringen. Diese Form der Intuition können wir als 'suprarational' bezeichnen. Sie kommt überall dort zum Zuge, wo ein Erstes oder Letztes, ein Wesen oder das Weltganze anvisiert wird, daher rührt ihr enger Bezug zur Metaphysik... Die Intuition nimmt eindeutig die 'irrationale' Form eines Intuitionismus, wenn das unmittelbare Erfassen sich aller überprüfbaren und kritisierbaren Rationalitätsansprüche enthoben glaubt, und dies unter Berufung auf ein Gefühl, das man hat oder eben nicht hat... Mangelnde Gründlichkeit flüchtet sich ins große Ganze, Ziel- und Regellosigkeit lösen einen ungehinderten Wortschwall aus* (Unterstreichung von uns) (Waldenfels 19).

Daraus folgt, dass Vernunft (und mit ihr die Intuition und die ganzheitliche Wahrnehmung) stets die Rationalität einschließt, auch pragmatisch, dass aber das Umgekehrte nicht gilt: Rationalität schließt keineswegs Vernunft automatisch ein. Rationalität im Sinne von Verstandesgebrauch ebenso wie ökonomische Rationalität im Sinne von wohlbedachtem Umgang mit knappen Ressourcen ist in sich logisch stringent und als Postulat des Handelns pragmatisch stimmig.

Als gültiges Postulat für die Praxis des Wirtschaftens aber ist sie unzureichend und als alleiniges Prinzip eine Fehlkonstruktion, denn sie kann nicht isoliert von anderen ergänzenden, teils konkurrierenden Handlungsprinzipien gelten. Das käme einer Praxis gleich, die aus den zehn Geboten nur eines herausnimmt und befolgt und die verbleibenden in die Kulissen abschiebt.

5.4 Eigeninteresse und soziale Rücksicht

Das Eigeninteresse des Menschen kann mit dem Streben nach Sicherung der eigenen Existenz und Erweiterung der Lebensmöglichkeiten beschrieben werden. In einer auf Rationalität ausgerichteten Version wird das Eigeninteresse zum Eigennutz, und in dieser Ausrichtung entspricht es den gängigen Annahmen in der ökonomischen Theorie, Grundbestimmungen, die bekanntlich auf Adam Smith zurückgehen. Die Frage, die sich ein Individuum in fast jeder Lage stellt, hat allgemeine Bedeutung: Welchen Nutzen hat eine bestimmte Handlungsweise? Aus dieser Fragestellung geht hervor, dass das Individuum seine eigenen Chancen wahrnehmen und sich keineswegs aus eigenem, angeborenem Antrieb altruistisch oder unterwürfig verhalten will.

Diese innere Selbststärke ist ein Begleitumstand der langsamen historischen Herausbildung des für sich selbst lebenden, selbstverantwortlichen, freien Individuums nach abendländischem Muster seit dem Ausgang des Mittelalters. Altruistische Haltungen findet man seither allenfalls noch bei mönchischen Grunddispositionen und seltener Selbstaufgabe für einen höheren Zweck.

Zugleich löste sich damit auch die Verweigerung jeder Form von Hörigkeit gegenüber irdischen Herrschaften und Obrigkeiten auf, sofern nicht allgemeine, aus dem Wohl für das Ganze der Gesellschaft gerechtfertigte Gesetze einen Rechtsgehorsam verlangen (Kant). Der Individualismus war und ist das Urbild des unter freien Marktbedingungen wirtschaftenden Menschen und das Streben nach Eigennutz ist zugleich eine von empirischen Befunden und Beobachtungen gestützte geradezu alltägliche Erscheinung.

Dass also der Mensch sich eigennützig verhält, scheint wie selbstverständlich daherzukommen und bedarf demnach auch keiner weiteren Erläuterungen und Rechtfertigungen. Ist ein solcher Mensch aber wirklich ein so natur- und gesellschaftsvergessenes Wesen? Trägt er tatsächlich zumindest als charakterliche Anlage das Zeug zum blanken Egoisten in sich? Vor allem aber dies: War das die Deutung und Vorstellung des Moralphilosophen Adam Smith, dessen Wirtschaftsphilosophie bekanntlich auf dem Prinzip des individuellen Eigennutzes aufbaut?

Um dieser Frage näher nachzugehen, müssen wir auf Adam Smiths bekannte Diktion in seinem Werk *Der Wohlstand der Nationen* zurückgehen und sein um 17 Jahre älteres Werk *Theorie der ethischen Gefühle* mit heranziehen. In diesem moralphilosophischen Werk argumentiert er von einem ganz anderen, scheinbar dem Eigennutz entgegen gesetzten Prinzip der moralischen Orientierung des Menschen aus: Sympathy (die man vielleicht besser mit Empathie ins Deutsche überträgt).

Smith geht davon aus, dass jeder Mensch von Natur aus mit der Fähigkeit ausgestattet ist, sich in die Lage anderer zu versetzen und zu empfinden, wie es dem anderen in einer beobachtbaren Lage ergeht. Wir trauern mit einem anderen, selbst wenn wir nicht direkt betroffen sind, beispielsweise in einem Trauerspiel, und wir lachen herzlich über menschliche Missgeschicke, an denen wir selbst nicht beteiligt sind, z. B. in einer Komödie.

Diese Fähigkeit ist in der Tat beim Menschen geradezu naturwissenschaftlich (neurowissenschaftlich) in den so genannten Spiegelneuronen ausgemacht worden, von denen man weiß, dass sie durch bloße Wahrnehmung eines äußeren Ereignisses angeregt werden (man greift in den Kühlschrank, wenn man jemand im Fernsehen ein Glas erheben sieht; Reflexe, die die Werbung gern in Anspruch nimmt, vgl. zu Spiegelneuronen Rizzolatti/Fogassi/Gallese 2006, Klein 2008).

Arthur Schopenhauer greift eine ganz ähnliche Sicht von Empathie auf wie Adam Smith, führt indessen die Fähigkeit des Menschen, sich in die Lage eines anderen versetzen zu können, auf das Leiden zurück und erklärt es als Mitleid, letztlich als das Mitleid mit sich selbst, erlebt in der Vorstellung des eigenen Schicksals im anderen (Safranski 2010, 122 ff.; über die Bedeutung der Gefühle im menschlichen Intellekthaushalt vgl. Waldenfels 318 ff.)

Es ist oft gesagt und geschrieben worden, dass es einen deutlichen Widerspruch zwischen den beiden Smithschen Prinzipien des Eigennutzes und der Sympathy gibt. Diese

Deutung hat lange Zeit hindurch die Fachliteratur als das so genannte Adam-Smith-Problem beschäftigt. Einen Gegensatz zwischen diesen beiden Grundhaltungen zu sehen, lässt sich nur damit erklären, dass die Interpreten von einem festen rationalistischen Standpunkt der neoklassischen Ökonomie ausgegangen sind und sich um die kulturelle Dimension nicht gekümmert haben, die selbstverständlich bei einem Moralphilosophen wie Adam Smith vermutet werden muss. Smith kann sich selbst nicht zur Wehr setzen, aber vermutlich würde er energisch widersprochen haben, wenn ihm diese beiden Grundhaltungen als widersprüchlich entgegen gehalten worden wären (Bendixen 2006).

Smith könnte darauf hingewiesen haben, dass sich seine Vorstellung von Eigennutz nicht in Einklang bringen lässt mit irgendwelchen Deutungen in Richtung Egoismus. Das Wohlbefinden eines Menschen beschränkt sich nicht auf die materielle Versorgung mit allem, was ein Mensch für die biologische Seite seines Lebens braucht. Vielmehr gehört dazu soziale Wärme, Anerkennung, Zuneigung wie überhaupt alles, was einem Menschen an anregendem Ambiente seiner Lebensumstände wichtig ist.

Da liegt es ganz in der Natur des Menschen, dass er – wenn man so will: aus Eigennutz – mit dazu beiträgt, dass sein soziales und natürliches Ambiente geeignet ist, sein Wohlbefinden zu befördern. Diese Deutung deckt sich durchaus mit seinem anderen Prinzip, der *Sympathy*, denn es liegt in der Natur des Menschen, in vielfältige Beziehungen mit seiner Umgebung wohltuend eingebettet zu sein.

Diese fingierte Antwort Adam Smiths dürfte genügen herauszustreichen, dass die kulturelle Komponente im menschlichen Verhalten einen wesentlichen Teil des ökonomischen Philosophierens bei Smiths ausmachte, auch wenn er dies nicht ausdrücklich so formuliert hat. Die Reduzierung der menschlichen Vernunft auf blanke Rationalität hätte Smiths wohl kaum akzeptiert. Er blieb immer ein Moralphilosoph und als solcher hat er auch in seiner Wirtschaftsphilosophie nicht das Wohl aller Individuen um Auge gehabt (wie das bei Jeremy Benthams Utilitarismus vornehmlich der Fall war), sondern den Wohlstand der Nationen, will sagen: nicht nur der schottischen oder englischen, sondern aller Nationen.

Was genau unter Wohlstand zu verstehen ist, bleibt bei Smith allerdings offen. *Wealth of Nations* kann materiellen Reichtum bedeuten, aber auch die soziale Befindlichkeit des Menschen im Verbund seiner Nation und damit auch Aspekte wie Sicherheit, Frieden, Solidarität, nationale Würde und mehr umfassen. Heute würden wir sagen: Zum Wohlstand gehören die öffentliche Infrastruktur, die jeder für sich nutzen kann, die Gesundheitsversorgung und zweifellos die kulturelle, vor allem den Künsten zugewandte Lebenslust.

Schwierig wird die Smithsche Philosophie dann, wenn der Wohlstand nicht nur materiell bestimmt wird, sondern die genannten Zustandsqualitäten einer Gesellschaft aufweist, und wenn man der Vorstellung weiter nachgeht, dass der Markt – wie mit unsichtbarer Hand – dafür sorgt, dass genau dies alles geschieht. Dies ist, so sieht es jedenfalls aus, die große Schwachstelle in Adam Smiths Philosophie.

Ausgerechnet an der einzigen Stelle seines *Wohlstand der Nationen*, an der Smith die Metapher von der unsichtbaren Hand gebraucht, spricht er von der Neigung des klugen Kaufmanns, aus Gründen der Sicherheit und Aufsicht sein Kapital lieber im eigenen Land zu investieren als in Übersee (Smith 2003, 371). Die unsichtbare Hand ist weder ein metaphysisches Wesen, das den Markt regiert, noch ein rationaler Kalkulator, dem der kluge

Kaufmann Folge leisten muss, sondern eine geistige Stimmung, die auf kulturelle Praxis gegründet ist und die das Handeln des Kaufmanns intuitiv lenkt.

Die Kritik an der These des Rationalprinzips, welche das ökonomische Denken bis heute beherrscht, geht noch ein Stück weiter mit dem Hinweis darauf, dass nach allen Erkenntnissen der heutigen Neurowissenschaften rationales Verhalten in reiner Form nicht den Anlagen des menschlichen Gehirns entspricht. Das Unbewusste oder Tiefengedächtnis wirkt bei allen Entschlussvorgängen in gewichtiger Weise mit. Zahlreiche Studien haben zeigen können, dass zwar menschlicher Wille den letzten Anstoß zur Tat gibt, dass aber der eigentliche Wahlakt, der einer Entscheidung zugrunde liegt und der angeblich aus rationalen Erwägungen des Abgleichens von Zweck und Mitteln für verschiedene Alternativen hervorgeht, in Wahrheit schon vor dem Bewusstwerden im Unbewussten angelegt und vorbereitet wird (Pöppel 1997, Pöppel 2008, Libet 2007, Kandel 2007, Singer 2007).

Soziale Rücksichtnahme gehört, folgt man den vorangegangenen Überlegungen, zur Natur des Menschseins im Zustand von Kultur und Zivilisation. Sie ist eine Anlage, die im umfassenden Sinne der Selbsterhaltung und der Gestaltung annehmbarer, gefälliger Lebensverhältnisse dient, und darin liegt eine tief greifende Bedeutung der intellektuellen Seite der Kultur.

Wir werden dem Kulturbegriff an späterer Stelle noch ausführlicher nachgehen und dabei finden, dass Kultur zwar im Individuum angelegt ist, aber seine sozialen Konturen erst im lebensdienlichen Umgang mit seinesgleichen erhält. In diesem Sinne hat also Kultur auch eine gesellschaftliche Seite, deren Charakteristik Eigenheiten aufweist, die sich nicht einfach additiv aus den beteiligten Individuen ergibt.

Aus der Dialektik individueller und sozialer Kulturkomponenten ergibt sich für die Beurteilung der (neo-klassischen) ökonomischen Theorie die Feststellung, dass die Missachtung der kulturellen Dimension sowohl auf der mikroökonomischen Ebene (welche individuelles Verhalten erklären will) als auch auf der makroökonomischen Ebene (welche die aggregierten Gesamterscheinungen einer realen Wirtschaft erklären will) eine schwerwiegende Verzerrung der Wirklichkeit des Wirtschaftsgeschehens bedeutet. Die Eliminierung der kulturellen Dimension ist methodologisch nicht hinnehmbar.

5.5   Preismechanismus und Marktkultur

Der Preismechanismus ist konzipiert als ein Automatismus der Reaktion des Preisniveaus bei Veränderungen auf der Angebots- bzw. der Nachfrageseite. Steigt die Nachfrage nach einem Gut, tut das (auf einem vollkommenen Markt) in einer berechenbaren Weise auch der Preis. Der gestiegene Preis lockt weitere Anbieter an oder veranlasst die bestehenden, ihren mengenmäßigen Ausstoß zu erhöhen.

Das Umgekehrte geschieht mit gleicher unbeugsamer Konsequenz, wenn die angebotene Menge erhöht wird und die Nachfrage nicht in gleicher Weise mitzieht. Die Stringenz dieser voraussagbaren Reaktionen ist unter den Bedingungen des vollkommenen Marktes nicht zu bestreiten. Die Frage ist nur, ob damit auch nur annähernd das tatsächliche Geschehen auf Märkten erklärt werden kann.

Die Logik eines Mechanismus, auch wenn dieser nur als Metapher für die angenommene logische Stringenz des Denkens gemeint ist, baut auf der rationalen Folgsamkeit der beteiligten Individuen auf, die in jedem beliebigen Moment nur auf die Unmittelbarkeit der Lage, etwa die Erhöhung der Nachfrage, reagieren. Die Wirtschaftssubjekte auf einem vollkommenen Markt sind blind für sämtliche Erscheinungen in der Umgebung des Ereignisfeldes. Sie kennen kein Ambiente und damit auch keine Erwartungen, was in der nächsten Zukunft geschehen könnte. Das ist eine Verstümmelung der Realität, die den besonderen Bedingungen des Arbeitens am Markt in keiner Weise gerecht wird.

Der seine Denkfähigkeit einsetzende Mensch, gerade auch der Wirtschaftsmensch, nimmt seine Lage wahr, sucht nutzbare Chancen auszuloten und beginnt in Gedanken zu gestalten, was für ihn einen fruchtbaren Ausgang nehmen könnte. Der eigentliche Entschluss ist ein Willensakt unter mehr oder weniger großer Ungewissheit. Was sich im Gehirn eines Handelnden in solchen Augenblicken abspielt, ist kaum exakt rekonstruierbar, weil der Denkvorgang ständig unter einem kaum kontrollierbaren Durchschuss von ungefragt oszillierenden inneren Bildern aus dem Gedächtnis perforiert wird. Kein Mensch kann sich perfekt auf reine Rationalität des Denkens konzentrieren.

Was immer aber der Fall ist, es bildet sich im Gehirn eine Vision, die aus einer Mixtur von Erfahrungen, unmittelbaren Wahrnehmungen und – dies ist besonders wichtig – der Kunst der Ergänzung von Unvollständigkeiten der Faktenlage, um aus einigen Versatzstücken der Wahrnehmung ein geschlossenes inneres Bild zu gewinnen. Zu den Erfahrungen rechnen wir, der Einfachheit halber, auch die Verinnerlichung von Werten und Mustern des sozialen Zusammenlebens oder, verkürzt gesagt, die kulturellen Prägungen, die ein Mensch in sich aufgenommen hat und die in ihm wirken ein Flechtwerk aus Anziehung und Abneigung, auf das Wahrnehmungen projiziert werden und das meist nur vage bewusst wird.

Der Mensch kann entscheiden, auch wenn er nicht vollständig informiert ist. Mit Hilfe seines Vorstellungsvermögens kann er sich ein Bild machen von Gegenständen und Konstellationen, die (noch) nicht existieren. Voraussetzung dafür ist allerdings das Heranziehen von Fakten der Vergangenheit (empirisches Erfahrungswissen) und von begründeten Annahmen über wesentliche Verläufe in die Zukunft hinein. Dieses Bild eines real handelnden Menschen ist geradezu das absolute Gegenteil von einem Wirtschaftssubjekt, welches im theoretischen Modell des vollkommenen Marktes als Homo oeconomicus agiert – falls es überhaupt agiert und nicht nur mechanisch reagiert – und frei ist von Rückblicken, Ausblicken und geistigem Weitblick.

Die Metapher des Preismechanismus, die in ökonomischen Darstellungen oft herangezogen wird, wirkt (sprachlich) wie die Drohung der Unausweichlichkeit und des Ausgeliefert-Seins, eine theoretische Idee, die mit dem Bild eines frei disponierenden Wirtschaftssubjektes unvereinbar ist. Sie verträgt sich nicht mit den Verflechtungen des Menschen in die kulturellen Werte und Lebensmuster, die über seine biologische Natur hinaus seine zweite Natur, die Kultur, bilden. Kultur ist der Normalzustand, in dem ein Mensch lebt. Diese Normalität modelltheoretisch abzustreifen, bringt die Resultate in die Gefahrenzone der Ungültigkeit und Nutzlosigkeit.

5.6   Marktvollkommenheit und Zufälligkeit

Jedem Ökonomen ist völlig klar, dass das Modell des vollkommenen Marktes irreal ist. Es ist das Ergebnis der Idealisierung von Erscheinungen nach dem Vorbild einer gedanklichen Konstruktion, zu welchen Ergebnissen ein vollkommen ungestörtes, rein rationales Operieren im Verfolg des Strebens nach den eigenen Vorteilen gelangt. Kein Ökonom würde bestreiten, dass es vollkommene Bedingungen auf dem Markt nicht geben kann und dass ein bedingungsloses, ungestörtes Verfolgen des Eigennutzes kein Gegenstück in der Realität hat.

Vollkommenheit ist zudem kein wünschenswerter Zustand, weshalb sie sich auch nicht als ein Maßstab eignet zu bestimmen, wie weit man sich in einer bestimmten Angelegenheit noch von einem wie auch immer erklärten absoluten Bestwert entfernt hält und in welcher Richtung das weitere Streben ausgerichtet werden muss. Vollkommenheit ist ein Zustand, an dem jede Veränderung eine Verschlechterung bedeutet. Vollkommenheit ist genau genommen Grabesstille. Auf ihn auch nur irgendwelche Hoffnungen zu setzen, hat – zynisch gesagt – eher etwas mit Todessehnsucht als mit einem erwartungsvollen Gestalten an den verbesserungsbedürftigen Augenblickzuständen zu tun. Vollkommenheit macht die Zukunft hoffnungslos.

Das logische Gegenteil der Vollkommenheit ist sprachlogisch die Unvollkommenheit. Die ökonomische Theorie des unvollkommenen Marktes deutet die Realität des Marktes als eine Verletzung der Bedingungen des vollkommenen Marktes, eine absurde Idee, wenn man bedenkt, dass es Vollkommenheit weder geben kann noch dass sie besonders wünschenswert wäre. Unvollkommenheit, besser wäre zu sagen: permanente Unfertigkeit, ist die Normalität. Statt die Unfertigkeit verbal ständig als vermeintliche Unvollkommenheit zu diskriminieren, wäre ein konstruktiver Umgang mit bestimmten Eigenarten von Märkten die pragmatischere Reaktion.

Unfertigkeit ist die Bedingung für kreativen Elan, und diese Haltung deckt sich zugleich mit der Unvollendetheit der Natur, weshalb die Evolution ständig weiterläuft (solange das Universum expandiert). Die Natur arbeitet ständig an ihrer eigenen Unfertigkeit – kann sein, dass diese Arbeit, Evolution genannt, an sich blind ist, also keinen Sinn hat (den ihr allerdings der Mensch angesichts der Trostlosigkeit solcher Naturphilosophie zuschreiben mag).

Wäre die Natur vollkommen, wäre die Evolution längst zum Stillstand gekommen. Da dies aber auch auf absehbare Zeit nicht zu erwarten ist, können wir die Behauptung der Unvollkommenheit menschlicher Angelegenheiten ebenfalls als einen naturähnlichen Zustand erklären, der die Vitalität menschlichen Strebens aufrecht erhält.

Die noch zu Newtons und Adam Smiths Zeiten gefestigte Vorstellung, dass die Natur als ein kosmisches Uhrwerk funktioniert nach ganz bestimmte Gesetzen und dass dies für alle Zeit so sein wird, galt als unübertrefflicher Maßstab zur Regelung der menschlichen Verhältnisse. Darauf beruht der anscheinend ungebrochene Glaube an die Selbstheilungskräfte des Marktes, wenn man dessen „Natur" ungestört zur Geltung kommen lässt. Ein schwerer Irrtum, wie wir erst in jüngster Zeit haben erleben müssen.

Das einzig Beständige ist der Wandel, und der steckt voller unbekannter Ereignisse und zufälliger Konstellationen, von denen auch unser Wissen über die Natur nicht frei ist. Unseren Fragen an das Geschehen in der Wirtschaft liegt dagegen eine weitere und pragmatisch sehr viel profanere Form von Ungewissheit und Zufällen zugrunde. Die Wirtschaft und mit ihr die Märkte sind menschliche Arrangements, die die beteiligten Akteure keinesfalls gnadenlos auf Linie halten. Zwar bieten diese Arrangements – etwa die Regelungen des internationalen Geld-, Kredit- und Kapitalverkehrs – (mit Einschränkungen) eine gewisse Rahmenverlässlichkeit.

Doch der Charakter von institutionellen und gesetzlichen Regelungen bringt es mit sich, dass in der Praxis sehr viel kreative Energie dahinein fließt, Schlupflöcher zu entdecken oder mit allerlei Machenschaften solche aufzureißen. Die Realität sieht immer anders aus als alle Pläne und Prognosen. Die Planer kämpfen ständig gegen Regellosigkeit und bleiben nur sehr selten Sieger.

Über die Schwierigkeiten, mit systematischen Prognosen einen Blick in die Zukunft zu wagen, ist viel und kritisch geschrieben worden. Manche Vorhersagen insbesondere von wirtschaftlichen Entwicklungen sind von viel Intuition und wenig Faktenwissen getränkt; andere sind bloße Extrapolationen von verfügbaren Daten in einem raffinierten Modell. Alle Experten weisen darauf hin, dass es kaum möglich ist, sichere und zutreffende Voraussagen zu machen. Und doch wartet man Jahr für Jahr oder sogar in Halb- oder Vierteljahresrhythmen auf die Prognosen von ökonomischen Weisen wie dem Sachverständigenrat bei der deutschen Bundesregierung. John Kenneth Galbraith geißelte die ökonomischen Prognostiker schon vor Jahren:

> *The most common qualification of the economic forecaster is not in knowing but in not knowing that he does not know. His greatest advantage is that all predictions, right or wrong, are soon forgotten* (Galbraith 1991).

Dies wird anschaulich exemplifiziert durch einige dramatische Fehlbeurteilungen des deutschen Sachverständigenrats im Jahre 2010, wie aus einem Interview mit einem Mitglied dieses Gremiums hervorgeht (WELT Online, 2011 a). Will man Preisentwicklungen verstehen und, wie es die Finanzanalysten lieben, anlehnungsfähige Voraussagen machen, um Ratschläge erteilen zu können, spielen intuitive Wahrnehmungen und Deutungskompetenz aus Erfahrungen mit dem sozialen und politischen Klima eine weitaus entscheidendere Rolle als die schlichte Mechanik von Angebot und Nachfrage. Welche Potentiale hinter diesen beiden Modellgrößen in der Wirklichkeit schlummern, erfährt man nicht mit Hilfe von Modellkausalitäten.

5.7   Funktion und kultureller Geist des Geldes

Das Wort *Geld* ist uneindeutig. Seiner Herkunft nach ist es zwar ein Zahlungsmittel, aber es ist mittlerweile ein abstraktes Ding geworden. Das, was wir heute etwas salopp als Geld bezeichnen, ist nur ein gemünztes oder papierenes oder elektronisches Surrogat. Die Euromünze oder der Dollarschein vertreten nur eine unspezifische Menge an wertvollen thesaurierbaren Gegenständen. In den Urformen des Warentauschs konnte jedes beliebige (mobile) Objekt zum Tausch gegen ein anderes angeboten werden. Das war bekanntlich ein schwerfälliges System und wenig dazu geeignet, professionellen Handel und damit die allmähliche Herausbildung von Märkten zu fördern.

Ein viele Jahrhunderte dauerndes Zwischenstadium bis zur Entwicklung moderner Geld- und Kreditsysteme kannte Geld in der Form von abgewogenen und zählbaren Einzelstücken an wertvollen Objekten wie Gold, Silber, Bronze. Die besondere Eigenschaft dieser Einzelstücke war ihre ubiquitäre Geltung als Wertträger und ihre relativ leichte Transportierbarkeit. Da der ihnen stückweise zugeschriebene Nominalwert, meist ausgedrückt in Gewichtseinheiten physisch zugegen war – noch heute drücken einige bekannte Währungen in ihrem Namen diesen Gewichtsbezug, z. B. das englische Pfund, ehemals die italienische Lira oder die spanische Peseta –, behielt diese Form des Geldes wahrnehmbar den Charakter einer Ware.

Das Interesse an dieser Art Ware spaltete sich in ein Besitzinteresse, etwa zum Verarbeiten von Gold für Schmuck, und ein Tauschinteresse, welches vornehmlich Händler einbrachten, die die Bezahlung (wörtlich das Hinzählen einzelner Stücke der vereinbaren Währung) entgegennahmen in der Absicht, ihren Handel fortsetzen zu können.

Der Doppelcharakter des Geldes kommt deutlich zum Vorschein, wenn Zahlungsmittel in der Weise kreiert werden, dass die physischen Wertobjekte den umlaufenden Münzen ganz entzogen und an einer zentralen Stelle aufbewahrt werden. Das Besitzinteresse tritt hinter das Tauschinteresse fast vollständig zurück. Eine real vorliegende Goldmünze konnte man immerhin wieder einschmelzen oder zu einem Schmuckstück verarbeiten. Das gelingt bekanntlich bei Papiergeld oder elektronischem Geld nicht.

Die zum bloßen Blech verkümmerte Münze kann nur noch die Tauschfunktion erfüllen oder als potenzielles Tauschmittel gehortet werden. Die Tauschfunktion lebt, solange der reale Gegenwert an dem dafür vorgesehenen zentralen Ort tatsächlich und nachweislich aufbewahrt wird. Da nun Metallmünzen, deren stofflicher Wert unbedeutend ist, nur noch Repräsentanten des wirklichen Geldes sind, liegen die beiden nächsten Schritte fast schon auf der Hand: an die Stelle der Münze trat der Geldschein und an dessen Stelle schließlich das Kontokurrentgeld und das elektronische Verfügungsgeld der Moderne (Brodbeck 2009).

Heute kennt man das Geld fast nur noch als das im Marktverkehr befindliche Surrogat des tatsächlichen Geldes. Da aber das Tauschinteresse sich vom ursprünglichen dinglichen Besitzinteresse abgelöst hat, drängt das Surrogatgeld ständig nach Rückkehr in einen dinglichen Status. (Surrogat-) Geld selbst kann man sammeln, horten, verschwenden oder zur Bestechung einsetzen, nur seine biologischen und sozialen Bedürfnisse kann man damit nicht befriedigen. Daher drängt das (Surrogat-) Geld dahin, es für dingliche Wertobjekte herzugeben und mit diesem Schritt erst den eigentlichen Tauschakt zu vollenden.

Es kann also sein, dass jemand in einer ersten Serie von Aktivitäten zum Erwerb von (Surrogat) Geld schreitet, aber den zweiten notwendigen Akt unter Umständen um Jahre aufschiebt, z. B. weil jemand das Kapital zur Finanzierung eines Hauses akkumuliert. Genau darin aber liegt die funktionale Macht des Geldes, dass es – Geldwert- und Währungsrisiken einmal beiseite gelassen – sehr geduldig auf seinen Einsatz wartet, ohne zu verderben.

Die Funktion des heutigen Geldes ist es, den Marktverkehr zu erleichtern und somit der Entwicklung von Marktpraktiken enormen Auftrieb zu geben. Aber der kulturelle Ursprung und damit der kulturelle Geist des Geldes treten erst zutage, wenn man den ganzen Bogen des Tauschs von Ware gegen Ware oder von wertvollen Objekten gegen wertvolle Objekte ins Auge fasst.

Da diese Objekte aus einer bestimmten und in der Regel bekannten und geschätzten Kulturwelt stammen, beispielsweise Keramiken einer bestimmten Machart (Material, Brennart, Formgebung und Dekor), für die im Gegenzug beispielsweise Teppiche einer bestimmten Machart (Faserart, Knüpfart, Farbigkeit, Muster) erworben werden, wird deren Wertschätzung über das (Surrogat-) Geld als Zwischenglied ausgedrückt. Aber die kulturelle Dimension beider Objektsphären bleibt unsichtbar im Hintergrund als imaginärer kultureller Spannungsbogen erhalten. Deshalb behält selbst das moderne Geld einen wenn auch diffusen kulturellen Geist. Es ist eben mehr als nur ein schlichtes Zahlungsmittel (Simmel 2009).

Der kulturelle Geist des Geldes bleibt nicht immer verborgen. Er erscheint in den Träumen derer, die es nicht oder nicht genug davon haben. Er macht verführbar, weil sein Besitz Träume weckt. Er erleichtert das Gewissen, weil man Geld für gemeinnützige Zwecke opfern kann. Bestechungen, Steuerabführungen oder das Ableisten einer Strafe sind weitere Formen, die den kulturellen Geist des Geldes erfahrbar machen können. Der psychisch wie physisch sehr weit reichende kulturelle Geist des Geldes ist nicht überall mit letzter Klarheit auszumachen, doch haben sich viele Autoren ausführlich damit befasst (Brodbeck 2009). Die folgende Begebenheit, die ich (P. B.) vor einigen Jahren in Salzburg in den Wochen der Salzburger Festspiele erlebte, kann diesen kulturellen Geist des Geldes verdeutlichen:

In einem der bekannten Salzburger Caféhäuser, die zu Festspielzeiten fast immer stark frequentiert werden, bat ein älteres Ehepaar darum, sich an meinen Tisch setzen zu dürfen. Es ergab sich im Gespräch, dass sie aus Buenos Aires stammten. Sie erklärten, sie hätten mehr als zwanzig Jahre lang gespart, um einmal in ihrem Leben die Salzburger Festspiele genießen zu können. Auf meine Frage, warum sie sich denn nicht schon vor zwanzig Jahren einen Kredit genommen hätten, um sich ihren Wunsch zu erfüllen, kam eine geradezu weise Antwort: Zwanzig Jahre ansparen bedeutet, zwanzig Jahre Vorfreude. Aber zwanzig Jahre lang einen Kredit abzahlen, ist ein ständiges Ärgernis.

Das moderne Geld ist mit seiner funktionalen Mächtigkeit im Marktverkehr zu einem nahezu alles beherrschenden Medium avanciert, in jeder Hinsicht gestützt durch die ökonomische Theorie. Die Theorie des Geld- und Kreditverkehrs, auf die wir hier nicht eingehen wollen, vollzieht insofern das, was sich real weltweit entwickelt hat: Das Geld in seiner Surrogatform ist in der Vorstellung und Wirkungsweise auf das Tauschinteresse verkürzt und hat seinen kulturellen Geist verschleiert. Das wissenschaftliche Interesse der Ökonomie am Geld beschränkt sich in der Regel auf diesen Aspekt.

Für unsere weiteren Überlegungen können wir die heute alleinherrschende Auffassung vom Geld als Triebmittel des Marktverkehrs als das wichtigste Indiz für die Abkehr der ökonomischen Theorie von der kulturellen Dimension der Dinge deuten, die in den Marktverkehr gelangen. Nach unserem Verständnis kann eine Form von Kulturökonomie, die die Kulturvergessenheit der Ökonomie wieder aufbricht, das herkömmliche ökonomische Denken aus seiner pragmatischen Sackgasse herausführen. Ohne das analytische Instrumentarium der Ökonomie aufzugeben, kann eine umfassende Methodologie der Kulturökonomie ein erweitertes Deutungspotential für das Geschehen in der Wirtschaft erschließen.

Diese methodologische Neuaufspannung des ökonomischen Denkens ist unverzichtbar für eine pragmatische Konzeption der Kunstökonomie, die – wie kann es anders sein – die

Dimension des Kulturellen in den Vordergrund stellen *muss*, weil jede Art von Kunst in den Geist und die Wertigkeit von Kultur eingespannt ist. Dass dies nun aber für das Wirtschaften in gleicher Weise gilt, verhindert zugleich, dass Kunstökonomie nur noch als eine spezifische Kunstwissenschaft auftreten kann.

6   Der Furor mathematicus der Ökonomie

Die Entwicklung der neoklassischen Ökonomik hat eine Phase durchlaufen, deren Nachwirkungen bis heute zu spüren sind: die Einkleidung ökonomischer Wirkungszusammenhänge in mathematische Funktionen mit dem Ziel, reale Vorgänge modellförmig simulieren zu können (Weintraub 2002).

Diese in vielen Wissenschaften, allen voran der Physik (die Physik des Universums wäre ohne Mathematik absolut unvorstellbar), keinesfalls ungewöhnliche Methode der Durchdringung eines Sachgebietes durch mathematische Rekonstruktion der inneren Funktionszusammenhänge gibt allein noch keinen Anlass zur methodologischen Kritik. Diese kann erst dann fruchtbar ansetzen, wenn ganz offensichtlich die Bemühungen um mathematische Abbildung und Bearbeitung wichtiger ökonomischer Sachfragen durch Übertreibung in die Irre laufen beginnen.

Der Gipfel dieser bereits zum Ende des 19. Jahrhunderts einsetzenden Mathematisierung des ökonomischen Denkens ist mit der Pareto'schen Theorie der Bedingungen des optimalen Gleichgewichts eines volkswirtschaftlichen Systems erreicht worden (Wilfredo Pareto, 1848–1923). Eine Volkswirtschaft ist ein Geflecht aufeinander einwirkender Märkte, das es praktisch unmöglich macht, dass alle Märkte gleichzeitig in ein optimales Gleichgewicht gelangen, falls man überhaupt je für einen einzelnen realen Markt einen Gleichgewichtszustand ermitteln kann. Zumindest theoretisch ist dieser Zustand eines volkswirtschaftlichen Gesamtgleichgewichts gemäß Pareto jedoch mathematisch berechenbar.

Ökonomisch gesehen entspricht dieses ökonomische Ideal dem allgemeinen Vollkommenheitsideal vor allem der mikroökonomischen Version des Fachs und zieht die gleiche Fundamentalkritik auf sich: Das vollkommene Gleichgewicht sämtlicher Märkte erzeugt Grabesstille, weil jede Veränderungen eine Störung bedeuten würde und eine erfolgreiche Störungsabwehr keine Bewegungen mehr duldet. Was aber ist eine Volkswirtschaft ohne Bewegung?

Wir müssen uns damit nicht im Detail auseinandersetzen, wohl aber mit der spätestens seit Pareto sich ausbreitenden lustbetonten Verwendung mathematischer Ausdrucksformen und Erkenntnismethoden sowohl in der Volkswirtschaftslehre als auch in der (späteren) Betriebswirtschaftslehre. Die Befeuerung der mathematischen Modellkonstruktionen in der Ökonomie hängt eng mit der Vorstellung zusammen, dass die Wirtschaft einen identifizierbaren Systemmechanismus darstellt, den man auf eine ähnliche Weise bearbeiten kann und muss, wie es Naturwissenschaften wie die Physik tun.

Bezeichnenderweise ließ Ludwig von Mises (1881–1973) verlauten: *Man hat die Gesetze der gesellschaftlichen Kooperation zu erforschen, wie der Physiker die Gesetze der Mechanik erforscht* (zitiert nach Brodbeck 1998, 3). Eine vergleichbare mechanische Vorstellung menschlicher Aktivitäten einschließlich der Antriebe des Willens findet sich bereits bei Thomas Hobbes (Kersting 2002, 70 ff.).

Ein solcher methodologischer Ansatz setzt voraus, dass die Wirtschaft tatsächlich wie ein (technischer) Mechanismus funktioniert, der relativ mühelos auf mathematische Funktionszusammenhänge gebracht werden kann. Wir haben diese Vorstellung bereits an früherer Stelle der Kritik unterzogen und wiederholen die Argumentation nicht noch einmal. Es ist aber wichtig, eine Unterscheidung zu machen zwischen einem *normalen Gebrauch der Mathematik* zur quantitativen *Abbildung und Deutung* von wirtschaftlichen Zuständen und einem *abwegigen Gebrauch der Mathematik* als Grundlage zur Deutung oder gar zur Steuerung der Wirtschaft.

Es ist zweifellos nützlich, auch und gerade unter pragmatischen Gesichtspunkten, Strukturen und Bewegungen in der Wirtschaft statistisch-quantitativ zu erfassen und mit mathematischen Mitteln Zusammenhänge herauszuarbeiten, wie dies vornehmlich in der Ökonometrie geschieht. Die ökonometrischen Rechnungen bieten die Plattform für Interpretationen und erweisen sich darin als ausgesprochen nützlich.

Mathematische Modelle dagegen, wie sie beispielsweise im so genannten Operations Research üblich sind, durch welche optimierende Entscheidungen ermittelt werden, leiden unter einem Syndrom, das wir ungefähr so beschreiben können: Entweder sind die mathematischen Formeln viel zu einfach, um brauchbare und verlässliche Ergebnis zu liefern, oder sie versuchen, der Wirklichkeit so nahe wie möglich zu kommen, und rufen eine ähnliche Undurchschaubarkeit hervor wie die Wirklichkeit selbst. In beiden Fällen fragt man sich, welchen erkenntnistheoretischen und vor allem welchen praktischen Sinn und Nutzen solche Rechnungen haben können.

Vielmehr liegt die Vermutung nahe, dass die Mathematik als Königin aller Wissenschaften einen Teil ihres Glanzes auf ökonomische Analysen übertragen soll, im Zweifel auch auf Kosten der Verständlichkeit. Diese Neigung zur völligen Überziehung der Mathematik in der Anwendung, die mehr eine Manie als eine methodologische Sinnfälligkeit zum Ausdruck bringt, ist das, was wir den *Furor mathematicus* nennen. Diese knappe Kritik der verbreiteten Arbeitsgewohnheiten in der Volkswirtschaftslehre und mehr noch in der Betriebswirtschaftslehre haben wir kurz aufgegriffen, um zu betonen, dass es nicht um eine Abweisung der Möglichkeiten geht, Sachzusammenhänge mathematisch abzubilden, wo dies einen Sinn ergibt.

Im Ganzen aber steht diese spezifische Kritik im Zusammenhang mit den allgemeinen Grundauffassungen des traditionellen ökonomischen Denkens, welches das Geschehen auf Märkten als *Mechanismus* sieht. Dieses Wort ist also nicht nur eine Metapher, sondern drückt eine methodologische Grundauffassung aus. Das Eigenartige an dieser Denkfigur ergibt sich daraus, dass ein Mechanismus normalerweise eine kulturelle Bauleistung von Technikern ist, dass er aber im ökonomischen Denken mit der Natur selbst in Zusammenhang gebracht wird (was auf Adam Smith zurückgeht). Das Beispiel der so genannten Selbstheilungskräfte des Marktes deutet auf diese Zwiespältigkeit hin.

III. Kapitel:
Die kulturellen Grundlagen der Kulturökonomie

Mit diesem Kapitel wechseln wir die Perspektive der Betrachtung der Kulturökonomie. Im vorangegangenen Kapitel ging es um die ökonomischen Grundlagen, also um den zweiten Wortbestandteil. Dabei ist als gedankliche Plattform zu einer kritischen Beleuchtung traditioneller Denkweisen in der Ökonomie eine um die kulturelle Dimension erweiterte Sicht angesprochen worden. Es sei noch einmal unterstrichen, dass nach unsere Auffassung die Kulturökonomie eine Wirtschaftswissenschaft ist, die die kognitiven, perzeptiven, geistig-schöpferischen und kulturell-gesellschaftlichen Komponenten des Wirtschaftens als das Primäre, die dinglichen Operationen als das Sekundäre betrachtet.

Der Begriff *Kultur*, also der erste Wortbestandteil in *Kulturökonomie*, hat es mit einem äußerst komplexen Thema zu tun, das sorgfältiger Ausbreitung und differenzierter Beurteilung bedarf, ohne jedoch allzu tief in fachliche Details zu gehen. Insbesondere ist eine angemessene Klärung des Begriffs *Kultur* notwendig, zu dem es keine einheitlich gültige Version gibt, sondern so viele verschiedene Facetten, wie es wissenschaftliche Perspektiven auf Kultur und wie es selbst innerhalb einzelner Fachgebiete unterschiedliche Auffassungen und methodologische Herangehensweisen gibt.

7 Kulturbegriffe

7.1 Alltagsverständnis und wissenschaftliche Definitionen

Kaum ein Lehrbuch oder eine Monographie zu kulturellen Themen kommt umhin zu erklären, mit welchem Kulturverständnis und welcher Definition in der betreffenden Abhandlung gearbeitet wird. Das ist unumgänglich, denn das allgemeine Sprachempfinden und der Sprachgebrauch sind zu nebulös und unpräzise, um für wissenschaftliche Diskurse unreflektiert verwendbar zu sein. Die verschiedenen Wissenschaften, die mit Kultur in Berührung kommen (Philosophie, Kulturwissenschaften, Geisteswissenschaften, Soziologie, Psychologie, Anthropologie, Archäologie, Geographie, Ökonomie, Rechtswissenschaften, Politikwissenschaften und viele weitere), müssen ihre teilweise recht unterschiedlichen Perspektiven aus methodologischen Gründen zunächst ausbreiten und zugleich wieder auf den Anlass und das Erkenntnisziel der jeweiligen Abhandlungen zuspitzen.

Damit wird kein Plädoyer für einen Begriffsrelativismus oder begriffliche Beliebigkeit abgegeben, sondern darauf bestanden, dass Vielfalt in terminologischer Hinsicht die Vielfalt der realen Erscheinungen spiegelt, in denen die Dimension der Kultur eine je unterschiedliche Rolle spielt. Diese methodologische Sachlage erklärt sich daraus, dass Kultur, wie wir gleich sehen werden, kein für sich existierendes Ding, sondern eine Textur ist, die alle menschlichen Gestalten durchzieht und diesen den Stempel des aus Menschenhand Gemachten gibt. Damit ist eine Vorfestlegung darauf getroffen, dass kulturelle Erscheinungen sich von natürlichen Erscheinungen dadurch unterscheiden, dass sie nicht von selbst in der Welt sind.

Dieser Befund macht das Problem einer sinnvollen und gehaltvollen Definition des Begriffs *Kultur* nicht einfacher (Literatur zum Kulturbegriff s. unter Leseempfehlungen). Bei einer Definition kann es sich jedenfalls nicht um einen Akt der freien Auswahl unter beliebigen, gleichwertigen Alternativen oder um eine Geschmacksfrage handeln, sondern der Begriff muss, abgesehen von einer möglichst zweifelsfreien Formulierung, in das gesamte gedankliche Umfeld passen.

Der auf Weltdeutungen ausgerichtete Philosoph wird daher anders denken und formulieren als der Kulturgeograph oder der Kulturanthropologe, von denen sich der Kultursoziologe und der Kulturpädagoge je auf ihre Weise wieder unterscheiden. Wenn das geistig-wissenschaftliche Ambiente des Gebrauchs eines Terminus so wichtig ist, dann kann man einen einigermaßen geklärten Begriff eigentlich erst am Ende einer Abhandlung präsentieren. Sonst bleibt er unverständlich oder wirkt teilweise willkürlich.

Trotz all dieser komplizierten methodologischen Fragen haben sich einige Kulturbegriffe entwickelt, die sogar über Fachgrenzen hinweg einen hohen Grad an allgemeiner Akzeptanz erlangen konnten. Dazu gehört insbesondere die Kulturdefinition der UNESCO (*[1] Anhang), die Bestandteil einer Erklärung der UNESCO auf der Weltkulturkonferenz von Mexiko 1982 war. Kultur umfasst demnach

> *im weitesten Sinne die Gesamtheit der einzigartigen geistigen, materiellen, intellektuellen und emotionalen Aspekte, die eine Gesellschaft oder eine soziale Gruppe kennzeichnen. Dies schließt nicht nur Kunst und Literatur ein, sondern auch Lebensformen, die Grundrechte des Menschen, Wertsysteme, Traditionen und Glaubensrichtungen* (zit. n. Bernecker 2002).

Wichtig an dieser Definition ist der umfassende Geltungsbereich des Kulturbegriffs, der ihn aus der Enge des Wertenden herausholt, durch das in der Vergangenheit und auch heute noch oft das Herausragende und Wertvolle kultureller Hervorbringungen betont werden sollte.

Diese Ausweitung des Kulturverständnisses holt sich allerdings den Nachteil herein, dass ein Begriff unhandlich wird, wenn mit ihm nicht mehr präzise differenziert werden kann, weil nahezu alles, was Menschen tun, zur Kultur gehört. Wer alles erfassen will, erklärt im Grunde gar nichts. Zudem hat dieser Begriff den Mangel einer bloßen Aufzählung, die zwar exemplarisch das weite Bedeutungsfeld dieser Definition aufscheinen lässt, aber auf eine Klärung der genauen Kriterien verzichtet. Was unterscheidet diesen Kulturbegriff vom Naturbegriff? Wo endet das Natürliche und beginnt das Menschlich-Kulturelle?

Dennoch ist die UNESCO-Definition eine geeignete Plattform, um von manchen Einseitigkeiten und Akzentuierungen der vielen anderen Kulturbegriffe freizukommen. Auf die alltagssprachliche Nähe von Kultur und Kunst sind wir an früherer Stelle bereits eingegangen. In vielen auch wissenschaftlichen Definitionen wird der Wert- bzw. Normcharakter der Kultur als etwas Geistiges hervorgehoben, der über verschiedene Integrationsformen, z.B. über die Sprache, zur soziologischen Kategorie der Gesellschaftskultur gelangt. Alle diese Akzentuierungen sind je für sich richtig und zugleich doch unvollständig.

Die UNESCO-Definition hilft als Ausgangsposition oder Basisformulierung für eine weiter reichende und differenzierende Ergänzung und Anreicherung des Kulturbegriffs. Auf die Nuancierungen im Kulturverständnis der vielen Kulturdialoge und Begriffserklärungen müssen wir hier verzichten und auf die Fachliteratur verweisen (Reckwitz 2008, Moebius 2008, Hofmann/Korta/Niekisch 2004 sowie die Leseempfehlungen am Ende dieses Buchs).

Auch der in diesem Rahmen vorgeschlagene Kulturbegriff kann weder Universalität noch Endgültigkeit beanspruchen, sondern allenfalls anstreben, zu einer nachvollziehbaren sprachlichen Regelung zu gelangen. Da – im Prinzip – die Sprache, also auch die Wissenschaftssprache und vor allem der Fachjargon, selber Kultur ist, bewegt man sich in jedem Fall in der eigenartigen Falle, dass man Kultur mit Kultur zu definieren anhebt. Eine vorsprachliche Herangehensweise ist insbesondere deshalb kein Ausweg, weil die Semantik des Begriffes *Sprache* nicht auf gesprochene oder geschriebene Worte beschränkt ist, sondern Gestik, Mimik, Zeichen und Laute selber der Kultur zugeschrieben werden müssen. Wir können, um es etwas salopp zu formulieren, der Kultur nicht entgehen. Sprache ist Kultur (Wittgenstein 1963).

So gesehen, ist das Denken über die Natur selber Kultur; unser Wissen über die Natur ist eine in Kultur(sprache) gefasste neurologische Konstruktion. Das hat durchaus Folgen, wenn es um den Geltungscharakter naturwissenschaftlicher Erkenntnisse geht. Die Kultur des Denkens und Forschens über Erscheinungen der Natur bindet sich zwar sehr stringent an die objektive Überprüfbarkeit ihrer Aussagen. Sie bleibt aber als Menschenwerk Kultur. Naturphilosophie ist stets zugleich Kulturphilosophie. Wir werden uns aber hüten, in der Kulturökonomie mit einem derart weit gefassten Kulturbegriff zu arbeiten, der in unzähligen Details heftige Verwirrung stiften würde.

Zur weiteren Klärung des Kulturbegriffes, wie er für unsere Abhandlung geeignet erscheint, muss die Bedingung erfüllt sein, dass das Kulturverständnis terminologisch die Brücke zwischen Wirtschaft einerseits und dem noch zu klärenden Geistesgehalt *Kultur* herstellen kann. Wir brauchen also einen Kulturbegriff, der neben den üblichen Kriterien und semantischen Bezügen weit genug gefasst ist, um das Geschehen in der Wirtschaft durch dieses Visier wahrnehmen und deuten zu können. In einem weiten Sinne wird es sich um einen Kulturbegriff handeln, der deutliche Anlehnungen aus der Anthropologie aufnimmt, denn hier werden die Bedingungen und Gestaltungen konkreten Tuns, wie sie eben auch für die Wirtschaft charakteristisch sind, herangezogen.

7.2 Der anthropologische Kulturbegriff

Anthropologisch wird eine Herangehensweise an die Erklärung menschlicher Gegebenheiten durch den gezielten Blick auf die Natur des Menschen, seine biologische Ausstattung und – spezifisch kulturanthropologisch – die Fähigkeit, seine Lebensumstände in Gestalt von Kultur im Rahmen der natürlichen Gegebenheiten und mit intelligentem Werkzeuggebrauch selbst zu erzeugen. Anthropologie im Sinne einer allgemeinen (biologischen) Menschenkunde hat in jüngerer Zeit einen spezifischen Zweig entwickelt: die Historische Anthropologie.

Die philosophische Anthropologie stellt Fragen nach dem Wesen des Menschen und betont nicht in erster Linie die biologische Existenz des Menschen, sondern seine geistige und damit seine Fähigkeit, sich selbst zum Gegenstand des Denkens und Gestaltens zu machen

(Assmann/Gaier/Trommsdorff 2006, Girtler 2006, Thies 2009). Die Verbindung zwischen der biologischen und der philosophischen Anthropologie können wir darin erblicken, dass das Gehirn ein biologisches Organ und zugleich der Ort der Erzeugung von geistigen Potentialen und Gestalten ist, von dem aus das pragmatische Denken und Handeln vorbereitet wird.

Kultur bildet sich auf der Grundlage der biologischen Ausstattung des Menschen mit einem Gehirn, welches – anders als der reine Instinkt – einer konkreten Handlung das kreative, gestaltende Denken vorausschickt. Denken ist ein innerer Bildungs- oder Gestaltungsvorgang, der weit mehr leistet als nur das Registrieren von Wahrnehmungen der äußeren Welt, denn es kann Gestalten erzeugen, die in der physischen Welt nicht existieren. Sie mögen absurd oder realistisch sein, reine Fiktionen oder pragmatische Konzeptionen sein, sie können der Kunst oder der nützlichen Gestaltpraxis zugeneigt sein.

Das noch unverbindliche und noch keiner physikalischen Kausalität unterworfene Denken ermöglicht das gedankliche Abtasten von Figuren und Konfigurationen, deren Verwirklichung im Konkreten vorgetestet werden können. Mit anderen Worten: Der Mensch kann im Denken eine Lagebeurteilung erzeugen und über die Folgen seines beabsichtigten Tuns reflektieren, bevor er zur Tat schreitet. Er kann sich selbst und seine Position in der Welt reflektieren, in diesem Sinne also Vernunft walten lassen, denn er muss nicht tun, was er denkt, sondern kann bedenken, ob seine Absicht Sinn ergibt und sozial verträglich ist. Mit anderen Worten: Der Mensch hat die Anlage zur Moral.

Kultur ist an jedem einzelnen Akt des Reflektierens als im Gedächtnis bewahrte und aktivierbare Wertestruktur beteiligt. Reflektierte Erlebnisse werden mit emotionalen Färbungen entlang der Skala von Zuneigung und Abneigung im Gedächtnis archiviert, um bei gegebenen Anlässen und äußeren Signalen der sinnlichen Wahrnehmung aktiviert und zur Beurteilung einer Situation herangezogen zu werden. Dies geschieht vielfach intuitiv, ohne dass dies dem Betreffenden vollständig bewusst wird.

Kultur ist eine Prägung des Denkens aus Wahrnehmungen, welche sich zu Gedächtnisgehalten verdichten und festigen. So führt beispielsweise die genaue Beobachtung der Wuchsbedingungen eines Obstbaumes zu einem inneren Modell der lebensdienlichen Behandlung von Pflanzungen und damit zu Erfahrung. Wir können die vereinfachende Formel aufstellen: Erfahrung = Erlebnis + Reflexion; denn erst das Nachdenken über das episodisch Erlebte leistet einen förderlichen Beitrag zur Prägung des Gedächtnisses als Vorbedingungen für die Anwendung des Gelernten bei ähnlichen nachfolgenden Situationen.

Innere Erlebnisse, die bei geeigneten Anregungen wach gerufen werden, sind ein essentieller Reflex, ohne den die Wahrnehmung von Kunst nicht funktionieren kann. Man würde sie nicht verstehen, denn der Verstand allein mit seiner operativen Logik erfasst zwar das Geschehen, kann es aber nicht deuten.

Auf die neuronalen Bedingungen und Prozesse der Bildung von individueller Kultur, soweit sie wissenschaftlich überhaupt schon abschließend und mit genügender Sicherheit erklärt werden kann, können wir hier nicht näher eingehen (Literatur s. unter Leseempfehlungen). Entscheidend ist die Tatsache, dass dem realen, absichtsgeleiteten Hantieren in der dinglichen Welt ein kreatives Spiel im Kopf mit Einfällen aller Art vorausgeht, das sich mit den Denkoperationen, die zugleich den strukturierenden Verstand einbeziehen, auf innere Bilder und Gestalten hinbewegt, welche schließlich eine reale Tat auslösen.

Ein terminologisch entscheidender Aspekt des (von uns bevorzugten anthropologisch begründeten) Kulturbegriffs ist die reale Korrespondenz (nicht jedoch Identität) von Denken und Handeln. Da das dem Handeln vorauseilende Denken eine besondere anthropologische Eigenschaft und menschliche Leistung ist, können wir zugleich von einer Priorität des Geistigen vor dem Physischen sprechen. Priorität bedeutet einerseits Beherrschung des Handelns durch das Denken, wenn von Kultur die Rede ist, und andererseits den zeitlichen Vorausgang des Denkens vor dem Handeln.

Priorität meint jedoch nicht Herrschaft des Denkens über alles Körperliche und schon gar nicht Herrschaft über die Natur. Das Denken ist eine spezifische Phase im Erlebniskreislauf des lebenden Menschen in seiner natürlichen und sozialen Umwelt, indem er sich die Lage und das Geschehen bewusst macht. In einem Kreislauf gibt es keinen bevorzugten Punkt. Gleichwohl ist auch dies eine Vereinfachung, denn das Denken ist formal zwar eine biologische Leistung des Gehirns, aber die individuelle Architektur der Denkkapazitäten erwächst aus den lebenslangen Lernprozessen der Wahrnehmung der äußeren Welt und der Einschätzung ihrer Gestaltbarkeit.

Das Denken eines Menschen ist eine physiologische Operation, die abstrakte Imaginationen hervorbringt und im Laufe der Zeit ein Gedächtnisarchiv anlegt, das nur dieser eine Mensch besitzt und ihm Einzigartigkeit gibt. Kein Mensch gleicht dem anderen auch in seinen geistigen Potentialen, so wenig wie ein Baum dem anderen gleicht.

Dennoch kann man mit Verallgemeinerungen arbeiten und eine Gruppe von Menschen eine Gemeinschaft und eine Gruppe von Bäumen einen Wald nennen. Die Verallgemeinerung *Wald* gelingt über die Erkenntnis von Ähnlichkeiten in Gestalt und Funktion der Einzelwesen. Die Verallgemeinerung *Gemeinschaft* oder *Gesellschaft* gelingt über die Ähnlichkeit von kulturellen Kategorien, allen voran der gelebten Sprache und ihren spezifischen Ausdrucksformen wie Malerei, Dichtung oder Musik.

Weiter muss relativierend hinzugefügt werden, dass das Geistige als das intellektuell über dem Biologischen „schwebende" Bewusstsein sicher nicht absolut und unabhängig vom Dinglichen vorausgesetzt werden kann. Die in der Evolution nur ganz langsam sich bildende und aus der biologischen Basis herauswachsende Kraft der geistigen, visionären Durchdringung der realen Lebensumgebung hat mit der Zeit Potentiale des Gehirns geschaffen, die in der Gegenrichtung auch die körperliche Konstitution des Menschen verändert hat.

Der aufrecht gehende Mensch war vermutlich keine plötzliche Mutation einer bestimmten Affengattung, der eine zufällige Streckung seiner Gebeine widerfuhr. In der vom Gehirn erzeugten Erweiterung der Lebensmöglichkeiten zeigt sich der spezifische Selektionsdruck, welcher auf die körperliche Befindlichkeit und Ausstattung in langen evolutionären Phasen Einfluss ausgeübt haben dürfte. Ähnlich hat die Evolution die biologischen Voraussetzungen zur Bildung einer zum Gesang geeigneten Kehlkopfkonstruktion in Verbindung mit den Atemfunktionen über das Zwerchfell geschaffen.

Vergleichbares lässt sich für die Bildung einer Körpersprache sagen, welche die Beherrschung bestimmter Teile der Muskulatur und (beim Tanz) des Gleichgewichtsorgans sagen. Ein ganz anderes Beispiel: Der ostafrikanische Steppenmensch zeichnet sich durch einen äußerst schlanken, langbeinigen Körperbau aus, offensichtlich eine natürliche Selektion unter dem Druck der vor Millionen von Jahren einsetzenden Versteppung Ostafrikas und der

Bildung einer hohen Steppengrasdecke, deren zu deren Durchquerung eine weit schreitende Gangart Vorteile bietet.

Die Vorstellung einer Distanz oder womöglich einer kategorialen Polarität zwischen denkendem Subjekt und von ihm gestalteten Objekten, worin das Subjekt die aktive und lenkende Kraft ist, ist eine problematische Formel, denn die geistigen Potentiale, die im Denken zum Ausdruck kommen, gehen aus einer Gedächtnisarchitektur hervor, die sich ihrerseits im Laufe des Lebens aus sinnlichen und physischen Erfahrungen in der realen Welt bildet und dabei ein Gedächtnisarsenal schafft, das auf die biologische Existenz und die emotionale Wohlbefindlichkeit ausgerichtet ist.

Die Gedanken formen sich folglich nicht unabhängig vom Gedächtnismaterial und sie werden vom inneren Wollen, das mit dem Animalischen verbunden bleibt, mit Energie aufgeladen (Hüther 2009, 43 ff.). Die über das formende Denken sich bildende Kongruenz zwischen innerem Bild und daraus hervorgehender äußerer Gestalt ist – wie leicht einzusehen ist – fundamental für einen Kulturbegriff, der auch das Wirtschaften einschließen soll. Die Konstruktion eines für den Markt bestimmten Produktes muss im Denken (und konstruktiven Planen) so vorbereitet werden, dass es „in die Landschaft" passt, mit anderen Worten: dass es mit den kulturellen Mustern der Klientel in Einklang gebracht werden kann.

Die elementare geistige Seite des gestaltenden Handelns wird zunächst zur individuellen Kultur, wenn sich episodische Erlebnisse in der Wiederholung zu Mustern verdichten, die im Langzeitgedächtnis abgelegt und in geeigneten Momenten abgerufen werden können. Solche individuellen Muster sind der geistige, imaginäre Stoff, aus dem zunächst die individuelle Kultur als Gestaltung der Persönlichkeit gebildet wird. Kultur ist eine bewährte, wenn auch durch Lernen wandelbare Imaginationsfähigkeit zur Wahrnehmung und Deutung der aktuellen Lage und der in einem durch Imagination erzeugten Horizont schlummernden Potentiale.

Auf diese Weise werden die Gestaltungen des betreffenden Individuums vorbereitet und seine Handlungen gesteuert. Aus den sich formenden inneren Ideen und Vorstellungen leiten sich die konkreten Taten ab, die die erdachten und auf ihre Machbarkeit überprüften Gestalten in dingliche Werke übertragen. Da diese Übertragungen von den imaginierten Bildern gesteuert werden, vermittelt sich der geistige Gehalt der individuellen Kultur auf die Formen der Werke, d. h. auf ihre materielle und funktionale Stofflichkeit und auf die ästhetische Wirkung ihrer äußeren Umrisse. Mit anderen Worten: das gestaltete Werk wird so zum Ausdruck der Kultur seines individuellen Erschaffers, dessen Gestaltidee zugleich eine Mitteilung an die soziale Umgebung ist. Insofern reflektiert die individuelle Kultur kraft der vorausblickenden Vorstellung die sozial formierte Gesellschaftskultur.

Der kulturelle Mantel des Werkes ist die geistige Seite, die eine dingliche Entsprechung erfährt. So kann es in der interpretierenden Gegenrichtung gelingen, einen bestimmten vorgefundenen Bau nicht nur einer Epoche der Architektur, sondern möglicherweise sogar dem Geist und Stil eines bestimmten Baumeisters zuzuordnen. Ein aus Menschenhand hervorgegangenes Objekt spricht die Sprache des Gestalters; es ist aus dessen Sicht eine Mitteilung an die Außenwelt.

Das wird in der bewusst hervorgehobenen oder ästhetisch verpackten Botschaft eines Kunstwerkes besonders deutlich, doch es trifft auf jeden anderen absichtsvoll gemachten Gegenstand in gleicher Weise zu. Werke oder gestaltete Gegenstände aus dem Geiste einer bestimmten Kultur sind daher zugleich Vehikel der Kommunikation und wirken gemein-schafts- oder gesellschaftsbildend.

Kunst ist eine ästhetisch besonders filigrane, auf empfindungsfähige Produzenten und Rezipienten angewiesene Form der sozialen Kommunikation. Wird diese gestört, leidet zugleich die gesellschaftliche Kultur. Solche Störungen können aus Unverständnis gegen-über Kunst entstehen (Banausentum); sie können auch aus dem Inneren des Kunstschaffens hervortreten, wenn sich Kunst abschottet (was teilweise in der so genannten Neuen Musik geschieht, der das Publikum gleichgültig ist) oder sogar willentlich mit dem Mittel der Pro-vokation und Beschimpfung des Publikums arbeitet (wie es teilweise im modernen Regie-theater der Fall ist; s. auch Abschnitt 18.)

Die kulturelle Sprache von Objekten, ob sie uns mit Tönen, Worten, Symbolen, Gesten oder in dinglicher Gestalt ansprechen, ist ein hochkomplexes Medium der gesellschaftlichen Kommunikation, welches in vielfältiger Weise Wissen, Erfahrungen und Empfindungen übermittelt. Die Überzeugungskraft der Sprache der Objekte kann mit der Zeit eine An-näherung bewirken, teilweise sogar Übereinstimmung der Muster der individuellen Lebens-gestaltung. In archaischen Gesellschaften kann sich eine Kultur um eine religiöse Figur formieren. In einer historischen Altstadt kann sich eine von den Bewohnern getragene spe-zifische Form der Monumentkultur entwickeln, die das kulturelle Erbe pflegt (und für den Tourismus herrichtet). Die von der Bauindustrie und im Zusammenwirken mit ihr von der Innenarchitektur und schließlich von der Mobiliarindustrie geschaffene Wohnkultur hat mittlerweile zu einer hochgradigen Ähnlichkeit der standardisierten Wohnkultur in globa-lem Maßstab geführt. Doch damit befinden wir uns bereits im nachfolgenden Abschnitt, der den Zusammenhang von Kultur und Wirtschaft thematisiert.

Der von anthropologischen Grundlagen her aufgebaute Kulturbegriff kann zwei mitein-ander querverbundene Dimensionen in sich aufnehmen:

- Zum einen umfasst der Kulturbegriff die Kongruenz zwischen individuellem Denken und realer Gestalt mit der wichtigen Folge, dass die äußerlich (ästhetisch) wahrnehm-baren Eigenheiten eines geformten Objektes Zeugnis vom Denken des Erschaffers ab-legen und es zu einem Träger von Mitteilungen an andere machen.
- Zum anderen schließt der Kulturbegriff den überindividuelle Kultur bildenden Prozess der Kommunikation in einer Gruppe, Gemeinschaft oder Gesellschaft ein, die sich auf diese Weise verständigen kann. Sprache (nicht nur Wortsprache) wird zum Medium der Bildung von gemeinsam getragenen Inhalten des sozialen Strebens.

Es versteht sich von selbst, dass die Künste in der Formung von Gesellschaftskultur eine ganz spezielle Rolle immer schon spielten und auf die eine oder andere Weise weiterhin spielen werden. Zum einen: Das Kunstwerk ist kein bloßes, beliebiges Ding, sondern eine hochkomplexe, ästhetisch verpackte und deshalb auch sinnliche Komponenten transportie-rende Mitteilung, die von den Rezipienten aufgenommen und verstanden werden soll. Dies ist bei uno actu Vorführungen bei den darstellenden Künsten eine hochgradige Anforderung sowohl an die Künstler als auch an das beiwohnende Publikum. Zum anderen reflektiert das Kunstwerk die Gesellschaftskultur, indem eine lebende Sprache benutzt wird (Ton-sprache, Wortsprache, Bildsprache, Körpersprache), deren Grammatik und Semantik vom

Publikum verstanden werden kann. Kunst ist deshalb stets ein Reflex der Kultur, aus der sie hervorkommt und an die sie sich wendet, mag das ein sehr lokales Ereignis oder eine global verständliche Sprache wie die Musik sein.

8   Kulturfelder

8.1   Die Korrespondenz von Denken und Handeln

Aus der Korrespondenz zwischen gestaltendem Denken und dinglicher Form in der aus Menschenhand geschaffenen Objektwelt folgt, dass Kultur als Projektion in die Objektwelt in analoger Weise an deren Gestaltvielfalt teil hat, es mithin eine schier endlose Menge an Kulturfeldern gibt, aus denen sich umgekehrt herauslesen lässt, welchen kulturellen Denkmustern sie entstammen. Dies ist die charakteristische Vorgehensweise der Archäologie, aber auch beispielsweise der Literaturkritik, der Kunstwissenschaft, der Geschichtswissenschaft, die allesamt ihr Metier in der Deutung von Objekten und empirisch rekonstruierten Konfigurationen (einschließlich glaubhafter Dokumentationen darüber) betreiben.

Kulturfelder bilden sich als gedankliche Konstruktionen durch Kategorisierungen und Klassifikationen im Bestreben, die kulturellen Spezifikationen zu bestimmen, die ihnen zugrunde liegen. Solche Kulturfelder korrespondieren mit Objektfeldern, beispielsweise Bauten, technische Installationen, Transportmittel, Werkzeuge, Kunstwerke und Druckwerke. Jedes dieser Kulturfelder weist eine endlose Menge an Varianten und Nuancen auf, die meist eng mit den konkreten Lebensumständen zusammenhängen, denen sie angehören.

Das anthropologische Kulturverständnis, das dieser Sicht zugrunde liegt, weist auf die fundamentale Bedeutung von Objektivationen als Zeugnissen menschlicher Gestaltungskräfte als Medien von Mitteilungen. Jedes gestaltete Objekt erzählt eine (seine) Geschichte und spielt in der sozialen Kommunikation eine herausragende Rolle. Es versteht sich von selbst, dass Kunstwerke in diesem Zusammenhang eine sehr spezifische Bedeutung haben.

Die Verständigungsprozesse innerhalb einer Gesellschaft oder sozialen Gruppierung sind selber kulturelle Prozesse, die Sprachen und Sprachelemente benutzen, deren Bedeutung den Beteiligten geläufig ist (weshalb manche archäologischen Funde Rätsel aufgeben). Das Thema *Soziale Kommunikation* können wir, so wichtig es ist, nicht in vollem Umfang darstellen (Literatur s. unter Leseempfehlungen), sondern beschränken uns auf die beiden Kulturfelder, die unserem Buch am nächsten und scheinbar doch so weit voneinander entfernt sind: Wirtschaft und Kunst.

Mit dieser Beschränkung und Spezifikation können wir zu erklären versuchen, in welcher Weise jedes im Rahmen der wirtschaftlichen Erzeugungsprozesse hervorgebrachte Objekt gewissermaßen einen lesbaren kulturellen Mantel trägt, der nicht nur sagt, welcher Funktion es dient, sondern auch, aus welchem Geist es diese Gestalt angenommen hat.

Man wird unschwer die Funktion eines PKW erkennen und wird aus Erfahrung wissen, dass es (aus der Perspektive des Produzenten) die Funktion eines Gewinnträgers hat. Die kulturellen Konnotationen sind dagegen nicht so leicht rekonstruierbar. Man könnte darin die menschliche Neigung zur bequemen Fortbewegung über große Strecken, vielleicht auch die stille Neigung zur Raserei, zur Abenteuerlust, zum geschlechtspezifischen

Imponiergehabe, zur Demonstration der eigenen Bedeutsamkeit und natürlich endlos viel mehr erkennen.

In ähnlicher Weise werden wir auch das Kulturfeld der Kunst näher untersuchen. Kunstobjekte dienen nicht irgendeiner praktisch nützlichen Funktion – außer in manchen Fällen dem Dekorationsbedürfnis oder der Spekulationslust. Das Material, aus dem ein Kunstwerk besteht, hat nicht nur eine handwerklich-technische, sondern auch eine expressive Funktion. Ein Bildwerk aus Holz wirkt anders als eines aus Kupfer, Eisen oder Marmor. Doch diese expressive Seite des Bildwerkes steht in einem sehr engen Konnex zur eigentlichen Bildaussage. Beides ist nicht voneinander trennbar.

Generell lässt sich sagen, dass bei einem Wirtschaftsobjekt die materielle Verarbeitung und funktionale Nützlichkeit im Vordergrund stehen, denn diese Eigenschaften bestimmen den Marktwert des Objektes, während die ästhetische Gestaltung (das Design) der Anregung von Kauf- oder Besitzlust und der Geschmeidigkeit des Verkaufens dienen. Bei einen Kunstwerk liegen die Dinge genau andersherum. Die materielle Seite dient der künstlerischen Aussage, die ihrerseits im Vordergrund steht. In der Wirklichkeit sind wir häufig von zahlreichen Objekten mit einer sich nicht sofort erschließenden kulturellen Provenienz umstellt. Es bleibt also immer eine Frage der aufmerksamen Wahrnehmung, um die kulturelle Bedeutung eines Gegenstandes oder einer komplexen Konfiguration zu erkennen. So rätselhaft manche Objekte sein mögen, sie alle haben ihre Bedeutung darin, dass der Mensch über sie Kultur erzeugt.

Die geistigen Potentiale des Menschen sind die Quelle der Kulturbildung und sie erstrecken sich auf die kulturelle Selbstwerdung des Menschen, sein Heraustreten aus dem rein Animalischen, auch in seinen körperlichen Dimensionen und Lebensäußerungen, ebenso wie auf die dingliche Gestaltung der Lebensumgebung und die soziale Gestaltung von Lebensgemeinschaften. Kultur geht aus dem Überschreiten des biologisch Notwendigen hervor und über es hinaus. Biologisch muss der Mensch wie jedes andere Lebewesen Nahrung zu sich nehmen. Die Suche nach Mitteln und die elementare Aufnahme von Nahrung werden im Kulturwerden verfeinert, gewissermaßen gesellschaftlich raffiniert.

Die geistig-emotionale Überhöhung dieses an sich animalischen Bedürfnisses kann sich so steigern und hat sich historisch oft genug auch so ereignet, dass die Kultur des Gastmahls zum Eigentlichen wird und die pure Nahrungsaufnahme in kulinarischer Lust der Genüsse übergeht. Die Kultur der Geselligkeit, die sich auch darin ausdrückt, dass solche Lebensgenüsse gewissermaßen das Gegenstück zum Eremitendasein bilden, steigert nämlich das Beisammensein.

Die Kultur der Geselligkeit hat eine immense soziale Bedeutung, die sich bis in die Künste hinein erstrecken kann. Die Geselligkeit hat so manche Krönung in der barocken Tafelmusik erfahren, wovon die Sammlung von Instrumentalmusik (musique de table), die Georg Philipp Telemann (1681–1767) im Jahre 1733 herausbrachte, klangvoll und nachhaltig Zeugnis ablegt. Der griechische Begriff *Symposion* (συμπόσιον) bedeutet ursprünglich das Gastmahl mit der besonderen Betonung auf Geselligkeit (also nicht bloß Trinkgelage und kulinarische Üppigkeit), aber auch nicht bloß trockene Debatten.

Das Moment des Lukullischen, welches auf die im antiken Rom einst berüchtigten Gastmähler des pensionierten römischen Feldherrn Lucullus zurückgeht, war keine Bedingung für das antike Symposion. Der griechische Philosoph Epikur (um 341–271/70 v. Chr.), bekannt für seine Lehre von der Lebensfreude, hatte sogar der übertriebenen Opulenz den (philosophischen) Kampf angesagt. Geselligkeit würde heute noch so manchem überaus trockenen akademischen Symposium gut anstehen, in welchem karge Nüchternheit der Balance zwischen geistigen und körperlichen Genüssen den Rang abgelaufen hat (vgl. auch Platon 2008).

Sowohl die Kultivierung der stofflichen Zutaten als auch die Raffinesse der Zubereitung heben sich weit über das Animalische hinaus (Waldenfels 299 ff.). Mit einer gehobenen Weinqualität löscht man keinen Durst, sondern gibt sich sinnlichen und geselligen Genüssen hin: *Was den Trank betrifft, so ist zu erinnern an das Bouquet des Weines, der gekostet und nicht bloß getrunken sein will* (Waldenfels 311).

Mit diesen Hinweisen, die natürlich nahezu endlos fortgesetzt werden könnten, sind wir auch schon bei dem Kern des Themas oder Konzeptes der Kulturökonomie angelangt, nämlich der Behauptung, dass alles gestaltende Geschehen in einer menschlichen Lebensgemeinschaft, mithin also auch in der Wirtschaft neben seiner materiellen Tatsächlichkeit oder Dinghaftigkeit einen maßgeblichen, wenn auch nicht immer eindeutig auszumachenden kulturellen Bedeutungshof trägt.

Bei der Formung von individuellen Bedürfnissen und deren Kumulation als Marktnachfrage kommt dieser Zusammenhang zum Ausdruck, denn Bedürfnisse in Kulturform sind weder angeboren noch fallen sie wie Manna vom Himmel, sondern bilden sich im Verlauf eines Lebens im ständigen geistig-emotionalen Wechselspiel zwischen Lebensäußerungen und wahrnehmbarer Objektwelt. Nachgefragt am Markt und damit wirtschaftlich wirksam wird ein Gegenstand nicht als materielles Etwas, sondern die kulturelle Gestalt desselben. Marketingpraktikern ist dies zweifellos bewusst. Mit jeder fein zubereiteten Speise (im Unterschied zur bloßen Nahrung) verzehren wir zugleich Kultur.

8.2   Kultur und Wirtschaft

Kultur und Wirtschaft ist eine Wortpaarung, die präzisiert werden muss. Grammatisch deutet sie auf ein verbundenes Nebeneinander hin, tatsächlich aber geht es um die übergeordnete strukturierende Funktion allgemeiner kultureller Werte und Lebensmuster und darin zugleich um die auf die Wirtschaft zugespitzten Konkretisierungen, die ihre Entsprechung in der realen, wahrnehmbaren und interpretierbaren Wirklichkeit haben. Kultur und Wirtschaft stehen also nicht nebeneinander, sondern sind vielfältig verflochten.

Auf einer hohen Abstraktionsebene ist die Aussage, dass eine der Wirtschaft zugewandte spezifizierte Kultur deren Praxis spiegelt und umgekehrt, lapidar, jedenfalls nach den Erklärungen im vorangegangenen Abschnitt. Die Geschichte der Marktkulturen von den frühesten Formen des Fernhandelsverkehrs bis zu den heutigen Regeln, Normen und Wertbezügen des elektronischen Marktverkehrs über den ganzen Globus ist lang und wechselreich. Zu keiner Zeit ist eine bestimmte Form von Marktkultur von irgendwem aufgezwungen, allenfalls von Kirchen und weltlichen Fürsten und später von Regierungen und Lobbygruppen beeinflusst, sondern aus den historischen Umständen herausgewachsen. Die Kultur des Wirtschaftens war Jahrhunderte lang dominiert vom Handel und der Arbeit der Kaufleute, heute unter Einschluss und Dominanz der Sphäre der Produktion.

In diesen eben angedeuteten Zusammenhängen steckt ein großes Thema der wirtschaftswissenschaftlichen Erkundung, für die wir den Begriff *Kulturökonomie* (in unserer Version) reservieren wollen, nämlich die Erschließung der kulturellen Dimension in allem, was im weitesten Sinne unter Wirtschaft verstanden werden kann. Um auch das noch einmal zu verdeutlichen: Die Schaffung von materiellen Bedingungen für die Bewältigung aller Lebensaufgaben in einer Gesellschaft ist nicht nur ein physisches oder dingliches, sondern vor allem eine Frage des *Denkens* in Kategorien der Wirtschaft, und dieses ist viel weiter ausgebreitet als in den unmittelbaren Wirtschaftstätigkeiten.

Deshalb gehören Vorkehrungen etwa einer Kommune, eine verkehrstechnische Infrastruktur zu schaffen, ebenso zur Wirtschaft wie die Errichtung einer Kirche, der Bau eines historischen Museums als Grundlage einer für die Gesellschaft wichtigen Erinnerungskultur oder die Bereitstellung einer organisierten Feuerwehr zur Sicherung und Schadensbeseitigung. Wirtschaft im herkömmlichen Sprachgebrauch ist nicht beschränkt auf die privaten Wirtschaftsunternehmen, wenngleich diese die große Mehrheit der produzierenden Einheiten bildet.

Es geht im Folgenden daher nicht abstrakt um kulturell strukturierte Denkvorgänge, die dem konkreten Handeln vorgeschaltet sind, sondern konkret um die Akzentuierungen, Nuancierungen und geistigen Färbungen von Kultur, wie sie sich im Prozess der Entstehung von Wirtschaftspraxis herausbilden und als sinnlich wahrnehmbare Muster (z. B. Marken oder Logos) oder mental verankerte (z. B. moralische Prinzipien der Wirtschaftsethik) bis in die kleinsten Details produzierender Handlung hineinwirken. Ein historisch bestimmtes Kulturprofil und die ihm entsprechende Wirtschaftspraxis sind weder additiv noch polar einander zugeordnet, sondern sind als Seinsformen derselben Sache zu verstehen: als die Korrespondenz von gedachter und dinglich ausgeführter Gestalt. Sie können zeitlich auseinanderfallen, etwa im verharrenden Denken in überholten Kulturmustern, der keine oder kaum noch eine Realität entspricht.

Um auch dies noch einmal zu unterstreichen: Wir sagen nicht, es handele sich um eine Identität, was im Verhältnis von Geist und materiellem Ding schlichtweg nicht möglich wäre; auch nicht um eine geistige Identität zwischen dem gedachten Objekt und der spirituellen Komponente in der dinglich ausführten Form. Es ist eine Entsprechung mit einer hohen Überlappung.

Für Laien und sogar viele Künstler ist es eine ganz normale, zuweilen schmerzhafte Erfahrung, dass das dingliche Gestaltenkönnen, etwa das Talent zum Klavierspielen, nicht ausreicht, auf vollkommene, also identische Weise wahrnehmbar auszudrücken, was man sich selbst im Geiste vorbereitet und vorgeformt hat. Das Misslingen ist eine allzumenschliche Erfahrung, aus der Verzagen oder aber geduldig fortgesetzte Selbstformung hervorgehen können.

Aus dieser unvermeidlichen Spannung nährt sich das kulturelle Streben des Menschen, solange er überhaupt an sich selbst arbeitet und einem (wenn auch oft nur begrenzten) Streben nach Meisterschaft folgt. Das Lernen ist also ein Selbstformungsvorgang der wachsenden, aber nie zur Vollendung kommenden Annäherung an eine Entsprechung zwischen Vorstellung und Tat. Fremdbestimmte Lerninhalte werden daher nur wirksam, wenn sie vom Lernenden angenommen werden können und sich in seinen eigenen Taten zum Ausdruck bringen.

Dieser Antrieb scheint eine Form der Kultivierung des individuellen Lebens und Strebens zu sein, aus dem überindividuelle Effekte hervorgehen, die dem Ganzen (einer Gruppe oder Gesellschaft) ein Profil geben, das mehr beinhaltet als die Summe der individuellen Einzeltaten. Wenn beispielsweise das individuelle Streben nach persönlicher Meisterschaft im Beruf mehrheitlich erlahmt, kann eine Gesellschaft als Ganzes leicht in das Fahrwasser der Antriebslosigkeit geraten. Profilierende und strukturierende Effekte stellen sich nur ein, wenn sich Formen der individuellen Selbstgestaltung durch ständige Kommunikation zu überindividuellen Mustern zusammenfinden.

Soziale Kommunikation wird auf diese Weise zum Gestaltungsmedium gesellschaftlicher Kultur. Deshalb sind die Medien(technologien) als Organisatoren der sozialen Kommunikation unverzichtbar und die Kommunikation über Kunst als inhaltliches Erlebnis ist vielleicht die edelste und eine unterhaltsame und zugleich anstrengende Form der sozialen Verständigung (Literatur zu *Soziale Kommunikation* s. unter Leseempfehlungen).

Die Wirtschaft oder etwas allgemeiner formuliert: der Bereich der Besorgung von Mitteln des materiellen Bedarfs macht in dieser Hinsicht keine Ausnahme. Wirtschaft ist ihrem kulturellen Wesen nach Kommunikation, auch wenn sie auf physische Nutzgestalten ausgerichtet ist. Deshalb lehnen wir die in der Fachliteratur übliche Definition des Marktes als Ort des Zusammentreffens von Anbietern und Nachfragern zwecks Austausch von Gütern gegen Geld ab und ersetzen sie durch die Formulierung: Märkte sind *Knotenpunkte der sozialen Kommunikation*, ausgerichtet auf die Verständigung über erwünschte und disponible Erzeugnisse und Dienstleistungen. Die Betonung liegt auf der Kommunikation als Medium der kulturellen Prägung, die den gesamten Bogen von den physischen Gegebenheiten der Natur bis hin zu den subjektiven Präferenzen der Lebensgestaltung überspannt. Es ist (sprachliche) Kultur, die auf diese Weise die Praxis des Wirtschaftens prägt und leitet.

Das, was wir bereits an früherer Stelle als Kultur der Wirtschaft oder einfach als Wirtschaftskultur bezeichnet hatten, unterliegt einem historischen Wandel, der weiter reicht als nur bis zur Oberfläche ästhetischer Varianz in Gestalt von Mode und äußerlichem Design. Es hat Jahrtausende lang eine Form von Wirtschaftspraxis gegeben, die den Prozess der Herstellung von Gütern aller Art geradezu hermetisch verschloss gegen den Prozess des organisierten Warentauschs in sozialen Außenbeziehungen, also Handel. Wenn man so will, hat sich eine lange Zeit hindurch eine Wirtschaftskultur des Produzierens, z.B. in den traditionellen Handwerken, parallel zur einer ganz eigenen Kulturpraxis des Handels gehalten, rekonstruierbar z.B. im Regelwerk der Kaufmannsbünde des Mittelalters. Beide sind erst in der Neuzeit langsam zusammengewachsen.

Handel alter Art hat niemals selbst produziert, sondern hat – seriös oder räuberisch – den Herstellern von wertvollen Dingen das abgerungen, was mit einem profitablen Preisaufschlag woanders verkauft oder versilbert werden konnte. Die örtlich nicht gebundenen Händler der Antike konnten schon mangels dauerhafter Sesshaftigkeit nicht selbst zu Produzenten werden (Austin, Michel/Vidal-Naquet 1984).

Die etwas seltsam anmutenden Götter der Antike, Hermes (bei den Griechen) und Mercurius (bei den Römern), waren zuständig für Händler und zugleich für Wegelagerer und Räuber. Das erklärt sich daraus, dass man bei der Anbahnung von Tauschkontakten zwischen einem lokalen Interessenten, z.B. dem Hausvater eines antiken Oikos, und einem Händler nie sicher sein konnte, ob dieser seine Ware ehrlich erworben oder geraubt hat. Die linguistische Verwandtschaft zwischen „tauschen" und „täuschen" legt nahe, dass sich solche Skepsis sprachlich bis heute erhalten hat.

Das Interesse des Händlers dringt nicht in die Bedingungen und Gestaltungen von Erzeugnissen ein. Wohl aber hat ein Händler die Qualitäten von Waren erkennen und bewerten müssen, um seine Geschäfte mit Profit zu vollziehen. Daraus folgt, dass der kulturelle Mantel von Erzeugnissen an einem gegebenen Ort, beispielsweise Keramik bestimmter stofflicher Zusammensetzung, Brennart und farblichen Dekors auch ohne Markierung der Herkunft (etwa durch eingebrannten Stempel) hinsichtlich Alter, Herkunft und Bedeutung zumindest von Kennern beurteilt werden kann. Einen solchen Stempel kann der Handel seiner Handelsware nicht aufdrücken, es sei denn, er manipuliert die äußere Gestalt durch markenartige Verpackung, wie das im modernen Handelsmarketing üblich ist. Der Händler muss Kennerschaft erwerben, nicht aber die technische Fertigung beherrschen.

Heute lässt sich an den meisten Waren zwar der physische Ursprung seiner Erzeugung feststellen, nicht aber seine kulturelle (ästhetische, symbolische) Verwurzelung. Der kulturelle Bezug einer Handelsware von heute weist keinen oder kaum noch einen geographischen Herkunftsort mit all seinen darin eingewobenen Traditionen aus, sondern gibt den „Stallgeruch" des industriellen Labors wider, welches sich im Design Gedanken macht über die Verkäuflichkeit der Ware und die Kommunizierbarkeit ihrer Ästhetik.

Eher verschleiert als deutlich erkennbar bleiben die kulturellen Bezüge aus der umgebenden Gesellschaft in die Wirtschaftskultur und von dieser zurück in die Gesellschaftskultur erhalten. Der Kulturtransfer, der über Jahrtausende entlang den Handelsrouten vollzogen wurde, ist ersetzt durch kulturelle Phantasie und intentionale Konstruktion in Industriestätten gleichgültigen Ortes auf dem Globus. Das gestalterische Zentrum ist im Prozess der Industrialisierung in einem historisch anhaltenden Prozess von den einst vorherrschenden geistigen Quellen der Gesellschaft, etwa den Herrschern, den Religionen, den Philosophen, den Wissenschaftlern und sogar den Künstlern hinübergewandert zur produzierenden Wirtschaft. Und das hat Folgen gehabt.

Der Handwerker früherer Zeiten – noch weit über das Mittelalter hinaus argwöhnisch beaufsichtigt durch die Zünfte – hat weder die Ästhetik des Designs noch die stoffliche Komposition und technische Machart seiner Waren an einer anonymen Instanz wie der potenziellen Käuferschaft orientieren können (und wollen). Er folgte den lokalen Vorgaben vor allem auch deshalb, weil er anderenfalls riskierte, die Regeln der Zunft zu verletzen oder auf lauter Ladenhütern sitzen zu bleiben. Der Grundgedanke, ein für das Empfinden von Käufern anmutendes und den Kaufanreiz stimulierendes Produktdesign zu gestalten, hat sich in der modernen Industrie fortsetzen können, allerdings in einem fundamentalen Umbruch vom Streben nach Meisterschaft im Handwerk zum Streben nach höchster Produktivität und Rentabilität in der modernen Industrie.

Die potentiellen Käufer solcher Erzeugnisse haben entweder als mächtige Auftraggeber sehr genau vorgegeben, was sie in welcher Ausführung und zu welchen Kosten sie gefertigt haben wollen, oder hatten als gewöhnliche Verbraucher zu nehmen, was ihnen der Markt oder die Zunftordnung bot. Die Käufer waren also entweder tatsächlich weltliche oder kirchliche Souveräne oder hatten schlicht nichts zu melden. Die ökonomische Theorie hat daraus eine eigene Konstruktion entwickelt und zum ethischen Kern ihrer Methodologie gemacht: die Idee der Konsumentensouveränität. Doch die Konsumentensouveränität ist eine fragwürdige theoretische Hilfskonstruktion, die an der Wirklichkeit vollständig vorbei geht. Wir können uns der Auffassung von John Kenneth Galbraith (Galbraith 2005, 36/37) anschließen:

> *Der Begriff der Konsumentensouveränität geistert ... noch immer durch die volkswirtschaft-lichen Lehrbücher und wird dort im Allgemeinen als eine Stärke unserer Wirtschaftsordnung hingestellt... Der Glaube an eine Marktwirtschaft mit souveränen Verbrauchern ist eine der am weitesten verbreiteten Formen der Täuschung.*

Souverän ist, wer selber nicht hörig ist, sich also als mündiges Subjekt von Obrigkeiten jedweder Art hat frei machen können. Niemand ist heute noch (offiziell) einem Feudalherrn hörig, immer weniger Menschen (im relativ aufgeklärten Westen) ordnen sich den Erwartungen einer Religion und selbst die Macht politischer Parteien und Volkstribunen wird offen in Frage gestellt oder konstitutionell relativiert und eingeschränkt.

Dies alles ist offenkundig. Aber an die Stelle der historischen Souveräne sind nicht der souveräne Staatsbürger und schon gar nicht der souveräne Konsument getreten. Nicht der einzelne Staatsbürger ist ein Souverän, sondern die abstrakte Gesamtheit aller Staatsbür-ger, vertreten durch gewählte Parlamentarier. Erst recht ist nicht der einzelne Konsument ein Souverän, sondern allenfalls – doch dies ist eine problematische Konstruktion – die abstrakte Gesamtheit aller Konsumenten, vertreten aber durch wen? Häufig wird an die Konsumenten der Appell gerichtet, sich ihrer Macht als Käufer bewusst zu sein und nicht alles durchgehen zu lassen, was ihnen Industrie und Handel zumuten.

Dieser enormen Anstrengung aus souveräner Gegenwehr stellen sich die meisten Menschen anscheinend nicht gern und geben sich zuweilen lustvoll den Verführungen von äußeren Mächten hin: den einflussreichen Medien, religiösen oder politischen Gurus, in-szeniertem Konsumzauber in Einkaufszentren und den Einflößungen von Idolen der Musik-szenen. Kultur als das Bestimmende in der Wirtschaft hat ihre enorme Gestaltungskraft keineswegs verloren, sondern ist in einer Zeit und vor allem in den ökonomisch begünstigten Regionen der Erde deshalb immer wichtiger geworden, weil der Akzent des Wirtschaf-tens auf Kommunikation liegt und eine kommerziell zugespitzte Kultur gebraucht wird, die im Prinzip keine Abweichler duldet. Dieser Prozess wird anhalten; dazu bedarf es keiner Prophetie.

Daraus folgt aber zwingend, dass wir heute mit einer ökonomischen Theorie nicht mehr weiter kommen, die nur die physisch-dinglichen Erscheinungen registriert: Ressourcen, Ar-beitskräfte, Kapital und die vielen dies alles regelnden Institutionen. Es ist keinesfalls eine Überforderung, wenn wir die Wirtschaftswissenschaften mit methodologischem Nachdruck aus ihrer Gefangenschaft im Materiellen herausholen und sie von ihrem *furor mathematicus* befreien wollen.

Wirtschaftswissenschaft mit dem Anspruch auf ein gehobenes Erklärungspotential für die Erscheinungen in der Wirtschaft muss sich als eine spezifische Kulturwissenschaft ver-stehen, wenn sie sinnvolle Beiträge zur Bewältigung der heutigen und künftigen Probleme der Weltzivilisation leisten will. Dies gerade deshalb, weil die Wirtschaft längst zur Mitte der Moderne geworden ist und von ihr die stärksten Impulse auf die kulturellen Lebensmus-ter kommen, trotz aller Varianz der Lebensformen überall auf dem Globus.

8.3   Kultur und Kunst

Auch das Wortpaar *Kultur und Kunst* bedarf der Präzisierung. Es wird im Alltagssprachgebrauch oft wie eine Alliteration benutzt, einer Begriffbildung aus Stil-, nicht aus Inhaltsgründen. Natürlich umfasst Kultur einen weitaus umfangreicheren Bedeutungshorizont als Kunst. Mit anderen Worten: Kunst ist etwas im weiten Feld der Kultur Herausgehobenes, das sich längst über seinen sprachlichen Ursprung im (handwerklichem) *Können* erhoben, mit diesem aber immer noch das Streben nach Meisterschaft gemeinsam hat und die Weihe des (geistig) *Erhabenen* in sich aufgenommen hat.

Mit dieser Zuweisung von etwas besonders Wertvollem wird zugleich der ewige Streit gezündet, ob etwas, das sich als Kunst ausgibt, im allgemeinen Urteil oder dem von Kennern wirklich Kunst ist. Die Strittigkeit kann schon deshalb nicht enden, weil jede Epoche, jeder Zeitgeist und letztlich jede subjektive Anschauung zu einem eigenen Urteil gelangt, ohne diesen als endgültig und für ewig wahr behaupten zu können.

Mit aller notwendigen Vorsicht können (und müssen) wir den Versuch wagen, dem Besonderen der Kunst (genauer: aller Künste) mit einigen Kerneigenschaften näher zu kommen, um ganz pragmatisch mit dem Begriff *Kunstökonomie* umgehen zu können, ganz ähnlich wie mit dem Begriff *Kunstmanagement* (Bendixen 2010 a). Es geht nicht nur darum, *Kultur*ökonomie gegen *Kunst*ökonomie definitorisch zu unterscheiden und – wie in diesem Buch – beiden eigene Kapiteln zu widmen.

Es wird sich zeigen, dass das Verständnis von *Ökonomie* sich selbst wandelt, wenn man sie in die Sphäre der Künste einbringt. *Viele Menschen sehen in Kunst und Kultur einen Bereich außerhalb der ökonomischen Sphäre. Ökonomisches Denken und Handeln passt nach Meinung jener nicht zu dem kontroversen, fragilen und emotionsbeladenen Raum künstlerischen Schaffens und Erlebens,* schreibt Ingrid Gottschalk (Gottschalk 13). Die Beobachtung ist sicher richtig, und der nur indirekt anklingende Verdacht, ob es nicht doch eine Menge Zusammengehörigkeit gibt, wirkt wie eine Ankündigung: Kulturökonomik ist in der Lage, das Wirkungsgeflecht zwischen beiden Sphären zu analysieren und zu erklären.

Dieser gedankliche Ansatz trifft den wahren Kern sachlich nicht, weil Ökonomie, so wie sie sich in der Wissenschaft präsentiert und wie sie öffentlich wahrgenommen wird, als das Unverrückbare und methodologisch in sich vollständig Geklärte daherkommt. Die Ökonomie als gedanklich und theoretisch versiegelte Konstante ist kein brauchbarer Ansatz für eine Kunstökonomie. So wie das Meer seine Farbe ändert, wenn sich der Himmel über ihm von grauem Gewölk in sonnenklares Blau verwandelt, so färbt sich das Verständnis des Ökonomischen, je nachdem, in welchem Umfeld man es zur Sprache bringt.

Hat schon das Wortpaar *Kultur und Wirtschaft* seine „farblichen" Eigenheiten, auf die wir im vorangegangenen Abschnitt eingegangen sind, so kann man davon ausgehen, dass *Kultur und Kunst* wegen ihrer besonderen Nähe im allgemeinen Sprachverständnis spezifische Färbungen annehmen, d. h. spezifische Merkmale und Wahrnehmungsakzente aufweisen, die näher betrachtet werden müssen.

Kunst und Wirtschaft, wie wir sie im Begriff der Kunstökonomie zusammenbinden, müssen wir noch sehr ausführlich bearbeiten, denn das ist ein Hauptthema in diesem Buch. Die Klärung des Verhältnisses von Kultur und Kunst hat aber eine Art Vorschaltcharakter, der bereits den Weg der Argumentationen im Kapitel über Kunstökonomie vorzeichnet. Unsere Überlegungen zu einem anthropologisch orientierten Kulturbegriff lassen außer Zweifel, dass Kultur das Umfassende ist, in dem sich das besondere Feld der Künste als eine höchst variantenreiche und intellektuell gesteigerte Lebensäußerung von Menschen und ihren Gemeinschaften oder Gesellschaftsbildungen auszeichnet.

Das terminologische Verhältnis ist also nicht dichotomisch, sondern klassifikatorisch. Eine Sache ist nicht entweder Kultur oder Kunst, sondern Kunst ist in jedem Fall Kultur, aber nicht alles, was als Kultur bezeichnet wird, ist notwendigerweise Kunst. Es gilt also, den oder dem entscheidenden Klassifikationskriterium nachzuspüren, durch welches ein Gegenstand oder eine Handlung als künstlerisch oder nicht-künstlerisch bestimmt werden kann.

Das ist in jedem Fall ein gewagtes Unterfangen, weil es kein objektives Kriterium der Klassifikation gibt, nicht einmal annäherungsweise Übereinstimmungen unter Experten, den Künstlern selbst und der gesellschaftlichen Öffentlichkeit. Es wird deswegen immer und notwendigerweise einen öffentlichen Diskurs geben müssen, was gerade noch als Kunst gelten soll und was schon jenseits dieses Vorhangs liegt.

Kultur hatten wir als ein Phänomen der sozialen Kommunikation und Interaktion erklärt, welches der Geistigkeit des Menschen (in der individuellen Gedächtnisarchitektur) angehört und sich über soziale Kommunikation zu einem Gesellschaft bildenden Muster oder Wertebündel verdichten kann und welches sich in der Ästhetik der Objektgestalten zu erkennen gibt.

In einem ersten Schritt der Annäherung können wir festhalten, dass ein Kunstwerk, sei es ein fertiges dingliches Objekt oder sei es eine wahrnehmbare Vorführungshandlung im Sinne von *Performing Art,* aus der geistigen Sphäre des künstlerischen Schöpfers stammt sich den Rezipienten als geistig und emotional zu verarbeitendes Medium vorstellt. In dieser Hinsicht aber unterscheidet sich ein Kunstwerk noch nicht von anderen Kulturwerken, beispielsweise einer kühnen Brückenkonstruktion oder einem eleganten Stück Möbel.

Einleuchtend wird die Sache, wenn wir den krassen Fall eines Konsumgutes, welches selbstverständlich ein Kulturobjekt darstellt, einem offensichtlichen Kunstwerk, etwa einer Figur von Matisse oder einer Sonate von Beethoven, gegenüberstellen. Wir können sagen, dass bei einem Konsumgut, etwa einer Einbauküche, sich zwei Bewertungsebenen begegnen, die beide auf die materielle Gestalt ausgerichtet sind: für den Hersteller ist die Einbauküche der physische Träger von Herstellkosten und seine Funktion ist der Tausch gegen Geld, also der Verkauf; für den Nutzer ist die Einbauküche ein Geräteensemble, das bestimmten Gebrauchsfunktionen dient. Dass das Design eine kulturelle Funktion ausübt, die einerseits die Verkäuflichkeit erleichtern und andererseits die ästhetischen Empfindungen der Nutzer treffen soll, ist untrennbar mit der materiellen Funktion verbunden.

Da Nutzer in konkrete soziale Mustergefüge eingebettet sind, z. B. dem einer bestimmten sozialen Schicht oder dem eines ausgeprägten modischen Selbststilisierungsinteresses, wird der Hersteller darauf achten, dass die ästhetische Gestalt seiner Erzeugnisse geschmeidig genug ist, den ästhetischen Präferenzen seiner potenziellen Käufer zu entsprechen. Mit anderen Worten, die Ästhetik und damit die kulturelle Gestalt (also auch die Funktion) dient der kommerziellen Geschmeidigkeit. Die Entsprechung von Tauschwert und Gebrauchswert, um dieses in der Ökonomie gebräuchliche, auf Karl Marx zurückgehende Begriffspaar zu benutzen, ist Voraussetzung und zugleich Gegenstand von Marktprozessen und Preisbildung. Die Warenästhetik spielt darin zwar mit, ihr gilt aber nicht das Hauptinteresse.

Im Unterschied dazu können wir einen Bereich von gesellschaftlichen Aktivitäten finden, in welchem das materielle Ding als solches nur eine untergeordnete Rolle spielt, während die Ästhetik der Gestalt das Eigentliche in der Begegnung mit ihr ausmacht. Das kann das Staunen vor den Schönheiten einer Landschaft, das kann der Schrecken vor einem höllischen Grauen oder der religiöse Schauder vor der Mächtigkeit einer Kathedrale sein.

In diese Kategorie von Dingen und Erscheinungen fallen auch die Kunstwerke. Man liest und hört gelegentlich Menschen sagen, dies oder jenes sei ein Kunstwerk der Natur. Was sie damit meinen, ist ganz klar: Sie empfinden in der Erhabenheit oder Grandesse einer Landschaft die Größe und Mächtigkeit der Natur für Werke, die der Mensch niemals zustande brächte.

Wir halten aus Gründen der definitorischen Klarheit dagegen, dass die Natur nicht werkt, dass also in dem, was durch sie geschieht, kein bestimmter Gestaltplan mit einer Botschaft sich verwirklicht, sondern die Gesetze zufälliger Konstellationen in einer ansonsten zum Chaos tendierenden Natur zur Geltung kommen (zur Bedeutung des Zufalls und zufälliger Konstellationen vgl. Bendixen 2010 c).

Der bewölkte Himmel liefert dafür reichliche Beispiele, und der Leser erinnert sich vielleicht jenes kindlichen Spiels, in den Formationen der Wolken Figuren zu entdecken. Die in eine Naturerscheinung hineingedeutete Gestalt ist als solche ein menschliches Denkkonstrukt und kann die Qualitäten eines Kunstwerkes erlangen. Aber dann ist eben nicht die Natur der Künstler, sondern der phantasierende Mensch, der sich ein Bild von einer Erscheinung macht (Arnheim 1996, Arnheim 2000, Allesch 2004).

Ein Kunstwerk ist, nach unserem Begriffsverständnis, in jedem Fall ein Menschenwerk, und zwar nicht ein beliebiges, zufällig im Spiel sich eröffnendes, sondern ein bewusst gewolltes. Auch damit haben wir noch keinen klaren Begriff von Kunst und Kunstwerken, denn es stellt sich die Frage, ob ein Denkmal (als ein Stück Erinnerungskultur) auch ein Kunstwerk darstellt. Das kann im Zweifel der Fall sein, wenn die aus einem bestimmten Material geformte Gestalt die Bezeichnung Skulptur verdient, weil sie eine – vielleicht geheimnisvolle, schwer herauslesbare – Botschaft des Künstlers zum Ausdruck bringt.

Als ein wichtiges zusätzliches Kriterium für Kunst und Kunstwerke können wir festhalten: Kunstwerke legen in erster Linie Wert auf eine (ästhetisch verkleidete) Botschaft des Künstlers an ein oder sein Publikum. Die pure Materialität ist zwar nicht unbedeutend, aber nicht – wie im kommerziellen Zusammenhang – Träger von Kosten und Tauschwerten, sondern bildet physische Limitationen, die auf die Gestalt eines Kunstwerkes durchaus Einfluss ausüben. Eine Skulptur aus Gips wirkt anders als eine vergleichbare aus Holz.

Die in einem Objekt gezielt eingefügte und ästhetisch „kunstvoll" eingekleidete Botschaft ist nun in der Tat ein entscheidendes Merkmal. Man erkennt dies daran, dass der Ästhetik der Gestalt oder der Konfigurationen (etwa einer Theaterhandlung oder eines Films) absolute Priorität zukommt, denn die Botschaft ist die komplexe ästhetische Form, die sie zu einem (nicht immer leicht entschlüsselbaren) kompakten Element der Kommunikation macht.

So kann also ein Gegenstand zu einem Kunstwerk werden, wenn ihm eine von anderen lesbare Botschaft zugewiesen werden kann. Die Sinne sind nicht nur ein Wahrnehmungsorgan, sondern zugleich Anschauungsantennen zur Erzeugung innerer Bilder oder Vorstellungen. Zwischen sinnlicher Geistesarbeit und Kunstschaffen besteht eine enge Beziehung.

Das ist kein neues Thema, aber auch kein erschöpfend bearbeites, wie die jüngste Publikation von Bernhard Waldenfels belegt (Waldenfels 2010).

Im Extremfall kann ein zufällig gefundener Stein allein durch seine Form und Maserung eine Botschaft aufnehmen, wenn dieser Stein an einen ungewöhnlichen, ihn also hervorhebenden Ort deponiert wird. Anders herum: Wer sich die Mühe macht, die in einer Großen Oper erzählte Geschichte aus seiner musikalisch-theatralischen Einkleidung herauslöst, wird über die Naivität und Einfachheit vieler Libretti staunen. Aber das zeigt ja nur, dass Kunst eben nicht in der Materialität, sondern in der Ästhetik liegt und deshalb jede Neuinszenierung von, sagen wir, Shakespeare, ein neues Kunstwerk hervorbringt (falls sie einigen weiteren Kriterien genügt, beispielsweise Meisterlichkeit der Darbietungen).

Unser Versuch der Klärung des Kunstbegriffs könnte (und müsste eigentlich) noch sehr viel weiter getrieben werden, denn der bisherige Stand gibt nur ein relativ grobes Raster, durch welches viele Kulturwerke fallen, bei denen Zweifel an ihrem Kunstcharakter bestehen können. Eine der – übrigens auch in der Rechtsprechung hochproblematischen – Beispiele ist die Karikatur.

Eine Karikatur ist ein Stück Papier, das materiell ziemlich wertlos und sogar als solche kommerziell nicht lohnend ist. Das Interessante daran ist die Botschaft, die in ein paar Federstrichen stecken und mit Andeutungen spielen, um die vielleicht krasse Botschaft nicht direkt und damit plump auszusenden. Sind das nun kleine Kunstwerke oder nicht?

Auch wenn wir das hier nicht entscheiden können und wollen, so zeigen sie doch den Weg der immer filigraner werdenden Argumentationen auf, um dem Phänomen *Kunst oder Nicht-Kunst* auf die Spur zu kommen. Ist, so können wir weiter fragen, jede beliebige Botschaft Kunst und ihre ästhetische Einkleidung ein Kunstwerk? Fallen also politische Provokationen in den Kunstbereich (zweifellos gehören sie verfassungsrechtlich zumindest in den Artikel über die freie Meinungsäußerung), gehört ein Werbeplakat (etwa von Henri de Toulouse-Lautrec) zur Kunst oder schon eher zur Sphäre der kommerziellen Kommunikation? Je weiter man in diesem Argumentationsfeld vorangeht, um den Wesenskern von Kunst zu erfassen, umso komplexer wird die Frage und umso weiter scheint sich der Kern zu entfernen oder sich vielleicht als ein Phantom herauszustellen.

Wir können es aber bei dem relativ simplen Unterscheidungsmerkmal belassen und sagen, dass Kunstäußerungen in Form von materiellen Objekten oder vorführenden Darbietungen als ein Phänomen der allgemeinen Kultur zu verstehen sind, und weiter davon ausgehen, dass jede Epoche, jede soziale Szene oder jedes urbane Milieu seine eigenen Akzente setzen wird und es deshalb aussichtslos ist, Kunst ein für allemal definieren zu wollen. Es gibt eben Phänomene, die sich dem analytischen Streben und jedem Griff der Endgültigkeit weitgehend entziehen, weil sie holistischer Natur sind und nur als empfundene Ganzheiten verstanden werden können. Kunst gehört dazu ebenso wie etwa die Idee des Geistes oder die Religion und viele weitere, eng mit emotionalen Energien verknüpfte menschliche Lebensäußerungen.

IV. Kapitel:
Themen und Fragestellungen der Kulturökonomie

9   Der kulturökonomische Denkhorizont

Erscheinungen in der Wirtschaft und die Suche nach Gesetzmäßigkeiten in den strukturellen und operativen Abläufen in der Wirtschaft sind der Ausgangspunkt der traditionellen Ökonomie, und an dieser Sicht ändert sich zunächst und im Prinzip nichts, wenn die kulturelle Dimension des Geschehens in der Wirtschaft einbezogen wird. Ob man beispielsweise die Erklärung der Konsumneigung in einer Volkswirtschaft als eine Verschiebung der Sparrate unter Berücksichtigung von Einkommen und Einkommensverteilung, des allgemeinen Zinsniveaus und weiterer Faktoren erklärt oder ob die kulturellen Tendenzen der Ernährungsgewohnheiten, des Freizeitverhaltens, der politischen Apathie oder der gesteigerten Lebensfreude als die bestimmenden Komponenten ausgemacht werden, ändert nichts an den konjunkturellen Effekten, die etwa durch nachlassende Binnennachfrage verursacht werden.

Auf einem hohen Abstraktionsgrad, der die einzelnen Kategorien der ökonomischen Erklärungsmodelle und -muster nicht in den Dickicht des realen historischen Geschehens verstrickt, sondern das Generelle und Gesetzmäßige in den Erscheinungen hervorheben soll, sind kulturelle Faktoren eine zusätzliche Klasse von Erklärungsbezügen, die den herkömmlichen ökonomischen Faktoren hinzugefügt werden können.

Die erkenntnistheoretische Leistungsfähigkeit von Erklärungen auf solch hohem Abstraktionsniveau ist aus einer Reihe von Gründen allerdings eingeschränkt. Um (beispielsweise wirtschaftspolitische) Folgerungen zu ziehen (etwa steuerliche Anreize zu setzen), müsste in dieser Lage sehr viel präziser bestimmt werden, ob die Veränderungen des Konsumverhaltens auf den Binnenmärkten eine Laune des Augenblicks sind oder einen sich ankündigenden langfristigen Wandel anzeigen.

Das langsame Wachsen von ökologischem Bewusstsein in der Bevölkerung, anfänglich in den siebziger Jahren des vergangenen Jahrhunderts noch als kleinbürgerliche Idylle belächelt und mittlerweile aus den Programmen der politischen Parteien nicht mehr wegzudenken, hat sich zu einem nicht mehr umkehrbaren Faktum entwickelt, das bis in die Unternehmensstrategien selbst der großen Industrien vorgedrungen ist.

Ein solcher Wandel, den wir hier nur als ein Beispiel heranziehen, kann nicht spurlos an den Grundfesten des herkömmlichen ökonomischen Denkens vorbeigehen. Der souveräne Konsument, der rational kalkulierend seinen individuellen Vorteil sucht, ist – allerdings nicht erst seit heute – als Modellelement völlig unbrauchbar. Er ist selber eine Idylle.

Die Konstruktion des souveränen Konsumenten übersieht, dass der Konsument in einer (noch wenig untersuchten) Weise ein zwar nicht willenloses, wohl aber unerkannten Signalen folgendes Element der so genannten Schwarmintelligenz ist. Das Verhalten der Konsumenten ist beileibe nicht aus der Annahme individueller Rationalität erklärbar, sondern bedarf der Rückgriffs auf Einflößungen des Zeitgeists, welcher nun selber kein rationaler, aus den Kalkülen von Marketingtechnologen hervortretender Makroeffekt ist. Die Problematik des Begriffs *Zeitgeist* ist nicht zu bestreiten. Er ist nicht greifbar und analytisch zerlegbar, er hat keine eindeutige Kontur, sondern bildet Cluster, die ständig ihre Ränder ändern und im Strom der Zeit mitwandern.

Der Zeitgeist, so können wir an dieser Stelle verkürzend sagen, ist ökonomisch wirksam und zugleich ein Horror für den rational denkenden Ökonomen. Der Zeitgeist ist eine mentale Figuration, die das individuelle Gehirn des denkenden Menschen aus dem bildet, was sich gewissermaßen oberhalb der dinglichen Erlebnisse formt und, sofern über soziale Kommunikation vergleichbare Erfahrungen übernommen werden, verstärkt. Er ist eine Einbildung einzelner Gehirne, aber von jener bemerkenswerten Qualität, dass sich endlos viele Gehirne in gleicher oder ähnlicher Weise in wechselseitiger Bestätigung formieren und zu etwas Glaubhaftem verstärken, ähnlich wie die so genannte Öffentliche Meinung.

Solche neurologischen Effekte der inneren Konstruktion von Einbildungen aus einzelnen Signalen und Erinnerungskomponenten kennen wir zur Genüge aus dem Erlebnis der Wahrnehmung von Bruchstücken einer Sache, beispielsweise die ruinierten Reste eines altrömischen Mosaiks, die das Gehirn des Betrachters zu etwas Ganzem vervollständigt. Der Zeitgeist ist ein inneres Erlebnis, das sich aus einer Vielzahl von inselartigen Wahrnehmungen als das Tragende im Geschehen formt und das sich durch soziale Kommunikation, insbesondere durch Einwirkungen der Medien, zu einer mehr unbewussten Haltung als einer bewussten Deutung der Gegenwart aufbaut.

An diesem Beispiel zeigt sich, dass die kulturelle Dimension in der Erfassung und Deutung von Ereignissen in der Wirtschaft nicht einfach additiv zu den klassisch ökonomischen Kategorien handhaben lässt, als ob man den ehernen Gesetzen des Marktmechanismus noch etwas Ornamentales hinzufügt. Vielmehr wirkt die kulturelle Dimension in die klassischen Kategorien direkt hinein. Deshalb stellt sich die Frage, ob und bis zu welchem Stadium die bekannten analytischen Theorien und Erklärungsmodelle der Ökonomie (der Mikroökonomik und der Makroökonomik) eine geeignete Ausgangsbasis darstellen.

Kulturökonomie ist, unserem Verständnis nach, die kognitive Gegenrichtung zur Bereinigung des ökonomischen Denkens von allen nicht-rationalen Faktoren und Elementen. Sie ist, wie wir ausgeführt haben, keineswegs eine Hinwendung des eisernen ökonomischen Denkens zur Kultur, die dann ihrerseits als ein gesellschaftlicher Sektor außerhalb der Wirtschaft betrachtet wird und die eine angemessen rationale Erklärung mit den Instrumenten der ökonomischen Theorie verdient.

Die Gegenrichtung ist allerdings auch keine bloße Umkehrung, sondern zugleich ein deutlich offenerer Blick auf eine Realität, welche die Wirtschaft nicht als ein geschlossenes, aus inneren Gesetzmäßigkeit funktionalisiertes System sieht, sondern alle Formen der materiellen Disposition und Hantierung in der Dingwelt einzufangen sucht, die der Mensch zur Gestaltung seiner Lebensverhältnisse praktiziert.

Der Bau einer Kathedrale gehört im herkömmlichen Verständnis zweifellos nicht zur Wirtschaft und wird nicht irgendwie von den theoretischen Instrumenten und Modellen der Ökonomie erfasst, außer als eine spezifische Form von Nachfrage aus den äußeren Winkel der Bedürfnisartikulation. Aus den gleichen Gründen wird man auch die Schreibstufe eines Romanciers oder das Büro eines Parteivorsitzenden nicht als einen Teil der Wirtschaft verstehen.

Aus unserer Perspektive ist die Kultur (als Dimension einer formierten Gesellschaft) das Primäre, denn von ihr kommen die geistig-schöpferischen Impulse, bestimmte Dinge zu tun oder zu unterlassen. Aus ihr kommen die verallgemeinerten Wertbezüge, die auch ein Produzent bei Strafe seines wirtschaftlichen Untergangs nicht grundlos durchbrechen kann. In ihr bildet sich der unzuverlässige und doch wirksame Zeitgeist, von dem oben bereits die Rede war.

Dass Kultur kein einheitlicher, konfliktfreier Wertebrei ist, sondern voller Varianten und Widersprüche bis hin zu kämpferischem Zorn, jedoch immer bestrebt nach Übereinstimmungen in Überzeugungen, ist leicht einzusehen. *Die* Kultur ist kein Diktator, und doch ist sie auch kein Freiwild, sondern findet ihre spezifischen Akzente und geistigen Färbungen in der Praxis, in die sie vordringt.

So kommt es zu Amalgamierungen von Kultur und Praxis aus den konkreten Bedingungen heraus; so kann es zu einer spezifischen Kultur des Wirtschaftens oder der Marktkultur kommen, die sich von der Kultur des Sports oder des Bildungsstrebens markant unterscheidet. In gleicher Weise kommt es auch zu einer Kultur der Kunst oder genauer: unterschiedlichen Kulturen der verschiedenen Künste. Doch davon wird an späterer Stelle noch die Rede sein.

In diesem Kapitel steht die Wirtschaft, wie wir sie zu verstehen gewohnt sind, im Mittelpunkt der weiteren Betrachtungen. Wir diskutieren die Frage, welche erkenntnisrelevante Bedeutung die Einbeziehung von kulturellen Dimensionen in die Erklärung von Wirtschaftsvorgängen haben kann. Zuvor aber werden wir der Frage nachgehen, ob und in welcher Weise die Erkenntnisse der traditionellen ökonomischen Theorie aufgegriffen und, wo notwendig, umgeformt werden müssen.

10   Mikro- und Makroökonomik in kultureller Perspektive

Um nicht in die Einzelheiten dieser beiden fachlich sehr ausgedehnten Herangehensweisen zur wissenschaftlichen Erklärung von Ereignissen und Abläufen in der Wirtschaft einzusteigen, verkürzen wir die Betrachtung auf zwei Prinzipien, die für beide je für sich maßgeblich sind.

Die Grundlage der *Mikroökonomik* (Felderer/Homburg 2005) ist das so genannte Prinzip des methodologischen Individualismus (Raschke 2005), wonach sich alle Erscheinungen in der Wirtschaft aufbauen auf den Entscheidungen einzelner Wirtschaftssubjekte, so dass die Erklärung der individuellen Entscheidungen zum Ausgang genommen werden muss.

Die methodologische Grundlage der *Makroökonomik* (Kortmann 2006) ist das aristotelische Prinzip, wonach das Ganze mehr ist als die Summe seiner Teile. Eine Volkswirtschaft als Ganzes weist Eigenschaften auf, die sich nicht ohne weiteres durch Akkumulation oder Addition von Einzelhandlungen erklären lassen.

Die beiden Herangehensweisen schließen sich nicht aus, sondern ergänzen sich (mit einigen Einschränkungen). Es liegt nahe, dieses komplementäre Verhältnis mit der Komplementarität von individueller Kultur und sozialer Kultur zusammenzuführen, denn die individuelle Handlungsrationalität entspricht formal der individuellen Kultur, während die korporative Rationalität mit der gesellschaftlichen Kultur formal korrespondiert. Bei genauerer Betrachtung ergeben sich jedoch erhebliche Bedenken.

Unter der methodologischen Herrschaft des Prinzips der Rationalität individueller Dispositionen wäre eine Aggregation von Einzelereignissen zu einem Gesamtaggregat noch vorstellbar. Dann könnte man beispielsweise argumentieren, dass das kollektive Verhalten aller privaten Haushalte aus der gedanklichen Häufung von Einzelverhaltensweise hervorgeht, wie das Prinzip des methodologischen Individualismus es fordert. Die Eigenschaften des Aggregats *private Haushalte* hängen dann formal ab von der Menge der Haushalte und könnten mit den Mitteln der Ökonometrie abgebildet und gedeutet werden.

Die kulturelle Dimension führt nun aber zu dem Ergebnis, dass das individuelle Verhalten keineswegs rein rational ist, dass ein fast unauflöslicher Komplex an Wertorientierungen und sozialen Prägungen überhaupt erst den eigentlichen Individualismus hervorbringt. Der Individualismus des Einzelnen verlöre jedoch genau diese Eigenschaft, wenn man sie auf nur eine oder wenige stereotype Eigenschaften verkürzte. Individualismus löst sich auf, wenn alle das Gleiche tun und wollen. Eine Armee aus Individualisten wäre undenkbar, weshalb sich Armeen eben unterscheiden von Aufruhrbewegungen und Demonstrationen.

Mikroökonomisch käme auch eine weitere Überlegung zum Zuge, die die Annahme stabiler, womöglich langfristig gleich bleibender Wertebündel bei den Individuen gänzlich unrealistisch erscheinen lässt. Wertorientierungen werden durch äußere Einflüsse und Ereignisse stimuliert und aktiviert.

Zahlreiche entscheidende ästhetische Präferenzen und tief sitzende Wertvorstellungen sind individuell nur latent vorhanden, können aber je nach den situativen Gegebenheiten höchst unterschiedlich einzeln oder gebündelt aktiviert werden. Mit anderen Worten: Das tatsächliche Verhalten eines Individuums ist allein aus seinen angeborenen oder antrainierten Eigenheiten nicht zu erklären, sondern wandelt sich zum Teil sehr extrem mit den äußeren Reizen und Rahmenbedingungen des Augenblicks.

Die Erklärung des Marktverhaltens von Konsumenten kann aus methodologischen Gründen (u. a. die Unzugänglichkeit von Gedächtnisstrukturen für Außenstehende, teilweise sogar für die Betreffenden selbst) nicht analytisch betrieben werden mit dem Ziel der Eindeutigkeit. Die modelltheoretische Eindeutigkeit der bekannten mikroökonomischen Marktmodelle, insbesondere die Bestimmung des Gleichgewichtspreises, löst sich auf in Wahrscheinlichkeitsräume, deren Grenzen und innere Akzentuierungen zudem ständig in Bewegung sind.

Die Hinwendung zu den rational nicht fassbaren und sich kumulativ nur unzuverlässig strukturierenden Verhaltensweisen von Konsumenten am Markt relativiert die mikroökonomischen Rechnungen zu (meist eher schwach begründeten) Streuergebnissen, deren Wahrscheinlichkeitsverteilungen selber nicht beständig sind.

Aus der Marktpolitik von Unternehmen, die eine Produktinnovation durchbringen wollen, ist diese Erscheinung oder Erfahrung in der Praxis durchaus bekannt. Mit welchem Anfangspreis man sinnvollerweise den Markt testet, ergibt sich aus keiner Berechnung. Nicht einmal eine Preisuntergrenze zur Deckung der Kosten kann mehr sein als eine vage Peilung. Es gehört vielmehr ein gehöriges Maß an Erfahrung und Intuition dazu, um die verschiedenen Cluster individueller Bereitschaften auf Seiten der Konsumenten einschätzen zu können.

Die Einführung der kulturellen Dimension in die Erfassung und dispositive Durchdringung von Märkten führt dazu, dass mit zufälligen, also nicht planbaren Konstellationen zu rechnen ist, falls nicht bestimmte zählebige kulturelle Muster ein gewisses Maß an begründeter Zukunftsprojektion erlauben. Ein solches zählebiges Muster wäre beispielsweise das Festhalten weiter Kreise der Bevölkerung an stereotypen Grundmodellen der Wohnungsmöblierung, der Pauschalreisen oder der Kleidung. Andererseits können Zufallseinflüsse das tatsächliche Konsumverhalten aus politischen Tagesereignissen, Naturkatastrophen und anderen Unwägbarkeit erheblich verändern, ganz abgesehen von so alltäglichen Vorgängen wie dem Wetter, der tagespolitischen Stimmung oder Erfolgsmeldungen von Sportereignissen.

Selbst Börsen gelten als empfindliche Stimmungsbarometer des Weltgeschehens oder einzelner Branchen- oder Regionalentwicklungen. Ein scheinbar so rational operierendes Gebilde wie die Börse hat ihre praktischen kulturellen Profile, z.B. Usancen des Verhandlungsgebarens, und nimmt intuitiv manche Entwicklungen vorweg, reagiert auf politische Unruhen und heizt das Geschäftsklima an.

Die Kurse ergeben sich zwar aus Angebot und Nachfrage, aber diese ihrerseits sind ein Schnitt aus den verschiedensten Haltungen zum Börsengeschehen: Risikobereitschaft, spekulatives Potential, Spiel- und Abenteurerantriebe, langfristige Stabilisatoren, Bedenkenlosigkeit, Gewinngier, Machthunger; die Liste lässt sich noch lange fortsetzen. Was die Börsen erzeugen, sind keine Gleichgewichtspunkte, sondern Wahrscheinlichkeitscluster subjektiver Einschätzungen, die unter günstigen Bedingungen eine für geschäftliche Dispositionen brauchbare Schnittmenge hervorbringen. Ihren subjektiven Charakter verlieren sie dadurch nicht.

Die Clusterbildung kann man sich vorstellen als eine Überlagerung einzelner Einschätzungen mit erkennbaren Überlappungen im Kern und ausgefransten Rändern, die – wie die Korona der Sonne – ständig wabern. Die Cluster der Stimmungen an der Börse (oder anderer Märkte) sind Gedankenkonstruktionen, die aus realen Wahrnehmungen beschreibbare und deutbare Makroformen bilden. Solche Gebilde sind alles andere als Gleichgewichtspunkte mit einer überzeugenden Ähnlichkeit zu den Berechnungen ökonomischer Marktmodelle.

Nimmt man die Durchdringung der wirtschaftlichen Realität mit den kulturellen Werteströmungen, Strudeln, Untiefen und Gefällen ernst, muss man den Eindruck gewinnen, dass Märkte keine Mechanismen kennen, sondern öffentliche Szenen mit eingebautem Zufallspotential darstellen, auf denen man sich eher wie ein gewitzter Spieler (mit zuweilen sportlichem Ehrgeiz) zu bewegen hat denn wie ein kalkulierender Modelloperateur.

Das heißt nun keinesfalls, die Möglichkeiten und Nützlichkeiten ökonometrischer Berechnungen gänzlich abzuweisen. Solche Berechnungen können durchaus relativ stabile Plattformen ergeben, von denen aus man das Geschehen zu strukturieren versucht. Aber der peilende Blick in das reale Geschehen wird nicht dadurch sicherer, dass man es von einer gediegenen Plattform aus beobachtet. Erst die Kunst der Deutung aus Intuition gekoppelt mit Erfahrung kann zu einem Schritt auf die stets risikobeladene Wirklichkeit werden.

Konstruktionen auf der Makroebene sind Aggregate einzelner Ereignisse, die entlang festgelegter Kriterien als gleich oder ähnlich genug klassifikatorisch vorstrukturiert werden und entsprechend statistisch akkumuliert werden können. Beispielsweise ist die Arbeitslosigkeit zu einem Stichzeitpunkt ein solches Aggregat, das jedoch isoliert für sich allein so wenig aussagekräftig ist wie eine isoliert stehende Note einer Musikkomposition. Das gesamte Bedeutungsumfeld dieses Aggregates, z. B. der Gesamtzustand der betreffenden Volkswirtschaft, und die Veränderungen dieser Zahlen im Zeitablauf ergeben zusammengenommen eine Plattform für Deutungen. Solche Aggregate sind das Thema der Makroökonomie.

Begreift man Arbeitslosigkeit nicht nur als ökonomisches Problem, welches auf individueller Ebene das Problem der Kaufkraftminderung und auf volkswirtschaftlicher Ebene das Problem der finanziellen Belastungen für Unterstützungsfonds aufwirft, sondern auch als eine kulturelle Frage, kommen weiter reichende Werte ins Spiel.

Je nach den geltenden und gelebten Mustern des sozialen Zusammenlebens kann Arbeitslosigkeit als Entwürdigung oder ganz im Gegenteil als eine Art Entlastung empfunden werden, die viel Spielraum für inkonsistente Überlebensformen freigibt. Ähnliche Überlegungen kann man mit Themen wie der Sparneigung der Bevölkerung, der Steuerehrlichkeit, obrigkeitlichem Pflichtgefühl, Herrschsucht oder dem Phlegma der Tatenlosigkeit anstellen. Aus diesem Gemisch lassen sich keine völlig geklärten Einschätzungen der Gesamtlage einer Volkswirtschaft ableiten.

In einer Gesellschaft, die im Prinzip auf individuelle Leistungen aller angewiesen ist, erscheint Arbeitslosigkeit ökonomisch als Ressourcenvergeudung, soziologisch als (selbst oder fremd verschuldeter) Ausschluss aus dem sozialen Arbeitsgefüge und kulturell als Degradierung des individuellen Selbstwertempfindens. In einer hedonistisch angelegten Gesellschaft hat das Ausscheren aus Leistungsverpflichtungen etwas Befreiendes an sich, selbst wenn es mit Einschränkungen der Lebensmöglichkeiten verbunden ist, welche aber mit anderen lustbetonten Tätigkeiten einschließlich kreativer Muße kompensiert werden können. Beide Extreme sind theoretischer Natur. Die Wirklichkeit wird nicht nur irgendwo dazwischen liegen, sondern ein buntes Mosaik von Lebenseinstellungen aufweisen, deren Vielfältigkeit selbst einen (Makro-) Wert darstellen kann.

Ohne diese Diskussion weiter zu vertiefen, halten wir als grobe Annäherung fest, dass sich kulturelle Vielfalt, welche sich hinter der schlichten Statistik eines volkswirtschaftlichen Aggregates verbirgt, dem Bilden von Clustern und Durchschnittsinterpretationen weitgehend entziehen. Kultur als geistige Kategorie und als individuelle Prägung ist eben nicht ohne weiteres objektivierbar, zählbar und statistisch auswertbar.

Dennoch lassen sich Gruppierungen finden, die für die Deutung eines auffälligen ökonomischen Aggregates wie etwa die Arbeitslosigkeit hilfreich sein können. Man käme in einer hochgradig ausdifferenzierten Leistungsgesellschaft zu ganz anderen Ergebnis als in einer die individuelle Lebenslust betonenden Gesellschaft von geringerem Streben nach Entwicklung und Fortschritt.

Mit diesen wenigen Federstrichen kann selbstverständlich die außerordentliche Kompliziertheit der kulturökonomischen Beurteilung einer wirtschaftlich relevanten Erscheinung allenfalls angedeutet, nicht aber ausdiskutiert werden. Worum es an dieser Stelle geht, ist das Aufzeigen des notwendigen Zusammenspiels zwischen dem kulturellen Wertegefüge und den ökonomischen Abläufen einer Gesellschaft. Probleme der besonderen Art ergeben sich in der Realität regelmäßig dadurch, dass auffällige und als solche statistisch erfasste Erscheinungen mit den gängigen Kriterien und Messlatten der traditionellen ökonomischen Theorien ausgewertet werden und, wenn sie zu politischen Aktionen führen, ebenso regelmäßig Spannungen hervorrufen, weil sie die kulturelle Dimension in solchen Vorgängen nicht mitnehmen.

Im folgenden Abschnitt greifen wir einige für diese Problematik charakteristische Fragestellungen auf, die exemplarisch zeigen sollen, dass (wirtschafts-) politische Lösungen fast automatisch Spannungen erzeugen, wenn sie ohne Berücksichtigung der kulturellen Werte und Lebensmuster vorangetrieben werden.

11 Grundfragen der Gegenwart aus kulturökonomischer Perspektive

Mit den folgenden Themen aus dem umfangreichen Arsenal aktueller und wichtiger Probleme und Fragen der allgemeinen wirtschaftlichen Entwicklung geht es uns nicht um ein detailliertes Ausleuchten, sondern um die Demonstration der fundamentalen Bedeutung der kulturellen Dimensionen, also der Dimensionen der kulturellen Werte und sozialen Lebensmuster. Die Erörterungen haben auch nur exemplarischen Charakter und erheben keinen Anspruch auf ausführlich begründete Vollständigkeit der Bearbeitung. Zu allen hier ausgewählten Themen gibt es umfangreiche Fachliteratur, auf die wir ebenfalls nicht im Detail hier eingehen können.

11.1 Technischer Fortschritt

Technischer wie überhaupt Fortschritt ist ein menschliches Kulturprodukt, das sich der Idee verdankt, der Mensch sei zumindest bis zu einem gewissen Grad und entsprechend seinem praktischen Können ein Meister seiner eigenen Lebensumstände. Fortschritt ist Bewegung, und die Dynamisierung der menschlichen Lebensverhältnisse konnte zu einem die Gesellschaft bestimmenden Moment werden, als der Mensch aus den stationären Strukturen mittelalterlicher Grundstimmungen ausbrach (Jonas 2003, Jischa 2005). Um der Gesellschaft eine Entwicklung zu geben, bedarf es des Bewusstseins, dass die Gegenwart unvollkommen und verbesserungsfähig ist und dass der Mensch den Prozess der Verbesserung in die Hand nehmen kann.

Dass an der von Gott geschaffenen Welt etwas verbesserungsbedürftig sein und dass der Mensch berufen sein könnte, diese Verbesserungen nach eigenem Gutdünken in die Hand zu nehmen und zu können, wäre im Mittelalter als Häresie oder Negierung der Wahrheit der Heiligen Schrift verfolgt worden. Die Durchbrechung dieser fundamentalen Überzeugung und theologischen Dogmatik war ein langer historischer Prozess des Übergangs in die Moderne. Dann erst konnte eine entdogmatisierte Naturwissenschaft in Gang kommen und die Dynamik der Moderne beginnen, wie Hans Jonas (2003) sie ausführlich beschrieben hat.

Das mit der Idee des Fortschritts zwangsläufig verbundene und nach wie vor ungelöste Problem liegt in der Frage der Bestimmung eines Endzwecks. Wer aufbricht zu einer Reise, weiß gewöhnlich wo er ankommen will; wer eine Entwicklung einleitet, sollte wissen, welcher Endzustand – und sei er noch so fern – angestrebt wird, denn ohne Wissen um den Endzustand (und sei er das Paradies auf Erden) fehlen die Kriterien zur Beantwortung der Frage, ob eine eingeleitete Veränderung die Entwicklung auf den richtigen Weg bringt oder nicht.

Das Problem des Endzwecks ist sehr lange Zeit bis in unsere Gegenwart mit Vorstellungen von Schicksal, Naturabsicht (Kant) oder göttlichem Gesetz beantwortet worden. Adam Smiths bekannte Formel von der unsichtbaren Hand (des Marktes) ist ebenso Ausdruck dieser Vorstellung wie Albert Einsteins Spruch *Gott würfelt nicht*, mit welchem er die Herrschaft des Zufalls im Kosmos und damit auf Erden prinzipiell zurückwies (Bendixen 2010 c).

Das Dilemma des technischen Fortschritts liegt im Fehlen eindeutiger und fassbarer Entscheidungskriterien, abgeleitet aus dem angenommenen Endziel der gesellschaftlichen Entwicklung (der Weltzivilisation). Man kann sich zweifellos, wenn auch vage, einen von Frieden, glücklichen Lebensumständen und menschlicher Wärme unter seinesgleichen qualifizierten Zustand ausmalen.

Doch sind solche Zustände viel zu wolkenhaft, um daraus Kriterien der Beurteilung von Vorhaben abzuleiten, die von sich behaupten können, fortschrittlich zu sein. Auf einer etwas weiter vertieften Stufe der Beurteilung können wir schlussfolgern, dass Visionen (falls sie nicht offensichtliche Trugbilder sind) zwar das gegenwärtige Handeln leiten und begleiten können, dass aber der Prozess des Fortschritts im Sinne der Zweckrationalität und der Unabweislichkeit der Optimierung des Mitteleinsatzes nicht rationalisierbar ist. Von diesem Problem sind alle volkswirtschaftlichen Wachstumsmodelle mit eingebautem Kriterium der Wohlstandssteigerung betroffen.

Technischer Fortschritt ist deshalb alles andere als eine einfache Kategorie, denn es geht nicht nur um die Frage nach dem Maßstab, sondern um die Unmöglichkeit eines eindeutigen Zwecks. Folglich bleibt ein weiter Deutungsspielraum, welcher ideologisch genutzt werden kann. Ideologisch wird die Argumentation dann, wenn die Bewertung eines beabsichtigten Schritts in die Zukunft von einer visionären Plattform aus begründet wird, die den verborgenen Interessen bestimmter Mächte oder sozialer Kräfte dienen. Stets bleibt die fundamentale Frage im Raum, wem ein Fortschritt dient (und wer folglich leer ausgeht und wer sogar geschädigt wird).

Diese Zusammenhänge machen die Diskussion um den technischen Fortschritt nicht gerade leicht. Vor allem die Vordergründigkeit des Kriteriums der Wirtschaftlichkeit (zu wessen Nutzen?) verschleiert allzu oft die externen Folgewirkungen eines technischen Vorhabens. Das zunächst nahe liegende Kriterium der Verbesserung unbefriedigender Zustände macht die Idee des Fortschritts zu einer Reise vorwärts mit ständigem Blick rückwärts durch den Rückspiegel. Der notwendige Blick voraus reicht jedoch nicht sehr weit, jedenfalls nicht weit genug, um am fernen Horizont eindeutige Zielpunkte festzulegen, die sich durch keinerlei Zufallskonstellationen mehr erschüttern lassen. (Bendixen 2010 c).

Rein technisch gesehen, ist eine Erfindung ein Fortschritt, wenn eine bisher genutzte technische Lösung durch eine neue wirtschaftlicher, sozial verträglicher, umweltschonender, ästhetisch ansprechender, gesundheitlich weniger belastender wird. Das alles sind Nutzenkriterien, die auch in der Praxis immer wieder ins Spiel gebracht werden, wobei in der Regel der ökonomische Nutzen im Vordergrund steht.

Der ökonomische Nutzen ergibt sich aus dem gesteigerten Profitpotential einerseits und aus den mit der neuen Lösung gewonnenen Wirkungen auf die Zahl und Qualität von Arbeitsplätzen andererseits. Die Beurteilung *Technischer Fortschritt* hängt daher von den Intentionen derjenigen ab, die mit der neuen Lösung in Berührung kommen.

Die Bewertung von einzelnen Erfindungen, die in die Öffentlichkeit als technischer Fortschritt eingeführt werden, ist aus mehreren Gründen methodologisch problematisch und führt aus eben diesen Gründen nicht selten zu Ablehnungen bis hin zu heftigen Widerständen. Ein Grund dafür ergibt sich daraus, dass die Vorzüge einer Erfindung meist erst beurteilt werden können, nachdem sie eine Zeitlang hat praktisch wirken können. Das Problem ist hier die Reihenfolge.

Ein weiterer Grund folgt daraus, dass die Öffentlichkeit die tatsächlichen Eigenschaften einer Erfindung und deren denkbare Nebeneffekte nicht einschätzen kann, weil sie an der Entwicklung dieser Erfindung nicht beteiligt ist. Das Problem ist hier der Vorsprung der Sachkenntnis bei den Erfindern.

Ein dritter Grund ist kommunikativer Natur: Die öffentliche Ankündigung einer technischen Neuerung hat in aller Regel kommerzielle Motive. Es geht nicht um Sachaufklärung, sondern um Akzentuierung durch Hervorhebung positiver bei gleichzeitigem Verschweigen von negativen Eigenschaften (man kann eben nicht in allen Fällen seinen Arzt oder Apotheker befragen). Anpreisung ist nicht Aufklärung, und nachträgliche Aufklärung wäre Verhöhnung, wenn keine Korrekturen mehr möglich sind.

Das Problem der Reihenfolge, nämlich die Regel, dass die technische und kommerzielle Installation einer Innovation Fakten schafft, bevor sie sich durch Praxis, d. h. in der realen Anwendung, bewähren kann, ist dem marktwirtschaftlichen System immanent und nicht zu beseitigen. Eine Tat kann erst wahrgenommen und hinsichtlich ihrer Einpassung in die individuellen und sozialen Lebensumstände beurteilt werden, wenn sie schon in der Welt ist. Eine Beurteilung in statu nascendi wäre für jeden Erfinder und Innovator unzumutbar.

Es ist daher immer ein schwieriges und häufig unergiebiges Unterfangen, ein historisch gewordenes Ereignis, z. B. die Erfindung des so genannten Analogkäses (welcher gar kein Käse ist), zu bekämpfen, um es aus ästhetischen, gesundheitlichen, kulturellen Gründen wieder aus der Öffentlichkeit zu verdrängen.

Die Problematik liegt hauptsächlich darin, dass die Vorstellungskraft der meisten Menschen nicht ausreicht, sich im Voraus die vielfältigen und weit verzweigten Wirkungen im gesamten Nutzungsumfeld „auszumalen". Deshalb folgen sie, weil es bequemer ist, den Einflüsterungen der Werbung. Das häufig gepriesene Urteil des souveränen Konsumenten ist in den meisten Fällen eine Farce.

Der zweite Grund, dass die kreativen Hintergründe einer Erfindung, die den Rang des technischen Fortschritts beansprucht, in der Regel nicht offen gelegt werden, ist nicht weniger brisant. Eine bestimmte Technologie ist konkret ohne das geistig-kulturelle Klima, aus dem sie als Idee hervorgeht, nicht verstehbar. Wie beispielsweise eine technische Anlage physikalisch funktioniert, lässt sich mit einiger Sachkenntnis darlegen und verstehen.

Aber aus welchem Nutzenkalkül diese Technik genau diese Eigenschaften, Ausmaße, Materialien und Funktionen im Erfindungsprozess bekommen hat, ist selbst den Erfindern und ihren kommerziellen Nutzern oft nicht vollständig klar, denn das Hauptkriterium in der Wirtschaft ist und bleibt die Überlegung, ob sich die Investitionen in die Forschung und Entwicklung auszahlen, indem ausgereifte und verkaufsfähige Produkte daraus hergestellt werden. Dem Konsumenten als technischem Laien, welcher er ja gewöhnlich ist, bleibt nichts als das Vertrauen auf den behaupteten Nutzen oder eben ein Misstrauen ohne Folgen, dass eigentlich der Profit die Erfindung gelenkt hat.

Aus diesen Gründen folgt die Argumentation, dass eine Umkehr des Prozesses der Erfindung von nützlichen Techniken in der Weise, dass sowohl die Motive als auch die gesellschaftlichen oder kulturellen Folgen unter Beteiligung der Öffentlichkeit zur Sprache und Bewertung gebracht werden, praktisch zur Drosselung von Innovationen führen würde. Es liegt nicht nur in der Logik marktwirtschaftlicher Systeme, sondern tiefer noch in der Logik der Wahrung individueller Freiheiten als Selbstwert und in der verantwortungsbewussten Geistesproduktivität, die sich am gesellschaftlichen Wohlergehen orientiert. Die pragmatische Lösung dieser Problematik kann daher nicht in die Richtung der Installation komplizierter öffentlicher Vorprüfungen gehen, die einer unhaltbaren Bürokratisierung das Wort reden würde, sondern muss Wege zur Stärkung der individuellen (unternehmerischen) Verantwortung finden.

Die Antwort kann nur in einer starken Anhebung und lauten Artikulation der gesellschaftlichen Erwartungen an diejenigen liegen, die die Freiheit selbstbestimmten Tuns in Anspruch nehmen. Kein auf der Grundlage individueller Freiheit aufgebautes Gesellschaftssystem kann auf die Leistungsantriebe und die schöpferischen Kräfte jedes Einzelnen verzichten. Keine solche Gesellschaft überlebt lange, wenn nur die individuelle Freiheit herausgekehrt wird, nicht aber die individuelle Verantwortung *im erweiterten Sinne des Mitdenkens in den Geschicken der Gesellschaft* zur Geltung kommt.

Eine diesen Bedingungen folgende Wirtschaftsethik müsste lediglich verstärken, was theoretisch und konzeptionell längst in ausgereifter Form verfügbar ist (Bendixen 2009 c). Verantwortung geht weit über das bloße Befolgen von sittlichen Normen und Prinzipien hinaus. Es reicht in der Regel nicht, sich beispielsweise in einer Testreihe zu vergewissern, dass die möglichen Nebeneffekte einer Erfindung das Maß des Zumutbaren nicht überschreiten (was in vielen Fällen, z. B. bei Arzneimitteln, gesetzlich gefordert und überprüft wird). Der wahre Horizont der Verantwortung schließt zwar die dinglichen (physischen) Wirkungen ein unter Einschluss der monetären Vorteile für den Erfinder, umfasst aber zugleich den weiten geistigen Bereich der möglichen Intervention in kulturelle Wertbestände.

Viele Protestbewegungen in der Öffentlichkeit, die sich gegen bestimmte Technologien wie beispielsweise die Gentechnik wenden, tun sich in den politischen und journalistischen Schlachten schwer, weil die Geltung kultureller Werte leicht in die Zweitrangigkeit verschoben werden kann angesichts solcher Argumente oder Kriterien wie Arbeitsplätze, Wirtschaftswachstum, Modernisierung, Steuereinnahmen, eben all das, was man – meist nur narrativ (also ohne konkrete Prüfung) – der Idee des technischen Fortschritts anhängt. Nicht dass es diese Effekte nicht gäbe und dass es nicht Sinn machte, sie zur Bewertung einer Erfindung zur Geltung zu bringen. Es ist das Ungleichgewicht der Kriterien der so genannten harten Fakten (der Ökonomie) gegenüber den vermeintlich weichen Fakten (der Kultur), welches konkrete Vorhaben oder Projekte in eine öffentliche Schieflage bringt und womöglich heftige Protestbewegungen in Gang bringt.

Verantwortung liegt aber nicht nur bei den Initiatoren technischer Innovationen, also den sie betreibenden Unternehmen, sondern in ganz besonderem Maße auch bei den darin integrierten Wissenschaften, an vorderster Front der Ökonomie. Analog zur unternehmerischen Verantwortung können wir auch von einer wissenschaftlichen Verantwortung sprechen, und die orthodoxe Ökonomie muss sich vorhalten lassen, ihren wissenschaftlichen Gegenstand, nämlich die Wirtschaft, einäugig zu betrachten, nämlich nur das dingliche

Geschehen ins Visier nehmend, und den Vorrang des Geistig-Schöpferischen, welches in der Wirtschaftspraxis leitend und treibend wirksam ist, nicht in Erwägung zu ziehen.

Die wichtige wissenschaftliche Frage ist nach wie vor unbearbeitet, wie man methodologisch den durch die Wirtschaft inszenierten und im Prinzip ja willkommenen technischen Fortschritt so aufbereiten kann, dass er einer umfassenden Bewertung unterworfen werden kann. Um das nochmals zu unterstreichen: Es kann sich nicht um vorauseilende Kontrolle handeln, sondern um die Darbietung eines theoretischen Rahmens, welcher die Berücksichtigung der Dimension des Kulturellen einfordert (weiterführende Literatur s. unter Leseempfehlungen).

11.2   Städtebau und Regionalentwicklung

Ein weiteres, für kulturökonomische Fragestellungen besonders relevantes Thema richtet seine Aufmerksamkeit auf den anhaltenden strukturellen Wandel in den Beziehungen zwischen Stadt und Land. Dank der verkehrstechnischen Entwicklungen und den informationstechnologischen Neuerungen haben sich die traditionellen Gefälle zwischen Stadt und Land abgeschliffen und neue Lebensformen und soziale Strukturen haben sich herausgebildet. Gleichzeitig ist der großräumige Prozess der Globalisierung in vielfältiger Form über diese Basisstrukturen hinweggegangen und hat natürlich seine Spuren hinterlassen (Literatur s. unter Leseempfehlungen).

Stadt und Umland stehen traditionsgemäß in einem engen wirtschaftlichen Bezug, auch wenn sich die Strukturen in neuerer Zeit tiefgreifend verändert haben. Die noch bis vor wenigen Jahrzehnten gültige und in vielen Landesentwicklungsplanungen maßgebliche Grundordnung des Systems der zentralen Orte, welches in seinen Grundzügen auf die Arbeiten von Walter Christaller (Christaller 1968, Mitterauer 1980, Christaller/Lösch/Dickinson/Schöller 1972) aus dem Jahre 1933 zurückgeht und in den Folgejahrzehnten eine erhebliche Anzahl von Studien zum Thema *System der zentralen Orte* in verschiedenen Regionen Deutschlands und Österreichs hervorgebracht hat, trifft heute nicht mehr den Kern der modernen Entwicklung.

Die unmittelbare Versorgung der Stadt mit den notwendigen Mitteln der Lebensunterhaltung, wie sie noch kühn von Johann Heinrich von Thünen (1783–1850) in seinem bekannten Werk *Der isolierte Staat in Beziehung auf Landwirtschaft und Nationalökonomie, oder Untersuchungen über den Einfluß, den die Getreidepreise, der Reichthum des Bodens und die Abgaben auf den Ackerbau ausüben* (zuerst erschienen bei Perthes in Hamburg 1826) entworfen wurde und noch lange Zeit die volkswirtschaftlichen Standorttheorien geformt hat, ist längst abgelöst worden durch ein inzwischen zur Globalität angewachsenes überregionales, internationales Versorgungsnetz.

Zwar sind die administrativen und einige grundlegende zentralörtliche Funktionen wie Bildungseinrichtungen, Kultureinrichtungen, Krankenversorgung usw. erhalten geblieben. Doch die Umlande haben sich hinsichtlich ihrer produktiven Strukturen weitgehend von den zentralen Orten (Hauptzentren, Oberzentren, Metropolen usw.) abgelöst und eigenständige Potentiale entwickelt, beispielsweise als Refugien für Stadtbewohner oder als günstige Standorte für die Auslagerung von Produktionen.

Regionalentwicklung hat sich zwar nicht ganz von den Konzeptionen und Modellen der Urbanität abgelöst, doch streben Regionen nach einem eigenen kulturellen und wirtschaftlichen Profil, mit dem sie aus der Enge der Beziehungen zum jeweiligen Oberzentrum heraustreten und wirtschaftlich und kulturell weiträumiger ausstrahlen können.

Diese allgemeinen Entwicklungen lassen sich nur schwer auf einen oder wenige Haupteinflüsse zurückführen. Die geographischen und historischen Bedingungen spielen dabei ebenso eine entscheidende Rolle wie die organische Fortsetzung von Wertbeständen aus der Vergangenheit, beispielsweise in der Pflege agrarischer Spezialitäten oder handwerklicher Eigenheiten.

Dennoch kann man einen Kern dieser Entwicklung ausmachen, der bei aller Vielfalt im Einzelnen sich deutlich hervorgekehrt hat und das urbane ebenso wie das regionale Gesicht von Lebensräumen gravierend verändert haben: das Vorherrschen kommerzieller Kriterien der Stadt- und Regionalentwicklung, die selbst vor historischen Altstädten häufig keine Zurückhaltung kennen.

Die Wirkung dieser lang anhaltenden und keineswegs beendeten Entwicklungen ist die Entmischung städtischer Zonen, vor allem das langsame Verschwinden von Wohnbevölkerung aus den Stadtkernen und städtebaulich die Bildung von geteilten Bereichen mit jeweils dominanten Funktionen wie Wohnen einerseits und Industrie- und Verkehrsflächen andererseits.

Diese Strukturen konnten wachsen in Verbindung mit der verkehrstechnischen Mobilisierung und dem Vordringen einer vom Markt her angeregten, wenn nicht angestifteten Alltagskultur. Um es etwas klischeehaft auszudrücken: Es handelt um die nachhaltige Verwandlung der Innenstädte von bürgerlicher Urbanität (alter Art) zu inszenierter Fassadenkultur. Das mag polemisch klingen, ist aber nur als ein Bewusstmachen gedacht, dass sowohl im Städtebau als auch (mit allerdings etwas anderen Vorzeichen) in der Regionalentwicklung kommerzielle Erfolgskriterien (z. B. bei der Erteilung von Abrissgenehmigungen und Baugenehmigungen) andere kulturelle Bestände und Werte in den Hintergrund drängen.

In vielen Fällen sind die städtebaulichen Fehlentwicklungen nicht mehr, jedenfalls nicht kurzfristig rückgängig zu machen. Das Grundproblem liegt offenbar darin, dass man zwar mit guten Gründen die bürgerliche Urbanität historischer Herkunft nicht in allen Fällen fortsetzen kann oder muss (außer in solchen Städten, die ihren Stadtkern wie ein Museum der Urbanität aus ältesten Epochen bewahren und dafür die notwendigen Mittel aufbringen können), aber an die Stelle der altbürgerlichen Urbanität eine der Moderne entsprechende neue Urbanität das Vordringen kommerzieller Inszenierung hat geschehen lassen (Wüst 2004, Sauberzweig 2005).

Städtebau und Regionalentwicklung, beide jeweils auf ihre Weise, sind genuine Themen der Volkswirtschaftslehre, nicht nur aber vornehmlich der Standortlehre. Aber sie sind zugleich Beispiele dafür, dass ökonomische Analysen und Modelle in der Praxis keine isolierte Bedeutung haben können (falls man nicht bei Thünens *Der isolierte Staat* stehen bleiben will), sondern anschauliches Material für integrierte Betrachtung sowohl ökonomischer als auch kultureller Dimensionen bieten können. Bei detaillierter Betrachtung ließe sich zeigen, dass vielfältige Kriterien und empirische Befunde zu einer Gesamtschau zusammengeführt werden müssen, mit der zugleich das losgelöste Optimieren nur einer einzigen Dimension, z. B. der kommerziellen, verhindert werden kann (Kahrmann/Bendixen 2010).

11.3 Energie und Zivilisation

Energie ist – technisch – der Lebenssaft der modernen Wirtschaft und biologisch die Kraft, die Leben ermöglicht. Rechnet man auch die körpereigenen Kräfte des Menschen hinzu, kommt man zu dem banalen Ergebnis, dass das Leben auf dem Verbrauch von Energie beruht. Das Wort *Verbrauch* ist irreführend, denn es handelt sich nicht um Verzehr, sondern um Umwandlung der einen Energieform in eine andere, nämlich nutzbare. Die Art und Weise, mit der der Mensch auf energetische Vorformen zugreift, z. B. das Holz des Waldes oder die Kraft des Windes und des fließendes Wassers, um sie in Wärme oder Bewegung umzuwandeln, ist nicht nur eine technologische, sondern auch eine kulturelle Frage.

Die Aquädukte der Griechen und Römer nutzten für die Wasserversorgung die Kraft der Gravitation durch Streckung des Gefälles über weite Distanzen. Die Technik verband sich mit der Baukultur und legte das Fundament für die antike Zivilisationsentwicklung in urbanen Zentren. Das jährliche Nilhochwasser im antiken Ägypten verhalf der Landwirtschaft des Niltals zur Blüte und bildete die Basis für Jahrtausende der Hochkultur in dieser Region (bis zum Bau des Assuan-Staudamms 1971).

Die Erfindung der Bockwindmühle in Holland und Norddeutschland ermöglicht schon in der frühen Neuzeit die Nutzung von eingedeichten Schwemmlandböden, die eine spezifische Agrarkultur hervorbrachte. Die Entwicklung der Dampfmaschine Anfang des 18. Jahrhunderts in England, insbesondere ihre konstruktive Verbesserung durch James Watt, leitete den Prozess der Industrialisierung ein und verändert bis heute das kulturelle Profil der globalen Lebensweisen.

Die moderne Wirtschaft hat entscheidende Entwicklungsimpulse dadurch erhalten, dass der Mensch technische Formen der Energiegewinnung und -verwendung erfunden hat, die seine eigenen Kräfte um ein vielfacher überragen. Der technische Fortschritt auf diesem Gebiet beruht im Kern auf dem immer besseren Nutzungsgrad in der Umwandlung der einen Energieform in eine nutzbare andere. Da alle Anlagen dieses Zwecks zu den so genannten dissipativen Systemen gehören (also Systeme, die ständig Wärme an die Umwelt abgeben), sind Wärmeverluste nicht zu vermeiden, aber der Verlustanteil kann mit technischen Mitteln verringert werden. Die heutigen Lebensumstände und Versorgungszustände sind nur aufrecht zu erhalten und steigerbar, wenn die Effizienz der Energiegewinnung und ihr Einsatz im produktiven wie im konsumtiven Bereich auf lange Sicht mindestens das bisherige Niveau erhalten kann.

Dies zu unterstreichen, ist bezüglich der prekär gewordenen Lage der weltweiten Energieversorgung kein Erkenntnisfortschritt. Ein reales Problem in dieser Frage tut sich erst auf, wenn man die alternativen Energiequellen und deren technische Nutzung zur Diskussion stellt. Physiker weisen darauf hin, dass die Sonne als Energielieferant für den menschlichen Nutzungshorizont zwar bis an ihr Ende in ein paar Milliarden Jahren ein praktisch unerschöpfliches Reservoir bietet, dass aber die Ausschöpfung dieses Reservoirs (noch) auf technische Grenzen stößt. Eine Versorgung der Industrie, der Verkehrssysteme, der privaten und öffentlichen Haushalte mit Energieformen, die unmittelbar aus dem Sonnenlicht und der Sonnenwärme gewonnen werden, weist immer noch Mängel auf, vor allem solche, die für industrielle Prozesse ein Problem darstellen: Kontinuität.

Das Grundproblem, das sich hier auftut, hängt teils mit den Unregelmäßigkeiten der natürlichen Kräfte (Wind, Stauwasser, Sonnenlicht, Sonnenwärme), teils mit der Endlichkeit gebundener Energieformen (Erdöl, Erdgas, Kohle) zusammen. Die heute weltweit ausgebreiteten Lebensformen sind zum überwiegenden Teil aus den Bedingungen industrieller Erzeugung und der damit verbundenen Kulturwerte hervorgegangen.

So haben beispielsweise die technischen Möglichkeiten von Tiefkühltransporten über weite Strecken und die Tiefkühllagerung die saisonunabhängige Versorgung mit Früchten und anderen landwirtschaftlichen Produkten ermöglicht. So erreichten die privaten Haushalte nicht nur ein hohes technisches Niveau mit so mancher Bequemlichkeit, sondern schafften auch die Bedingungen für grundlegende Veränderungen des Berufslebens, z. B. die Möglichkeit, dass beide Elternteile einer Berufsarbeit nachgehen. Gestützt worden ist diese Entwicklung durch ein technisches Niveau der Verkehrsinfrastruktur, die in ähnlicher Weise auf dem Prinzip der stetigen Energieversorgung beruht.

Das Prinzip der Verstetigung von lebenswichtigen Prozessen hat die Kulturformen menschlichen Zusammenlebens gravierend beeinflusst. Verstetigung ist das Formprinzip, welches jeder Standardisierung in der Industrie und vor allem auch in den Bürokratien zugrunde liegt.

Das ist ein unauflöslicher Grundtatbestand. Technische Industrienormen ebenso wie das Formularwesen öffentlicher (und privater) Administrationen sind ein Ordnungsfaktor, der die natürliche Tendenz zu individuellen Eigenmächtigkeiten und Alleingängen bis hin zu chaotischer Strukturlosigkeit (physikalisch: Entropie) aufzuhalten versucht, was bekanntlich nicht immer gelingt. Das moderne Leben kommt ohne die Verlässlichkeit und Kalkulierbarkeit durch Verstetigungen nicht aus. Auch jeder Einzelne sucht die Vertrautheit verlässlicher Strukturen.

Anders gesagt: Kulturmuster, die auf bestimmten kulturellen Werten beruhen, sind mentale und strukturelle Bollwerke gegen chaotisierende Tendenzen, die teils aus der Natur selbst stammen, teils aber Folgen der Eigensinnigkeit des Menschen sind und soziale Instabilität hervorrufen können. Auch der Markt ist in diesem Sinne ein kulturelles Bollwerk gegen ungehemmten ökonomischen Individualismus, weswegen die Pflege einer leistungsfähigen Marktkultur mit rechtlichen und sittlichen Mitteln zum Kern jeder staatlichen Wirtschaftspolitik gehört.

Eine als Bollwerk gegen Beliebigkeit und chaotische Zustände verstandene Kultur kann andererseits Verhärtungen hervorrufen, die des Wandels bedürfen. Individuelle Spielräume für kreativen kulturellen Wandel sind – wenn man so will – eine notwendige Selbstschutzvorkehrung für eine vitale, dauerhafte Kultur. Die Gefahr ist allerdings, dass das individuelle Verantwortungsbewusstsein für den Verlauf der kulturellen Entwicklung keine angeborene Eigenschaft des Menschen, sondern eine Bildungsaufgabe ist. Wird diese verfehlt – wir kommen darauf noch im Detail zu sprechen –, wächst die Gefahr des individuellen Missbrauchs von Freiheiten zu Lasten der Stabilität des Ganzen der Gesellschaft oder der Zivilisation.

Die Errungenschaften der Zivilisation sind wie alles Historische zwar unumkehrbar, aber nicht unwandelbar. Der Wandel kann formal wie eine Rückkehr zu verlorenen Zuständen wirken, wenn verschüttete kulturelle Werte freigelegt und wieder zur Geltung gebracht werden. Tatsächlich aber ist eine Rückkehr unmöglich. Der Pfeil der Zeit und damit die Geschichte weist stets nur in eine Richtung: voran in die Zukunft. Jeder kulturelle Wert, ob verschüttet oder gelebt, trifft auf eine Gegenwart, die auf dem Weg in die Zukunft ist und im Vorangehen ihre eigene Vergangenheit schafft. Eine Erneuerung von für verloren gehaltenen Werten kann sich nur auf veränderte Gegenwartslagen und die offenen Horizonte der Zukunft erstrecken.

Jede Form der Energieumwandlung, die der Verstetigung der zivilisatorischen Entwicklung dienen soll, muss ihre Möglichkeiten in der Zukunft suchen. Eine Umkehr zu den überholten Techniken der Vergangenheit, beispielsweise dem Betrieb von Windmühlen, ist allenfalls in Winkeln, nicht aber als Grundlage für eine technisch leistungsfähige Industrie möglich.

Dabei geht es nicht nur um das Niveau der materiellen Versorgung der (wachsenden) Menschheit, sondern auch um die Wirkungslosigkeit von Versuchen, die mit der Industrialisierung einhergegangenen kulturellen Veränderungen zurückzubilden. Das konstruktive Prinzip der Windmühlen als solches jedoch kann, wie die Praxis beweist, technisch weiterentwickelt werden und denkbare Wege in die Zukunft weisen. Geschieht dies, so wird dies nicht ohne Folgen für die lebensweltlichen Kulturen der menschlichen Zivilisation bleiben.

Die Energieproblematik, wie sie uns heute als eine gravierende Zukunftsaufgabe entgegentritt, ist also eine ökonomisch-technische Aufgabe mit erheblichen kulturellen Folgen. Deshalb kann es auch nicht allein mit ökonomischen und ausschließlich den Interessen der Wirtschaft unterliegenden technischen Lösungen angegangen werden, sondern muss zugleich Wege der kulturellen Einbettung auf dem Weg in die Zukunft finden. Technische Innovationen, gleich auf welchem Gebiet, können Kulturen zerstören. Doch zugleich sind sie selber ein Ausfluss aus kulturellen Visionen über die Lebensweise des Menschen.

Die Implementierung einer Innovation muss deswegen die Frage aufrollen, welche kulturellen Folgen ihre Einführung haben kann, ob sie aufgefangen und konstruktiv in die Zukunft mitgenommen werden können oder ersetzt werden und die betreffenden Kulturmuster dann für immer verloren sind. Das kann unumgänglich sein, es kann aber auch mutwillig und unnötig sein. In jedem Fall ist es notwendig, die kulturelle Dimension des technischen Fortschritts zu thematisieren. Anderenfalls sind soziale Verwerfungen und selbst politische Spannungen fast unvermeidlich. Das große Thema des religiösen Fundamentalismus spielt ganz sicher in diese Problematik hinein.

Das Neue an dieser Problematik in der Gegenwart liegt darin, dass das Prinzip der Industrialisierung mit seinem überproportional wachsenden Energiebedarf im Produktions- wie im Konsumsektor zunehmend an Grenzen stößt, die eine ungebremste Ausweitung verhindern. Die Grenzen sind teils natürlicher Art, etwa die Erschöpfung von Vorstufen der Energiegewinnung (Rohölreserven, Nutzung von Staumöglichkeiten an Flüssen, Klimareaktionen durch vermehrten Kohlendioxydausstoß usw., massive Entwaldung), teils sind sie kultureller Art, etwa der Übersättigung von Teilen der Bevölkerung bei gleichzeitiger Unterversorgung anderer.

Die Probleme, die der Mensch im Rahmen seines Energieumsatzes mit der Natur hervorruft, lagen historisch und liegen weiterhin zunächst am Beginn dieses (so genannten) Kreislaufs: der Entnahme von Ressourcen. Doch der Klimawandel ist ein Effekt am anderen Ende, weil die Deponie von Kohlendioxyd aus der Verbrennung fossiler Stoffe einen praktisch unumkehrbaren entropischen Zustand der relativen Gleichverteilung in der Atmosphäre herbeiführt, der technisch nicht mehr zu bewältigen ist. Die mit dem Klimawandel aufkommenden Risiken und Gefährdungen der Weltzivilisation sind erstmals nicht mehr mit konstruktiven Innovationen zu leisten.

Der Energieaufwand für eine Rückgewinnung von Abgasen und ihre technische Überführung in einen ablagerungsfähigen Zustand dürfte entsprechend den thermodynamischen Gesetzen keine dauerhafte Lösung bieten. Die Lösung kann nur in gewaltigen Anstrengungen der Energieeinsparung und der technischen Nutzung von Energieformen mit weniger oder gar keinen belastenden Deponien bestehen (z. B. die technische Ernte von Sonnenenergie) (Schmidt-Bleek 2008). Einsparungen sind nun wiederum nicht bloß eine Frage der Technologie, sondern verlangen ein Umdenken in vielen Facetten des Alltagslebens. Es ist eine Frage des Kulturwandels.

Energieeinsparungen sind eine technisch-ökonomische Aufgabe, die als Notwendigkeit aus der Mitte der Zivilisation heraus vorgebracht werden muss, aber sich in der Ausführung an die kreativen Kräfte der Wirtschaften richtet. Energieeinsparungen werden daher nur gelingen, wenn die für den Umbau der Zivilisation notwendigen Veränderungen der kulturellen Lebensmuster nicht einfach nur nachhinken, sobald die Wirtschaft mit technischen Lösungen vorprescht, sondern wenn mit den technisch-ökonomischen Innovationen zugleich ein Wandel der Lebensmuster stattfinden kann (weiterführende Literatur s. unter Leseempfehlungen).

11.4   Bildung und Wissenschaft

Bildung und Wissenschaft sind kulturökonomisch in zweierlei Hinsicht relevant. Sie sind die Kernbereiche der Gesellschaft, in denen die geistig-schöpferischen Potential gebildet, gefördert und gefordert werden, von deren Wirken der Gang der Gesellschaftsentwicklung, ihre Stabilität und ihre vitale Entfaltung, bestimmt wird. Und sie sind zugleich die entscheidenden Produktionsfaktoren aus ökonomischer Perspektive, denn die intelligenten Operationen der am Wirtschaftsgeschehen Mitwirkenden sind das Fundament der – von Ökonomen gern stark hervorgehobenen – optimalen Allokation der Faktoren *Boden*, *Arbeit* und *Kapital* und mehr noch sind sie die Quelle des Fortschritts, der die Wege der Wohlstandsentwicklung vorgibt.

Bei einem Blick auf die gegenwärtigen Diskussionen über wichtige Begleitmaßnahmen der Politik zur Förderung der wirtschaftlichen Entwicklung fällt auf, dass die Forderung nach mehr Investitionen und nach Modernisierung des Bildungssystems einschließlich wissenschaftlicher Forschung und Lehre durch sämtliche politischen und halbpolitischen Parteien und Gruppierungen hindurch gebetsmühlenartig wiederkehren.

Ebenso auffällig ist, dass fast nie etwas ernst zu nehmendes an Reform und zukunftsträchtiger Entwicklung geschieht. Die politische Herrschaftsbürokratie der Regierungen und Parlamente agiert, so der nicht unbegründete Eindruck, wie ein administrativer Selbstheilungsmechanismus: Wird irgendwo eine Fehlentwicklung entdeckt, die renoviert oder reformiert werden muss, fallen sofort Myriaden von Experten darüber her, um dem Neuen die kreative Energie zu nehmen und die alten Herrschaftsstrukturen wieder herzustellen.

Das ist zugegebenermaßen eine ironische Überspitzung, aber sie kennzeichnet doch im Kern die Schwerfälligkeit von Reformprozessen und die Widerstände gegen Neuerungen, von denen man natürlich nie weiß, wo sie im Strom der künftigen Entwicklungen landen und wie sie wirken werden. Die retardierenden Effekte von Bürokratien haben vielfältige Gründe, die zu einem erheblichen Teil aus dem Streben nach Sicherheit und beherrschbarer Ordnung zutage treten, ein Streben, das sich leicht verselbständigt und unkontrolliert überzogen wird.

Nicht nur Staatsbürokratien, auch andere große Herrschaftssysteme wie Universitäten, Krankenhäuser und Großunternehmen der Wirtschaft neigen aus Gründen der Kontrolle zu übermäßigen Reglementierungen und drosseln, wenn nicht erdrosseln, individuelle Initiative und Kreativität. Kaum irgendwo kann man dieses Dilemma so anhaltend und aufdringlich erleben wie in der Bildungs- und Wissenschaftspolitik. Warum tut man sich in Sachen Bildung so schwer, wo sie doch unbestritten ein unverzichtbares Mittel der Förderung der Wirtschaftsentwicklung ist?

Einer der Gründe scheint darin zu liegen, dass Bildung und Wissenschaft als politische Ressorts gewöhnlich klar getrennt sind vom Ressort für Wirtschaft. Beide sind im Übrigen getrennt vom Ressort Kultur, falls es solche Zuständigkeit auf Regierungsebene überhaupt gibt (nach der föderalen Verfassung in Deutschland liegt die Kulturhoheit ebenso wie die Hoheit der Bildungspolitik bei den Bundesländern).

Der Vorzug, dass jedes Ressort für sich aus dem Zuständigkeitsfeld das Beste zu machen bestrebt ist, man also eine Art innere iterative Suboptimierung betreibt, verwandelt sich in einen Nachteil, wenn die Rolle der hinter allem (oder unter allem oder über allem) sich bewegenden Praxisfelder nur ihre eigenen Kriterien aufgreift und eine isolierte Optimierung betreibt und die quer liegenden Kraftfelder unerkannt bleiben.

Bildung ist ein solches Kraftfeld. Die Wirkungsbeziehungen eines qualitativ hochwertigen Bildungssystems auf den Gesamtverlauf einer Wirtschaft sind offenkundig. Aber die öffentlichen Diskussionen über die Bedeutung der Bildung für die Wirtschaft werden so ausgefochten, als ob Bildung nur zu den förderlichen oder hemmenden Rahmenbedingungen der Wirtschaftspraxis gehört, nicht aber ein zentrales und kardinales Anliegen innerhalb der Wirtschaft sind. Das Gleiche gilt für alle anderen Ressorts. Bildung ist eine gesellschaftliche Querfunktion, ebenso wie Kultur. Logischerweise gehören Bildung und Kultur in vielen Landesregierungen zu ein und demselben ministeriellen Ressort.

Bildung und mit ihr wissenschaftliche Forschung und akademische Qualifizierung werden wir im Folgenden daraufhin überprüfen, weshalb sie in der traditionellen Perspektive ökonomischen Denkens zu den (zu optimierenden) Randbedingungen förderlichen Wirtschaftens gerückt worden sind, obwohl sie tatsächlich den Kern des Wirtschaftens ausmachen. Wir wollen zeigen, dass einige methodologische Grundfestlegungen des ökonomischen Denkens aus den Traditionen der Klassik und Neoklassik fast zwangsläufig dazu führen mussten, Bildungs- und spezifisch Qualifizierungsprozesse als zwar wichtig einzuschätzen, sie aber in die Aufgaben der Politik abzuschieben. Dadurch kommt es auf beiden Seiten zu argumentativen Verzerrungen und politischen Fehleinschätzungen.

Im II. Kapitel war bereits ein gerafftes Bild der Theorien und Interpretationen des Wirtschaftsgeschehens in der Perspektive des traditionellen ökonomischen Denkens dargestellt und kritisch kommentiert worden. Der Kernpunkt der Kritik hat sich darauf bezogen, dass alles menschliche Handeln seinen Ausgang im gestaltenden Denken nimmt.

Ohne gedankliches Ergründen von realen Konstellationen, ohne das Ausleuchten dieses Gedankenraumes hinsichtlich der Möglichkeiten nützlicher Eingriffe zur Verbesserung der individuellen und darüber hinaus der sozialen Situation und ohne im gedanklichen Vorlauf Prüfvorgänge einzubinden, ob das Gedachte Aussicht auf erfolgreiche Übertragung in reale Taten hat, kann ein überlegtes Handeln und ein verantwortungsbewusstes Entscheiden nicht erfolgen.

Daraus folgt, dass die Fähigkeiten eines Individuums zu gestaltendem Denken und Handeln, also seine Bildung, die ursprüngliche Quelle erfolgreicher Operationen in der Wirklichkeit sind. Diese Argumentation trifft nicht nur auf wirtschaftliche Operationen zu, sondern gilt in gleichem Maße für politisches Handeln, für künstlerische Arbeit, für wissenschaftliche Forschung und die Arbeit von Lehrern auf allen Stufen des Bildungssystems.

Dies ist eine nicht weiter zu begründende Selbstverständlichkeit, die aber zu einem Problem wird, wenn in der Theoriebildung der traditionellen Ökonomie gerade dieser Faktor aus dem Fokus verschwindet. Wir haben dies die Verdinglichung des ökonomischen Denkens genannt und haben diesen Vorgang an die Philosophie Adam Smiths anknüpfen können, dessen Pragmatismus der Auslöser für eine Methodologie wurde, wonach es sich beim Wirtschaften um die optimale Zuweisung von Ressourcen handelt, einem Prinzip, dass mit der Ethik der Vermeidung von Verschwendung durchaus im Einklang steht.

Diese Vermeidungsethik hat eine nicht zu bestreitende allgemeine Geltung, die sich natürlich nicht auf das Wirtschaften beschränkt, sondern auf alle Lebenslagen, in denen es um dingliche Ressourcen, etwa Bodennutzung, Kapitalnutzung und Nutzung von Arbeitsleistungen geht. Dieses ethische Prinzip kann sich nur auf solche Tatbestände beziehen, die dem bekannten Theorem der Knappheit angehören, also auf physisch-materielle Objekte. Der Grund dafür ist relativ einfach: In der physischen Welt des Materiellen fehlt die beliebige Wiederholbarkeit geschaffener Zustände. Der Pfeil der Zeit weist nur in eine Richtung: weiterer Aufbau, vorübergehender Stillstand oder fortgesetzter Abbau. Nichts, was war, kehrt zurück (Bendixen 2010 c).

Der physische Aufbau der Erde verwandelt sich zwar ständig, aber der Gesamtvorrat an zu Materie verdichteten Stoffen ist begrenzt (sieht man von gelegentlichen Meteoreinschlägen ab). Die Biomassenproduktion auf der Erde hatte rund 400 Millionen Jahren ausgereicht, um große Lagerstätten von Erdöl entstehen zu lassen. Die Bedingungen dafür sind unwiderruflich beendet. Erdöl ist deshalb ein endlicher Rohstoff. Er kann gefördert und genutzt, aber nicht regeneriert werden. Analoge Bedingungen herrschen für alle übrigen anorganischen Stoffe, die die Erdentwicklung erzeugt hat und die für menschliche Zwecke nutzbare Ressourcen abgeben. Die Gesetze der Kausalität – obgleich Erfindungen des Menschen – gelten nur für die materielle Dingwelt.

Denkoperationen im menschlichen Gehirn unterliegen dagegen nicht solchen Kausalitäten. Wäre das der Fall, gäbe es nur eine einzige Logik des Denkens und Verhaltens, nicht aber freie Assoziationen, Intuition und schöpferisches Gestalten. Die meisten Bereiche des Gesellschaftslebens ragen in beide Sphären hinein: die physikalisch-dingliche, in der materielle Ressourcen in Anspruch genommen werden, und die geistig-schöpferische, in der Gestalten abstrakt entworfen, geprüft und entschieden werden. Die Ausführung des Erdachten in der dinglichen Welt verliert mit der konkreten Tat ihre im Denken noch gegebenen Alternativen und Varianten durch den Übergang in das Reich der Kausalitäten.

Der wohlüberlegte Umgang mit physischen Ressourcen und mit den daraus abgeleiteten Produkten rechtfertigt zweifellos das Prinzip der Beachtung der Wirtschaftlichkeit einer Maßnahme. Aus alledem folgt indessen, dass menschliches Handeln und damit auch wirtschaftendes Handeln die stets mögliche Verschwendung von Ressourcen im Stadium des vorbereitenden Denkens prüfend vorweggenommen werden muss, um zu vernünftigem Umgang mit den Ressourcen (einschließlich Energie) zu kommen.

Aus diesem Grund steht die mentale Leistungsfähigkeit von Menschen in der Wirtschaft ebenso wie in anderen Bereichen an vorderster Front der Gestaltung von Wirtschaftskonfigurationen. Mit anderen Worten: Die durch Bildung qualifizierten Gehirne von wirtschaftenden Individuen sind das A und O der Wirtschaft. Wir können auch sagen: Es gibt theoretisch nur einen einzigen produktiven Faktor in der Wirtschaft, und das ist das geistig-schöpferische und zugleich geistig-pragmatische Können des (wirtschaftenden) Menschen.

Mit dieser Theorie als Begründungszusammenhang lässt sich zeigen, weshalb in der herkömmlichen, auf Adam Smith zurückgehenden Wirtschaftstheorie die Bildung als alles entscheidender Faktor gegenüber der Idee der optimalen Allokation von materiellen Ressourcen ins Hintertreffen geraten ist.

Die Kritik der Verdinglichung ökonomischen Denkens wird allerdings der Philosophie Adam Smiths nicht ganz gerecht, denn Smith hat sehr wohl die ökonomische Bedeutung von Bildung erkannt und auch umfangreich thematisiert, auch wenn sie bei ihm nicht im Zentrum steht und man mit seinen Auffassungen nicht in allen Punkten konform gehen muss (Smith 1978, 645–693).

Der Bildungsstand eines Menschen ist ein Ergebnis der Aufnahme und Verinnerlichung gelebter und für wichtig genommener kultureller Werte und Lebensmuster im Prozess der Menschwerdung. Daraus folgt, dass die Annahme neuer Einsichten und instrumentellen Wissens durch gezielte Bildung in das kulturelle Umfeld eingebettet ist. Die Idee, die Bildung als Aufgabe dem Gemeinwesen (dem Staat oder der betreffenden Kommune) zu übertragen, und zwar gerade auch dann, wenn es um Wirtschaftsqualifikation geht, ist aus verschiedenen Gründen gerechtfertigt, wenn Bildung ganzheitlich verstanden wird.

Individuelle Bildung der Persönlichkeit ist unteilbar; sie ist auf die ganze Person gerichtet. Zwar können und müssen unter Umständen besondere auf ein Berufsbild bezogene Akzente gesetzt werden. Aber diese werden fruchtlos bleiben oder aber Persönlichkeitsstörungen verursachen, wenn die allgemeine Charakterformung damit nicht Schritt hält. Das Ergebnis ist häufig ein Mangel an kultureller und sozialer Kompetenz in der Berufspraxis.

Unter der Überschrift *Firmen klagen über zu viele Fachidioten* kommentiert Stefan von Borstel eine Untersuchung der DIHK (Deutsche Industrie- und Handelskammer) über die Praxisferne der Berufsausbildung, insbesondere der Absolventen von Hochschulen. Beklagt werden darin *mangelnde Umsetzung der Theorie in die Praxis, Selbstüberschätzung des Mitarbeiters, fehlendes Sozialverhalten, Integrationsfähigkeit und mangelnde fachliche Qualifikation* (Borstel 2011).

Bildung ist in letzter Konsequenz ein Selbstformungsprozess. Er wird individuell nur wirksam als aktive, aufgeschlossene Aneignung von Wissenselementen und Wertprägungen individueller und sozialer Art, verbunden mit emotionalen Aufladungen, die die Stärke der Motivation bedingen. Grundlage ist das episodische Erleben in einem grenzenlosen Strom des gesamten Lebensumfeldes, in das ein Mensch gestellt ist und worin er sich positionieren will und soll. Erlebnisse sind die Basis. Sie werden zur Erfahrung durch Reflexion, mithin durch (auch von außen) angeregte Verarbeitung entlang kultureller Wertemuster, die dem Erlebten eine subjektive Relevanz geben. Schule und Hochschule ersetzen nicht das Erleben, aber sie können geeignete Reflexionsmuster bieten und Erlebnisse an bewährtes Wissen ankoppeln. Das ist der Weg der Formung von Persönlichkeiten.

Die Formen der Aneignung von Reflexionsvermögen sind kommunikativer Natur, wie auch das Reflektieren selber eine Form der monologischen Kommunikation mit sich selbst im Denken ist. Neben der Unmittelbarkeit eigener Erlebnisse auf der Grundlage sinnlicher Wahrnehmungen in der Lebenswelt können in bedeutendem Umfang, oft sogar übermächtig Episoden durch Kommunikation übertragen und kulturell wirksam werden, z. B. Literatur oder mündliche Diskurse.

Das Gedächtnisarchiv eines Menschen lässt sich auf diese Weise anreichern mit ange-eigneten (bewährten) Mustern der Problembewältigung durch verbale Kommunikation, z. B. einen Bildungstrainer, oder über gedruckte Literatur und – auf einer höheren Stufe – durch die Fähigkeit zur gedanklichen Inszenierung eines iterativen Abgleichs zwischen abstrakten Denkmustern (Theorien, Modelle etc.) und konkreten Wahrnehmungen.

Soweit also Bildung eine Form der Verstärkung der Reflexionsfähigkeit bedeutet, ist sie ein Kultivierungsprozess, der zwar singuläre (episodische) Erlebnisse und den ihn umgeben-den Ereignisstrom im gesellschaftlichen Umfeld überschreiten muss, um in Verallgemeine-rungen verdichtet zu werden, aber nicht davon abgelöst. Wo das Lernen im rein Abstrakten vollzogen wird, entsteht Theoriewissen ohne Realitätsbezug. Für die Organisation von Bil-dungsinstitutionen hat die Verknüpfung von Erlebnis und Reflexion als Quelle wachsender Erfahrung besonders dann einen hohen Rang, wenn es um gezielte berufliche Bildung geht.

Eine unmittelbare Verbindung von Bildung und Praxis ist aus Gründen, die wir hier nicht weiter vertiefen wollen, ein wichtiger bildungspolitischer Lösungsweg, der die Wirt-schaft viel stärker einbeziehen muss, weil sich hier nämlich die entscheidende Ressource für wirtschaftlichen Erfolg formt. Damit ist nicht eine direkte Intervention der Wirtschaft in Bildungsvorgänge gemeint, sondern eine Aufgeschlossenheit für direkte Rückkoppelungen zwischen Praxis (als Erlebnisfeld) und theoretischer Reflexion. Die theoretischen Reflexions-angebote müssen ihrerseits die gedankliche Brücke zur Wirklichkeit bauen, über die letztlich jeder Einzelne in seinem Bildungsbemühungen selbst gehen muss. Die Bildungsinstitution kann nur die Brückenstabilität und das Geländer bieten.

Das bedeutet nicht, dass Bildungsprozesse vornehmlich oder vollständig in die Wirt-schaft verlagert werden müssen, denn für die Entwicklung von Reflexionsfähigkeiten ist Distanz notwendig. Aber auf diese Kompetenz zielende Bildung muss ihrerseits in ihren Reflexionsmustern die Möglichkeit von Pragmatik eröffnen. Eine von der Wirklichkeit ab-gehobene und von ihr abgewandte ökonomische Theorie wie beispielsweise die Theorie des vollkommenen Marktes ist in keinem Falle bildungsdienlich. Die pragmatische Orientierung der Theorie kann Praxis nicht ersetzen, wohl aber kann sie das Bewusstsein für die funda-mentale Geltung kultureller Lebensmuster und sozialer Werte einfügen, die den Prozess der Erfahrungsgewinnung durch reflektierte Erlebnisse im Berufsleben stärken. (Weiterführen-de Literatur s. unter Leseempfehlungen.)

12   Überleitung: Von der Kulturökonomie zur Kunstökonomie

Eine Kulturökonomie der Kunst oder genauer: der verschiedenen Künste und ihrer Besonderheiten ist auf die Eigenarten des Kunstschaffens ausgerichtet und hebt solche Aspekte
hervor, die von der allgemeinen Kulturökonomie nicht abgedeckt werden. Die Abkürzung
Kunstökonomie, mit der wir uns im folgenden Kapitel ausführlich beschäftigen werden,
weist dennoch einige Eigenheiten auf, die unsere Ausführungen über ein den kulturellen
Dimensionen geöffnetes ökonomisches Denken, wie es im Begriff *Kulturökonomie* thematisiert wurde, abermals verändern. Mit anderen Worten: Kulturökonomie bekommt in der
Beschäftigung mit Kunst eine spezifische Färbung, die in den wirtschaftlichen Seiten des
Kunstschaffens und der Kunstvermittlung deutlich wird. Auch hier wird es um mehr als nur
spezifische Akzente gehen.

Das vielleicht wichtigste und auch theoretisch beachtliche Thema, um das zu erarbeiten
die Kunstökonomie sich als Studienfeld besonders anbietet, wird mit der Grundfrage beginnen bzw. diesen Aspekt wieder erneut aufgreifen, dass das Verhältnis zwischen Kultur und
Wirtschaft, genauer: von kulturell gefasster Ästhetik und naturbedingter dinglicher Gestalt
weder bloß komplementär ist noch einer Oberhoheit des geistigen Schöpfens oder ideellen
Gestaltens über die materiellen Gegenstände der physischen Formung entspricht, sondern
sich als ein Wechselverhältnis darstellen lässt.

Nicht ohne guten Grund hatte sich einst Michelangelo nicht nur den rohen Marmor vorgenommen, um sich von ihm und seinen Eigenschaften inspirieren zu lassen, sondern er ist
persönlich zu dem Marmor-Steinbruch gereist, um genau jenen Block ausbrechen zu lassen,
mit dem er das glaubte gestalten zu können, was er im Kopf hatte. Michelangelo hatte von
Papst Julius II den Auftrag für die Anfertigung eines großen Grabmonumentes erhalten. Um
den geeigneten Stein auswählen zu können, verbrachte Michelangelo den Winter 1505/1506
in den Steinbrüchen von Carrara (einer westtoskanischen Stadt, die für ihren weißen Marmor bekannt war und ist), um den Bruch zu bestimmen und den Abtransport zu überwachen.

Allein die Wahl eines physischen Objektes kann dieses schon ohne irgendwelche dinglichen Manipulationen zu einem Kunst- oder Kultobjekt machen, wie uns die unzähligen
Beispiele für heilige Naturstätten oder bestimmte Natursteine für rituelle Zwecke (beispielsweise die Externsteine im Teutoburger Wald sowie zahlreiche Kultsteine der Kelten) zeigen
können. Selbst physisch unerreichbaren Objekten oder Objektkonstellationen wie bestimmten Gestirnsformationen werden allein durch mythische Benennung kulturelle Bedeutungen zugeschrieben. Wir bewegen uns allerdings mit diesen Beispielen nicht im Bereich der
Kunst, sondern allgemein im Bereich der Kulte oder religiösen Riten.

Kunstobjekte zeichnen sich, wie wir oben bereits erläutert hatten, durch eine *bewusste*
Gestaltung aus, deren ästhetische (d. h. den Sinnesorganen zugängliche) Form eine Botschaft
enthält. Mit dieser Erklärung können wir natürlich nicht definieren, was Kunst ist, denn
nicht jeder mit einer Botschaft versehene Gegenstand ist als Kunstwerk gedacht und wird
so verstanden.

Zahlreiche Bauwerke haben in erster Linie einen profanen Nutzen: sie dienen Wohnzwe-
cken oder sonstigen menschlichen Verrichtungen, z. B. als Werkstätten. Andere Bauwerke
dagegen können Kunstwerke sein, wenn die mit ihnen vermittelte Botschaft das Dominante

der Erscheinung darstellt, auch wenn sie zugleich eine Funktion ausüben, beispielweise die Kathedrale *Sagrada Familia* des spanischen Architekten Gaudí in Barcelona.

Nach wie vor ist es schwierig und im klassifikatorischen Sinne kaum möglich, eine klare Grenze zu ziehen zwischen Objekten von dominant künstlerischer Bedeutung und der ästhetischen Einkleidung eines funktionalen Objektes. Man wird mit Maßstäben heutiger Kunstauffassungen, die das Funktionale etwa einer Skulptur, eines kirchlichen Wandgemäldes oder einer Ruhmeshymne für einen Fürsten, nicht schon deshalb nicht als authentische Kunst definieren können, nur weil die innere Aussage solcher Objekte keinem autonomen Gestaltungswillen des Künstlers entstammt. Das wäre ein unzeitgemäßer Maßstab. Zwar hat Kunstpraxis auch heute noch den Charakter eines Handwerks (Bendixen 2009 a), doch wird das dingliche Gestaltungskönnen bei der Bearbeitung eines Gegenstandes nach heutiger Kunstauffassung ausschließlich der künstlerischen Botschaft, nicht aber irgendeiner möglichen Funktion unterworfen.

Die Besonderheit der Kunst als Medium der Kommunikation oder, um eine akademische Wendung zu benutzen, die narrative Seite der Kunst besteht nicht schlicht darin, geeignetes Material zu finden und zu nutzen, das für die Gestaltung und Übertragung einer künstlerischen Botschaft geeignet ist und in dieser Hinsicht eine Pragmatik des Beschaffungsmanagements zu entwickeln. Die Eigenschaften von Materialien für künstlerische Arbeit sind nicht ablösbar von den künstlerischen Ideen.

Diese sind nämlich – anders als die Auswahl von Material für die funktionalen Gebrauchszwecke eines Objektes – das entscheidende Kriterium für die in einem Rohgegenstand steckenden Potentiale der ästhetischen Gestaltung. Das ist ein untrennbarer Vorgang. Die Wahl eines Marmorblocks (wie im Falle Michelangelo), die Nutzung der Klangmöglichkeiten des Hammerklaviers (im Unterschied zum Cembalo), die Verwendung einer speziellen Holzart für den Bau von Blasinstrumenten (beispielsweise der Tárogató, dem Nationalinstrument der Ungarn) oder die Anwendung der künstlerischen Gestaltungsmöglichkeiten in den elektronischen Medien ist nicht beliebig.

Das enge Wechselverhältnis zwischen Idee und Gestalt in der künstlerischen Arbeit gibt für ein isoliertes wirtschaftliches Management auf den ersten Blick nur wenig Raum. Das ändert sich jedoch dann, wenn die dinglichen Vorkehrungen für die Produktion von Kunst und für die Publikation von Kunst näher betrachtet werden. Beim Bau eines Kunstmuseums oder einer Konzerthalle stehen – für jeden Architekten unabdingbar – die künstlerischen Absichten mit Mittelpunkt und dirigieren die technisch-wirtschaftliche Ausführung.

Niemand wird ein Museum so bauen, wie man es für ein Finanzamt benötigt, und eine Konzerthalle erfordert akustische Qualitäten, die man in einer Fabrikhalle eher als störend empfinden würde. Die 1991 eröffnete *Symphony Hall* der Stadt Birmingham/England gilt wegen ihrer akustischen Höchstqualität als die beste in Großbritannien und eine der besten weltweit. Eine Konzerthalle kann akustisch eine ästhetische Wirkung auf Zuhörer entfalten, als ob man sich im Inneren eines großen Tonkörpers befindet.

Die für solche Projekte erforderlichen Managementqualitäten in enger Einbindung in die Arbeit der Architekten ist als Typus vergleichbar mit der Arbeit eines Instrumentenbauers. Wer jemals die Gelegenheit hatte, die Werkstätten eines Klavierbauers zu besichtigen, wird erkennen, dass hier ähnliche Arbeitsstrukturen wirksam sind wie in einer kommerziellen Manufaktur.

Zweifellos wird man bei jedem Handgriff spüren, dass es nicht um geglättete Produktionsverläufe wie am Fließband und um Kostenrationalität um jeden Preis handelt, sondern dass die Klangqualitäten der Erzeugnisse absoluten Vorrang haben. Namhafte Erzeuger unter den Orgelbauern (z. B. Arp Schnitger [1648–1719]), den Geigenbauern (z. B. Antonio Stradivari [1644–1737]) oder den Klavierbauern (z. B. Ignaz Bösendorfer [1796–1859]) haben ihre Handwerkskunst auf einer besonderen Verschmelzung von Materialwahl, Materialverarbeitung und Klangempfinden entwickelt und damit bis heute Maßstäbe gesetzt. Managementqualitäten spielten dabei eher eine untergeordnete Rolle.

Beim Bau einer Konzerthalle oder eines Opernhauses entsteht ein hochgradig komplexes Netzwerk einzelner Werkseinheiten, die aufeinander abgestimmt werden müssen und deren Ausführungen Managementqualitäten erfordert. Doch in allen Fällen stehen der künstlerische Gebrauchsnutzen und die Ästhetik des Gesamtobjektes als Leitidee im Mittelpunkt, insbesondere die äußere Symbolik des Bau als ein herausgehobenes Stück im Ensemble der Bauten im kommunalen Umfeld, die komplexe ästhetische Ansprache des Publikums beim Betreten des Baues und im Verweilen bei einer Vorführung sowie, natürlich im Vordergrund stehend, die sinnlichen Qualitäten für die Wirkung der künstlerischen Vorführungen selbst.

Kunst ist – wie wir an früherer Stelle ausgeführt hatten – eine spezifische Form der öffentlichen Kommunikation. Man kann so weit gehen zu bestimmen, dass ein Kunstobjekt, welches sich der Öffentlichkeit verweigert, im Grunde nicht Kunst ist. Ein Tagebuch wird (kann) zu Kunst erst (werden), wenn es publiziert wird. Das Künstlerische an einem Objekt ist keine physische Eigenschaft des Objektes, sondern das Anregungspotential seiner ästhetischen Gestalt, also eine Beziehung zu den Rezipienten.

Die Urform der Publikation eines Kunstwerkes ist die unvermittelte Ansprache von Rezipienten ohne Zuhilfenahme irgendwelcher Vorkehrungen. Märchenerzähler, die sich an einer geeigneten Stelle in der Öffentlichkeit präsentieren und ihr Erzählwerk darbieten, sind Kunstproduzenten und in gleichem Moment Publizierer, z. B. die *Meddah*, die heute ausgestorbenen fahrenden Geschichtenerzähler in den Kaffeehäusern des osmanisch-arabischen Kulturraums, und die fahrenden Schauspieler, die sich in spontan bildenden Zuschauerkreisen, *Orta Oyonu* genannt (türkisch = Spiel in der Mitte). Auch die Minnesänger und Troubadoure des Mittelalters gehören in diese Kategorie.

Die Kulturgeschichte der Vorführungen (Theater, Opern, Konzerte, Ausstellungen, Lesungen usw.) ist eine Entfaltung von technischen Vorkehrungen zur Stärkung der künstlerischen Produktionen auf dem Weg zur Publikation. Solche institutionalisierten Vorkehrungen sind, da sie für eine unbegrenzte Anzahl an Einzelvorführungen gebaut werden, ihrerseits ein Gesamtinstrument, welches der fortlaufenden technischen und wirtschaftlichen Pflege bedarf.

Ihrem dinglichen Charakter entsprechend unterliegen solche filigranen Strukturkomplexe dem natürlichen (thermodynamischen) Prozess des allmählichen Zerfalls (Entropie), welcher permanent oder in sporadischen Sprüngen Kraftaufwand (Einsatz von Energie im Sinne von Negentropie) erfordert, um die künstlerischen Qualität aufrecht zu erhalten. Diese „Pflegetätigkeit" ist eine wichtige Managementaufgabe, aber ihr gesellschaftlicher Sinn ist die Aufrechterhaltung von Kapazitäten für künstlerische Arbeit. Dieser Sinnzusammenhang mitsamt den ökonomischen und (kultur-) politischen Konsequenzen ist eines der wichtigsten Themen der Kunstökonomie.

Eine weitere Komponente der Verflechtung von wirtschaftlichen mit künstlerischen Gesichtspunkten ergab sich kulturhistorisch und ergibt sich weiterhin daraus, dass der Kreis des angesprochenen Publikums, welches man für bestimmte Kunstvorführungen erreichen möchte, sich mit der Herausbildung der offenen bürgerlichen Gesellschaft und den Prozessen der Anonymisierung des Publikums etwa seit der zweiten Hälfte des 18. Jahrhunderts ständig erweiterte, als eine eigenständige Managementaufgabe ausgeformt hat. Beträchtlichen Anteil haben die Medien, die in der Strukturierung und Vitalisierung von Öffentlichkeiten einen entscheidenden Anteil gewonnen haben.

Die Nutzung der Medien, beispielsweise des Fernsehens oder zunehmend des Internets, ist ohne professionelles Management kaum realisierbar. Es haben sich Formationen der Öffentlichkeit gebildet, deren Potentiale für die Aufrechterhaltung eines vitalen Kultur- und Kunstlebens im weit gefassten Bildungsinteresse eine grundlegende gesellschaftliche Aufgabe darstellen. Dies sind heute vielleicht die wichtigsten Fragestellungen der Kunstökonomie. Sie müssen den Gefahren ins Auge sehen, die aus der Bedeutung der Medien im Publikationsprozess zwischen Kunst und Öffentlichkeit herauswachsen.

Die Ausdehnung der künstlerischen Ambitionen zum Erreichen von Publikum liegt nicht in der Natur der Kunst selbst, sondern folgt aus dem historischen Wandel von Kunst in geschlossenen Zirkeln, z. B. musikalische Veranstaltungen an fürstlichen Höfen, zu Kunst in einer offenen Gesellschaft. Das aber macht in vieler Hinsicht abhängig von den Medien und ihrer effizienten Vermittlungstechnik, die ihren Einfluss auf die Öffentlichkeit und speziell auch auf das kunstinteressierte Publikum nicht immer im Interesse der gesellschaftlichen Kunstförderung einsetzen. Mit den modernen Medien hat sich auch die Rolle der Kunstkritiker, insbesondere der Literaturkritiker, verändert bis hin zu einer arteigenen Theatralik.

Das kommunikative Zusammenspiel von Kunstproduktion, medialer Kunstvermittlung und Kunstrezeption in der Öffentlichkeit hat über lange Perioden hinweg Rückwirkungen nach allen Seiten gehabt, auch in das Kunstschaffen hinein. Einspielungen etwa von Instrumentalmusik, Gesang oder Sprechvorführungen erreichen mit technischen Mitteln einen Grad an Präzision der Wiedergabe, der bei Live-Veranstaltungen kaum zu schaffen ist. Aber gerade das nicht Geglättete, der Einfluss zufälliger Umstände im Augenblick der Vorführung, die stille und doch spürbare Präsenz von Publikum, das Raumgefühl einer Halle und viele weitere Aspekte machen das Life-Erlebnis zu etwas Besonderem, immer noch.

Die Möglichkeiten der medialen Technik, kleine Ungereimtheiten auszubügeln, aber damit auch Feinheiten eines Instrumentes oder einer Gesangsstimme zu glätten, erlauben es auch weniger Profilierten unter den Künstlern, sich über mediale Erzeugnisse in die Öffentlichkeit zu bringen. Für das ungeschulte Publikum ist es kaum möglich, die feinen Unterschiede zu empfinden und zu bewerten.

Im folgenden Kapitel wenden wir uns zur Hauptsache diesen eben skizzierten Fragestellungen zu und stellen einige weitere thematische Teilaspekte auf dieser gedanklichen Ebene vor. Der kunstökonomische Zugang dazu greift auf jene entscheidende Komponente der allgemeinen Kulturökonomie zurück, die die traditionell dingliche Verengung des Verständnisses der Wirtschaft überwindet und die geistig-schöpferischen Vorgänge als das Primäre auffasst.

Diese Art des Zugangs liegt, wie ausführlich dargelegt, quer zu den verbreiteten Methodologien der Kulturökonom*ik*. Diese bevorzugt den Zugang von einer gefestigten ökonomischen Plattform aus, wie sie sich in den seit Generationen gepflegten klassischen und neoklassischen Theorien entwickelt haben. Das Geistig-Schöpferische steht darin nicht im Zentrum, falls es überhaupt thematisiert wird.

Kunstökonom*ie* als aus dem wissenschaftlichen Erkenntnissystem herausgehobene Betrachtung, Untersuchung und Erklärung von Erscheinungen im Bereich künstlerischer Aktivitäten kann nach dem Gesagten erst in einer bereits weit reichenden Auffächerung und Komplexität von Kunstpraxis gefragt sein, wenn die institutionellen Vorkehrungen dafür – von der Bereitstellung von benötigten Materialien bis zur Vorbereitung des Zugangs künstlerischer Produktionen zur Öffentlichkeit – ein nur im Einzelnen bestimmbares Maß an arbeitsteiliger Verflechtung erreicht hat.

Der elementare Fall eines Bänkelsängers, der umherzieht und auf Jahrmärkten seine kleine Bank aufstellt, um von dieser Plattform aus seine Kunst zu präsentieren, ist kein Fall oder nur eine Randerscheinung für die Kunstökonomie, auch wenn mit der Beschaffung oder dem Bau der kleinen Bank eine Nachfrage nach materiellen Gütern entsteht und die äußeren Begleitumstände denen eines Wochenmarktes ähneln.

Aus dem gleichen Grund wird man in der herkömmlichen Ökonomie weder das laute Ankündigen auf dem Jahrmarkt noch das Einkassieren von freiwilligen Beiträgen mit einem ausgelegten Hut mit dem theoretischen Werkzeug des betriebswirtschaftlichen Marketings und der Preispolitik untersuchen wollen. Die Preisbildung auf einer Kunstauktion ist allerdings ein etwas anderer Fall.

Nicht die Tatsache, dass an den Verbindungssträngen der Kunstpraxis zu den Gütermärkten und den Verkaufsmärken dem herkömmlichen ökonomischen Denken zugängliche und folglich von der traditionellen Ökonomie erklärbare Erscheinungen wahrnehmbar sind, macht das Wesen der Kunstökonomie aus, sondern die historisch sich formierenden Situationen gesteigerter Professionalität im Umgang mit dinglichen und humanen Ressourcen einerseits und der Gestaltung von Zugängen zur Öffentlichkeit andererseits. Dies macht Kunstökonomie zu einer historischen Kategorie, die sich im Prozess der immer filigraner und technisch komplexer werdenden Verhältnisse in der Kunstpraxis herausbildet und Einsichten ausbreiten kann, die zu praktisch verwertbaren geistigen Instrumenten werden können.

Praxis im Bereich der Künste setzt sich, wie jede andere menschliche Praxis, aus der Wahrnehmung von Gestaltungsmöglichkeiten und ihren (vielen Zufälligkeiten unterworfenen, überwiegend der Methode von Versuch und Irrtum folgenden) Realisierungen zusammen. Kunstpraxis beruht auf Erfahrung als einem iterativen Prozess der Verbesserung und Steigerung von Praktiken zur allmählichen Annäherung an Meisterschaft, ein Vorgang, der zahlreiche Parallelen in anderen gesellschaftlichen Aktivitäten aufweist.

Nachvollziehbar ist dieser Prozess an den Lebenswegen von Künstlern, die erst mit der Zeit ihren eigenen Kunststil finden und ihn durch ihre Werke hindurch verfeinern, präzisieren, ästhetisch wirksamer und geklärter zu machen versuchen. Dieser Prozess der Selbstgestaltung des Künstlers im Wachsen an seiner Kunst ist ein sehr weit reichendes (Bildungs-)Thema mit individual-ökonomischen Konsequenzen, auf die wir beispielhaft in der Darstellung der musikalischen Bildung und Professionalisierung ausführlich eingehen werden.

Erfahrung ist stets das Ergebnis von einzelnen Taten und Erlebnissen, die einem (individuellen und subjektiven) Prozess der Reflexion unterzogen werden. Die Reflexion ist das denkpsychologische Medium der Wertung, Festigung und Archivierung im Gedächtnis, und sie ist abhängig davon, welche bewährten Reflexionsmuster aus dem geistigen Magnetfeld der umgebenden Gesellschaft herangezogen werden.

Das geistige Magnetfeld der Künstler einer Kunstgattung, einer einzelnen Künstlergruppe, z. B. die expressionistische Künstlergruppe *Die Brücke*, die 1905 von Karl Schmidt-Rottluff, Ernst Ludwig Kirchner, Erich Heckel und Fritz Bleyl gegründet wurde, oder eine spezielle Kunstszene wie eine Zeitlang im Dorf Worpswede bei Bremen hat eine nicht zu unterschätzende Wirkung auf die Kunst selbst, aber auch auf ihre Vermittlung in der Öffentlichkeit. Zum geistigen Magnetfeld können auch erweiterte Szenen gerechnet werden, in denen sich kundiges Publikum, Kunstvermittler (Verleger, Galeristen, Veranstalter), Kunstwissenschaftler und Kunstkritiker über bestimmte Medien zusammenfinden.

In dieses geistige Magnetfeld des Kunstschaffens kann sich Kunstökonomie mit eigenen Beiträgen einbringen, wenn sie Erkenntnisse bieten kann, die das Reflektieren über Kunst und künstlerische Ausdrucksmöglichkeiten strukturiert und stützt. Das klassische Beispiel eines kunstökonomischen Themas ist die nach wie vor brisante Situation der finanziellen Förderung der Künste im Allgemeinen und der darstellenden Künste mit ihren komplexen technischen Apparaturen im Besonderen, die jeden Kunstmacher auf diesem Gebiet vor das Problem der begrenzten Verfügbarkeit von materiellen Mitteln stellen kann. Ob und in welcher Form kunstökonomische Einsichten und Erkenntnisse zur Geltung kommen, um den Prozess der Reflexion zu stützen, hängt wesentlich davon ab, mit welchem Geltungsanspruch diese Einsichten und Erkenntnis vorgetragen werden.

Aus nachvollziehbaren Gründen wird Kunstökonomie von den Kunstmachern und ihrem geistig-künstlerischen Umfeld nur begrenzt angenommen werden, wenn die Geltung der eisernen Prinzipien der Wirtschaftlichkeit unumstößliche und unüberschreitbare Priorität einfordert, wie das in der Öffentlichkeit unter dem Druck der Haushaltsenge des Staates und der Kommunen häufig geschieht. Kunstökonomik dieser Ausrichtung wird wohl weniger unter Kunstmachern reüssieren als in der Wissenschaftlergemeinschaft der Ökonomen, denen die Kunstpraxis als dankbares Versuchsfeld für die Geltung bestimmter ökonomischer Prinzipien und Theoreme gilt.

Kunstökonomie, wie sie hier verstanden wird, kommt nicht aus einer der Kunst fremden Ecke, sondern ist aus dem Geist der gesellschaftlichen Bedeutung, Eigensinnigkeit und kommunikativen Rolle von Kunstwerken und Künstlern hervorgegangen. Auch eine noch so detailliert ausgeführte Analyse der komplexen technisch-organisatorischen Strukturen eines großen Theaters, welche sich der bewährten betriebswirtschaftlichen Analyseinstrumente bedient, z. B. die Untersuchung von Kostenstrukturen, verliert nicht den solche Tätigkeiten lenkenden Geist der kongenialen Einbindung in das gesellschaftliche und institutionelle Kunstschaffen.

V. Kapitel:
Themen und Fragestellungen der Kunstökonomie

13 Kunst in der Gesellschaft

13.1 Einleitung

Kunst ist auf eine besondere Weise eine Form der gesellschaftlichen Kommunikation mit ästhetischen Mitteln, die in zahlreiche umgebende Bereiche der Gesellschaft hineinragt und mit den Gegebenheiten dort verschmilzt, z. B. religiöse Kunst oder Plakatkunst à la mode de Eugène Grasset, Pierre Bonnard oder Henri de Toulouse-Lautrec.

Umgekehrt ist diese Form oder Szene gesellschaftlicher Kommunikation Gegenstand verschiedener Wissenschaften, die sich gewissermaßen von außen her diesem vitalen Bereich zuwenden, z. B. Kunstwissenschaft, Musikwissenschaft, Kunstsoziologie, Kunstphilosophie und Kunstökonomie. Jede von ihnen betont ihre eigene Perspektive und hebt einen wichtigen Aspekt des Kunstschaffens hervor. Alle zusammengenommen ergeben dennoch nur ein fragmentiertes Gesamtbild, keine Wesensbestimmung der Kunst.

Kunst ist Ausdruck der Vitalität einer Gesellschaft mit narrativen Gehalten und Gestalten. In dieser Beschreibung ist *Gesellschaft* eine abstrakte Denkkonstruktion, die – hirnbiologisch nur in individuellen Köpfen existierend – über eine unfassbare Vielfalt an Äußerungen und normativen Strukturen unter Menschen hinweggeht in die Verallgemeinerung. Die Gesellschaft ist selber kein lebendes Wesen, welches denkt und sich geistig ernährt, indem es kommuniziert. Gesellschaft ist deshalb eine für Diskurse zweckmäßige Vokabel, um eine Vielzahl von Geistesphänomenen zu beschreiben, beispielsweise den Zeitgeist einer Epoche oder das Kunstverständnis einer Bevölkerungsschicht.

Kunst ist ein solches Geistesphänomen, welches in seinem Kern, nicht aber an seinen Rändern annähernd beschrieben werden kann und von jenseits der Ränder die unterschiedlichsten Einflüsse aufnimmt, so wie sie ihrerseits auf diese zurückstrahlt. Die Kunst einer Zeit (das gilt auch für die in eben dieser Zeit wieder ins Bewusstsein geholte Kunst älterer Epochen, z. B. die Wiederaufführung eines Theaterstücks) ist zwar erlebbar, aber nicht analytisch fassbar und definierbar. Deshalb ist sie naturwissenschaftlicher und ähnlicher Methodologie grundsätzlich nicht zugänglich. Das gilt auch für eine so verstandene rationalistisch konzipierte Ökonomie. Die Herangehensweise an Erscheinungen der Kunst ist in der Regel hermeneutischer Natur, die einen Gegenstand nicht zerlegt, sondern ganzheitlich zu erfassen und zu verstehen versucht.

Manche Geistesphänomene, unter ihnen viele Erscheinungen der Kunst, bleiben lange erhalten und wirken auf das öffentliche Bewusstsein, wobei auch dieses eine Metapher für die auf individuelle Gehirne prägend wirkenden und Wertstrukturen schaffenden Überzeugungskräfte ist. Die prägende Wirkung auf individuelle innere Vorstellungen über die

Lebenswelt besteht in der Schaffung von Kongruenz unter individuellen Weltdeutungen, keinesfalls in der Erzeugung von Identitäten.

Charakteristisch dafür und für unsere kunstökonomischen Untersuchungen höchst relevant sind vor allem nachhaltige Geistesphänomene, die das Kunstverständnis und das Kunstschaffen nachvollziehbar durchziehen, z. B. das im 19. Jahrhundert erwachende Nationalbewusstsein, welches die geistige Leere rasch füllte, die durch das allmähliche Verschwinden aristokratischer und fürstlich-autokratischer Geltungsansprüche zu entstehen drohte, teilweise aber auch mit dieser verschmolz.

Am aufkommenden Patriotismus des 19. und beginnenden 20. Jahrhunderts waren Philosophen, Literaten und Künstler aller Gattungen beteiligt und verbanden sich mit denen politischer Kräfte, aufgeklärten oder aufklärenden Wissenschaften und der sich industrialisierenden Wirtschaft auf ihrem Weg zu einer freien, aber (damals noch) in sich geschlossenen Volkswirtschaft (Nationalökonomie genannt).

Viele epochale Geistesphänomene sind nur von kurzer Dauer, oft von großer Flüchtigkeit und geringer Verlässlichkeit. Patriotische Ideen, wie sie beispielsweise das 19. Jahrhundert und beginnende 20. Jahrhundert beherrschten, waren nicht nur politisch wirksam bei der Herausbildung von Nationalismen, sondern haben auch das Kunstschaffen beeinflusst.

Das Musikschaffen jener Epoche etwa von Frédéric Chopin, Edward Grieg, Bedřich Smetana, Antonin Dvořák und vieler anderer war von der Idee beseelt, den kulturellen Geist ihres Landes aufzunehmen und künstlerisch zu bearbeiten. Solche Kompositionen wären heute nicht mehr denkbar oder gesellschaftsfähig. Wir könnten beliebig in die Kunstgeschichte zurückgehen und würden stets fündig werden, einen Zusammenhang zwischen dem Zeitgeist und dem Kunstschaffen zu entdecken.

Das Unterstreichen einer geistigen Brücke zwischen dem in einer Gesellschaft vorherrschenden oder auch im Verborgenen und Untergründigen sich bewegenden Zeitgeist und dem ihm entsprechenden Kunstschaffen, heißt nicht etwa Folgsamkeit, auch wenn Autoritäten aus Kirchen und weltlichen Fürstentümer häufig versuchen, Künstler an die Kandare zu nehmen.

Künstler haben zu allen Zeiten versucht, sich vom Vordergründigen bestimmter äußerer Erscheinungen zu lösen und Fremdbestimmungen, so gut das ging, abzuwehren. Ebenso haben umgekehrt Gesellschaften oft den besonderen Wert einer Kunst oder eines Kunstschaffens als Teil ihres Selbstverständnisses und ihrer Selbstformung erst im Nachhinein erkannt und in ihr Eigenbildes integriert. So entstanden Denkmäler und historische Stätten von nationaler Bedeutung, und manche von ihnen wurden schließlich zum Weltkulturerbe erklärt und entsprechend gepflegt.

Aus dieser Perspektive entsteht eine gedankliche Position für die Kunstökonomie, die für die weiteren Ausführungen wichtig ist. In kurzen Worten: Die gedankliche Position des Kultur- und Kunstmanagers nimmt die horizontale Wahrnehmungs- und Erfahrungsebene einer einzelnen Kultur- oder Kunstinstitution ein und bringt sich darin der Kunst dienend ein.

Im Unterschied dazu nimmt die gedankliche Position des Kultur- und Kunstökonomen die Ebene der Gesamtbetrachtung aus dem Wahrnehmen und Deuten von Erscheinungen der Gesellschaft als Ganzes ein und thematisiert zur Hauptsache die verschiedenen Aspekte der Kunstpraxis als einer Form der Selbstgestaltung der Gesellschaft mit den Mitteln der Künste. Dieser Zusammenhang steht in den folgenden Darstellungen im Mittelpunkt.

Der Blick aus der Vogelperspektive geht jedoch stellenweise weit in die Einzelheiten hinein, um exemplarisch zu zeigen, dass kunstökonomische Betrachtungen und Untersuchungen eine sehr irdische, pragmatische Aufgabe in der Klärung der Bedingungen für schöpferisches Kunstschaffen haben. Die Fülle der Details zwingt uns aber zu diesem exemplarischen Vorgehen. Dies ergibt sich auch daraus, dass selbst sehr weit gehende Detaildarstellungen immer nur ein zwar angereichertes, dennoch aber unvollständiges, teilweise fragmentiertes Gesamtbild schaffen können.

Es ist nicht Sinn einer als einführendes Lehrbuch gedachten Darstellung, zu viele Details auszubreiten und dadurch Unübersichtlichkeit zu riskieren. Wir bevorzugen deshalb vor allem in diesem Kapitel die kunstökonomische Herangehensweisen und Denkmuster an gegenwartsnahen Fragestellungen und Problemen des Kunstschaffens zu erläutern, die es dem Leser ermöglichen sollen, ein Gleiches auch selber auf anderen Gebieten kunstökonomischer Studien zu tun. Wir beginnen mit einigen allgemeinen Charakteristiken zum Thema *Kunst in der Gesellschaft*.

13.2 Der Dienstleistungscharakter der Kunst

13.2.1 Adam Smith und die unproduktiven Künste

Die übliche Zuweisung von Kultur- und Kunstaktivitäten zum so genannten tertiären oder Dienstleistungssektor der Volkswirtschaft (nachrangig nach dem primären, den land- und forstwirtschaftlichen Erzeugern, und dem sekundären, den gewerblichen und industriellen Sachproduzenten) ist eine Verschleierung von Wirklichkeit durch einen kaum deutlich fassbaren, in sich ziemlich ungeklärten Begriff.

Dienstleistung ist alles, was nicht in die primären oder sekundären Sektoren passt, und bildet eine – allerdings riesige – Halde an Restposten und Sammelsurien. In diesem bunten Gebilde befinden sich verstreut die Leistungen der Kunst neben denen der Gesundheitsversorgung, des Fremdenverkehrs und der Straßenreinigung. In einem Standardwerk der Betriebswirtschaftslehre heißt es:

Sachleistungsbetriebe gewinnen Rohstoffe oder erstellen Güter. Dienstleistungsbetriebe erbringen keine materiellen Leistungen, sondern, wie ihr Name sagt, Dienste; man denke z.B. an Transportbetriebe, an Handels- und an Bankbetriebe. (Lechner/Egger/Schauer 2005, 44; ähnlich Meffert/Bruhn 1995, 23 ff.).

Mit gleichen Kriterien und oft deckungsgleichen Formulierungen finden sich Erklärungen und Definitionen zu den Dienstleistungen in allen gängigen Lehrbüchern. Hier noch ein weiteres Zitat:

Als Sachleistungen (materielle Realgüter) bezeichnet man körperliche, bewegliche (mobile) und unbewegliche (immobile) Güter, als Dienstleistungen dagegen unkörperliche Güter (immaterielle Realgüter) in der Form von Arbeitstätigkeiten, Diensten, Informationen u.a. (Bea/Dichtl/Schweitzer 2000, 34).

Die Definitionen erscheinen ziemlich willkürlich und undurchdacht, obwohl bei wohlwollendem Herangehen natürlich erkennbar ist, was tatsächlich gemeint ist. Dramatisch wird diese Schwäche, wenn Kunst unter dem – dieser Logik natürlich entsprechenden – Kriterium der Immaterialität betrachtet wird. Wie kann ein Kunsthändler mit immateriellen Diensten handeln, wenn er doch die in Kommission genommenen Bilder physisch wahrnehmbar in seiner Galerie hängen hat? Gemeint ist damit zweifellos, dass der Händler sie nicht selbst hergestellt hat. Aber hat denn der Kunstmaler seine Bilder nicht gegenständlich hergestellt, egal wie abstrakt der Inhalt seiner künstlerischen Botschaft ist?

Abgesehen von der definitorischen Unschärfe des betriebswirtschaftlichen Begriffs *Dienstleistung*, die auch nicht dadurch beseitigt wird, dass man meint, materielle und immaterielle Leistungen unterscheiden zu können, leidet die Zuordnung von Kunst schaffenden Organisationen oder Personen zu den Dienstleistungen unter einer doppelten Zweideutigkeit. Zum einen handelt es sich bei einigen Kunstproduktionen, beispielsweise Gemälde, Skulpturen, Bücher, um Sachleistungen und zum anderen stellt sich die Frage, ob überhaupt in allen Fällen die Intention gegeben ist, marktfähige Leistungen hervorzubringen (Bendixen 2010 b).

Es könnte also sein, das Kunst nicht für den Kommerz, sondern als nach Bedeutung strebender Beitrag des gesellschaftlichen Diskurses mit erzählenden Gehalten und Gestalten gedacht und gemacht wird – natürlich nicht unentgeltlich, aber nicht nach den Regeln von Angebot und Nachfrage, die um einen Preis rangeln.

Die Frage stellt sich daher, ob die gängige Unterscheidung zwischen Sachleistungen und Dienstleistungen und damit eine der fundamentalen ökonomischen Kategorien für die Bearbeitung von Kunstpraktiken und Kunstinstitutionen eine ergiebige Plattform darstellen kann. Der Verdacht liegt nahe, dass das methodologische Selbstverständnis der wissenschaftlichen Ökonomie hier durchschlägt, dass nämlich die *Herstellung von Gütern*, mit denen lukrativ Handel getrieben werden kann, den Kern ökonomischer Analysen darstellt. Dieser methodologische Akzent geht, wie wir ausgeführt hatten, auf Adam Smith zurück.

Zwar hat der so genannte tertiäre Sektor, die Dienstleistungen, in manchen Volkswirtschaften eine mittlerweile überragende Bedeutung erlangt (Degen/Lorscheid 2002, Brümmerhoff 2007). Aber noch immer wird auch dieser Sektor unter dem Gesichtspunkt der optimalen Allokation von Kapital, Arbeit und Boden betrachtet und bei den Dienstleistungen hervorgehoben, dass deren Leistungen nicht lagerfähig sind und im Moment der Erzeugung unmittelbar verbraucht werden. Es klingt absurd: Was hat das Hervorbringen eines wertvollen Ratschlags mit der optimalen Kombination von Boden, Arbeit und Kapital zu tun?

Auf den ersten Blick stimmt die Erklärung der Gleichzeitigkeit von Produktion und Konsumtion mit der Erfahrung überein, dass man an einer Theateraufführung nur teilnehmen kann, indem man ihrer Vorführung beiwohnt und sie auf diese Weise uno actu konsumiert. Die Frage ist nur, was mit dieser lapidaren Feststellung gewonnen ist.

Selbst wenn man das Kriterium der Lagerfähigkeit gelten ließe, bliebe noch das Problem ungelöst, was es mit Kunsterzeugnissen auf sich hat, die die Zwischenstufe der Imprägnierung auf einen materiellen Gegenstand nutzen, z. B. das Pressen einer Schallplatte oder das Drucken eines Buchs, um in vervielfachter Form unter das Publikum gebracht zu werden, welches in der Phase der Produktion gewöhnlich nicht zugegen ist. Noch komplizierter wird die Lage bei einem Konzert, das vor anwesendem Publikum gegeben und zugleich für eine CD-Produktion mitgeschnitten wird.

Wozu dient wissenschaftlich das Kriterium der Lagerfähigkeit? Dass es Unterschiede in der Vermarktung gibt, wenn ein Gut nicht oder nur kurz lagerfähig ist – z. B. Frischgemüse –, und daher ein Zeitdruck im Verkauf entsteht, ist ein deutlicher Hinweis darauf, dass sich das ökonomische Denken auf die rein dinglichen Vorgänge der Produktion und Distribution zugespitzt und daraus seine methodologischen Grundlagen geformt hat. Wir haben an anderer Stelle bereits darauf hingewiesen, dass diese Grundbestimmung eine der Kernschwächen der traditionellen ökonomischen Theorie darstellt.

Der terminologische Ursprung der klassischen Unterscheidung von Sachleistungen und Dienstleistungen geht auf die Wirtschaftsphilosophie von Adam Smith zurück, dessen – heute ziemlich skurril erscheinende – Unterscheidung von produktiver und unproduktiver Arbeit den Grundstein für die methodologischen Haken und Ösen der ökonomischen Definitionen gelegt hat. Es lohnt sich, einen kurzen Blick in die Klassifikationswerkstatt von Adam Smith zu werfen, denn daraus können einige Anhaltspunkte für ein differenzierteres Bild von den so genannten Dienstleistungen gewonnen werden.

Die Wirtschaftsphilosophie Adam Smiths wird man nicht verstehen, wenn man nicht die Zeitumstände seiner Lebensumstände im Schottland des 18. Jahrhunderts mit in Betracht zieht, einer Zeit, in der der Prozess der Industrialisierung erst in den Anfängen lag und dem Handel noch eine überragende Bedeutung zukam.

Dennoch war Smith – im Unterschied zu gegenläufigen Auffassungen verschiedener wirtschaftsphilosophischer Richtungen wie den Physiokraten und staatspolitischen Praktiken wie dem Merkantilismus – der Auffassung, dass (kommerzialisierbare) Werte *durch Arbeit* (und nicht durch die Natur) geschaffen werden, dass aber Arbeitsteilung als Fundament der Produktivitätssteigerung erst durch Handel wirksam werden kann. Was hilft ein kostengünstig hergestelltes Produkt, wenn es nicht verkauft wird. Ausgedehnter (auch Auslands-) Handel verbindet arbeitsteilige Strukturen innerhalb produzierender Einheiten (in der Landwirtschaft, im Handwerk und in den Fabriken) und im Warenaustausch über den Markt.

Smith ging es um die Bedingungen der Vermehrung des nationalen Wohlstands und damit die wachsende Produktion von Gütern aller Art, gefördert durch regionale und internationale Arbeitsteilung in Verbindung mit dem natürlich nicht regellosen, aber von obrigkeitlichen Zwängen befreiten Marktverkehr. Der eigentliche Affront in Smiths Philosophie galt der im 18. Jahrhundert noch überall vorherrschenden merkantilistischen Wirtschaftspolitik, welche eine Ausrichtung der gesamten gewerblichen Wirtschaft auf die Staatsbelange absolutistischer Herrschaftshäuser verlangte.

Begünstigter in der Wirtschaftsphilosophie Smiths ist nicht der Herrscher, sondern die Nation, also das arbeitsame Volk. Dessen produktive Leistungen sind die Grundlage für den nationalen Wohlstand, und dies galt natürlich nicht nur für das damalige Großbritannien, sondern für alle Nationen. Diese perspektivische Wende Smiths war in der Tat etwas fundamental Neues.

Vor diesem Hintergrund interessierte sich Smith für die wirtschaftliche Ergiebigkeit von Produktion und dem damit verbundenen Handel. Für ihn war einzelbetrieblich die Gewinnerzielung die treibende Kraft, da der unternehmerische Gewinn, sofern er nicht für

Konsumzwecke entzogen wird, das notwendige Kapital für Produktionserweiterungen, also Wachstum, stellt. National ergibt sich daraus ein nachhaltiger Prozess der Ansammlung von Vermögen, vor allem volkswirtschaftlichem Investitionsvermögen (Maschinen, Gebäude, Vorräte, verkehrstechnische Anlagen usw.), welches dank seiner Produktivkraft ein Ausweis des nationalen Wohlstands ist.

Bei Smith (und später seinen Nachfolgern) bildete sich eine Vorstellung von natio- nalem Produktivvermögen und allgemeinem Wohlstand, welche sich auf *dingliche* Nutz- objekte bezog, mit denen man Handel treiben konnte. Ihm galt auch privat als vermögend nicht, wer große Summen Geldes für seinen Konsum ausgibt, sondern wer seine materielle Lebenssicherung in Form von Boden, Bauten und Lebensausstattungen aller Art vorantreibt. Smiths Wohlstands- oder Reichtumsidee war materialistisch, nicht etwa geistig.

Man ahnt hier bereits, dass der Genuss von musikalischen Darbietungen, ob in einem öffentlichen Konzert oder im privaten Umkreis, keine Vermehrung des dinglichen Vermö- gens darstellt, sondern das Konsumniveau in die Höhe treibt. In diesem Grundgedanken liegen die Wurzeln für die Kategorie der Dienstleistungen und in der volkswirtschaftlichen Theorie (genauer: der volkswirtschaftlichen Gesamtrechnung) die Bildung der Kategorie des tertiären Sektors. Doch sei die entscheidende Passage in Adam Smiths Werk über den Wohlstand der Nationen im Original zitiert:

Die Arbeit eines Fabrikarbeiters (manifestiert sich) *in einem einzelnen Werkstück oder einer käuflichen Ware, so dass sie auch noch eine Zeitlang nach der Bearbeitung fortbesteht. Dadurch wird es möglich, eine bestimmte Menge Arbeit gleichsam einzusammeln und zu speichern, um sie, falls erforderlich, bei anderer Gelegenheit wieder zu verwenden... Umgekehrt wird die Arbeit eines Dienstboten nirgends sichtbar, weder in einem Werkstück noch in einem käuflichen Gut. Im allgemeinen geht seine Leistung im selben Augenblick unter, in dem er sie vollbringt, ohne eine Spur oder einen Wert zu hinterlassen, mit dem man später wieder eine entsprechende Leistung kaufen könnte.*

Auch die Arbeit einiger angesehener Berufsstände in der Gesellschaft ist, wie die der Dienst- boten, unproduktiv. Sie drückt sich nicht in einem dauerhaften Gegenstand oder verkäuflichen Gut aus, das auch nach abgeschlossener Arbeit fortbesteht und für das man später wieder die gleiche Leistung erstehen könnte. Als unproduktiv können, zum Beispiel, die Tätigkeit des Herrschers samt seiner Justizbeamten und Offiziere, ferner das Heer und die Flotte angesehen werden. Sie alle dienen dem Staat und leben von einem Teil des Ertrages, den andere Leute übers Jahr hin durch ihren Erwerbsfleiß geschaffen haben. So ehrenwert, nützlich oder notwendig ihr Dienst auch sein mag, er liefert nichts, wofür später wiederum ein gleicher Dienst zu erhalten ist. So kann mit ihrer Leistung in einem Jahr, in dem sie das Gemeinwesen schützen, sichern und verteidigen, im nächsten Jahr nichts Gleiches erworben werden. In die gleiche Gruppe muss man auch einige Berufe einreihen, die äußerst wichtig und bedeutend oder sehr anrüchig sind: Zum einen Geistliche, Rechtsanwälte, Ärzte und Schriftsteller aller Art, zum anderen Schauspie- ler, Clowns, Musiker, Opernsänger und Operntänzer." (Smith 2003, 272/73).

Das in allen Erklärungen und Definitionen von Dienstleistungen auftauchende Kriterium der fehlenden Speicherbarkeit oder Lagerfähigkeit hat, wie das Zitat zeigt, seinen Ursprung bei Adam Smith. Solche Dienste sind, so Smith, selbstverständlich zu entlohnen und einige von ihnen sind – wohl aus Gründen der Aufrechterhaltung der staatlichen Ordnung und Sicherheit – sehr wichtig.

Andere dagegen sind anrüchig, wie der letzte Satz des Zitats belegt. Das Merkmal der Anrüchigkeit klingt nach einem moralischen Zeigefinger, und in der Tat waren vor allem die darstellenden Künste (Theater, Oper, musikalische Darbietungen, Tanz, Pantomime und vieles mehr) eine Form des Lebensgenusses, der zu Smiths Zeiten und schon lange davor von vielen Obrigkeiten, vor allem der Kirche, mit Missfallen beobachtet und als tendenzieller Sittenverfall diskreditiert worden. Das war natürlich keine Eigenheit der Schotten des 18. Jahrhunderts, sondern war sehr weit verbreitet.

In der Regierungszeit Oliver Cromwells wurde ein striktes Theaterverbot erlassen, das immerhin 18 Jahre lang von 1642 bis 1660 galt. Es trieb seinerzeit englische Komödianten scharenweise auf den Kontinent, da sie in England keine Auftrittsmöglichkeiten mehr fanden. Auf diese Weise wurde William Shakespeare außerhalb Englands bekannt und startete seinen posthumen Siegeszug als großer Dramendichter.

Noch zu Zeiten von Friederike Caroline Neuber zu Beginn des 18. Jahrhunderts waren Schauspielertruppen auf Wanderschaft, wurde die Gründung von festen Theatern mit Stücken bürgerlichen Inhalts und vor bürgerlichem Publikum vor allem von kirchlicher Seite bekämpft. Nicht nur galten solche Schauspiele, sondern vor allem auch die Schauspieler selber vielen als anrüchige Subjekte. Caroline Neubers Antrag zur Gründung eines festen Theaters an die (keineswegs feudalistische, sondern kaufmännisch-bürgerliche) Hansestadt Hamburg, lange vor der Gründung des Hamburger Nationaltheaters 1767, wurde aus eben solchen Gründen abgelehnt (Fischer-Lichte 1993, 108).

Mit der Qualifizierung von Schauspielern, Clowns, Musikern, Opernsängern und Operntänzern als anrüchige Dienste kam Smith den verbreiteten Einschätzungen seiner Zeit entgegen, und das Kriterium *anrüchig* machte auch nur insofern Sinn, als sich mit der langsamen Herausbildung der bürgerlichen Gesellschaft diese sich ähnliche Vergnügungen anzueignen begann, wie sie an den aristokratischen Höfen eine Selbstverständlichkeit waren.

Kirchenmusiker wie Johann Sebastian Bach (1685–1750), höfische Komponisten wie Georg Friedrich Händel (1685–1759), Tafelmusikkomponisten wie Georg Philipp Telemann (1681–1767) oder das von der Markgräfin Wilhelmine (Schwester Friedrichs des Großen) angeregte und 1748 eröffnete Opernhaus in Bayreuth waren gewiss nicht dem gleichen sittlichen Verdikt unterworfen, wie man es gegen das aufkeimende bürgerliche Kulturbewusstsein vorzubringen pflegte. Das änderte sich jedoch noch im gleichen Jahrhundert vor allem durch Gotthold Ephraim Lessing (1729–1781), Johann Wolfgang von Goethe (1749–1832) und Friedrich von Schiller (1759–1805). Das bürgerliche Trauerspiel fand seither zunehmende Akzeptanz.

Adam Smith hatte vermutlich nicht im Sinn, sich gedankenlos einem verbreiteten sittlichen Urteil anzuschließen, denn er selbst liebte Musik und ging in Edinburgh gern und regelmäßig in Konzerte. Vielmehr stand bei ihm die Zuordnung von (darstellenden) Künsten zu den unproduktiven Tätigkeiten im Vordergrund. Sofern nun aber Kunst sich niederschlagen konnte auf dingliche Objekte wie Skulpturen, Gemälde oder Bauten und noch viel mehr, wenn sie leicht vermehrbar sind wie Bücher, sind sie in der Wirtschaftsphilosophie Smiths handelbare Waren. Also sind sie stapelbar, transportierbar, lagerfähig und können zum Wohlstand der Nation beitragen, aber nicht, weil sie Kunst sind, sondern weil in ihnen dingliches Vermögen steckte, sie also Wert enthielten, die sich wieder versilbern, zumindest aber in Geld taxieren ließen.

Da nun das gesamte marktwirtschaftliche Geld- und Kreditwesen seit seinen frühesten Anfängen ausnahmslos dinglich verankert war und noch heute ist – dem umlaufenden Geld muss eine entsprechende Menge an zentral verwalteten dinglichen Wertobjekten wie Gold, Devisen, Warenbestände oder Grund und Boden gegenüberstehen – ergibt sich die Eigenart und alltägliche Erfahrung, dass einem Kunsthändler, der über einen Vorrat wertvoller Gemälde und Skulpturen verfügt, (mit gewissen Abschlägen natürlich) durchaus ein Bankkredit eingeräumt würde, dass aber einem Künstler des darstellenden Gewerbes, etwa einem Sänger, mangels dinglicher Sicherung ein solcher Kredit sicher nicht gewährt würde. Die dingliche Grundorientierung ist ein Wesenszug der industriellen Marktwirtschaft von heute, und sie unterstreicht zugleich die Schwierigkeiten von sämtlichen Dienstleistungsgewerben, sich zur Steigerung ihrer Gewerbstätigkeit mit gleicher Leichtigkeit mit Fremdkapital und Bankkrediten zu versorgen.

Wir werden an späterer Stelle zeigen und diskutieren, dass sich in diesem Umstand teilweise (neben künstlerischen Ursachen) das Drama der Subventionierung der darstellenden Künste einschließlich der Museen (die ebenfalls eine darstellende Kunst sind) verbirgt. An dieser Stelle geht es zuvorderst um eine kritische Auseinandersetzung mit der Begrifflichkeit der Unterscheidung zwischen Sachleistungen und Dienstleistungen. Von der sprachlichen Unschärfe, die den Sachleistungen anscheinend keinen Dienst an der Gesellschaft und ihren institutionellen Untergliederungen zubilligt, sehen wir hier allerdings ab. Das ist ein sprachliches Problem.

Letztlich ist jede nützliche Leistung der Wirtschaft eine Dienstleistung an demjenigen, der wie erwirbt, oder – volkswirtschaftlich gesehen – an der Versorgung der Gesellschaft *mit den notwendigen und angenehmen Dingen des Lebens* (Smith). Anderenfalls wäre sie nicht marktfähig. Das Kriterium der Nützlichkeit dagegen bedarf einer etwas genaueren Untersuchung. Was macht eine dienliche Sachleistung, sagen wir: eine Möbelgarnitur, zu etwas Nützlichem? Was macht eine gewöhnliche Dienstleistung, sagen wir: eine Kunstausstellung, zu etwas Nützlichem? Sind beide in gleicher Weise geeignet, über einen Markt abgewickelt zu werden?

13.2.2 Dienstleistungen – Kritik einer ökonomischen Kategorie

Der tertiäre oder Dienstleistungssektor einer Gesamtwirtschaft umfasst in volkswirtschaftlichen Gesamtrechnungen und Statistiken eine relativ uneinheitliche Klasse von marktfähigen Leistungen, die sich über ein breites, heterogenes Streumuster ausbreitet: Handel und Versicherungen, Transportgewerbe, Makler, Unternehmensberater, Werbeagenturen, Bildungseinrichtungen usw.

Üblicherweise werden Kriterien wie fehlende Lagerfähigkeit, hohe Personalintensität, Produktion unter Mitwirkung von Klienten angeführt (Produktion und Konsum in eins). Der tertiäre Sektor macht daher – im Unterschied zur Urproduktion (Landwirtschaft, Bergbau, Fischerei) und Sachproduktion (Handwerk, Industrie) – den Eindruck eines Sammelbeckens für alles, was nicht in den primären oder sekundären Sektor passt. Dieser unbefriedigende terminologische Zustand ist jedoch nicht Gegenstand unserer kritischen Untersuchung an dieser Stelle.

Um in der hier gewählten Terminologie zu bleiben, werden wir Dienstleistungen zunächst aus kulturökonomischer Perspektive betrachten und später den speziellen kunstökonomischen Ansatz auf die Frage nach dem Dienstleistungscharakter der Künste zur Sprache bringen. Um das Ergebnis in Thesenform vorwegzunehmen, sei auf den Umstand hingewiesen, dass es in jeder Gesellschaft bestimmte Dienste gibt, die nicht marktförmig und deshalb auch nicht gegen einen Preis angeboten und nachgefragt werden. Das typische Beispiel sind die religiösen Leistungen eines Priesters oder die Dienstleistungen im Rahmen von Nachbarschaftshilfen. Der Bereich der Künste liegt in der Grenzzone, ohne dass eine eindeutige Zuordnung in jedem Fall möglich ist.

Eine besonders heikle und zugleich allgegenwärtige Frage ist die Beurteilung von unentgeltlich im Internet angebotenen Diensten, etwa lexikalische Dienste wie Wikipedia oder Internetauftritte von Einzelpersonen, die beispielsweise Essays, Dichtungen oder musikalische Darbietungen zum Herunterladen anbieten. Das Kriterium der Nützlichkeit, welches normalerweise einen Markt kreiert, ist allein nicht ausreichend. Der Gegenstand des Austauschs muss vielmehr auch eigentumsrechtlich (bei Sachgegenständen) oder urheberrechtlich (bei geistigen Erzeugnissen) gegen widerrechtliche Aneignung geschützt sein. Dies kann – muss aber nicht – technisch im Internet geschaltet werden, so dass der Zugang nur gegen Entgelt gewährt wird.

Mit dem entgeltlich geregelten Zugang zu einer angebotenen Dienstleistung im Internet ist die Problematik allerdings noch nicht geklärt. Das Herunterladen von nützlichen Geisteserzeugnissen kann nämlich rechtlich gegen die Weiterverwertung gesperrt sein, so dass zwar eine private Nutzung legal, aber die weitere, womöglich entgeltliche Verbreitung etwa in Form von Compact Discs als rechtswidrig zu beurteilen wäre.

Die Logik des Urheberrechts weist auf eine Doppeldeutigkeit des Begriffs *nützlich* hin. Ein Gegenstand ist nützlich, wenn er dem Verwender einen konsumtiven Nutzen stiftet. Der gleiche Gegenstand ist kommerziell nützlich, wenn der Handel mit ihm ein Entgelt erzeugen kann, welches den Aufwand für seine Herstellung oder seinen Ankauf übersteigt.

Der ursprüngliche Wert eines Gegenstandes, welcher ein Begehren auslöst, ist die konsumtive Nutzenstiftung, und diese ist unabhängig davon, ob der konsumtive Genuss direkt erfolgen kann, etwa beim Zuhören einer Lesung von Gedichten, oder des Umweges der dinglichen Übertragung bedarf, etwa der Kauf eines gedruckten Buches mit Gedichten.

Im Falle eines Buches kann man davon ausgehen, dass das Material (ein Stapel gebundenes Papier) nicht den geringsten konsumtiven Nutzen stiftet (jedenfalls nicht so viel, dass sich sein Kauf lohnen würde, es sei denn, ein Käufer füllt seine Bücherregale mit Attrappen). Der Wert eines Buches liegt in den kulturellen Bedeutungen, die es transportiert.

Ist nun aber das Dingliche eines handelbaren Gegenstandes etwas absolut Sekundäres und baut sich der Nützlichkeitswert und damit sein Preis allein aus der Sphäre des Geistigen auf, dann werden auch zahlreiche so genannte Sachleistungen zu immateriellen Dienstleistungen. Sie können nur dann zu physischen Sachleistungen im herkömmlichen Verständnis werden, wenn es gelingt, ihre Nützlichkeit einem physischen Träger (Buch, CD, Kleidung, Möbel, Häuser usw.) zu übertragen, der als solcher nahezu beliebig vervielfältigt werden kann.

In dieser Deutung kommt wieder die alte Smithsche Vorstellung zum Vorschein, dass Werte durch Arbeit an handelbaren *Dingen* – und nicht durch Geistestätigkeit – geschaffen werden. In gleicher Weise erhält ein modisch zugeschnittenes Stück Textilgewebe seinen Marktwert durch sein Design, nicht durch ein paar Gramm Baumwolle und kalkulierter Schneiderarbeit. Auf dieser formalen Ebene gibt es keinen Unterschied zwischen einem Buch und einer Konfektionsware.

Selbst bei Erzeugnissen, die durch vielleicht nur geringfügige technische Manipulationen zu begehrten Objekten werden, beispielsweise Fisch, Obst und selbst noch Verarbeitungsformen wie die Weinproduktion, steht der geistig-imaginative Nutzen für den ihn erwerbenden Verbraucher oft ganz im Vordergrund, auch wenn damit existenziell notwendige physische Bedürfnisse befriedigt werden.

Die kulinarische Vielfalt in Restaurants und insbesondere die Betonung regionaler oder lokaler Eigenheiten und Rezepturen sind ein deutlicher Hinweis darauf, dass es nicht bloß um rein animalische Sättigung als solche geht, sondern um eine ästhetisch-zeremonielle und den Genuss steigernde Verfeinerung. Gleiches kann man von Wein und anderen (ja nicht zufällig so genannten) geistigen Getränken sagen.

Im Prinzip (wenn auch wirklich nur im Prinzip) gilt das auch für industrielles Fastfood. Fastfood ist ein industrielles Prinzip, das sich nicht nur aufs Essen und Trinken bezieht, sondern bis in kulturelle Produktionen wie Soap-Operas im Fernsehen oder standardisierten elektronischen Fernunterricht, wie man ihn zunehmend an Universitäten findet, zur Geltung kommt (Bendixen 2008).

Daraus ist zu folgern, dass eine bestimmte marktfähige Leistung sich stets aus den beiden Komponenten der geistig-imaginativen Nutzenstiftung (Kultur) und der rein physischen Befriedigung im Bereich der körperlich-organischen Notwendigkeiten (Natur) zusammensetzt. In einer archaisch ursprünglichen Gesellschaft steht die physisch-organische Komponente im Vordergrund, auch wenn der zeremonielle Charakter des gemeinsamen Mahls vielleicht schon erkennbar gewesen sein mag. Mit der Kulturwerdung des Menschen rückt in wachsendem Umfang die geistig-imaginative (häufig auch religiöse) Komponente immer mehr in den Mittelpunkt. Sie ist in modernen Gesellschaften unserer Tage nicht mehr wegzudenken.

Das ist auch der Grund dafür, dass in modernen Gesellschaften das stumme Ergreifen einer reifen Frucht im Wald durch ein hochkomplexes kommunikatives Geflecht ersetzt wurde, welches den Kern einer vitalen Kultur ausmacht. Die Phantasie reicht wahrscheinlich gar nicht aus, um sich plastisch die Reaktionen vorzustellen, wie einer wilden Horde umherwandernder und in Höhlen hockender Vorfahren eine Fernsehsendung mit Starköchen vorgeführt wird. Dieses zugestanden etwas skurrile Bild lässt sich leicht auf viele, wenn nicht die meisten Lebensbereiche ausweiten.

Was damit gesagt werden soll, ist schlicht dies: Das Erzeugen von nützlichen Dingen – dem Charakteristikum jeder Dienste leistenden Wirtschaft – ist vorwiegend ein kultureller Vorgang, der von komplexen Formen und Medien der Kommunikation getragen und ausgetragen wird. Wie wir an früherer Stelle bereits ausgeführt hatten, besteht unser Grundansatz im ökonomischen Denken darin, jedem von Menschenhand geschaffenen Gegenstand, also auch allen industriellen Erzeugnissen, zunächst und zuvorderst die Eigenschaft eines Kulturobjektes zu geben.

Ökonomische, zumal betriebswirtschaftliche Bedeutung erlangen manche Kulturobjekte dadurch, dass sie zu ihrer Herstellung einen technischen Aufwand erfordern, der ohne zweckorientierte, rational durchdachte Organisation und auf dauerhafte Wiederholung angelegte Institutionalisierung nicht zu bewältigen ist. Dieser Aufwand muss auf der Ergebnisseite einen so hohen Kulturwert an Nützlichkeit schaffen können, dass eben diese Kosten durch die Verkaufserlöse gedeckt und die Mühe dieser Prozedur durch angemessenen Gewinn entgolten wird.

Ein ökonomisches Problem kann dadurch entstehen, dass eine Kulturleistung aus anderen als kommerziellen Gründen gewünscht wird und der gesamte Aufwand nicht über den Markt gedeckt werden kann. Dann treten Subventionen oder private Zuwendungen für den Markt ein. Das alles ändert aber nichts daran, dass die den Erfolg bewirkende Vorrangigkeit der (auf die gesamte Öffentlichkeit bezogenen, aber auf den spezifischen Markt fokussierten) Kunst der Kommunikation erkannt und bearbeitet wird. Der gesellschaftliche (Kultur-) Wert einer Tat oder eines Objektes wird nicht davon bestimmt, wer auf welche Weise für die Kosten aufkommt.

Die Schlussfolgerung aus alledem ist relativ einfach: Es gibt keine Dichotomie, keine eindeutige Aufteilung zwischen Sachleistungen und Dienstleistungen, wie man sie in allen betriebswirtschaftlichen Lehrbüchern und Monographien findet. Es handelt sich um eine gleitende Skala zwischen kultureller Kommunikation ohne physischen Zwischenträger, z. B. die Kaufverhandlungen auf einer Messe oder der Vortrag eines Gedichtes, und kultureller Kommunikation mit hochgradiger Materialisierung, z. B. die Errichtung und der Betrieb eines Industriewerkes für den Automobilbau oder der Bau und der technische Betrieb eines großen Opernhauses.

Die kulturelle Bedeutung eines Objektes macht zugleich seine Komplikationen im Marketing deutlich: Die Heftzwecke ist ein kulturell sehr nützliches Allerweltsprodukt, für das man keinen einzigen Werbespot im Fernsehen entdecken wird; an sich ist ein Stück Seife nicht viel anders zu beurteilen. Doch die über die pure Reinlichkeit hinausreichende kulturelle Bedeutung in der Schönheitspflege verschafft diesem Produkt vielfältigen Zugang zu den werbenden Medien. Die kulturelle Bedeutung eines Erzeugnisses kann so spezifisch werden, dass es wieder aus dem Wirkungskreis der werbenden Medien herausfällt, z. B. eine Skulptur oder ein Werk der Architektur. Für sie wird nicht öffentlich geworben; über sie wird allenfalls öffentlich gestritten.

Man könnte nicht einmal objektiv und verallgemeinerbar definieren, ab welchem Umfang an materiellen Vorkehrungen die Zweckmäßigkeit professionellen Managements gefragt ist. Von erheblicher theoretischer und vor allem auch (kultur-) politisch-praktischer Relevanz ist der Fall, dass eine kulturelle Produktion, die sich an der Grenze zwischen Eigenwirtschaftlichkeit und Zuwendungsabhängigkeit bewegt, durch erfolgreiches professionelles Management wirtschaftliche und damit auch künstlerische Unabhängigkeit erreichen kann, zumindest der Tendenz nach. Von daher machen also Bemühungen um ein professionelles Kulturmanagement ganz allgemein Sinn und das keineswegs nur im engeren Bereich der Künste, sondern in vielen anderen gesellschaftlichen Bereichen von kultureller Bedeutung, z. B. Sporteinrichtungen, Naturschutzprojekte, Bildungsinstitute.

Kulturökonomisch hat dabei, wie wir an früherer Stelle argumentierten, die Tatsache Gewicht, dass es bei der Professionalisierung von ökonomischer Kompetenz nicht um die pure Anwendung administrativer Techniken geht, sondern dass im wirtschaftenden Handeln der kulturelle Geist und die Ideenwelten der betreffenden Institutionen und ihre Erzeugnisse konzeptionell bestimmend bleiben. Im Übrigen bleiben kulturökonomische Betrachtungen und Untersuchungen nicht auf die Fälle beschränkt, in denen ein hoher Grad an ökonomischer Professionalität zum Tragen kommt. Kulturökonomie ist nicht Kulturmanagement.

Aus gesamtwirtschaftlicher Perspektive sind selbst geringfügig erscheinende kulturelle Austauschhandlungen wichtig, auch wenn sie kein ausgefeiltes Managementkonzept benötigen, denn aus ihrem Bedarf heraus fragen sie in einem keineswegs zu vernachlässigenden Umfang physische und humane Ressourcen nach, z. B. das Büro eines Anwalts oder die Schreibwerkstatt und Bibliothek eines Schriftstellers.

Der Hinweis auf Managementerfordernisse ist ungenau, denn Management ist in der Praxis weitaus mehr als nur betriebsinterne Administrationsoptimierung. Der Aufgabenkreis des Managements erstreckt sich auch und oft vorrangig auf die professionelle Beziehungskultur zur Außenwelt, insbesondere des Marktes. In der Kunst wird nicht selten ein Künstler zu einem Manager seiner selbst und Kulturmanager sollten zumindest über eigene Erfahrungen in einer gängigen Kunstgattung haben.

Unsere Kritik der ökonomischen Kategorie der Dienstleistungen hat angesetzt bei der Feststellung, dass – von sehr wenigen unvermittelten biologischen Bedürfnissen abgesehen – die Bedürfnisse in der Gesellschaft stets aus einer kulturell gefassten Lebens-, Berufs- oder kommerziellen Verwertungssituation heraus geäußert und dementsprechend bedient werden wollen. Damit löst sich die übliche Dichotomie der Einteilung in Sachleistungen und Dienstleistungen auf und macht einer Skala unterschiedlichen Gewichts der kulturellen gegenüber der physischen Komponente Platz.

Da steht am einen Ende ein Mensch mit dem Bedürfnis, eine Naturlandschaft zu zeichnen oder mit einem anderen Gedanken auszutauschen, irgendwo dazwischen zwei andere, die ihre Gedanken per Telefon austauschen und sich dabei einer ausgefeilten Technologie bedienen, und am entgegen gesetzten Ende der mächtige technisch-organisatorische und finanzielle Aufwand einer internationalen Buchmesse oder eines Opernfestivals oder des Werkskomplexes eines Unternehmens der pharmazeutischen Industrie.

Im Rahmen dieser kulturökonomischen Skala stellt sich die naheliegende Frage, ob man tatsächlich so ohne weiteres kommerzielle und nicht-kommerzielle Aktivitäten nebeneinander skalieren kann. Das wird zweifellos einige strittige Fragen aufwerfen. Darauf gehen wir hier aber nicht weiter ein, sondern wenden uns der spezifischen Frage nach dem Platz oder den besonderen Positionen der Künste entlang dieser Skala zu.

Kunst galt immer schon und gilt auch heute noch als aus dem Profanen des Alltags herausgehobenes, gesellschaftliches Kraft- und Bedürfniszentrum der besonderen Art, teilweise sogar mit einem Hauch von Feierlichkeit umgeben, z. B. bei einer Vernissage oder bei der Eröffnung großartiger Festspiele.

Kunstökonomisch geht es indessen nicht um gesellschaftliche Attitüden – die werden wir in den nachfolgenden Abschnitten thematisieren –, sondern um die Frage, in welcher Weise die Kunstauffassungen und die künstlerischen Praktiken sich nicht nur ästhetisch-formal, sondern auch inhaltlich verändern, wenn technische Neuerungen verfügbar sind, z. B. Kunstvermittlung übers Internet. Welche Beziehungen lassen sich identifizieren zwischen Kunst als Medium gehaltvoller Kommunikation und künstlerischen Gestaltungstechniken?

13.2.3 Die kunstökonomische Perspektive

Künstlerische Arbeit sowohl im Gestaltungsbereich als auch im Publikationsbereich nutzt mit großer Variantenbreite mehr oder weniger umfangreiche Ressourcenkomplexe. Es handelt sich, wie an früherer Stelle erklärt, nicht um lediglich stützende Instrumente und Technologien, die ohne weiteres mit den üblichen Mitteln und Konzepten betriebswirtschaftlichen Managements eingesetzt werden können, sondern um dingliche Handhabungen und Einrichtungen, die in die geistig-kulturellen Inhalte der jeweiligen Kunst integriert, also nicht unabhängig sind.

Es ist nicht immer leicht auszumachen, ob eine technische Neuerung die Kunstpraxis verändert oder umgekehrt das künstlerische Gestalten technische Verbesserungen ausgelöst hat. So findet sich im Bereich der Musikinstrumente meist eine lange Geschichte wechselseitiger Einflüsse zwischen Kunst und Instrumententechnik.

Die Geschichte des Hammerklaviers ist dafür ein anschauliches Beispiel (Molsen/Harnoncourt 1993, Lustig 1996). Das Musiktheater, wie Richard Wagner es entwickelte, verlangte nach seinen Vorstellungen die (mystische) Versenkung des Orchesters in einen Orchestergraben, eine Bautechnik, die auch ohne Mystik in späteren Opernbauten zur Selbstverständlichkeit geworden ist.

Eine für die Kunstgeschichte wohl noch wesentlich tiefgreifendere technische Erfindung war der Buchdruck, der die Welt der narrativen Künste auf eine umwälzende und unumkehrbare Weise verändert hat. Literarische Kunstformen wie die Novelle und der Roman wären ohne den Buchdruck undenkbar.

Das technologisch Relevante daran ist nicht nur der Buchdruck als Technik an sich, sondern auch die Möglichkeit der (wenn auch nicht unendlichen) Vervielfältigung von Druckwerken aller Art (Grampp 2009) und eine über längere Zeiträume aufteilbare Rezeption. Man kann das Lesen eines Romans über Wochen verteilen und gedankliche Querverbindungen herstellen, so dass das Lesen eine eigene Art der Kunstschöpfung werden kann.

Die Kommunikation zwischen Künstlern und Publikum wird über ein Medium wie das gedruckte Werk einerseits kanalisiert, andererseits an Differenzierungen und Übertragungsnuancen angereichert. Der Erzähler kann vor seinen anwesenden Zuhörern das, was er sagen will, mit dem Klang seiner Stimme und seiner Mimik und Körpersprache sowie dem Ambiente, in dem ein solches Ereignis stattfindet, auf eine komplexe, eindringliche Weise anfüllen. Es entstehen sinnliche Eindrücke beim Publikum, die zu einer ganzheitlichen Wahrnehmung und einem umfassenden Sinnverständnis des Vorgetragenen führen sollen und können.

Mit der Überwindung des Prinzips der Präsenz durch den Druck und die Vervielfältigung kann zugleich der Kreis der an Literatur Interessierten ausgedehnt werden bis hin zur Anonymität des heutigen Lesepublikums. Mit der Einfügung eines dinglichen Mediums wird jedoch eine Einengung sinnlicher Komplexität erkauft und zugleich wiederum die geistigen Vorstellungskräfte für sinnliche Empfindungen mobilisiert. Das sinnliche Erlebnis des Zuhörens muss beim Lesen durch die Phantasie innerer Bilder und Szenerien abstrakt ergänzt werden.

Die Übertragung des Erzählinhalts auf ein gedrucktes Werk, beispielsweise in Gestalt einer Novelle, reduziert die Mannigfaltigkeit der sinnlichen Wahrnehmungskanäle auf das die Buchstaben abtastende Auge, während das Gehirn des Lesers innere Bilder und Visionen hervorruft, die an vielfältige Gedächtnisgehalte anknüpfen.

Das Verständnis einer Erzählung kann auf einen viel weiteren inneren Erlebnishorizont projiziert werden und eröffnet dem schreibenden Künstler ganz andere Gestaltungsmöglichkeiten als dem mündlich vortragenden. Eine besondere Gestaltungskomponente ergibt sich dadurch, dass ein Leser nach eigener Vorstellung und Entscheidung bei einem einzelnen Wort, einem Satz oder Abschnitt einer gedruckten Erzählung beliebig lange verweilen oder den Lesevorgang wiederholen kann.

Die Technik des Buchdrucks hat, wie gesagt, eine neue Ausdrucksform für künstlerische Gestaltungen, mithin eine ganz neue Kunstgattung, hervorgebracht: den Roman, die Novelle, die gedruckte Lyrik. Natürlich hat der Buchdruck als medientechnologische Erfindung auch in vielen anderen gesellschaftlichen Bereichen einen kulturhistorischen Umbruch hervorgerufen, z. B. bei wissenschaftlichen und philosophischen Abhandlungen und im Zusammenhang mit dem Aufkommen von Printmedien bei der Herausbildung von Öffentlichkeiten in bürgerlichen Gesellschaften mit demokratischen Verfassungen. Der Buchdruck erzeugte nicht nur in der literarischen Kunst Umwälzungen, sondern bedeutete einen kulturellen Umbruch.

Aus der Verschränkung von künstlerischem Inhalt mit den dinglichen, auf materielle Ressourcen aufbauenden Instrumenten des Gestaltens und Publizierens ergibt sich mehr als irgendwo anders, dass Kunstökonomie, die von der verabsolutierten Geltung traditioneller ökonomischer Einsichten, Theorien und Methoden ausgeht, zu keinen brauchbaren Ergebnissen führen kann.

Dieser entscheidende Punkt hat – was wir hier nicht weiter ausführen können – erheblichen Einfluss auf Programme und Inhalte in der Ausbildung von Kultur- und Kunstmanagern. Für Untersuchungen aus gesamtgesellschaftlicher und damit auch volkswirtschaftlicher Perspektive folgen daraus spezifische Aspekte und Beurteilungskriterien, die in vieler Hinsicht über die Pauschalkategorie der Dienstleistungen hinausgehen.

Die allgemeine volkswirtschaftliche Frage stellt darauf ab, ob und in welchem Umfang künstlerische Aktivitäten einerseits eigenständige Einkommen und andererseits eine spezifische Marktnachfrage generieren. Eine der bekanntesten Themen in diesem Zusammenhang ist die so genannte Umwegrentabilität von öffentlichen Subventionen für die Künste (Bartsch 2010). Die Kämmerer der Städte und die für Kultur (Kunst) zuständigen Ministerien versuchen nachzuweisen, dass Subventionen zur Stützung von Künsten, die nicht eigenwirtschaftlich arbeiten können, auf Umwegen als Vorteile wieder zurückkehren: erhöhte Steuereinnahmen, Aufwertung eines Standorts und Anreicherung des öffentlichen Lebens.

Der Haken dabei ist jedoch, dass Subventionen in Kunst nicht als Investitionen, sondern als öffentlicher Konsum eingeordnet werden, und dass über diese gedankliche Schiene ein ökonomischer (finanztechnischer) Wettbewerb aufgezäumt wird, der meist nicht zu Gunsten der Kunst ausgeht. Bei einem finanztechnischen Vergleich von Subventionen in Kunst mit denen für (beispielsweise) öffentliche Infrastruktur zur Standortverbesserung für Industrieansiedlungen tragen die Letzteren in aller Regel den Sieg davon.

Das Herabziehen der Wertigkeit von Kunst auf die Generierung von wirksamer Nachfrage, von Arbeitsplätzen und Steuereinnahmen verschließt alle übrige Werte, die aus der Vitalität des Kunstlebens hervorgehen und ein unverzichtbares Element der gesellschaftlichen Kommunikation und Entwicklung sind. Nicht dass diese per se einen hohen Eigenwert repräsentieren, es geht also nicht um die Monumentalisierung der Kunst an sich, wohl aber darum, dass über Gehalte, Qualitäten und Perspektiven verschiedener künstlerischer Aktivitäten öffentlich debattiert werden soll.

Die Diskrepanz zwischen dem Argument der Umwegrentabilität und den umfassenden Kulturwerten der Kunst hat ihre Ursache in der verdinglichten Ideenwelt der Ökonomie, die die geistig-schöpferischen Kräfte in enger Anbindung an die gelebten kulturellen Umstände nicht kalkulieren und daher auch nicht optimieren kann.

Da aber nach unserer Auffassung auch eine reale Wirtschaft nicht funktionieren kann ohne geistige Vitalität, welche kreativ und navigatorisch den Lauf der wirtschaftlichen Prozesse und deren Ergebnisse lenkt, müssen kulturelle Investitionen, im Kern also vor allem Bildungsinvestitionen, als den dinglichen Gegebenheiten und Intentionen vorrangig berücksichtigt werden. Das traditionelle ökonomische Denken aber eliminiert gerade diesen integrativen Zusammenhang in seinen Theorien und Modellen. Deshalb darf man sich über Konzepte und Kalküle wie die so genannte Umwegrentabilität nicht wundern.

Die Problematik der Ausstattung von künstlerischen Institutionen und Projekten mit finanziellen Mitteln ist und bleibt ein Kernthema der Kunstökonomie. Doch die Argumentationen hinsichtlich der Wertbeiträge dieses gesellschaftlichen Lebensbereiches dürfen nicht reduziert werden auf monetäre Ergebnisse in Form von Steuern, Eigeneinnahmen und die Generierung von Arbeitsplätzen. Der Wertbeitrag der Künste kann auch nicht stehenbleiben bei qualitativen Kategorien wie kommunale Imagepflege zur Steigerung der Standortbedingungen. In den folgenden Abschnitten werden einige Wertbeziehungen zwischen Kunst und Gesellschaft kurz referiert, um das eben Gesagte zu untermauern.

13.3 Die Rolle der Kunst in der Gesellschaft

Der Sinn der folgenden Darstellungen erfordert es nicht, eine vollständige, historisch lückenlose Untersuchung und Darstellung der Wirkungsfacetten von Kunst in der Gesellschaft auszubreiten. Es geht vielmehr nur um die kunstökonomische Perspektive eines erweiterten Werthorizontes, der sich aus der Enge rein ökonomischer, insbesondere finanzieller Bewertungskategorien befreit und die Verwurzelungen in der Gesellschaft darstellt, ohne sich in Details zu verlieren.

Unsere Argumentationen laufen darauf hinaus, jede Form der isolierten Beurteilung und Bewertung von Kunst aus der puren ökonomischen Verwertungsdimension als unergiebig und im Zweifelsfall letztlich kunstfeindlich zurückzuweisen. Kunst als ein eigenes Wirksystem im System *Gesellschaft* zu betrachten, ist allerdings eine nicht unproblematische Methodologie (Luhmann 1997), wie wir im Folgenden sehen werden.

13.3.1 Kunst als Ausdruck gesellschaftlicher Vitalität

Dass künstlerische Meisterleistungen den Ruhm des Künstlers begründen, ist keine Selbstverständlichkeit, sondern hat sich erst in jüngerer Zeit zu einem eigenen Moment der

Stilisierung entwickelt, im Wesentlichen parallel zur Entfaltung des Geniegedankens im 18. Jahrhundert (Schmidt 2004). Nicht der persönliche Ruhm des Künstlers, sondern der des Auftraggeber, eines weltlichen oder kirchlichen Fürsten oder eines Ratsherren oder einer Kaufmannsgilde war einst maßgeblich.

Zwar haben Künstler sich auch vorher einen Namen machen können, doch wurden sie mehr als (Handwerks-) Meister ihrer Kunst, denn als geniale Schöpfer von Geisteswelten aus ihren subjektiven Vorstellungen und Projektionen heraus gefeiert. In den frühen Phasen der Malerei etwa war es nicht üblich, sogar verpönt, ein Gemälde mit der Signatur des Malers zu versehen. Der Künstler, ob Maler, Komponist, Musiker, Literat, wurde gefördert und teilweise verehrt, weil es ihm mit seinen Werken gelang, den Ruhm seines Auftraggebers zu vermehren.

Religiöse Auftraggeber traten vor allem im Mittelalter an Meister der Künste (Baumeister, Bildhauer, Wandmaler) heran, bestimmte Werke mit in der Regel genau festgelegter Thematik auszuführen, um damit eine Kirche, ein Kloster oder den Vatikan selbst zu schmücken. Das Mäzenatentum der italienischen Renaissance hat noch diese Glorifizierungsfunktion im Verhältnis zwischen irdischem Auftraggeber, begünstigtem Kloster oder Kirchenraum und ausführendem Künstler hervorgehoben. Ein reicher Kaufmann konnte, so er innerlich dazu bereit war, seinem Seelenheil dadurch dienen, dass er (s)einer Kirche einen künstlerisch hochwertigen Altar stiftete. Davon lebten nicht wenige Künstler jener Epoche. (Kempers 1989, Hauschild 2008, Oevermann/Süßmann 2007, Lamm 2003).

In modernen Gesellschaften, die sich (offiziell) keinen Personenkult um bestimmte Herrscher erlauben, ist der Gedanke der Nutzung von Kunst zur Glorifizierung dennoch nicht untergegangen. Er besteht nur nicht mehr vorrangig in der Förderung des Ruhmes einzelner Personen und Institutionen, wenn man von den Besonderheiten der Portraitmalerei absieht.

Indirekt aber kann sich eine Gesellschaft dennoch dadurch rühmen, dass sie den Künsten aller Gattungen breiten öffentlichen Raum gibt und über Infrastrukturen und finanzielle Stützungen ein lebendiges Kunstleben aufkommen lässt. Der Adressat künstlerischer Meisterleistungen ist mit der Idee der Gesellschaft abstrakt geworden, entpersonifiziert.

Die Rolle der Kunst beschränkt sich jedoch nicht auf das Selbstbild einer sich kunstoffen zeigenden Gesellschaft, sondern ist in ganz anderer Hinsicht ein Ausweis gesellschaftlicher Qualitäten. Da ist zum einen zu nennen der allgemeine Bildungs- und Motivationsschub, den hohe Kunst auf Menschen ausüben kann, die sich zu ihrer eigenen Formung und kreativen Vitalität als Rezipienten, als Amateure und schließlich zu eigenem Kunstschaffen bestimmten Künsten zuwenden.

Zum anderen besteht heute kein Zweifel mehr darüber, dass geistige und sinnliche Empfänglichkeit für die Phantasiewelten der Künste einen allgemeinen therapeutischen Effekt auf Kreativität und seelische Ausgeglichenheit ausübt. Kunst hat einen hohen Bildungswert und kann therapeutisch eingesetzt werden (Literatur s. unter Leseempfehlungen).

13.3.2 Kunst als Unterhaltung

Zwischen Kunst als Unterhaltung und Unterhaltungskunst gibt es gleitende Übergänge. Das intellektuelle und emotionale Vergnügen an Kunstwerken, welches durchaus mit Anstrengungen verbunden sein kann, und künstlerisch gestalteten Werken und Vorführungen, die zu nichts anderem als zur Unterhaltung geschaffen wurden, lässt sich keine eindeutige Grenze ziehen.

Es macht auch keinen Sinn, die alte und fruchtlose Kontroverse zwischen ernster Kunst und leichter Muse wieder aufleben zu lassen. Wenn man überhaupt ein ernst zu nehmendes Kriterium gelten lassen will, dann steht das der Qualität eines Kunstwerkes oder die Qualität der Interpretation eines Kunstwerkes, z. B. eines Schauspiels, im Vordergrund. Künstlerische Qualität kann man auch in der Volksmusik und im Volkstheater erreichen.

Die Unschärfe dieser Perspektive liegt bereits im Begriff *Unterhaltung*, der – abgesehen von seiner Konnotation zum fürsorglichen Unterhalt – auf solche Lebensmomente abzielt, die nicht an die Drangsal der täglichen Existenzsicherung gebunden sind, sondern einen Erlebniskontrast, ein gedankliches Auswandern in eine andere Welt oder eine Befreiung von der Überlast der alltäglichen Sorgen bieten können.

Die Assoziation von Freizeitbetätigungen liegt nahe, sofern der Mensch sich selbst unterhält: im Spiel, in eigener künstlerischer Tätigkeit, im Sport oder einfach im Kommunizieren mit anderen. Das *Divertimento,* eine musikalische Kunstform, die vor allem im 18. Jahrhundert Bedeutung besaß (Telemann, Haydn, Mozart), galt dem Vergnügen und war doch meisterlich komponiert.

Unterhaltung in Gesprächsform hat dagegen einen anderen Sinnbezug, nämlich den einer fachlichen Diskussion, eines Interviews oder eines Sketches, weil das Moment des Unterhaltsamen darin besteht, dass die Beteiligten angeregt werden und gegebenenfalls wechselseitig kommunikativ aktiv werden. Formal ist diese Art der Unterhaltung dadurch, dass nahezu jeder Stoff dazu geeignet sein kann, sofern damit kein Anspruch auf Belehrung oder politische Indoktrination oder andere Formen der intellektuellen und emotionalen Überwältigung verbunden ist.

Das Unterhaltsame an Unterhaltungen benötigt ein Ambiente, welches die Lockerheit von Gesprächen, das Vergessen widriger Lebensumstände oder das visionäre Abschweifen in Phantasiewelten unterstützt. Die sozialhygienische Funktion solcher Lebensaugenblicke ist als belebender Kontrast zu den Bedrängnissen des beruflichen Alltags und anderer Existenznöte unbestritten. Menschen schaffen sich meist aus eigenem Antrieb solche Freiräume und Erfinden ihre Art der Unterhaltung, sei es durch Spiel, Sport oder künstlerische Betätigung.

Kunst hat in diesem ursprünglichen Sinne eine die Lebensqualität steigernde Wirkung mit hygienischem Einfluss auf andere Lebensnotwendigkeiten, insbesondere die berufliche Arbeit. Die Traditionen der Volksmusik sind ein historisches nachhaltiges Beispiel für diese Art gesellschaftlicher Funktionen von Kunst. Andere Beispiele sind Märchen und Anekdoten, Laientheater und Tanz.

Die konkrete Ausübung einer Kunst, beispielsweise Hausmusik, ist der fruchtbare Boden, aus dem manche Meisterschaft hervorgegangen ist. Verbindet sich eine Kunstpraxis mit der Idee des Strebens nach Meisterschaft, kann daraus eine Künstlerkarriere werden, der man vielleicht sogar Genialität zuschreiben kann. Zwar hebt sich solche Künstlerkarriere von der Laienkunst des Alltags ab, aber ihr Charakter als Unterhaltung bleibt erhalten, denn die Meisterkunst ist eine Mitteilung an eine begrenzte oder unbegrenzte Öffentlichkeit. Die Traditionen der Meistersinger des 15. und 16. Jahrhundert, insbesondere Figuren wie der Nürnberger Schuhmachermeister Hans Sachs (1494–1576; Hans Sachs ist die tragende Figur in Richard Wagners *Die Meistersinger von Nürnberg*) und der Colmarer Jörg Wickram (1505–1562) sind dafür ein historischer Beleg.

Der Unterhaltungscharakter von Kunst hat – neben ihrer Glorifizierungsfunktion – in der höfischen Kultur der Neuzeit zwar der Aristokratie angepasste Ausdrucksformen und eigene (geschlossene) Einrichtungen wie Hoftheater, Hofkapellen, Hofdichter und Hofmaler hervorgebracht. Aber die Unterhaltung stand dabei im Vordergrund. Man denke beispielsweise an Georg Philipp Telemanns (1681–1767) Tafelmusik. Bezeichnende Beispiele werden aus der Literatur des 18. und des 19. Jahrhunderts berichtet. Der Organist und Musikforscher Johann Nikolaus Forkel (1749–1818) schrieb 1789:

> *Ein berühmter Musiker spielte auf Verlangen vor einem Cardinal ein neues Stück von seiner eigenen Composition. Während der Zeit unterhielt sich der Cardinal mit denen, die um ihn standen, und schien wenig auf die Musik acht zu geben. Auf einmal hörte dieser auf zu spielen. Der Cardinal frage ihn, ob ihm etwas an seinem Instrument verunglückt sey? Nein, erwiderte er, sondern ich befürchte nur Ihro Eminenz in Ihren Geschäften zu stören* (Schleuning 1989, 48).

Ebenso beispielhaft für den unterhaltsamen Charakter der Musikrezeption in der aristokratischen Hofgesellschaft sind Ludwig Spohrs (1784–1859) Lebenserinnerungen von den Verhältnissen am Braunschweigischen Hof in seiner 1860 posthum erschienenen Autobiographie:

> *Diese Hofkonzerte bei der Herzogin fanden in jeder Woche ein Mal statt und waren der Hofkapelle im höchsten Grade zuwider, da nach damaliger Sitte während der Musik Karten gespielt wurde. Um dabei nicht gestört zu werden, hatte die Herzogin befohlen, dass das Orchester immer piano spiele. Der Kapellmeister ließ daher die Trompeten und Pauken weg und hielt streng darauf, dass nie ein forte zur Kraft kam. Da dies in Symphonien, so leise auch die Kapelle spielte, nicht immer ganz genau zu vermeiden war, so ließ die Herzogin auch noch einen dicken Teppich dem Orchester unterbreiten, um den Schall zu dämpfen. Nun hörte man das ,ich spiele, ich passe' usw. allerdings lauter, als die Musik.* (Schleuning 1989, 48).

Im Grunde hat sich an den Verhältnissen, der Musik die nötige Aufmerksamkeit zu schenken oder zu verweigern, nicht allzu viel verändert. Heute kommt die Musik über Schallplatten und Rundfunk in die privaten Wohnungen und spielt dort eine ähnliche Hintergrundrolle als Klangfärbung im Ambiente, z. B. die Filmmusik zur Untermalung des dramatischen Geschehens, und als so genannter Klangteppich in Kaufhäusern.

Dieser Hinweis ist nicht kritisierend gemeint, sondern will nur aufzeigen, dass das Bedürfnis nach Unterhaltung gerade durch Musik keine Erscheinung unseres elektronischen Zeitalters ist, zumal die meisten Einspielungen (so genannte Sound Tracks) für Funk,

Fernsehen und Film zu nichts anderem komponiert werden als eben zur Untermalung und emotionalen Einfärbung des dramatischen Geschehens.

Davon sind selbst Stücke der Klassik nicht ausgenommen, die meist in Ausschnitten und zweckgebunden arrangiert dargeboten werden. Die so genannte ernste oder seriöse Klassik bleibt als Kunstereignis davon unberührt, denn das vertiefte, aufmerksame Zuhören bedarf mehr als nur eines technisch perfekten musikalischen Tonverlaufs, sondern geht mit dem Ambiente, beispielweise einem großen Konzertsaal oder einer Kirche, eine Verschmelzung in der Wahrnehmung ein.

Der Begriff *leichte Muse*, den man häufig im Zusammenhang mit betont unterhaltsamem Charakter von Vorführungen oder beispielsweise auch literarischen Werken zu hören oder zu lesen bekommt, führt zu einem Fehlurteil, wenn man in Richtung *Oberflächlichkeit* denkt. Das Komödiantische in manchen Schauspielen, in Romanen und komischen Opern und Operetten fehlt selbst in manchen Gemälden nicht, wie beispielsweise Pieter Brueghels d. Ält. (1525–1569) *Bauerntanz* von 1568 zeigt.

Komödien, zumal sie häufig mit kritischen Untertönen versehen sind, gehören keineswegs zur Oberflächlichkeit, sondern stellen erhebliche Ansprüche an meisterliche Bearbeitung und schauspielerische Darstellungskunst. Dass sie beim Publikum besonders beliebt, weil unterhaltsam und kommerziell eher verwertbar sind als schwierige und intellektuell herausfordernde Werke, bedeutet keinen Abschlag an die künstlerische Qualität (Bock/ Schlott/Trepper 2002).

Ein künstlerisches Meisterwerk von großem Unterhaltungswert ist der bekannte Roman von Miguel de Cervantes Saavedra (1547–1616): *Der sinnreiche Junker Don Quijote von der Mancha* (Cervantes 2008). Der ironische und zugleich unterhaltsame Kern dieses großen zweiteiligen Romans liegt in seinem allerersten Satz: *An einem Orte der Mancha, an dessen Namen ich mich nicht erinnern will, lebte vor nicht langer Zeit ein Junker, einer von jenen, die einen Speer im Lanzengestell, eine alte Tartsche, einen hageren Gaul und einen Windhund zum Jagen haben* (Cervantes 2008, 21).

Die vielsagende, ironische Formulierung *an dessen Namen ich mich nicht erinnern will* [hätte ja auch ganz nüchtern heißen können *kann*, Anm. PB/BW] legt den Grundstein für all die Absurditäten, die jener Junker von der Mancha erleben wird. Der Roman ist ein starkes Beispiel für hohe (literarische) Kunst verbunden mit einem Unterhaltungswert, der schon zu seiner Zeit große Verbreitung fand.

13.3.4 Das kommerzielle Potential der Kunst

Handel ist nicht nur eine sehr alte, weltweit verbreitete Tätigkeit, sondern ist in seinen historisch spezifischen Ausprägungen und Entwicklungen die Wiege der modernen Marktwirtschaft. Die Händler und Kaufleute waren nie Erzeuger von Produkten – dies formte sich erst allmählich in der Neuzeit mit der Verschmelzung von Handelskapital mit gewerblicher Industrie unter einem Dach und Kommando –, sondern wählten unter den Dingen, die lokal gefertigt wurden, solche aus, die anderswo begehrt wurden und folglich dort mit Gewinn verkauft werden konnten.

Das Moment des Wählens unter den örtlichen Erzeugnissen (von Handwerk, Landwirtschaft, Bergbau oder Fischerei) ist – kulturökonomisch gesehen – ein qualitativer Stress für die Erzeuger und zugleich eine Befreiung örtlicher Produktion aus der Enge der lokalen Bindungen. Handel ist daher eine gesellschaftliche Aktivität, die hinsichtlich der Qualität von Erzeugnissen einen selektiven Druck auf meisterliches Arbeiten in der Fertigung ausüben kann und damit, wenn auch oft sehr langsam, einen nachhaltigen Prozess des kreativen Fortschritts bewirkt, der in älteren Epochen noch an enge Grenzen durch Zünfte, Regierungen und Kirchen stieß, der sich aber in der Neuzeit mit erheblicher Dynamisierung beschleunigte.

Aus diesem kulturellen Selektionsstress ist eine bis heute nachwirkende Energie von Wachstum und zivilisatorischem Fortschritt entstanden, den man sich kaum noch wegdenken kann (mit all den Gefahren, die damit zivilisatorisch und ökologisch verbunden sind).

Mit der gesellschaftlichen Arbeit des Handels ist eine weitere Komponente der zivilisatorischen Entwicklung in Gang gekommen, die mit der zuvor genannten eng zusammenhängt: Kulturtransfer. Erzeugnisse der Fremde gelangten über den Handel dorthin, wo die zivilisatorischen Entwicklungen ihre aufstrebenden Zentren hatten, nämlich zu einem Teil im aristokratischen Hofleben und in den kirchlichen Residenzen, zu einem rasch wachsenden Teil in den aufkommenden Städten und späteren urbanen Zentren, in denen zugleich die bürgerliche Gesellschaft Fuß fasste.

Die italienische Renaissance und die rasanten Entwicklungen im europäischen Nordwesten – eine Folge der Entfaltung des Atlantikhandels – bildeten so etwas wie eine epochale Umbruchperiode mit Wirkungen in den Lebensauffassungen, den philosophischen Grundpositionen, den Wissenschaften und insbesondere in den Künsten einschließlich der Architektur.

In dieser Umbruchperiode gipfelte (und endete schon bald) der Jahrhunderte alte, kommerziell und kulturell überaus fruchtbare Handel entlang der Seidenstraße und ging über in den Handel der neuen europäischen Kolonialmächte in Westeuropa mit seinen Kernzonen in westlichen und nordwestlichen Atlantikrand (England, Holland, Frankreich sowie Spanien und Portugal). Der Handel entlang solcher Routen bildete zwar den Grundstock Jahrhunderte dauernde Warenströme, doch die kulturellen Wirkungen auf die Entwicklung der Zivilisation des Abendlandes ist weit mehr als nur ein Kulisseneffekt (Literatur s. unter Leseempfehlungen).

Der Handel behielt seine selektive Energie in den Prozessen des Kulturtransfers bei und steigerte sie, bis gegen Ende des 18. Jahrhunderts die Verschmelzung mit der gewerblichen Produktion und damit die industrielle Evolution begann, die gänzlich neue Akzente setzte. Wichtig in diesem Zusammenhang ist der historisch langzeitliche Effekt, dass über den Handel nicht nur fertige Erzeugnisse übertragen wurden, die in einem entfernten Ort unter fremdem kulturellen Verwendungszusammenhang das Leben bereicherten, sondern mit ihnen zugleich handwerkliche Technologien und die Kultur des Gebrauchs solcher Erzeugnisse auf den Weg gebracht wurden.

Dies wiederum konnte die nachahmende und technisch weiterentwickelnde Kunst der Produktion an Empfängerorten beflügeln. Besonders anschauliche Beispiele bietet der lange Prozess des Transfers von Musikinstrumenten aus Zentralasien nach Europa, der besonders die Entwicklung von Blasinstrumenten, Saiteninstrumenten und Schlaginstrumenten umfasste (Abrashev/Gadjev/Radewski 2008). Die meisten heute in westlichen Orchestern benutzten Musikinstrumente stammten ursprünglich aus Zentralasien, aber sie wurden im abendländischen Kulturkreis handwerklich aufgegriffen und weiterentwickelt bis hin zu ihrer heutigen Klangvielfalt.

Besteht zwischen zwei Orten oder Regionen ein wechselseitiges Interesse am Austausch von Gütern, Technologien, Erfahrungen, Erzählungen und Kunstfertigkeiten bis hin zu ganzen Lebenskonzepten, so ist die Stunde des Handels gekommen, die Tauschvorgänge zu organisieren und dauerhafte Beziehungsstrukturen zu entwickeln. Handel ist als kommerzielle Initiative und Praxis auf Dauerhaftigkeit und nicht auf einmalige Vorgänge angelegt. Das ist ein sehr entscheidender Sachverhalt.

Die Aufbauleistung von Handelsbeziehungen durch Kaufleute ist über Jahrhunderte eine überindividuelle und überinstitutionelle Beziehungsarbeit gewesen, die sich auf der Makroebene abspielte. Die Marktkultur ist ein durch Praxis gewachsenes, Zeiten überdauerndes und Räume überspannendes Ganzheitsphänomen, das sich nicht analytisch zerlegen lässt.

Das kulturelle Kapital, das aus solcher Beziehungsarbeit hervorgeht, ist nicht einfach die Summe singulärer elementarer Tauschhandlungen, sondern der aus Verlässlichkeit, Vertrauen, Friedfertigkeit, Rechtsförmigkeit und vielen weiteren praktisch-technologischen und ethischen Komponenten sich bildende Kulturwert eines oft über Jahrhunderte bestehenden und oft international weit reichenden Marktgeflechts wie beispielsweise die Handelsbeziehungen der oberitalienischen Stadtrepubliken in der Renaissance zur gesamten Levante-Region und von dort zur Seidenstraße.

Der Begriff *kulturelles Kapital* geht auf Pierre Bourdieu zurück. Ohne auf dessen Schriften hier einzugehen, knüpfen wir an seine Vorstellung einer auf Bildung, Bildungschancen und Bildungsanstrengungen beruhenden Form geistigen Kapitals an, welches zu gesellschaftlichen Differenzierungen führt und sich nicht oder nicht ohne weiteres an das ökonomische (monetäre) Kapital anschließt (Bourdieu 2003).

Der Gegensatz zwischen kulturellem Kapital nach Bourdieu und ökonomischen Kapital relativiert sich jedoch, wenn man das Wirtschaften selber als eine kulturelle Arbeit erklärt und die geistig-schöpferischen Anstrengungen, Austauschbeziehungen auf einer metaphysischen Ebene zu entwickeln, als einen für die Handelspraxis überaus wichtigen Wert bestimmt, wie das in dieser Schrift geschieht.

Bilden sich an verschiedenen Orten auffällige Zentren vitalen Kulturlebens und insbesondere von lebhafter Kunstpraxis, welche teils aus sich selbst heraus nach überörtlicher Wirkung und Geltung streben und teils von den Peripherien oder anderen Kulturzentren her sich „zu Wort" melden, dann bildet sich ein Potential möglicher Dienstleistungen, die von Händlern und Kaufleuten aufgegriffen und in Marktleistungen umgewandelt werden können.

Natürlich ist das Motiv dabei die Gewinnerzielung, die neben der alles antreibenden Unternehmungslust von Kaufleuten (in diesem ursprünglichen Sinne also von Unternehmern) die Motivation zur Hergabe von Geld für investive Zwecke (mithin Kapital) erzeugt. Beides muss ineinander spielen und beides muss auf die Bildung von kulturellem Kapital in Gestalt von nachhaltigen Beziehungsstrukturen gerichtet sein.

Kunstobjekte können aus verschiedenen Gründen Gegenstände händlerischer Interessen werden, wenn bestimmte Bedingungen erfüllt sind: Sie müssen beweglich sein; sakrale Wandgemälde sind folglich nicht handelbar. Sie müssen eine Aura besitzen, um über den Ort und geistigen Ursprung ihrer Entstehung hinaus wirken zu können; banale Votivfiguren ohne ornamentalen Wert wurden erst zu Handelsobjekten, als die ersten fürstlichen Kurio-sitätenkabinette entstanden und später zu begehrten Sammlerstücken werden konnten. Sie können zu Handelsgütern werden, wenn sie als geistige Erzeugnisse auf reproduzierbare materielle Träger gebracht werden, beispielsweise Erzählungen in Buchform.

Die Verlagerung der Organisation von Austauschbeziehungen zwischen Kunstprodu-zenten und Kunstrezipienten auf die Ebene der so genannten immateriellen Dienstleistungen, z. B. die Veranstaltung von Auktionen oder die Tätigkeit von Konzertagenturen, ist eine spä-te Entwicklung in der Neuzeit, die parallel zur Umwandlung des Charakters der entwickelten Marktwirtschaften von der Dominanz des sekundären Sektors (Industrie und handwerkliche Erzeugung) zur Dominanz der Dienstleistungen in der Gegenwart verlaufen ist.

Das kommerzielle Potential der Kunst beschränkt sich nicht (mehr) auf den Handel mit fertigen Objekten, sondern erstreckt sich zu einem sehr großen Teil auf die Schaffung von kulturellem Kapital in Form von dauerhaften Beziehungsgebilden, über die regelmäßig Kunstereignisse stattfinden können. Dazu gehören Einrichtungen wie Theaterhäuser und Museen, Konzerthallen und Ausstellungsplätze als Vermittlungsinstitute.

Ein Theater ist technisch im Grunde ein Kunstvermittlungshaus von hohem kulturellem Rang, welches sich durch seine Architektur und gesellschaftliche Symbolik als kunstdien-lich erweisen muss. Das Gleiche gilt für Museen und all die anderen Institutionen, welche Kunstwerke beherbergen oder Kunstereignisse stattfinden lassen. Diese den Künsten zuge-wandten Häuser erfüllen gesellschaftliche Funktionen, die nur selten durch kommerzielle Eigenleistungen (Einnahmen aus Veranstaltungen und Vermietungen) ihre ökonomische Existenz sichern können. Das notwendige ökonomische Kapital wird in ihnen, so sie sich als gesellschaftlich fruchtbar erweisen, von ihrem kulturellen Kapital weit überragt.

Die in der Öffentlichkeit weit verbreitete Kritik der mangelnden Wirtschaftlichkeit geht daher fehl, denn sie beachtet gewöhnlich den kulturellen Wert nicht, den sie aus ihrem kulturellen Kapital heraus erzeugen. Dass in der Kunstpraxis die Diskrepanz zwischen kulturellem und ökonomischem Kapital und damit die Spannung zwischen ökonomischem Ressourcenverbrauch und kulturell wertvollen Produktionen zu erheblichen Problemen füh-ren kann, unterstreicht nur die Wertkomplexität. Wir werden dieser Frage noch im Einzelnen nachgehen müssen.

14   Die Verantwortung des Staates

14.1   Einleitung

Die Zuständigkeit des Staates für das Geschehen in der Kultur ist zwar unbestritten, be-darf aber selber der verfassungsmäßigen Regelung. Hier sind zwei verschiedene Aspekte zu unterscheiden. Es kann sich einerseits um die Notwendigkeit der Wahrung einer mehrheit-lich unterstützten Entwicklung der Bedingungen für das reale Kulturleben handeln, woraus sich Normen setzende Aktivitäten ergeben (z. B. Urheberrechtsgesetze).

Andererseits kann es auch um die Pflicht gehen, die institutionellen Vorkehrungen zu unterstützen, also auch zu finanzieren, ohne die das Kulturleben verarmt oder verwahrlost (z. B. Unterhaltung oder Subventionierung von Theatern, Orchestern und Museen).

Die Ethik der Subventionierung von Kultureinrichtungen ist die gleiche wie die der Unterhaltung oder Subventionierung von Krankenhäusern, Bildungseinrichtungen, Sportarenen oder Freizeitparks. Dass unterschiedliche Prioritäten gesetzt werden (können), steht außer Frage. In Notfällen können Finanzmittel auf Krankenversorgung umgeleitet werden müssen.

Weil das Kulturleben deutlich langsamer reagiert und es im Allgemeinen nicht zu Katastrophen und sonstigen Notsituationen kommt, fällt es offenbar vielen Kommunalpolitikern schwer, den langfristigen Dauerschaden zu erkennen, der durch das Ausbleiben erforderlicher Haushaltsmittel zur Stützung des Kulturlebens eintreten kann. Politik auf einen langen Horizont hin auszurichten, scheint nicht zu den gängigen Qualitäten von Politikern zu gehören.

Der Staat vertritt die Gesellschaft, aber er beherrscht sie nicht, jedenfalls nicht in einer funktionierenden Demokratie. Das ist keine leichte Aufgabe, denn die Gesellschaft ist ein Abstraktum. Man sieht, hört und riecht sie immer nur exemplarisch, aber nie als Ganzheit. Die meist verschwommenen und nur in Clustern schwach und beweglich wie Wolken konturierten inneren Vorstellungen über *die* Gesellschaft sind ein Resultat lebenslanger, äußerst komplexer Wahrnehmungen und Aufschlüsse über Kommunikationen der unterschiedlichsten, oft widersprüchlichen Art. Die Organe des Staates regieren ein – für die Ansprüche von Rationalisten – unfassbares und doch real existierendes immaterielles Gebilde.

Das Handeln des Staates richtet sich an die Gesellschaftsmitglieder auf der Ebene der Verständigung, in der Regel jedenfalls nicht physisch durch Zwang, und rechnet mit einem Minimum an individueller Moral der Befolgung von vernünftig begründeten und nachvollziehbaren Normen (Gesetze). Die Wirkung des Staatshandelns ist koordinierend und synchronisierend unter Aufrechterhaltung von individuellen Spielräumen der Selbstgestaltung von Lebensumständen. Die unzählbaren Stilvarianten des Staatshandelns bewegen sich in einem geistig-normativen Raum, der ohne Strukturierung im Chaos und mit vollständiger Regelung im Stillstand landen würde. Staatskunst ist im Kern Balancekunst.

Regieren ist ein kommunikativer Prozess, der in einer demokratischen Gesellschaft über Normen setzende Organe und ausführende Administrationen erfolgt, deren Handeln der Kontrolle durch Rechtsprechung und eine intakte, freie Presse unterzogen werden kann. Der Staat, genauer: die verschiedenen Organe des Staatsapparates, regelt nicht alles und jedes Detail, sondern hält sich so weit wie möglich und sinnvoll zurück und beschränkt sich entlang der Skala liberaler Grundhaltungen auf Makroreglementierungen (z. B. das so genannte Arms-Length-Prinzipe in Großbritannien, s. Anhang *2)) in den verfassungsmäßig festgelegten Sachgebieten, zu denen auch (Kultur- und) Kunst gehört.

Die meisten dafür zuständigen Ministerien werden Kulturministerien oder sogar Kultusministerien genannt, obwohl das, was durch sie geschieht, sich im Wesentlichen auf die Künste erstreckt, und auch hier oft nur auf diejenigen, die den Regierenden wegen ihres hohen Subventionsbedarfs einige Kopfzerbrechen verursachen. Im Übrigen beschränkt sich die staatliche Administration in Sachen Kunst auf rechtliche und steuerliche Rahmenbedingungen sowie die gelegentlichen Repräsentationen bei Festspieleröffnungen und Preisverleihungen, aber schon kaum noch bei Buchmessen oder gar Vernissagen.

Nicht nur *die* Gesellschaft, sondern auch *die* Kunst oder *die* Künste sind Sammelbegriffe für Abstrakta, die nur mit kommunikativen Mitteln wirksam gestaltet werden können.

Der Staat – selber ein Abstraktum, vertreten durch gewählte oder ernannte Repräsentanten und sich darstellend in den komplexen ministeriellen, parlamentarischen und bürokratischen Institutionen – vertritt also ein Bündel von abstrakten Gebilden, welche nur in individuellen Gehirnen und nur als „Einbildung" existieren. *Der* Staat, *die* Kultur oder *die* Kunst sind Denkobjekte, die jeder nur für sich selbst im Kopf haben kann.

Diese Denkobjekte sind so vielfältig, wie es Individuen gibt, die sich als soziale Elemente der Gesellschaft unter dem Staat, der Kultur oder der Kunst etwas Prägnantes vorstellen und sich entsprechend äußern. Sie sind abstrakt und doch real, weil das Denken des Einzelnen sein Handeln leitet. Da die gedankliche Brücke zwischen Denken und physischem Handeln keiner naturwissenschaftlichen Kausalität folgt, muss der Staat auf die Vernunft und Moral des Einzelnen bauen (womit er nicht selten Schiffbruch erleidet), wie umgekehrt jeder Einzelnen auf die Vernunft und Moral der Staatsorgane vertrauen können muss (was bei weitem nicht immer bestens funktioniert).

Für einen Staatsvertreter, der sich amtlich mit Kultur und Kunst befassen muss, ist sein Kompetenzfeld ein etwas rätselhafter Teil der Gesellschaft, weit weniger klar und verbindlich wie beispielsweise die Wirtschaft, die Justiz oder das Militär, allenfalls der Bildung sehr ähnlich. Der Grund dafür liegt in der geistigen Natur kultureller und künstlerischer Betätigungen, deren wahre Konturen nie eindeutig zur Erscheinung kommen.

Ein Schriftsteller legt einen Roman vor; doch was tatsächlich in seinem Kopf umging, kommt im Druckwerk nur in komprimierter, ästhetisch überhöhter und verwickelter Konstruktion an die Öffentlichkeit. Ein Konstrukteur erfindet ein Produkt; was er sich dabei tatsächlich gedacht hat, ist fast gleichgültig, denn nicht der wache Geist, der hier schöpferisch tätig war, ist entscheidend, sondern das wirtschaftlich verwertbare konkrete Ding, welches funktionieren und sich kulturell integrieren lassen muss. Dort steht die geistige Schöpfung im Vordergrund, beim Erzeugnis für den Markt die Funktionalität des materiellen Objektes.

Ein Staatsvertreter, der sich mit Wirtschaft befassen muss, kann mit einiger Verlässlichkeit sich auf Statistiken, Messungen und Trendberechnungen als Plattform des programmatischen Denkens stützen. Kulturpolitiker müssen dagegen andere Formen von Spürsinn, Grundüberzeugungen und Deutungskompetenz bei sich und anderen aufleben lassen. Kulturpolitiker müssen – anders als etwa der Landwirtschaftsminister – sich näher und mit empathischen Fähigkeiten auf die geistigen Strömungen und Geistesphänomene einer Epoche oder Region einlassen und versuchen zu interpretieren, was *die* Gesellschaft in den höchst unterschiedlichen Gebieten der Kunst wollen könnte und was aus der ganzheitlichen Sicht heraus als sinnvoll und machbar in die Tat umgesetzt werden kann.

Der Typus der Staatsverantwortung kann deshalb nicht auf allen Gebieten der staatlichen Zuständigkeit gleich sein. Davon abgesehen aber sind es im Ganzen gesehen die gleichen demokratischen Prozeduren, die das Handeln der Staatsvertreter strukturieren und es entsprechend der Verfassung legitimieren, so dass der Wille der Gesellschaft zur Geltung kommen kann. Die Undurchschaubarkeit des Kulturlebens, welches nur relativ schwach bestimmte Entwicklungslinien zu erkennen gibt und sich wegen ihrer Vitalität kaum festhalten lässt, macht es einem Kulturpolitiker nicht leicht, den Willen der Gesellschaft mit den Perspektiven langfristiger Entwicklungshorizonte pragmatisch zu verbinden. Doch das ist seine eigentliche Aufgabe und Kunst. So jedenfalls will es die Theorie.

Die Erfahrung zeigt jedoch, dass Politiker meist mehr ihren eigenen Visionen folgen, als dass sie nach den Notwendigkeiten und Perspektiven der Gesellschaft fragen, und dass sie ihre Interpretationen des Gesellschaftswillens von persönlichen Werten und Intentionen einfärben. Praktisch ist das unvermeidlich, denn niemand könnte auf einem notwendigerweise sehr hohen Abstraktionsniveau ein auf detailliertem und in sich widerspruchsfreiem Wissen über die (ihrerseits ja nicht dinglich, sondern nur virtuell existierende) Gesellschaft programmatische Entscheidungen fällen. Umso mehr sind in einer vitalen Gesellschaft offene, mediengestützte Diskurse über Grundsatzfragen und so manches Detailprojekt notwendig.

Was könnte der Wille der Gesellschaft bezüglich ihrer kulturellen Werte und Muster und ihrer diesbezüglichen Visionen für die Zukunft sein und welche Aufgabe könnte darin speziell den Künsten zukommen? Die deutsche Verfassung (das Grundgesetz) kennt keine Verpflichtung des (Bundes-) Staates zur Kultur. Selbst wenn das der Fall wäre, könnte der Staat kaum mehr leisten als ein Orakel, es sei denn, Kultur wäre um mehrere Stufen schärfer definiert als die bekannte UNESCO-Definition. Dass Kultur – das könnte man indirekt aus dem deutschen Grundgesetz herauslesen – eine Staatspflicht ist, bedeutet im Grunde nicht viel mehr als dass ein Kulturminister ernannt werden muss, dem ein verfügbarer Rahmen an Haushaltsmitteln übertragen wird. Das allein macht natürlich noch keine Kulturpolitik.

Kulturpolitik ist ihrem Wesen nach keine Eigenmächtigkeit des Staates, sondern hier gilt in ganz besonderem Maße die Bringschuld der Gesellschaft, genauer: das vitale Kulturleben und darin noch spezifischer und diffiziler die Notwendigkeit von Kunstpraxis. Kunst ist – so verstanden – eine notwendige Form der Vitalisierung der Gesellschaft und damit ein Mobilisierungsschub, in Sachen Kulturpolitik Verantwortung zu übernehmen. Die Verantwortung des Staates für die Kultur liegt also nicht in Richtlinien und Vorgaben, sondern in der Pflege der Bedingungen für kulturelle Vitalität innerhalb der Gesellschaft, denn nur daraus ergeben sich Annäherungen an das, was man den Willen der Gesellschaft nennt, wohl wissend, dass dieser Wille sich ausgesprochen diffus und widersprüchlich zu äußern pflegt.

Die Kulturpolitik der Bundesländer in Deutschland ist oft so vielsagend und undeutlich wie einst die Weissagungen der Pythia von Delphi. Tatsächlich sind die Kompetenzen der deutschen Bundesländer in Sachen Kulturpolitik extrem zurückhaltend und (im Vergleich etwa zur UNESCO-Definition) auf solche Bereiche reduziert, denen ein gewisses Glorifizierungspotential, ein das politische Klima stimulierendes (also Wahlchancen stärkendes) Unterhaltungspotential oder vermuteter ökonomischer Effekt (Kultur als Standortfaktor, Umwegrentabilitäten usw.) zukommt, und das trifft auf die Künste und die Kunstevents in besonderem Maße (wenn auch bei weitem nicht auf alle) zu. Die Konkurrenz von Sportevents, Medienspektakeln und vielen anderen Aktivitäten ist nicht zu verachten. Sie sind für die meisten Zuseher und Zuhörer weniger anstrengend und oft vordergründig erbaulicher als die intellektuelle und emotionale Auseinandersetzung mit Kunstwerken aller Art.

Dass der Staat als Stellvertreter der Gesellschaft nicht dirigistisch auftreten soll, verringert dennoch nicht seine Verantwortung für das kulturelle Profil der Gesellschaft und darin die Vitalität der verschiedenen Künste. Ganz im Gegenteil: Gerade dadurch, dass jede Art von gesellschaftlicher Vitalität auf eigenständiges Handeln von Menschen und ihren Gruppierungen angewiesen ist, bedarf es der sorgfältigen Fürsorge für normative und strukturelle Vorkehrungen und Rahmenbedingungen, die genügend Handlungsspielräume eröffnen.

Im Prinzip ist diese Positionierung des Staates in den Verfassungen festgeschrieben. Doch die Praxis weist eine Reihe von Schwächen und Lücken auf, die wir im Rahmen dieser Abhandlung allerdings nicht bis in alle Details darstellen und kommentieren können. Wir beschränken uns auf einige wesentliche Punkte:

1. Die finanzielle Förderung der Künste
2. Der wirtschaftliche Status der Künstler
3. Die rechtlichen Bedingungen der künstlerischen Arbeit
4. Die soziale Absicherung der Künstler
5. Die steuerliche Behandlung von Kunstaktivitäten

Mit diesen Themen ist bei weitem nicht alles angesprochen, was im Zusammenhang mit der Verantwortung des Staates für die Künste zu sagen wäre. Schwierig wird diese Thematik dann, wenn man den Betrachtungshorizont ausweitet auf die Probleme der Bildungspolitik, der Umweltpolitik, der internationalen Kulturbeziehungen und im weiten Rahmen schließlich der allgemeinen Wirtschaftsentwicklung. Diese Themenbereiche müssten an sich sehr viel genaueren Betrachtungen unterzogen werden, die wir aber anderen Initiativen überlassen müssen. Uns bleibt nur die Möglichkeit exemplarischer Darstellungen in einigen Kerngebieten der staatlichen Verantwortung, um ein wenig Klarheit in die komplexen Zusammenhänge zu bringen.

14.2   Die finanzielle Förderung der Kunsteinrichtungen

In den Staatshaushalten von Bund und Ländern ebenso wie in den kommunalen Haushalten hängen die Budgetansätze regelmäßig an einem dünnen Faden, weil Ausgaben für Kultur zwar nicht als Luxus, aber auch nicht als lebensnotwendig und daher im Ernstfall entbehrlich oder jedenfalls beschneidbar betrachtet werden.

Die häufig zu hörende Argumentation, gerade auch aus Kreisen der Wirtschaft, geht von der Behauptung aus, dass das Geld, welches man der Kultur zur Verfügung stellen will, zuerst in der Wirtschaft verdient werden müsse, denn es handelt sich bei Subventionen um Steuergelder. Die Logik leuchtet den meisten Menschen wahrscheinlich ein, und doch ist sie sachlich falsch und am Ende nicht einmal wirtschaftsdienlich.

Wir können uns hier nun auf unsere bereits ausgebreitete Position beziehen, dass Kultur (genauer: gefestigte, gelebte und schöpferisch weiterentwickelte Werte und Lebensmuster) der geistige Mutterboden der Wirtschaft ist (Bendixen 2011). Auch in der Wirtschaft selbst funktioniert nichts in einigermaßen geordneten Bahnen, wenn nicht ein hohes Maß an intellektueller und imaginativer Leistungsfähigkeit der daran Beteiligten verfügbar ist.

Woher aber sollte diese Leistungsfähigkeit kommen, wenn sie nicht in permanenter Bildung der geistig-imaginativen Kompetenzen kultiviert wird, und zwar bei jedem jungen Menschen immer wieder von Neuem und bei jedem Erwachsenen in Lebenserfahrung und vermehrtem Wissen sich fortsetzend – bis ins höchste Alter hinein.

Bildung und damit die kulturelle Formierung von Persönlichkeiten und überindividuellen Zusammengehörigkeiten sind verallgemeinerte, unspezifische und durch Lebenserfahrung (besonders durch Berufserfahrung) akzentuierte Prägungen individueller Kräfte. In Bildungsprozessen (im Elternhaus, in der Schule, in höheren Bildungseinrichtungen und selbst noch im Berufsleben) geht es nicht oder erst in zweiter Linie um eine herausgehobene Fokussierung der individuellen Leistungsfähigkeit bezüglich der Verwertung in einer Berufspraxis, sondern um die Befähigung jedes Einzelnen, sich als Mitglied der Gesellschaft zu positionieren und an deren Entwicklungen aktiv teilzunehmen. Im vielen beruflichen Positionen ist nicht der Fachidiot, sondern die gefestigte Persönlichkeit gefragt.

Geistige Offenheit wird durch allzu zugespitzte Berufsqualifizierung häufig konterkariert. Was dabei herauskommt, sind – wie es in einem Beitrag in Welt-Online heißt (Bostel 2011) – Fachidioten. Was dabei verloren geht, ist die in einer freien Gesellschaft zwingend erforderliche Fähigkeit des Mitdenkens in allen gesellschaftlichen Angelegenheiten von Rang, und das setzt allgemeine Urteilsfähigkeit und geistiges Streben voraus. Bildung ist in jedem Fall und unausweichlich eine subjektive Anstrengung. Aber sie kann gestützt und gefördert werden durch äußere Stimulation und ein geeignetes Ambiente, in welchem solche Prozesse sich entfalten können.

Aus keinem anderen Grund unterhält jede vitale Gesellschaft Bildungseinrichtungen aller Art (Schulen, Hochschulen, Berufsschulen), und niemand käme vermutlich auf den Gedanken, dass solche die persönlichen Bildungsanstrengungen stützenden Einrichtungen partiell entbehrlich sein könnten, wenn dem Staat das Geld ausgeht. *Erst kommt das Fressen, dann die Moral* (Brecht) bietet keinen überzeugenden Wink zu sagen, dass das (*vom Steuerzahler* eingeholte) Staatsgeld für Bildung zuerst in der Wirtschaft verdient werden muss.

Erst die umgekehrte Logik, wonach die Steuerkraft der Wirtschaft und der von ihr beschäftigten Arbeitnehmer erst in Gang kommt, wenn die Aktiven genügend gebildet sind, stellt die Wirkungsbeziehungen zwischen der Wirtschaft und den Staatsausgaben für Bildung und Kultur auf stabile Füße. Investitionen in Bildung sind notwendige Vorleistungen des Staates für eine funktionsfähige Wirtschaft, nicht umgekehrt!

Bildung ist ein Teilaspekt der Künste insofern, als ästhetische Geschmacksbildung, wie sie noch Schiller und Kant vorschwebte, die lebensdienliche Urteilsfähigkeit des Menschen in Ergänzung zum kognitiven Wissen erst ermöglicht. Diesen allgemeinen Grundsatz für die Notwendigkeit der Förderung der Künste wird kaum jemand ernsthaft bestreiten.

Doch das eigentliche Problem ist damit nicht gelöst. Nicht jede künstlerische Aktivität kann und muss gefördert werden; nicht jede ist überhaupt subventionsbedürftig. Und selbst dort, wo Subventionsbedürftigkeit gegeben ist, kann es kulturpolitisch notwendig sein, mit der Förderung Akzente zu setzen und nur selektiv finanzielle Unterstützung zu gewähren.

Die gesamte Materie der Kulturfinanzierung, soweit sie nicht rein marktwirtschaftlich durch Eigeneinnahmen zu bewältigen ist, gehört zu den schwierigen Bereichen der Kulturpolitik. Gerade deshalb aber ist dieses Thema eine genuin kunstökonomische Fragestellung, und zwar einerseits, weil es um die Beschaffung und den ökonomischen Einsatz von finanziellen Mitteln geht, und andererseits, weil es um die Frage der gesellschaftlich erwünschten Wirkungen von Kunst bis in die Wirtschaft hinein geht (Literatur s. unter Leseempfehlungen).

Eine unumgängliche Problematik bleibt dennoch stets im Raum und kann auch nicht generell gelöst werden: Es kann Kunstproduktionen geben, beispielsweise fragwürdige Theaterinszenierungen, die strittig sind hinsichtlich der Rechtfertigung von Subventionen.

Wir werden auf aktuelle Entwicklungen noch ausführlich eingehen, wie diese Problematik sich in jüngster verschärft hat durch extreme Belastung des Prinzips der Autonomie der Kunst, welche in der Praxis so überdehnt werden kann, dass kaum noch Bildungswirkungen oder überhaupt die Vitalität des Kulturlebens in Frage steht.

Ob Steuergelder bereitstehen sollen, ästhetische Provokationen durch Kunst zu fördern, mag strittig sein. Provokationen sind jedoch weder aufklärerisch noch konstruktiv wirksam, sondern wirken wie Streubomben. Mit dieser lapidaren Bemerkung soll keineswegs gesagt sein, dass Kunst keine Aufregung verursachen darf. Aufregungen als Steigerung von Anregungen müssen aber vom Publikum intellektuell verstanden und sensibel empfangen werden können. Die Misere der Theater, die wir heute teilweise registrieren müssen, haben wir uns ausführlich für den Abschnitt 18 vorgenommen.

14.3   Eigentumsrechte an geistigen Erzeugnissen

Die Regelung von Eigentumsrechten an Sachen und geistigen Erzeugnissen (Eigentumsrechte und Urheberrechte) ist eine essenzielle Aufgabe der Organe des Staates, und zwar des Parlaments als Gesetzgeber, der Staatsverwaltung als Exekutive und der Justiz für die Rechtssprechung. Die beiden genannten Rechtsgebiete weisen eine Reihe wichtiger Verwandtschaften auf, sind jedoch bei weitem nicht deckungsgleich.

In jedem Fall aber ist die Pflege dieser beiden Rechtsgebiete ein Kernstück marktwirtschaftlicher Systeme, deren philosophisches, ökonomisches und pragmatisches Fundament die individuellen Herrschaftsrechte über Sachen und geistige Erzeugnisse sind. Ohne privates Eigentum an Sachen kann sich keine dynamische Marktwirtschaft entfalten. Das Gleiche gilt für ein entwickeltes Eigentumsrecht an geistigen Erzeugnissen.

Die Eigentumsrechte an Sachen gehen im Kern auf die antike römische Rechtspraxis zurück. Zu unterscheiden vom Eigentum an Sachen und den damit verbundenen Herrschaftsrechten ist der bloße Besitz von Sachen. Wer stiehlt, erwirbt kein Eigentum. Der Ursprung dieser Regelung ist wesentlich gekoppelt an die Anerkennung von Herrschaftsrechten durch das Gemeinwesen. Eigentum entsteht nicht dadurch, dass jemand einen Gegenstand an sich nimmt oder ein Gelände oder Grundstück besetzt (das wäre rechtmäßiger oder unrechtmäßiger Besitz, aber kein Eigentum), sondern dadurch, dass die Herrschafts- oder Verfügungsrechte an diesen Gegenständen oder Grundstücken anerkannt werden, in der Regel durch die Gesetze des Staates.

Die Herrschaftsrechte gewähren dem Eigentümer weitreichend freie Verfügungen über einen Gegenstand, soweit sie nicht gegen höhere Rechtsnormen, z. B. die Verfassung, oder Rechte anderer verstoßen. Erwähnenswert ist in diesem Zusammenhang die fundamental bindende Rechtsnorm in der deutschen Verfassung (Grundgesetz), wonach der Gebrauch des Eigentums der Verpflichtung unterliegt, dem Wohle der Allgemeinheit zu dienen.

Im Übrigen kann der Eigentümer mit seiner Sache nach eigenem Gutdünken verfahren: er kann es horten, zerlegen, weiterveräußern, ausleihen und materiell verändern. Das ist für Produzenten von dinglichen Erzeugnissen wesentlich, anderenfalls könnten sie erworbene Rohstoffe nicht physisch zu Produkten verarbeiten, und es ist für Privatpersonen wesentlich, sonst dürfte man im Restaurant das erworbene Gericht nur anschauen, aber nicht verspeisen.

Die juristischen Details sind für unser Thema nicht von vorrangiger Bedeutung, ausgenommen die Frage des Eigentumserwerbs, denn die ist essenziell für eine freie Marktwirtschaft, da sie ja auf dem Tausch von Ware gegen Geld beruht, also geregelte Formen der Eigentumsübertragung benötigt. Wir bleiben zunächst bei dem Marktverkehr mit Sachen und werden hernach zum Problem der Urheberrechte und dem Marktverkehr mit geistigem Eigentum übergehen.

Eigentum wird erworben durch zwei miteinander verbundene Einzelaktionen: Die Tauschpartner müssen sich einig sein, dass sie den Tausch vollziehen wollen, und sie müssen (im Normalfall) den Tauschgegenstand physisch übergeben, also den Besitzwechsel vollziehen. Wird ein Gegenstand lediglich physisch übergeben, so erwirbt der Besitzer keine vollen, sondern nur (vertraglich) begrenzte Herrschaftsrechte, z. B. bei der Miete, welche dem Mieter bestimmte Nutzungsrechte gewährt, nicht aber das Recht, den Gegenstand zu verändern oder zu veräußern. Ist der Erwerber bereits im Besitz der Sache, z. B. ein einem Museum geliehenes Gemälde, so reicht die Einigung über den Eigentumswechsel.

Diese Rechtsgrundlage im Eigentumsrecht ist ein wichtiger Hinweis auf die ökonomische Definition des Marktgeschehens. Die Ausübung von weitgehend unbegrenzten Verfügungsrechten an einer Sache ist eine individuelle Rechtsposition, die auf einem davor liegenden Eigentumserwerb beruhen muss, etwa beim Weiterverkauf von erworbener Handelsware. Der Besitzer dagegen kann nur Verfügungen treffen, die ihm vom Eigentümer eingeräumt worden sind oder zu denen er sich verpflichtet hat, z. B. die regelmäßige Pflege einer gemieteten Wohnung einschließlich Kleinreparaturen.

Da für Eigentumsübertragungen eine förmliche Einigung mit dem Voreigentümer zwingend ist (im Wirtschaftsverkehr in der Regel ein ausgehandelter Kaufvertrag), können wir den Markt ganz allgemein als einen Ausschnitt im öffentlichen Leben definieren, in dem Einigungsverhandlungen der genannten Art stattfinden. Mit anderen Worten: Das Wesen des Marktes ist intentionale Kommunikation, die auf Einigungen zuläuft – und nicht die physische Besitzübergabe, wie dies allzu vordergründig aus den üblichen Lehrbuchdefinitionen der Ökonomie abzulesen ist, wonach der Markt als ein Ort des Zusammentreffens von Angebot und Nachfrage zum Tausch von Ware gegen Geld bezeichnet wird. Der physische Tausch bedeutet lediglich die Besitzübergabe und greift als Definition des Marktgeschehens um die Hälfte zu kurz.

In diesem ökonomisch höchst relevanten Rechtsmuster des Marktverkehrs wird noch eine weitere Komponente von – auch theoretisch – höchster Bedeutung erhellt. Sie ergibt sich daraus, dass die Herrschaftsrechte an erworbenem Eigentum bestimmten Beschränkungen unterliegen können. Generell werden solche Beschränkungen durch allgemeine Gesetze auferlegt (wie im Art. 14, 2 des deutschen Grundgesetzes).

Man kann nicht beliebig mit seinem Eigentum verfahren, wenn damit öffentliche Belange oder Rechte anderer Personen verletzt werden. Es gibt aber auch spezifische Beschränkungen. Sie können dadurch auferlegt werden, dass mit dem Eigentumserwerb die Verpflichtung übernommen werden muss, den Gegenstand in seiner ursprünglichen Gestalt vollständig zu bewahren. Das ist z. B. beim Denkmalschutz der Fall, und damit nähern wir uns bereits dem Urheberrecht.

Der Denkmalschutz ist auch deshalb ein besonders wichtiger Fall, weil in ihm bereits das Wesen des Urheberrechts anklingt. Geschützt wird ein Gegenstand, beispielsweise ein

Gebäude von besonderem historischen Erinnerungswert oder sogar ein ganzes Ensemble von Gebäuden, die zusammengenommen ein historisches Stadtbild ergeben, nicht oder nicht zur Hauptsache wegen seiner materiellen Gestalt (außer beispielsweise bei archäologischen Funden), sondern wegen seiner kulturellen Bedeutung, welche es zu einem Stück des kulturellen Erbes macht. Geschützt wird in der Ästhetik der Objekte ihr kultureller Geist.

Das Beispiel des Denkmalschutzes ist ökonomisch bedeutsam und ergibt zugleich eine Untermauerung unserer Erklärung und Definition von Wirtschaft durch die Tatsache, dass es nicht nur bei besonderen Objekten, sondern ganz allgemein im Wirtschaftsgeschehen ausnahmslos um *kulturell* und nicht schlicht um materiell-funktional gestaltete Erzeugnisse handelt, auch wenn die kulturelle Seite bei einem Ziegelstein weniger auffällt als bei einem Objekt des Denkmalschutzes.

Der Denkmalschutz kann so weit gehen, dass selbst die Materialien eines Objektes nicht verändert werden dürfen. Ein Fall in einer Stadt in Norddeutschland ist bekannt geworden, in dem der Eigentümer verbotenerweise die hölzernen Fensterrahmen seines denkmalgeschützten Hauses (im klassischen Jugendstil) durch Kunststoffrahmen ersetzen ließ. Die Maßnahme musste – nach einer langwierigen Prozessphase – zurückgebaut werden.

Der kulturelle Mantel, der in der ästhetischen Gestaltung und symbolischen Bedeutung eines Objektes liegt, ist bei gewöhnlichen Waren des Konsums eine Bedeutungsebene, die hauptsächlich der Geschmeidigkeit des Verkaufs dient und auf die gängigen Geschmackspräferenzen von Konsumenten Bezug nimmt. Solche kulturellen Ummantelungen an Waren sind aus naheliegenden Gründen nicht besonders schützenswert, da sie kaum einen gesteigerten intellektuellen (kognitiven und emotionalen) Anspruch an ihren Gebrauch und an ihre Einfügung in die alltäglichen Lebensumstände stellen.

Doch nicht dieser Umstand steht dabei im Vordergrund, sondern die Tatsache, dass diese kulturelle Komponente massenhaft reproduzierbar ist und ihre kulturelle Auffälligkeit sich rasch in den ästhetischen Banalitäten des Alltags verliert. Dieses Schicksal ereilt Modeprodukte der Textilbranche ebenso wie leichtfüßig daherkommende Schlagermelodien, die sich über die Medien ausbreiten und von selbst abschleifen und banalisieren.

Unter ökologischen Gesichtspunkten kann es zu kritischen Zuständen kommen, wenn technisch funktionsfähige Gegenstände aus Gründen der reinen Ästhetik weggeworfen werden, um dem Bedürfnis nach ständiger Abwechselung und ästhetischen Erneuerung bis hin zur Stilisierung der menschlichen Figur selbst profitabel nachzukommen.

Doch selbst diese Gestaltungen sind in ihrer kulturellen Machart in der Regel geschützt. Ein gewöhnlicher Dübel, der irgendwo in einer Wand verschwindet, hat eine unbedeutende Ästhetik und einen meist unbewusst bleibenden Kulturwert. Und doch hängt an diesem unscheinbaren Gebrauchsding ein wesentliches Stück Bau- und Wohnkultur.

An jedem noch so unscheinbaren, aus menschlichem Erfindergeist hervorgehenden Gegenstand, der für sich allein vielleicht kaum auffällt, hängt über seinen Verwendungszusammenhang eine kulturelle Bedeutung. Diese Kulturschicht ist stets vorhanden und kann nicht – auch theoretisch nicht – einfach verleugnet werden. Bei gewöhnlichen Alltagsprodukten steht sie eben hauptsächlich im Dienst der geschmeidigen Marktkommunikation und hat als Einzelstück keine aus der Masse heraushebende Semantik. Das kann schon bei einem Gebäude anders sein. Bei Unikaten, etwa einem *Bentley* aus handwerklicher Herstellung, ist das natürlich anders.

Denkmalgeschützte Objekte haben – rechtlich und ökonomisch – eine gewisse Ähnlichkeit mit Kunstobjekten, etwa Gemälden oder Skulpturen. Gemälde und die meisten Skulpturen können, zumal sie bewegliche Objekte sind, jederzeit und überall zum Verkauf angeboten und erworben werden. Darin gibt es keine außergewöhnlichen Beschränkungen. Das Urheberrecht aber lässt es nicht zu, dass der Erwerber an ein erworbenes Gemälde Hand anlegt und es als Kunstwerk verändert.

Geschützt wird hier nicht der Eigentümer, der bestimmte, ansonsten sehr weit reichende Herrschaftsrechte erwirbt, beispielsweise um das Gemälde gegen Entgelt in eine Ausstellung einzustellen, sondern geschützt wird derjenige, der als Künstler dieses Werk geschaffen hat, und der Schutz bleibt über eine beliebig lange Kette von Eigentümern erhalten. Der kulturelle Wert wird durch Weiterveräußerung nicht fortlaufend abgeschliffen.

Mit dem Urheberrecht wird keine Parallele zum Eigentumsrecht an Sachen geschaffen, sondern eine komplementäre und erweiternde Beziehung hergestellt. Wo immer die kulturellen Komponenten von Objekten einen besonderen öffentlichen und privaten Rang haben – archäologische Funde, Monumente von öffentlichem Erinnerungswert, Naturschutzgebiete und eben Kunstwerke –, wird der Erwerb von Eigentum zwar nicht unterbunden, aber die Herrschaftsrechte werden zum Teil gravierend eingeschränkt. Bei diesen Objekten hat die kulturelle Semantik, ihr künstlerischer Wert oder ihr historischer Erinnerungswert, Vorrang vor dem Wert als dingliches Objekt, z. B. der monetäre Wert durch die Herstellkosten.

Wegen dieser Rechtslage sind bestimmte Formen des privaten und öffentlichen Eigentumserwerbs von hoher kulturpolitischer Bedeutung. Beispielsweise können private Stiftungen, die sich für bestimmte Kulturgüter oder Objektensembles einsetzen, um sie zu erhalten und zu pflegen, Eigentum an diesen Dingen erwerben mit dem erklärten Ziel, sie als kulturelles Erbe zu bewahren und der Öffentlichkeit zugänglich zu erhalten. Das gilt in besonderem Maße für Museen, aber auch für Objekte der Architektur und für geschützte Naturlandschaften und ist auch für die öffentlichen Verwaltungen wie beispielsweise Denkmalschutzbehörden und Baubehörden verbindlich.

Geschichtlich steht die moderne Entwicklung der international sehr verschiedenen Ausformungen von Urheberrechten in engem Zusammenhang mit dem Vordringen marktwirtschaftlicher Prinzipien gegen Ende des 18. und zu Beginn des 19. Jahrhundert. Vorläufer von Formen des Rechtsschutzes an geistigem Eigentum hat es spätestens seit der Renaissance gegeben, doch die staatlich geförderte Herausbildung von Marktwirtschaften als dominierende Wirtschaftsform hat – wie an anderer Stelle schon ausgeführt – nicht nur die Warenproduzenten von obrigkeitlicher Aufsicht und Intervention befreit, sondern auch die Kunstschaffenden: Schriftsteller ebenso wie Kunstmaler oder Musikkomponisten.

Sie traten zunehmend und mit entsprechendem Selbstbewusstsein ihres Künstlertums aus der Abhängigkeit fürstlicher Gönner und Förderer heraus und stellten sich nun der Öffentlichkeit (dem anonymen Publikum). Ihr Problem stellte sich allerdings etwas anders dar als das der Warenproduzenten: Der Wert ihrer Erzeugnisse lag in ihrem dinglich nicht erfassbaren geistigen Gehalt, und der ist eben durch das klassische Eigentumsrecht nur bedingt geschützt, da er nicht materiell definierbar ist.

Aus dem gleichen Grund verläuft auch die Wertbildung auf Kunstmärkten anders. Eine Kunstauktion bildet Preise für Kunstobjekte, die sich vollständig von der materielle Basis ihrer physischen Produktion ablösen und sich ganz auf den ästhetischen und symbolischen

Wert einlassen – mit den bekannten Folgen für berühmte Gemälde der Kunstgeschichte und gelegentlich der Kunstgegenwart.

Das Urheberrecht ist keine einheitliche Rechtsmaterie, insbesondere nicht auf internationaler Ebene. Die nationalen Ausprägungen dieses Rechtsgebietes hängen eng mit den jeweiligen historischen Umständen und dem politischen Ambiente zusammen, unter denen sie entstanden sind und der Öffentlichkeit angeboten werden. Besonders gravierend ist der Unterschied zwischen dem kontinentaleuropäischen Urheberrecht und dem angloamerikanischen Copyright.

Das Urheberrecht ist ein Schutzrecht des Erschaffers eines geistigen Erzeugnisses, beispielsweise eines Romans oder einer philosophischen Abhandlung, und regelt die Wirkungen der Übertragung von Produktions- und Reproduktionsrechten (z. B. Druckwerke eines Verlags) und der Rückbeziehung auf die Rechte des Urhebers. Diese stehen im Zentrum des kontinentaleuropäischen Urheberrechts.

Das angloamerikanische Copyright bezieht sich im Kern auf das Kopier- und damit Verwertungsrecht, also das Druck- und Vervielfältigungsrecht an Schrift- oder Bildwerken oder das Druckrecht an den Partituren von Musikwerken sowie insbesondere auf die Nutzung der Kunstwerke für Vervielfältigungen oder Aufführungen. Das Urheberrecht gehört zu den kompliziertesten Rechtsmaterien. Die Grenze zwischen schützbaren und nicht schützbaren künstlerischen Werten kann nicht scharf gezogen werden. Im Zweifelsfall muss das Patent- und Markenamt (BGBl) entscheiden, was gelten soll. Wir können und wollen darauf nicht im Einzelnen eingehen, sondern müssen auf einschlägige Literatur verweisen. Im Falle eines praktischen Problems mit Urheberrechten ist es im Zweifel ohnehin ratsam, Rechtsexperten für Urheberrecht heranzuziehen. (Literatur s. unter Leseempfehlungen).

Das Urheberrecht hat sich zwar schon im Verlaufe des 19. Jahrhunderts – hauptsächlich an Druckwerken für Literatur – entwickelt und ist wirksam geworden. Dennoch hat es lange gedauert, bis Kunstschaffende sich selber dieser Schutzrechte bedienen konnten. Der Enkel des Komponisten Richard Wagner, Wolfgang Wagner, im persönlichen Gespräch (mit B. W.): *Mein Großvater hat noch nicht daran gedacht, das Urheberrecht einzuführen. Leider ... denn dann hätten wir keine finanziellen Probleme bei den Festspielen. Das hat im Anschluss erst Richard Strauss für sich beansprucht.* Kaiser Wilhelm II soll nach einem Besuch der Oper *Salome* von Richard Strauss gemeint haben, dass der Komponist mit diesem Werk keinen großen Erfolg haben würde. Die Antwort des Künstlers war, er habe sich von den Einnahmen die Villa in Garmisch gekauft. Gemeint waren mit den Einnahmen die Honorare aus Urheberrechten.

Besonders schwierig sind Kunstwerke, die nicht physisch vorhanden sind, sondern in Form von Aufführungen entstehen. Die Frage ist relevant, was an solchen Aufführungen urheberrechtlich relevant und schützenswert sein kann. Heute sind Inszenierungen, also nicht nur die dramatische Vorlage, sondern die spezielle Interpretation und bühnenfähige Einstudierung mitsamt dem Bühnenbild, eindeutig geschützt. Ballettchoreografien sind schon seit längerem rechtlich geschützt und dürfen nicht verändert werden.

In heutiger Zeit hat sich wohl als Erster der Regisseur Peter Konwitschny vor Gericht gegen unerlaubte Veränderungen und Eingriffe in Produktionen gewehrt. Er hat sich gegen die Leitung der Leipziger Oper durchgesetzt, als ihm zwei Szenen aus seiner heftig ausgebuhten Inszenierung der *Csardasfürstin* gestrichen wurden. Das Gericht entsprach seiner Klage. Die Regiearbeit durfte nicht verändert werden.

Konwitschnys Aussage gegenüber den Erwartungen des Publikums: *ich mag es auch, diesem konservativen Publikum etwas ins Gesicht zu schleudern. Es ist platt.* Aber wenn es um die Werke der Komponisten geht, die sich aufgrund ihrer Ablebens nicht mehr wehren können, heißt es wörtlich: *Was Arnold Schönberg sich gedacht hat, ist mir egal. Das Werk ist klüger als sein Autor.* Oder an anderer Stelle: *Man muss etwas Wichtiges mitzuteilen haben, die Kunst selbst darf hierbei nicht im Mittelpunkt stehen* (Beyer 2005).

Aus diesen Äußerungen wird ersichtlich, wie weit sich die heutige Regiekunst von dem alten Begriff der Werktreue entfernt hat. Zwar findet mit jeder Inszenierung eine Interpretation statt, zwangsläufig, denn der Darsteller deutet seine Figur aus seinem (oder des Regisseurs) Verständnis heraus. Doch der Kern des Werkes, seine *künstlerische Botschaft an die Öffentlichkeit*, mussste unter dem Leitbild der Werktreue gewahrt bleiben. Die gegenwärtige Entwicklung hat sich indessen geradezu ins Gegenteil verkehrt: Ein Schauspiel aus älterer Epoche wird wie ein Steinbruch behandelt. Dass darin eine Gefahr für die darstellende Kunst als solche resultiert, werden wir an späterer Stelle noch ausführlich behandeln.

14.4 Kunst und Wirtschaftlichkeit

Der Begriff *Wirtschaftlichkeit* hat seinen Ursprung in einer allgemeinen Vernunftregel, die zunächst gar nichts mit der Wirtschaft im heutigen Sinne zu tun hat. Diese Vernunftregel besagt, dass es geboten ist, mit Dingen, denen die Üppigkeit abgeht, die also nicht in beliebigem Umfang verfügbar sind, wohlüberlegt umzugehen ist. Das bedeutet nichts weniger als das Gebot, die Nutzung verfügbarer Dinge hinreichend zu begründen, wenn diese nicht beliebig verfügbar oder wieder beschaffbar sind. Ein solches Gebot trifft auf private Haushalte ebenso zu wie auf die staatliche Haushaltsführung.

Die Möglichkeit, sich vorübergehend zu verschulden, um eine augenblickliche Enge der Verfügung über finanzielle Mittel zu umgehen, ist eine konstruktive und fundamentale Systemeigenschaft von Marktwirtschaften. Sie tangiert die Ethik der Wirtschaftlichkeit indessen nicht. Bei der Verschuldung, ob privat oder staatlich oder in einer Wirtschaftseinheit oder einer Kulturinstitution, muss der Nachweis geführt werden, dass der aufgenommene Kredit in angemessener Frist aus eigener Kraft getilgt werden kann.

Die Wirtschaft kann diesen Nachweis durch die Profitabilität ihrer Marktleistungen führen; der Staat kann diesen Nachweis durch die ihm zufließenden Steuereinnahmen führen, sofern die Erhebung von Steuern nicht die Wirtschaft und die private Kaufkraft drosseln. Schwierig ist die Lage bei privaten Haushalten und bei Kulturinstitutionen, die sich nicht aus Eigeneinnahmen finanzieren können (und dies in der Regel auch gar nicht sollen). Wir müssen also zwischen investiven Krediten (Tilgung aus eigener Kraft) und konsumtiven Krediten (Tilgung aus fremder Kraft oder gesteigerter Sparsamkeit) unterscheiden.

Die Lage ist eigentlich und grundsätzlich völlig klar: Es handelt bei dem Postulat der Wirtschaftlichkeit stets nur um den Zugriff auf *materielle Dinge*, die ihren Ursprung in der Natur selbst haben. Die Natur ist – wie Aristoteles es bereits formulierte – all das, was ohne Zutun des Menschen existiert und was dieser zwar nutzen, nicht aber selbst erschaffen kann.

Der Begriff der Wirtschaftlichkeit, welche sich auf die Knappheit dieser Dinge bezieht, kann folglich nur auf die Verfügung über materielle Ressourcen bezogen werden. Geld wurzelt prinzipiell in den (als wertvoll akzeptierten) materiellen Dingen wie Edelmetalle, Grundstücke oder andere real existierende Objekte und unterliegt ohne Einschränkungen dem gleichen Postulat der Wirtschaftlichkeit.

Jedermann wird rasch einsehen, dass diese auf physische Knappheit bezogene Vernunftregel auf geistige Vorgänge oder Bestände nicht angewendet werden kann. Ein Gedanke, ein Einfall, eine wichtige Information, eine lustige Anekdote, eine wissenschaftliche These lassen sich unbegrenzt vermehren, ohne dass dem Urheber etwas davon verloren geht. Sie sind eben nicht physische Hervorbringungen der Natur, sondern Geistesprodukte des Menschen, auch wenn der geistige Verkehr unter Menschen, also Kommunikation, sich häufig über materielle Dinge vollzieht, z. B. Druckwerke. Einen solchen Wert kann man mit anderen beliebig teilen, indem man ihn mitteilt, ihn also durch Kommunikation ausbreitet. Einen Geldbetrag dagegen oder einen Vorrat an gekeltertem Wein kann man zwar mit anderen teilen, aber dem Besitzer bleibt am Ende nur noch wenig oder nichts mehr übrig, wenn er einen Teil davon oder alles weggibt.

Die Vernunftregel des wirtschaftlichen Umgangs mit knappen Dingen muss also beschränkt werden auf materielle Objekte, insbesondere auf Ressourcen wie Geld, Material, Arbeitskräfte oder öffentliche Infrastruktur. Kunst und Wirtschaftlichkeit gehören nach erstem Anschein in keiner Weise zusammen, denn das eine – nämlich Kunst – gehört der geistigen Welt an und das andere – nämlich Ressourcen – gehört der irdischen Physis an, die bekanntlich begrenzt (und nicht nur knapp!) ist.

Das Ansinnen an Kunstpraxis und insbesondere an Institutionen der Kunstpraxis wie Theater oder Museen, sich wirtschaftlich zu verhalten und die eigenen Taten entsprechend zu rechtfertigen, kann sich logischerweise nur auf die dingliche Seite des Kunstschaffens erstrecken und postulieren, dass ein Schriftsteller mit Schreibpapier, ein Maler mit Pinsel, Leinwand und Farbe, ein Schauspieler mit seiner Staffage, ein Theater mit der Bühnentechnik oder ein Museum mit seinem Fundus nicht üppig verfahren, sondern an die Langfristigkeit der Nutzung dieser materiellen Ressourcen denken soll.

Die Frage stellt sich dennoch, ob das Prinzip der Wirtschaftlichkeit ohne Rücksicht auf die Inhalte und die künstlerischen Intentionen auf allen Ebenen der materiellen Bedingungen der Kunstpraxis angewendet werden kann. Wird, um ein beliebiges Beispiel herauszugreifen, aus Gründen der Geldknappheit die Bauunterhaltung eines Theaters reduziert und zeigen sich mit der Zeit Bauschäden und eine optisch auffällige Verwahrlosung der Ausstattung, dann kann sich unter den Schauspielern eine Atmosphäre der Lustdämpfung und im Publikum das Gefühl der ästhetischen Degradierung von Theaterkunst entwickeln, die in der Qualität der Vorführungen entsprechende Spuren hinterlässt.

Was wir an früherer Stelle bereits ausgeführt haben, erweist sich in diesem Zusammenhang als besonders relevant: Die dingliche Seite von Kultur- und Kunstpraxis, für welche sich die Ökonomie für zuständig erklärt, kann nicht unabhängig von der geistig-ästhetischen Seite bearbeitet werden. Zweifellos kann eine bestimmte Kunstpraxis nicht unbegrenzt und sollte daher nicht gedankenlos mit knappen Mittel umgehen. Will man aber zu pragmatischen Lösungen kommen, muss ein tragfähiger Weg aus dialektischen Diskursen zwischen beiden Anliegen gefunden werden.

Es kann kein Diktat der wirtschaftlichen Seite geben, aber es kann auch keinen Absolutheitsanspruch auf der künstlerischen Seite gelten. Wenn aus einem allgemeinen Mangel an materiellen Ressourcen, in der Regel an finanziellen Mitteln, über Begrenzungen nachgedacht werden muss, dann muss in die möglichen Alternativen stets einfließen, welche Wirkungen auf die künstlerischen Ausdrucksformen und -mittel zutage treten können.

Die Praxis der Budgetkürzungen für Kultureinrichtungen wird schon seit längerem und mit drastischem Nachdruck von Seiten der Subventionsgeber verbunden mit der Aufforderung, die so entstehenden Einnahmelücken im Haushalt der Institution durch interne Rationalisierung im Sinne der Steigerung der Wirtschaftlichkeit und durch mehr externe Eigeneinnahmen im Sinne der kommerziellen Techniken des Marketings aufzufüllen. Das Prinzip der Wirtschaftlichkeit wird jedoch häufig falsch interpretiert.

Den Techniken des Marketings kommt insofern eine gewisse pragmatische Relevanz zu, als sie sich geschmeidig in die ohnehin notwendige professionelle Öffentlichkeitsarbeit einfügen. Dennoch ist auch das Marketing nicht problemlos. Interne Rationalisierung gelangt leicht an die Grenze der Aufrechterhaltung notwendiger Funktionen, zu denen auch die erforderlichen Spielräume für künstlerische Einfälle gehören. Sie zu riskieren, kommt einer Drosselung durch überzogene Rationalisierung gleich.

Die relativ simple Logik der Prinzips der Wirtschaftlichkeit verlangt, dass ein gegebener Zweck, z. B. eine aus künstlerischen Erwägungen hervorgegangene Inszenierung, daraufhin zu untersuchen ist, ob der Einsatz materieller Ressourcen Handlungsspielräume zulässt, ohne die künstlerische Substanz zu beeinträchtigen. Zeigen sich Alternativen, dann hat man diejenige zu wählen, die sparsamer mit den knappen Mitteln realisiert werden kann. Beim Durchdenken von Alternativen muss aber der Zweck als gegeben und konstant mitgedacht werden.

Das kann in der Praxis durchaus in manchen Fällen so der Fall sein. Bewegt man sich bei konstantem Zweck nur im Bereich der Handlungsspielräume des Mitteleinsatzes, kann man die Logik des Wirtschaftlichkeitsprinzips als unumgänglich postulieren. Aber die Frage, ob Alternativen des Mitteleinsatzes, etwa bei den Requisiten einer Theaterproduktion oder überhaupt in der Bühnentechnik, tatsächlich das künstlerische Konzept und die Wahrnehmungen der Rezipienten unberührt lassen, ist beileibe nicht immer leicht zu beantworten.

Ist der Zweck ein physischer Zustand, sozusagen ein fertiges Ding, hat man klare Kriterien. Ist der Zweck aber eine geistige Wirkung, also eine im Saal sich bildende Atmosphäre der sinnlichen Übertragung einer künstlerischen Botschaft, kann schon die geringste Änderung zu einer Beeinträchtigung führen, z. B. eine zu lichtschwache oder farbschwache Bühnenbeleuchtung.

Das Gebot der Wirtschaftlichkeit auch im Kunstbetrieb ist keine leichtfüßig hinnehmbare Willkür der Obrigkeit, sondern folgt zum Teil auch aus den inneren Gestaltgesetzen der Kunst selbst. Bühnenbilder können sich häufig auf Andeutungen beschränken und es der Phantasie der Zuschauer überlassen, sich ein Bild zu machen. Es muss ja nicht so drastisch sein, wie von einer Aufführung in Shakespeares *Globe Theatre* in London berichtet wird, die sich an der Rückwand der Zungenbühne mit dem Hinweisschild mit der Aufschrift *Nottingham Forest* begnügte, um dem Publikum anzuzeigen, dass die Szene in einem Wald stattfindet. Skurriler Sparsamkeit auf der einen Seite steht nicht selten überbordende Pracht auf der anderen Seite gegenüber. In der Kunstpraxis steht man häufig zwischen Scylla und

Charybdis, zwischen überzogener Wirtschaftlichkeit und der Kunst nicht mehr dienlicher Üppigkeit.

Führt der alternative Einsatz von physischen Ressourcen zu der Einsicht, dass mit einer sparsameren Variante eine merkliche oder womöglich grobe Verschiebung der künstlerischen Konzeption einhergeht, wird die Logik des Wirtschaftlichkeitsprinzip verletzt, denn dieses verlangt absolut, dass der zu erreichende Zweck in jeder Hinsicht unverändert bleibt. Wirtschaftlichkeit greift als Maßstab nur, wenn der Zweck eindeutig und fest gegeben ist.

Indirekt wird aber – meist von staatlichen Sparkommissaren verlangt – der Zweck so lange verändert, bis er mit einer vorgefassten Wirtschaftlichkeitsmarge zusammenpasst. Das ist an sich absolut unlogisch, aber Praxis. Ein Diktat der reinen Wirtschaftlichkeit ist absurd und uneinlösbar und vor allem künstlerisch sinnlos. Vielmehr muss die Regel gelten, dass im Falle finanzieller Engpässe ein wechselseitiges Abwägen zwischen den Anforderungen der Kunst und den Limitationen des Ressourcenvorrats gefunden werden muss. Nichts ist gefährlicher als ein Absolutheitsanspruch, und das gilt für die Herrschaft des Wirtschaftsprinzips ebenso wie ein verabsolutierter Kunstanspruch, der uns unter dem Stichwort *Kunst und Autonomie* oder *künstlerische Freiheit* noch zu schaffen machen wird.

Das von öffentlicher Seite (den Kulturämtern, den Medien, den Politikern, den Kritikern) vorgetragene Anliegen, sich in Kultureinrichtungen in ganz besonderem Maße um Wirtschaftlichkeit zu bemühen, hat seine Quelle darin, dass der Bedarf an Subventionen aus Steuermitteln gedeckt werden muss und dass es die Verantwortung gegenüber den Steuerzahlern gebietet, jede Art von Verschwendung zu unterlassen. Was allerdings als Verschwendung zu betrachten ist, wird nicht selten einseitig diktiert.

Im Prinzip sticht das Argument der Vermeidung von Verschwendung durchaus, jedenfalls auf den ersten Blick. Es verliert aber seine Geltung, wenn ihm eine den Wert von Kunst in der Gesellschaft nicht aktiv stützende Kulturpolitik entspricht. Allzu häufig machen sich Kulturpolitiker (wie auch Bildungspolitiker, wenn es um ästhetischen Unterricht in Schulen geht) das Argument der partiellen Verzichtbarkeit von Kunst zugunsten anderer Verwendungen von Steuergeldern zueigen oder können sich gegen diese starken Anliegen nicht durchsetzen.

Da nun aber auf politisch-administrativer Seite jene Ministerien und Ämter, die für die Finanzen zuständig sind, weit von jenen entfernt sind, denen die allgemeine oder besondere Kulturpolitik anvertraut ist, kann das eben geforderte Abwägen zwischen künstlerischem Wollen und ökonomischen Möglichkeiten nicht zustande kommen. Es endet in einem unfruchtbaren Hin und Her zwischen verabsolutierten Haushaltskürzungen und dem Geworfensein der Kunsteinrichtungen in eine von ihnen nicht beeinflussbare Knappheitslage. Ihnen ist es kaum möglich, diese Pressionen irgendwie im Inneren durch Rationalisierung aufzufangen – was häufig nicht ohne Beschädigung der Kunstproduktion zu machen ist.

Die entscheidungslogische Spaltung zwischen den Gestaltungskriterien der Kunsterfordernisse und der ökonomischen Logik der Finanzausstattung, wie sie auf ministerieller, medialer und politischer Ebene praktiziert wird, findet sich spiegelbildlich in der Gesellschaft selber wider.

Der Staatsbürger, der sein individuelles Wohlbefinden vor Augen hat, wird aufgeschreckt, wenn irgendwo staatliche Ausgabenverschwendung ruchbar wird. Aber er ist in dieser Rolle nicht in der Lage einzuschätzen, was das allmähliche Ausdünnen der finanziellen Ausstattung der Kunsteinrichtungen langfristig zur Folge hat. Selbst wenn er ein Kunst-liebhaber ist, wird er das, was die Kultur und die Wirtschaft im Innersten zusammenhält, gedanklich und ganzheitlich kaum zusammenbringen können. Das fragmentierte Denken ist wohl zu weit fortgeschritten.

Im Begriff der Wirtschaftlichkeit verbirgt sich häufig eine weitere Anspielung, die nicht zur Sprache kommt. Wirtschaftlichkeit wird gern gleichgesetzt mit Eigenwirtschaftlichkeit, nämlich der Fähigkeit einer Institution, ihre Existenz wirtschaftlich durch die Erzeugung verwertbarer Produkte zu sichern. Bekanntlich ist das bei den meisten Kunstinstitutionen, besonders der darstellenden Sparten, nicht der Fall; nur die wenigstens erreichen ein kommerzielles Eigenleben, das auf Subventionen nicht angewiesen ist.

Der Ruf nach höherer Wirtschaftlichkeit bedeutet innerhalb dieses Bedeutungs-umfeldes, dass eine Reduktion des Zuschussbedarfs durch Eigeneinnahmen als eine Form der Besserung der Wirtschaftlichkeit gedeutet wird. Offen bleibt dabei, ob dieser Zustand durch straffe interne Rationalisierung, etwa durch Programmverschlankung, oder auf der Verwertungsseite am Markt durch höhere Einnahmen erreicht wird.

Mit der Version der Auffüllung von Haushaltslücken durch Mehreinnahmen kommt das bereits angeführte Marketing ins Spiel. Professionelles Marketing im Kultur- und Kunstbereich ist nun selber nicht kostenfrei zu haben. Um ein erfolgreiches Marketingkon-zept zu implantieren, braucht man personelle Ressourcen, infrastrukturelle Vorkehrungen und einen erheblichen finanziellen Zeitvorlauf, bevor spürbar Mehreinnahmen erzielt wer-den können.

Auf die Techniken des Kulturmarketing gehen wir hier jedoch nicht näher ein, sondern verweisen auf die einschlägige Fachliteratur (s. unter Leseempfehlungen). Eine viel weiter reichende Grundfrage richtet sich darauf, ob das, was Kunstinstitutionen in die Öffentlich-keit tragen und wofür sie ein Entgelt erhalten, die Merkmale von marktfähigen Leistungen erfüllt.

Auch dies ist eine Fragestellung, die sehr weit in die Tiefen oder Abgründe der Öko-nomie der Märkte geht, ein hier nicht im Detail behandelbares methodologisches Problem. Als pars pro toto mag der Fall gelten, dass eine Kunstinstitution (Opernhaus, Konzerthaus, Theater, Museum) nach der zweckmäßigen Höhe des Entgelts für Tickets sucht. Die Frage ist, ob es sich dabei um Preise handelt oder ob eine ganz andere Kategorie außerhalb der klassischen Marktmechanismen in Betracht kommen muss. Üblicherweise wird der Erwerb eines Tickets für eine Veranstaltung als der Preis für die Teilnahmeberechtigung erklärt. Das ist marktwirtschaftliche Theorietradition.

Für die Geltung der Marktmechanismen, welche über wandelbare Preise das Verhält-nis von Angebot und Nachfrage regeln, müssen einige Voraussetzungen erfüllt sein. Dazu gehören insbesondere ein von äußeren Interventionen freier Wettbewerb unter Konkurren-ten – unter Anbietern ebenso wie unter Nachfragern – und die Vergleichbarkeit der angebo-tenen Erzeugnisse (ob dingliche Güter oder Dienstleistungen) (Stiglitz 1999).

Weiterhin geht man davon aus, dass es sich um standardisierte Erzeugnisse handelt, die je nach Intensität der Nachfrage unbegrenzt hergestellt werden können. Gibt es von einem Erzeugnis nur ein einziges Exemplar, z. B. das Original eines Gemäldes, handelt es sich nicht um einen klassischen Markt, allenfalls um einen Grenzfall, sondern um eine Auktion, wenn dieses Gemälde meistbietend verkauft werden soll, und es handelt sich um die unter Marktwirtschaftlern unbeliebteste Markform: das Angebotsmonopol.

Für präzisere Betrachtungen, die unter Ökonomen erforderlich sind, müssten weitere Bedingungen ins Auge gefasst werden. Das werden wir an dieser Stelle nicht tun, denn schon die Fundamentalbedingungen eines Marktes sind im Falle einer Theateraufführung oder eines Konzertes nicht erfüllt. Jede Veranstaltung ist ein Unikat, welches erzeugt wird in dem Moment, in dem Rezipienten anwesend sind. Es handelt sich mithin, ökonomisch gesehen, um ein Angebotsmonopol.

Nun muss man genau genommen sagen, dass mit einer Aufführung exakt so viele Einzelerzeugnisse uno actu hergestellt werden, wie Rezipienten anwesend sind, denn jeder nimmt das Dargebotene auf höchst subjektive Weise wahr. Es handelt sich also – theoretisch – um ein multiples, beidseitiges Monopol, das mit der herkömmlichen Theorie logisch und mathematisch nicht behandelbar ist, denn jeder Leistungsempfänger im Saal nimmt ein Unikat entgegen.

Die Anzahl darbietbarer und wahrnehmbarer Kunstleistungen in einem gegebenen Moment ist zwar durch die Größe des Veranstaltungsortes und die Sitzplatzzahl begrenzt, aber innerhalb dieses Rahmens wird das Erzeugnis uno actu mehrfach hergestellt. Der Fall eines gleichzeitigen und in sich verbunden mehrfachen Monopols ist selbst in der ausgefeilten Markttheorie der Ökonomie nicht darstellbar und diskutierbar.

Nun hatten wir an früherer Stelle darauf hingewiesen, dass nicht der Augenblick der physischen Übergabe oder, im Falle der Theatervorführung, geistigen Übertragung der Markt ist, sondern der vorgelagerte Prozess der Einigung darüber, dass eben dies stattfinden soll. Der Augenblick der Vorführung ist deshalb kein Markt, sondern könnte allenfalls als Konsequenz vorgelagerter Einigungen verstanden werden, denn als Markt hatten wir ganz allgemein jenen öffentlichen Raum definiert, in dem Einigungsprozesse über Waren oder Dienstleistungen stattfinden können, denen die Besitzübergabe häufig als ein davon abgekoppelter Vorgang physischer Art erst folgt.

Bei Dienstleistungen ist diese Reihenfolge ganz logisch. Eine Taxifahrt beginnt meist erst, wenn dem Fahrer das Fahrziel genannt worden ist, und ein Friseur wird seinen Scherer erst in die Hand nehmen, wenn ihm der erwünschte Schnitt beschrieben worden ist. Bei dinglichen Objekten kann die Reihenfolge auch umgekehrt sein. Die Einigung über den Eigentumsübergang kann eine bereits in Besitz genommene Ware betreffen, z.B. der nachträgliche Erwerb einer bis dahin gemieteten Wohnung. Der größte Teil der industriellen Produktion wird auf Verdacht in Gang gesetzt, um die Vorteile der Massenherstellung zu realisieren. Dafür handelt man sich allerdings das Risiko von Ladenhütern ein und muss mit besonderem Nachdruck Überzeugungsarbeit am Markt (Marketing) leisten.

Bei Dienstleistungen ist solche Reihenfolgenumkehrung nicht möglich. Die Einigung über eine Taxifahrt muss vor derselben erfolgen. Der Kauf einer Eintrittskarte für ein Konzert kann nicht erst vonstatten gehen, wenn das Konzert bereits läuft. Wenn die Rezipienten erwartungsvoll im Saal Platz nehmen und der Vorhang aufgeht, handelt es sich nicht mehr um ein Marktverhältnis, sondern ökonomisch (und juristisch) um eine physische Leistungsübertragung, im Theater also um eine komplex gestaltete Form von Sinnübertragung und Mobilisierung von inneren Visionen bei jedem einzelnen Beiwohnenden.

In dieser Phase wird nicht mehr über Ticketpreise verhandelt (falls es da überhaupt je etwas zu verhandeln gibt), sondern das Ereignis findet sinnlich wahrnehmbar, intellektuell durchdringbar ganz real statt. Kein ökonomischer Theoretiker käme je auf die Idee, die Produktion und Auslieferung von Ziegelsteinen oder Haarnadeln als einen Marktvorgang zu interpretieren. Der Markt ist eine auf vertragliche Einigung über den Tausch von Ware gegen Geld gerichtete Prozedur, die der physischen Produktion stets vorgelagert ist. Wenn es überhaupt so etwas wie einen Markt für Theaterleistungen gibt, dann kann dieser nur im kommunikativen Vorfeld einer Aufführung gesucht werden.

Hätten also Theateranbieter und Theaternachfrager *vor* einer Veranstaltung über Ticketpreise verhandeln können? Üblicherweise ist das nicht der Fall, weil es nämlich gar nicht um ein homogenes, beliebig reproduzierbares Standarderzeugnis handelt, sondern um eine unbestimmbare Vielzahl von verschiedenen. Das Kunsterlebnis während einer Aufführung wird nämlich beträchtlich dadurch beeinflusst, welche Sitzplatzkategorie ein Rezipient ergattern kann.

Streng genommen muss man also argumentieren, dass die Leistungen, die auf der Bühne erbracht werden, so viele Varianten enthält, wie der Saal Sitzplätze ausweist. Gewiss, das mag übertrieben sein. In der Praxis werden bestimmte Klassen oder Qualitätsstufen von Sitzplätzen standardisiert. Das legt üblicherweise das Theatermanagement fest, und zwar nicht nur für eine Aufführung, sondern für eine längere Periode an Wiederholungen.

Allenfalls könnten wir, um die ökonomische Markttheorie zu retten, bei jeder einzelnen Aufführung von einem Globalprodukt sprechen, das einer variabel zusammengesetzten Interessentenagglomeration erworben wird, die unter sich durch Einzelbeiträge den Gesamtpreis aufbringen. Eine etwas merkwürdige Konstruktion von einem bipolaren Monopol, einem zweiseitigen Monopol, das mathematisch im Sinne eines Gleichgewichtspreises nicht berechenbar ist. Auf diese Weise kommt man zu Standardabstufungen.

Von Seiten des Theater- oder Konzertmanagements wird man danach trachten, das Entgelt für Tickets so festzulegen, dass möglichst mit Saal füllendem Verkauf gerechnet werden kann. Dabei spielen gewiss der Vergleich mit ähnlich gelagerten, vielleicht sogar am gleichen Ort agierenden Veranstaltern, und die Rücksicht auf das bisherige Niveau der Entgelte für Tickets eine Rolle.

In gewisser Weise wird – nach Erfahrungen in der Vergangenheit – die Zahlungsbereitschaft des Publikums berücksichtigt. Doch die Zahlungsbereitschaft wird nicht oder nur intuitiv und ephemer, nicht aber in genauer Kenntnis des Angebotenen beeinflusst. Das Hörensagen, Berichte in den Medien oder Kommentare von Kritikern haben bei Entscheidungen ein höheres Gewicht als das Abwägen zwischen dem eigenen Geldbeutel und der Qualität des Versprochenen, denn eine ausgeschriebene Theateraufführung ist ein Versprechen, keine fertige Ware. Sie entsteht ja erst, *nachdem* man sich für sie entschieden hat.

Die Beziehungen und damit die Präferenzstrukturen zwischen Ware und Zahlungsbereitschaft sind bei Dienstleistungen auf die Ebene reiner Erwartungen gehoben. Der klassische Vorgang, nämlich die physische Überprüfung eines Angebotes und die daran geknüpfte Bewertung nach der Präferenzstruktur des Nachfragenden, sind ganz generell bei Dienstleistungen nicht gegeben.

Schon aus diesem Grund ist Vorsicht geboten, Ticketentgelte voreilig als Marktpreise zu interpretieren. Diese Feststellung hat zunächst nichts mit der Frage der Wirtschaftlichkeit im Sinne von Eigenwirtschaftlichkeit zu tun. Selbst wenn es einem Veranstalter gelänge, Gewinne zu erzielen, wäre es problematisch, hier von einem klassischen Markt zu sprechen.

Bei subventionierten Kunsteinrichtungen können Anhebungen der Tickettarife zwar in meist bescheidenem Umfang helfen, die Haushaltslücken zu verringern. Doch von einer wettbewerbsähnlichen Preispolitik kann keine Rede sein, denn jede Produktion von darstellender Kunst ist ein Unikat und wäre – mit der Begrifflichkeit der klassischen Markttheorie – ein Monopolist, dessen Willkür nur dadurch eingeschränkt wird, dass vielfältig verflochtene soziale Beziehungen und die öffentliche Aufgabe von Kunstproduktionen alles andere als eine schlichte Preis-Mengen-Relation erlauben würden.

Das Problem der Wirtschaftlichkeit der darstellenden Künste war einst in der Ökonomie der Kern zur Gründung einer wissenschaftlichen Kulturökonomik, die sich der Maßstäbe des Wirtschaftlichkeitsdenkens in der Wirtschaft bediente und mit diesem Kriterium begann, die verschiedenen Kunstinstitutionen zu untersuchen.

Die fast schon legendäre Abhandlung von William Baumol und William Bowen aus dem Jahre 1966 über das Dilemma der darstellenden Künste gehört heute zum Muss jedes Experten in Kulturmanagement, wie Michael Kaiser schreibt: *Published in 1966, this book could arguably be called the foundation for the field of modern arts management* (Kaiser 2011).

Das Dilemma der darstellenden Künste besteht – wie Baumol und Bowen aus ökonomischer Sicht erklärten – im Fehlen von Rationalisierungsmöglichkeiten in der Produktion, wie man dies in der Industrie kennt und worin diese über Jahrzehnte einen fortschreitenden Wirtschaftlichkeitskurs haben einschlagen können. Im Vergleich dazu sind die Theater, Orchester und Opernhäuser ins Hintertreffen und dadurch in eine finanzielle Klemme geraten, aus der sie mit eigenen Mitteln nicht herauskommen können. In seinem Rückblick auf das Werk von William Baumol und William Bowen schreibt Michael Kaiser:

> *The two professors identified that costs rise so quickly in the arts because we cannot perform Hamlet with fewer players than when Shakespeare wrote it, nor do we play Beethoven's Ninth Symphony faster and faster every year. As a result of this productivity challenge, our costs rise more quickly than in other industries. Coupled with the lack of real earned income growth once we fill our theater, the performing arts face economic challenges unlike most other industries* (Kaiser 2011).

Das Kriterium der nicht oder nur schwach zu bewältigenden Kostensteigerungen bei den darstellenden Künsten ist inakzeptabel, weil es den Sinn von Kunst zerschlägt. Man sollte solchen Anliegen vielleicht mit Ironie begegnen: Man könnte doch empfehlen, den Chor in Beethovens Neunter zu verkleinern und das verbleibende Ensemble zu veranlassen, entsprechend lauter zu singen.

Das eigentliche Dilemma an dieser Geschichte beginnt mit dem Maßstab der Wirtschaftlichkeit, wie er den Rationalisierungsprozess in der Industrie begleitet. Dieser Maßstab ist für künstlerische Produktionen – wie für viele andere wie beispielsweise für die Arbeit des Chirurgen oder des Zahnarztes – völlig unpassend. Ließe man solche Argumente zu, dann könnte man umgekehrt, von den Künsten herkommend, beispielsweise den Maßstab *Meisterliche Qualität* an die industrielle Produktion anlegen und käme zu dem nicht sonderlich überraschenden Ergebnis, dass Höchstqualität das Kostenniveau in einer Weise anheben würde, dass man lieber gleich beim alten Handwerk bliebe.

Dass Opern- oder Theaterinszenierungen, wenn sie künstlerische Qualität erlangen sollen, nicht für billiges Geld zu haben sind, ist eine altbekannte Erfahrung, für die man keinen großen ökonomietheoretischen Aufwand zu betreiben braucht. Die Lösung dieses Dilemmas (wenn es denn überhaupt eines ist) liegt nicht in billigen Aufführungen – jedenfalls nicht bei künstlerisch anspruchsvollen Produktionen –, sondern in der kulturpolitischen Grundsatzfrage, ob sich die Gesellschaft (ein Land, eine Stadt) solche ihr Eigenverständnis tangierenden Ereignisse und Erlebnisse leisten will (und kann).

Das hat jedoch nichts mit Wirtschaftlichkeit zu tun, sondern mit den Anstrengungen für ein zukunftweisendes gesellschaftliches Profil, das zur geistigen Grundlage für Bildungsprozesse geeignet ist und das der Wirtschaft, die in einer vitalen, schöpferisch leistungsfähigen Umgebung gedeiht, in vieler Hinsicht dienlich ist. Ländern mit ausgeprägtem Kulturtourismus ist dieser Zusammenhang absolut geläufig.

Hat man sich aber für eine bestimmte Inszenierung entschieden und deutlich gemacht, mit welchen Inhalten, Botschaften und emotionalen Aussendungen diese gestaltet werden soll, dann kann man im Einzelfall prüfen, ob die Mittel dafür, z. B. das Bühnenbild, sinnvoll und sparsam zugleich eingesetzt werden. Diese Prüfung kann aber kein Alleingang von Ökonomen sein, deren Maßstab nicht über den Horizont des Geldes hinausreicht, sondern kann nur in einem mitdenkenden (empathischen) kunstökonomischen Agieren unter den Bedingungen und im Anliegen der künstlerischen Produktion gesucht werden.

Zusammenfassend können wir festhalten: Wirtschaftlichkeit im ökonomischen Sinne des sparsamen Umgangs mit limitierten (dinglichen) Ressourcen ist als dominantes Postulat für Kunsteinrichtungen untragbar. Sie kann nur in einer vom Kunstinteresse ausgehenden ganzheitlichen Balance zwischen künstlerischem Wertanspruch und begrenzten physischen Mitteln ausgetragen werden. Eine Verlagerung des Postulats auf die Außenbeziehungen, indem die Eigenwirtschaftlichkeit durch offensives Marketing einschließlich einer entsprechenden Entgeltpolitik zu steigern versucht wird, kann in analoger Weise zu einer untragbaren Dominanz des ökonomischen Argumentierens führen. Auch hier muss nach einer kunstökonomisch begründeten Balance der jeweiligen Lage gesucht werden.

Unsere ausführlichen Anmerkungen zur Anwendbarkeit des Prinzips der Wirtschaftlichkeit in der Kunstproduktion sind eine notwendige, teilweise zwingend auch ökonomietheoretische Vorarbeit für die konkretere Darstellung und Kommentierung der betriebswirtschaftlichen Grundlagen der individuellen und institutionalisierten künstlerischen Arbeit.

15 Betriebswirtschaftslehre der künstlerischen Arbeit

15.1 Einführung

Eine Betriebswirtschaftslehre der künstlerischen Arbeit hat, wie man zu Recht vermuten wird, nicht viel Ähnlichkeit mit der industriellen Betriebswirtschaftslehre, wie sie an Universitäten gelehrt wird. Die traditionelle Betriebswirtschaftslehre hat sich von Anfang an, etwa gegen Ende des 19. Jahrhunderts in Verbindung mit dem Aufkommen des industriellen Großbetriebes, ausschließlich mit Betrieben befasst, die aufgrund ihrer relativen Größe und inneren Arbeitsteilung besondere, vor allem administrative und organisatorische Fragen aufwerfen und in denen das Rechnungswesen ein professionelles Wissen erfordert. Kleine Handwerksbetriebe, Imbissbuden und Zeitungskioske waren ebenso außerhalb des wissenschaftlichen Fokus geblieben wie bäuerliche Familienbetriebe, Kneipen und Gärtnereien.

Dennoch haben auch Kleinbetriebe ein Minimum an administrativem und organisatorischem Aufwand zu bewältigen und müssen sich ständig um die Erhaltung und Entwicklung ihrer Produktivkräfte bemühen. Die Situation der Künstler hat einige Ähnlichkeit mit diesen Kleineinheiten, da Künstler als Einzelfiguren eigenständige Produzenten sind, auch wenn sie – wie im Theater – Ensembles bilden. Andererseits weisen ihre Produktionsbedingungen eine Reihe von Besonderheiten und Komplikationen auf, die nicht zu unterschätzen sind.

Ein Künstler ist die kleinste unteilbare Produktivkraft, die in vielen Fällen individuell agiert, z. B. Schriftsteller, Komponisten oder Bildhauer, oder allenfalls mit wenigen weiteren Künstlern eine gemeinsame Werkstatt unterhält. Diese unteilbare Produktivkraft geht insbesondere in den darstellenden Künsten meist eine kreative Bindung mit anderen zu einem dauerhaften oder projektgebundenen Ensemble ein. Das Ensemble ist aber keine strikt organisierte Betriebsabteilung, sondern eine aus schöpferisch tätigen Individuen sich verbindende Gruppe zur Hervorbringung eines künstlerischen Gemeinschaftsergebnisses. Daraus resultieren weitere Komplikationen, die einer betriebswirtschaftlichen Betrachtung ganz eigener Art bedürfen.

Die Hervorbringungen einzelner Künstler sind wegen ihrer geistig-sinnlichen Ausrichtung zwar eine eigene Art schöpferischer Produktionen. Diese ist aber in vielen, vor allem physischen Hinsichten durchaus vergleichbar mit den individuellen Bedingungen eines beruflich tätigen Hochleistungssportlers. Ein künstlerisches Ensemble, beispielsweise ein Kammerorchester oder ein Schauspielensemble, ist analog vergleichbar mit den Bedingungen von Mannschaften im Hochleistungssport, beispielsweise eine Fußballmannschaft oder einer Segler-Crew. Ensembles und Mannschaften verstärken sich häufig durch Kapellmeister oder Regisseure bzw. durch Trainer oder Coachs.

Regisseure spielen häufig die Rolle von Oberhäuptern, die der künstlerischen Produktion eine eigene Linie oder ein eigenes Ausdrucksprofil geben wollen. Das kann Spannungen erzeugen, weil die Künstlerindividuen eben keine Angestellten einer Betriebsabteilung sind. Wir kommen darauf im Einzelnen noch im Abschnitt 18 mit der allgemeinen Kritik des so genannten Regietheaters zurück, welches zum Teil zu fragwürdigen Entwicklungen in den darstellenden Künsten geführt hat, die unbedingt zu diskutieren sind.

In den folgenden Abschnitten werden wir – wenn auch mit engem Bezug zur Praxis – die Tätigkeit des Künstlers aus dem mehr theoretischen Blickwinkel des Produktionsfaktors angehen und die Bedingungen seiner Arbeit darstellen und kommentieren. Im Mittelpunkt stehen weiterhin das große Problem der sozialen Sicherung der Künstler, einige wichtige betriebswirtschaftliche Grundlagen und, besonders zu unterstreichen, die Bildung und Pflege des künstlerischen Potenzials. Wir schließen diesen Teil des V. Kapitels ab mit Anmerkungen zu den eigenartigen Praktiken der Besteuerung von Einnahmen aus künstlerischen Arbeit; dies weniger aus steuerrechtlicher Perspektive als vielmehr aus der Sicht der Herausstreichung von markanten Verfehlungen des Steuergesetzgebers (vielleicht aus Unwissenheit) in der Beurteilung des Charakters und der Bedingungen künstlerischer Einnahmen.

15.2   Der Künstler als Produktionsfaktor

Künstler sind entweder Hungerleider oder dank ihrer Genialität von Luxus und Wohlleben umgeben. Das sind gängige Klischees, die der Volksmund und manche Medien gern verbreiten. Sie haben natürlich nichts mit der Wirklichkeit zu tun. Künstler leisten einen wertvollen Beitrag für das Wohlergehen in der Gesellschaft und erwarten natürlich, dafür angemessen honoriert zu werden.

Mit Honorar ist nicht die Ehre gemein, wie sie einst den römischen Konsuln zukam und noch heute im Wort Honorarprofessor oder Honorarkonsul steckt; das Honorar ist heute eine übliche Verdienstform, die sich vom geregelten Lohn durch die Unregelmäßigkeit des Einsatzes und die Eigenständigkeit der Leistungserbringung unterscheidet. Honorar ist der Verdienst, und nur noch nebenbei vielleicht ein Verdienst.

Künstler werden honoriert für einzelne Leistungen (bei darstellenden Künstlern spricht man auch von Gage), nicht für ein auf unbegrenzte Dauer ausgeübtes Amt, schon gar nicht für ein Ehrenamt. Sie mögen Genies sein oder sich schwer tun zu überleben, falls das Talent nicht ausreicht. Ihre Lage ist fast immer prekär, also hinsichtlich der Honorierung unsicher.

Prekär heißt, dass der Verdienst nicht kontinuierlich fließt, sondern sporadisch, zuweilen sogar nur in größeren Intervallen. Das Einzelhonorar mag dann üppig erscheinen. Doch verteilt über die Gesamtzeit, also unter Einschluss der Leerzeiten, meist auch nur durchschnittlich. Natürlich gibt es Sonderfälle. Aber sie sind kein Maßstab zur allgemeinen Beurteilung der wirtschaftlichen Lage von Künstlern.

Die wirtschaftliche Lage von Künstlern umfasst naturgemäß eine große Bandbreite, denn ein werkender Künstler, also beispielsweise ein Bildhauer, ein Maler oder ein Romancier, arbeitet unter ganz anderen inneren und äußeren Bedingungen als ein darstellender Künstler, also beispielsweise ein Schauspieler, ein Sänger oder ein Tänzer. Als ergonomischer Typus ist die Arbeit eines Künstlers so ungefähr das Gegenteil von einem Arbeiter in der Fabrik oder einem Inspektor in einem Finanzamt. Es ist nicht nur die alltägliche Monotonie der Regelmäßigkeit, die die beiden Letzteren in Bewegungen von relativ geringen Amplituden hält, sondern die durch technologisch oder organisatorisch bedingte Arbeitsteilung, die die konkrete Arbeitsaufgabe auf eine kaum überbrückbare Distanz vom Ganzen und vom Sinn des Gesamtarbeitsprozesses hält.

Die Arbeit des Künstlers ist immer ganzheitlich. Ein Roman ist nur als ganze Stück ein Produkt, das sich drucken und verwerten lässt; eine Skulptur ist ein in sich geschlossenes Ganzes, das den allgemeinen Gesetzen der Gestaltung gehorcht (wenn es gut gemacht ist). Ein Torso ist kein abgebrochenes oder unterbrochenes Ganzes, sondern ein gestalterisches Mittel. Ein Torso bleibt eine Ganzheit. Ein Schauspieler stellt eine Figur als eine ganze dar, interpretiert sie und integriert sie in den Gesamtzusammenhang einer Inszenierung. Er kann sie nur als Ganzheit verkörpern.

Das Prinzip der Arbeitsteilung, das schon bei Adam Smith – an seinem berühmten Beispiel der Stecknadelproduktion entwickelt – zum Kern wachsender Produktivität und damit der gesamten marktwirtschaftlichen Entwicklung gehört, kann nicht für ganzheitliches künstlerisches Arbeiten herangezogen werden.

Die Produktivität des Künstlers resultiert nicht aus der Optimierung von Aufwand (Zeit und Kosten) und Ertrag (verkaufsfähige Erzeugnisse), sondern aus einer ganzheitlichen, singulären und kulturell hochwertigen Meisterleistung (zumindest dem Streben nach). In Anlehnung an Aristoteles können wir sagen: Das Ganze ist mehr als die Summe seiner optimierten Teile und deshalb gewöhnlicher betriebswirtschaftlicher Organisation unzugänglich.

Die werkende Einheit von denkendem Gestalten und formender Ausführung, beides verbunden über die Brücke von emotionaler Energie und Intuition, ist das Fundamentalprinzip künstlerischer Arbeit, die ihren Ursprung im alten Handwerk besaß, in welchem der gestaltende Kopf und die formende Hand (genauer: der gesamte physisch mitwirkende Körper, z. B. eines Metallschmiedes, eines Glockengießers oder eines Bildhauers) eine Einheit bildeten und so dem Prinzip des Strebens nach Meisterschaft den Weg bahnt (Sennett 2008, Bendixen 2009 a). Bei komplizierten handwerklichen Arbeiten, etwa bei Metallgüssen, kommen Formen der Spezialisierung vor, z. B. Herstellen der Form, Lenkung der Brenntemperatur, Rezeptur des Gussmetalls usw. Jede Tätigkeit bleibt in sich aber eine Einheit von Kopf- und Handarbeit, fundiert in langer Erfahrung.

Die Synthese aus Kopfarbeit und Handarbeit ergibt prinzipiell ein singuläres Ergebnis, das allerdings verschiedenen Techniken der Vervielfältigung unterliegen kann: aus der schriftlich niedergelegten Erzählung wird ein gedrucktes Buch, aus der aufgezeichneten Oper wird eine DVD. Es handelt sich aber stets um die Vervielfältigung eines *fertigen* Ergebnisses (Manuskript, Mitschnitt). Die Vervielfältigung als technisch-physischer Vorgang unterliegt dem Prinzip der Arbeitsteilung nicht anders als jeder andere industrielle Produktionsvorgang, wie schon Walter Benjamin 1935 zum Ausdruck brachte (Benjamin 1980).

Aus dem gleichen Grund entzieht sich das Kunstwerk den in modernen Marktwirtschaften üblichen Prinzipien und Regeln, die allesamt vom Normalfall der beliebigen, identischen Wiederholung oder Fortsetzung der industriellen Herstellung eines Produktes ausgehen. Anders könnte man logischerweise nicht vom Auf und Ab von Angebot und Nachfrage nach einer bestimmten Ware sprechen, die immer eine weitgehend standardisierte Ware ist.

Einmalige Kunstgegenstände, mögen sie auch noch so sehr begehrt werden, können keinem mechanistischen Marktgeschehen unterworfen werden, sondern geraten allenfalls in die handwerkliche Kunst von Auktionatoren oder Galeristen. Deshalb macht es auch nicht den geringsten Sinn, solche Kunstwerke mit den kommerziellen Maßstäben einer rationalen Marktwirtschaft beurteilen zu wollen.

Einmalige Kunstereignisse, beispielsweise ein Konzertabend oder eine Lesung, nehmen zwar eine größere Anzahl von Anwesenden gleichzeitig entgegen. Doch macht dies das Kunstereignis nicht zu einer Massenware. Vielmehr erzeugt das Kunstereignis in jedem individuellen Kopf unter den Anwesenden eine individuelle, subjektive, unwiederholbare Erfahrung.

Darstellende Kunst ist in der Lage, uno actu eine große Zahl von Kunstwerken „ins Leben" zu rufen. Aber das macht sie nicht zu einem Industrieprodukt. Genau aus diesem Grund ist der Versuch, darstellende Ereignisse, etwa Opernvorführungen, Theateraufführungen oder Konzerte, mit den Maßstäben der Wirtschaftlichkeit zu überziehen, geradezu absurd, denn die Vielheit der subjektiven Kunsterlebnisse würde mit Hilfe der Statistik künstlich homogenisiert.

Die berühmte, vielzitierte Studie aus dem Jahre 1966 von William Baumol und William Bowen (Baumol/Bowen 1966) – wir haben sie bereits zitiert –, in welcher dargelegt wurde, dass die darstellenden Künste aus prinzipiellen Gründen im allgemeinen technischen Fortschritt in der Wirtschaft nicht mithalten können und deshalb von Subventionen abhängig bleiben müssen, ist in ihrer Begründungslogik falsch und als kulturpolitisches Argument gefährlich. Die Subventionsbedürftigkeit hängt nicht mit der mangelnden Industrialisierbarkeit von darstellender Kunst zusammen, sondern mit ihrem andersartigen ergonomischen Charakter und ihrer andersartigen Werteverflechtung mit den geistigen Bedingungen gesellschaftlicher Vitalität und Entwicklung.

Die Schieflage der verbreiteten Beurteilung der wirtschaftlichen Lage von Künstlern wirkt nicht nur in kulturpolitische Programme des Staates und der Kommunen hinein und provoziert Maßstäbe wie Umwegrentabilität und Standortbegünstigungen, sondern findet sich in scheinbar nebensächlichen Aspekten wie die soziale Sicherung der Künstler und die steuerliche Behandlung ihrer Einkünfte wieder. Die zum Teil absurden gesetzlichen Bestimmungen auf diesen Gebieten sind symptomatisch für die Fehlbeurteilung der Rolle und Aufgaben von Kunst in der modernen Gesellschaft.

Ökonomisch ist der Künstler ein Produktionsfaktor, dessen Leistungsfähigkeit in nachhaltiger Bildung und Pflege des schöpferischen Potentials (geistig *und* handwerklich) liegt, der durch falsche Nutzung verschlissen werden kann, beispielsweise der Verschleiß einer begabten Sängerstimme durch zu früh übernommene Großpartien in einer Oper.

Ein menschlicher Produktionsfaktor in einem industriellen Fertigungsprozess wird mit etwas Kopf und sehr viel Hand auf einen hochgradig in Einzelverrichtungen aufgeteilten Fertigungsablauf ausgerichtet; er wird dementsprechend entlohnt und sozial und medizinisch leistungsfähig erhalten.

Ein künstlerischer Produktionsfaktor in einem ganzheitlichen Schaffensprozess, den er allein und aus eigenem Antrieb und kreativem Anspruch gestaltet, auch wenn er Teil in einem Ensemble ist, ist Herr und Knecht in eins. Ein solcher Schaffensprozess kann nicht mit den Maßstäben betriebswirtschaftlicher Produktionsoptimierung und Fertigungsorganisation bewertet werden.

15.3 Die soziale Sicherung der Künstler
(Bernd Weikl)

Der gesellschaftliche Status der Künstler hat sich historisch außerordentlich gewandelt, nicht immer zum Vorteil der Künstler. Wegen einiger zum Teil ziemlich sperriger Urteile von Gerichten ist der Wandel von verbreiteter Unkenntnis der Arbeits- und Lebensbedingungen der Künstler gekennzeichnet. Wir gehen dieser prekären Situation etwas ausführlicher nach, um die bis in die wirtschaftlichen und schließlich gesundheitlichen Verhältnisse hineinwirkenden Verwirrungen und Verstörungen diskutierbar zu machen.

Abgesehen von zumeist adeligen Troubadouren und Minnesängern war ansonsten der Stand des Künstlers in unserem Mittelalter bei den Totengräbern, Abdeckern und Henkern angesiedelt. Später hieß es im Volksmund: *Die Wäsche von der Leine, die Musikanten kommen!* Und nur allzu deutlich hat der Maler Carl Spitzweg (1808–1885) mit seinem bekannten Gemälde *Der arme Poet* humoristisch auf den notleidenden Künstler hingewiesen.

Adel und Kirchen beschäftigten über die Jahrhunderte Musiker und Architekten. Denken wir nur an den Komponisten Johann Sebastian Bach, die sakralen Bauten der Gebrüder Asam in Bayern und die barocken Werke der bekannten Baumeister Fischer von Erlach, Balthasar Neumann oder Dominikus Zimmermann.

Diese Künstler standen alle in kommunalen Diensten, vertreten durch die örtliche geistliche oder adelige Obrigkeit, und sie waren verpflichtet, dem Geschmack der Geldgeber zu entsprechen. Sie schufen Auftragswerke und mussten damit gefallen. Namhafte und bewunderte Künstler konnten manchmal allerdings auch den Geschmack eines Auftraggebers auf ihre Seite ziehen und partiell etwas Eigenes hervorbringen. Doch blieben die Möglichkeiten in der Hauptsache und oft bis in viele Details relativ beschränkt.

Wurden die Künste in Diktaturen oft instrumentalisiert, gewähren heutige Demokratien den Künstlern große Freiheiten. Man spricht auch von der Autonomie der Kunst und von der künstlerischen Freiheit, nicht selten mit dem nun gegenteiligen Effekt, dass künstlerischer Subjektivismus verabsolutiert und völlig Unverständliches mit dem Hinweis auf die Freiheit der Kunst entschuldigt oder kaschiert wird. Dies müssen wir an anderer Stelle noch ausführlich würdigen.

Künstlerische Arbeiten – ob gegenständlich oder immateriell – sind kaum durch logische Werteparameter zu fassen. Sie unterliegen sehr unterschiedlicher Beurteilung und differenzierter finanzieller Entlohnung. So ist die Lage von Künstlern oft wirtschaftlich und sozial prekär. Es geht der Kunst und den Künstlern auch in unserer Zeit nicht immer gut.

Diesem Schutzbedürfnis entspricht heute bis zu einem gewissen Umfang die Künstlersozialversicherung (KSK) in Deutschland, die 1983 gegründet wurde und ohne Ausnahmen nur selbständige Künstler und Publizisten auf Antrag versichert. Es gilt hier die Besonderheit, dass Künstler und Publizisten nur etwa die Hälfte ihrer Beiträge selbst tragen müssen und damit ähnlich günstig gestellt sind wie Arbeitnehmer. Die andere Beitragshälfte wird durch einen Bundeszuschuss und eine Abgabe der Unternehmen finanziert, die künstlerische und publizistische Leistungen verwerten.

Eine österreichische Variante wird durch das Künstler-Sozialversicherungsgesetz definiert und schließt auch die Filmkunst mit ein. Das deutsche KSK bestimmt: Künstler ist, wer Musik, darstellende oder bildende Kunst schafft, ausübt oder lehrt, sowie Publizist im Sinne des Gesetzes ist, wer als Schriftsteller, Journalist oder in anderer Weise publizistisch tätig ist oder Publizistik unterrichtet.

Die österreichische Versicherung erweitert den Schutz auf die Filmkunst und definiert: Künstler ist, wer Werke der Kunst schafft. Eine künstlerische Tätigkeit ist – nach der steuerlichen Rechtsprechung – nur dann gegeben, wenn eine persönlich eigenschöpferische Tätigkeit in einem umfassenden Kunstfach aufgrund künstlerischer Begabung entfaltet wird. Lustigerweise – und das hören nicht alle diese Leute gern – wird bei Musikern, Dirigenten, Schauspielern und Regisseuren der Begriff *eigenschöpferisch* auf reproduzierende Kunst ausgedehnt.

Auf dem freien Markt finden wir ausnahmslos freischaffende Künstler, Publizisten und Filmschaffende, nicht wenige an der Grenze zum armen Poeten in der Dachkammer, deren soziale Sicherung und daher wirtschaftliche Lage somit nicht immer als rosig zu bezeichnen ist. Modeschöpfer wie Karl Lagerfeld oder Wolfgang Joop sind da brillierende Ausnahmen. Auf der anderen Seite gibt es Solisten, Chorsänger, Instrumentalisten, Dirigenten, Regisseure, Bühnenbildner, Kostümbildner, die angestellt oder in Arbeitsverträgen als (freischaffende) Unternehmer in staatlich subventionierten Instituten, in den Opern- und Schauspieltheatern oder in Ballettkompanien, ihre Kunst anbieten dürfen. Dort wäre die soziale Sicherung im Angestelltenverhältnis besser, hätte nicht das Bundesarbeitsgericht (s. unten) diese weisungsgebundene Tätigkeit in eine unternehmerische umgewandelt. Die soziale Sicherung der jetzt als unternehmerisch geltenden Tätigkeit übernimmt die KSK. Wir unterscheiden also selbständige und unselbständige künstlerische Tätigkeit.

Heutzutage haben die überaus mageren und fortwährend noch mehr ausgedünnten Budgets der Theater vielerorts die Ensembles und das Repertoiretheater empfindlich dezimiert. Fest engagierte Künstler sind den Rechtsträgergremien unbezahlbar geworden. Man arbeitet folglich mit kurzzeitig engagierten Gästen, deren Arbeitsverträge sämtliche Sozialleistungen negieren. Ist dieses Dilemma noch nicht genug, führen solche keineswegs nahtlos aneinander zu reihenden Arbeitsverträge für den einzelnen Künstler notwendigerweise zu Leerzeiten im Engagementkalender.

Während dieser leeren Wochen oder vielleicht sogar Monate wären allerdings die Mimen oft auch gar nicht vermittelbar – weder von den Arbeitsämtern noch von den Künstleragenturen. Jetzt gilt es, neue Rollen einzustudieren, andere aufzufrischen oder bei Sängern während dieser Pause, die dann eigentlich gar keine darstellt, gegebenenfalls ein erneutes Stimm- und Körpertraining einzuschieben, einen notwendig gewordenen Fachwechsel einzuleiten oder Termine zum Vorsingen an Theatern und bei Agenturen wahrzunehmen.

Müssen die Gäste an den Theatern Steuerkarten vorlegen, entsteht eine so genannte *unständige Beschäftigung* nach § 163,1 SGB VI. Bis zu sieben Tage oder Abende belegen dann einen ganzen Monat. Ab dem 8. Tag handelt es sich nicht mehr um dieses spezielle Beschäftigungsverhältnis. Sind z. B. durchaus namhafte Schauspieler nur an 3 Abenden im Monat für je 50 Euro Abendgage beschäftigt – das gibt es wirklich und schlägt die Hartz-4-Zuwendungen! – wird dies auch gleichzeitig zur Monatsgage.

Freiwillige Einzahlungen in die Rentenversicherung sind dann nicht möglich. Arbeitslosenversicherung wird nicht abgeführt. Daher gibt es für die restlichen 18 Tage keine Unterstützung vom Arbeitsamt. Der Schauspieler kann sich von seinem Finanzamt Selbständigkeit bescheinigen lassen. Wird dieses von der Verwaltung des Theaters akzeptiert, kann sich der Künstler auf Antrag bei der Künstlersozialkasse versichern lassen. Um Mitglied in der Künstlersozialkasse zu werden, ist die Zugehörigkeit zu einer berechtigten Berufsgruppe zu belegen sowie der Nachweis zu führen, dass dieser Beruf auch ausgeübt wird.

In jedem Fall ist aber ein jährlicher Gewinn von Euro 3900,00 nachzuweisen. Anderenfalls handelt es sich – so die KSK – um keine versicherungspflichtige Berufsausübung. Rentenversicherung, Krankenversicherung, Pflegeversicherung etc. kann erst ab einem höheren Einkommen abgeführt werden. Die KSK rät daher, in diesem Fall lieber Hartz 4 zu beantragen, sonst wäre es auch nicht möglich, die laufenden Kosten für den Erhalt des Berufs zu bestreiten: Gesangstunden, Korrepetitionen mit Pianisten, Reisen zum Vorsingen an die Opernhäuser u. v. m. Bei so niedrigen Einkommen, auch aufgrund geringer Beschäftigung bei Hungerlöhnen, wird zusätzlich noch das Finanzamt aufmerksam und stuft die Tätigkeit als Liebhaberei ein! Es muss nicht besonders erwähnt werden, dass es dem Künstler dann auch nicht möglich sein kann, eine Familie zu gründen.

Die Beiträge der Künstlersozialversicherung an die Rentenversicherung belaufen sich in etwa auf die Hälfte der gesetzlichen Beiträge, so dass zusätzlich Altersarmut vorgezeichnet ist.

Die Beitragshöhe, die man als Mitglied der KSK zahlen muss, richtet sich nach den Angaben, die man dieser über das voraussichtliche eigene Einkommen im kommenden Jahr mitteilt. Solches wird regelmäßig auf Wahrheitsgehalt geprüft. Die Leistungen der Krankenkasse, so auch die auszuzahlenden Krankengelder usw. hängen natürlich gleichfalls vom an die KSK gemeldeten Einkommen ab. Und hier erneut: Sänger, Tänzer, Schauspieler benötigen auch nach der krankheitsbedingten Pause mitunter viel Zeit, um Körper und Stimme wieder so zu trainieren, dass ein neues Engagement akzeptiert werden kann.

Studienzeiten ohne Einkommen werden neben den ohnehin fixen Kosten der Lebensführung durch teure Gesangstunden, das zu finanzierende Studio, Büro, die Reisen zu erneutem Vorsingen usw. belastet. Aber wo nichts ist, sagt der Volksmund, ist auch nichts zu holen, und von der Krankenkasse schon gar nicht, denn Krankheit liegt ja nicht vor.

Die Selbständigkeit von Sängern, Schauspielern und mehr und mehr auch von Tänzern hat das deutsche Bundesarbeitsgericht (5 AZR 207/06) am 7. Februar 2007 kategorisch festgestellt. Die genannten Berufsgruppen sind als Selbständige zu behandeln. Sie sind nicht mehr weisungsgebunden, obwohl jede vertragliche Vereinbarung mit den Theatern dagegenspricht. So ist es heute üblich, dass der Regisseur oder die Regisseurin als höchste Instanz in der Theaterhierarchie anzuerkennen ist. In den Verträgen heißt es deshalb, der Gast sei verpflichtet,

> *den Ort und die Zeit von Proben und Aufführungen zu akzeptieren, allen Anweisungen des Theaters hinsichtlich Regie, Kostüm und Maske nachzukommen, fertig studiert auf der ersten Probe zu erscheinen, an allen Proben – auch an Sonn- und Feiertragen – teilzunehmen etc.*

Natürlich hat der Gast auch keinen Einfluss auf die Gestaltung des Bühnenbildes, wenn es nur allzu oft schlechte akustische Möglichkeiten bietet. Nicht zu vergessen: Opernsänger tragen (noch) keine Mikrophone mit sich herum, um vielleicht trotz aller Beeinträchtigung der Produktion über die enorme Orchesterstärke bis in den letzten Rang (bisweilen stundenlang) gehört zu werden.

Der ehemalige Präsident der GDBA (Gewerkschaft für Bühnenkünstler) schildert im Leitartikel des internen Journals am 10. Dezember 2009 den bemerkenswerten Fall, dass es um die Entgeltfortzahlung im Krankheitsfall für einen Tag ging, als sich das Gericht von seiner bisherigen Rechtsprechung abwandte und den Gastspielvertrag des Klägers zum Dienstvertrag erklärte. Mit der Folge, dass er als Selbständiger alle arbeits- und sozialversicherungsrechtlichen Schutzvorschriften des Arbeitnehmerstatus verlor. Die obsiegende Arbeitgeberseite dagegen gewann die damit eingesparten Sozialversicherungsbeiträge einschließlich der Beiträge zur Versorgungsanstalt der deutschen Bühnen. Abzuführen war lediglich die niedrigere Künstlersozialabgabe an die Künstlersozialkasse. Das Landesarbeitsgericht Köln gab jedoch seiner Klage statt und entschied:

Zu Unrecht hat das Arbeitsgericht die Aufhebungsklage abgewiesen. Dem Kläger steht Entgeltfortzahlung im Krankheitsfalle zu. ... Der Kläger hat während des hier in Rede stehenden Engagements in einem Arbeitsverhältnis zum beklagten Land gestanden. Nach der ständigen Rechtssprechung des BAG ist Arbeitnehmer, wer aufgrund eines privatrechtlichen Vertrags im Dienste eines anderen zu Leistung weisungsgebundener, fremdbestimmter Arbeit verpflichtet ist (LAG Köln, Urt. v. 21. Oktober 2005 – 12 Sa 836/05).

Die Revision wurde nicht zugelassen. Es handelt sich um eine Einzelfallentscheidung ohne Rechtsfragen von grundsätzlicher Bedeutung.

Das beklagte Land (Hessen) legte dagegen Nichtzulassungsbeschwerde beim Bundesarbeitsgericht ein. Der Beschwerde wurde wiederum stattgegeben und die Revision zugelassen (BAG, Beschl. v. 1. März 2006 – 5 AZN 1182/05). Das Beschwerdeverfahren wurde als Revisionsverfahren fortgesetzt und verlieh dem Rechtsstreit plötzlich grundsätzliche Bedeutung. Dass das Bundesarbeitsgericht von seiner bisherigen Rechtsprechung abweichen würde, war nicht zu erwarten. Noch weniger, dass davon nach dem stets von den Gerichten betonten Grundsatz der Einzelfallentscheidung das gesamte Gastierwesen am Theater betroffen sein könnte. Zudem waren die erstaunlichen Begründungen dieses Urteils keineswegs von durchschlagender Überzeugungskraft getragen. Das Bundesarbeitsgericht erkannte bei den Aufführungen keine ins Gewicht fallende Weisungsgebundenheit des gastierenden Klägers.

Der Kläger war hier zwar fachlich nicht weisungsfrei. Er hatte sich in die von anderen bestimmte Gesamtkonzeption des Werkes einzuordnen. Das stellt aber nur eine schwache Weisungsbindung dar. Die nach dem Vertrag vorausgesetzte künstlerische Tätigkeit als „Parsifal" war der Einflussnahme durch fachliche Weisungen weitgehend entzogen.

Der hier kreierte Idealtypus eines über den Regieanweisungen stehenden „reinen Toren" (aus Richard Wagners „Parsifal") existiert natürlich nicht in der Realität der Theaterarbeit. Opernsänger sind demnach als Gäste dann nicht mehr weisungsgebunden, nicht gegenüber dem inszenierenden Regisseur, der ohnehin nichts von Werktreue hält, und auch nicht gegenüber dem Dirigenten bei der Vorstellung. Diese Maestri müssen diese Gäste jetzt – seit der neuen Rechtsprechung – mit dem Orchester begleiten. Nicht wie früher, als sie sogar teilweise recht ungehalten werden konnten, wenn man ihrem geschwungenen Elfenbeinstäbchen tempomäßig nicht Folge leistete.

Aber was machen die Sänger, wenn Regisseure und Dirigenten ebenfalls als selbständig eingestuft sind und die Sänger sich obendrein mit ihnen vertragen sollen, damit die Aufführung der Oper zu einem Gesamtkunstwerk gedeiht? Dann entscheidet der Stärkere mit dem schwarzen Gürtel und damit immer der selbständige Opernsänger. Und weiter ironisch festgestellt: Selbständige Sänger erwerben jetzt durch 5 AZR 270/06 auch ein Miturheberrecht am Gesamtkunstwerk *Oper*. Das ist so neu und wunderbar, dass dem Hohen Gericht die zwangsläufigen Folgen einer Miturheberschaft völlig entgangen sind (vgl. § 8 UrhG), wonach

Das Recht zur Verwertung des Werkes den Miturhebern zur gesamten Hand zusteht. Änderungen des Werkes sind nur mit Einwilligung der Miturheber zulässig. Jeder Miturheber ist berechtigt, Ansprüche aus Verletzungen des gemeinsamen Urheberrechts geltend zu machen. Die Erträgnisse aus der Nutzung des Werkes gebühren den Miturhebern nach dem Umfang ihrer Mitwirkung an der Schöpfung des Werkes.

Deshalb müssen jetzt die Theater mit den Gästen vertraglich festlegen, wie hoch – in Prozenten gemessen – diese an der Regie, am Bühnenbild eben am Gesamtkunstwerk, auch außerhalb der gesanglichen Leistung, beteiligt sind.

Vielleicht sollte man dazu die Noten der Gesangspartie und ihre auszuhaltende Länge zählen und messen, die zeitliche Gesamtdauer der Aufführung und gesangliche Präparationszeit – mit Stoppuhr – in Beziehung setzen zu den entsprechenden Beiträgen mit den anderen am Gesamtkunstwerk Beteiligten. Die mittlere Phonstärke zum kammersängerlichen Körpergewicht? Wie lange muss jenes bei „La Traviata" auf den Brettern, die die Welt bedeuten sollen, präsent sein? Wie steht es mit den staatlichen Subventionen? Dem Umsatz bei freiem Verkauf an das Publikum? Geschlossenen Vorstellungen? Werden hier Einnahmen anteilsmäßig an die selbständigen Künstler, also die Teilhaber an der Aufführung, umgelegt? Nach welchem Schlüssel?

Und wieder ernsthaft: Aber dafür gibt es für Selbständige keine Lohnfortzahlung im Krankheitsfall oder bei Absage durch Indisposition kein Arbeitslosengeld – auch nicht für „Parsifal". Deshalb bestimmen jetzt wir – um nicht zu ermüden und dabei unserem Immunsystem und infolge davon unserer Stimme zu schaden –, wie aktiv wir uns an Proben und damit der Regie oder der gesamten Opernaufführung beteiligen. Zum ersten und letzten Mal – ganz sicher! Hans Herdlein (2009) schrieb dazu:

An diesem einen Fall soll jetzt ein rechtspolitischer Paradigmenwechsel in der Beurteilung der arbeitsrechtlichen Statusfrage hochgezogen werden, nach dem ein Gastspielvertrag als Dienstvertrag und nicht mehr als Arbeitsvertrag zu qualifizieren sei. Der Gast soll nicht mehr Arbeitnehmer sein, sondern zum Selbständigen avancieren. Der Arbeitnehmerstatus geht so in die vormals bekämpfe „Schein-Selbständigkeit" über. Das ist eine Rechtsfortbildung durch Richterrecht, die nicht auf einer Rechtsänderung, sondern auf einer Uminterpretation einer bis dahin gefestigten Rechtsprechung beruht. In der Praxis haben höchstrichterliche Entscheidungen – wie hier des Bundesarbeitsgerichts – eine richtungweisende Bedeutung für nachgeordnete Gerichte. Sie werden nicht ohne triftigen Grund davon abweichen, wollen sie nicht die Aufhebung ihres Urteils in der nächsten Instanz riskieren. So zeitigt diese Entscheidung des Bundesarbeitsgerichts Folgen, die über eine Bewertung als „Ausreißer-Entscheidung" (Opolony 2007, 519) weit hinausgehen.

Vor dem Bayerischen Verwaltungsgericht München erhob eine Bühne Klage gegen die Versorgungsanstalt der deutschen Bühnen (VddB) und forderte die für einen auf Gastvertrag verpflichteten Opernsänger entrichteten Versorgungsbeiträge zurück. In einem Statusfeststellungsverfahren nach § 7a SGB IV bei der Deutschen Rentenversicherung Bund stellte diese fest, dass es sich bei der Tätigkeit des Opernsängers um eine selbständige Tätigkeit und damit dem Grunde nach nicht um ein sozialversicherungspflichtiges Beschäftigungsverhältnis handelt:

Der Gast habe aufgrund seiner hervorragenden künstlerischen Stellung maßgeblich zum künstlerischen Erfolg der Produktion beigetragen... Er sei nicht in die Arbeitsorganisation der Klägerin eingegliedert gewesen. Weisungen, die die Zeit, Dauer und Ort der Tätigkeit sowie die Art und Weise ihrer Durchführung betroffen hätten, hätten nicht einseitig im Wege des Direktionsrechts eines Arbeitgebers erteilt werden können. Es habe daher keine persönliche Abhängigkeit bestanden. Nach Gesamtwürdigung überwögen die Merkmale für eine selbständige Tätigkeit.

Die beklagte VddB hielt dem entgegen: *Die vertraglich vereinbarte Probenverpflichtung weise eher auf eine abhängige Beschäftigung hin. Eine Erstattung der Beiträge könne deshalb nicht erfolgen.* Sie verwies außerdem auf die Kriterien des Abgrenzungskatalogs der Spitzenorganisationen der Sozialversicherung für die im Bereich Theater, Orchester, Rundfunk- und Fernsehanbieter, Film- und Fernsehproduktionen tätigen Personen. Danach seien gastspielverpflichtete Künstler grundsätzlich abhängig beschäftigt,

wobei insbesondere eine regelmäßige Probenverpflichtung als Indiz gegen eine selbständige Tätigkeit zu werden sei. Die im Statusfeststellungsverfahren getroffene Entscheidung sei unzutreffend. Der Gast habe zwar eine maßgebliche künstlerische Stellung inne gehabt und die Anzahl der Vorstellungen sei gering gewesen. Aufgrund der umfangreichen Proben sei er aber als abhängig Beschäftigter einzustufen.

In seinen Entscheidungsgründen führte das Verwaltungsgericht u. a. aus:

Nach den Grundsätzen der Rechtsprechung ist für die Bewertung einer Tätigkeit als abhängige Beschäftigung ausschlaggebend, dass sie in persönlicher Abhängigkeit verrichtet wird. Diese äußert sich regelmäßig in der Eingliederung des Beschäftigten in einen fremden Betrieb, sei es, dass er umfassend einem Zeit, Dauer und Ort der Arbeit betreffenden Weisungsrecht des Arbeitgebers unterliegt, sei es auch nur bei Diensten höherer Art, dass er funktionsgerecht dienend am Arbeitsprozess des Arbeitsgebers teilhat. Demgegenüber kennzeichnen eine selbständige Tätigkeit das eigene Unternehmerrisiko, die Verfügbarkeit über die eigene Arbeitskraft sowie die im Wesentlichen frei gestaltete Tätigkeit und Arbeitszeit (Bühnengenossenschaft 2009, 4).

Abschließend folgt der ausschlaggebende Verweis auf das Urteil des Bundesarbeitsgerichts vom 7. Februar 2007 (5 AZR 270/06) und schließt mit der Feststellung:

Insgesamt spricht im vorliegenden Fall das Gesamtbild für eine selbständige Tätigkeit. Es muss deshalb nicht mehr entschieden werden, ob und inwieweit dem bei der Deutschen Rentenversicherung durchgeführten Statusfeststellungsverfahren eine Bindungswirkung für die Beurteilung der Frage zukommt, ob die Tätigkeit (des Gastes) der Pflichtversicherung bei der Beklagten unterlag... Da die Tätigkeit des Gastes nicht der Pflichtversicherung bei der Beklagten unterlag, steht der Klägerin gegen die Beklagte ein öffentlich-rechtlicher Erstattungsanspruch hin-

sichtlich der rechtsgrundlosen Zahlung zu (Bayr. Verwaltungsgericht München. Urt. v. 5. März 2009 – M 12 K 08.5068).

Als maßgeblich zu gewichtendes Indiz wird nun das Unternehmerrisiko eingeführt. Davor tritt das vorherige Leitbild der sozialen Schutzbedürftigkeit des Arbeitnehmers zurück, zu dem das Bundesarbeitsgericht einmal judizierte: *Wer seinen Arbeitsplatz nur bei einem anderen, seinem Arbeitgeber, finden kann, bedarf der Sicherung dieses Arbeitsplatzes und des gesamten sozialen Schutzes, den das Arbeitsrecht ihm bietet* (BAG AP Nr. 26 zu § 611 BGB, Abhängigkeit, Bl. 366).

Und in einer Entscheidung für die Mitarbeiter in Rundfunkanstalten, die analog auf Bühnenangehörige übertragen werden kann: *Das Erscheinungsbild ihrer Tätigkeit unterscheidet sich in zeitlicher und arbeitsplatzmäßiger Hinsicht nicht von dem, was sonst ein persönlich gebundener Arbeitnehmer bietet* (BAG AP Nr. 10 zu § 611 BGB, Abhängigkeit, Bl. 580).

Die Gastiertätigkeit an den Theatern vollzieht sich wie eh und je nach den Gesetzmäßigkeiten der an den Menschen gebundenen Kunstformen. Das Bühnengeschehen unterscheidet deshalb nicht zwischen angestellten und gastierenden Künstlern. Auf das Gesamtkunstwerk einer gemeinsam erarbeiteten Aufführung kommt es an, nicht aber auf die juristische Typologie, mit der die fehlende Legaldefinition des Arbeitnehmerbegriffs umschrieben wird.

Die Arbeitsmarktpolitik hat sich gewandelt und mit ihr die Haltung gegenüber der Schutzbedürftigkeit abhängig Beschäftigter. Eine Problematik auf die auch der Schlussbericht der Enquete-Kommission *Kultur in Deutschland* eingeht (Enquete-Kommission 2008, 432):

> *Selbständige oder befristet angestellte Künstler gelten seit Ende der 80er Jahre auf den expandierenden Arbeitsmärkten von Dienstleistungen, Medien, Wissenschaft sowie Kultur und Kunst als „Prototypen neuer Selbst- und Einzelunternehmer". Sie zeichnen sich durch Flexibilität, Mobilität, Parallelarbeit und ein hohes Maß an Risiko aus und können sich aber nur behaupten, wenn sie über ihre berufliche Qualifikation hinaus Zusatzkompetenzen wie Selbstvermarktungs- und Selbstorganisationsfähigkeit entwickeln. Es bleibt aber zu fragen, ob sich hierbei tatsächlich ein neuer Typus von professioneller Selbständigkeit entwickelt oder eher schwierige, instabile berufliche Existenzen begründet werden.*

Die Unsicherheit und Unstetigkeit der Beschäftigungsverhältnisse im künstlerischen Bereich der Bühnen war einstmals der Gründungsanlass der Versorgungsanstalt der deutschen Bühnen (VddB). Die wachsende Zahl der atypischen Beschäftigungsverhältnisse – dazu gehören die zeitlich befristeten Verträge der Bühnenschaffenden – werden über den Dienstvertrag nicht nur aus den arbeits- und sozialversicherungsrechtlichen Schutzvorschriften herausgenommen, sie verlieren auch die Zusatzversorgung in der VddB. Über den Status der Selbständigkeit werden sie um ihre Zusatzversorgung gebracht und verlieren damit nicht nur einen erheblichen Teil ihrer Altersversorgung und der Versorgung ihrer Hinterbliebenen, sondern auch die speziell auf ihre Tätigkeit zugeschnittene Berufsunfähigkeitsversorgung.

Wie jüngste Untersuchungen ausweisen, ist bei diskontinuierlichen Erwerbsbiografien die Gefahr groß, in Altersarmut abzuleiten. Um einen solchen Entwicklung gegenzusteuern, hat die Selbstverwaltung der VddB beschlossen, eine entsprechende Klarstellung in die Satzung aufzunehmen, die sich an dem nach wie vor gültigen Abgrenzungskatalog der Spitzenverbände der Sozialversicherung vom 5. Juli 2005 orientiert:

Beschäftigt im Sinne der Tarifordnung ist auch ein gastspielverpflichteter Bühnenkünstler, so-weit er Probenverpflichtungen eingeht und zu mehr als insgesamt sieben Aufführungen und Proben einschließlich Einweisungsproben pro Inszenierung vertraglich verpflichtet ist.

Auf der Grundlage dieser Satzungsänderung kann auch das Bundesarbeitsgericht seine Rechtsprechung korrigieren und den Rechtsfrieden wieder herstellen.

Wann wird das sein? Und weshalb nicht bei sechs oder vier Vorstellungen oder dreien im Schauspiel? Und werden diese Selbständigen-Beiträge, die dann ohne den Arbeitgeberanteil in die VddB eingezahlt werden dürfen, voll steuerlich wirksam werden? Im Augenblick machen die Finanzämter auch keinen Unterschied zwischen freiwillig eingezahlten und Arbeitgeber-Einzahlungen wenn es um die Besteuerung dieses Ruhegeldes geht.

Die Lebensdauer im künstlerischen Arbeitsprozess ist bei allen künstlerischen Berufsgruppen in der Regel verschieden. Während Publizisten, Filmschaffende, Dirigenten oder Regisseure, Bühnenbildner und Kostümbildnerinnen usw. allenfalls dem heutigen Jugendwahn unterworfen sind, zeigt sich bei männlichen Opern- und Konzertsängern oftmals, dass sie körperlich und stimmlich mit dem Älterwerden keine großen physischen (stimmlichen) Probleme haben. Man wechselt vom leichteren zum schwereren Fach. Die Stimme wird dunkler, verliert vielleicht an Höhe und der renommierte Tenor singt jetzt Baritonrollen. Frauenstimmen können durch Geburten und Menopause hormonelle Schwierigkeiten bekommen, die ihre stimmlichen Möglichkeiten negativ beeinflussen. Dann sind nicht immer Fachwechsel möglich im Vergleich zu den männlichen Kollegen. Und Tänzerinnen und Tänzer?

Am 01.01.2011 trat eine Neuregelung für diese Künstler in Kraft (VddB). Bei endgültiger Aufgabe ihres Tänzerberufes – dies weltweit – ist eine Abfindung ab dem 35. und bis zum 40. Lebensjahr möglich, weil Tänzerinnen und Tänzer aufgrund der hohen Belastungen ihres Berufes diesen eines Tages aufgeben müssen und danach keine andere Beschäftigung an den Theatern finden. Als Berufsunfähige wäre ein Anspruch auf ein Ruhegeld gegeben. Bei ihnen wäre somit eine Versicherung für den Fall der Berufsunfähigkeit, nicht wie bei allen anderen Bühnenberufen, die Versicherung eines fraglichen Risikos, sondern eine systemwidrige Regelleistung mit erheblichem Aufwand zu Lasten der Versichertengemeinschaft.

Deshalb bleibt für sie wie bisher ein Anspruch auf Ruhegeld wegen Berufsunfähigkeit ausgeschlossen, es sei denn es besteht nach der Vollendung des 44. (bisher 40.) Lebensjahres eine Pflichtversicherung. Wer tanzt bis zum 44. Lebensjahr? Als Ausgleich für diesen Ausschluss dient die Tänzerabfindung, für die eine Wartezeit von 60 Beitragsmonaten verpflichtend ist. Tänzergagen sind nachweislich weit unter denen aller anderen Künstlerberufe an den Bühnen zu finden. Somit werden auch nur kleine Beiträge an die Sozialkassen eingezahlt und ebensolche Abfindungen ausgeschüttet. Es ist diesen Künstlern zu wünschen, dass sie wenigstens bis zum 35. Lebensjahr am Theater verpflichtet sein können.

Mitglieder der Bundesregierung Deutschland wurden natürlich immer wieder auf diese sehr prekäre Situation der Bühnenkünstler aufmerksam gemacht (BT-Drucks. 15/2892) und daran erinnert, dass immer weniger Arbeitnehmerinnen und Arbeitnehmer an den Theatern über unbefristete Vollarbeitsplätze verfügen. Entsprechende Damen und Herr geben dann im persönlichen Gespräch und auf Premierenfeiern in Bayreuth und bei ähnlichen Gelegenheiten mit ihre Auffassung zu verstehen, dass auch die flexiblen Beschäftigungsformen einen angemessenen Schutz erhalten. Wo kämen wir denn da hin?

Das Gesetz zur Förderung der Selbständigkeit vom 20. Dezember 1999 begünstigt deshalb weiter die Dezimierung der Ensembles und die in sich überaus paradoxe *abhängige Selbständigkeit* der jetzt überwiegend befristeten Arbeitsverträge gastierender Künstler. Während also die obige KSK nur wenig dazu beiträgt, selbständige Künstler zu unterstützen, ist es die Versorgungsanstalt der deutschen Bühnen, die allerdings wiederum ihrerseits keine selbständigen Mimen aufnimmt.

Der Rückbau von Subventionen, die tarifliche Notlage der Beschäftigten an den Theatern und die damit bedrohliche Situation für das Weiterbestehen des Bildungsauftrages ist nicht zu übersehen. Durch jene weitgehende Zerschlagung der Ensembles regt sich aber in diesen Notzeiten kaum Widerstand gegen solche falschen politischen Entscheidungen. Die Gewerkschaft für Bühnenangehörige notiert eine gegenläufige Bewegung in der Organisationsbereitschaft der Mimen. Da sich nicht nur am Theater, sondern auch in der übrigen Arbeitswelt wenig Gemeinsinn zeigt und jeder für sich zuerst der Nächste ist, sind tarifliche Forderungen und rechtliche Probleme immer mehr von weniger Mitgliedern der Gewerkschaft für immer mehr Nichtmitglieder durchzusetzen. Die zerbrechlichen und empfindlichen Beschäftigungsverhältnisse der Bühnenkünstler sind damit einer unkultivierten neokapitalistischen Ökonomie schutzlos ausgeliefert. Der Mitgliederschwund und damit der schwächelnde Kampfgeist mag auch damit zusammenhängen, dass viele jetzt (schein) selbständige Kollegen über ihren täglichen künstlerischen und bürokratischen und damit auch sozialen Problemen so ermüdet sind, dass kaum Zeit und Energie übrig bleibt, sich zu formieren und dringend notwenigen gemeinsamen Appellen anzuschließen. Man hat es aufgegeben.

Spartenabbau und Theaterschließungen passen nicht in das aufgeklärte 21. Jahrhundert, denn wer kulturelle Einrichtungen dezimiert oder schließt, hat den künstlerischen Bildungsauftrag nicht begriffen. Wer allerdings diesen Auftrag missbraucht und damit wirkungslos werden lässt, arbeitet ebenfalls gegen ein Weiterbestehen der Theaterlandschaft.

Die jüdischen Emigranten aus dem Nazideutschland haben sofort nach ihrer Ankunft in den Vereinigten Staaten Theater gegründet oder unterstützt und überall musikalische Bildung gefördert. Heute noch kommen die meisten finanziellen Zuschüsse an die Metropolitan Opera in New von erfolgreichen, weil kulturell gebildeten jüdischen Familien. Wäre das nicht ein nachahmungswürdiges Beispiel?

Das Wissen um den hohen Wert kultureller Bildung ist dem Volk der Dichter und Denker nach dem Holocaust anscheinend ziemlich abhanden gekommen.

Die Münchener Versorgung (VddB) wurde vor 125 Jahren gegründet, um festengagierte Künstler besonders im Alter abzusichern. Versicherungen auf dem freien Markt sind für die meisten Künstler unerschwinglich oder in ihrem Modalitäten ungünstig. Erspartes auf der hohen Kante – wer könnte bei der heutigen Gagensituation noch Finanzen für den Notfall zurücklegen? Und wäre es bei den „Besserverdienenden" möglich, dann müsste es pfändungssicher im Verborgenen sein. Und das ist verboten. Investieren in Immobilien? Um

Gotteswillen – und von Aktien besser die Finger weg. So unsicher wie heute waren Künstler noch nie. Ein ehemaliger deutscher Staatsfinanzminister bei einem freundschaftlichen Treffen: *Ich kann doch wegen Ihnen nicht auch noch ein Lex Weikl einrichten!*

15.4 Die betriebswirtschaftlichen Grundlagen

15.4.1 Die Ausgangslage
(Bernd Weikl)

Jeder Künstler ist ein Produzent, der sein Talent und Können einbringt und es der Öffentlichkeit darbietet. Vorrang hat die sinnliche Seite, denn sie übermittelt die künstlerische Botschaft über die ästhetische Gestaltung des Dargebotenen. Doch ruht diese Seite in einer physischen als dem Träger der Botschaft. Für diese physische Seite gelten in vielen Details die gleichen Maßstäbe und Prinzipien der Betriebswirtschaftslehre wie für jede andere Produktion. Diesen Fragen wenden wir uns in den folgenden Seiten etwas ausführlicher zu. Um die Ausführungen jedoch nicht ausufern zu lassen, werden wir die musikalische Produktion durch Gesang exemplarisch behandeln. Vieles dort Gesagte gilt in ähnlicher Weise auch für die anderen Kunstproduzenten.

Viele sind berufen, aber nur wenige wirklich auserwählt, heißt es im Volksmund. In diesem Sinne wird jeder Mensch – mit Ausnahme Kranker – mit allen körperlichen und mentalen Möglichkeiten geboren, in graduellen Abstufungen genetisch bedingt und nach langer Evolution, die sich aus natürlichen Gründen der Notwendigkeit, Überlebensstrategie oder im Zufallsgenerator der Natur entwickelt haben. Phylogenetisch erworbenes Können zeigt sich im Tanzen, Sprechen, Singen, Malen oder auch im Formen von Gegenständen aus Lehm, Holzschnitzen und Errichten architektonischer Gebäude und Denkmäler.

Archäologische Funde belegen frühmenschliches Vermögen, Jagdszenen, Tänze oder religiöse Feiern in Stein zu hauen oder bildlich in Höhlenmalereien darzustellen. Und sicherlich wurde schon damals der Bessere mit solchen Arbeiten betraut. Als zivilisatorische Errungenschaft ist es auch die jeweilige Schrift, die dem Autor als Künstler die Möglichkeit gibt, den Gedanken, das Wort (poetisch) zu manifestieren und zu konservieren und Wort, Musik und Bild digital zu speichern. Alle und besonders professionelle Kunstausübung basiert auf der Initialzündung *Kreativität*, die als frühkindliche Prägung in Elternhaus oder gegebener Umwelt initiiert wird (Literatur zu Kreativität s. unter Leseempfehlungen). Das bestätigen viele Biographien berühmter Künstler (Szikszentmihalyi 1996).

Wie jede berufliche Sportausübung sind Tanzen, Rezitieren oder Singen – als Handwerk – ohne ein intensives Training nicht möglich. Es ist eben auch in diesen Disziplinen noch kein Meister vom Himmel gefallen. Tänzer beginnen bereits im sehr frühen Kindesalter an der Ballettstange, und dies entscheiden zunächst die Erziehungsberechtigten mit Hilfe von Fachleuten. Bei Malern oder in der angewandten Kunst studiert man Theorie und Praxis an entsprechenden Hochschulen, nach vorheriger bestandener Eignungsprüfung. Angehende Schriftsteller bemühen sich um einen reichen Wortschatz, sind daher belesen und (hoffentlich) auch kulturell umfangreich gebildet. Musiker, Komponisten und Dirigenten erlernen Instrumente und das Lesen von Partituren. Und Bühnenkünstler verkaufen sich allabendlich persönlich auf den Brettern, die die Welt bedeuten (sollen).

Der Schauspielanwärter bemüht sich um Rollengestaltung über Sprecherziehung, wobei im didaktischen Unterricht nicht nur an Deutlichkeit der Aussprache und Stimmklang gearbeitet wird – sofern dies im modernen Theaterbetrieb als wünschenswert betrachtet wird. Das Publikum will Persönlichkeiten mit überzeugender Aura und Stimme sehen und hören. Auch dafür gibt es Hochschulen und Konservatorien, die nach bestandener Aufnahmeprüfung Studenten annehmen oder bei wenig Talent ablehnen (sollten). Maler und Bildhauer schulen den Blick auf Gegenstände, Landschaften, Gesichter oder Situationen und über Zeichnen und den Umgang mit Farben und Materialien.

Und um den Talentbegriff für angehende Sängerinnen und Sänger näher zu beschreiben: Musikalität, Stimme und Äußeres sollten da nicht allein ausschlaggebend sein. Was steckt hinter der jungen Gesangsbegeisterten, dem Opernfreak? Wird sie oder er diesen Kampf während der Ausbildung durchstehen?

15.4.2 Bühnenkünstler
(Bernd Weikl)

<u>Zunächst zur Bewertung und Ausgangsposition für Berufssänger:</u> An Bühnenkünstler werden sehr spezifische Voraussetzungen geknüpft. Unerlässlich sind: Musikalität, das Vorhandensein einer bildungsfähigen Stimme, Bühnenpräsenz, eine sportliche Figur, Gesundheit, gute Auffassungsgabe, Allgemeinbildung, Gefühlsintensität, Ausdauer, Mut, Risikobereitschaft, Aura, Fingerspitzengefühl, künstlerische Neigung, Streben nach Selbstverwirklichung und nicht zuletzt ein finanzielles Polster oder Stipendium für Studium und nachfolgende Zeiten der Bewerbung. Gute Musikalität ist zunächst Voraussetzung, kann aber später im Unterricht *Gehörbildung* noch etwas trainiert werden. Stimme und Körpersprache benötigen Stimmbildung und Schauspielunterricht. Sind genügend Durchsetzungswille und Ausdauer für das lange und harte Körpertraining vorhanden?

Im Unterschied zu allen anderen Künstlern arbeiten Schauspieler mit ihrem eigenen Körper, in welchem hauptsächlich die Stimme neben der Körpersprache das Wichtigste sein muss. Und noch gravierender ist der notwendige gute Stimmsitz bei Opern- und Konzertsängern. Das bedeutet ein jahrelanges Absolvieren von Gesangstunden – möglichst bei einem ausgezeichneten Lehrer, einer erfolgreichen Lehrerin. *Viele Lehrer haben ein eigenes System zu unterrichten,* meinte Arrigo Pola, der Gesangslehrer Luciano Pavarottis, *doch ist die einzig richtige Methode diejenige, die sich der Schüler selbst zu eigen macht.* Es sei auch unmöglich, einer (talentierten) Stimme etwas gegen die Natur beizubringen.

Friedrich Wieck, der Vater von Clara Schumann, fordert von einem Pädagogen feinsten Geschmack, tiefstes Gefühl, eine gediegene wissenschaftliche Bildung, eine möglichst durchgebildete, schöne Stimme und zartestes Gehör. Nur durch Vorsingen kann – so Wieck – dem Schüler eine edle Tonbildung beigebracht werden, denn das Nachahmungstalent sei stets beim Menschen vorhanden. Und der legendäre Stimmbildner Nicola Vaccai besteht darauf, die stimmliche Ausbildung immer mit italienischem Gesang zu beginnen. Er hat schon deshalb Recht, weil diese schöne Sprache aufgrund ihrer obertonreichen Vokalität prädestiniert ist für die Stimmbildung (Weikl 1998).

<u>Zur Stimmbildung:</u> der eigene Körper als Produktionsmittel. Analog zum Hochleistungssport benötigt der Natursänger mit noch so guten Anlagen einen Trainer, eine Trainerin. Stimmbilden ist Körpertraining, denn im Unterschied zum Instrumentalisten ist der Körper eines jeden Menschen naturgegeben ein tönendes Instrument und für den professionellen Sänger und Darsteller das Produktionsmittel.

Eine klangvolle Stimme muss kein Zufall sein. Sie ist abhängig von einem komplexen Zusammenspiel einzelner Körperfunktionen, Muskeln und Resonanzvorstellungen. Eine akustisch gut tragfähige Vokalität ist erlernbar – wenn auch oft unter großem Einsatz. Und da dieser Stimmklang ein wichtiger und überzeugender Informationsträger sein kann und soll – er überträgt bis zu fünfmal mehr Mitteilungen im Vergleich zum verbalen Inhalt einer Aussage –, kann nicht nur der Bühnenkünstler, sondern auch mancher Geschäftsmann damit besser überzeugen und lukrieren. Stimmbildung ist also nicht nur bei professionellen Sängern unbedingt notwendig.

Der Säugling atmet noch naturgegeben richtig und stützt den Schrei mit seinem Zwerchfell, dessen Kuppel dabei nach unten abflacht. Diese Bauch- und Flankenatmung erzielt ökonomisch das beste Ergebnis. Nach dem Einatmen durch die Nase und ohne die Schultern zu heben soll das nach unten gedrückte Zwerchfell die Ausatmung am raschen Austritt hindern. Der willentliche Anstoß zum (gesungenen) Ton erwirkt ein Schwingen der Stimmlippen im Kehlkopf. Die jetzt angehaltene, bzw. sehr dosiert abgegebene Ausatmungsluft bleibt in der Vorstellung wie eine Säule unterhalb dieser schwingenden Stimmbänder stehen und erzeugt dort einen so genannten, möglichst minimalen subglottischen Druck. Bei übermäßigem und daher ökonomisch falschem Druck werden Stimmbänder überdehnt und verlieren auf Dauer ihre gesunde Funktionalität. Solche Sängerkarrieren sind nur von kurzer Dauer.

Leider verliert der heutige Mensch in der hochentwickelten Industriegesellschaft diese naturgegebene Fähigkeit zusehends schon im frühkindlichen Alter. Diese degeneriert, wird durch Mikrophone ersetzt und nicht mehr geübt. Gesang ist weder in Familien, Schulen, noch im öffentlichen Leben *modern*. Deshalb müssen viele Gesangsstudenten in mühevoller körperlicher Arbeit wieder zum Urzustand zurückfinden. Stimmbildung bedeutet daher nicht ein Trainieren der kleinen Stimmlippen, sondern ein bewusstes Arbeiten mit der Atmung und allen Muskeln, die diese bedienen.

Weiterhin spielen angedachte Resonanzräume in Kopf, Brust, Rücken etc. eine große Rolle, wenn Sänger einen idealen, weil tragfähigen Stimmklang, ein ökonomisch bestens klingendes Singen für sich suchen. Moderne körperliche Trainingsmethoden, z.B. im Fitnesscenter oder Jogging und Sit-ups erweisen sich als kontraproduktiv. Diese Übungen können die lockere Flexibilität entsprechender, zum Singen bedingter Muskulatur zu sehr festigen und beeinträchtigen, z.B. beim so genannten *Waschbrettbauch*.

Der ideale Stimmklang mit großer Tragfähigkeit im Raum ist aber auch von einer idealen Vokalität im Vortrag abhängig. Konsonanten – von italienisch *consuonare = mitklingen* – klingen eben nur mit, sind daher von den *Klingern*, den Vokalen, abhängig. Der Vokal A weist gesungen die günstigste Tragfähigkeit auf. Wir messen Tonschwingungen in

Hertz, nach dem deutschen Physiker Heinrich Rudolf Hertz (1857–1894). Die Maßeinheit Hertz gibt die Anzahl der Schwingungen pro Sekunde an.

Die Bündelungen der Schwingungen bei sehr hohen und tiefen Tönen heißen Formanten. Die Formanten der Vokale E, I, O und U sowie alle Umlaute kommen gemessen in Hertz nicht an die Maße von A heran. Somit – sehr vereinfacht – ist es notwendig, die Bildung für alle anderen Vokale dem Vokal A unterzuordnen (ohne die Textverständlichkeit damit einschneidend zu gefährden). Dieser Ausgleich der Vokale entsteht im so genannten Ansatzrohr, dem Mund- und Rachenraum bei tief gestellter Kehle. Und diese Position ergibt sich synchron zur Bauch- und Flankenatmung bei nach unten abgeflachter Zwerchfellkuppel.

Grau ist alle Theorie, doch als wertvolle Information hilfreich bei der eigenen Kontrolle der künstlerischen Leistung, die ohne das notwendige Handwerk, hier die körperliche Technik, nicht möglich wird. Hoch dotierte russische Sopranistinnen und spanische Startenöre sind Meister in dieser Technik, und junge Sängerinnen und Sänger aus dem Ostblock, aus England oder den USA gewinnen alle Preise bei internationalen Wettbewerben. Ihnen steht auch heute noch der Markt offen.

Es ist kein Geheimnis: Die Konzertgagen dieser Stars belaufen sich in 2011 auf Euro 100 000,00 netto! Die Gagen bei (deutschen) Gästen werden an Opernhäusern durch die immer wieder überarbeitete Gagenliste *gedeckelt* und sind nach oben auf Euro 15 000,00 brutto begrenzt. Eine Handvoll Künstler erreicht dieses Niveau! Für Schauspieler an Theatern und Filmschaffende gibt es eigene Gagenlisten. Die Spitzenhonorare der russischen und spanischen Sängerstars bei Konzertauftritten dürften nur von der Unterhaltungsindustrie überboten werden.

Bühnenreife und brauchbare Ergebnisse: In einer Langzeitstudie haben Heiner Gembris und Diana Langner vom Institut für Begabungsforschungen in der Musik an der Universität Paderborn (IBFM) die Perspektive der Gesangsabsolventen deutscher Musikhochschulen untersucht (Gembris/Langner 2005). Es wurden 100 Sängerinnen und Sänger mit Durchschnittsalter von 31 Jahren und etwa 3 Jahre nach dem Abschluss an der Musikhochschule befragt.

Das Durchschnittsalter bei den Examina betrug 28 Jahre, die Durchschnittsquote 1,8. Und die Hälfte der Befragten strebte zu Beginn ihres Studiums die Karriere als Solist(in) an. Während der Ausbildung war ihr angestrebtes Berufsziel neben Solist(in) auch Chorsänger(in) oder Chor mit Solo, auch Unterrichten. Von den 100 so glänzend examinierten jungen Künstlern erhielten 38 eine Beschäftigung an der Bühne, davon 26 einen Vertrag als Mitglied im Chor und 12 ein befristetes Engagement als Solist. Ein einziger Solist konnte einen Festvertrag unterschreiben, wobei dieser noch vor der so genannten Wende in der damaligen DDR parafiert wurde.

Wenn von 100 Studenten im Hauptfach *Gesang* nur einer mit unbefristetem Vertrag an ein Opernhaus engagiert wird, sollte dies nachdenklich stimmen. Wo wären die Ursachen zu suchen?

Fußballspieler, Tennisspieler oder Boxer müssen täglich trainieren und Sängerinnen und Sänger ebenso. Leider werden für das Hauptfach *Gesang* an Musikhochschulen nur 1,5 Wochenstunden bereitgestellt. Nach amerikanischem Muster und darauf bezogenen wis-

senschaftlichen Studien wurden auch an deutschen Musikhochschulen Modulsysteme eingeführt, so dass sich Studierende mit Leistungen in Musikwissenschaft, Harmonielehre oder
Klavierspielen wertvolle Credits holen können. Dabei wird offensichtlich zu wenig bedacht,
dass es sich um angewandte Didaktik handeln muss, will jemand Spitzensportler oder Spit-
zensänger werden! Auch sind Semesterferien und damit lange Zeiten ohne Körpertraining
für die Stimmbildung nicht förderlich.

Die Einführung von Modulsystemen steht im Übrigen in engem Zusammenhang mit
dem so genannten Bologna-Abkommen, einer (völkerrechtlich nicht verbindlichen) Vereinbarung von 29 europäischen Bildungsministerien im Jahre 1999 zur Schaffung eines ein-
heitlichen Hochschulraumes in Europa. Dabei stand programmatisch das amerikanische
Hochschulsystem Pate, welches einzelne Sachgebiete innerhalb festgelegter Studiengänge
zu Modulen zusammenfügt, die nach durchkomponierten Systemen von Lehrzielen, Lehr-
inhalten und Punktvergaben für Examensleistungen eine teilweise unbeugsame curriculare
Bürokratie hervorgebracht haben.

Die universitäre Praxis hat erhebliche Schwächen dieses System zutage gefordert, die
verschiedentlich zu massiver Kritik geführt haben (Schultheiss 2008, Jesenberger 2006,
Brändle 2010, Walter 2006). Für Bildungsgebiete wie den Instrumental- und insbesondere
für den Gesangsunterricht trifft diese Kritik in besonderem Maße zu.

Was nützen glänzende Examina später am Theater? Abschlussprüfungen werden (noch)
teilweise als Ausbildungszeiten bei einer späteren staatlichen Rente anerkannt und spielen
schon beim Vorsingen am Theater gar keine Rolle mehr. Dann sitzen Damen und Herren
aus der Dramaturgie oder Presseabteilung im Auditorium und beurteilen das Können der
Künstler. Arrivierte Sänger, die fachlich bewerten könnten, sind hier erfahrungsgemäß nicht
zugegen.

Ein zu großer Teil der oben befragten Künstler – 16 % – war gezwungen, ihre sängerischen Tätigkeiten mit nicht-musikalischen zu verbinden – 13 %. Zur Begründung wurde
angegeben: kein Engagement als Ergebnis einer schlechten Marktsituation, zu geringes
Einkommen, Unvereinbarkeit von Theaterpraxis und Familie. Letzteres sollte man bereits
vor einem Gesangstudium erfahren haben, z. B. durch Mitwirkung als Statist(in) bei Opern-
oder Schauspielaufführungen, spätestens aber im Unterricht an einer Musikhochschule.

Im jährlich erscheinenden Deutschen Bühnenjahrbuch für Bühne, Film, Funk und
Fernsehen der Genossenschaft Deutscher Bühnenangehöriger (GSBA) sind viele ausländische Sängerinnen oder ausländische Namen an unseren Opernhäusern vertreten – auch
ausländische Dirigenten und Opernintendanten. Deshalb wirft das Argument *schlechte
Marktsituation* einige Fragen auf: Halten so viele (gerade auch deutsche) Absolventen unserer Musikhochschulen und Konservatorien dem Wettbewerb nicht stand? Hängt es nur mit
nicht genügenden stimmlichen Leistungen zusammen oder passt die äußere Erscheinung
nicht in das Gesamtbild der Person? Gibt es gar Präferenzen bei Engagements, die Gründe
haben, über die man nicht spricht?

Die Leistungsverwertung bei Bühnenkünstlern. Die Bedingungen für der Verwertung der
Leistungen von Bühnenkünstlers bilden einen ganzen Strauß unterschiedlicher Determinanten:

- *Künstlerbezogene Determinanten* bedeuten das persönliche Leistungsrepertoire aus körperlicher und mentaler Bereitschaft zu optimaler Stimmproduktion, darstellerischen Möglichkeiten, befristeten persönlichen Möglichkeiten zu optimaler Vermarktung und eigene sowie wirtschaftliche Sachzwänge.

- *Theaterbezogene Abhängigkeiten* sind aufführungstechnische und terminliche Sachzwänge, die förderlich, aber auch hinderlich sein können. *Allzeit bereit* und immer abhängig tätig, bedeutet eine Absage an das normale bürgerliche Leben. Spielpläne können sich ändern, zusätzliche Umbesetzungsproben wegen plötzlicher Indisposition oder Krankheit eines Kollegen, einer Kollegin dürfen laut Tarifvertrag auch am Wochenende oder an Feiertagen stattfinden. Werden Vorstellungen zumeist am Abend angesetzt, sind die Vormittage mit Proben im Theater und die Zeit dazwischen mit Memorieren oder Büroarbeiten besetzt. Bei mehreren gleichzeitigen Engagements sind Überschneidungen der einzelnen Verpflichtungen und Reisetätigkeiten mit ständigen Problemen behaftet. Das gesamte Privatleben kann somit nicht geplant werden. Und die „Leibeigenschaft" der Sänger am Theater durch die Vormachtstellung der Regisseure formuliert Jossi Wieler so: *Die betriebliche Struktur (eines Opernhauses) gibt dem Regisseur alle Freiheiten, er kann alles behaupten, und der Sänger ist per Vertrag verpflichtet zu tun, was der Regisseur will* (Wieler in Beyer 2005, 75).

    Das ist einer der Hauptgründe, weshalb Sängerpersönlichkeiten – auch mehr und mehr berühmte Dirigenten – heute lieber konzertante Aufführungen von Opern akzeptieren und sich vom Bühnengeschehen entfernen. Schauspieler sind von den Gepflogenheiten an den Theatern umso mehr betroffen, als dort Orchester und Dirigent keine Rolle spielen und Bühnenbildner nicht akustischen Notwendigkeiten unterworfen sind. Insofern haben Regisseure noch mehr freie Hand bei ihren Inszenierungen und Bühnenbildern.

- *Agenturbezogene Determinanten.* Künstlerisches Management oder Theateragenturen sind beide zunächst reine Wirtschaftsunternehmen. Sie sondieren den Markt, beliefern ihn mit der erwünschten immateriellen Dienstleistung ihrer durch sie vertretenen Künstler. Diese Firmen sind somit selber nicht künstlerisch tätig, wiewohl auch dort viel Sachkenntnis in stimmlichen Fragen und Fingerspitzengefühl gegenüber Administrativen der Theater unbedingt vonnöten sind. Manager und Agenten stehen selber nicht auf der Bühne und haben damit nicht mit der Hierarchie dieser Institute zu tun. Sie müssen Kenntnisse in Vertrags- und Tarifrecht mitbringen, denn *Was du bist, bist du durch Verträge.* So meint es *Wotan* im *Ring des Nibelungen* von Richard Wagner.

    Agenten und Manager besuchen regelmäßig Opernvorstellungen oder Abende der Schauspieler, um sich vom Können Einzelner zu überzeugen oder auch für Intendanten, Dirigenten oder Regisseure tätig zu werden. Sie halten Verbindung zu Film, Fernsehen oder Plattenfirmen sowie Firmen, die bei arrivierten Künstlern – oder solchen, die es werden wollen – Werbung, Public Relations – übernehmen, sofern dies nicht eigene Agenturen erledigen. In künstlerischen Fragen können die Meinungen zwischen Agentur und Künstler durchaus divergieren. Wenn es um die Gage geht, hat der Agent die besseren Argumente.

- *Publikumsbezogene Abhängigkeiten:* Käufer von Kunstwerken oder Opern- und Schauspielpublikum sind keine homogene Masse. Daher sind auch die Bedürfnisse nicht standardisierbar. Maler, Bildhauer und so genannte Kleinkunst auf einem freien, nicht staatlich finanziell unterstützten Markt, werden sich auf differenzierte Käuferwünsche einstellen müssen, wenn Gewinne erzielt werden sollen. Beschäftigte subventionierter Institute produzieren dann und wann am Publikum vorbei und berufen sich dabei trotzdem auf einen staatlichen Bildungsauftrag.

Materielle und immaterielle künstlerische Darbietungen unterliegen ebenfalls Schwankungen, die in der Person des Künstlers liegen können oder an allen nur denkbaren äußeren Umständen. Kann sein, dass einem Architekten etwas ausgezeichnet gelingt und anderes wieder nicht. Er kann – bei entsprechender Übung – darüber einige Kontrolle walten lassen. Der Architekt, die Architektin liefert materielle Güter, deren Verwirklichung sich noch vor Baubeginn nach Käuferwunsch modifizieren lässt. Bühnendarsteller – Musiker allgemein – produzieren und liefern gleichzeitig. Arrivierte Mimen erfahren schon zu Beginn einer Darbietung und begründet durch Erfahrung im Dialog mit dem Auditorium, ob ihre Leistung anerkannt wird oder nicht. Dies ist an der Körpersprache und Mimik des Publikums ablesbar.

Auch spielen regional unterschiedliche Mentalitäten und Gepflogenheiten eine Rolle. So klatscht man bei den Bayreuther Festspielen traditionsbedingt nicht nach dem ersten Akt von Richard Wagners *Parsifal*. Der Überlieferung nach soll es der Komponist so gewünscht haben. Gute Sänger und Sängerinnen werden in südlichen Ländern eher gefeiert. Der Norden ist verhaltener. In Genf klatscht man viel zu wenig. Die Bankiers wollen damit zeigen, dass sie es sind, denen man huldigen soll, indem sie das Theater mitfinanzieren. In Barcelona oder Lissabon war es üblich, das Auditorium während der Aufführungen nur dann zu betreten, wenn man eine bestimmte Arie einer entsprechenden Sängerin oder eines Tenors hören wollte. Der gesamte Ablauf und Inhalt der Oper wurde damit nicht beachtet.

Geht es um Bühnenaufführungen, trägt der zahlende Konsument das Risiko, von der Leistung der Künstler enttäuscht zu werden. So sind beispielsweise plötzliche, unvorhergesehene Indispositionen, körperliche Überforderungen der Vortragskünstler oder technische Schwierigkeiten bei einer Live-Performance nicht vorher einzuplanen. Viel gleichzeitiges und sehr komplexes Zusammenwirken für das Gelingen einer Aufführung ist notwendig. Komplizierte Elektronik überwacht heute vom Inspizientenpult aus den Ablauf. Trotzdem sind Menschen zur Kontrolle erforderlich. Ein kleiner Augenblick der Unaufmerksamkeit kann gravierende Folgen haben. Wenn z. B. der Requisiteur beim Aufbau der Szene für den zweiten Akt von Richard Wagners *Die Meistersinger von Nürnberg* vergessen hat, den Schusterhammer auf den entsprechenden Tisch zu legen, ist der Ablauf der gesamten Szene nicht mehr möglich. Das Publikum wird keine Hammerschläge hören, aber nicht den Grund dafür erfahren.

Gute künstlerische Leistungen der Mimen sowie ganze Opernaufführungen, Konzerte oder Schauspiele werden heute live in den Medien übertragen. Neueste Technik in High Definition (HD) macht es möglich. Weltweites Publikum hat dann gleichzeitig Zutritt oder erwirbt eine „Konserve" einer künstlerischen Arbeit. Das Internet bietet ebenfalls jede Möglichkeit, sich Angebote herunterzuladen, und *public viewing* eröffnet einem breiten und vielleicht zukünftigen Publikum Einblick in große künstlerische

Werke. Hier wird auch oft der Vorwurf entkräftet, dass elitäre Kunst nur viel zu wenigen zugänglich sei.

In der Regel sind Aufnahmen auf Tonträgern oder Videosystemen besser im Vergleich zu Live-Performances. Allerdings unterliegen bei Tonaufnahmen erfahrungsgemäß große Stimmen. Ihre Phonstärke muss technisch bei Aufnahmen gegebenenfalls gedrosselt werden, weil die in Dezibel gemessene Stärke in den „roten Bereich" zieht und damit die Wiedergabemöglichkeiten für die Endgeräte der Verbraucher beeinträchtigt. Die große Nähe von Mikrophonen, die neuerdings vielfach am Körper der Sängerdarsteller befestigt werden, bringt große Nachteile gegenüber Mikrophonen, die innerhalb des Bühnenbildes, über dem Orchester und im Auditorium stationiert werden. Letztere sind an den Mischpulten besser auszusteuern. So erklären es zumindest die Toningenieure. Das Publikum wird hier Unterschiede bemerken, wenn es Vergleiche anstellen kann, aber nicht um die Ursachen wissen.

- *Medienbezogene Determinanten:* Öffentlichkeitsarbeit hat in den letzten Jahrzehnten einen hohen Stellenwert erhalten. Große Opernhäuser und Staatsschauspiele beschäftigen Pressebüros, die mit Medien aller Art in Verbindung treten, um diese oder jene Probe, Vorstellung oder auch berühmte Gastsolisten werbewirksam zu vermarkten. Superstars haben ihre eigenen Promotionsmanager. Sie legen wichtige Schienen zu den Medien, vereinbaren Interviews und Auftritte in Talkshows, die alle als flankierende Maßnahmen verstanden werden. Das ist vor allen Dingen eine Frage der finanziellen Möglichkeiten, denn die Aktivitäten solcher Agenturen sind in der Regel sehr teuer. Um den kleinsten gemeinsamen Nenner mit interessanten Informationen zu erreichen, sind es oft so genannte *home-stories*, bei denen Künstler Privates bis Intimes entdecken lassen. Sekundäre Merkmale treten zusehends in den Vordergrund. Und so ist zeitgemäß die Verpackung oft wichtiger als ihr seriöser Inhalt (s. auch Abschn. 17.2).

  Der erfolgreiche Umgang der Bühnenkünstler mit den Medien unterliegt Gesetzen, die mit denen aus der Produktwerbung zu vergleichen sind. Ein hoher Bekanntheitsgrad zieht auch Engagements an den Bühnen nach sich, indem sich die Administrativen der Theater dadurch einen Zustrom an Publikum errechnen. Denn das Publikum richtet sich gerne nach berühmten Namen. Stagniert die Nachfrage nach einem bestimmten Künstler, sinkt auch sein Preis. Dieser Zusammenhang gilt für alle künstlerisch Tätigen, also auch, wenn Architekten, Maler oder Schriftsteller ihre Ware zu Markte tragen. Die allgemeinen Gesetze des Marktes gelten hier nicht anders als in der kommerziellen Wirtschaft. Künstler haben die Möglichkeit, gut verlinkt bildlich in eigenen Websites und entsprechenden Medien zu werben.

- *Abhängigkeit vom Theater- und Bühnenrecht:* Das Theater- und Bühnenrecht umfasst alle Rechtsgebiete, die für Theaterschaffende und Bühnenbetriebe relevant sind. Hierzu zählt das Urheberrecht (s. auch unter 14.4), daneben das Werkvertragsrecht und das Arbeitsrecht. Urheberrechte werden rechtlich geprüft und geschützt, Verträge gestaltet. Die rechtlichen Herausforderungen der modernen Informationsgesellschaft stehen ferner im Mittelpunkt, wenn es um neue Formen der öffentlichen Wiedergabe durch DVD, live-streaming, public-viewing, video demand und andere bühnenmäßige Umsetzungen digitaler Übertragungswege geht. Dies gilt auch und speziell für Videodesigner in Theaterproduktionen.

Rechtsanwälte auf dem freien Markt, die sich auf dieses komplexe Recht speziali-
siert haben, beraten Regisseure, Ausstatter, Komponisten und Videodesigner, aber auch
Schauspieler, Choreographen, Dramaturgen und Intendanten, die für und an Opern-
und Sprechtheatern im deutschsprachigen Raum und international tätig sind. Die Beratung erstreckt sich allerdings auch auf Arbeitgeber wie Theater und Bühnenbetriebe,
Agenturen und Theaterproduzenten.

Zum Angebot zählen normalerweise auch Vertragsverhandlungen und die Ver-
tragsgestaltung unter rechtlichen, wirtschaftlichen, steuerlichen und strategischen Gesichtspunkten und vieles mehr. Zu den dabei zu beachtenden Punkten gehören: der
Bühnenvertrag als Zeitvertrag, die Nichtverlängerungsmitteilung, eine Änderungs-
nichtverlängerungsmitteilung – der erweiterte Bestandschutz für Solomitglieder und
Bühnentechniker, die Beurteilung des Begriffs Bühne, Rechtsmissbrauch. (Nix, Hege-
mann, Hemke 2008)

Die Genossenschaft Deutscher Bühnenangehöriger (GDBA s. Anhang *[3]) gibt über ihren
Syndikus, der für Mitglieder dieser Gewerkschaft kostenfrei arbeitet, Auskunft über alle
Fragen zu diesem Thema und versichert auch notwendiges rechtliches Vorgehen der künst-
lerischen Arbeitnehmer gegenüber Theatern als Arbeitgebern.

15.4.3 Kulturschaffende

Die wohl erst in den späten 20er Jahren des 20. Jahrhunderts entstandene Wortbildung
Kulturschaffender dient als Sammelbegriff für alle künstlerisch und kulturell, produzierend
und reproduzierend, schöpferisch tätigen Personen. Der Begriff wurde später im National-
sozialismus missbraucht. In allen totalitären Systemen war die Verwendung des Begriffs
verbunden mit der Festlegung politischer gesellschaftlicher Aufgaben zugunsten des jeweiligen Systems.

Im Unterschied zu Bühnenkünstlern, deren Produktionsmittel der eigene Körper
ist – Schauspieler, Sänger, Tänzer –, werden in dieser Betrachtung solche Berufsgruppen
als Kulturschaffende eingeordnet, deren Produktionsmittel nicht unmittelbar mit dem Hochleistungssport zu vergleichen wären oder die nicht weisungsgebunden – im Gegensatz z. B.
zu Schauspiel und Oper – beschäftigt sind. Es handelt sich um Filmschaffende, Musiker
in freien Berufen, Regisseure, Bühnenbildner, Kostümbildner, Autoren, bildende Künstler
und Maler in freier Berufsausübung. Für sie alle gilt der Talentbegriff. Ausbildungen können an entsprechenden Instituten vorgenommen werden, aber auch zum Teil autodidaktisch
zielführend sein wie beispielsweise bei Malern oder Fotografen, sicherlich aber nicht bei
Architekten.

Die Vermarktung der entsprechenden Produkte oder immateriellen Dienstleistungen
geschieht bei Regisseuren, Kostüm- und Bühnenbildnern immer noch unter dem schützen-
den Dach von Schauspiel- oder Opernbühnen. Anders ist es bei Konzertsängern, Kabarettis-
ten, in Film- und Schallplattenfirmen oder als Lehrkräfte mit befristeten Lehrverträgen an
Hochschulen. Für Kulturschaffende, die sich dem freien Markt unterwerfen (müssen), gibt
es keine Sicherheit.

Die berufsbezogenen Abhängigkeiten variieren je nach Tätigkeit. Gibt es Agenturen oder ist Selbstvermarktung der bessere Weg? Künstlerische Freiheit oder Abhängigkeit? Stehen künstlerische oder geschäftliche Argumente im Vordergrund? Selbstverwirklichung und Wünsche der Auftraggeber? Welche Rolle spielt ein direktes oder indirektes Publikum? Für künstlerische Leistungen gibt es wenig eindeutige Parameter. Deshalb ist hohe Medienakzeptanz ausschlaggebend für eine entsprechende Positionierung auf dem Markt. Darin sind geschmackliche oder auch kulturpolitische oder parteiliche Vorgaben gewisser Medien entscheidend. Gibt es eine finanzielle Basis, die künstlerische Experimente mit unsicherem Ausgang erlauben?

15.5   Die gesundheitlichen Aspekte der künstlerischen Arbeit
(Bernd Weikl)

15.5.1 Gesundheit und Berufsausübung

Bildhauer, Maler, Architekten und alle, die materielle Kunstwerke schaffen, sind prinzipiell von einer allgemeinen gesunden Körperlichkeit abhängig, die im einzelnen besondere Bedeutung hat, wenn ein Bildhauer Kraft und zwei gesunde Arme und Hände benötigt, um sein Werk zu vollenden. Andere körperliche Gebrechen spielen bei ihm vielleicht eine untergeordnete Rolle. Und alle diese Künstler können trotz einer Erkältung oder eines grippalen Infektes an ihre Staffelei treten oder den Plan für ein Gebäude entwerfen. Das wird im Zweifelsfalle mit Hilfe einiger Medikamente erträglicher.

Für Thomas Mann war der Künstler per se eine degenerative Erscheinung am Ende der Kette seiner Buddenbrock'schen Kaufmannsfamilie. Auch Adrian Leverkühn – auf den 12-Ton Komponisten Arnold Schönberg geschrieben – ist im Dr. Faustus ein kranker Mann.

Ganz anders beschreibt die legendäre Sopranistin Lilli Lehmann (1848–1929) den Sängerberuf, wenn sie berichtet, dass es nur die breitkrempigen Schlapphüte waren, mit denen die erzgesunden Mimen bei Künstlertreffen eine erwünschte bleichwangige Dekadenz vorgeben konnten (Lehmann 1913, 1922, 1993).

In der U-Musik wird eher auf Promotion geachtet, die eine bestimmte Schicht von Neugierigen befriedigt, wenn entsprechende Medien täglich über Drogenkonsum und kriminelle Handlungen bei den Stars berichten. Dort zählt nicht die Durchschlagskraft einer ausgebildeten Stimme; dort sind es Mikrophone und riesige Verstärkeranlagen, die dem Publikum *Power* suggerieren. Drogenkonsum jeglicher Art wäre bei der überaus anstrengenden Tätigkeit auf dem Feld der klassischen Musik, hier Oper, absolut unmöglich.

Bühnenkünstler verkaufen sich bei ihrer Tätigkeit sozusagen mit Leib und Seele. Da sind von vornherein Gebrechen kein Einstieg in den Beruf. Im Gegenteil, heute spielt das Äußere *die* Hauptrolle bei der Karriere.

Germinal Hilbert ist Leiter einer alt eingesessenen Münchner Theateragentur. Er hat den Überblick und meint dazu: *Die Marketingabteilungen der (Platten)firmen bestimmen über Exklusivverträge und wie die Sänger anzukommen haben ... am liebsten ist denen immer eine 25-jährige Salome mit einer Figur wie Audrey Hepburn und einer Stimme wie*

Birgit Nilsson (Thiel 2010). Im Vergleich mit dem Hochleistungssport werden also Marathonläufer gesucht, die gleichzeitig Gewichtheber und Boxer sein sollen.

Opernsänger, insbesondere solche, die in der Schwerathletik mit Rollen von Richard Wagner, Giuseppe Verdi oder Richard Strauss gehört werden müssen, benötigen das Kraft strotzende blühende Leben eines Gewichthebers. Nur für das so genannte leichtere Fach in der Spieloper und dort bei leichterer Instrumentierung im Orchester eignen sich schlankere Körper für diese Leichtathletik.

Körperliche Beeinträchtigungen bedingt durch Erkältungen, Infektionen im Hals- und Nasenbereich oder bronchiale Beschwerden bedeuten automatisch auch ein Unvermögen der stimmlichen Aussage. Sind diese Künstler fest an der Bühne angestellt und erhalten somit Monatsgagen, werden sie bei Grippe, Husten oder Heiserkeit krank geschrieben und bleiben dann bei voller Lohnfortzahlung zuhause. Da aber in den letzten Jahren zunehmend Ensembles mit fest engagierten Sängerinnen und Sängern an den Opernhäusern aufgelöst wurden, haben jetzt Gäste als (Schein)selbständige bei neuester Rechtsprechung keinen Schutz im Krankheitsfalle. Es gibt auch keine finanzierbare Versicherung, die einen Abend abdeckt, der aufgrund einer plötzlichen Indisposition für den Künstler ausfällt.

Opernstars, die von Jetlag geplagt an allen wichtigen Opernhäusern der Welt auftreten, international Konzerte geben und fit sein müssen bei Ton- und Bildaufnahmen oder zu Werbezwecken im Fernsehen auftreten, richten ihr ganzes privates und berufliches Leben so ein, dass ihr Immunsystem möglichst keinen Schaden erleidet. Das ist oft die Ursache für eine Reihe von plötzlich zugeflogenen Irritationen im Hals-, Nasen- und Bronchialbereich. Gesunde, ausgewogene Ernährung und beispielsweise Gymnastik, die keine harte Bauchmuskulatur aufbaut, machen den Körper widerstandsfähiger. Alle diese Ratschläge sind jedoch bei den vielen Reisen nur unter Schwierigkeiten umzusetzen.

Opern- oder Konzertsänger sind als internationale Solisten Einzelkämpfer und erhalten nirgendwo Hilfen, wie diese bei Olympiateilnehmern gar keine Frage sind. Da geht es um Besorgungen im Supermarkt und in der Apotheke oder die Terminabsprache mit Ärzten. Auf dem Fußballplatz, bei der Olympiade oder am Boxring sind Sportärzte zugegen. Meldet sich bei Sängern eine Indisposition an, dann haben erfahrene Mimen ihre Apotheke im Koffer. Tritt während der Vorstellung eine plötzliche Irritation ein, oft infolge einer Reaktion auf Bühnenstaub oder verdampften Nebel, dann ist normalerweise kein Hals-, Nasen- und Ohrenarzt im Hause.

Der Dienst habende Arzt, die Ärztin ist vielleicht vom Fach Allgemeinmedizin oder Orthopädie und kann für den Sänger nichts tun. Künstler mit viel Erfahrung bringen dafür nicht nur ihre Medikamente mit, sondern injizieren sich auch selber probate Mittel, wie z. B. 10 mg Calcium-EAP intravenös. Der Dienst habende Arzt lehnt das ab, weil er mit diesem Medikament und der speziellen Therapie nicht vertraut sein kann.

Das Calcium erweitert die feinen Kapillarverästelungen (Aviolen) in den Bronchien, so dass sich die Spasmen (Verkrampfungen) lösen und (weiter) gesungen werden kann. Bei sehr anstrengenden Vorstellungen mit hohem Wasserverbrauch helfen Mineralstofftabletten und Injektionen von Vitamin B und C Präparaten. Die laienhafte Vorstellung, dass dann Dragees nützlich sein könnten, ist natürlich schon deswegen falsch, weil weder Stimmbänder noch Bronchien etwas mit der Speiseröhre zu tun haben und obendrein keine Zeit ist, auf Tage oder Wochen erst gesund zu werden.

Auf diese Weise haben manche Opernsänger eine Menge wirksame Produkte in ihrem Koffer, der außerhalb der EU schon gerne kontrolliert wird. Um nicht gegen Zoll und das Arzneimittelgesetz zu verstoßen sollte man in der Lage sein, eine ärztliche Bestätigung über alle möglichen Krankheiten vorzeigen zu können, um die Notwenigkeit der halben Pharmaindustrie im Koffer nachzuweisen. Bei Fußballspielern mögen Zöllner durchaus verständnisvoll sein. Über den anstrengenden Beruf eines Sängers können sie sich nichts vorstellen.

Der berühmte Wiener Sängerarzt Dr. Reinhard Kürsten wörtlich: *Opernsänger sind Hochleistungssportler. Sie sind die letzten Sklaven unserer Hochkultur und müssen ständig an ihre Grenzen gehen. Sie werden oft unvernünftig belastet, bis das Stimmorgan – denn es ist biologisches Material – einfach ermüdet.* (Kürsten 2008) Er meint damit nicht das Eigenverschulden schlecht ausgebildeter und unvernünftiger Mimen, die es leider auch geben soll!

Es ist eine hohe Kunst, jeden Abend olympiareife Vorstellungen zu geben. Wird die erwartete maximale Leistung für das Publikum nicht erreicht, geht schnell die Nachricht um die Welt, der Künstler, die Künstlerin habe die Stimme verloren. Dabei sind es auch oft psychische Probleme, die dann psychosomatische Auswirkungen auf den Stimmapparat haben. Dieser hängt sehr mit dem Diaphragma (Zwerchfell) zusammen, wo die Hellenen den Sitz der Seele vermuteten. Atmung, Zwerchfell und Stimmfunktion arbeiten in Abhängigkeit, so dass es uns auch bei Trauer, Angst oder Schrecken die Stimme *verschlägt*. Sie kann deshalb rau und brüchig klingen und ist dann unzumutbar für das Auditorium. Dort will man grundsätzlich gesunde Mimen an Leib und Seele, die frei sind von jedem irdischen häuslichen Kummer oder Problemen mit dem Finanzamt.

In seiner Dissertation untersucht Hannig während einer Pilotstudie psychische Störungen bei Opernsängern. Die Mimen erhalten Fragebögen und berichten über ihre Ängste und die damit verbundenen Behinderungen und individuellen Therapien. Da spielt Bühnenangst, Lampenfieber eine große Rolle. Angst vor Kündigung, Nichtverlängerung eines Vertrages, vor den Medien, der Leitung des Theaters, des Regisseurs mit seinem hinderlichen Konzept, Angst vor dem eigenen Versagen u. v. m. Manche der Damen und Herren holen sich Rat bei Psychotherapeuten, andere wenden alternative Heilmethoden an oder nehmen Betablocker (trochnen die Schleimhäute und damit auch die Stimmbänder aus!) oder sogar Alkohol zur Beruhigung. Wer bei einer Vorstellung Alkohol zu sich nimmt kann unmöglich zu großer Leistung auflaufen. Vergleichsweise würde ein Profisportler bei der Olympiade zur Flasche greifen (Hannig 2004).

Die Praxis zeigt allerdings, dass auch sehr berühmte Sängerinnen und Sänger bereits mit größeren psychischen Problemen zur Bühne gehen und annehmen mit dieser Flucht in eine andere Welt z. B. eine psychisch stark belastete Kindheit zu verdrängen oder zu vergessen. Bühnenangst oder eine Nichtverlängerung eines Vertrages oder das Ende einer Karriere sind dann nur die Folge einer ohnehin von Haus aus belasteten und damit unglücklichen Persönlichkeit.

Mens sana in corpore sano: Nur die Stärksten, die heute *cool* sind und alle Schwierigkeiten an sich abstreifen können, diejenigen schaffen es.

15.5.2 Gesundheit durch Berufsausübung
        (Bernd Weikl)

No sports, meinte Winston Churchill und rauchte genüsslich seine Zigarre. Über die regelmäßige gesundheitsfördernde sportliche Betätigung muss im 21. Jahrhundert nicht mehr diskutiert werden. Doch sollte man da zwischen Amateuren und Berufssportlern, Liebhabern und Olympioniken unterscheiden, wenn letztere bis an die Grenzen ihrer Leistungsfähigkeit gehen müssen, wollen sie als Profis Karriere machen oder an der Spitze bleiben.

Geht es um gesundheitsfördernde künstlerische Berufsausübung, dann können wir vom Spielen von Blasinstrumenten und Sängerinnen und Sängern sprechen, die nach allen natürlichen Vorgaben der Stimmbildung richtig Atmen und Singen (18.2.1).

Stimmbildung und aktives Singen begünstigt eine intensive Durchblutung des Körpers und stärkt Herz-, Hirn- und Lungenfunktion über gesteigerte Sauerstoffzufuhr. In der Folge wird auch das Immunsystem unterstützt. Kein Zweifel, der Mensch ist als singendes und musizierendes Wesen aus der Evolution hervorgegangen. Singen drückt Abhängigkeiten zwischen Organismus und Umwelt aus. Alle Kulturen nutzen Gesang als eines der beiden menschlichen Kommunikationsmittel (Nettl 2000).

Vom Per-sonare zur Person, oder Stimme, Kreativität und Persönlichkeitsbildung nennt Gertraud Berka-Schmid den *Weg* zur Entwicklung unserer Persönlichkeit. *Über die Propriozeption führt der Weg vom völlig Unbewussten bis zur höchsten Bewusstseinsstufe. (Selbstverständnis, Selbstwertgefühl, Selbstbewusstsein) Wir nehmen uns selbst zu eigen, ständig und immerwährend, Die Bereiche sind:*

  a. Tiefensensibilität, kinästhetische Sensibilität
  b. Viszerozeption (Informationen von den inneren Organen)
  c. Sonozeption
    (1. Strepitozeption = Selbstwahrnehmung durch Geräusche)
    (2. Vocozeption = Selbstwahrnehmung durch die Stimme)

Der Schwerpunkt liegt hier auf der Vocozeption.
  Zu a. und b.: Wahrnehmung körperlicher Sensationen und Funktionen.
  Zu c.: Gleichzeitigkeit der Verschränkung von innen und außen. Eigenwahrnehmung von innen durch Gewebs- und Knochenleitung, Eigenwahrnehmung von außen: Luftleitung. (Ausdrucks- und Eindruckswahrnehmung, emotional – seelischer Bereich).
  Mit der Stimme, unserem stärksten Ausdrucksorgan, teilen wir uns unserer Umgebung vom ersten Schrei an mit und werden emotionalen Stau los. (Triebabfuhr zum seelischen Ausgleich) Wir lernen unsere inneren Räume über die verschiedenen Tonhöhen und Klangfarben kennen, entwickeln unsere Identität über die „stimmige", differenzierte Benützung der Stimme, kommen mit uns in Resonanz und verbessern verschiedene Funktionen durch den Einsatz der Stimme. (z. B.: Atemfunktion, Darmtätigkeit, Sauerstoffsättigung) im körperlichen Bereich. Wir verbessern durch den Ausgleich im Vegetativum (enge Verknüpfung mit dem limbischen System) unser seelisches Gleichgewicht. Früher pflegten wir vom ersten Schrei an einen höchst kreativen Umgang mit unserer Stimme, der sich in den letzten Jahr-

zehnten bis zum Ende unserer Schulbildung vornehmlich durch die veränderten soziokulturellen Gegebenheiten zu unserem eigenen Nachteil erschreckend reduziert hat.

Heute üben wir das „Uns-Selbst-Erkennen" und das „Erkannt-Werden" über die Stimme viel zu wenig, weil wir ihre Vielfältigkeit nicht mehr entwickeln. Die Vielfalt ist in der gesamten Biosphäre, zu der auch wir Menschen zählen, die Überlebensstrategie der Natur. Die Einfalt tötet uns.

Der Spiegel unseres körperlichen, geistigen und seelischen Umganges mit unserem Selbst ist unsere Stimme! (Berka-Schmid im Dialog mit dem Autor, Anschrift s. Anhang*[6]). Musikalische Elemente (Singen) begünstigen in der Früherziehung soziale, kognitive und emotionale Bereiche der Persönlichkeitsbildung. Leider werden immer wieder deutliche Defizite in der Musikpädagogik festgestellt. (Brünger 2000). *Der Sitz der Persönlichkeit sei jetzt endlich entdeckt, denn was unser Wesen ausmache, befinde sich hinter der rechten Stirnseite, berichten Neurologen (s. auch 16.2 sowie 18.2.7).*

Ein auf Quoten ausgerichtetes Fernsehen mit ständigen Bild- und Tonwechseln und Computerspiele fördern ADHS, eine Aufmerksamkeitsstörung bei Kindern, die als Heranwachsende dann auch mehr zu Drogensucht neigen im Vergleich zu ihren Altersgenossen

Der technische Fortschritt potenziert sich auf erschreckende Weise, auch gerade durch die digitale Revolution, bei der die humangenetische Evolution des Menschen nicht mithalten kann. Und die Flut der Informationen läßt keine Unterscheidungen mehr zu, wenn es darum geht, Nebensächliches von Wichtigem zu trennen. *Videospielen trainiere die Aufmerksamkeit auf das Falsche,* erläutert Skrodzki auf einem Kongress der Kinder- und Jugendärzte in Weimar (Skrodzki 2011).

Bei jedem zehnten Kind wird nach Schätzungen der Europäischen Gesellschaft für Kinder- und Jugendpsychiatrie (ESCAP) bereits eine psychische Erkrankung diagnostiziert.

Richtiges Atmen und Singen ab Kindergarten wäre eine präventive Maßnahme und stünde in direktem Zusammenhang mit einer längst fälligen Neugestaltung der Mikro- und Makroökonomie denn alles menschliche Handeln wird in hohem Maße vom Unterbewusstsein beeinflusst. Andernfalls könnten uns Computerprogramme ersetzen und geklonte Lösungen anbieten (18.3).

Die Aufmerksamkeit auf das Nebensächliche hat auch im Theater – hier Oper – Platz genommen. Administrative und entsprechende Medien entstammen wenigstens teilweise bereits dieser Generation der *Überfluteten* und sehen in einer überwiegend optischen Reizevermittlung ihren Bildungsauftrag für das Theater.

Die Abneigung solcher bestimmter Kreise gegen die herkömmliche Oper mit ihrem Melos als Mittelpunkt und ihrer traditionellen Aufführungspraxis nach Art des sinnenfreudigen epikureischen *slow food* hat daher auch aus diesem Grund bereits vor Jahrzehnten den Begriff *Neues oder Zeitgenössisches Musiktheater* eingeführt. Die vormals überaus dominierende Rolle von Musik und Gesang soll dabei zugunsten flankierender Nebensächlichkeiten reduziert werden. Jeder vernünftige Kaufmann verhält sich dann lieber antizyklisch und bietet etwas an, was andere nicht in ihrem Sortiment haben.

15.6 Die steuerliche Behandlung von Einkünften aus künstlerischer Tätigkeit
(Bernd Weikl)

Die nähere Beschreibung der Steuergesetze für Einkommen aus künstlerischer Tätigkeit würde schon vom Umfang her nicht in dieser Lektüre Platz finden. Wer als Künstler seinen Steuerberater aufsucht, der findet ihn sicher hinter und umgeben von einem Berg dicker roter Folianten mit Aufschrift Einkommensteuergesetz (EStG)

Bei den Einkunftsarten der Künstlerberufe geht es zunächst um selbständig erzielte und solche im Angestelltenverhältnis. Maler, Bildhauer, Architekten oder Autoren können sowohl Unternehmer als auch in Unternehmen angestellt tätig sein. Auch beides gleichzeitig ist möglich, wenn z. B. Herr A als Bildhauer eine Professur an einer Hochschule inne hat und gleichzeitig private Angebote ausführt. Autoren können in Zeitungsverlagen feste Positionen bekleiden und freiberuflich Bücher schreiben.

Die Verwaltung des Zeitungsverlages führt vom Gehalt des Herrn A regelmäßig Lohnsteuer und Sozialabgaben an das Finanzamt ab und der Fiskus fordert Herrn A zusätzlich jährlich auf, eine Gewinnermittlung und Umsatzsteuererklärung vorzulegen. Als Gewinne werden Einnahmen – hier durch den Verkauf von Büchern – nach Abzug von Ausgaben bezeichnet.

Bei Bühnenkünstlern wird der Sachverhalt etwas komplexer. Festengagierte Schauspieler und Sänger unterliegen bei ihren Monatsgagen dem Lohnsteuerabzug durch die Theater als Arbeitgeber. Da die Ensembles zusehends aufgelöst werden, handelt es sich heute an den Bühnen immer mehr um atypische Beschäftigungsverhältnisse (Herdlein 2010). Die Oberfinanzdirektion hat mit ihrem so genannten Künstlererlass (BMF Schreiben vom 5.10.1990 BStBl. S. 638) Formen von künstlerischen Berufsgruppen wie folgt unterteilt in:

A Spielzeitverpflichtete und gastierende Künstler
B Radio, Fernsehen und Kulturorchester
C Film- und Fernsehproduzenten

Zu A: Verträge an Sprech- und Musiktheatern – auch Operette, Ballett und Musical – sind zunächst immer auf relativ kurze Zeit vertraglich begrenzt. Die jeweilige Direktion des Hauses will kein Risiko eingehen und plötzlich leistungsschwache Mitglieder kündigen müssen. Das könnte rechtliche Probleme erwirken, indem für immaterielle künstlerische Produkte nicht immer eindeutige Parameter anzuwenden sind. Auch deshalb laufen Anfängerverträge höchstens für 2 Spielzeiten (eine Spielzeit am Theater beginnt jeweils am 1. September und endet am 31. August des folgenden Jahres).

Nach 15 Jahren Mitgliedschaft am Theater werden Mitglieder unkündbar. Die Verwaltungen dieser Häuser überreden aber den Mimen oder die Sopranistin schon vorher zu einer Vertragsauflösung, indem sie einen Gastvertrag mit guten Abendhonoraren anbieten. Der Sänger, die Sängerin fühlt sich geehrt, glaubt jetzt an den Beginn einer späten großen Karriere und wird nach Erfüllung des Gastvertrages nicht mehr weiter beschäftigt.

Gastspielverträge können für einen (Gala)Abend oder für das Einspringen wegen eines erkrankten Kollegen und für eine bestimmte Anzahl von Vorstellungen abgeschlossen werden. Der rechtliche Status wird wie folgt geregelt:

- Regisseure, Bühnenbildner, Kostümbildner oder Choreografen usw. sind selbständig.
- Gastierende Dirigenten sind angestellt (völlig unverständlich!)
- Gastsolisten wie Sänger, Schauspieler (weniger), Tänzer usw. werden zwar nach neuester Rechtsprechung als Selbständige geführt, müssen sich aber sehr wohl voll in den Theaterbetrieb einordnen. Es handelt sich um atypische Beschäftigungsverhältnisse mit (Schein)Selbständigkeit. Die Problematik wurde in 15. geschildert.
- Choristen oder Instrumentalisten, die kurzfristig als Aushilfe tätig sind, gelten als selbständig.
- Bei konzertanten Aufführungen gelten alle Solisten als selbständig.

Zu B: Außerhalb der staatlichen oder kommunalen Theaterbetriebe gelten alle Solisten in Kulturorchestern ebenfalls als selbständig.

In Rundfunk- und Fernsehanstalten werden fest Angestellte und Angehörige künstlerischer Berufe beschäftigt. Diese werden dann wiederum in weisungsgebundene, also unselbständige und sogenannte freie Mitarbeiter in selbständigen Berufen unterteilt. Als Selbständige werden beispielsweise geführt: Künstler der U- und E-Musik, Chorleiter und Dirigenten, soweit sie nicht im Rundfunkchor oder Orchester mit Festverträgen gebunden sind. Die Liste umfasst alle von einer Diskussionsleiterin bis zum Dolmetscher. Es betrifft auch Berufe, die in der Nähe künstlerischer Tätigkeit angesiedelt sind.

Zu C: Bei Film- und Fernsehproduzenten oder in der Platten- und Videoindustrie wird analog zu Punkt B entschieden.

In der Summe sind diese Berufe der Künstler für sie selber, ihre Steuerberater und ihr Finanzamt immer wieder mit Fragen und Problemen verbunden, weil künstlerische Tätigkeit auch vielfach mit ungewöhnlichen Ausgaben im Zusammenhang steht.

Opern- und Konzertsänger, oder Instrumentalsolisten und Dirigenten müssen Schallplatten hören und Videos und DVDs von Kollegen als Studienmaterial erwerben. Wie sollten sie denn sonst alle diese Werke kennenlernen und für ihren Beruf nutzen können? Viele Sänger lernen auf diese Weise ihr gesamtes Repertoire auswendig. Ausgaben dieser Art dürfen nicht Steuer mindernd geltend gemacht werden, da diese Ton- und Bildträger auch privat genutzt werden können. Eigene Aufnahmen auf Ton- und Bildträgern, die zu Werbezwecken verteilt werden, können von Steuern abgesetzt werden. Allerdings erwartet das Finanzamt Name, Adresse des Empfängers und eine Begründung für diese Maßnahme. Alle Ausgaben, die unter Öffentlichkeitsarbeit fallen, sind abzugsfähig. Günstig sind dann Presseberichte, die man seiner Steuererklärung beilegen sollte.

Der § 12 Nr.1 EStG behandelt die private Lebensführung. Dort ist es für den Künstler teilweise schwierig die 100 % betriebliche Nutzung darzulegen bzw. zu beweisen. Weshalb soll oder kann sich ein Opernsänger oder Klaviervirtuose nach mehrfachem Anhören der CDs diese dann auch noch „privat anhören"? Das ist logischerweise ganz unmöglich.

Ebenso sind die Kosten für die zugehörigen Abspielgeräte nicht als Werbungskosten anerkannt. Für diesen Teil im § 12 Nr. 1 EStG wird häufig eine prozentuale Aufteilung im Schätzverfahren vorgenommen, z. B. 60 % betrieblich 40 % privat.

Das erinnert an eine Glosse von Herbert Rosendorfer, wie er die Kommunikation zwischen ihm und seinem Finanzamt beschreibt. Rosendorfer ist u. a. Rezensent von klassischer Musik auf Tonträgern.

A: Finanzamt, B: Rosendorfer:
A: Gefallen Ihnen die Aufnahmen, die Ihnen hier zur Kritik vorliegen?
B: Nein, die meisten nicht ...
A: Zu wie viel Prozent gefallen sie Ihnen nicht?
B: Vielleicht zu 80 Prozent ...
A: Dann lassen wir von den 100 Prozent Anschaffungskosten nur 80 Prozent steuerlich gelten,
denn 20 Prozent der Musik hat Ihnen ja gefallen und das ist Privat.

Konzertkleidung – für das Orchester an 300 Abenden im Jahr – ist privat! Damit kann man ja auch auf einen Ball gehen. Das betrifft § 12 Nr.1 EStG. Allerdings sind z.B. Anzüge, Krawatten und Schuhe für den Steuerberater auch nicht als Betriebsausgabe abzugsfähig, nur typische Arbeitskleidung wie z.B. der Arztkittel, der Blaumann, Schutzkleidung für Handwerker etc. Vielleicht sollten Orchestermusiker und Dirigenten oder Konzertsänger in Zukunft im Blaumann oder Arztkittel auftreten, denn das sind abzugsfähige Posten. Und hier noch ein Originalzitat aus einem deutschen Finanzamt: Die Prostituierten dürfen ihre Verhütungsmittel nicht von der Steuer absetzen, denn sie können diese auch privat benutzen!

Opernsingen ist Hochleistungssport und das Publikum verlangt an jedem Abend eine olympiareife Leistung. Wer trotz Jetlag oder anderen Indispositionen, aufgrund von Bühnenstaub oder Pollenflug, seinen Auftritt nicht verschieben oder absagen kann, der greift nach Medikamenten. Diese müssen sofort wirken und sind dann auch verschreibungspflichtig.

Da es sich aber nicht wirklich um eine Krankheit handelt, sondern um eine Art Schwäche, dienen diese pharmazeutischen Mittel nur dazu, die Superleistung bis zum Ende der Oper durchzuhalten. Diese Ausgaben zahlt die Kasse nicht, und das Finanzamt erkennt darin keine Werbungskosten nach § 9 (1) EStG oder Betriebsausgaben nach § 4 (4) EStG an.

Es handelt sich um außergewöhnliche Belastungen nach § 33 EStG, wenn diese Medikamente ein Arzt verschrieben hat! In der Regel wirken sich die außergewöhnlichen Belastungen steuerlich nicht aus, da zunächst eine zumutbare Aufwandsgrenze, die (abhängig vom Einkommen und Anzahl der Kinder des Steuerpflichtigen) überschritten werden muss. Ärzte verschreiben in der Regel im Krankheitsfalle aber nicht zur Leistungsförderung bei Gesunden. Damit tritt auch die Krankenkasse nicht als zahlender Versicherungsträger ein.

Laute Tenöre oder Pianisten müssen üben, aber wo? Da ist ein Studio notwendig, das im eigenen Haus oder in einer Mietwohnung – dort lärmgedämmt – zur Verfügung stehen soll. In solchen Arbeitsräumen wird allerdings das Produkt nicht hergestellt, sondern erst auf der Bühne oder im Konzertsaal argumentierte das Finanzamt über Jahre und erkannte die Unkosten nach der alten Rechtslage nicht an. § 4 (5) Nr.6b EStG.

Die neue Rechtslage unterscheidet zwischen Arbeitszimmer und Musikzimmer/ Übungsraum. Im Arbeitszimmer werden verwaltungstechnische Arbeiten erledigt wie z.B. Rechnungen schreiben, Buchhaltungsunterlagen sortieren, Telefonate führen, etc. dieses Arbeitszimmer ist, wenn kein weiterer Arbeitsplatz an anderer Stelle vorhanden ist (z.B.

ein gemietetes Büro), mit max. Euro 1250,– p. a. steuerlich zu berücksichtigen. Das Musik-
zimmer (auch schallisoliert) in dem nur geprobt, geübt wird, ist zu 100 Prozent abzugsfähig.

Wer als Künstler internationale Verpflichtungen eingeht, hat eine ganze Reihe weite-
rer steuerlicher Besonderheiten zu beachten. So sind zwar Opernhäuser autonom geführte
Unternehmen, unterstehen aber dem Staat oder der jeweiligen Kommune. Ausländische
Einkünfte werden schon vor Ort mit einer Quellensteuer belegt und müssen bei Wohnsitz
Deutschland hier erneut dem Finanzamt vorgelegt werden.

Einkünfte aus den EU-Ländern werden dann nachversteuert. Honorare, die in Japan
erzielt werden, erhöhen in Deutschland die Progression auf die deutschen Steuern der inländischen Gagen. Außerdem werden die inländischen Kosten für Büro und Studierzimmer
anteilmäßig auf ausländische Einkünfte verteilt. Da im Ausland bei Abzug der jeweiligen
Quellensteuer keine Werbungskosten angerechnet werden, aber die ausländischen Einkünfte
in Deutschland noch einmal versteuert werden oder zur Progression zählen, erhöht sich also
die Steuerlast und vermindert sich gleichzeitig die Anerkennung der großen Regiekosten.

In den USA und in England gilt die inländische Steuer auch für Devisenausländer.
Dort müssen auch Künstler mit Wohnsitz Deutschland eine Steuererklärung abgeben. Der
amerikanische Fiskus verlangt alle originalen Unterlagen. Das deutsche Finanzamt will
sie ebenfalls haben. Originale gibt es nur einmal. In Irland waren Künstler bis vor kurzem
noch steuerfrei. Deshalb wohnen dort auch viele große und sehr sozial eingestellte Autoren
(Quellen: Einkommensteuergesetz [EStG] und Sozialgesetzbuch [SGB] auszugsweise als
Pflichtlektüre des Autors).

Die überbordende und sehr komplexe Bürokratie gerade in den Steuergesetzen er-
schwert auch künstlerisches Arbeiten, wenn z. B. Opern- und Konzertsänger oder berühmte Instrumentalsolisten Weltkarrieren anstreben und daher weder zuhause am Schreibtisch
sitzen, noch unterwegs aus dem Koffer agieren können. Der physische und mentale Einsatz
eines Weltmeisters kostet alle Kraftreserven und Zeit. Mitreisende Sekretärinnen hätten
eine 7-Tage-Woche, kein Wochenende keine Feiertage und keinen Urlaub, und Sklaverei ist
offiziell abgeschafft.

16   Kunst und Bildung

16.1   Die fehlgeleitete Bildungspolitik

Bildung ist mehr als nur körperliche und geistige Ertüchtigung für die Ausübung eines
lebensdienlichen Berufs. In einer bestands- und entwicklungsfähigen Gesellschaft werden
Menschen gebraucht, die ihre Persönlichkeit darin verankern und ihre individuellen Beiträge für die Erhaltung, Pflege und Lebensfülle der Gesellschaft einbringen können. Es versteht
sich ganz von selbst, dass Kunst darin in allen ihren Formen und Varianten neben der Aneignung von Wissen in der Bildung einen sehr hohen Rang einnimmt, und zwar sowohl in der
aktiven Teilnahme an der Kunstproduktion – auch wenn diese nicht bis zur Professionalität
reicht – als auch in der Wahrnehmung von gebotener Kunst.

Diese an sich selbstverständlichen Bemerkungen seien vorangestellt, um das Argument von der wirtschaftlichen Bedeutung der Bildung und mithin dem Wirken der Kunst

in der Bildung ins rechte Licht zu rücken. Es geht uns nicht um die Instrumentalisierung von Bildung für die Wirtschaft, wohl aber um die Schaffung der alles entscheidenden Ressource oder Grundlage für wirtschaftliche Entfaltung sowohl auf individueller als auch auf gesellschaftlicher Ebene. Bildung als allgemeine Lebensertüchtigung und darin enthalten selbstverständlich auch die berufliche Bildung ist eine der Wirtschaft nützliche Ressource, die diese ebenso wenig selbst schafft wie sie die natürlichen Rohstoffe selbst erzeugt, die sie für ihre produktiven Zwecke nutzt. Sie entnimmt sie der Natur; die Hervorbringung der Ressource *Bildung* ist eine fundamentale kulturelle Aufgabe der Gesellschaft und ihrer Gliederungen (Oerter/Frey/Mandl/Rosenstiel/Schneidewind 2010).

Eine weitere Anmerkung müssen wir dem Thema *Bildungsökonomik* oder *Bildungsökonomie* widmen, ohne es im Detail zu vertiefen. Es handelt sich hierbei neben Sachgebieten wie *Gesundheitsökonomie, Umweltökonomie, Kulturökonomie* um eine weitere so genannte Bindestrich-Ökonomie, wie sie die volkswirtschaftliche Kerntheorie umgeben. Bildungsökonomie stellt zwei Fragen in den Vordergrund: Welchen Beitrag liefert das Bildungssystem zur wirtschaftlichen Entwicklung eines Landes, insbesondere mit Blick auf den Arbeitsmarkt und nach welchen Wirtschaftlichkeitsmaßstäben werden die staatlichen Ausgaben für ein funktionierendes Bildungssystem getätigt?

Das sind zweifellos wichtige Themen mit allerdings zum Teil skurrilen Folgen: Bevorzugung von solchen Schulfächern, die unmittelbar als berufsförderlich gelten, beispielsweise naturwissenschaftliche Fächer. Die allseits bekannten und von vielen beklagten Streichungen der musischen Fächer sind allerorten die Späne des Wirtschaftlichkeitshobels geworden.

Von einer Ökonomisierung können wir auch im Hochschulwesen sprechen. Dabei geht es weniger um die ambivalente Entwicklung des so genannten Bologna-Prozesses, dessen an sich seriöse Idee der Internationalisierung von Studiengängen in einer für Lehrende wie Studierende fast unerträglichen Überregulierung zu ersticken droht (Jesenberger 2006, Eckardt 2005, Brändle 2010). Es ist sogar von Humboldts Alptraum die Rede (Schultheis/Cousin/Roca i Escoda 2008). Im Vordergrund steht vielmehr die zum Teil massive Beschneidung von so genannten *Blüten-* oder *Orchideenfächern*, zu denen zahlreiche Geisteswissenschaften gehören, die in der Ausstattung mit Mitteln und Dozentenstellen zugunsten von Fächern wie Betriebswirtschaftslehre massiv gekürzt worden sind. Besonders dramatisch sind die Ökonomisierungswirkungen in Kunstwissenschaften und Musikwissenschaften (Literatur s. unter Leseempfehlungen).

Bildung gehört an sich zu den zentralen Themen der ökonomischen Theorie. Folglich müsste Bildungspolitik auch im Fokus der Wirtschaftspolitik stehen. Diese Sicht ergibt sich auch aus der von uns vorgestellten Position zu den methodologischen Grundlagen einer unverzerrten Repräsentation der wirtschaftlichen Wirklichkeit in einer kulturökonomisch erweiterten Ökonomie.

Der gedankliche Ansatz besteht in einer Umkehr des theoretischen Fundaments alter Art, wonach es die zentrale Aufgabe der Wirtschaft sei, im Interesse des Ganzen der Gesellschaft nach den Bedingungen und Instrumenten der optimalen Allokation der Produktionsfaktoren *Boden*, *Arbeit* und *Kapital* zu fahnden. Aus kulturökonomischer Sicht aber ist der einzige und zugleich maßgebliche Produktionsfaktor die menschliche Schaffenskraft, und die bedarf sorgfältiger Entwicklung und dauerhafter Pflege, eben der Bildung.

Es ist Sache der Bildungspolitik und der Unterhaltung eines geeigneten Bildungssystems, welches dieser allgemeinen Aufgabe der Gesellschaft dienlich ist. Dies ist ohne zureichende Finanzmittel nicht zu machen. Aber solches Geld ist gut angelegt oder – um es ökonomisch auszudrücken – solche Ausgaben sind eine Investition in die Schaffung eines produktiven Gutes. Produktiv hier nicht nur simpel als nützliche Arbeit zu Gunsten der Wirtschaft gesehen, sondern auch individuell als Produktivität im Sinne von Schaffenskraft und Schaffenslust, das eigene Leben zu gestalten.

Ökonomische Aspekte der besonderen Art ergeben sich in der Tat – ganz im Sinne der ökonomischen Logik – auf der einen Seite aus der genannten investiven Funktion der Bildung und auf der anderen Seite aus dem Nutzen, den die Wirtschaft aus tatenlustigen, kreativen Menschen ziehen kann. Sie muss es, denn ohne diese Kräfte wäre sie rasch am Ende ihrer Entwicklungsmöglichkeiten angekommen.

Kunst oder allgemein: ästhetische Bildung sind bekanntlich in der Bildungspolitik und Bildungspraxis der letzten Dezennien ständig zurückgeschnitten worden zu Gunsten einer Verstandesschulung, die das menschliche Gedächtnis als reines Wissensarchiv instrumentalisiert und die formale Logik kausaler Schlussfolgerungen ganz in den Vordergrund schiebt. Im Zuge dieser reduktiven Bildungsentwicklung sind nicht nur die ästhetischen Kompetenzen und der kreative Erlebnisreichtum geschrumpft, sondern ist das Verständnis für den individuellen Bildungscharakter des Umgangs mit Kunst und ihrem hohen Rang für die Gesellschaftsentwicklung mehr und mehr verloren gegangen.

Dass wir heute mit teilweise extremen Formen der Degeneration von Kunst zu tun haben, liegt zwar auch, aber nicht nur an manchen Künstlern und Kunst machenden Einrichtungen, sondern vor allem daran, dass es immer mehr an verständigem Publikum mangelt, das den Sinn für Meisterliches, ästhetisch Anspruchsvolles, Tragfähiges und für die Vitalität des Gesellschaftslebens Bedeutendes wach hält und kunstkritisch vorbringen kann (Liessmann 2006, Krautz 2007, Kraus 2009, von Hentig 2009).

Ein weit verbreitetes Vorurteil schätzt Kunst als ein emotionales Medium ein, das die kognitive Wissensaneignung allenfalls ergänzen und vielleicht das Leben bereichern kann, das aber für den Erkenntnisfortschritt des Menschen im Zweifel entbehrlich ist.

Diese Einschätzung ist definitiv falsch und das nach beiden Seiten: Auf der einen Seite ist Kunst selber ein hochgradig intellektuelles Medium, das wegen seiner die reine Verstandestätigkeit weit überschreitenden visionären Kraft die fundamentalen Potentiale jeder Art von Kreativität, also auch die eines Wissenschaftlers oder eines Unternehmensführers, und damit das wache Bewusstsein stärkt. Es mag nicht alles Kunst sein, was an ästhetischer Praxis betrieben wird, aber nicht die Intensität und Meisterlichkeit ist hier ausschlaggebend, sondern die ungebrochene, ständige Benutzung der dem Menschen gegebenen Phantasie und emotionalen Erlebnisfähigkeit.

Auf der anderen Seite gibt es keine rein rationalen, verstandesmäßig emotionslosen Handlungen in der Praxis. Das Ideal des rationalen Individuums, wie wir es vom berüchtigten Homo oeconomicus her kennen, ist eine Wunschkonstruktion mit einem, wie wir heute wissen, gefährlichen Irrtumspotenzial hinsichtlich der Erzeugung von menschlichem Wohlbefinden und der Vernachlässigung geistiger Schaffenskräfte, die die gesamte Vitalität einer Gesellschaft bedingen. Selbst der kühlste Manager in der Wirtschaft kann sich aus den organischen Gegebenheiten seines Gehirns nicht einfach davonmachen, sondern ist an seine persönlichen Gefühlsprägungen gebunden und nutzt oft unbewusst die sinnlich vermittelten und aus den Tiefen seines Gedächtnisses hervorkommenden emotionalen Energien (Pöppel 1997, Pöppel 2008).

Die Dynamik der heutigen Gesellschaften wird von den individuellen und gesellschaftlichen Kräften der Innovation erzeugt. Die Entdeckung von etwas Neuem beruht jedoch nicht auf logischen Operationen des Verstandes und dem Ordnen von Fakten – das ist ein zwar notwendiger, aber sekundärer Akt des praktischen Gestaltens –, sondern auf Einfällen und bedarf deshalb eines geistig-emotionalen gesellschaftlichen Klimas für intuitive, ästhetisch-spielerische Schaffenslust.

Einfälle, ohne die alles beim Alten bliebe, gehören zur Dramatik der Erfahrung (Waldenfels 24). Einfälle kommen, auch wenn sie häufig durch äußere Einflüsse stimuliert werden, unerwartet daher, können jedenfalls nicht durch den Verstand erzwungen werden. Ein Einfall *ist kein Akt, den ich vollziehe, indem ich ein bestimmtes Ziel ins Auge fasse, einer Regel folge und Verantwortung auf mich nehme... Der Einfall ,kommt mir' als etwas, das mir zustößt, nicht aber von mir ausgeht... Die ,Plötzlichkeit' des Einfalls, die geradezu schockartige Ausmaße annehmen kann, rührt daher, daß Einfälle nicht als Resultat methodischer Planung und als gekonnte Leistung auftreten* (ebenda, 25).

Bildung ist ein untrennbares Zusammenspiel von rationalen und intuitiven Komponenten in der Denkarbeit des Gehirns. Jede exzessive Hervorhebung der einen oder der anderen dieser Komponenten, also etwa purer Rationalismus oder purer Intuitionismus (diesen Begriff verwendet B. Waldenfels für einseitig überzogene Formen intuitiver Erfahrung, die als irrational zu bezeichnen sind; ebenda, 22 ff.), ist nicht lebensdienlich, unpraktisch und instabil. Die öffentliche Bildungspolitik der letzten Dezennien – mit ihren Wurzeln reicht sie natürlich um Generationen zurück – hat auf eine dramatische Weise genau diese falsche Trennlinie vollzogen.

Das politisch Irrationale daran ist die Tatsache, dass die so dringend geforderten Kräfte der Kreativität, deren Einfälle auch die Wirtschaft beflügeln, eben gerade nicht durch Faktenwissen, Planungsrationalität, reines Zweck- und Nützlichkeitsdenken, zielorientierte Horizontverengung erreicht wird. Für Bildungswissenschaftler ist dies keine neue Erkenntnis. Erinnert sei hier an den französischen Philosophen Henri Bergson (1859–1941), der sich schon früher mit der Bedeutung von Emotionen und Intuition befasst hat (Bergson 2007, aus neuerer Zeit auch Gigerenzer 2008). Aber Politik läuft offensichtlich nach anderen Maßstäben ab und wird von interessegeleiteten Nützlichkeitserwägungen angetrieben.

Probleme praktischer Bildungserfahrung und Bildungspraxis ergeben sich nicht aus der Tatsache, dass unsere Gehirntätigkeit unauflöslich mit weit über die Verstandestätigkeit hinausreichenden Bewusstwerdungen verknüpft ist, sondern vielmehr durch Vernachlässigung eben dieser Bindung und die Überbetonung der operativen Verstandesarbeit in der persönlichen Bildung. Vieles an erweiterten Einsichtsmöglichkeiten, die sich durch Gespür, Phantasie, Empathie und Intuition erschließen lassen, geht verloren, zum Nachteil des Menschen und zum Schaden der Gesellschaft als Ganzes.

Der vernachlässigte emotionale Rückstand kann zudem zu einer Quelle der zivilisatorischen Verwilderung und zu moralischer Rücksichtslosigkeit werden. Interessant ist in diesem Zusammenhang der Blick eines Autors, dessen kulturelle Wurzeln nicht in Europa, sondern im islamisch geprägten Vorderasien liegen: Amin Maalouf (Maalouf 2010). Amin

Maalouf pocht darauf, dass das kulturelle Fundament einer Gesellschaft erheblicher Anstrengungen bedarf, um der wirtschaftlichen Entwicklung einen festen Boden zu geben.

Zwischen der Bildungswissenschaft einschließlich der Bildungsphilosophie und der
Bildungspraxis in Schulen und Hochschulen klafft oft eine beträchtliche Lücke, die sich nur
dadurch erklären lässt, dass auf das Bildungssystem in der Praxis mächtige Einflüsse von
außen einwirken, die weder theoretisch oder diplomatisch-argumentativ wirksam abgewehrt
werden können. Dennoch ist es notwendig daran zu erinnern, dass dies immer schon ein
Thema der fachlichen und öffentlichen Debatten war. Einige Grundforderungen an das, was
man eine gute Bildung im Sinne der Vorbereitung fürs Leben nennt, haben sich lediglich in
Akzenten und Formulierungen, nicht aber in ihrem pädagogischen Kern verändert:

*Es gibt schlechterdings gewisse Kenntnisse, die allgemein sein müssen, und noch mehr eine
gewisse Bildung der Gesinnungen und des Charakters, die keinem fehlen darf. Jeder ist offenbar
nur dann guter Handwerker, Kaufmann, Soldat und Geschäftsmann, wenn er an sich und ohne
Hinsicht auf seinen besonderen Beruf ein guter, anständiger, seinem Stande nach aufgeklärter
Mensch und Bürger ist. Gibt ihm der Schulunterricht, was hierfür erforderlich ist, so erwirbt
er die besondere Fähigkeit seines Berufs nachher so leicht und behält immer die Freiheit, wie
im Leben so oft geschieht, von einem zum anderen überzugehen* (Wilhelm von Humboldt, zit. n.
Berglar, 87).*

*Bildung ist der Erwerb eines Systems moralisch erwünschter Einstellungen durch die Vermitt-
lung und Aneignung von Wissen derart, dass Menschen im Bezugssystem ihrer geschichtlich-
gesellschaftlichen Welt wählend, wertend und stellungnehmend ihren Standort definieren,
Persönlichkeitsprofil bekommen und Lebens- und Handlungsorientierung gewinnen. Man kann
stattdessen auch sagen, Bildung bewirke Identität* (Kössler 1989, 56).

Welche Studiengänge an unseren wissenschaftlichen Bildungsinstituten sind für die Bildung
von Gesinnung, Charakter, Tugenden, Moral oder Persönlichkeitsentwicklung zuständig?
Wo gibt es entsprechend angewandte Didaktik? Während seiner Kandidatur zum Amt des
Bundespräsidenten meldete sich Roman Herzog am 4. März 2004 zu Wort und forderte *eine
Diskussion und einen Prozess der Veränderungen – nicht nur in der Wirtschaft … und dies
mit einem schnelleren Tempo und rascheren Entscheidungen.*

Anlässlich seiner Nominierung sprach er sich am 7. März 2004 für eine bessere Aufklärung der Menschen über die Notwendigkeit von Reformen aus. Wissenschaft und Bildung
hätten dabei unbedingt Priorität. Und große Anerkennung fand der Bundespräsident mit
seiner am 26. April 1997 in Berlin gehaltenen Rede, als er einen *Ruck* einforderte, der durch
Deutschland gehen möge, um die *verkrusteten Strukturen* zu überwinden. Auch der spätere Bundespräsident Horst Köhler nahm dies in seiner Antrittsrede am 23. Mai 2004 zum
Anlass: *Warum bekommen wir den Ruck noch immer nicht hin? Weil wir alle noch immer
darauf warten, dass er passiert!* (Köhler, Berliner Reden).

In seiner Bildungsrede vom 5. November 1997 trat Roman Herzog für mehr Wettbewerb und eine Stärkung des Leistungsgedankens an deutschen Schulen ein. Bildung
müsse aufgrund der Bedeutung für Individuum und Gesellschaft sogar auf die Titelseiten
der Printmedien platziert werden. Herzogs Bildungsbegriff wies hierbei eine starke Markt-

orientierung auf, wirtschaftliche Verwertbarkeit wurde in seinen Reden als entscheidendes Qualitätsmerkmal von guter Bildung betont.

Seit Jahrzehnten jedoch diskutiert der deutsche Bundestag in jeder Legislaturperiode intensiv über Bildung und Kultur in Deutschland, mit dem Ergebnis: Über die Defizite in der wissenschaftlichen Bildung gibt die sogenannte Pisastudie Auskunft. Deutschland wird dort weiterhin allenfalls Mittelmaß bescheinigt. Die Pisa-Studie 2009 ergibt: Die Lesefähigkeiten der 15-Jährigen haben sich gegenüber dem Jahr 2000 um 13 auf 497 Punkte verbessert. Sie erreichen allerdings im Vergleich zu anderen Industriestaaten nur ein durchschnittliches Niveau. Insgesamt ist der Abstand zu den Spitzenländern weiter enorm. Schüler in Korea (539 Punkte) und Finnland (536) haben gegenüber deutschen Neuntklässlern einen Vorsprung von rund einem Schuljahr (Menke 2010).

Deutschland liegt bei dringend notwendigen Investitionen für Bildung im Vergleich mit anderen OECD-Ländern im unteren Mittelfeld. Die leeren Kassen der Kommunen gefährden die notwendige und regelmäßig eingeforderte Bildungsreform in Deutschland. So der erste *Bildungsbericht für Deutschland*. Für den Inhalt zeichnet das Deutsche Institut für Internationale Pädagogische Forschung (DIPF) in Frankfurt am Main verantwortlich.

Die Entwicklung der öffentlichen Haushalte und das – im internationalen Vergleich – geringe Gewicht der öffentlichen Bildungsausgaben gefährden die Umsetzung intendierter Reformen des Bildungssystems. Die Autoren fordern einen *zielführenden effektiven Mitteleinsatz* und einen *optimierenden, effizienten Umgang mit den verfügbaren Ressourcen* ein. Künftig verspricht die Kultusministerkonferenz einen jährlichen Bildungsbericht zu veröffentlichen (Peter 2003). Bleibt es bei Berichten, wird es niemals einen „Ruck" geben können.

Bildung ist immer eine individuelle Anstrengung. Sie kann und muss aber gefördert werden durch ein förderndes Bildungsklima, durch gebildete Lehrkräfte, durch anregendes Ambiente in den Schulen, durch unterstützende pädagogische Konzepte, vor allem aber durch eine den Anforderungen des Lebens angepasste Bildungskonzeption. Dies alles ist nicht ohne finanziellen Aufwand zu haben. Das muss man aufgeklärten Politikern wohl nicht sagen, wohl aber jenen unter ihnen und manch anderen, die glauben, durch Rationalisierung und Herunterfahren der Ressourcen für die Schulen und Hochschulen die öffentlichen Haushalte entlasten zu können (und zu dürfen). In einem Kommentar in DIE WELT heißt es:

> *Es kommt auf die Wirtschaft an, Dummkopf. Dieser Satz aus dem Wahlkampfarsenal von Bill Clinton hat ausgedient. Seine zeitgerechte Fassung müsste heißen: Dummkopf, auf die Bildung kommt es an! Bildung und Ausbildung einer leistungsfähigen Jugend sind das einzige Pfund, mit dem ein Staat wie Deutschland wuchern kann. Das kann er allerdings nur dann, wenn er für diese Zwecke mehr aufwendet als bisher. Und nicht etwa weniger oder nur so viel wie bisher.*
>
> *Wenn man schon kürzen muss, darf man damit nicht beim Kopf beginnen. Hierauf werden sich die für Bildung zuständigen Länderminister verständigen müssen, wenn sie über den ersten Bildungsbericht zu beschließen haben. Denn eine von dessen Kernthesen lautet: Die dringend erforderlichen Anstrengungen zur Verbesserung des öffentlichen Bildungssystems werden zunichte gemacht, wenn die Länder und der Bund den Bildungsbereich nicht von ihren Sparbemühungen ausnehmen. Was bedeutet, dass in anderen Bereichen der Zwang zum Sparen noch größer wird.*

Die Länderminister sollten aber auch einen Blick ins Grundgesetz werfen. Dort sind Bildung
und Erziehung das erste Recht der Eltern und die zuvörderst ihnen obliegende Pflicht. Bildung
ist eben nicht nur das Angebot des Staates, nicht nur Vorschulerziehung und verlässliche Halb-
tagsgrundschule. Vielmehr weiß die Verfassung darum, dass die Entscheidung über geglückte
oder misslungene Erziehung früh fällt. So früh, dass der Staat mit seinem Angebot regelmäßig
zu spät kommt (WELT 2003).

Ist schon der Zustand des Bildungssystems in Deutschland auf dem gegenwärtigen Niveau
ein gesellschaftspolitisches Problem, um wie viel stärker muss der Abstand ins Gewicht
fallen, wenn man – wie zahlreiche wissenschaftliche Pädagogen fordern – den musischen
Fächern mehr Raum im Unterrichtsprogramm gibt. Die Wirkungen ästhetischer Praxis auf
die Entwicklung des kindlichen Gehirns und die wachsende Differenzierung des Denkens
bei Erwachsenen sind hinlänglich erforscht (Mahlert 2005, Hentig 2009, Rittelmeyer 2010).

16.2   Musik als besonderer Bildungszugang
        (Bernd Weikl)

Im Internet unter www.musikpaedagogik.de liest man viele noble Lippenbekenntnisse unserer Politiker. Der Altbundespräsident, Prof. Roman Herzog: *„... darum versäume ich nie,*
warnend auf den in den letzten Jahren stetig darbenden Musikunterricht an unseren Schulen
hinzuweisen. Wenn wir einschlafen lassen, was da an Potential vorhanden ist, dann sägen
wir an dem Kreativitätsast, auf dem wir alle miteinander sitzen.“
    Der ehemalige Staatsminister für Kultur, Dr. Michael Naumann: *„Den größten Akzent,*
den ich in Zukunft, in den nächsten Jahren unserer Regierung setzen möchte, ist eine Förde-
rung vor allem des Musikunterrichts an der Schule. Dieser ist nach Aussagen aller Kenner
ins Hintertreffen geraten. Ich halte das für hochproblematisch.“
    Und Bundesinnenminister Otto Schily: *„Wer Musikschulen schließt, gefährdet die in-*
nere Sicherheit. ... Wer in der Erziehung der Kinder und Jugendlichen die musische Erzie-
hung vernachlässigt, muß sich nicht wundern, wenn kaltherzige, brutale Charaktere dabei
herauskommen ... Ich bin ja dafür, dass jedes Kind einen Zugang zum Computer hat, aber
vielleicht wäre es auch gut, wenn jedes Kind einen Zugang zu einem Musikinstrument hätte!“
Hier gab es – laut Internet – spontanen Beifall aller Abgeordneten im Deutschen Bundestag,
und trotzdem wird nichts zur Behebung dieser Misere unternommen.
    Wie aber sollte jedes Kind unbedingt den Zugang zu einem Musikinstrument finden
müssen, wenn jeder Mensch selbst durch seine evolutionäre Entwicklung zu einem klingen-
den Instrument geworden ist?
    In neuzeitlicher Vergangenheit haben immer wieder Schulversuche mit erweitertem
Musikunterricht stattgefunden. Schweizer Lehrkräfte und Wissenschaftler berichten darüber. In den Jahren 1988–1991 wurden 50 Schulklassen wöchentlich mit 5 Lektionen Singen/
Musik unterrichtet und 3 Hauptfächer um 1 Lektion gekürzt. Die Universität Fribourg/
Schweiz hat den Versuch wissenschaftlich begleitet. Man konnte nachweisen, dass intensive
Beschäftigung mit Musik Konzentrationsfähigkeit, Gedächtnis und Ausdrucksfähigkeit bei

Kindern steigert und ihnen daher auch mehr Lebensfreude schenkt, was sich positiv auf die schulische Motivation und die Schulleistungen auswirkte (Weber 1993).

Der berühmte Geiger Yehudi Menuhin nannte Webers Versuchsergebnisse einen Beitrag, um allgemeine Bildung auch zur Rettung des Menschen endlich anzuerkennen. Leider, schreibt er im Geleit zu Webers Schrift, würden wir zu viel Zeit verlieren, um zu prüfen, was ganz selbstverständlich sein müsste. Die Nachweise, dass ohne Musik keine gründliche soziale Harmonie und keine positive Einstellung zur Natur möglich seien, sind zwar häufiger, doch gäbe es leider immer noch keinesfalls genügend entsprechenden didaktischen Unterricht.

Gleichzeitig und unabhängig von der Schweizer Forschung befasste sich in Berlin ein Team von Wissenschaftlern unter der Leitung von Hans Günther Bastian mit einer Langzeitstudie *Zum Einfluss von erweiterter Musikerziehung auf die allgemeine und individuelle Entwicklung von Kindern*. Zwischen 1992 und 1998 wurde der Versuch an 7 Grundschulen mit 5 Modellgruppen und 2 Kontrollgruppen durchgeführt. Während des Verlaufs wurden bei Kindern von 6 bis 12 Jahren differenzialpsychologische Merkmale untersucht, nämlich musikalische Begabung, emotionale Stabilität gegen Labilität, Kreativität, soziale Kompetenz, Extra-/Intraversion, Neurotizismus, Psychosomatik, Konzentration und Lern- und Leistungsmotivation, Selbsteinschätzung und schöpferisches Denken in den allgemeinen Schulleistungen bei den Hauptfächern geprüft. Mit einer Ausnahme, schreibt Bastian, waren dies nicht Schüler aus entsprechender Mittel- oder Oberschicht, sondern aus sozial eher unterprivilegierten Familien (Bastian 2007).

Aber wie sollen jetzt die positiven Ergebnisse, wie Verbesserungen aller oben genannten Merkmale anerkannt werden, wenn zwar Messbarkeit gefordert, aber andererseits immer wieder bezweifelt wird?

> *Was ihr nicht fasst, das fehlt euch ganz und gar.*
> *Was ihr nicht rechnet, glaubt ihr, sei nicht wahr.*
> *Was ihr nicht wägt, hat für euch kein Gewicht.*
> *Was ihr nicht münzt, das, glaubt ihr, gelte nicht.*
>
> Goethe

Jede Schule und dort jeder Schüler, jede Schülerin sollen mit einem Computer ausgestattet werden, und zwar unabhängig vom Einkommen der Eltern. Auf diese Weise, fordern Politiker aller Couleur, würden soziale Unterschiede bei den Bildungsmöglichkeiten ausgeglichen. Wenn schon für jeden Schüler ein Computer bereitgestellt werden muss, entgegnet Bastian, dann gleichzeitig auch ein Instrument. Und erneut: Singen kostet nichts und bringt körperliche und mentale Verbesserung (Weikl 1998).

Die Tätigkeit am PC steigert nachweislich keinen sozialen Zusammenhalt; ganz im Gegenteil. Aktives Musizieren erfüllt diese Notwendigkeit in hohem Maße. Doch bleiben Forderungen von Politikern hier zumeist schöne Lippenbekenntnisse (Bastian 2007).

Empirie benötigt wissenschaftliche Bestätigung um auch den letzten Skeptiker zu gewinnen. In den vergangenen Jahren haben sich neueste Methoden der Neurowissenschaften mit Kognitionsprozessen in den einzelnen Feldern des menschlichen Hirns beschäftigt. Was geschieht im Kopf, fragt Altenmüller, wenn wir beispielsweise Musik von Brahms hören.

Schon ein wenig Klavierüben könne messbare Gehirnaktivitäten darstellen (Altenmüller 2002).

In einer kürzlich im Autoradio gehörten Diskussion ging es um die Errungenschaften unserer Gegenwart und die gleichzeitige Frage, ob früher alles besser gewesen sei. Solche strikte Polarisierung ist natürlich Unfug, denn alles hat zu jeder Zeit immer zwei Gesichter. So ist beispielsweise der Computer eine nicht mehr verzichtbare Hilfe, aber keineswegs ein zärtlicher Liebhaber oder befreundeter Gesprächspartner beim Heurigen in Wien.

Der PC als digitalisierter Diener steht mit seinen bildgebenden Programmen für neurowissenschaftliche Methodenanwendungen und z. B. bei Läsionsstudien an hirnverletzten Patienten zur Verfügung. Zur Verfügung stehen die Positronenemissionstomographie, Magnetresonanztomograpie oder die Möglichkeiten der Elektroencephalographie (EEG), die Magnetencephalographie (MEG) und dazu die bildgebenden Geräte.

Psychologie, Medizin, Psychoakustik, Neurobiologie sowie die für die Hirnforschung als wichtige Instrumente genutzten Magnetresonanztomographie (MRT) und die Elektroencephalographie erweitern die angewandten Verfahren. Die Erweiterung der MRT, die fMRT, wird äußerlich in Form von Elektroden auf der Kopfoberfläche angewandt und lokalisiert dort die Hirnaktivität in den einzelnen Feldern (Jentsch/Koelsch 2007).

Mit Elektroden an der Kopfoberfläche, wie dies seit längeren Jahren auch bei neurochirurgischen Eingriffen am eröffneten Schädel praktiziert wird, kann z. B. auch die Hirnaktivität beim Hören bestimmter Musik lokalisiert und als Ergebnis dargestellt werden.

Einigkeit gibt es seit langem bei der Feststellung, dass Musikhören Emotionen hervorbrächte und in der Lage sei, Stimmungen zu verändern (Weikl 1998). Auch die Unterschiede der cerebralen Wahrnehmung bei Konsonanz und Dissonanz sind dokumentiert (Koelsch 2006) und wichtig für zeitgenössische Musik, wenn sich Komponisten wundern, dass ihre Werke von einem breiteren Publikum nicht verstanden werden. Über das nicht erfüllte Aha-Erlebnis, das die Spannung während einer Erwartungshaltung beim Hörer auflösen und in Jubel über eine künstlerische Bühnenleistung enden soll, wird schon in den fünfziger Jahren berichtet (Meyer 1956).

Im Vergleich: Kinder mit gestörter Sprachentwicklung und musikalisch trainierte Kinder.

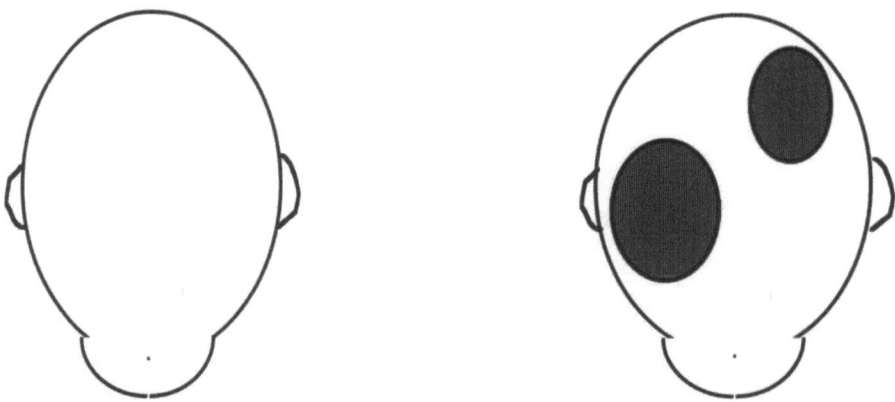

Schematische Grafiken (Weikl nach Jentschke & Koelsch)

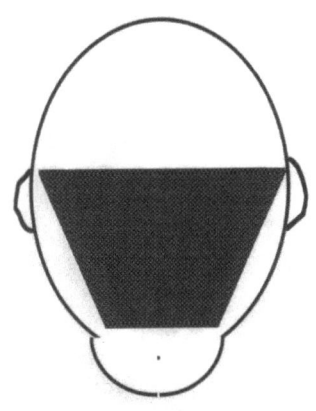

Das Ergebnis dieser Studie zeigt sehr vereinfacht: Je mehr Nervenzellen aktiviert sind, desto negativer sind die Spannungsunterschiede und desto dunkler sind die entsprechenden Stellen auf der Kopfoberfläche. Links die Kopfoberfäche eines 11-jähriges Kind mit gestörter Sprachentwicklung und ohne musikalisches Training. Rechts die Kopfoberfläche bei einem gleichaltrigen Kind mit normaler Sprachentwicklung und mit musikalischem Training.

Diese Untersuchung von Jentschke und Koelsch weist in weiteren Grafiken auch nach, dass musikalischer Unterricht die Sprachentwicklung entscheidend fördert und (musikalische) Fertigkeiten erlernt werden, die sich zumindest teilweise auch auf Verarbeitungsprozesse in anderen kognitiven Domänen (wie Sprache) übertragen lassen und diese positiv beeinflussen. Links bei einem 11-jährigem Kind ohne spezifische Sprachstörung: Intensive neuronale Vernetzung bei Sprachexperiment nach musikalischem Training (Jentschke/Koelsch 2007).*

Die heute so hochentwickelten Instrumente und technischen Möglichkeiten existierten noch nicht vor Jahren, oder waren für solche Versuche einfach zu teuer. Damals interessierten sich nur wenige für Versuche, die letztendlich nachweisen sollten, dass der Mensch auch emotionale Bildung benötigt und Kultur und Kunst dafür zuständig sind. Generell aber taucht auch heute sicherlich noch die Frage nach dem Sinn solcher Untersuchungen und Beweisführungen auf, wenn es um eine Einführung in eine Kultur- und Kunstökonomie gehen soll.

Vielleicht sind materielle künstlerische Produkte eher messbar, wenngleich auch bei Malern, in der angewandten Kunst, bei Architekten oder Autoren abstrakte Parameter eine Rolle spielen und die Meinungen darüber in Form von Geschmacksfragen auseinander gehen. Das Produkt aus immaterieller künstlerischer Dienstleistung wird über neueste Untersuchungsmöglichkeiten der Wahrnehmung und die dabei erzielten Hirnaktivitäten in ihren entsprechenden Feldern deutlich nachgewiesen.

Solche Beweisführungen sind wichtig für eine Evaluierung von Architektur und Inhalt und damit auch Zukunft des Neuen Musiktheaters. Seine Administrativen befolgen nur dann den staatlichen Bildungsauftrag, wenn sie die in dieser Schrift erläuterten wissenschaftlichen Gesetzmäßigkeiten auf die Machbarkeit und Wahrnehmbarkeit dieser Kunst übertragen.

Der Wiener Kritiker Eduard Hanslick machte sich einst lustig über Mozart und Grillparzer, wenn er sie zitiert:

Mozart meint, dass die Poesie der Musik gehorsame Tochter sein solle. Er weist in der Oper der Musik, wo sie zum Ausdruck der Stimmung verwandt wird, entschieden die Herrschaft zu. Er beruft sich auf das Faktum, daß gute Musik die elendsten Texte vergessen lasse ... Schon dadurch, da sie als Musik unmittelbar und mächtiger als jede andere Kunst, die Sinne ergreift und ganz in Anspruch nimmt, macht sie den Eindruck, welchen die poetische Darstellung durch die Sprache hervorbringen kann, für den Augenblick zurücktreten; sie wirkt ferner ... in einer ... noch nicht aufgeklärten Weise unmittelbar auf die Phantasie und das Gefühl mit einer erregenden Kraft ein, welche ebenfalls die der Poesie momentan überflügelt." (Hanslick S. 63 in D. Jahn „Mozart", III, 91 und bei Hanslick Grillparzer S. 68).

Das Schöne habe überhaupt keinen Zweck, meinte Hanslick, denn es sei bloße Form, welche zwar nach dem Inhalt zu den verschiedensten Zwecken verwandt werden könne, aber selbst keinen anderen habe als sich selbst. Unsere Gefühle sollen die Musik erregen und uns abwechselnd mit Andacht, Liebe, Jubel, Wehmut erfüllen? Solche Bestimmung habe aber in Wahrheit weder diese noch eine andere Kunst, weil bei dem wichtigen Nachdruck, welcher unermüdlich auf die durch Musik zu erzielende Sänftigung der menschlichen Leidenschaften gelegt werde man oft nicht wisse, ob von der Tonkunst als von einer polizeilichen, pädagogischen oder medizinischen Maßnahme die Rede sei (Hanslick 1891, 6–10). Hanslicks *L'art pour l'art*, gleicht diese längst überholte Meinung nicht der Auffassung in der heutigen Theaterpraxis?

... in der Kunst ist das Vorherrschen der reflektiven Tendenz ein Zeichen von Dekadenz. Das will heißen, wenn die Kunst zu einer Wissenschaft wird, dann ergibt sich daraus etwas Kitschiges, das weder Kunst noch Wissenschaft ist ...", schreibt Giuseppe Verdi an Victor Maurel, den ersten „Falstaff". Genua, 8. November 1892)

In einer Schrift der schweizerischen Volksbank haben Gomez und Probst von der Hochschule St. Gallen Erstaunliches veröffentlicht:

Unsere Ausbildung, Erziehung und Erfahrung führen dazu, dass wir überwiegend in einfachen, kausalen und linearen Ketten denken. Für jedes Ereignis, eine Wirkung oder eine Veränderung suchen wir eine Ursache, Entscheidungsbäume oder Organigramme repräsentieren gute Beispiele für lineares Denken. Im Entscheidungsbaum arbeiten wir uns schritt für schritt in linearer Weise von Wirkung zu Ursache, bis wir beim letzten Entscheidungspunkt angelangt sind. Organigramme verleiten dazu, in hierarchischen Beziehungen von oben nach unten zu denken statt in Netzwerken ... Aber die heutigen Probleme in Unternehmungen, Spitälern usw. präsentieren sich keineswegs so. Probleme sind nicht Konsequenz einer einzigen Ursache ... Probleme nehmen keine Rücksicht auf unsere organisatorischen Kategorien in Aus- und Weiterbildung oder der Unternehmungsstrukturierung ... In vernetzten Systemen ist eine eindeutige Zuordnung und Reduktion auf Ursache und Wirkung nicht mehr erlaubt oder adäquat.[9]

Die linearen, überwiegend linkshemisphärischen Denkprozesse können über eine Intensivierung rechtshemisphärischer Vernetzung über Musikwahrnehmung (Kunstwahrnehmung) auf die Bildung von Persönlichkeit positiv einwirken.

Gesang ist nun einmal die Sprache, in der sich der Mensch musikalisch mitteilt. Und wenn diese nicht ebenso selbständig gehalten und gebildet wird, wie jede andere kultivierte Sprache es sein soll, so wird man euch nicht verstehen ... (Richard Wagner 1837).

16.3   *Eine kontraproduktive Kulturpolitik*
        (Bernd Weikl)

WARUM OPER? heißt der Titel eines Buches von Barbara Beyer. Vierzehn, zum Teil berühmte Opernregisseure kommen dort zu Wort. Einige Stichworte daraus: *... die Besonderheit
eines Opernhauses definiert sich in erster Linie durch die bei ihm arbeitenden Regisseure... * Oder: *... auch gefällt es einem doch nicht, was Sänger machen ..., wir haben mehrere
Popsongs in Händels Musik hineingeschnitten...* Und: *... die betriebliche Struktur – eines
Opernhauses – gibt dem Regisseur alle Freiheiten, er kann alles behaupten, und die Sänger
sind per Vertrag verpflichtet zu tun, was der Regisseur will ...*
    Dann ist von einem Dekomponieren, einem Steinbruch *Ope*r die Rede. Man fordert
ein schonungsloses Vorgehen gegen die Musik und damit auch gegen die Sängerinnen und
Sänger, für die z. B. auch der Umfang und Ablauf der musikalischen Form nicht beliebig sein
kann. Wird dergestalt unserer sängerischen Leistung noch zusätzliche Energie abverlangt,
die ein vertretbares Maß überschreitet, geht dies auf Kosten der Stimme (Beyer et al. 2005).
    Der Flötenkomponist Quantz (1697–1773) riet deshalb in seinem Werk: *... bey einer
Oper hat man zu beobachten...: ob die Arien, deren Text gewisse Actionen erfordert, ausdrü-
ckend, und so gesetzet seyn, dass die Sänger Zeit haben, ihre Actionen mit Gemächlichkeit
anzubringen.* Und bei offenen Bühnenräumen fehlt die notwendige akustische Hilfe. Der
große Theatermann Kurt Pahlen nennt seinen Beitrag: *Ich klage an.* Dann spricht er von
schweren Brüchen zwischen dem Bühnengeschehen und der Musik und damit auch dem
Gesang: *Das bedroht die Existenz der Oper, deren Zukunft vielleicht nur noch im Konzertanten liegt* (Quantz et al.) (Pahlen 2000).
    Es sollte auch beim modernen Regietheater um das Machbare, die Kenntnis und den
Willen gehen, sängerische Notwendigkeiten, nämlich dieses Handwerk zu achten und zu
unterstützen. Der gewünschte Idealfall: Bestens ausgebildete, intelligente Bühnenbildner,
Regisseure, Sängerinnen und Sänger werden ein Team, welches sich schon zur Bauprobe
trifft und eventuelle Probleme bespricht und löst. Doch das ist eigentlich nicht Brauch am
Musiktheater.
    Sängerinnen und Sänger – auch gute! – stöhnen häufig und unter vorgehaltener Hand
über darstellerische Schwierigkeiten und unakustische, unpraktische Bühnenbilder oder
hinderliche Kostüme und Kopfbedeckungen. Es heißt dann resignierend: *... doch wenn ich
mich weigere, singt ein anderer.* Dr. Reinhard Kürsten, der berühmte Wiener HNO-Arzt,
äußert sich zu diesem Punkt: *Opernsänger sind Hochleistungssportler. Sie sind die letzten
Sklaven unserer Hochkultur und müssen ständig an ihre Grenzen gehen. Sie werden oft
unvernünftig belastet, bis das Stimmorgan – denn es ist biologisches Material – einfach
ermüdet* (Kürsten 2008). Er meint damit nicht das Eigenverschulden schlecht ausgebildeter
und unvernünftiger Mimen, die es leider auch geben soll!
    *Die Technik vermag ... aus dem alten musizierenden homo ludens und dem konstruie-
renden homo faber leicht den sinnblinden homo xerox zu machen. Das wäre der Weg vom
Sound-Zombie zum Seelenzombie: Ohne Medium ist das Leben ein Irrtum. In dieser Meta-
morphose jenen musikalischen Sinn bewahren, durch den sich der Mensch als Seelenwesen
definiert, darauf wird es ankommen. Sonst wird womöglich die Fülle zum Verdikt: So wenig*

Musik war nie, denn Sehen besiegt das Hören, schreibt Klaus Peter Richter (Richter et al. 1997).

Der singende Mensch ist also heute weder privat noch in der Öffentlichkeit oder im Musiktheater das Maß aller Dinge. Und Hand aufs Herz: Wann haben Sie zum letzten Mal gesungen? (Eine Anleitung dazu und vielleicht weiteres für Ihr Interesse in www.weikl.to unter Wissenschaft, Vox humana). *Wollt ihr wissen, ob ein Land wohl regiert und gut gesittet sei, so hört seine Musik (*Konfuzius).

Es braucht bei den heutigen Inszenierungen nicht immer kostspielige Aufbauten, die Unsummen verschlingen – bei oft nur wenig Vorstellungen – die einzige Gefahr für die Oper, für die Freude der Hörer, die Echtheit des Kunstwerks ..., kritisiert Kurt Pahlen in seinem Opernführer die unternehmerische Leistung der Theater. Er stellt eine unnatürliche Entwicklung fest, wenn der Regisseur zum wichtigsten Mann des Opernabends gemacht wird. Der Kapellmeister sei doch der wesentlich wichtigere, meint Kurt Pahlen. Regisseure sollten bescheidene Diener am Werk eines anderen sein und nicht versuchen dieses gewaltsam zu *interpretieren.* Man könne die Handlungen nicht in andere Zeiten und Räume verlegen und auch nicht diametral der Aussage des Autors entgegensetzen.

Die Eigenmächtigkeit eines Interpreten führe in jedem Fall zu einer Falschaussage, ist es doch ein unentschuldbarer Eingriff in das natürliche und juristische Recht des betreffenden Urhebers. Intendanten sollten ihre Positionen ausfüllen und solchem Unterfangen massiv entgegentreten. Auch die Presse nennt Pahlen mitverantwortlich, wenn sie nur darauf aus sei, Sensationen zu suchen, anstatt Wahrheiten zu verkünden. Letztendlich fordert Kurt Pahlen auch das Publikum auf, einen Aufstand zu proben – aus legitimer Selbstverteidigung, aus Abwehr maßloser Präpotenz, die auch Ignoranz sei, ein Fehlen von Takt und Geschmack, Respekt und Verständnis (Pahlen 1995).

Die staatliche Gemeinschaft bestellt mit ihrem staatlich verordneten Bildungsauftrag eine immaterielle Ware (Musiktheater) und bezahlt sie auch, obwohl unter dem Hinweis auf die legitimierte künstlerische Freiheit von Seiten der Produzenten keine Lieferung, oder die Lieferung eines nicht bestellten Produktes erfolgt. Da wären doch jene Politiker gefragt, die im Auftrag der Gemeinschaft Intendantenposten für die Lieferanten bereitstellen. Deshalb darf man berechtigterweise erfahren wollen, welche Rolle in diesem Zusammenhang der staatlichen oder kommunalen Kulturpolitik zukommt?

Viele, allzu viele Kulturpolitiker gehen von einer radikalen Deutung der Freiheit der Kunst und der Autonomie der Künstler aus und ziehen sich zurück auf die Administration von – meist in der Tat sehr beengten und ständig weiter beschnittenen – Haushaltsmitteln. Ist das wirklich genug für eine verantwortungsbewusste Kulturpolitik?

Gewiss soll die Politik nicht in das Kunstschaffen hineinregieren. Aber sie kann und soll materiell Rahmenbedingungen schaffen, damit gute Kunst möglich wird, und sie kann und soll den öffentlichen Diskurs in der Gesellschaft über alles, was mit Kultur und insbesondere Kunst zur Sprache kommen muss, beflügeln, vielleicht sogar visionär beflügeln, und das schließt das Publikum ein. Kulturpolitik dieser Art bevormundet nicht, zieht sich aber auch nicht auf die Verwaltung von Haushaltstiteln zurück.

Es gibt wohl kaum einen kommunalen Haushalt, in dem nicht das Messer der Kürzungen geschärft worden ist. Kulturpolitiker machen es sich dann leicht, wenn sie ausrufen, dass (leider?) davon auch die Kulturhaushalte betroffen sind. Wer Kulturpolitik so versteht, hat seine Aufgabe gleich in zwei Richtungen verfehlt: Mangel an Wissen über die gesellschaftliche Rolle der Künste und Ignoranz im Umgang mit dem Prinzip der Wirtschaftlichkeit, welchem ein irrationaler Rang eingeräumt wird (s. auch Abschn. 14.4).

Diese unangemessene Selbstverkürzung der Kulturpolitik überlässt der Kultur- und Kunstpraxis einen ebenso unangemessenen Spielraum des nahezu beliebigen Umgangs mit Werken der Kunst, insbesondere dort, wo die künstlerische Reproduktion gefordert ist, also in den darstellenden Künsten. Beide Seiten gehen gewissermaßen auf extreme Distanz und lassen jenen breiten Zwischenraum frei, in welchem diskursiv und unter Wortmeldungen auch der Kulturpolitik nach Formen der Balance zwischen dem freien Gestaltung der Darstellenden und dem Respekt vor dem dargestellten Kunstwerk gesucht wird.

Die eigenartige Spannung zwischen einer das englische Arms-Length-Principle (s. Anhang *[2]) weit auslegenden Kulturpolitik und den auf ihrer Autonomie bestehenden Kunstinstitutionen, allen voran die Theater und Opernhäuser, hat nur wenigen amtlichen Kulturpolitikern den Nerv gelassen, öffentlich Kürzungen der Etats dieser Einrichtungen einzufordern. Die Regel ist eine Haltung des ausgestreckten Arms, welcher Distanz anzeigt und kenntlich macht, dass man sich nicht einmische und als Politiker auch gar nicht riskieren könne, durch lautes Einfordern von Einsparungen als Kunstbanause dazustehen (Welt-Online, 19. 2. 2011 b).

Ob laut oder hinter vorgehaltener Hand: Die inhaltsleere Forderung nach Einsparungen ist keine Kulturpolitik, sondern eine (leider gängige) Fehldeutung der Rolle der Kulturpolitik im großen und endlosen gesellschaftlichen Diskurs über Wege der Kultur- und Kunstentwicklung.

17   Kunst zwischen Wandel und Degeneration

Gegenwärtig zeichnen sich im Bereich der Künste Entwicklungen ab, von denen niemand genau sagen kann, ob sie einen konstruktiven Wandel zu etwas Neuem ankündigen oder ob sie in die Richtung der Degeneration gehen. Der Verfall der Künste vollzieht sich nicht in allen Kunstgattungen gleich; er ist auch nicht überall dramatisch und begründet Pessimismus; er ist in den darstellenden Künsten überdeutlich, hat seine Einflüsse in der Neuen Musik und im Neuen Musiktheater schon ausgestreckt, hat in der Malerei und den übrigen bildenden Künsten Fuß gefasst.

Es bleibt aber in allen Fällen eine offene Frage, ob es sich um Formen der konstruktiven Zerstörung handelt, aus denen etwas Neues hervortreten wird, oder ob – vielleicht sogar kulturgeschichtlich umfassend – der Gipfel abendländischer Kultur überschritten ist und das über Jahrhunderte geschaffene kulturelle Erbe langsam zerfällt und der Banalisierung anheim gegeben wird. Wir stellen dies zur Diskussion, werden aber keine letztgültigen Antworten geben können. Es kommt nicht so sehr auf Antworten an, die allzu leicht voreilig sein können, sondern darauf, dass überhaupt über diese existenziellen Erscheinungen nachgedacht und debattiert wird.

17.1   Intellektualität und sinnliches Erleben

Sinnliche Erlebnisse sind innere Episoden von teils großer Flüchtigkeit, teil anhaltender Bildhaftigkeit und Intensität, die durch sinnliche Reize aus der Außenwelt angeregt werden, indem sie das Tiefengedächtnis mobilisieren. Es wird niemand verwundern, wenn wir sagen, dass Kunst in einem sehr engen Verhältnis zu solchen inneren Episoden steht, denn sie ist auf besondere Weise dazu angetan, die Phantasie anzuregen und mit Emotionen aufzuladen. Kunst kann das innere Erleben in Welten entführen, die nicht oder so nicht existieren. Ebenso wenig erstaunlich ist die Feststellung, dass die inneren Vorstellungen von real nicht oder so nicht existierenden Welten die Vorstufe aller Kreativität bilden.

Sind diese inneren Vorstellungen auf das Kunstschaffen gerichtet, dann kann, wenn auch die handwerklichen Voraussetzungen gegeben sind, neue Kunst entstehen oder bekannte Kunstwerke können ein neues episodisches Erleben darbieten, wie das bei den darstellenden Künsten geschieht. Sind diese inneren Phantasiewelten auf ein wissenschaftliches Arbeitsgebiet gerichtet, dann kann, wenn auch hier die handwerklichen Bedingungen gegeben sind, eine neue Erkenntnis oder die Vorstufe davon, etwa eine kühne Hypothese, gebildet werden. Schließlich können angeregte innere Vorstellungen die Erfindungs- und Konstruktionslust eines Menschen anstacheln. Dann sind wir bei jener Form von Kreativität, die zu wirtschaftlich nutzbaren Innovationen führen kann (Literatur s. unter Leseempfehlungen).

Kreativität hängt also eng mit der Verfügbarkeit reichhaltiger episodischer Erlebnisse ab, die aus dem Archiv des Gedächtnisses abgerufen werden können und zu Bausteinen der bewussten Gestaltung und Konstruktion von – zunächst gedanklichen, schließlich aber mit der physischen Ausführung – dinglichen Werken. Das Schaffenspotential eines Menschen ist in seiner Personwerdung verankert. Deshalb fruchten äußerliche Kreativitätstechniken und ein stimulierendes Ambiente nicht, wenn der innere Reichtum, die Fülle langjähriger Erfahrungen und Erlebnisse, fehlt.

Die Betonung des sinnlichen Erlebens als innere Bildwelt zeigt die kognitive Ebene auf, die sowohl beim Kunstschaffen als auch bei der Kunstrezeption aktiviert wird und ohne die hinsichtlich Kunst nichts Rechtes zustande käme. Insbesondere bei den darstellenden Künsten, deren Gestalten uno actu erzeugt und wahrgenommen werden, muss diese Ebene der inneren Hinwendung sich bilden können, etwa während eines Konzertes, weil es sonst kaum zur Übertragung der künstlerischen Botschaft kommen kann.

Hinwendung gilt für beide Seiten: für den darstellenden Künstler oder das von ihm vorgeführte Kunstobjekt – abweisende, verstörende Kunstwerke oder Vorführungen tun sich darin schwer – ebenso wie für die Rezipienten – Unverständnis für Kunst verschließt die Empfänglichkeit für das, was Kunst zu bieten hat. Die Empfänglichkeit des Menschen für diese weite, grenzenlose innere Bild- oder Phantasiewelt ist zwar als Potential angeboren, bedarf aber der sorgfältigen Entwicklung, um in einem bestimmten gesellschaftlichen Umfeld wirksam zu werden. Das ist eine genuine Bildungsfrage (Hentig 2009).

Die natürliche Empfänglichkeit des Menschen für sinnliche Ansprachen ist die große Falle, in die man gerät, wenn nicht zugleich eine korrespondierende Intellektualität mobilisiert wird. Das gewaltige kommerzielle Getöse der Werbung im öffentlichen Raum und insbesondere in den Medien erreicht sein profanes Ziel dann, wenn die Angesprochenen, die Passanten in der Einkaufspassage oder die Zuschauer vor dem Fernsehgerät, entweder ihr bewusstes Denkens ausschalten (was zum Teil in Werbespots in den vielfältigen Formen von Ablenkung mit eingebaut ist) oder dieses mangels Bildung gar nicht erst zum Zuge kommen kann. Menschen ohne geschulte Intellektualität werden nicht oder nur oberflächlich in der Lage sein, Kunsterlebnisse von werblichen Sinnesreizen zu unterscheiden und zu bewerten.

Da Werbung nicht Kunst ist und sein will, benötigt sie für ihre Wirksamkeit keine ausgefeilte und durch Bildung hochgetriebene Intellektualität. Sie ist deshalb auch weder als eine Art öffentlicher Schule der Sinne geeignet, weil Sinnesempfinden intellektuelles Mitgehen und Mitdenken erfordern, um nicht im Irrationalen hängen zu bleiben, noch ist sie mit ihrer meist aufdringlichen Ästhetik so etwas wie die Vorstufe von Kunst. Die permanente Berieselung mit Werbung, verstärkt durch die dingliche Ästhetik des Produktdesigns, wirkt auf die Dauer eher als eine Lähmung der Intellektualität und damit ein Verharren an der Oberflächlichkeit äußerlicher Wahrnehmungen.

Auf diese Zusammenhänge werden wir in den folgenden beiden Unterabschnitten über *Kulturelle Substanz und Oberflächenkultur* (17.2) und *Zivilisation und Kommerzialisierung* (17.3) noch zurückkommen. In diesem Unterabschnitt geht es um einige grundsätzliche Anmerkungen zum Verhältnis von Intellektualität und sinnlichem Erleben, insbesondere um den historischen Wandel, der sich langsam, aber stetig in den letzten Jahrhunderten vollzogen hat und der zu einer kulturgeschichtlichen Grundströmung geworden ist.

Der kulturgeschichtliche Wandel berührt nicht nur das Kunstschaffen und die Kunstwahrnehmungen, sondern auch die Methodologie der Wissenschaften und der Philosophie, aber ganz besonders auch unsere Auffassungen über die Wirtschaft und – wie man in der Ökonomie sagt – die Mechanismen des Marktes geprägt hat (Kahrmann/Schmid 2011). Der Begriff *Mechanismus* ist eine intellektuelle Ausfilterung emotionaler Bestandteile des Wirtschafts- und Marktgeschehens, um reale Prozesse rational steuern zu können. Die emotionalen Bestandteile müssen mit ästhetischen Mittel gegenüber den Konsumenten künstlich wieder hinzugefügt werden, bleiben aber dadurch an der Oberfläche. Rationalität und Emotionalität fallen in der Wirtschaftspraxis auseinander.

Wie wir an früherer Stelle ausführlich diskutiert haben, geht die ökonomische Theorie und so manche Pragmatik der Wirtschaftspolitik und der Unternehmenspolitik von der Idee der Rationalität aus, zu der der Mensch dank seines Verstandes in der Lage ist. Wir knüpfen an diese Diskussionen an mit der Feststellung, dass der Mensch in der Tat zu bewusstem Verstandesgebrauch im Sinne der Rationalität imstande ist, also zielgerichtet seine Maßnahmen treffen und sie kontrolliert verwirklichen kann. Allein, dass der Mensch dies *kann*, heißt nicht, dass er es im praktischen Leben tatsächlich *tut* und dass es durch Bildung und Erziehung möglich ist, ihn sehr weit in die Richtung rationaler Selbst- und Fremdkontrolle voranzubringen. Die große Hoffnung der Ökonomen ist oder war lange Zeit der Homo oeconomicus (Literatur s. Leseempfehlungen).

Die Grundannahme eines weit reichenden Potentials an kalkülhaftem Verhalten in der Wirtschaft und vielen anderen gesellschaftlichen Bereichen ist in sich stimmig und empirisch stringent, und dennoch ist sie pragmatisch eine Fehlkonstruktion, weil diese Verhaltenskomponente nie für sich allein wirksam wird, so wenig wie ein guter Wein lediglich aus Alkohol besteht. Zu fragen ist also, wie Intellektualität und Emotionalität in verschiedenen Lebenslagen zueinander stehen und welche Einflüsse dabei die einen Menschen umgebenden gesellschaftlichen Verhältnisse spielen.

Das Verhältnis von Intellektualität und sinnlichem Erleben ist historischem Wandel unterworfen. Das gilt nicht nur für die Kunstpraxis, sondern auch für die Wirtschaftspraxis. Dazu noch einmal die wichtige Aussage des Neurowissenschaftlers Ernst Pöppel: *Es zeigt sich, dass Entscheidungsprozesse nur dann möglich sind, wenn sie emotional eingebettet sind. Der Verlust von Emotionalität führt interessanterweise meist zu irrationalen Entscheidungen* (Pöppel 2008, 38).

Die große historische Linie, die – zumindest in der abendländischen Kulturgeschichte – zu einem grundlegenden Wandel von einer vom Emotionalen beherrschten mittelalterlichen Welt hin zur Rationalisierung des menschlichen Verhaltens unter dem Druck der sich verändernden gesellschaftlichen Gegebenheiten hat Norbert Elias (1897–1990) in seinem bekannten Werk von 1939 *Über den Prozeß der Zivilisation* ausführlich und materialreich behandelt (Elias 1976). Der gezielte (strategisch ausgerichtete) Verstandesgebrauch ist die Grundlage für eine gesteigerte intellektuelle Erfassung der Welt und die Fähigkeit zu geistigen Projektionen, die dem realen, dinglichen Handeln vorausgehen und dieses leiten.

Diese Form der psychologischen Rationalisierung hat weitreichende Folgen in allen Bereichen der Gesellschaft gehabt, die wir hier natürlich nicht im Einzelnen nachvollziehen können (Literatur zu *Zivilisations- und Kulturwandel* s. Leseempfehlungen). In der Wirtschaft und hier insbesondere in Verbindung mit der Anwendung naturwissenschaftlicher Erkenntnisse in Technologien ist damit der immer noch sehr wirksame Prozess der technisch-organisatorischen Rationalisierung in der Produktion und den anhängenden Wirtschaftsfunktionen, z. B. in der Transportlogistik, dauerhaft in Gang gekommen. Die Wissenschaften, allen voran die Naturwissenschaften, aber auch die Wirtschaftswissenschaften, haben im Prozess der Rationalisierung des Denkens ihre bis heute wirksamen methodologischen Grundlagen geschaffen.

Die Erfolge dieses anhaltenden Wandels in Richtung auf wachsenden materiellen Wohlstand und einen hohen Grad an Zivilisation sind sichtbar (womit nicht gesagt sein soll, dass sie in allen Fällen auch vernünftig sind) und haben entsprechend der Rückkoppelungslogik von Erfolgen diesen Prozess weiter verstärkt, allerdings auch erkauft mit einem immer weiter zurückbleibenden Potential an sinnlicher Erlebnisfähigkeit, die im Verbund mit Intellektualität zu (nützlicher) Erfahrung werden kann.

Nicht dass die Intellektualisierung von Wissenschaft, Politik und Wirtschaft die natürlichen Anlagen des Menschen und auch seine diesbezüglichen emotionalen Bedürfnisse einfach zum Verschwinden bringen. Das ist sicher nicht der Fall. Was aber mehr und mehr gelungen ist und sich pragmatisch in der Berufswelt und der allgemeinen Lebenswelt auswirkt, ist die gesteigerter Fähigkeit des Menschen zur Abspaltung von Phasen des kühlen Denkens (im Berufsleben) von den Phasen des Eintauchens in innere und äußere sinnliche Erlebnisse und Episoden, die nur geringe intellektuellen Anforderungen stellen.

Die durch entsprechende Bildungsformen erreichte und fast überall auch bevorzugte Beherrschbarkeit von Verstand und Sinnlichkeit – um es auf diese simple Formel zu bringen – hat schon bei Schiller (Schiller 2000) und Kant (1986) eine wichtige Rolle gespielt und hat dazu beigetragen, Kunst gänzlich in die Ecke der Emotionalität zu stellen und das Wirtschaftshandeln fern von Emotionalität anzusiedeln. Vereinfacht gesagt: Natur nimmt man mit Hilfe der Kunst wahr (dann ist die sinnliche Empfindsamkeit gefragt) oder mit Hilfe der Wissenschaft (dann ist kognitiver Verstandesgebrauch gefragt und führt zu objektiver Erkenntnis). In dieser hartnäckig bis heute nachwirkenden Dichotomie ist die Ursache für die wohl nicht mehr aufhebbare Entfremdung von Kunst und Wissenschaft zu suchen. Nun können beide, jede für sich, ihre eigenen Existenzgründe vorbringen.

Dennoch hat diese simple Zuordnung einige äußerst problematische Konsequenzen. Auf die methodologische Fehlkonstruktion der herkömmlichen Ökonomie haben wir bereits hingewiesen. Ihr Irrtum besteht darin, dass sie sich – selbst wenn sie sich ihrerseits auf rationale Wissenschaft zurückzieht und hermeneutische Herangehensweise nicht akzeptiert – ihren wissenschaftlichen Gegenstandsbereich, nämlich die Wirtschaft, als entemotionalisiert oder entemotionalisierbar (was einer Ideologie gleichkommt) vorstellt. Darauf gehen wir hier nicht noch einmal ein.

Nicht minder problematisch jedoch ist die Einschätzung der Künste als in die Welt der Emotionen und sinnlichen Erlebnisse eingetaucht und darin ihre wesentliche Rolle suchend und bestimmend. Kunstwerke gleich welcher Art sind eine spezifische Form der ästhetisch verpackten gesellschaftlichen Kommunikation mit narrativen Inhalten und auf der Ebene der Öffnung von sinnlichen Vorstellungswelt im Verhältnis von Kunstpräsentation und Kunstrezeption angesiedelt. Daraus folgt nun keineswegs, dass Kunst sich ausschließlich und ohne jegliche Intellektualität im Reich des Emotionalen bewegt. Das anzunehmen, wäre ein großes Missverständnis.

Zunächst unterscheiden wir zwischen der im Denken geschaffenen inneren Vorstellung, etwa die Konstruktion einer Phantasiewelt und ihrer emotionalen Aufladung. Es kann sein, dass jemand beiläufig oder gezielt eine irreale Bildvorstellung erzeugt, die aber sein Gefühlsleben nicht oder kaum berührt, vielleicht deshalb, weil sie nur wenig Anknüpfungen an Erinnerungen im Tiefengedächtnis findet, die ihrerseits wach gerufen werden, wenn starke Emotionen ins Spiel kommen. Eine starke emotionale Aufladung, beispielsweise die wachgerufenen Erinnerungen an frühere Episoden in Verbindung mit einer musikalischen Sequenz, kann für eine längere Phase nachwirken und einen Zeitraum hoher Kreativität schaffen, in dem ganz andere innere Konstruktionen auftauchen, z. B. ein philosophischer Gedanke oder ein Lösungseinfall für ein technisches Problem.

An diesen inneren, im Übrigen ungesteuert auftauchenden und oft sehr rasch wieder verschwindenden Konstruktionen ist der strukturierende, prüfende und schlussfolgernde Verstand notwendigerweise beteiligt, besonders dann, wenn es darum geht, solche Einfälle aus welchen Gründen auch immer festzuhalten, vielleicht um aus ihnen etwas Praktikables zu machen. Das innere Zusammenspiel von Verstand und sinnlich-emotionaler Horizonterweiterung im Denken ist untrennbar und nicht rational planbar und lenkbar. Aber gerade in diesen Leistungen des menschlichen Gehirns finden wir das, was meist etwas oberflächlich als Kreativität bezeichnet wird.

Um diese Leistungsfähigkeit des Gehirns an zwei Beispielen zu erläutern, ziehen wir eine Zeichnung vom Typus Vexierbild heran. Es stammt aus einem Buch von Edi Lanners (1990) mit dem Titel *Wo ist Napoleon?*

Wo ist Napoleon?

Auf der Suche nach einer Figur, die ungefähr die Gestalt Napoleons oder einer beliebigen anderen Person aufscheinen lässt, wird man mehr oder weniger schnell das weiße Feld zwischen den beiden Bäumen ausmachen. Unser Gehirn ist also in der Lage, etwas zu konstruieren, was die Zeichnung nur indirekt hergibt. Der psychologische Grund ist darin zu sehen, dass wir weiße Flächen gewöhnlich als unbearbeiteten Hintergrund wahrnehmen, vor dem sich alles andere abhebt.

Noch deutlicher als Edi Lanners *Illusion* wird diese Gehirnleistung in einer Graphik des italienischen Gestaltpsychologen Gaetano Kanizsa (1913–1993):

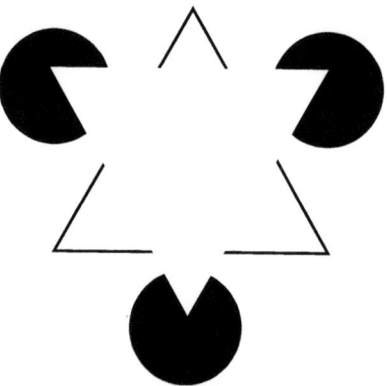

(Kanizsas Dreieck, ent. aus Bendixen 2003)

Löst man diese Figur in ihre Bestandteile auf, so zeigt sich, dass sie aus nur zwei Gruppen von Elementen besteht. Die Konstruktion des weißen Dreiecks, welches mit seinen Spitzen auf drei, wie unser Gehirn vermutet, vollständigen schwarzen Scheiben liegt und zugleich ein liniertes Dreieck teilweise überdeckt, existiert real nicht. Es ist unser Gehirn, das diese Gestalten durch Ordnen erzeugt:

(Zerlegtes Kanizsa-Dreieck, ent. aus Bendixen 2003)

Die Wahrnehmungen und inneren Bildkonstruktionen des Gehirns verdanken sich einerseits den Ordnungsleistungen des Gehirns und andererseits der stimulierenden Kraft von emotional aufgeladenen Erinnerungen. Das innere Vergnügen am (Wieder-) Erkennen eines Zeichens, eines Symbols, einer Figur oder sogar eines kompletten Bildes wirkt auf die Tätigkeit des Verstandes wie ein Verstärker. Genau diesen Effekt erleben wir bei der Betrachtung von Mosaiken. Mosaiken sind kognitive Gehirnkonstruktionen, die sich bilden können, wenn ein bunter Haufen farbiger Steinchen intentional, also mit der Absicht einer Aussage oder Botschaft, zu einer Ordnung gefügt wird.

Kunst, und zwar nicht nur Bildkunst, sondern auch Tonkunst und – hochgradig komplex – darstellende Kunst ist im Prinzip ordnendes Gestalten. Der im Betrachten und Erleben sich langsam bildende Gesamteindruck, und nur er, erschließt das Verstehen einer in der Ordnung des Kunstwerks verborgenen Botschaft. Dies alles könnte – und müsste eigentlich – sehr viel ausführlicher erläutert werden. Das ist in diesem Rahmen nicht leistbar. Worum es uns hier geht, ist der Nachweis, dass sowohl beim Kunstschaffen wie bei der Kunstwahrnehmung die kognitiven und die sinnlich-emotionalen Kräfte konstruktiv zusammenarbeiten und dass es eine Irreführung darstellt anzunehmen, Kunst sei – im Gegensatz zu Wissen und Wissenschaft – im Reich der Gefühle und Sinnlichkeit angesiedelt.

Wie wir gesehen haben, kommt Kunst nicht ohne die Anregung innerer Bilder und Episoden mitsamt den daran hängenden emotionalen Aufladungen aus. Aber sie liefe gewissermaßen ins Leere oder in den Kitsch, wenn sie *nur* das täte. Im Gegenteil, die Künste und – wie wir noch sehen werden – insbesondere Musik sind ein notwendiges, die Vorstellungskräfte eines Menschen trainierendes Bildungsmedium, das nicht nur die ästhetische Urteilsfähigkeit des Menschen (Kant) anspricht, sondern gleichermaßen die kognitive (intellektuelle) Verstandestätigkeit entwickelt. Dazu gibt es mittlerweile zahlreiche wissenschaftliche Untersuchungen (Bastian 2007, Altenmüller/Kesselring/Wiesendanger 2006. Weitere Literatur s. unter Leseempfehlungen).

Um das alles hier abzukürzen: Kunst ist eine ganzheitliche Herangehensweise, um über ästhetische Gestalten zu kommunizieren und Erkenntnisse zutage zu fördern, die kein analytisch-pragmatisches Wissen bedeuten, sondern für jeden, der sich intensiv genug damit befasst, ein verstehendes Wissen über die Welt bieten kann. Es gibt also eigentlich keinen Gegensatz zwischen analytischem Wissen und hermeneutischem Wissen, sondern nur eine fruchtbare Komplementarität.

Diese Erkenntnisse sind so neu nicht. Sie werden seit Generationen immer wieder von Pädagogen und anderen Fachwissenschaftlern erhoben. Aber der lange Weg der psychologischen und daraus folgend der technischen und administrativen Rationalisierung, wie sie Norbert Elias und viele andere (auch Polanyi 1997) vor- und nachgezeichnet haben, hat eine unbeugsame Spur der Verdrängung der hermeneutischen Komponente aus den Bildungsprozessen aller Stufen gelegt, die so leicht nicht abzubiegen ist.

Das Übermaß an reiner Wissensbildung, meist empfohlen zur Vorbereitung einer aufsteigenden Berufskarriere, hat die hermeneutischen Kompetenzen, die man nicht nur in den Künsten, sondern in vielen Lebenslagen braucht, erlahmen lassen. Das ist, wie wir später ausführlicher darlegen werden, die Hauptursache für systematische und generationenlange Fehlentwicklungen der Bildungspolitik, die das Berufsleben über das Kulturleben stellt, statt es in dieses einzufügen.

Hermeneutische Kompetenz, also die Fähigkeit des Erkennens von Zusammenhängen großer oder auch weniger großer semantischer Bedeutungen und ihrer Gestaltung in Kommunikationsprozessen, spielen im Alltagsleben eine existenzielle Rolle. Beispiele: das vorauseilende Erkennen von Situationen im Straßenverkehr, die Interpretation von Informationen über den Wetterverlauf, das Herausfiltern von haltbaren Strukturen in chaotischen Strömungen des Marktgeschehens, die Deutung wirtschaftlicher Ereignisse in ihrem räumlichen und zeitlichen Ambiente.

Dieser zuletzt genannte Punkt verweist auf einen erfahrungsgemäß im akademischen Unterricht von Ökonomen völlig unterschätzten Kompetenzbereich: Wissen und Denken in historischen Zusammenhängen (das Fach *Wirtschaftsgeschichte* wird fast nirgendwo im Studium als Pflichtfach abverlangt) und Wissen und Denken in geographischen Räumen (auch das Fach *Wirtschaftsgeographie* bleibt gewöhnlich vor der Tür der akademischen Lehrpläne für Ökonomen). Auch in den Detailbeschreibungen für wissenschaftliche Methodenlehre fehlt für gewöhnlich die Hermeneutik als wichtiger Erkenntnisweg nicht nur für Theoretiker, sondern vor allem für diejenigen, die sich praktisch in einem Berufsfeld positionieren müssen, in denen Zeitverläufe und Raumerstreckungen von Ereignissen zum Alltag gehören werden.

Für die Kunstpraxis bedeuten diese Fehlentwicklungen, dass sie gegen einen überaus mächtigen, weil vor allem auch bildungspolitisch zementierten Trend ankämpfen muss, der nachweislich auf lange Sicht Fehlentwicklungen den Weg bahnt, die sich extrem verhärten und kaum noch umkehrbar sind. Diese Problematik ist selbstverständlich nicht die einzige, vielleicht nicht einmal die wichtigste Erklärung für die stärker werdenden Formen des Niedergangs in der Kunst aller Gattungen, insbesondere für die Misere der darstellenden

Kunst. Die Macht der Gegenseite, welche sich in fest gefügten Überzeugungen der Bildungs-politik zu erkennen gibt, ist ihrerseits ein Opfer oder vielleicht ein williger Mitfahrer eines umfassenden Trends zur Dominanz des materiellen Wohlstandes gegenüber dem geistig-emotionalen Wohlbefinden, angefeuert durch die Wirtschaft.

Das Problem der einseitigen Intellektualisierung der Kunst wird uns im Zusammen-hang mit dem Musiktheater noch ausgiebig beschäftigen. Die Zerstörung einer vermeintlich alt gewordenen Kunstform und das Verlangen nach dem *Neuen Musiktheater* ist ein Problem, das diskutiert werden muss. Es nimmt seinen Anfang in der Qualität der Sängerausbildung und den Maßstäben, die für sie gelten.

17.2 Kulturnatur und Fassadenkultur

Das Verhältnis des Menschen zur Natur war zu keiner Zeit prekär. Prekär war immer nur der Mensch selbst, wenn er begann, sich den Bedingungen natürlicher Gegebenheiten am Ort seiner Existenz zu entziehen. Es hat immer die Gefahr gegeben, dass die vorgefundene Natur aus Unkenntnis oder Überheblichkeit unter die Regie von Menschen geriet, die die Grenzen der Duldsamkeit der Natur mit technischen Mitteln übergingen.

Das ist bis heute so. Die Unkenntnis darüber, welche weltklimatischen Wirkungen die fortgesetzte Verbrennung fossiler Stoffe auf lange Sicht tatsächlich haben wird, hat bisher weder zu einer in Taten mündenden Einsicht in die Unmöglichkeit der Fortsetzung des bis-herigen materiellen Lebensstils (hauptsächlich in den Industrieländern) geführt noch ist es gelungen, die staatliche Egozentrik in Einklang zu bringen mit der Tatsache, dass wir alle nur die eine Erde haben und nur gemeinsam die Wende vollziehen können, bevor es die Natur mit Gewalt tut.

Haben die Künste etwas mit diesem Drama der menschlichen Zivilisation zu tun? Sind sie womöglich eine längst stumpf gewordene Waffe gegen Ignoranz und Rücksichtslosigkeit im Umgang mit der Natur und – das folgt daraus – im Umgang mit seinen Mitmenschen? Hätte mehr Offenheit für die Künste der Entwicklung Einhalt gebieten können? Wir werden dieser Frage mit Vorsicht nachgehen und versuchen zu zeigen, dass wahrscheinlich die fehl gelaufene Werteentwicklungen in der modernen Zivilisation im Ganzen dafür in Betracht kommen, und zwar in allen Kulturkreisen der Erde, wenn auch mit großen Unterschieden und Konsequenzen, und dieser mächtige Strom unter der Oberfläche zieht die Künste nicht anders in Mitleidenschaft als etwa Bildung, Wissenschaft oder Gesundheit.

Wir bewegen uns auf eine Hypothese zu, die besagt, dass in der kulturgeschichtlichen Entwicklung sich eine Form der Weltwahrnehmung ausgebreitet hat, die wir als Fassaden-kultur oder Kultur der Oberflächlichkeit bezeichnen können. Zuvor jedoch müssen wir mit ein paar zusätzlichen Akzenten noch einmal auf unseren Kulturbegriff zurückkommen, der zur Fassadenkultur in einem unspezifischen Bezug steht, weil der eine Oberflächenkultur als Möglichkeit logisch zwingend enthalten muss, aber für die dabei entstehenden Abson-derlichkeiten kein ausgefeiltes Kritikpotential zu Verfügung stellt.

Die Fassaden sind das, was wir äußerlich naiv wahrnehmen und oberflächlich deuten als die Erscheinung des wahren Ganzen, und schließen von dem aus auf die dahinter ste-hende Substanz, etwa einen architektonischen Baukörper, ohne diese im wahren Sinn des

Wortes zu hinterfragen. In vielen Städten finden wir z. B. in großer Zahl Bauten mit einer Jugendstilfassade, die sich jedoch im Inneren nicht fortsetzt. Viele Produkte im Supermarkt zeigen sich im Design auffällig und verdecken damit die Banalitäten, die substanziell dahinter stehen.

Die Fassadenkultur ist kein Kontrastprogramm zum anthropologischen Kulturbegriff, wie wir ihn in Abschnitt 7.2 begründet und definiert haben, sondern eine von bestimmten Kräften hervorgerufene Ausbuchtung in der Wertestruktur der (Alltags-) Kultur mit erheblichen Konsequenzen auf die Lebensverhältnisse der Menschen. Der für uns entscheidende Gesichtspunkt in Sachen Kultur bestand darin, dass wir nicht von einem Gegensatz zwischen Natur und Kultur, sondern von der eigenartigen Ausstattung des Menschen sprechen mit seiner Fähigkeit, die Natur nicht in allen Einzelheiten so hinnehmen zu müssen, wie sie sich zeigt und verhält. *Der Mensch ist von Natur aus auf Künstlichkeit, also auf Kultur und Zivilisation angewiesen. Als das nicht festgestellte Tier, gestaltet er – durch Kultur also – seine Natur, die kulturelle zweite Natur* (Safranski 2006, 9). Nicht festgestellt ist der Mensch dadurch, dass ihm die Gabe des Denkvermögens dazu verhilft, sich über das auch ihm gegebene animalische Instinktprogramm partiell, wenn auch nie vollständig hinwegzusetzen.

Anders als zu archaischen, äußerst naturnahen Epochen der zivilisatorischen Frühzeit oder Vorzeit lebt der Mensch heute in einem selbst geschaffenen Habitat, eben der künstlichen Welt, in der ihm die ursprüngliche Natur immer weniger, dafür die von ihm selber geschaffene Kulturnatur immer dichter und umfassender begegnet. Er muss inzwischen die ursprüngliche Natur in organisierter Weise aufsuchen, wozu ihm die Branche des Tourismus oft nur oberflächlich verhilft, denn die touristischen Bauten sind selber ein Teil der Fassadenkultur. Was aber geschieht mit der Entwicklung der sinnlichen Erfahrungen und der Entfaltung sinnlicher Wahrnehmungsvielfalt des Menschen, wenn das meiste von dem, was ihm in seinem Leben begegnet, von Menschenhand gemacht, also Kultur ist? Aus der Natur-Kultur-Dialektik wird eine selbstreferenzielle Tautologie.

Diese Frage ist nicht einfach zu beantworten, jedenfalls dann nicht, wenn man Kultur nicht als Kontrast zur Natur sieht, sondern als das im Menschen angelegte Eigene im Umgang mit der Natur. Die Kultur, der wir mit unserer Geburt begegnen, ist keine Verfälschung der Natur, sondern Kulturnatur. Eine gepflegte Parkanlage ist zwar nicht Natur-Natur, wohl aber Kulturnatur, also auch Natur; ein gepfropfter Obstbaum ist kultivierte Natur, bleibt aber ein Stück Natur; ein Aquädukt ist zwar ein Kulturbau, aber er hält sich an die Gesetze der Gravitation und nutzt sie technisch aus, behält somit seinen Naturbezug.

Der Mensch, in eine solche Welt hineingeboren, erfährt mit allen seinen Sinnen heute ganz überwiegend diese Kulturnatur, und diese Erfahrungen prägen seine sinnlichen Kompetenzen, um innere Bilder und Visionen zu erzeugen und um sich vielleicht selbst aktiv in kulturelle Gestaltungen einzubringen, sei es als Ingenieur oder Handwerker oder Künstler.

Die Vielfalt verinnerlichter Episoden, die den Reichtum des Gedächtnisses ausmachen, ist in der Kulturgeschichte von Naturerlebnissen zu Kulturerlebnissen gewandert. Dies betrachten wir als Teil der Evolution und nicht als einen Unglücksfall. Aber er enthält Gefahren, die nicht von der Eigengewalt der Natur, sondern vom Fehlverhalten des Menschen kommt.

Das Entscheidende an der Formung der sinnlichen und visionären Kompetenz des in Kultur hineingeborenen und darin aufwachsenden Menschen besitzt einen essenziellen Kern: Das geschulte Bewusstsein von Kultur lässt die Möglichkeit zu und stiftet geradezu dazu an, durch den Schleier der Kultur hindurchzublicken auf das Eigentliche und Ursprüngliche der Natur. Kultur ist oder jedenfalls muss keine Mauer gegen die Natur sein, sondern bildet eine geistige Textur, die wie eine Membran unmittelbare Naturerfahrung zulässt, so wie man aus dem weißen Marmor einer Statur gedanklich zur Toskana (Carrara) gelangen kann, aus der dieser Marmor einst kam.

Das Bewusstsein für Kultur ist keine mit der Geburt schon festgelegte Fähigkeit, sondern wird durch individuelle Erlebnisse und Erfahrungen und maßgeblich durch Bildung geformt und entwickelt. Bildung ist die Quelle für erlebte und erlebbare Reichhaltigkeit der natürlichen Welt als Kulisse der ungeheuren Vielfalt an Kulturwelten, die der Mensch historisch und geographisch überall hervorgebracht hat. Über Bildung entwickelt sich aus der Möglichkeit ein tatsächlicher Erlebnis- und Erfahrungsreichtum.

Wir greifen an dieser Stelle auf unsere Ausführungen im vorangegangenen Abschnitt zurück und unterstreichen noch einmal mit Nachdruck, dass Bildung ein umfassendes, ganzheitliches Zusammenspiel kognitiver und sinnlicher Elemente sein muss, denn nur auf diese Weise gelangt ein Mensch dahin, sich in der Welt, in der er lebt und seinem persönlichen und beruflichen Wegen nachgeht, zu positionieren und zu orientieren. Mit anderen Worten: Nicht das Faktenwissen macht den Gebildeten aus, sondern das Orientierungswissen in einer unübersichtlichen, von Zufälligkeiten aller Art durchsetzten Lebenswelt. Und dieses Orientierungswissen ist zugleich die denkpsychologische Grundlage für kulturelle und für ethische Kompetenz, einem der ganz großen Probleme der gegenwärtigen Wirtschaftsweise.

Es muss nicht noch einmal ausführlich begründet werden, dass in diesen Bildungsprozessen den Künsten eine außerordentliche Rolle zukommt. Die Erfahrung und der Erkenntniswert von ganzheitlichen Zusammenhängen, die visionäre Kraft der Erzeugung von inneren Vorstellungen, die über die reale Welt der Tatsachen hinauswandert, um kreativ fündig zu werden, sind eine Kompetenz, die dem Menschen, und sei er noch so talentiert, nicht von selbst zuwachsen, sondern die erarbeitet werden müssen.

Das Medium dieser Persönlichkeitsgestaltung ist ästhetische Bildung im weitesten Sinne (nicht nur im Kantschen Sinne der subjektiv gefärbten Urteilskraft des ästhetischen Geschmacks). Gelungene Kunst trägt in sich die Potentiale der gedanklichen Durchdringung von Vordergründigem in der Welterfahrung hin zur Erkenntnis von Hintergründigem in den wahrgenommenen Einzelerscheinungen und letztlich hin zur Achtung der natürlichen Schöpfung und der Rücksicht auf die Lebensverhältnisse anderer. Sie kann die Wahrnehmung von Grenzen schärfen, jenseits derer jeder Eigennutz das Gemeinwohl schädigt und wo Egoismus in Rücksichtslosigkeit und Gier umschlägt. Kunst belehrt nicht, sie lehrt nicht einmal, aber über sie kann der Mensch zu sich selbst finden.

Das Hineinwachsen des Menschen in ein kultiviertes Verhältnis zur Natur und zu seinesgleichen ist ein individueller Bildungsvorgang, der zwar angeleitet und stimuliert werden kann, letztlich aber subjektiv vollzogen werden muss. Der sinnlich geöffnete Hinblick auf die oft unscheinbaren Einzelerscheinungen in der Lebenswelt und die Rätselhaftigkeit der Zusammenhänge kann auch auf Sinnestäuschungen der verschiedensten Art hereinfallen.

Das ist ein hirnbiologisch ganz normaler Vorgang, den man sich spielerisch zunutze machen kann, wie Edi Lanners Napoleon-Figur oder Kanizsas Dreieck im vorangegangenen Abschnitt zeigen. Die Täuschbarkeit sinnlicher Wahrnehmungen ist in der Natur des menschlichen Gehirns und seinen Konstruktionen angelegt. Die Möglichkeit von Täuschungen kann intellektuell ein Anlass sein, den eigenen Wahrnehmungen nicht zu trauen und den Dingen auf den Grund zu gehen. Täuschungen können von erheblichem Gewicht sein, weil sie an die Grundlagen der Kultur und der Welterfahrung gehen können.

Der im Mittelalter noch fest verankerte Glaube daran, dass sich die Sonne um die Erde bewegt, hat bekanntlich lange nachwirkende Erschütterungen des physikalischen Weltbildes und von Kernvorstellungen der Kultur verursacht. Im Grunde ist diese tief sitzende Täuschung bis heute nicht ent-täuscht worden, denn noch immer ist die Rede davon, dass die Sonne am Morgen im Osten aufgeht und zum Abend im Westen untergeht. Das tut sie bekanntlich nicht, sondern die sich drehende Erde wendet sich ständig vom irdischen Westen kommend der Sonne zu.

Täuschungen der Deutung von Wahrnehmungen gehören auf vielfältige Weise zum Alltag, und es ist Sache einer vernunftgeleiteten Aufklärung bis hin zur wissenschaftlichen Forschung, den Nebel von Täuschungen zu beseitigen. Voraussetzung dafür aber ist die Bereitschaft, sich in wesentlichen und unwesentlichen Dingen ent-täuschen zu lassen.

Diese Bereitschaft ist Bestandteil der Bildungsziele, denn sie gehört zu den vielen Facetten der Persönlichkeitsformung als „Enkulturierung" in die Lebenswelt, um mit bescheidener Selbstgewissheit seinen Lebensweg bahnen zu können. Das Bewusstsein von der Täuschbarkeit der sinnlichen Wahrnehmungen schützt den Menschen vor allzu vordergründigen Verführungen, die vor allem von der kommerziellen Werbung einschließlich des Produktdesigns ständig versucht wird.

Nicht die Tatsache, dass der Mensch sich Bilder macht, um die Welt zu verstehen – das geschieht in seinem Gehirn ohnehin und kann durch äußere Bilder, von Felsmalereien bis zur Gemäldekunst, ausgeweitet werden –, sondern die Schwäche, den Bildern ohne weiteres Nachfragen und Nachdenken Glauben zu schenken und ihren Kommandos Folge zu leisten kann zu einem Kulturproblem vom Typus Fassadenkultur werden.

Dieses eigenartige Phänomen hatte vor fast 2500 Jahren schon Platon beschäftigt in seinem berühmten Höhlengleichnis (Platon: Politeia). Eine Fassadenkultur bildet sich dann, wenn den äußeren Erscheinungen unreflektiert Glauben geschenkt wird, dass die Welt so ist, wie sie sich in den Fassaden gibt. Mit Fassaden meinen wir natürlich nicht nur die Außenhaut von Gebäuden, sondern eine Praxis der Gestaltung, die mit ästhetischen Mitteln über die Wahrheit dahinter hinwegtäuschen will. Die Maskierung des Menschen durch Mode und Kosmetik und Schönheitschirurgie gehört natürlich auch dazu. Die Maske täuscht etwas vor, was dahinter nicht existiert. Sie wirkt wie ein Überzug über die Natur *und* die Kultur und verhüllt unbewusst den Menschen gegenüber der Stofflichkeit und Geistigkeit seines Ambientes.

Das gesamte kommerzielle Getöse auf den Märkten und in den Medien hat eine flimmernde Bilderwelt geschaffen, die die meisten Menschen unreflektiert an sich herankommen lassen und denen sie die heimliche Verführungsraffinesse nicht ansehen können. Man glaubt den bunten Verpackungen, weil man sie vom Trommelwirbel der Werbung her kennt. Die Bilderwelt ist nicht etwa eine Verpackung der dinglichen Welt außer uns, sondern eine Selbstverpackung. Das kommerzielle Getöse verschließt nicht nur die sinnlichen Antennen gegen Erfahrungen in der Dingwelt, sondern vertreibt auch die Stille in uns (Liedtke 1985).

Die uns umgebende Bilderwelt macht es praktisch unmöglich, in einem beliebigen Supermarkt irgendeine gängige Ware einzukaufen und eine materielle Qualitätsprüfung vorzunehmen. Nahezu alles ist verpackt und bunt bedruckt, selbst Frischgemüse wird immer häufiger in Klarsichtfolien eingehüllt. Wer die Packungen öffnet, ist in der Regel zum Kauf verpflichtet. Der Konsument glaubt, er habe verpackte Ware vor sich und bemerkt nicht, dass er selbst schon längst durch die Werbung verpackt worden ist. Kaum anders verhält es sich mit Fernsehen und Internet. Wir glauben, über die angebotenen Bilder etwas über die Welt zu erfahren und machen doch keinerlei Erfahrungen. Diese nämlich würden voraussetzen, dass wir uns mit empfänglichen Sinnen und wachem Verstand daran machen, den Wahrheitsgehalt zu prüfen.

Das ist selbstverständlich technisch nicht möglich oder würde, gälte dieses Prinzip radikal, zu einem Verzicht auf Weltnachrichten führen müssen, die eben nicht anders zugänglich sind als über die medialen Kanäle. Wie sehr die Fassadenkultur bereits unseren Alltag prägt und wir den beabsichtigten Täuschungen auch oft unerkannt erliegen, zeigen Erscheinungen wie Fastfood, Mode oder Gebrauchsmöbel. Es geht nicht darum, deren physische Qualität in Frage zu stellen – ein Schnellgericht kann einwandfrei komponiert und zubereitet sein –, sondern um den Verlust an sinnlicher Durchdringlichkeit durch den Schleier der äußeren Erscheinung hindurch auf die stoffliche und kulturelle Substanz. Das sinnliche Erlebnis, wie aus rohen Zutaten etwas Genießbares wird, ist ein größerer Verlust als nur der der Erlahmung von Geruchs- und Geschmacksempfindungen (Waldenfels 2010, 299 ff.).

Das kulturelle Problem der Bilderwelten ist nicht die Tatsache, dass sie nur Abbildungen von etwas Dargestelltem sind, sondern dass diese Abbildungen sozusagen fugendicht verschlossen sind. Ein Foto von einem angebotenen Produkt im Internet oder in einem Fernsehspot muss exakt mit den tatsächlichen Eigenschaften übereinstimmen, denn sie sind gewissermaßen Eigenschaftsversprechungen. Einem Foto mutet man zu, die Wahrheit wiederzugeben, auch wenn immer nur eine Perspektive des Objektes beleuchtet wird. Unser Gehirn ergänzt problemlos die fehlenden, so wie in Kanizsas Graphik mit dem weißen Dreieck das Gehirn die angeschnittenen schwarzen Scheiben unwillkürlich vervollständigt.

Die Täuschung liegt gerade beim Foto gewöhnlich darin, dass die positiven Eigenschaften hervorgekehrt und die Schattenseite kaschiert werden. Das perfekte Foto täuscht eine Realität vor, die so nicht existiert. Das Gemälde täuscht keine Realität vor, sondern verweist auf nichts als auf die eigenartige Welt, die es darstellt, und gibt Anregungen zum Mitreisen in eben diese Welt. Es verspricht keine Realitäten. Kommerzielle Werbung und Produktdesign können das nicht und müssen das nicht, denn sie sind Versprechungen für eine ganz bestimmte Realität.

Der Prozess der Herausbildung von Fassadenkulturen schreitet zweifellos voran mit der Konsequenz, dass es immer schwieriger wird, sich der Wirkung dieser Bilderwelten zu entziehen und durch sie hindurch auf das Eigentliche der Kultur gedanklich vorzudringen. So bildet sich eine doppelte Distanz zwischen Mensch und ursprünglicher Natur heraus. Aus der ursprünglichen Natur wird eine Kulturnatur und aus dieser wird eine Bildkultur mit schwachen Verweisen auf die Kulturnatur und fast keinen Verweisen auf die Natur-Natur.

Man kann sich leicht ausmalen, dass der Verlust an unvermittelter Naturerfahrung, der noch ein deutlich empfundenes Motiv der kulturellen und kultivierten Suche nach der Ursprünglichkeit der Natur bildet, das im Übrigen durch Kunst auch am Leben gehalten werden kann, zu einer Entfremdung des Menschen zu sich selbst führt, wenn ihm seine eigene Körperlichkeit und die darin liegende Natürlichkeit aus den Sinnen kommt.

Wem dies abgeht, der verlässt sich zunehmend auf seine Intellektualität und verstärkt seine Überzeugung, dass die Natur, die Erde mit ihren Ressourcen und Gegebenheiten, der Herrschaft des Menschen unterworfen werden kann. Wenn Kulturerlebnisse durch versiegelte Bilderwelten mehr und mehr unzugänglich werden, um wie viel mehr muss das geschehen, wenn es um ein Bewusstsein für die Verletzlichkeit der Natur, auch der Natur des Menschen selbst geht!

Diese Zusammenhänge können sich dramatisch auf die Kunstpraxis auswirken, wenn diese ihrerseits sich mit der Oberflächlichkeit von visuellen Präsentationen begnügt. Flache Musik, wie man sie vornehmlich in der Schlagermusik erlebt, zeigt das eine Extrem. Der Prozess der Intellektualisierung von Kunst, wie man sie aus der so genannten Neuen Musik kennt, geht ins andere Extrem. Die bühnentechnische Visualisierung von musikalischen Ereignissen oder Handlungen, etwa in einer Opernproduktion nach dem Muster des Regietheaters, knüpft immer häufiger an die längst enkulturierte Alltagserfahrung des Publikums, sein Eingesponnensein in Bilderwelten, an und verschließt dadurch die Empfindung dessen, was substanziell mit einer musikalischen Darstellung eigentlich gezeigt werden will (mehr dazu im nächsten Abschnitt).

17.3   Zivilisation und Kommerzialisierung

Ein Lehrbuch über Kultur- und Kunstökonomie kann sich nicht den Realitäten auf diesem Gebiet verschließen, muss also dem interessierten Leser die Möglichkeit bieten, problematische Entwicklungen für sich zu erkennen und eine eigene Position dazu zu finden und zu entwickeln. Was hilft eine gelungene Theorie, wenn die Praxis, die sie meint, unter ihr zerrinnt?

Hinter dieser rhetorischen Frage verbirgt sich ein Drama der Kultur- und Kunstentwicklung, das hinsichtlich seiner Folgen für die Zukunft der Weltzivilisation kein geringeres Kaliber hat wie der Klimawandel und die weltweite Naturzerstörung. Kein Zweifel, dass beides miteinander eng zusammenhängt, und kein Zweifel auch, dass die Gründe für das Drama in jener Kulturformation zu suchen sind, die einmal der Ausgang der Moderne war: die europäisch-abendländische Zivilisation.

Das schöpferische Potential, das in der abendländischen Kultur der individuellen Schaffenskraft und des Tatendrangs einen weit reichenden Prozess technisch-zivilisatorischer Erfindungen und einen nachhaltigen Strom wachsenden Wohlstands hervorgebracht hat, kennt keine eingebaute Vernunft der Selbstbegrenzung, die sich bei jeden Schritt bewusst macht, dass eine Grenze überschritten werden könnte, die im Sumpf oder im Orkus landet. Der Mensch der Moderne hat gelernt, ständig etwas Neues zu Beginnen, aber er hat nicht gelernt, wann es Zeit ist aufzuhören. Die Entgrenzung des menschlichen Strebens ist möglicherweise die kulturelle Ursünde der modernen Zivilisation (Bendixen 2007).

Die Antriebe der neuzeitlichen (westlichen) Zivilisation sind eng verbunden mit den Energien der Marktwirtschaften, die zum harten Stamm der weit verästelten modernen Lebensweisen geworden sind. Das naheliegende Stichwort ist Kommerzialisierung. Doch dieses vielfach geschundene Stichwort ist viel zu glatt, um das Fundamentale in diesen Entwicklungen aufzudecken und zu zeigen, dass die gesteigerten Gelüste, die teilweise sogar

Künste in den Dienst der Profitmaximierung zu stellen, nicht aus der Kunst selbst kommen, sondern sich im Prozess der kapitalistischen Moderne als eine ins Mark der Kultur reichende Umgestaltung der (westlichen) Gesellschaften mit sich brachten, die mit der Unbescheidenheit ihrer entgrenzten Expansion ihren eigenen Zerfall in Gang setzten. Von Zerfall kann man dann sprechen, wenn sich Strukturen auflösen, ohne dass sich etwas Neues an ihrer Stelle aufbaut.

Genau das ist die große Frage: Das sich abzeichnende Verschwinden vertrauter, auf Jahrhunderte an Entwicklung zurückblickender Kulturwerte, die sich in unschätzbaren stilistischen und substanziellen Variationen durch die Geschichte entfaltet haben, könnte als ein unvermeidlicher Wandel gedeutet werden, wenn das Neue eine notwendige Antwort auf dem Weg zu einer Zivilisation der Kulturen gibt, die den Globus umspannen kann. Der Zerfall oder das Vergessen des Alten kann eine notwendige Vorstufe von etwas Neuem werden. Was aber, wenn das Neue ausbleibt oder untauglich ist?

Nicht auszuschließen, dass die abendländische Kunstauffassung und Kunstpraxis zu einem ungewollten Opfer wird, um ein solches Weltethos der kulturellen Erneuerung zu verwirklichen. Die brennende Frage ist nur, ob das, was sich aktuell abzeichnet, genau diese Qualität besitzt und nicht von den Zugkräften der Profitmaximierung und der Opulenz des materiellen Lebensgenusses auf Abwege gebracht wird; ein sehr langsamer und eben deshalb schwer zu identifizierender Prozess. Aus diesem Grund sind die problematischen Pfade der zivilisatorischen Moderne ein Kernproblem der allgemeinen Kulturökonomie *und* der Kunstökonomie mit ihrer Zuspitzung zu Fragenstellungen der Künste.

Der Prozess der Zivilisation, wie ihn vor langer Zeit Norbert Elias ausführlich untersucht und maßgebliche Einsichten präsentiert hatte (Elias 1976, weitere Literatur s. unter Leseempfehlungen), nahm seinen Ausgang in den soziogenetischen Wandlungen des späten Mittelalters und setzt sich als eine vornehmlich intellektuelle Rationalisierung der individuellen Selbstbeherrschung und der Strategie der Situationsbeherrschung bis heute fort, die zugleich die emotionale, triebhafte Seite des Menschen formte und mäßigte.

Dieses Thema ist fachliterarisch sehr ausführlich behandelt worden und muss hier nicht im Einzelnen dargestellt und kommentiert werden. Der Hinweis ist jedoch unerlässlich, dass auch die Herausbildung von Strukturen und Handlungsmustern des gesamten Wirtschaftsverkehrs eben diesem Prozess der Zivilisation unterlag. Ohne diesen Prozess hätte es nicht zu den komplexen Systemen mittlerweile international verflochtener Marktwirtschaften kommen können. Die Formationen der Wirtschaftspraxis waren jedoch keineswegs passive Dulder des Prozesses der Zivilisation, sondern ein, wenn nicht der entscheidende Antreiber derselben.

Vor diesem Hintergrund ist die Frage nach Eigenheiten im Prozess der Kommerzialisierung im Allgemeinen und der davon in der einen oder anderen Weise tangierten Künste im Besonderen zu diskutieren. Kommerzialisierung ist ein historisch fundamentaler Strukturwandel, der sich rudimentäre bereits in archaischen Zeiten vollzogen hat, als sich die ursprünglichen Formen des nachbarschaftlichen oder Gelegenheitstauschverkehrs räumlich auszuweiten begannen. Im nachbarschaftlichen Tausch ebenso wie bei zufälligen Begegnungen von Wandervölkern ist ein eigenständiger Handel als Vermittler nicht notwendig, so wenig wie der Tausch unter Stammesmitgliedern hätte organisiert werden müssen. Handel ist auf Kontinuität ausgerichtet und verdichtet sich, bei aller Spontaneität, zu vertrauten Strukturen.

Gelegenheitstausch unter Nachbarn bleibt örtlich oder regional begrenzt. Wird eine größere Reichweite des Tauschverkehrs angestrebt, kommt man um ein Minimum an Professionalität in der Tauschabwicklung und im physischen Warentransport nicht herum. Die Funktion des gewerblichen Händlers ist folglich nicht nur die Anbahnung von Tauschvorgängen zwischen entfernten Tauschpartnern, sondern auch die Übernahme von Risiken des physischen Transports, z. B. durch natürliche Widrigkeiten oder räuberische und kriegerische Gewalt.

Zu den Vorleistungen des Handels gehört das Angebot einer angemessenen Gegenleistung beim Aufkauf einer Ware. Diese Gegenleistung muss nicht zwingend in jener bestehen, die der Handel aus dem Weiterverkauf der Ware erwirbt, etwa eingetauschten Waren anderer Art, sondern kann aus fungiblen Wertobjekten bestehen, beispielsweise aus Goldstücken, Edelsteinen oder gemünzten Geldstücken (meist aus Silber oder Bronze). Fungible Wertobjekte haben die Eigenschaft der leichten Transportierbarkeit und Stückelung und vor allem der Wertbeständigkeit, da sie fast überall begehrt und akzeptiert werden (Brodbeck 2009).

Die Vorteile, die durch den gewerblichen Handel zu erreichen sind und sich historisch über Jahrtausende hindurch weltweit bewährt haben, erstrecken sich hauptsächlich auf die geographische Erweiterung der Handelsräume (im Unterschied zur Industrie, deren Expansionsrichtung auf die ins Innere der Natur gerichtete Auswertung naturwissenschaftlicher Erkenntnisse zielt), in denen Warentausch organisiert werden kann. Zugleich haben sich über den Warenhandel vielfältige Formen des Kulturtransfers entwickelt, wozu die legendäre Seidenstraße aus Fernost in den nahen Orient die spektakulärsten Beispiele und Episoden geliefert hat. Das Aufkommen von Handel hat einen anhaltenden Prozess der Verdichtung von Beziehungen zwischen entfernten Orten und Räumen eingeleitet, der bis heute anhält. Das ist in Grundzügen der ganz normale, sachlich begründete und strukturell gefestigte Prozess der Kommerzialisierung. Aus dieser Sicht können wir sagen, dass Globalisierung ein neues Wort für einen sehr alten Vorgang ist. Das ist ein Beispiel für eine linguistische Form von Fassadenkultur.

Die Kommerzialisierung als ein struktureller Prozess der Erfassung immer weiterer Regionen der Gesellschaft, in denen ein materieller oder geistiger Tauschverkehr stattfinden kann, hat seinen Grundcharakter, nämlich die Einfügung vermittelnder Dienstleistungen gegen Entgelt, eben den Handel, nicht verändert. Was dagegen einem steten Wandel unterliegt und was eine kaum übersehbare Vielfalt an Varianten kommerzieller Praktiken hervorgebracht hat, hängt mit dem rasanten technologischen Fortschritt zusammen, der die produzierende Wirtschaft zuerst in Gestalt der Industriellen Revolution und später in der Informationellen Revolution des 20. und 21. Jahrhunderts in nie gekanntem Maße dynamisierte.

Die kommerziellen Techniken des modernen Marketings sind aber nur Verstärker, nicht Auslöser dieser wirtschaftlichen Dynamik. Doch die in ihnen gebündelten methodisch professionalisierten Instrumente und Handlungsmodelle bleiben weder in der Wirtschaft selbst noch in all jenen Gesellschaftsbereichen ohne Einfluss, in die kommerzielles Denken eingezogen ist und sich hat ausbreiten können. Das ist nicht zuletzt auch für die Bereiche der Kunstpraxis und der Kunstinstitutionen der Fall. Mit dem Einschalten des Handels, relativ früh beispielsweise im Kunsthandel und im (Verlags-) Buchhandel, hat jenes Medium seinen

Auftritt erhalten, das hierin den Kern des kommerziell regulierten Tauschverkehrs bestimmt, nämlich das Geld.

Geld ist ein kultureller Flaschenhals, durch den nur das an Wertfülle des Lebens hindurchgelangt, was sich in Geld ausdrücken lässt und auf diese Weise selbst die Geldform annimmt. In einem Kulturobjekt, beispielsweise einem Gebäude oder einem Gemälde von Rang, das auf viele Menschen anziehend wirkt, weil sich darin ihre teils bewussten, teils unbewussten inneren Werthaltungen wiederfinden lassen, sind unauflöslich multidimensionale, nie vollständig auflösbare Wertbeziehungen gebündelt. Wertbeziehungen sind keine physischen Eigenschaften von Gegenständen, wohl aber weisen sie identifizierbare Auslöser von Wertempfindungen auf, die teils beabsichtigt, teils unabsichtlich bei der Schaffung dieses Objektes über die Visionen des Erzeugers einfließen.

Bei der Betrachtung eines solchen Kulturobjektes durch die Rezipienten wird auf eine subtile, subjektiv höchst unterschiedliche Weise die komplexe Empfänglichkeit des Betrachters mobilisiert, manchmal elektrisiert. Ein solches Kulturobjekt ist also selbst ein überaus komplexes Bündel an Auslösern von Wertempfindungen, die teilweise intellektuell bewusst werden, teilweise – und meist zugleich – emotional erlebt werden. Ein Kulturobjekt – ob Kunstwerk oder nicht – trägt ein weites Deutungspotential in sich. Es ist als solches bereits mitten in der Gesellschaft als ein Stück Kultur oder kulturelles Erbe. Es ist nur ein kleiner gedanklicher Schritt zu den „Marketingkünsten" der kommerziellen Produktgestaltung, die sich dieser ästhetischen, d. h. die Sinne stimulierenden Wirkungen bedient.

Im Prozess der Kommerzialisierung von Kunst, beispielsweise im Kunsthandel, wird der komplexe Wertehof, der sich um ein solches Kulturobjekt bildet, auf eine einzige Wertdimension, nämlich das Geld, verdichtet. Das Geld wird indirekt also zu einem hochkomplexen, abstrakten Wertebündel, das sich gegenüber dem Wertebündel des dinglichen Kulturobjektes verselbständigt. Der Eigentümer eines wertvollen Gebäudes kann dieses versilbern. Das Wort *versilbern* ist ein Hinweis auf die historisch sehr weit zurückreichende Bedeutung dieses Edelmetalls für die Münzprägung. Zwar hat immer auch Gold eine gewisse Rolle im Münzverkehr gespielt, doch zu keiner Zeit sprach man im Zahlungsverkehr von *vergolden*.

Im Gegenteil: Die Gier nach Gold als gebündelter Reichtum ist in der Sage um den phrygischen König Midas zu einem Fluch geworden. So können wir sagen: Wenn alles Menschliche zu Geld wird, werden wir verhungern. Aber das am Geld nur indirekt hängende Wertebündel verflüchtigt sich in dem empfangenen Geld zu Gunsten dessen Fungibilität als reines Zahlungsmittel, d. h. dessen beliebigem Einsatz für endlos viele Zwecke, nicht nur für den Erwerb von anderen Kulturobjekten, sondern auch für Investitionen zur Vermehrung von Geld, für Opfergaben an wohltätige Organisationen, für die Gründung einer kriminellen Bande oder für politische Korruption. Die Fungibilität des Geldes ist zugleich eine mächtige, verführerische Zauberkraft, der der Mensch nur allzu leicht erliegt (in der trügerischen Hoffnung, sein Leiden an der Welt zu lindern, hätte Schopenhauer ergänzt).

Die Ablösung des Geldes als unbestimmtes Wertebündel trägt das Risiko in sich, die intellektuellen und emotionalen Beziehungen zu den realen kulturellen Wertobjekten zu verlieren und sich zu verselbständigen. Beginnt das Geld, alle Aufmerksamkeit auf sich zu ziehen und den Geldverkehr als Selbstzweck oder als ein abenteuerliches Spiel mit dem Risiko zu betreiben, entfernt sich der Mensch von der Handfestigkeit seiner Bindungen an die kulturelle Basis, die ihn trägt, und macht ihn mehr und mehr unempfänglich und gleich-gültig für Angelegenheiten seiner sozialen Umgebung.

Diese Gleichgültigkeit zeigt sich nicht nur in der teilweise erschreckenden Ignoranz und Nachlässigkeit von Politikern gegenüber Kultur- und Bildungserfordernissen, sondern auch in der Gleichgültigkeit der Menschen gegenüber ihren eigenen kulturellen Werten und ihrem kulturellen Erbe, das einer Gesellschaft ihren Bestand gegeben hat, das der Pflege bedarf und das durch ständige kreative Anstrengungen lebendig und entwicklungsfähig gehalten werden muss, wenn die Gesellschaft ihr Eigenverständnis (ihre Identität) nicht aufs Spiel setzen will.

Die Ablösung des Geldes von seinem dinglichen Bezug zur Kultur hat noch einen wei-teren Effekt, der nicht sofort ins Auge springt. Die wachsende Distanz zu bestimmten kul-turellen Grundwerten lässt auch die ethischen Einstellungen zu Ereignissen im Kulturleben und insbesondere in den Künsten erlahmen. Sie sind, so sie aktiv gelebt werden, Maßstäbe gerade auch des Publikums hinsichtlich der Bedeutung und Wichtigkeit einer kulturellen oder künstlerischen Leistung.

Die Urteilsfähigkeit des Publikums schwächt sich nicht nur gegenüber den Kultur- und Kunstleistungen, sondern letztlich gegen alle gesellschaftlichen Werte ab. Das Verschwin-den von Werten in einer Gesellschaft ist gleichbedeutend mit dem Verschwinden von ge-sellschaftlichen Strukturen oder – um es physikalisch auszudrücken – mit der Ausbreitung von Chaos.

Dies mag im Augenblick vielleicht noch eine Überzeichnung sein. Doch die Tenden-zen in dieser Richtung sind im konsumorientierten Alltagsleben und der Ausbreitung einer von kommerziellen Interessen angeheizten Spaßkultur deutlich wahrnehmbar (Wertheimer/ Zima 2006). Die Dynamik dieser Entwicklung hängt aufs Engste mit den (vermeintlichen und teils realen) Zwängen des kapitalistischen Geldverkehrs zusammen, der einen uner-messlichen Innovationsdruck auf die erzeugende Wirtschaft ausübt (Bendixen 2008). Der französische Philosoph Paul Virilio spricht in diesem Zusammenhang von einem *Rasenden Stillstand* (Virilio 1997). Die Frage stellt sich heute, ob es sich nicht um einen gewaltigen Strudel handelt, der die kulturellen Bestände mit sich reißt.

Kommerzialisierung als der strukturelle Einzug von professionellem Handel als Media-tor kulturellen Austauschs kann ihre soziale Unschuld verlieren und hat dies zu einem gro-ßen Teil bereits getan, wenn mit der von kommerziellen Interessen genutzten und gelenkten Einflussmacht der Medien einer kulturell in sich selbst ruhenden, vitalen Gesellschaft die Stimulierung von Bedürfnissen abhanden kommt. An die Stelle kultureller Selbstbestim-mung tritt eine kommerzielle Fremdbestimmung, die mit der Zeit den ganzen Menschen erfasst und ihn zu einem bloßen Konsumenten macht, dessen Rolle als Verbraucher eben das Verbrauchen ist.

Es ist nicht die Kommerzialisierung an sich das Problem, sondern es sind die destruk-tiven Exzesse, die nicht nur den Handel mit Alltagsgegenständen aller Art erfasst haben, sondern längst von den Medien, vom Sport, vom Gesundheitswesen, vom Ferienbetrieb und Tourismus und nicht zuletzt eben von den Künsten und den Kunstinstitutionen Besitz ergriffen haben. Kommerzialisierung wird zur Gefahr, wenn sich in ihr eine entfesselte Gier austoben kann.

Der historische Prozess der Kommerzialisierung hat bestimmte sinnliche Akzente gesetzt, die mit den neuronalen Repräsentationen des menschlichen Gehirns zusammenhängen. Wir denken in Bildern und bildförmigen Mustern, auch wenn wir Töne und Tonfolgen, Gerüche und Tastempfinden aktivieren können (anderenfalls könnten wir in einem Restaurant keine Speisekarte lesen und verstehen) und auf diese Sinnesreize empfindlich reagieren können. Die „Verbilderung" unserer Weltwahrnehmung – durch das Fernsehen mächtig vorangetrieben – packt uns an der bequemen, wenngleich unsere Phantasiefähigkeit hemmenden und sogar stilllegenden Seite. Was uns wie Fastfood-Fertiggerichte in fertigen Bildern geliefert wird, enthebt uns der Anstrengung, eigene innere Wahrnehmungen zu erzeugen und sinnliche Erfahrungen zu erleben.

Die „Verbilderung" unserer Weltwahrnehmungen trifft im Bereich der Künste just jene am stärksten, die, wie die Musik, eben gerade nicht Bildkunst sind, sondern Erlebnisse eigener Art vermitteln, die keines bildlichen Bezugs zu irgendeiner darzustellenden Wirklichkeit bedürfen. Wir erinnern hier an die zitierte Textpassage von Arthur Schopenhauer. Verheerend muss sich dieser Trend in jenen Kunstgattungen auswirken, in denen Musik und bildliche Gestalt miteinander verschmelzen, wie das beispielsweise im Musiktheater der Fall ist.

Komplexe Werke wie Opern leben nicht allein oder überwiegend vom Bühnenbild und den Kostümierungen, sondern von der Gesangs- und Orchestermusik, die sich mit den Bildern verschwistert. Der seit langem anhaltende Trend der Opernregie zum Regietheater hat jedoch immer mehr den optischen Regieeinfällen den Weg freigegeben mit der Wirkung, dass die Musik in ein Hintergrundgetöse verschoben wird wie bei einem Film.

Die Problematik der „Verbilderung" betrifft auf eine komplizierte Weise auch die visuellen Künste: Malerei, Bildhauerei, Foto, Film und nicht zuletzt die über die technischen Medien Fernsehen und Internet vermittelten Bilderwelten. Ein Bild als bloßes Abbild von etwas ist für den Betrachter leicht aufnehmbar, denn er muss sich keine Gedanken machen, welche Aussage das Bild über das Abgebildete machen will.

Von Kunst kann in solchen Fällen keine Rede sein, denn nicht das Abgebildete ist das Kunstwerk (außer ein Foto desselben in einem Bildband), sondern die Abbildung selber. Eines der bekanntesten dies illustrierenden Beispiele ist ein Gemälde des belgischen Maler René Magritte (1898–1967): La trahison des images. Es zeigt fast fotographisch präzise eine Tabakspfeife; darunter, aber noch im Bild, der Schriftzug *Ceci ne pas une pipe* (Dies ist keine Pfeife). Die Absicht Magrittes: Mit der abgebildeten Pfeife kann man nicht rauchen, so wenig wie ein Hund, den man abbildet, bellen kann.

Bilder bleiben als visuelle Objekte auch dann Kunst (jedenfalls können sie es sein), wenn nichts Konkretes abgebildet wird, sondern die Komposition als solche einen Sinnzusammenhang aus sich selbst heraus vermittelt. Das im Betrachten zu ergründen, schafft man nicht im eiligen Vorübergehen und nicht ohne geistige Anstrengung. Ein Bild ist statisch, nicht aber das Denken des Betrachters, und so kann ein Bild der Auslöser für innere visuelle Reisen werden, die nichts mit der dinglichen Welt zu tun haben müssen.

Diese geraffte Erläuterung soll den Kontrast vermitteln zur Bilderwelt der Medien und der öffentlichen Räume, die teilweise in erschreckender Weise von Werbung verstellt werden. Werbung zielt, aus ihrer kommerziellen Funktion erklärbar, nicht auf das phantasievolle Verlassen der realen Welt ab – will also auch nicht Kunst sein –, sondern will Assoziationen zu bestimmten Konfigurationen der Dingwelt schaffen und den Blick der Betrachters auf einen bestimmten Gegenstand richten.

Die fast schon übermächtige Präsenz kommerzieller (und politischer) Bilder in der Öffentlichkeit ist ein Kulturproblem ersten Rangs nicht nur für die darstellenden Künste, sondern auch für die visuellen Künste, die sich als Bilder gegen Bilder stemmen müssen, um überhaupt als Kunstwerke wahrgenommen und verstanden werden zu können. In einer Welt fotographischer Abbildungen, die auf reale Objekte verweisen, war die Entwicklung in den visuellen Künsten fast zwangläufig, durch Abstraktion darauf hinzuweisen, das nicht das Abgebildete, sondern das Bildwerk selbst das Kunstwerk ist oder sein will.

Wir erkennen daran, wie eng die wechselseitigen Einflüsse zwischen Wirtschaft und Kunst sind und welche die kulturelle Vitalität einer Gesellschaft tangierenden Probleme sind, die eigentlich der Hauptgegenstand einer zukunftsfähigen Kulturpolitik sein müssten – was sie aber kaum sind. Dass die „Raumverengung" für die Künste durch das offensive, aufdringliche Vordringen kommerzieller Bilderwelten für diese selbst und ihre Kunststile und -praktiken ein schwerwiegendes Faktum ist, müssen und können wir hier jedoch nicht im Detail ausbreiten und erörtern (Literatur s. unter Leseempfehlungen).

18   Die Oper ist tot – es lebe die Oper!

18.1   Die Misere des Theaters

18.1.1 Das Drama des Dramas

Die Debatten um die Autonomie der Kunst gehen häufig in eine moralisierende Richtung, etwa in der Frage, ob die Freiheit des Künstlers religiöse Beleidigungen einschließen soll – einige Karikaturen des islamischen Religionsstifters Mohammed haben in jüngster Zeit sogar politischen Aufruhr verursacht. Das sind keine akademischen oder wissenschaftlichen Fragestellungen, sofern nicht Sachzusammenhänge ausgebreitet und kommentiert werden müssen.

Die Frage der Moral ist in der Kunstöffentlichkeit zweifellos brennend aktuell, wenn man an die unzähligen Provokationen auf Theaterbühnen, in der Malerei oder in der Literatur denkt. Was geduldet werden kann und was die Grenzen des Anstands überschreitet oder nicht, kann kein Gegenstand wissenschaftlicher Untersuchungen sein, allenfalls einer der Gerichte, die sich damit jedoch außerordentlich schwer tun. Grundsätzlich gehören solche Debatten in die Öffentlichkeit und können auch nur dort ausgetragen werden (Literatur s. unter Leseempfehlungen).

Eine ganz andere Sicht ergibt sich im Zusammenhang mit der ökonomischen und sozialen Lage von Künstlern, die sich ihr Brot mit ihrer Kunst verdienen müssen und ihre geistig-kreative Eigenständigkeit nicht selten unter den Schirm einer Obrigkeit oder eines mächtigen Gönners stellen mussten und teilweise immer noch müssen.

Eine epochale Wendezeit in dieser Frage war das 18. Jahrhundert, in welchem sich ein breiter Strom aufklärerischer Forderungen durchzusetzen begann, vor allem in der Politik (Beispiele: die amerikanische Unabhängigkeit 1776, die französische Revolution 1789), in der Wirtschaft (frühe Anfänge einer freien Marktwirtschaft, Stichwort: Adam Smith) und in den verschiedenen Künsten (erinnert sei an die Haltung Mozarts und Beethovens, an Maler wie Francisco de Goya, Schriftsteller wie Friedrich Schiller und die Philosophen und Dichter der Romantik; zu letzteren vgl. Safranski 2007).

Gotthold Ephraim Lessing (1729–1781) kann unter den Schriftstellern als einer der frühen Verfechter aufklärerischen Gedankenguts genannt werden. In seinem Schauspiel *Emilia Galotti* lässt er den Prinzen Gonzaga den Hofmaler Conti gönnerhaft fragen: *Was macht die Kunst?* Dessen Antwort kam prompt: *Prinz, die Kunst geht nach Brot.* Der Maler Conti ist keine Hauptfigur in dem Stück, setzt aber als kleine Episode gleich zu Beginn des Stücks einen wichtigen Farbton der Kritik, gerichtet auf die (in diesem Fall italienische) absolutistisch-dirigistische Hofgesellschaft, die eigenständige und unabhängige künstlerische Ausdrucksformen nicht aufkommen lässt.

Die Kunst hatte noch zu Lessings Zeiten vorwiegend dem Herrscher zu dienen. Der Hofmaler malt, um sich am Hof sein Brot zu verdienen. Die Kritik Lessings richtet sich gegen den vorerst noch bestimmenden autoritären (barocken) Zeitgeist, der sich im Verlauf des 18. Jahrhunderts jedoch grundlegend wandelt (auch unter Aristokraten). Künstler konnten sich – ganz im Sinne von Kants *Habe Mut, dich deines eigenen Verstandes zu bedienen!* – zunehmend aus den Fängen des Absolutismus befreien und sich als freie Schöpfer von Kunst verstehen.

Dieser Prozess war eingebettet in den gesellschaftlichen Wandel jener Epoche, in der sich zum ersten Mal so etwas wie eine Öffentlichkeit im heutigen Verständnis herausbilden konnte (im Kern eine Schöpfung der Französischen Revolution von 1789). Wer wirtschaftlich nicht mehr von einem fürstlichen Gönner leben wollte oder konnte, sondern sich in der Öffentlichkeit durch die Qualität und Wertschätzung seiner Kunstwerke beweisen musste, war nun einer sozialen Lage ausgesetzt, die zwar Freiheit bedeutet, die aber auch den Verlust an wirtschaftlicher Grundversorgung einschloss, wenn die Qualität der Kunstwerke nicht gewürdigt wurde oder zu weit gehende Schritte eigenwilliger Kunstauffassung wagte, die das Publikum nicht goutieren konnte. Dieses Klima hat dazu beigetragen, dass Künstler sich oft selber den Status des Genies zuschrieben.

Der Geniegedanke kam in der Tat im 18. Jahrhundert auf (Schmidt 2004) und kann als eine subjektive Reaktion auf die Gefahren gedeutet werden, die mit dem Ausgeliefertsein an eine anonyme Öffentlichkeit und mehr noch an den (Kunst-) Markt verbunden sind. Das Genie ist unantastbar, so die geläufige Vorstellung. Dass das sich so gerierende Genie jedoch weniger mit Selbstüberschätzung zu tun hat als mit dem Mechanismus der Selbstbehauptung in Situationen des Kampfes um Anerkennung in der Öffentlichkeit, gehört nun geradezu zum Wesen einer Wettbewerbswirtschaft. Was ist Produkt- oder Firmenwerbung anderes als die gezielt gesetzte Behauptung, dieses oder jenes Produkt sei die geniale Lösung eines Alltagsproblems oder diese oder jene Firma dürfe sich zu recht der unerreichten Meisterschaft als technologischer Problemlöser rühmen und entsprechend in der Öffentlichkeit in Szene setzen? Selbststilisierung bis an die Grenze der Scharlatanerie gehört unabwendbar zum großen Theaterstück *Markt*.

Mit dem Wandel der sozialen Lage der Künstler veränderten sich zugleich die Themen, denen sich Künstler zuwandten. Überwog noch beispielsweise bei Mozart und Schiller, Beethoven und Goya die vorsichtige politische Kritik der absolutistischen Selbstherrlichkeit in der Darstellung höfischer Konfliktstoffe und der unüberhörbare Ruf nach allgemeiner Freiheit, so kamen schon bald danach deutlichere Töne des Anspruchs auf nationale Autonomie unter Einschluss aller Bürger (Wagner, Verdi, Schopenhauer, Nietzsche) auf.

Die Wahl von künstlerischen Themen war zu keiner Zeit autistisch und absolut, sondern in den jeweiligen geschichtlichen Zeitgeist eingebunden. Daran hat sich bis heute (fast) nichts geändert, auch nicht dadurch, dass Kunst gelegentlich selber zu einem prägenden Faktor für das Aufkommen eines Zeitgeistes wird.

Die Hinwendung der Künstler zur Öffentlichkeit, zu ihrem Publikum (unter Einschluss der Kritiker und der mitspielenden Medien), bedeutet weder in der Wahl der Themen noch in den Mitteln, mit denen eine künstlerische Botschaft in die Öffentlichkeit geschickt wird, eine freiwillige oder aus der Situation heraus erzwungene Abhängigkeit von öffentlichen Erwartungen. Die in der Logik des Kunstschaffens angelegte Hinwendung und in der intensiveren Form die Zuwendung des Künstlers zum Publikum wird jedoch zunehmend brüchig.

Wo immer die ästhetischen und inhaltlichen Präferenzen des Publikums in traditioneller Manier eine von Künstlern wahrgenommene und ernst genommene, aber keineswegs schmeichelnde oder anbiedernde Komponente ihres Schaffens ist, kann man nicht von einer Verletzung der künstlerischen Autonomie sprechen, sondern das ist der Normalfall des hintergründigen (manchmal abgründigen, oft schwer zu dechiffrierenden) Dialogs zwischen Kunst und Gesellschaft, verstärkt oder oft verbogen durch die Medien und allzu unwohlwollende Kritiker. Doch gibt es auch hier Grenzen, die zu diskutieren sind.

Je stärker ein Künstler in seiner wirtschaftlichen Lebensführung einschließlich der Vorfinanzierung seiner Kunst und je stärker eine Kunstinstitution, etwa ein Theater oder ein Opernhaus, in der Bewältigung der wirtschaftlichen Rahmenbedingungen der Kunstproduktion von der Gunst des Publikums abhängig wird, das gelegentlich ziemlich laut darauf besteht, Steuerzahler zu sein, umso größer wird der Druck, die Kunst am gängigen Geschmack des Publikums auszurichten.

Geschmack bedeutet hier die Befriedigung einer antizipierten Lösung, ein erwünschtes und positiv wirkendes Aha-Erlebnis, das über die Gesetze der Wahrnehmung in dieser Schrift an anderer Stelle ausführlich behandelt wird (Zimbardo et al. 1992). Diese aus zeitgenössischer Sicht beinahe altmodische Lage, worin die Rolle der Kunst sich aus den Erwartungen und Bedingungen der Öffentlichkeit und des Publikums heraus positioniert, kommt zustande, wenn Subventionen gekürzt werden.

Nun ist die Verfügung des Staates über Steuermittel und damit die Vergabe von Subventionen an Kunstinstitutionen eine Stellvertreteraktion für die Belange der Gesellschaft als Ganzes. So ergibt sich die eigenartige Situation, dass der Stellvertreter über das Wohl und Wehe einer Institution mit Hilfe des Instruments der Vergabe von Subventionen allein entscheidet, sozusagen ohne Rücksprache mit dem Souverän, nämlich der Gesellschaft.

In gewisser Weise hat dieses Vorgehen durchaus seine Berechtigung, denn es geht nicht um die – abstimmbare – Summe von Einzelgeschmäckern, die additiv zu Mehrheiten führt, sondern um die Substanz, die Profile und Entwicklungsperspektiven der Gesellschaft als Ganzes. Diese aber hat – wie schon Aristoteles hervorhob – andere Eigenschaften als die Summe seiner Teile. Selbstverständlich kann und muss man das Staatshandeln auf dieser Makroebene von der Basis her kritisch beobachten und mit dem Entzug der Akzeptanz als gewählter Stellvertreter drohen können.

Diese Darstellung beschreibt ein Ideal. Die Praxis ist verwickelter, undurchschaubarer, teils ideologisch, teils intrigant und von Machtarroganz durchsetzt. Die Entscheidungsprozesse über die Vergabe oder die Kürzung von Subventionen verläuft nach ganz anderen Regeln und Maßstäben, von denen die Kompetenz von Politikern in Sachen Kunst und Kultur nicht die einzig fragwürdige ist. In dieser Entwicklung deutet sich bereits der Bruch in den vitalen Beziehungen zwischen Kunst und Publikum an, der sich heute immer weiter zu vollziehen scheint.

Das ursprünglich dialektische und elektrisierende Verhältnis zwischen beiden Seiten wird seit einiger Zeit immer deutlicher negiert, und der Kunst (hauptsächlich der darstellenden) wird eine gänzlich neue gesellschaftliche Rolle gegeben: Provokation statt Stimulation. Bemerkenswert daran ist die sich abzeichnende Tatsache, dass die Umkehrung im traditionellen Verhältnis von Kunst und Publikum im Kern von der Kunst selbst auszugehen scheint.

Weder das Publikum noch staatliche Institutionen oder Regierungsstellen haben diese Umkehrung angetrieben oder verlangt. Die in der Verfassung garantierte Freiheit der Kunst, auch als Autonomie der Kunst verstanden, schließt offensichtlich die Freiheit der Destruktion der überkommenen, die Gesellschaftskultur (mit-)tragenden Kunstpraxis ein. In einer solchen Konstellation stellt sich dann die Frage der Autonomie eigentlich gar nicht mehr.

Die existenziellen Bedrängnisse, in die viele Bühnen, Orchester, Museen und Kunstorganisationen geraten sind, haben in den meisten Fällen ihre Ursache in massiven Budgetkürzungen der staatlichen oder kommunalen Haushalte. Doch ist dies nur eine oberflächliche Beschreibung der Entwicklungen. Sie kommt leicht als politisches Unverständnis für Kultur an, und man unterstellt den Kämmerern in den Städten und den Finanzministern in den Bundesländern mutwillige oder ignorante Verkennung der Notwendigkeit lebendiger Kunstpraxis. Das mag in manchen Fällen so sein, trifft aber nicht den dramatischen Kern der Sache, der sich im Hintergrund vollzieht.

Die finanziellen Zwänge, in die praktisch alle öffentlichen Haushalte geraten sind, haben tiefer liegende Ursachen, die wir hier nicht in voller Breite und Tiefe ausdiskutieren können. Wir müssen uns mit Stichworten begnügen. Das wichtigste: Die anhaltende Privatisierung lukrativer Teile öffentlicher Unternehmen und damit die Akkumulation von zuwendungsbedürftigen Leistungsbereichen in der öffentlichen Hand, das bekannte *Rosinen aus dem Kuchen picken*. Gleichzeitig wird erheblicher Druck auf Steuersenkungen für die Wirtschaft ausgeübt, um damit Wirtschaftswachstum und auf Umwegen wiederum mehr Steuereinnahmen zu induzieren.

Das Problem ist nur, dass diese Rechnung fast nirgendwo aufgeht (Schneider/Tenbücken 2004, Butterwegge/Lösch/Ptak 2008). Der gesellschaftliche Effekt aber bleibt: Schwächung der Politik, sich mit ein wenig Weisheit den Existenz- und Entwicklungsbedingungen der Gesellschaft als Ganzes zuzuwenden; Aufrüstung der privatwirtschaftlichen Macht, die Geschicke der Gesellschaft aus wirtschaftlicher Potenz in den Griff zu nehmen.

Die existenziellen Bedrängnisse vieler Kultureinrichtungen vor allem im Bereich der darstellenden Künste wird also von zwei Seiten her gleichzeitig verursacht: ökonomische Zwänge durch Subventionskürzungen und die aus dem Innenleben der Künste hervortretenden Umbrüche im traditionellen Verhältnis zwischen Kunst und Publikum. In beiden Fällen stellt sich die Frage nach der Verantwortung der öffentlichen Politik für den Erhalt und die innere Stabilität von Kultur und Kunst.

Das Problem des Staates: Künstlerische Freiheit ist ein verfassungsrechtlich einklagbares Abwehrrecht gegen substanzielle Eingriffe irgendeiner Obrigkeit. Demgegenüber gibt es aber kein einklagbares Recht von Kulturinstitutionen auf staatliche Zuwendungen. Haushaltskürzungen bleiben vorerst vermutlich das kleine Waffenarsenal der öffentlichen Hand, um einen anhaltenden Druck auf fortschreitende Eigenwirtschaftlichkeit der Kultur- und Kunstinstitutionen auszuüben.

Eigenwirtschaftlichkeit bedeutet sorgsamer Umgang mit den knappen Ressourcen und eine auf höhere Eigeneinnahmen zielende Programmpolitik der Institutionen. Höhere Einnahmen ergeben sich rein rechnerisch durch Anhebung der Ticketpreise, durch Steigerung der Ticketverkäufe, durch höhere Sitzplatzausnutzung und schließlich durch vermehrte Nutzung der baulichen und technischen Einrichtungen, mit anderen Worten: durch Verdichtung des Spielplans.

Diesen Möglichkeiten sind jedoch enge Grenzen gesetzt, und es lässt sich leicht berechnen, dass in der Regel selbst bei vollständiger Nutzung aller Möglichkeiten ein subventionsfreies Theater nicht machbar ist. Ganz abgesehen davon sind solche Teilerfolge allenfalls kurzfristiger Natur; langfristig kommt es zu Verschleißerscheinungen bei Mensch und Material.

Die stärkste Form der Anpassung an diesen Druck ist eine offensive Programmpolitik, die das oft schwer verständliche Außergewöhnliche in der Kunst durch das Gewöhnliche und allzu Gängige, die so genannte leichte Kost, ersetzt, um mehr Publikum zu erreichen. Das allgemeine Niveau des Kunstschaffens gerät in absinkende Mitleidenschaft.

Um hier mit einem häufigen Fehlurteil aufzuräumen: Der Druck des Marktes ist *nicht zwingend* mit dem Nachlassen des Strebens nach meisterlicher Qualität verbunden. Der Markt ist *nicht zwingend* der große Banalisierer, der im Interesse schneller Profite und technischer Rationalisierung keine Extravaganzen durchgehen lässt und geistlose Standarderzeugnisse durchdrückt, die wenig anstrengend und leicht zu haben und zu gebrauchen sind.

Es gibt unzählige Beispiele für Erzeugnisse von meisterlicher Qualität aus Betrieben, die dennoch „auf ihre Kosten" kommen: im Weinbau, im Handwerk, in technischen Meisterbetrieben, in der Textilbranche, und eben auch in der Kunst. Hohe Qualität und entsprechend hohe Herstellkosten schaffen allerdings einen anderen Markt und in der Regel ein anderes Publikum.

Das gilt für die Wirtschaft und für die Künste gleichermaßen. Was sich mit hoher Qualität am Markt durchsetzt oder, genau genommen, sich seinen eigenen Markt oder sein eigenes Publikum schafft, ist deutlich weniger einer heftigen, nivellierenden Konkurrenz ausgesetzt als jene, die sich über schlichte Erzeugnisse und niedrige Preise einer oft vitalen und existenziell stets bedrohlichen Konkurrenz gegenüber sieht. Das Einfache und Anspruchslose ist leicht imitierbar.

Die Folge kann sein, dass zwar das Kostenniveau bei rationalisierter Standardproduktion erkennbar niedriger, dafür aber die Kosten der Überwindung von Marktwiderständen (durch scharfen Wettbewerb und damit steigenden Marketingaufwand) überproportional steigen. Meisterliche Qualität braucht allerdings, wie die Erfahrung lehrt, sehr viel mehr aufbauende Entwicklungszeit und Beständigkeit, um sich in der Öffentlichkeit zu etablieren und Boden unter die Füße zu bekommen.

In der Öffentlichkeit wird gegen eine Strategie des Strebens nach hoher Qualität und Meisterschaft der Vorwurf des Elitären erhoben. Der Zugang zu solchen Angeboten und Produktionen wird nicht nur infolge deutlich höherer Kosten und Preise der Mehrheit der Bevölkerung verschlossen bleiben, sondern auch durch das gesteigerte Raffinement der Meistererzeugnisse oder der künstlerischen Darbietungen, welche angeblich nur einer Bildungselite zugänglich ist. Dafür dürften, so heißt es, keine Steuergelder in Form von Subventionen vergeben werden.

Die Frage aber stellt sich, ob man nicht besser das Bildungsniveau anhebt und schon in der schulischen Arbeit mit Kindern auf die ästhetische Erweiterung ihrer Erlebnis- und Erfahrungsmöglichkeiten abzielen sollte, statt das Niveau der Kunst zu senken. *Das Publikum im Saal müssen wir mitnehmen*, hieß es noch vor einigen Jahrzehnten unter Theatermachern, nämlich es behutsam von der A- auf eine B- oder C-Ebene des Verstehens hinzuführen.

Das heute viel zu plötzliche X- oder Y-Angebot der Bühne kann logischerweise vom Gros des Auditoriums auf einer A-Ebene gar nicht mitempfunden oder verstanden werden. Man wird aber ein Theater oder ein Museum nicht in eine Bildungsstätte umwandeln dürfen oder wollen (s. z. B. Hochreiter 1994, Sturm 2009). Das muss Sache der Bildungsinstitutionen, insbesondere der Elternhäuser und Schulen, bleiben. Ein verständiges Publikum ist im Idealfall sogar eine treibende Kraft zur Entfaltung schöpferischer künstlerischer Arbeit.

Die Strategie des Strebens nach Meisterschaft ist dem Kunstschaffen unter den Bedingungen eines freien Marktes in der Regel gemäßer als der Versuch, sich durch „künstlerische Standardware" und hohen Marketingaufwand einen Namen zu machen und damit höhere Umsätze zu erzielen. Indessen, weder die eine noch die andere Strategie hat etwas mit Marktzwängen und der Aufgabe künstlerischer Autonomie zu tun. Generell werden beide Strategien von den Prinzipien des freien Marktes gedeckt. Die Entscheidung für die eine oder die andere ist eine unternehmerische oder im Fall von Kunst eine freie kulturpolitische Frage, für die es im Grundsatz keine Zwänge gibt. Beide Strategien sind allerdings jeweils mit höchst unterschiedlichen Konsequenzen verbunden.

Eine dieser essenziellen Konsequenzen liegt darin, dass die Strategie der Simplifizierung von Produkten, um sie hochrationeller Produktion zu unterwerfen, sich selber einen erhöhten Marktdruck schafft. Er rührt daher, dass solche Erzeugnisse von Konkurrenten sehr leicht nachgeahmt werden können, und das auf einem Kostenniveau, das keinen Aufwand für Forschung und Entwicklung ausgleichen muss und gegebenenfalls mit niedrigeren Löhnen auskommt.

Die übliche und auch vielfach praktizierte Ausweichstrategie besteht in fortgesetzten technischen Innovationen. Deren Risiko besteht darin, dass der technische Fortschritt sich ständig selbst überholt und auf diese Weise einen immer höheren Aufwand für Forschung und Entwicklung schafft, ganz abgesehen von der Gefahr, dass unsinnige und ökologisch nicht mehr vertretbare Innovationen lanciert werden, nur um dem Druck der banalisierenden Konkurrenz zu entgehen.

Das Streben nach Meisterschaft darf jedoch nicht verwechselt werden mit Streben nach Führerschaft auf dem Markt. Ein Meisterprodukt muss nicht zwingend eine Innovation sein. Die Innovationen, die vor allem im Bereich der Konsumerzeugnisse den Markt (angeblich) beleben, sind in vielen Fällen nichts als Schaumschlägerei. Ihr innerer Wert zeigt häufig deutliche Anzeichen der Degeneration, und das ist nun gerade das Gegenstück zur Meisterschaft.

Die Entscheidung aber, ob sich ein Künstler oder eine Kunstinstitution auf die eine oder die andere Strategie einlassen will, ist vollständig durch die Freiheit des Marktes und durch den Grundsatz der Autonomie der Künste oder künstlerischen Arbeit gedeckt. Der manchmal laut posaunte Ruf nach künstlerischer Autonomie verwechselt indessen oft die Freiheit der Kunst mit künstlerischer Beliebigkeit (nach der Parole: *was Kunst ist, entscheide ich* oder *Ich bin Kunst,* vg. H. Liebs 2008, zu einer Damien Hirst Versteigerung in London) und eigenmächtiger Abkehr vom Prinzip der Werktreue.

Darstellende Künstler, mehr noch Dramaturgen und der Regisseure können, wenn sie es wollen, die Autonomie der Kunst oder die künstlerische Freiheit dazu benutzen, das kulturelle und künstlerische Erbe zu einem Steinbruch zu erklären und mit alten Stücken nach Belieben verfahren. Das ist zwar dem ersten Anschein nach kein ökonomisches Problem, sondern ein künstlerisches. Dennoch hat es bei genauerem Hinsehen ökonomische Konsequenzen, denn der hohe Aufwand für Experimente kann einen leeren Saal zur Folge haben.

18.1.2 Werktreue oder Beliebigkeit
        (Bernd Weikl)

Unter dem Begriff *Werktreue* verstehen wir in Schauspiel und Musiktheater die rekreative, aber nicht den Sinn entstellende Wiedergabe eines vorhandenen, also bereits geschaffenen, in sich geschlossenen Werkes. Heutige, vornehmlich deutsche Regiekonzepte, primär für Schauspiel und Oper, lassen diese Werktreue, die Achtung vor dem Werk und seinem Erzeuger, in zunehmendem Maße vermissen.

Bernd C. Sucher verteidigt diese Praxis, wenn er in seiner Rede anlässlich des 350. Jubiläums der Staatsoper München erklärt, Opernhäuser seien keine Museen, keine Bewahranstalten und das dürften sie auch nicht sein. Zuschauer würden immer noch einer Werktreue nachtrauern, die es nie gegeben hätte. Das Nachtrauern wäre eine, *nach rückwärts gewandte Utopie von Reaktionären* (Sucher 2003).

Peter Wapnewski widerspricht wiederum dieser *Werk-Untreue* als einer vermessenen Formel, die da erkläre, die Späteren – die heutigen Regisseure – seien in der Lage, ein Kunstwerk besser zu verstehen, als dessen Autor es verstanden habe. Diese Ansicht sei bereits Allgemeingut der interpretierenden Hermeneutik. So habe sich das sogenannte Regietheater immer wieder vorgedrängt und damit der Frage zu stellen, ob der Eigenwille des Regisseurs das Potential des Stückes, das da schlummert, nun endlich entdecken soll oder ob er sich vielmehr kraft eigener Vollkommenheit schnöde an die Stelle des Autors setzen, diesen lediglich als Hülse nutzen, ihn also zur Demonstration seines eigenen Schöpferwillens missbrauchen soll oder darf (Wapnewski 1978).

Solche problematisierenden Fragen treten ausschließlich bei rekreativen Kunstwerken auf, und das kritische Moment darin liegt in deren Subventionsabhängigkeit. Der eigenwillige Regisseur muss sich fragen, ob seine Freiheit im Umgang mit Kunst beliebig weit gehen kann, ohne Rücksicht auf jene, die seine Produktion direkt oder über Steuern finanzieren. Selbständige Künstler in der Musik, Malerei, Bildhauerei und Buchautoren werden dann immer relativ weitgehend ihre Freiheiten nutzen können und dürfen, wenn sie ihre Leistung unabhängig von Staat oder privaten Käufern erzeugen und vertreiben.

Wenn sie sich also nicht vorrangig um ihren Broterwerb Sorgen machen müssen. Wird jedoch bedingt durch wirtschaftliche Sachzwänge oder andere Gründe eine Verleugnung der eigenen künstlerischen Absichten durch Zugeständnisse an den Käufer notwendig, ist die Autonomie erheblich eingeschränkt. Im Gegensatz dazu reklamieren staatlich subventionierte Künstler oder Institutionen ihre künstlerische Freiheit. Sie erhalten Transferleistungen aus dem Staatssäckel.

Mehr und mehr jedoch wird in öffentlichen und akademischen Diskussionen darüber nachgedacht, wie viel Freiheit sich Künstler in einer offenen Gesellschaft nehmen dürfen und wo die Grenzen zu ziehen sind, jenseits derer auch Künstler die Empfindungen der Öffentlichkeit über Gebühr verletzen oder geltendes Recht überdehnen. Das hat eine lange Vorgeschichte.

Der Begriff *Autonomie* (= Eigengesetzlichkeit) ist hier genau genommen nicht angebracht, denn es geht nicht darum, Kunst als Medium der Ersetzung allgemeiner Gesetze zu deuten oder auch nur der Kunst einen rechtlichen Sonderstatus einzuräumen, sondern um die Frage, ob und in welcher Ausdehnung Künstler ihre Themen, ihre Botschaften und die Mittel ihrer Darstellungen unabhängig von fremden Eingriffen nach eigenem Willen bestimmen können.

Das Publikum ist keine homogene Masse, so dass es nicht nur regional verschieden in seinen künstlerischen Erwartungen äußert und über die Ergebnisse urteilt, sondern sich auch als spezielle Abonnenten für Aufführungen von Werken an den Sprechtheatern, Opernhäusern, in Operette, Ballett, Musical oder Kabaret herausstellt. Während sich die Besucher von Ballett, Musical oder Kabaret erfahrungsgemäß überwiegend zufriedengestellt nach Aufführungen äußern, hat es das Publikum heute bei Schauspiel und Oper nicht leicht. Die Medien berichten über skandalträchtige Inszenierungen und die Reaktionen des Publikums.

Der Schriftsteller und Journalist Joachim Lottmann beschreibt, *wie die üppigste Theaterlandschaft der Welt* (gemeint: Deutschland) *mit ihren abgelatschten Schocks durch jungdeutsche Regisseure endgültig ruiniert wird* (Lottmann 2006). Der *Macbeth* am Düseldorfer Schauspielhaus tritt nackt auf. Von der ersten Sekunde sind alle Schauspieler nackt auf der Bühne. Ein Ekeltheater, findet Lottmann. Schulklassen besuchen die Vorstellung und erkennen nicht wieder, was die Lehrkräfte ihnen vom Inhalt des Werkes im Unterricht erzählt haben. Auf der Bühne wird Minutenlang gepinkelt. Eine Schülerin verlässt den Zuschauerraum. Ihr ist schlecht geworden. Die Kritikerjury hat diese Produktion als eine der zehn besten belobigt. Was geht in Kritikern vor? fragt Lottmann.

Goethes *Egmont* in der Goethestadt Frankfurt am Main: Joachim Lottmann berichtet über selbstgeschnitzte Blödmannszenen, Punk- und Rockzeug – alles vom Regisseur geschrieben – und von Goethe seien nur Stichworte zu vernehmen. Das Wort *Vaterland* im Goethetext führt zum Pflichtprogramm, wie es auch bei allen Inszenierungen der Werke von Richard Wagner gezeigt wird. In Frankfurt brüllt der Chor der Schauspieler *patriotische* Stellen ins Publikum, um mit diesen *deutschtümelnden* Worten den Klassenfeind im Publikum abzustrafen. Alte und wieder nackte Männer *kacken* auf Donnerbalken sitzend, und Punk-Klärchen lässt wildes Beischlafgestöhne ins erschrockene Auditorium.

Am Hamburger Schauspielhaus wird Horváths Menschen-im-Hotel-Stück *Zur schönen Aussicht* gegeben. Auf der Bühne zieht sich ein dicker Mann aus und stellt sich *mit gezogenem Glied* vor den Kopf einer liegenden Schauspielerin. Er schreit sie an, sie möge seinen Pimmel in den Mund nehmen und jetzt buht das Hamburger Publikum (Lottmann 2006). Doch „Ausgebuht gleich Ausgebucht", schildert es kritisch der legendäre Regisseur Joachim Herz (Weikl 2006).

Am niedersächsischen Staatstheater in Hannover sei der finanzielle Druck zu groß, so dass sich die Kunst nicht mehr in der Lage sehe, in scharfe Opposition zum gängigen Publikumsgeschmack zu gehen, obwohl dies doch eine ihrer wesentlichen Antriebskräfte sei. So verteidigt ein Kritiker die *Überfreiheit* an den Theatern (Spahn, 2003). Wer nicht provozieren, sondern mit Schiller und vielen anderen zusammen Freude vermitteln will – die *schönen Künste* –, der hat auf dem heutigen Markt nichts zu suchen.

Deutsche Kunst, meinen amerikanische Kollegen, *muss hässlich sein und wehtun.* Hat sich das Publikum seit Quantz, Schiller, Goethe, Thomas Mann und vielen anderen verändert? Hat ein plötzlicher Quantensprung die physiologischen Gegebenheiten unserer menschlichen Natur verdreht? Oder gibt es bei uns einen diktierten Paradigmenwechsel? Darf Kunst Menschen im 21. Jahrhundert nicht mehr glücklich machen?

Es scheint bedenklich, wenn Verantwortliche für öffentliche Meinungsbildung ihrer Leserschaft suggerieren, es handele sich bei den Bestrebungen *moderner* Regisseure um einen unverzichtbaren Fortschritt in der Kunst. Der überwiegende Teil des Publikums war in Hannover anderer Meinung und stornierte unter Protest seine Abonnements. Der Schaden für das Opernhaus war beträchtlich und der Intendant wechselte an die Stuttgarter Bühne.

Stehen Werke von Richard Wagner auf dem Spielplan, dann wird bereits in den Vorankündigungen über eigene Mitteilungen, in der Presse, dann auch im Programmheft und in den Rezensionen über Wagners Pamphlet über *Das Judentum in der Musik* berichtet. Die Inszenierungen von *Lohengrin, Parsifal* oder *Die Meistersinger von Nürnberg* müssen auch in Bühnenbild und/oder Kostüm auf den Holocaust hinweisen.

Deutsche Aufführungspraxis suggeriert zum Beispiel auch dem Ausland, dass Werke von Richard Wagner nur in Begleitung mit nationalsozialistischen Bildern gezeigt werden dürfen. Ohne Hakenkreuze werden Inszenierungen von Wagners *Die Meistersinger von Nürnberg* heute sogar in Tokio als inhaltlich *bereinigt* und daher als falsch kritisiert (Weikl 2007).

Diese deutsche, selbstzerstörerische Eigenart soll Georges Clemençeau (französischer Ministerpräsident 1917–20) bereits nach dem ersten Weltkrieg beschrieben haben, wenn er die Deutschen als maßlos und ohne Mittellinie bezeichnete, wenn sie in guten Tagen ihre Ideale bis zur Selbstaufopferung verherrlichen, nach der Niederlage aber ihr eigenes Nest beschmutzen und das nur, um zu gefallen.

Je länger das Dritte Reich zurückliegt desto mehr Hakenkreuze prangen auf deutschen Bühnen, stellt Michael Klonovsky fest bei seinem Bericht über eine Aufführung der Richard Strauss Oper *Daphne* an der Dresdner Semperoper. Die Titelheldin *Daphne* wird von einem Nazikommandanten verfolgt, dessen SS-Schergen die Bewohner der bukolischen Welt ins Vernichtungslager transportieren. Daphne selber ist Sophie Scholl (ermordete Widerstandskämpferin) (Klonovsky 2010).

18.1.3 Publikumsschwund – als Reaktion?
(Bernd Weikl)

Schauspiel und Oper klagen über schwindende Publikumszahlen bei der Auslastung der Theater. Mit wie wenig Publikum könne denn das größte deutsche Schauspielhaus überleben, wurde in Hamburg vor Jahren gefragt und festgestellt, dass beispielsweise an einem Abend nur 120 Besucher kamen und im Durchschnitt nicht einmal die Hälfte der Plätze besetzt war.

In der neuen Saison, hieß es damals, seien ebenfalls die Zuschauer weggeblieben … Bei *Biedermann und die Brandstifter* wären ganze 180 Zuschauer gezählt worden; nach der Pause nur noch 130. *Bei Platonow* etwa 120 Zuschauer … Mittwoch, 15. Oktober, *Drei Schwestern* … etwa 250 Zuschauer. Sonnabend, 18. Oktober: Ibsens *Gespenster* … etwa 280 Zuschauer … Sonntag, 19. Oktober: Etwa 410 Zuschauer … Die Sitznachbarn hätten sich darüber unterhalten, bei welchem Stück sie zuletzt nach der Hälfte gegangen seien (Abendblatt 2003).

Viele Regiekonzepte in Schauspiel und Oper verlagern ihre optischen und darstellerischen Aussagen auf das heutige Bild, was Print- und Fernsehmedien täglich präsentieren, wenn sie Gewaltszenen zeigen, Popkünstler, die drogenabhängig sind und zwischen Spital und Gefängnis wechseln. Und daran nehmen Regisseure Maß, denn es ist in ihrer Sicht die erste Pflicht der Kunst, ihr Publikum zu provozieren. Sollen moderne Inszenierungen die verkrusteten Sehgewohnheiten mit Blut-und-Sex-Orgien verbessern, mit Folterszenen und Massenvergewaltigungen?

Die psychischen Gesetze der Wahrnehmung gelten nach wie vor in unseren Tagen. Und es nützt auch gar nichts, wenn die negative Wirkung von Sex und Gewalt in den Medien – und auch Regiekonzepten für die Bühne – von *Insidern* bestritten wird. Eindeutige Ergebnisse psychologischer Langzeitstudien weisen eine Verbindung zwischen Sehen und Handeln nach. Darstellungen von Gewalt ziehen eben nun einmal aggressives Handeln nach sich und bewirken längerfristig eine psychische Abstumpfung, eine Art Desensibilisierung im Hinblick auf Empfindsamkeit oder auf moralisches Aufbegehren gegenüber Gewalt im täglichen Leben.

Mit wissenschaftlichen Ergebnissen der Lerntheorie wird nachgewiesen, dass prosoziale Modelle die Selbstaufmerksamkeit bei Menschen anregen, formen und stärken hin zu sozial erwünschten Normen (altruistisches Verhalten). Sexualität und Gewalt in den Medien stehen aber in kausaler Beziehung zu sexueller Gewalt. Und psychologische Studien weisen eine Verbindung zwischen Sehen und Handeln nach. Diese Korrelation deutet darauf hin, dass pornografische und gewalttätige Darstellungen in den Medien, so auch auf der Bühne, aggressives Handeln insbesondere bei Jugendlichen nach sich ziehen (Zimbardo, 1992).

Schulen bestätigen ungewollt diese wissenschaftlichen Ergebnisse, wenn auch sie mit entsprechenden Aktionen provozieren wollen und dabei eine erwünschte Aufmerksamkeit erzielen können. So wurden im Kurs *Darstellendes Spiel* der gemeinsamen Oberstufe der Gymnasien *Helene Lange* und *Kaiser-Friedrich-Ufer* in Hamburg-Eimsbüttel das Stück *Fäuste* – in Anspielung auf Goethes *Faust* – erarbeitet und öffentlich aufgeführt. Die Hamburger Morgenpost:

Ein schwuler Gott in weißen Strapsen tänzelt tuntig über die Bühne ... betrunkene Schüler liegen grölend auf dem Parkett und feiern ihre Reifeprüfung mit obszönen Anspielungen über die Länge von Geschlechtsteilen. Wulf Schlünzen, Theaterfachmann am Institut für Lehrerbildung, stärkt den Schülern den Rücken: Man kann diese Primanerkomik ja geschmacklos finden. Aber diese Freiheit des Theaters sollte man akzeptieren (Hamburger Morgenpost 2005).

Solche Bilder einer deutlichen Dekadenz waren auch beim Zerfall des römischen Reiches anhand der Praxis in den Künsten sichtbar. Die Aufführungen wurden durch nebensächliche Zutaten in andere Richtungen gelenkt, wie dies auch heute deutlich zu erkennen ist und wenigstens noch vom Großteil eines Publikums moniert wird. Die damaligen Verantwortlichen hielten ebenfalls nichts von Werktreue, sondern lieferten einem begierigen Eventpublikum Grausamkeiten. Da wurde der mythische König Pentheus von Bacchantinnen in Stücke zerfetzt und Herkules verbrannte original auf dem Scheiterhaufen. Eine ehebrecherische Giftmörderin sollte vor aller Augen von einem Esel vergewaltigt werden, doch das kluge Tier habe sich allerdings diesem Ansinnen widersetzt (Grimal 1961, S. 399).

18.1.4 Theaterkrise durch Subventionsabbau
        (Bernd Weikl)

Seit Jahren berichtet die monatlich erscheinende Zeitschrift der Genossenschaft deutscher Bühnenangehöriger (Kurzportrait s. Anhang *[1)]) immer wieder über die Zerstörung der Kulturlandschaft der Bundesrepublik Deutschland. Länder und verschuldete Kommunen scheinen nicht mehr in der Lage, Kultureinrichtung zu subventionieren. Theater, Orchester, aber auch Museen und Bibliotheken werden mit Einsparmaßnahmen um ihre Funktion gebracht. Vorbei sind die bedeutungsschwangeren Sonntagsreden über die hohe Kunst und ihren Wert für ein menschenwürdiges Dasein. Vorbei der geradezu hymnische Artikel 35 – Kultur – des Einigungsvertrages, in dem Kultur als Grundlage für die fortbestehende Einheit der deutschen Nation beschworen wurde.

Die kulturelle Substanz in der Bundesrepublik Deutschland dürfe keinen Schaden nehmen, heißt es in Absatz 2 des Enigungsvertrags. Und in Absatz 3 sichert das Gesetz die Erfüllung der kulturellen Aufgaben einschließlich ihrer Finanzierung. Aber auch nach der Wiedervereinigung Deutschlands soll diese Bringschuld der Bürger an sich selbst in Art. 45 Absatz 2 EVertr. geltendes Recht sein! So liest sich das im Einungsvertrag vom 03. Oktober 1990.

Das kulturpolitische Klima in der Bundesrepublik Deutschland habe sich in unglaublich kurzer Zeit drastisch verschlechtert, schreibt Hans Herdlein (Herdlein 2010). Die Wirtschaftskrise, die Krise der Finanzmärkte habe die angespannten Haushaltslagen der Kommunen weiter verschärft. Im Januar 2011 flimmert es über die Bildschirme: Deutschland verzeichnet einen großen ökonomischen Aufschwung. Trotzdem werden Subventionen an Theatern, Orchestern und damit auch Honorare für Sänger oder Schauspieler weiter gekürzt. Der historische Hans Sachs (1494–1576) beklagt die missliche Situation schon in seinen Tagen mit

> *Wollust, Gwalt und Pracht.*
> *Ich sprach: was fürdert denn dazu?*
> *Sie sprach: das Geld. Ach merck doch du,*
> *Wie Wucher und Betriegerey*
> *So unverschemdt im teutschland sey!*
> *Wer gelt hat, der hat was er will.*
> *Derhalb so gilt die kunst nit viel ...*
>
> *Oder: Yeder wandel im trewen mut*
> *das es dem nechsten kumb zu gut*
> (Theiß 1971)

Was kostet das elitäre Genre *Theater* für den Steuerzahler, vor allem wenn oft von einer Inszenierung (Oper) nur wenige Vorstellungen gespielt werden? Anspruchsvolle Darbietungen in Schauspiel und Oper sind ohne staatliche Subventionen nicht realisierbar, während Operette und Musical eher einen breiteren Publikumsgeschmack treffen und daher besser besucht sind. Das Musical *König der Löwen* ist seit vielen Jahren *der Renner* im Hamburger Hafen.

Über die hohen finanziellen Zuwendungen gerade an die Oper wird immer wieder heftig in Öffentlichkeit und Medien diskutiert. Wie viel Oper braucht das Land, heißt es ärgerlich bei Politikern und *Fußballfreunden*. Einer Umfrage des Berliner Abgeordnetenhauses nach tritt nur eine knappe Mehrheit von 58 Prozent für Transferleistungen der Steuerzahler an die Oper ein. Die Subventionen sind allerdings auch beachtlich, wenn für jede Eintrittskarte zu Abenden in der Staatsoper Berlin in 2009 Euro 186,10 dazugelegt werden müssen. Für die Komische Oper sind es Euro 181,10, an der Deutschen Oper Euro 171,40 und im Falle des Volkstheaters in Rostock sogar Euro 402 (Lemke-Mattwey 2010).

Bei mangelhafter Auslastung, nicht nur im Schauspiel, sondern auch in der Oper, werden fallweise Mitglieder der Häuser am Schwarzen Brett darüber informiert, dass Frei-, Dienst- oder Steuerkarten zur Verfügung stehen. Auf diese Weise möchte man die Optik bei schlecht besuchten Vorstellungen der Öffentlichkeit oder Politik gegenüber bereinigen. Dabei sind die Preise für Eintrittskarten an den Theatern durchaus mit denen zu Fußballspielen oder bei Restaurantbesuchen zu vergleichen. Weshalb also die ungenügenden Auslastungen?

Das Interesse für Theaterbesuche muss in jungen Jahren gelegt werden, durch Erziehungsberechtigte, die sich der Tragweite kultureller Bildung bewusst sind. Dies ist in Zeiten der casting-shows in den Medien und der Suche nach Superstars von der Straße, denen der schnelle Bekanntheitsgrad und frühe Reichtum winken, ein schwieriges Unterfangen. Musische, kulturelle Bildung wäre schon ab Kindergarten notwendig und möglich, wenn dort ein Singen von entsprechenden Liedern stattfände, was an Bürokratie und geeigneten Lehrkräften für gewöhnlich scheitert. Die häuslich bequemen Computerspiele bieten Unterhaltung für Heranwachsende, und Theaterbesuche werden zu lästiger Pflicht.

Sind ausgebildete Stimmen und klassische Musik kaum Anreiz für die Mehrheit der Jugend, so wollen Theater mit skandalträchtigen Inszenierungen unbedingt junges Publikum locken. Doch werden im öffentlichen Leben und in den Medien schon genügend Skandale geliefert, die eine entsprechende Politik zusätzlich für Schauspiel und Oper nicht legitimieren können.

Kaiser Joseph II von Österreich hatte es seinerzeit deutlich formuliert, als er per Dekret verkündete, dass die Theater zur Veredlung der Sitten und des Geschmacks der Nation beitragen sollen. *Und deshalb*, schreibt Richard Wagner, *bestimmen wir daher, dass das Operntheater ein Kunstinstitut sein soll, welches zur Veredelung des öffentlichen Geschmacks, durch unausgesetzt gute und korrekte Aufführungen musikalisch-dramatischer Werke beizutragen hat* (Wagner 1863).

Im Sprechtheater stehen neben den klassischen Dramen auch immer wieder Werke zeitgenössischer Autoren auf den Spielplänen, die ihr Publikum finden. Das Musiktheater lebt von klassischen Operetten – hauptsächlich für eine ältere Kundschaft – und frischen Musicals auch für die Jugend. Die Opernhäuser führen insgesamt ein Repertoire von höchstens 60–80 Werken auf und suchen daher immer wieder nach neuen Interpretationen dieser Stücke, nach neuer Ästhetik – auch durch Provokation.

Die Spielpläne der Sprechtheater zeigen eine reiche Palette von klassischen Autoren und immer wieder neue Gegenwartsliteratur. Die Operette erneuerte sich nicht wirklich, sondern wurde und wird durch das Musical weitergeführt, das hauptsächlich aus den Staaten kommt und überall auf der Welt erfolgreich zum Kassenschlager avancierte. Und im Musical gibt es viel zu sehen. Wenn sich heute Publikum mehr dem Sehen als dem Hören zugewandt hat, dann verhalf diese Tatsache auch dem Siegeszug des Musicals, obwohl dort auch sogenannte musikalische Ohrwürmer angeboten werden.

Die Oper zehrt zuerst von der großen Qualität des klassischen Repertoires, von Komponisten, die sich deshalb durchgesetzt haben, weil sie Werke schufen, die oft über viele Dekaden in unterschiedlichsten Zeitströmungen durch unterschiedlichstes Publikum anerkannt und bei guter Leistung der Interpreten gefeiert wurden. Hier spielt besonders der Komponist eine wesentliche Rolle, denn zuweilen sind die Texte aus früheren Jahren inhaltlich unmodern und/oder ihre *geschwollene* Rhetorik entspricht nicht mehr unserer modernen Umgangssprache. Es wird durchaus versucht, diese Libretti zu adaptieren, doch fehlt dann diesen Worten der Bezug zur Komposition. Beides muss eine Einheit darstellen, denn die Musik – so sie gut ist – wurde als Erhöhung der Sprache geschrieben. Dabei spielen Prosodie und ganz entscheidend die Möglichkeit zu sängerischem Vokalausgleich, zu ausgezeichneter Atemtechnik und andere Axiome eine wichtige Rolle.

18.1.5 Die Anfänge der Oper
        (Bernd Weikl)

Die Geburtsstunde der Oper wird auf die Zeit um 1600 datiert, als sich in Florenz Edelleute wie die Grafen Giovanni de Bardi und Iacopo Corsi sowie Dichter, Komponisten und andere zusammenfanden, um eine Renaissance griechischer Tragödien einzuleiten. Unter den Komponisten befanden sich bekannte Namen, wie Vincenzo Galilei (der Vater Galileo Galileis), Pietro Strozzi, Giulio Caccini, Jacopo Peri, sowie die Dichter Ottavio Rinuccini, Gabrielo Chiabrera und, da man der Überzeugung war, dass die Texte dieser Dramen in der griechischen Antike *gesungen* wurden, trugen sie die Freunde in einer Art Sprechgesang vor mit dem Ziel, die verbale Verständlichkeit durch den Ausdruck des Singens noch zu überhöhen. Die Vortragsweise war nicht vielstimmig (polyphon), sondern einstimmig (monophon). Der Freundeskreis in Florenz nannte sich *La Camerata Fiorentina* und führte während des Karnevals im Frühjahr 1598 ein dramatisches Märchen mit Namen *La Dafne favola drammatica* auf, was heute musikgeschichtlich als die Geburt der Gattung Oper angesehen wird.

Schon zwei Jahre später wurde zur Hochzeit Heinrichs IV. von Frankreich mit Prinzessin Maria de Medici im Palazzo Pitti die Oper *L'Euridice favola drammatica* uraufgeführt. Und zur Hochzeit des Herzogs Odoardo Farnese erklang Jacopo Peris dritte Komposition, *La Fora o vero Il Natal de Fiori*. Der bekannte und bisweilen heute noch aufgeführte Komponist Claudio Monteverdi verhalf der weiteren Entwicklung der Oper, deren Siegeszug dann nicht mehr aufzuhalten war. Ob zu Zeiten der Florentiner Camerata für musikdramatische Werke bereits Subventionen und Marketingstrategien eine Rolle spielten, ist so nicht überliefert. Materielle Kunstausübung wurde jedenfalls in Auftrag gegeben und entsprechend honoriert (Brockhaus 2005).

Seit den Tagen der Florentiner Camerata wurden immer wieder neue Opernwerke geschrieben und einem Publikum präsentiert. So entstanden über die Jahrhunderte etwa 60 000 Opern oder Singspiele (Stiegler 1975). Manche davon stünden zur Wiederentdeckung bereit. Andere sollten besser in der Versenkung bleiben, denn *nur die genialsten dramatischen Werke der Tondichter überdauern mit einigen Meisterwerken* (Hanslick 1880).

Unter diesen zahlreichen Kompositionen befinden sich auch etwa 2000 Werke, die textlich aus alttestamentarischen Vorlagen entstanden sind und als Kirchenopern aufzuführen wären. Viele dieser 60 000 Stücke sind für Kastraten komponiert und könnten entsprechend verändert werden, so dass der Tonumfang der anspruchsvollen Koloraturen von heutigen Sängerinnen und Sängern zu bewältigen wäre. Solche Werke können in ihrer Originalversion nie mehr aufgeführt werden. Deshalb mag hier auf Wertreue verzichtet werden (Bletschacher 1985).

Die Komponisten und ihre Librettisten haben in der Vergangenheit immer wieder gesellschaftliche oder politische Themen aufgegriffen. *Wolfgang Amadeus Mozart* und *Lorenzo da Ponte* entnahmen aus der Vorlage der Komödie *La Folle Journée ou le Mariage de Figaro*, bekannt als *Der tolle Tag*, den Inhalt für ihre Oper *Le Nozze di Figaro*, Figaros Hochzeit.

Mozart und da Ponte schildern in ihrer viel gespielten Oper das Ende der Leibeigenschaft mit einer kurzweiligen Darstellung um das Recht der ersten Nacht *jus primae noctis*, welches sich der Landesherr bis dahin erlaubte und die entsprechend hübsche und junge Braut eines Untertanen vor der Hochzeit der beiden in sein Bett zog. Ein gesellschaftspolitischer Inhalt. Giuseppe Verdis Opernwerke *Rigoletto* und besonders *Un ballo in maschera* brachten dem Komponisten reichliche Probleme ein.

Die staatliche Zensur las aus den Texten eine mögliche Anstiftung zu Anschlägen auf den König heraus. Der Librettist Antonio Somma hatte das Drama *Gustave III ou le bal masque* von Eugène Scribe zur Vorlage für *Un ballo in maschera* genommen. Und so spielte die Handlung zunächst um den Schwedischen König Gustav III., der berüchtigt war für seine erotischen Freizügigkeiten (ein aktuelles Problem?) und durch Graf Johann Jakob Ankerström auf einem Maskenball ermordet wurde. Die Zensur verpflichtete Verdi und

Somma den Inhalt umzuschreiben, so dass die Handlung auf das amerikanische Boston und dort auf andere Personen verlegt werden musste (Mondwurf 2002).

18.2   Das Neue Musiktheater

Die plakative Überschrift dieses Abschnittes deutet es bereits an: Nach Auffassung vieler Opernintendanten und vor allem Opernregisseuren hat sich die alte – fast möchte man sagen: bürgerliche – Oper bis auf ein paar nostalgische Reste überholt. Kein Opernhaus, so wird gesagt, könnte davon heute noch existieren. Wenn die alte Oper für künstlerisch und damit auch ökonomisch nicht mehr tragfähig gehalten wird, ist es nur konsequent zu erklären, dass man für neue Formen der Opernpraxis eintreten muss.

Will das Neue Musiktheater als Kunst gelten, muss es die Gesetze der handwerklichen Gestaltung, der Wahrnehmung und der musikalischen Stimmbildung gegen sich gelten lassen, denn die Gesetze sind nicht einstmals speziell für die alte Oper „erfunden" worden, sondern haben sich im Einklang mit den natürlichen Grundlagen der Kultivierung von Kunstpraktiken aller Art entfaltet und galten für Opernwerke alten Stils. Warum sollte das Neue Musiktheater davon abweichen?

18.2.1 Theorie der Stimmbildung
(Bernd Weikl)

Gesunde Menschenkinder können schon bei ihrer Geburt richtig Atmen und Singen. Und sie stützen ihren Ton oder Schrei mit dem Zwerchfell, dessen Kuppel dabei nach unten abflacht. Ein Vorgang, der unbewusst geschieht, jedoch ökonomisch vorteilhaft alle sängerische Anstrengung von der Kehle und damit auch den sensiblen Stimmbändern entfernen soll. Die Muskulatur des Unterbauches übernimmt diejenige Aufgabe, die Berufssänger ein Stützen des Tones bezeichnen.

For many hundred thousands of years, evolution has developed the best result of our contemporary vocal system and its abilities. Certainly not against our essential needs or desires over such long period of time. Evolution does finally always go for the best. Therefore almost every human being has received a natural disposition for singing, which does or should unfold under cultural, social, physical and mental conditions all over someone's individual lifetime. This disposition's daily efficiencies are emotional and esthetical one's – with regarding to productive as well as receptional respects.

In favour of our human genetic capacity singing does develop social, rational and emotional parts of our personality. The sound of our voice is definetely a mirror of our intellect and mind, on the evidence of all scientific results of worldwide researches for the last decades.

The newborn child – our baby – is normally best equipped with its biological skills to produce natural human sound – it can even scream for hours without getting hoarse at all. And why? Because it does know how to breathe and to sustain so called subglotic pressure by nature. What is subglotic pressure? It is the natural abdominal and flank breathing with simultaneous counter pressure from the lower abdomen in order to shout or scream.

Auf diese natürliche Weise wird die Einatmungsluft mit Hilfe eines Gegendrucks der Muskulatur des Unterbauchs am raschen Austritt aus den Lungen angehalten. Dabei flacht sich das Diaphragma (Zwerchfell) ebenfalls nach unten ab.

We take a breath through our nose, close our lips and open the space inside our mouth as if we would start to yawn. Our chin plus cheeks are loose and our lungs stretch down. We do not lift our shoulders, since there is no space inside our body! Down with our lungs. The dome-shaped diaphragm is moving down as well. We call it: The abdominal breathing. Now we have a simultaneous moving down of throat, lungs and diaphragm, as shown by the right graphic.

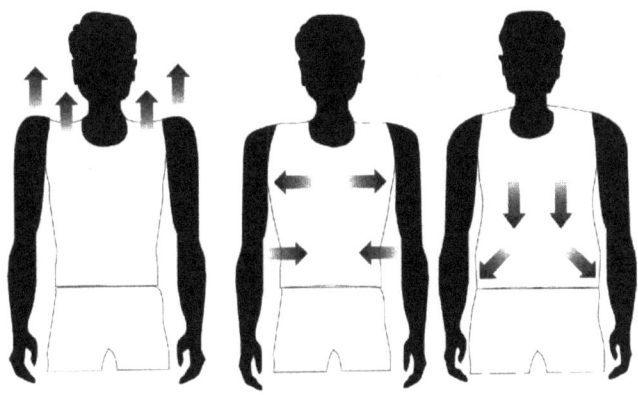

Links: Da sich Lungenflügel organisch nicht nach oben ausbreiten können, sondern mit Hilfe der Muskulatur des Zwerchfells nur nach unten, sind angehobene Schultern immer ein Zeichen von schlechter und für das Singen zweckloser Atmung. Auch die mittlere Abbildung bleibt ineffektiv. Mit der rechten Bauch- und Flankenatmung finden wir zurück zum gesunden Neugeborenen. Diese angeborene Fähigkeit versorgt den Körper auch mit einem Maximum an Sauerstoff und ist für viele gesundheitliche Vorteile zuständig, die an anderer Stelle des Buches beschrieben werden.

Beim Singen muss der Luftdruck der gehaltenen Ausatmung in Richtung Kehlkopf möglichst minimal und konstant bleiben (subglottischer Druck), damit die schwingenden Stimmbänder im Kehlkopf dadurch nicht gedehnt werden und auf Dauer in Mitleidenschaft gezogen werden. Sänger mit falscher Atmung haben nur kurze Karrieren. Optimales Atmen und Singen geschieht durch eine gleichzeitig dosierte Bauch- und Flankenatmung und einem Tiefstellen der Kehle.

The deep throat position does lead to a much larger resonance chamber, a wider resonating air column. We need it, because here is the place, where we form and produce our voice. The more it is open, the better for the vowls, the sound.

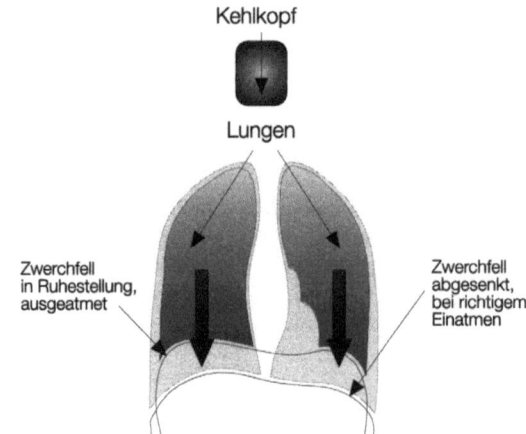

Dieser synchrone Vorgang schafft einen größeren Mund- und Rachenraum, der in der Sängersprache Ansatzrohr genannt wird. Die folgende Grafik zeigt von links beginnend den für das Singen vorteilhaft geöffneten Raum, in der Mitte das kleine und für die Tonproduktion ungenügende Ansatzrohr und rechts die gesamten Hohlräume im Kopf, die in Nase und Stirn als Resonanzräume beim tragfähigen und besonders beruflichen Singen ebenfalls eine große Rolle spielen.

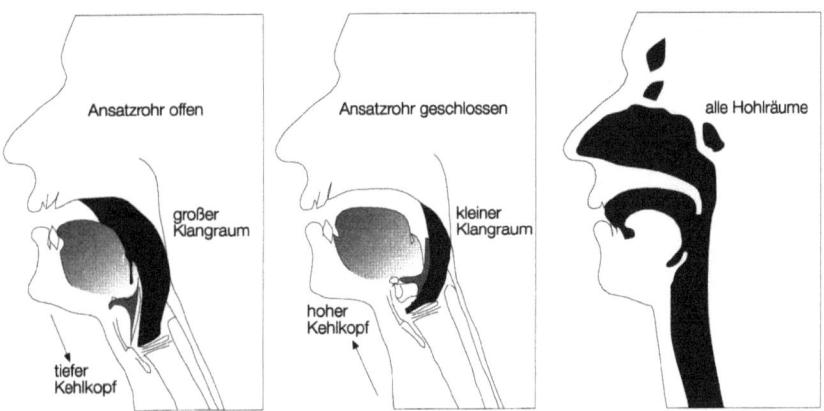

Um – leider oft auftretenden – Missverständnissen zu entgegnen: Sänger sind keine Orgel-
pfeifen! Menschliche Töne, Gesang, entstehen nicht, indem Luft durch die Kehle strömt,
um dadurch die Stimmbänder in Schwingungen zu versetzen. Ganz im Gegenteil: Töne
entstehen durch willentlichen (cortikalen) Anstoß, nicht durch Ausatmen von Luft. Bedau-
ernswerter Weise kommt den meisten Menschen in den hoch industrialisierten Ländern das
Können in Bezug auf optimale Atmung und der richtigen, weil natürlichen Stimmgebung
im Laufe ihrer Jahre abhanden. Schon aus gesundheitlichen Gründen ist es ratsam, Atmung
und Stimmgebung nicht weiter degenerieren zu lassen.

Beim üblichen, laienhaften Singen ist die Sprechstimme der Ausgangspunkt. Da sich
menschliche Töne anstatt Lärm zunächst hauptsächlich nur über Vokale vernehmen lassen,
und die Konsonanten, von ital. *consuonare*, nur mitklingen, ist die Arbeit an der Vokalge-
bung für die professionelle Stimmproduktion in Oper und Konzert unerlässlich.

Gesprochene oder hier gesungene Vokale werden über Schwingungen in den Raum
übertragen und in Hertz gemessen. Berufliches Singen ohne Mikrophon strebt eine optimale
Reichweite an, insbesondere an großen Opernhäusern mit bis zu Tausenden von Sitzplätzen.
Diese außergewöhnliche Stimmgebung wird bei einem guten Gesangslehrer, einer exzellen-
ten Lehrerin durch Stimmbildung vermittelt. Das ist die eigentliche und sehr schwere Arbeit
für Gesangsschüler. Zur allgemeinen, oben beschriebenen Atmung und Funktionalität der
Sprechstimme oder dem gestützten, aber immer noch laienhaften Gesang, ist in Oper und
Konzert ein so genannter Vokalausgleich nötig, um wirklich große Stimmen aufzubauen,
die bei der sinnlichen Kommunikation zwischen Bühne und Auditorium notwendig sind.
Dies muss die Hauptaufgabe des Musiktheaters sein und bleiben.

Natürliche Töne setzen sich aus Grund- und Obertönen zusammen, indem letztere in
mathematischen Abständen über dem Grundton liegen. Dort, wo sich höher liegende Ober-
töne bündeln, entsteht ein so genannter Formant. Die Schwingungen für den Vokal Å (z. B.
dunkel gefärbtes schwedisches A) betragen in C Dur anhand einer Tonleiter demonstriert
in etwa 800–1200 Hertz während andere Vokale wie E, I, O, U bei ihrer Formantenbildung
nur 200–600 erreichen. Daher müssen sich diese Vokale dem Å mit seinen Vorteilen, besser
gehört zu werden, angleichen. Das ist die jahrelange und meist sehr schwierige Gemein-

schaftsarbeit zwischen Gesangslehrern und Schülern, denn leider ist tatsächlich noch kein Meister vom Himmel gefallen. Gutes Handwerk aber reduziert eine Seite des Risikos bei dieser künstlerisch immateriellen Dienstleistung.

> *To keep our so called resonating air column wide open is most important. It does form an inside space for the vowel Å. Not the English A. More like the Swedish one: Å. The vowel Å is best resonating. For physical reasons! For physical reasons, why? Sound does ring out to the audience due to vibrations. Each single tone is a summary of different partial sound: ground tone plus many upper tones. Some upper tones for instance focus to generate an upper formant. This scale in Do major – C-Dur – will demonstrate its location.*
>
> *Hertz is the technical standard to messure vibrations. Where vibrations or swinging can be focused we have best ringing sound. That's the formant.*

There the vowl Å is most powerfully ringing with	*800–1200 HZ.*
The vowl E rings only with	*400–600 HZ.*
The vowel I with	*200–400 HZ.*
The vowel O with	*400–600 HZ.*
The vowel U with	*200–400 HZ.*

(Seidner & Wendler 1997)

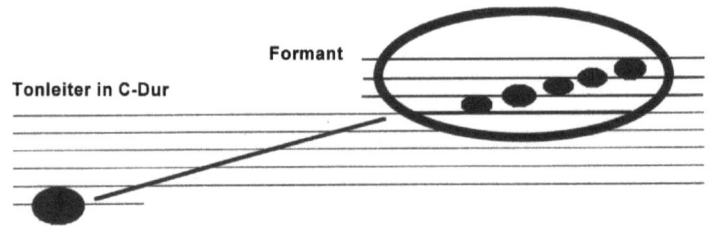

Die folgende Grafik zeigt unterschiedlich weit geöffnete Möglichkeiten für den Mund- und Rachenraum, genannt das Ansatzrohr, wobei die weiteste Öffnung mit tief gestellter Kehle den effizientesten Vokalausgleich erzielt. Diese Weite soll sich beim professionellen Singen ohne Mikrophon möglichst nicht verändern. Deshalb müssen sich alle Vokale dem Å (z. B. schwedisch oder bayrisch gesprochen) annähern, um eine vorbildliche notwendige akustische Tragfähigkeit für den Ton im großen Raum zu erreichen.

> *For Å the space for the resonating column is larger. The throat is in deep position. E, I, O, U has much smaller space. The throat position – glottis – is not deep enough. What can we do? We have to keep our synchronic deep position for our throat, lungs and diaphragm. We sing E, I, O, U as it was Å. That's very hard work and almost impossible to teach young people convincingly. Yet, it is the most important training to become a good singer.*

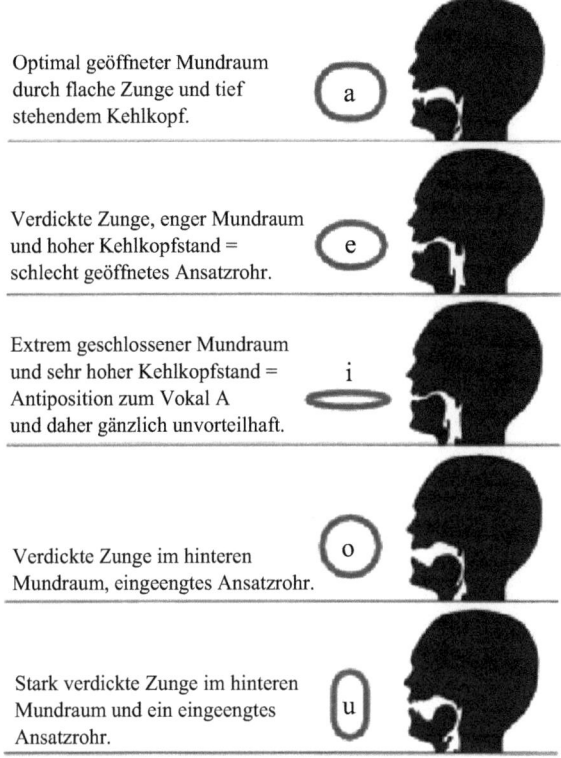

Optimal geöffneter Mundraum durch flache Zunge und tief stehendem Kehlkopf.

a

Verdickte Zunge, enger Mundraum und hoher Kehlkopfstand = schlecht geöffnetes Ansatzrohr.

e

Extrem geschlossener Mundraum und sehr hoher Kehlkopfstand = Antiposition zum Vokal A und daher gänzlich unvorteilhaft.

i

Verdickte Zunge im hinteren Mundraum, eingeengtes Ansatzrohr.

o

Stark verdickte Zunge im hinteren Mundraum und ein eingeengtes Ansatzrohr.

u

Die fünf Mundstellungen beim Sprechen der Vokale A - E - I - O - U: Für den Gesang sind diese Mundstellungen - mit Ausnahme der Position für A - ungeeignet. Der Profi nimmt bei allen Vokalen einen "Vokalausgleich" hin zu einer A-Position vor.

Die folgende Grafik zeigt den Qualitätsunterschied beim gesprochenen Satz: *Mach mir den Pudel nicht nass,* gesprochen von einem gut ausgebildeten Sänger und darunter von einem Amateur.

The following graphic will show the difference in quality of an educated widely ringing oice and underneath the sound of an uneducated amateur. Both by saying: Mach mir den Pudel nicht nass ... (English by B. Weikl)

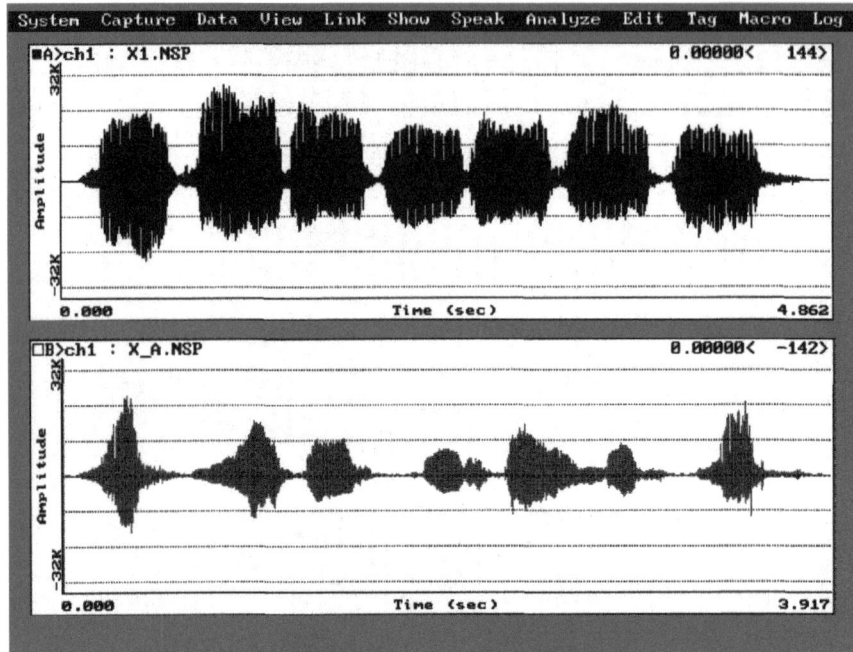

(Grafiken aus Weikl 1998)

Singen überträgt sich wie auch jede andere sensuelle Kommunikation von der Bühne direkt auf das Publikum. Erfahrungsgemäß haben Künstler mit enger Stimmgebung und kurzem Atem oder keinem idealen unverkrampften Ton wenig oder gar keinen Erfolg. Publikum spürt diesen Mangel körperlich, sowie auch geschriene Spitzentöne oder nasale Ausdrucksformen als unerträglich gelten.

Kein Zweifel: Der Mensch ist als singendes Wesen aus der Evolution hervorgegangen. Als humangenetisches Potential begünstigt Singen in der Früherziehung soziale, kognitive und emotionale Bereiche der Persönlichkeitsentfaltung. Unsere Stimme ist daher der Spiegel unseres geistigen und seelischen Umgangs mit unserem Selbst. Darüber ist sich die heutige Wissenschaft einig.

Das Singen verschwindet aus dem Alltag, berichtet DIE WELT am 1. März 2004. *Die Zahl der Sprechstimmerkrankungen nimmt dramatisch zu. Immer mehr Erwachsene verlieren die Sensibilität für ihre Stimme, was sich oft auch nachteilig im Beruf auswirkt.* So Michael Fuchs, der Leiter des phoniatrischen Labors an der Klinik für Hals-, Nasen- und Ohrenheilkunde der Universität Leipzig. Mitverantwortlich für diese Entwicklung macht der Mediziner und ehemalige Sänger aus dem Leipziger Thomanerchor den heutzutage beinahe vollständigen Ausschluss des Singens im Alltag von Kindern und Jugendlichen.

Wir haben (deshalb) eine erschreckend große Zahl kindlicher Heiserkeiten, bestätigt Prof. Eberhard Kruse, Präsident der Deutschen Gesellschaft für Phoniatrie und Pädaudiologie. *Die Familie hat praktisch nicht mehr ihre frühere Funktion als Keimzelle für das Singen,* erläutert Helmut Steger, Bundesvorsitzender des Arbeitskreises Musik in der Jugend, das Problem. Auch in den Kindergärten herrsche „Beliebigkeit". Die Erzieherinnen könnten oft selbst nichts mit Musik anfangen und daher *kaum vermitteln, was Singen eigentlich ist.* Musikunterricht in den Grundschulen – falls es ihn überhaupt gebe – werde oft von fachfremden Lehrkräften unterrichtet. Damit fielen für die meisten Kinder sämtliche Vorbilder weg. *Unsere Probanden*, sagt Steger, *können heute keine Volkslieder mehr vortragen.* Auch um die Musikalität einer breiten Schicht der Bevölkerung ist es somit schlecht bestellt.

Außerdem hat die Zahl schwerhöriger Kinder und Jugendlicher in Deutschland dramatisch zugenommen. *Im vergangenen Jahr – 2008 – wurde 580 bei der Krankenkasse DAK versicherten Patienten unter 18 Jahren ein Hörgerät verschrieben. Das sei im Vergleich zu 2005 ein Anstieg um 38 Prozent teilte die DAK in Hamburg mit. Fast jeder vierte Jugendliche in Deutschland habe inzwischen einen nicht heilbaren Hörschaden. In Zukunft werden immer mehr Kinder und Jugendliche unter einer bleibenden Hörschädigung leiden,* erklärte der Ohrenarzt und DAK-Experte Gernot Hermanussen zum Tag des Lärms am 29. April. Viele junge Menschen wüssten nicht, dass ein geschädigtes Hörvermögen nicht heilbar sei.

Als Hauptursache für Schwerhörigkeit bei jungen Menschen gilt zu laute Musik bei Disco-Besuchen, Pop-Konzerten und die Dauerbeschallung über Mini-Kopfhörer. *„Wer jahrelang Musik mit Schalldruckpegeln über 100 Dezibel hört, schädigt die feinen Haarzellen im Innenohr so stark, so dass am Ende eine bleibende Hörschädigung daraus werde",* bemängelt Hermanussen (Anschr. s. Anhang *[5]), Hören und Singen sind miteinander verbunden.

Im Jahre 1981 hat der Havard-Professor, Howard Gardner, sein Modell der sieben „multiplen Intelligenzen" vorgestellt. Im traditionellen Intelligenzquotienten wurden bis zu diesem Zeitpunkt ausschließlich die linguistische, die mathematisch-logische und die räumliche Intelligenz als Komponenten angenommen. Gardner benennt außerdem die musikalische, die körperlich-kinästhetische, die intrapersonale und die interpersonale Intelligenz.

Alle diese insgesamt sieben sind autonome Intelligenzen. Die körperlich-kinästhetische und die musikalische Intelligenz haben ausgeprägte emotionale Anteile. So ist die Körpersprache bei der menschlichen Kommunikation nachweislich wesentlich gewichtiger als der verbale Inhalt. Auch der Klang der Stimme ist hochgradig ausschlaggebend für Zustimmung oder Ablehnung beim Zuhörer oder eben Geschäftspartner.

18.2.2 Gesetze für das Handwerk
        (Bernd Weikl)

Mit Johannistag, der in der Oper *Die Meisersinger von Nürnberg* von Richard Wagner eine große Rolle spielt, assoziieren wir den *Johannistrieb des Mannes* – neudeutsch seine *Midlifecrisis*, die so manchen von uns um seinen Verstand bringt und so gesehen in den Wahn treibt. Zwischen dem Flieder- und dem Wahnmonolog des Hans Sachs (Hauptrolle) im dritten Akt liegt eine stramm gesungene Stunde mit Schusterliedern, der Prügelfuge und einer anschließenden Pause.

Stimmlich besonders anstrengend wird es dabei, wenn der Bühnenbildner nicht bedacht hat, daß offene Bühnen keine akustischen Hilfen für die menschliche Stimme bereitstellen und sich damit auch keine oder kaum sog. Partialtöne, also Obertonreihen in das Auditorium ausbreiten können. Gerade diese sind es, die den *Belcanto* – oder was wir heute dafür halten – ausmachen. Auch unser Hörvermögen ist darauf eingestellt.

Ein langes evolutionäres Ausleseverfahren hat uns dazu Rezeptionsbänder in unsere Gehörschnecke *Cochlea* implantiert, welche diese obertonreichen Klänge unseres günstigen pythagoreischen Tonsystems (Erläuterungen im Anhang unter *[4]) bevorzugen und als Wohltat an unser Hirn weitermelden. Oft wird von einem heutigen Paradigmenwechsel, einer Emanzipation der Dissonanz gesprochen.

Die gleichzeitige Abkehr von der Tonalität und ihrer Formen und Gattungswelten, die Negation der Melodie in ihrer semantischen Ausdeutung menschlicher Gefühlswelten, hin zu einer Neuorganisation der musikalischen Parameter in Atonalität und beginnender Serialität auf eine abstrahierende Metaebene ist genau das, womit der natürlich-naive Musiktheaterkonsument wenig oder nichts anfangen kann (Schmid-Reiter 1998).

Beim Musikhören wird der Schall in Feldern unseres primären und sekundären auditorischen Cortex (für das Hören zuständige Hirnmasse) analysiert. Wobei die Verarbeitung von komplexer musikalischer Struktur hauptsächlich im sekundären geschieht. So sind auch nur die Geübteren unter uns in der Lage, eine größere musikalische Phrase als Einheit zu verstehen. Es müßten sich also die Baupläne unserer DNS ändern und dadurch eine genetisch verbesserte Spezies erzeugen, die ohne langwierige Übung problemlos mit Teilen kontemporärer Musik umgehen könnte.

Unser Hirn analysiert grundsätzlich nach dem psychologischen *Gesetz der geschlossenen Gestalt,* indem es auch musikalische Wahrnehmungsinhalte in Kathegorien zusammenfaßt, und es erinnert sich, wenn es diese Eindrücke aus den Kathegorien des Gedächtnisses wieder abruft. Zu viele extreme Tonsprünge in einer Komposition zerstören das unterschwellig erwünschte, also antizipierte *Ebenmaß der Kontur.* Das *Gesetz der guten Fortsetzung* beinhaltet, dass unsere grauen Zellen zwei Melodieabschnitte, die hintereinander auf einer gemeinsamen Bahn liegen, automatisch verbinden. Des weiteren hält unser Gehirn immer wieder nach Melodietönen Ausschau und will dabei ein vorherrschendes harmonisches Zentrum ergründen.

Wenn musikalische Laien nach langem Training zu Profis werden, dann hören sie eine Melodie nicht nur als zusammenhängende Kontur, sondern spalten sie in eine Folge von Abschnitten auf, die durch abstrakte Beziehungen miteinander verbunden sind. Dabei wandert die ursprüngliche rechtshemisphärische Dominanz des Hörens in das linke Hirn. Rechts muss dabei nicht weniger aktiv bleiben. Erst Profis werden auf diese Weise in die Lage versetzt, selbst aus Fragmenten einer Melodie noch harmonische Zusammenhänge zu ermitteln.

Und wenn über eine strukturelle Dissonanz Akkorde auf eine Weise miteinander verbunden werden, die unser (Laien-) Hirn nur noch unter Schwierigkeiten wahrnehmen kann, dann entfernen sich avantgardistische Experimente zusehends vom kleinsten gemeinsamen Nenner mit seiner größten Einschaltquote. Ja, und dann können wir doch die Frage beantworten, weshalb alle Bemühungen von zeitgenössischen Kompositionen für das Neue Musiktheater vom Gros des Musiktheaterpublikums nicht angenommen werden.

Kompositionen, die sich durch übermäßige Tonsprünge und unangenehme Vokalfolgen auszeichnen, maltraitieren auch die organische Funktion einer ausgebildeten Sängerstimme. Kurzzeitig aufeinanderfolgende, extreme Spannungsunterschiede bei den Stimmbändern und deren Trägkeit der Masse beeinträchtigen den Gesang. Auch die Zwerchfellaktivität, die sogenannte Stütze, ist effektiver bei nachbarlichen Tonfolgen. Das Ansatzrohr favorisiert nachbarliche Vokale mit ähnlich weit geöffnetem Mundinnenraum. Ideal für die Funktionalität der Stimme erweist sich daher immer wieder das Singen von italienischen Opern.

Nebenbei sei erwähnt, dass die gesprochene (erst recht die gesungene) türkische Sprache auf eine ganz natürliche Weise eine so genannte Vokalharmonie kennt, die die Mundformung und Rachenstellung eines Vokals durch Anpassung der grammatischen Endungen beibehält. So folgt auf eine a-Endung, z. B. „Ankara", eine grammatische Form für „in Ankara" mit „Ankara'da"; anders „in Izmir" mit „Izmir'de". Das gilt z. B. auch für Pluralbildungen. „Der Fels" heiß „kaya", „die Felsen" werden „kayalar" und schließlich „bei den Felsen" ist dann „kayalar'da". Dagegen wird aus „kedi" (Katze) „kediler" (Katzen) und „bei den Katzen" wird zu „kediler'de".

Professionelle Sänger türkischer Kunstmusik ziehen, wie man deutlich heraushören kann, helle Vokale ganz sanft zum a hinüber. Spürbar wird diese natürliche Vokalharmonie auch bei einer Vokalfolge von „a" nach „i". Für das „i" wird mit der Mund- und Rachenbildung die a-Stellung behalten und zu einem im Deutschen unbekannten „ı" (i ohne Punkt) geformt, das ungefähr wie ein kurzes „ö" klingt, etwa in „halı" (Teppich) oder „balık" (Fisch). Auch bei dem zwischen dem „a" und dem „ı" liegen „l" bleibt dann die a-Stellung von Mund und Rachenraum erhalten, so dass das „l" fast wie die englische Aussprache des „l" klingt.

Zurück zur Oper: Was den *konservativen Mythos Oper* betrifft, dessen politische Argumente für seinen Bildungswert angezweifelt werden: Die gar nicht so bürgerlichen *Donators* der Metropolitan Opera New York, in San Francisco, diese wirklich *bewundernswerten* Emigranten und deren Enkel, das *großartige* und höchst *verdienstvolle Judentum in der Musik* oder etwa die Japaner lieben den konservativen Mythos Oper über alle Maßen und bestimmen damit auch seine Finanzierung, die Auslastung der Häuser und seine Verbreitung.

Warum muß also bei uns gegen die *Langeweile rein konzeptionellen Musiktheaters und der Geschwätzigkeit völlig unreflektierter Opernnostalgie Widerstand geleistet werden*?! Gibt es denn keinen intensiven ganzheitlichen Dialog zwischen Bühne und Publikum? Dafür sind in erster Linie erstklassig ausgebildete Sänger nötig, wenn es um Oper geht.

Die Artikulation findet beim Sänger im Unterschied zum Sprechtheater im Ansatzrohr statt. Der Mund mit seinen Lippen formt einen ovalen Trichter ähnlich den Blasinstrumenten. Einige Regisseure und leider auch unerfahrene Dirigenten oder Korrepetitoren gehen heute vom Sprechgesang aus, indem sie die Gesetze der Stimmbildung außer acht lassen und von den Sängern eine falsche Artikulation einfordern. Im Sprechtheater artikuliert man im vorderen Mund auch mit entsprechendem Gesichtsausdruck.

In der Oper sind überwiegend Musik und Gesang für den Ausdruck zuständig. Ein stark differenzierter Gesichtsausdruck ist aufgrund der Trichterbildung von Mund und Lippen nicht möglich. Bewegte Gesichtsmuskeln aktivieren auch die Muskulatur um den und im Kehlkopf, der beim sparsamen und trotzdem sehr wirkungsvollen Singen unbedingt in möglichst ruhiger Position bleiben soll.

Wird durch mimische Behinderung das Ansatzrohr nicht optimal geöffnet, oder wurde es dahingehend während der Ausbildung nicht gefordert, mag die sängerische Leistung an manchen Theatern genügen. Große Karrieren sind dann eher nicht zu erwarten. Auch der heutige Mangel an so genannten Stimmen für das *Schwere Fach, für Opern von Richard*

Wagner, Giuseppe Verdi oder Richard Strauss u. v. a. erklärt sich über eine mangelhafte Ausbildung neben einer ungenügenden körperlichen Bestimmung. Beides ist zu trainieren, allerdings auch mit sehr viel Zeit und Arbeit verbunden.

Die meisten Sängerinnen und Sänger der Welt haben lyrische Stimmen, auch die deutschsprachigen oder skandinavischen, und wären somit auch auf das zumeist lyrische italienische Fach angewiesen, welches noch zu meiner (B. W.) Anfängerzeit bei uns und daher auch von unseren Künstlern in deutscher Übersetzung gesungen wurde. Solches wird jedoch heute natürlich weltweit exklusiv von den Sängern romanischer Länder, aber auch Russen, Engländern oder Amerikanern in Originalsprache bestritten.

Viele von den jungen, deutschsprachigen Kollegen werden stattdessen mit dem heutigen Schwerathletik-Repertoire, Richard Wagner und Richard Strauss, aus stimmlich-organischen Gründen gar nicht fertig. Obwohl sie mehr körperlich und stimmlich zur italienischen Leichtathletik prädestiniert sind, erhalten sie dazu keinen Zugang. Sie lassen sich am Ende zu Wagner und Strauss überreden, bei gar keinem oder mäßigem Erfolg, anschließender übler Kritiker-Nachrede und kurzem stimmlichem Lebenszyklus. Der deutschsprachige Frühling wird sozusagen einerseits im Besetzungswahn ausgeklammert und andererseits verheizt. Auch werden die meisten Rollen von Wagner und Strauss eben gerade *nicht* von deutschsprachigen Künstlern verkörpert.

Es kann auch nicht verschiedene Vokaltechniken geben, denn solange die physikalischen Grundgesetze der Fortpflanzung von Schall im Raum gültig sind, müssen sich angehende Opern- und Konzertsänger den oben beschriebenen Vokalausgleich erarbeiten. Und da gibt es nur *eine einzige* oben dargestellte Möglichkeit.

18.2.3 Die Gesetze der Wahrnehmung
(Bernd Weikl)

Die Eigengesetzlichkeit des Kunstschaffens ist eine kaum strittige Beschreibung der Tatsache, dass Kunst nach eigenen ästhetischen Gesetzen arbeitet, etwa solchen der Harmonie des Gesamtaufbaus eines Kunstwerkes oder der Abgeschlossenheit einer Darstellung. Auf diese vielfältigen Formen und historisch auch wandelbaren Auffassungen über die Gesetze des Kunstschaffens in der Malerei, der Dichtkunst, der Musik oder der Architektur können wir in diesem Rahmen nicht eingehen (Kandinsky 1986, Arnheim 2000, Toch 2005, Sachs-Hombach 2009).

Wichtige Grundlagen für die Gesetze der Wahrnehmung und Gestaltung gehen auf die Arbeiten von Max Wertheimer (1880–1943) zurück (Wertheimer 1925). In der Gestaltpsychologie zählen zu den wichtigsten Gesetzen:

Das Gesetz der guten Gestalt
Das Gesetz der Ähnlichkeit
Das Gesetz der Kontinuität
Das Gesetz der Nähe
Das Gesetz der geschlossenen Gestalt
Das Gesetz des gemeinsamen Schicksals

Unser Hirn analysiert nach dem psychologischen Gesetz der geschlossenen Gestalt, indem es Wahrnehmungsinhalte in Kategorien zusammenfasst, und es erinnert sich, wenn es diese Eindrücke aus den Kategorien des Gedächtnisses wieder abruft. Die geschlossene Gestalt eines Kunstwerks muss nachvollziehbar sein. Zu viele Ablenkungen vom Kern der Hauptaussage zerstören das unterschwellig erwünschte, also antizipierte Ebenmaß der Kontur. Opernregie soll die Hauptaussage des Stückes flankierend miterzählen.

Das Gesetz der guten Fortsetzung beinhaltet, dass unsere grauen Zellen zwei Handlungsabschnitte, die hintereinander auf einer gemeinsamen Bahn liegen, automatisch verbinden. Gute Kunst erarbeitet logische Zusammenhänge.

Des Weiteren will unser Hirn immer wieder ein vorherrschendes harmonisches Zentrum ergründen. Solche psychologischen und physiologischen Gesetzmäßigkeiten sind für musikalische aber auch für optische Wahrnehmungsinhalte anzuwenden. Längere Handlungsabläufe animieren das Mitdenken, die Kreativität. Kurze Sequenzen auf Dauer bevormunden den Rezipienten und verringern eigene gedankliche Entfaltung (Zimbardo 1992)

18.2.4 Moderne Komposition und Gegenargumente (Bernd Weikl)

Wenn heute materielle Kunstausübung erfolgreich sein will, reagiert sie auf Zeitströmungen, um zu überleben. Freie Künstler beobachten den Markt, fügen sich mit ihren Werken nach seinen Mechanismen und sind dadurch modern – oder beim Gegenteil nicht gefragt. Maler und Bildhauer oder Autoren, Architekten bis hin zur *bel cuisine* von Starköchen – einer Moderichtung für übersättigte Zeitgenossen – entsprechen dem *Mainstream* oder lukrieren eher nicht. Auch das Genre *Musical* ist mit seinen inhaltlichen verbalen und musikalischen Themen auf der Höhe der Zeit. In der Operette findet sich wenig Bezug zur Gegenwart.

Während Klassiker im Schauspiel durch moderne Sicht der Regisseure aufpoliert oder verfremdet werden und neue anspruchsvolle Dramatiker immer wieder Themen aus unserer Zeit beitragen, wird in einflussreichen Kreisen stets eine Runderneuerung der Oper gefordert, ein neues Musiktheater mit zeitgenössischen Kompositionen. Die Operntexte sollen sich zeitnaher Geschehnisse annehmen, die aber ohnehin in allen Medien erscheinen und dort besprochen werden, und die Musik ist nachweislich nur von Fachleuten nachzuempfinden.

Sehnt sich ein Publikum im Musiktheater wirklich danach? Und kann es diesen hohen Anforderungen aufgrund der psychologischen Gesetze der Wahrnehmung Folge leisten? (Zimbardo 1992). Da fehlt es bei moderner Musik an einer vernehmbaren geschlossenen Gestalt, die vom Laien nachvollziehbar sein sollte. Das mit den Sinnen erwünschte Ebenmaß der Kontur, die gute Fortsetzung und ein harmonisches Zentrum bleiben dem normalen Publikum verschlossen. Unlogische Ablenkungen vom Kern einer Aussage führen zu Fragen und geben keine Antworten.

In einer Oper spiegelt der Klang aus dem Orchester, was im Sänger, in der Sängerin vorgeht. Die Sänger erfüllen den Hauptanteil der dramatischen Handlung und nicht Bühnenbild und Inszenierung. Die Vertreter des Neuen Musiktheaters reduzieren aber die musikalische Kraft der traditionellen Oper, indem sie Gesang mit optischen Lösungen und Aktionen gleichberechtigt neben einander stellen. Melodien spielen keine oder kaum eine Rolle mehr.

Der weltberühmte spanische Tenor Placido Domingo äußert sich dazu wörtlich: *Ich glaube nicht, dass in 50 Jahren das durchschnittliche menschliche Ohr die Fähigkeiten entwickelt haben wird, mit jener Musik vertraut zu werden, die die meisten Komponisten während der letzten oder letzten zwei Generationen kreiert haben. Diese Musik ist für Spezialisten. Wenn es das ist, was sie hervorbringen wollen, schön und gut, aber sie täuschen sich selbst, wenn sie glauben, dass das Publikum, welches Bach, Schubert, Verdi und Strawinsky hören will, jemals die Fähigkeiten haben wird, mit der heutigen akademischen Musik fertig zu werden.*

Und zu Studenten: *Seit Woyzeck und Lulu und seit Brittens Death in Venice sind nur noch wenige wirkliche Opern geschrieben worden ... Doch wollen Komponisten keine Melodien mehr schreiben ... Wenn mir manchmal junge Komponisten eine Partitur schicken, so sieht sie aus, wie ein Elektrokardiogramm. Sie machen es absichtlich schwierig ...* Der berühmte italienische Bass, Cesare Siepi wurde einmal gefragt, was er gegen zeitgenössische Musik habe. Seine Antwort war: Er habe nichts gegen moderne Komponisten, aber diese hätten etwas gegen ihn! *Ich möchte ihnen deshalb sagen: Haben Sie keine Angst, Melodien zu schreiben* (Schnauber 1994).

Es ist in der Folge nicht verwunderlich, wenn berühmte Sängerinnen und Sänger ihre Kunst kaum noch an Theatern, sondern Opernabende in Konzertfassung ohne *Regiebegehrlichkeiten* und *zeitgenössische Kompositionen* anbieten. Sie bevorzugen Melodien und nicht atonale Kompositionen. Alle großen Sänger der Gegenwart hoffen auf singbare neue Werke, um ihr traditionelles Repertoire mit weiteren Publikumserfolgen zu schmücken. Mit neuen Kompositionen, die Publikum erfassen können, wird auch ein neuer Markt erschlossen. Es ist also Unsinn, immer wieder den Tod der Oper zu beschwören.

Bei den Diskussionen um ein neues Musiktheater, eine neue Sicht der Opernpraxis, ist das Publikum nicht beteiligt. Entweder wird es als traditionell nicht für (lern)fähig gehalten oder es handelt sich bereits um ein Publikum, das Sehen statt Hören begrüßt und mit einstimmt in den Ruf nach revolutionärer Veränderung.

Auch könnte die Befürchtung, nicht auf der Höhe der Zeit zu sein, eine gewisse Rolle spielen, wenn über *neumodische* Inszenierungen geklagt wird, aber man es als seine Pflicht erachtet, trotzdem solche Abende immer wieder zu besuchen. Sind dann auch noch gute gesangliche Leistungen wichtig oder sieht man sich einen Event, eine Show an? Für solche Unterhaltung sind Fernsehanstalten technisch besser gerüstet, wenn sie mit wachsender Anzahl in die Wohnzimmer des kleinsten gemeinsamen Nenners liefern. Theater sollten sich nicht an der Einschaltquote messen lassen, aber gleichzeitig nicht nur für ein paar Fachleute und Wissenschaftler spielen.

Das Neue kann aber nur gelingen, wenn es unumstößliche Gesetzmäßigkeiten der Natur anerkennt und erfahrenes Handwerk nutzt. Andernfalls wird es weiterhin als größtenteils unverständliches *l'art pour l'art* den Bildungsauftrag nicht erfüllen und zu einer weiteren Spaltung der Gesellschaft beitragen.

18.2.5 Der Regisseur im Neuen Musiktheater
        (Bernd Weikl)

Gute Regiekonzepte benötigen Logik zu ihrem Konzept. Dramaturgie ist somit die Architektur, in der das Handwerk der beteiligten Künstler tätig wird. Im Musiktheater leitet sich die Handlung vornehmlich durch das Geschehen auf der Bühne ab. Die musikalische Form einer Komposition muss daher Ausgangspunkt sein für alle dramaturgische Vorbereitung und Begleitung der Produktion. Alle Musik wird immer auf materielle Weise erzeugt und tritt uno actu in sinnliche und nicht primär intellektuelle Kommunikation mit ihrem Publikum. Dies ist für die Planung einer Opernregie von großer Bedeutung.

Die sinnliche Weiterentwicklung des Europäers über die letzten 150 Jahre zeigt sich auch in den immer differenzierteren Kompositionen der Künstler, bis zu einem Bruch, als plötzlich sachliche Nüchternheit und psychische Kälte den Menschen mehr und mehr bestimmten (Schlesinger 2001). Die Kriege des ausgehenden 19. Jahrhunderts haben das menschliche Urbedürfnis nach Schönheit in Hässlichkeit und Schmerz verkehrt. So dass der Glaube einer Gemeinschaft an die Mythen ihrer Kultur, die ihre seelischen Energien bewahren, abhanden gekommen ist.

Das Bewahren wird mit dem (fast schon) Schimpfwort *Tradition* abgetan, und Traditionelles soll vernichtet werden. Eben auch in der Darstellung. *Deutsche Kunst muss hässlich sein und wehtun*, meinen die amerikanischen und italienischen Künstler im Gespräch, und *das Ausland lacht über unser deutsches Regietheater,* äußern sich die Regisseure Peter Stein und Franco Zefirelli öffentlich.

Um allerdings in diesen Ländern erfolgreich zu sein, ändern nachweislich deutsche Gastregisseure durchaus auch ihre künstlerischen Ambitionen, die sie im deutschsprachigen Raum so rigoros vertreten, wobei sich wiederum italienische Opernregisseure als Gäste an deutschen Theatern nach den deutschen Gepflogenheiten richten, *wenn in Deutschland hässliche und brutale Darstellungen gefragt sind.* Von wem gefragt?

Es gibt heute eine Tendenz, Bühnenfiguren wie aus dem täglichen Leben agieren und ausstaffieren zu lassen. Der Bürger soll sich dort wiedererkennen. Die moderne Seelenwissenschaft ist aber – auf dem Werk ihrer großen Bahnbrecher und Wegbereiter auf dem Gebiet der Psychoanalyse, Siegmund Freud (1856–1939) und Carl Gustav C. Jung (1875–1961) weiter aufbauend – auch aus wohlbegründeter und individuell erlebbarer Erfahrung heraus – zu der Erkenntnis gelangt, dass die Dynamik der menschlichen Seele sich in Archetypen manifestiert, d. h. in Urbildern, die jeweils charakteristische Eigenschaften haben und in ihrem Zusammenklang das Gesamtgefüge der Psyche zum Ausdruck bringen. Ihr Zusammenklang, vor allem in der Welt der Träume, kann als Seelenlandschaft bezeichnet werden. In diesem Sinne ist der Ausspruch von Hans Sachs im 3. Akt der Oper *Die Meistersinger von Nürnberg* bedeutsam, wenn es dort heißt, dass jede Kunst, jede *Poeterei* auch *eine Wahrtraumdeuterei* bedeute. So viel für die ästhetische Seite einer Produktion.

Geht es um die Arbeit mit Sängerdarstellern, dann sollte der Regisseur, die Regisseurin davon ausgehen, dass sich Opernregie grundsätzlich von einer Inszenierung im Sprechtheater unterscheidet, denn Sänger und Sängerinnen tragen ein hochsensibles Instrument mit ihrem Körper auf die Bühne. Viele der heutigen Opernproduktionen an kleineren oder mittleren Häusern zeichnen sich durch einen übertriebenen Aktionismus aus, einer teilweise körperlich verspannten gymnastischen Akrobatik, welche es den ständig agierenden Künstlern gar nicht erlaubt, in Ruhe ihr Instrument aufzubauen, geschweige denn Musik zu machen, zusammenhängende Töne zu produzieren, also Legato zu singen. Atemlosigkeit gestattet keinen konstanten subglottischen Druck, keinen Vokalausgleich und führt so zu übermäßiger Konsonantenbildung, ergo auf diese Weise zu einem phonasthenischen Deklamieren. Dieses wird in den USA als „The German Crab" belächelt. Das deklamatorische Bellen der Sänger bezeichnen die Engländer mit „The Bayreuth bark".

Oper ist eben kein Schauspiel, obwohl immer wieder Schauspielregisseure versuchen das Gegenteil zu beweisen. Die Gattungen *Oper* und *Schauspiel* unterscheiden sich grundsätzlich, indem die Handlung im Sprechtheater durch rezitierende Schauspieler und in der Regel ohne musikalische Untermalung vorgetragen wird. Das Orchester im Graben ist in der Oper Partner der Sänger auf der Bühne und beide synchronisiert der Dirigent was Tempo, Rhythmus und Lautstärke anbetrifft.

Schon deshalb gibt es für Sängerinnen und Sänger nur die beste Möglichkeit vom Publikum gehört zu werden, nämlich nach vorne über den Orchestergraben zu singen und immer den Dirigenten im Auge zu behalten. Wird die Stimme auf der Bühne zur Seite oder nach hinten geführt, ist sie nach akustischen Gesetzen, der Ausbreitung von Schall im Raum, nicht optimal präsent und letztendlich nicht synchron mit Dirigent und Orchester. Nach hinten oder zur Seite, das mag in manchen Spielopern mit Rezitativen (Sprechgesang mit Cembalobegleitung) keine so große Rolle spielen.

Rezitative sind in der Regel frei, das bedeutet: ohne die Tempovorgabe des Dirigenten zu singen. Bei ariosen Stellen, Ensembles und anderen Momenten mit Orchesterbegleitung muss die Richtung des Sängers, der Sängerin stets nach vorne sein. Gute Opernregisseure richten sich danach und nutzen rein musikalische Momente für intensivere Sängeraktionen und während die Mimen gerade nicht große Arien zu singen haben. *Gemächliche Actionen* sollten es sein, meinte schon Joachim Quantz (1697–1773).

18.2.6 Das leitende Triumvirat im Musiktheater

Staatlich geförderte Kultur, Kunst als Bildungsauftrag, darüber entscheidet ein Kulturministerium des jeweiligen Landes, dessen Minister oder Kultursenatorin als leitende Persönlichkeit und in der Regel mit entsprechender Parteizugehörigkeit dazu bestimmt wird. Kultur ist also Ländersache und die Politik besetzt damit auch alle Führungspositionen im Musiktheater.

Haben aber Politiker wirklich so viel Sachverstand, dass sie die Qualifikation von Theaterleitern beurteilen können? Politiker sind in der Regel leider keine Künstler und daher hier mit einer Aufgabe betraut, die ihnen von der Sache her fremd sein muss. Der Intendant, der Dirigent, die Dirigentin und der Verwaltungsdirektor erhalten ihre Verträge aus der Hand des Kultusministers.

Die Aufgabenbereiche des Triumvirats: Intendantin, Dirigent und Verwaltungsdirektor haben gemeinsame Schnittpunkte oder sollten sie unbedingt haben. Diese sind allerdings auch nicht selten Grund für divergierende Ansichten betreffs des Produktes (immaterielle künstlerische Dienstleistung) und Lieferung an die Kunden, das Publikum.

Intendant und Dirigent fühlen sich gemeinsam und jeder für sich abhängig von Medien-
berichten, die bei der Beurteilung immaterieller künstlerischer Leistungen ein hohes Maß an
Pressefreiheit für sich reklamieren. Daher sind die Administrativen der Opernhäuser auch
wiederum von der Politik abhängig, denn dort wird die Aussage des Feuilletons besonders
ernst genommen. An was sollte man sich sonst orientieren, wenn man eben nicht vom Fach
ist und damit keine eigene Meinung haben kann.

Da manche der einflussreichen Rezensenten als glühende, ja schon militante Verfechter
der modernen deutschen Theaterregie im Grunde die Spielplan- und Aufführungspraxis
mitbestimmen, auch gegen die Erwartungshaltung der Kunden, des Publikums, bemühen
sich heute viele Intendanten den Ansprüchen von Kritikern gerecht zu werden. Da gibt es
durchhaus nur scheinbar mächtige Operndirektoren, die gegenüber Politik und Medien ihre
Diener machen, aber dafür nach unten treten. *„Wer singen darf, bestimme ich"*, heißt es
dann und *„wem kann ich heute etwas antun?"* Zugegeben, solche Intendanten sind selten.

Grischa Barfuss, der sehr erfolgreiche Intendant des Opernhauses in Düsseldorf hatte
Mitte der siebziger Jahre noch Mut und Selbständigkeit, ja Unabhängigkeit bewiesen als er
seine Position formulierte: *Mir kam es nie auf den Effekt an – am allerwenigsten auf den
Skandaleffekt, den man ja sehr leicht vorausberechnen kann ... Das Theater kann nicht im
luftleeren Raum leben – eine enge Beziehung zum Publikum ist unerlässlich* (Glauber 1986).

Bei dauerhaft schlechten Besprechungen noch so hoch akklamierter Opernabende,
wird das Kultusministerium bei Intendanz oder dem Generalmusikdirektor von Fehlbe-
setzungen sprechen und die Situation durch Entlassungen oder Nichtverlängerungen von
Verträgen versuchen zu heilen. Bei genügend Insiderwissen und Sachverstand hätte das die
Politik schon vor Vertragsabschluss wissen und bei Verteidigung des Bildungsauftrages die
Position der Theaterleitung mutig verteidigen müssen.

Der Aufgabenbereich eines Opernintendanten, einer Intendantin würde beinhalten,
dass gerade er oder sie mit allen künstlerischen Angelegenheiten im Theater bestens vertraut ist. Es geht um beste Beurteilungsmöglichkeit in musikalischer Hinsicht, allen Fragen
um die Stimmbildung der Sänger und Sängerinnen und um die technische Machbarkeit und
Umsetzung, wenn es um ein unbedingt gutes akustisches Bühnenbild und ein Regiekonzept
geht, das den Bedürfnissen sängerischen Handwerks nicht entgegen laufen darf.

Wer als Fachmann Bühnenproduktionen von heute beobachtet, muss häufig feststellen,
dass darauf wenig Rücksicht genommen wird, indem vielleicht auch Schauspielregisseure,
die sich an Opernregie versuchen, ihr Handwerk vom Sprechtheater auf das Musiktheater
übertragen und ihre Bühnenbildner ebenso verfahren. Unakustische Bühnenräume und Aktionismus bei den Sängern sind kontraproduktiv für deren Arbeit, die als Hochleistungssport
anerkannt und unterstützt, aber keinesfalls behindert werden sollte. *Sänger können sich
nicht bewegen*, meint das Sprechtheater. Sänger, die Rollen im Schauspiel übernehmen, sind
ausgesprochen beweglich.

Alle neuen Produktionen für das Musiktheater werden bereits lange Monate vor Beginn
der Proben im Theater mit der Intendanz und dem Verwaltungsdirektor des Hauses besprochen. Da gibt es ein Modell des Bühnenbildes und ein zu diskutierendes Regiekonzept. Hier
ist es die Aufgabe des Intendanten, sachkundig zu prüfen, ob die Angebote von Regisseur
und Bühnenbildner, auch Kostümbildnerin für die Bühnendarsteller umzusetzen und für das
Publikum machbar sind, ob also nur für einige Fachleute und Medien oder für ein Gros der

Kunden gespielt wird. Auf diese Weise wird das Risiko einer neuen Produktion dezimiert und nicht am Publikum vorbei operiert. Nicht zu vergessen: Dafür zahlen wir alle unsere Steuern!

Der Verwaltungsdirektor und dann auch der Intendant kalkulieren die Kosten für diese Produktion. Hat die geplante Gesamtkonzeption die notwendigen musikalischen und gesanglichen Bedürfnisse nicht genügend gewürdigt, tritt der Dirigent auf den Plan und es sind entsprechende Spannungen und Kämpfe innerhalb dieses Triumvirats nicht zu verhindern.

Die Produktion immaterieller künstlerischer Arbeiten im Musiktheater und die erfolgreiche Lieferung der bereits von der Gemeinschaft vorausbezahlten immateriellen Ware kann mit genügend Sachverstand und bester Pflichtauffassung so gestaltet werden, dass sie als erfolgreicher Bildungsauftrag bei den Kunden ankommt. *Bei Nichtlieferung Geld zurück* und keine weiteren Subventionen. Sollte es für die Anhänger von *L'art pour l'art* nicht besser Privattheater geben? Dort wäre Platz für jede Form von künstlerischer Freiheit.

18.2.7 Oper und cerebrale Verarbeitung

Musik ist eine Kunstform, die, anders als Gemälde, Foto, Erzählung oder Tanztheater, nicht etwas Gegenständliches darstellt, wofür eine besondere ästhetische Form gefunden werden muss, sondern ist selber das Darstellende, also reine Anschauung (genauer: Anhörung). Diese Auffassung über Musik ist keine neue Sicht, sondern zitiert nur, was Philosophen und Künstler, Musikwissenschaftler und Psychologen immer wieder vorgetragen haben, um die Eigenart der Musik und ihre Wirkungen auf den Menschen zu verstehen. Indessen: Allzu viel Gehör haben sie alle nicht gefunden bei Regierenden und Bildungsexperten. Der Musikunterricht in Schulen ist praktisch ausgestorben. Das Musikstudium an Hochschulen ist prekär geworden.

Der große Skeptiker und erklärte Pessimist unter den Philosophen, Arthur Schopenhauer, hat – ganz entgegen seiner zuweilen finster anmutenden Lehre vom Leben als ewigem Leiden – beinahe schwärmerisch der Musik „das Wort" geredet:

> Die Musik *steht ganz abgesondert von allen anderen* (Künsten). *Wir erkennen in ihr nicht die Nachbildung, Wiederholung irgendeiner Idee der Wesen in der Welt: dennoch ist sie eine so große und überaus herrliche Kunst, wirkt so mächtig auf das Innerste des Menschen, wird dort so ganz und so tief von ihm verstanden als eine ganz allgemeine Sprache, deren Deutlichkeit sogar die der anschaulichen Welt selbst übertrifft... Das unaussprechlich Innige aller Musik, vermöge dessen sie als ein so ganz vertrautes und doch ewig fernes Paradies an uns vorüberzieht, so ganz verständlich und doch so unerklärlich ist, beruht darauf, dass sie alle Regungen unseres innersten Wesens wiedergibt, aber ganz ohne die Wirklichkeit und fern von ihrer Qual... Wie inhaltsreich und bedeutungsvoll ihre Sprache sei, bezeugen sogar die Repetitionszeichen nebst dem Da capo, als welche bei Werken in der Wortsprache unerträglich wären, bei jener hingegen sehr zweckmäßig und wohltuend sind: denn um es ganz zu fassen, muss man es zweimal hören* (zit. n. Safranski 2010, 157 ff.).

Die fachwissenschaftliche Forschung zur besonderen Bedeutung der Musik als Bildungskomponente hat immer wieder und empirisch gestützt auf die Notwendigkeit des Musizierens hingewiesen, allerdings mit wenig Wirkung auf die Bildungspolitiker. Diese Frage ist zu wichtig, als dass wir sie hier nur streifen, und andererseits zu komplex, als dass wir sie in einer Abhandlung wie dieser in vollem Umfang darstellen und kommentieren können.

Wir verweisen auf einige der wichtigsten Publikationen zu diesem Thema, die zeigen, wie umfangreich verschiedene Wissenschaftler sich dieser fundamentalen Sache angenommen und empirische Ergebnisse vorgelegt haben (Literatur s. unter Leseempfehlungen). Statt einer umfangreichen Rekapitulation dieser Schriften zitieren an dieser Stelle in vollem Umfang einen jüngeren Bericht von Beatrice Wagner unter dem Titel *Musik macht Menschen klüger*:

Musik überträgt Emotionen: Erregung, Freude, Beflügeltsein, Interesse, Bedrückung, Entschlossenheit können sich, je nach Tonalität, beim Musikhörer einstellen. Doch Musik hat noch andere Wirkungen.

Der Hirnforscher Professor Ernst Pöppel und der Musikwissenschaftler Professor Lorenz Welker, beide von der Ludwig-Maximilians-Universität in München, haben in einer Studie nachgewiesen, dass Musik einen großen Einfluss auf das Zeitmanagement im Gehirn, Psyche und die Selbstwahrnehmung hat. Die Studie wurde in der bayerischen Stadt Hof durchgeführt. Hof ist für sein Symphonieorchester bekannt, das seit 30 Jahren eine Musikschule unterhält. Die Forscher verglichen dort 21 Musikschüler mit 21 Nichtmusikschülern.

Zuerst untersuchte Gesundheitswissenschaftlerin Petra Carl die Probanden mit computerisierten Tests und „Papier/Bleistift"-Verfahren. Damit konnte sie Intelligenz, Persönlichkeit sowie die Fähigkeit, mit anderen Menschen umzugehen, bestimmen. Ergebnis: Die Musiker nahmen emotionale Botschaften in der Mimik, feine Abstufungen der Intonation oder Musik intensiver und genauer wahr. Sie konnten sich auch länger konzentrieren.

Anschließend wurden die Gehirne der Schülerinnen und Schüler mit dem Kernspintomografen (fMRT) durchleuchtet. Die Studienteilnehmer hörten sich dabei freudig, traurig, ängstlich und neutral getönte Sprechstimmen an. „Wir sahen unterschiedliche Raum-Zeit-Muster der neuronalen Aktivität: Bei Musikern wurden generell mehr Hirngebiete für die Wahrnehmung und Empfindung von Freude und Trauer einbezogen – aber nicht von Angst. Dafür ist aber neuronale Beteiligung bei den Nichtmusikern extrem.

Erleben die Nichtmusiker womöglich weniger Freude, aber dafür intensivere Angstgefühle?", fragt der Psychologe Evgeny Gutyrchik, der die Hirnscans auswertete. Um die Studie zu vertiefen, lud Professor Pöppel die deutsche Sopranistin Edda Moser ein und bat sie, einmal im Scanner Denkprozesse in ihrem Gehirn beobachten zu lassen. Dann wurden ihr kurze Passagen aus Mozart-Arien vorgespielt. Darunter auch eine von ihr gesungene Arie aus Mozarts „Königin der Nacht". Auch bekam Edda Moser dieselben Partituren, aber von einer anderen Sängerin interpretiert, zu hören.

Als Gutyrchik die Hirnbilder verglich, offenbarten sich faszinierende Unterschiede: „So leuchteten beim Anhören der eigenen Gesangsaufnahmen diejenigen Gebiete viel stärker auf, die für das körperliche Selbst, die Grundlage der menschlichen Identität, von entscheidender Bedeutung sind." Wenn die Forscher hingegen Mosers eigenen Gesang mit einer Orchesterver-

sion des Stücks verglichen, leuchtete nur bei der eigenen Stimme der rechte vordere Stirnlappen auf. Dieser Bereich wird dem geistigen Selbst, der eigenen Autobiografie zugeordnet.

Die Tragweite der Studien wird erst durch die Interpretation der Experten erkennbar. Professor Pöppel vermutet, dass die Verstärkung von bestimmten Arealen im Gehirn dadurch zustande kommt, so dass Musik dem Menschen hilft, seine im Gehirn innewohnende Zeitstruktur zu festigen. In unserem Gehirn laufen die Prozesse nämlich nicht starr und gleichförmig ab, sondern rhythmisch. Wir erleben das, was in der Zeit von zwei bis drei Sekunden abläuft, als subjektive Gegenwart. Beispiele dafür gibt es in allen Bereichen des Lebens. Unser Kurzgedächtnis kann Eindrücke ungefähr drei Sekunden speichern, bevor die Infos entweder weiterverarbeitet werden oder unwiederbringlich entschwinden. Gedankengänge im freien Redefluss dauern drei Sekunden. Eine Verszeile eines Gedichtes, in normalem Tempo gesprochen, dauert drei Sekunden.

Intuitiv wählten auch Layouter zum Beispiel die Länge einer Spalte in einer Zeitung meist so, dass man sie innerhalb von drei Sekunden lesen kann. Musikstücke sind auf der ganzen Welt so komponiert, dass ihre Motive meist etwa drei Sekunden dauern. Wären sie kürzer, empfände man ein Musikstück als zu hektisch, zu schnell. „Musik festigt die natürliche Zeitstruktur oder das Gegenwartsfenster von drei Sekunden", erklärt Pöppel. „Damit gelingt es, die Gehirnfunktionen zu optimieren." Dies ist zuerst für das Spielen eines Instruments wichtig, dann aber wird auch der Transfer auf andere Bereiche möglich. So erbaut man sich einen Rahmen für andere Tätigkeiten, wie etwa ein besseres Konzentrationsvermögen oder mehr Stressresistenz (Wagner 2009).

18.2.8 Naturwissenschaft und künstlerischer Bildungsauftrag (Bernd Weikl)

Die Bibel berichtet über den kranken König Saul (ungefähr 1012 v. Chr.–1004 v. Chr. der erste König Israels) und dessen Musiktherapie: ... *immer wenn der böse Geist über Saul kam, griff David* [um 1040 v. Chr.–um 965/964 v. Chr.] *zur Harfe* ... *dann wurde es Saul leichter ums Herz und der böse Geist wich von ihm.* Eine frühe Feststellung über die Möglichkeit einer Musiktherapie.

Auch im antiken Griechenland sollten bestimmte Arten von Musik Einfluss nehmen auf die jeweilige seelische Disposition des Zuhörers. So unterschied Aristoteles (384 v. Chr.– 322 v. Chr.) die Auswirkungen verschiedener Musik und ordnete diese ein in a) zur Bildung, b) zur Reinigung (Katharsis) und c) zur Lebensgestaltung, Entspannung und Erholung von anstrengender Tätigkeit. Aristoteles erkannte Zusammenhänge zwischen Musikhören und psychosomatisch bedingten Krankheiten, wenn er sinnliche Wahrnehmung mit körperlicher Erfahrung verband.

Pythagoras, der berühmte griechische Mathematiker (570 v. Chr.–nach 510 v. Chr.), ließ im Kreise seiner Schüler einen die Leier spielen und andere dazu bestimmte Melodien singen, durch die alle „frohen Sinnes", harmonisch und rhythmisch wohlgeordnet wurden. Je nach auftretender Mutlosigkeit, Kummer, Zorn usw. gab es musikalische Mittel, um die psychische Verfassung der Teilnehmer in förderlicher Weise zu beeinflussen (Möller 1974).

Gegen Ende des vorvorigen Jahrhunderts interessierte sich dann die Wissenschaft für die Wirkung von Musik auf vegetativ gesteuerte Funktionen des Menschen, z. B. die Atem- und Pulsfrequenz, den Blutdruck, Muskeltonus und psychogalvanischen Reflex (Möller 1972).

Destinus nutzte modernere Methoden, um eine Stimulierung des Sympathikus durch erregende Musik und eine Hemmung durch beruhigende nachzuweisen (Destunis 1958). 1959 fanden Traxel und Wrede stärkste affektive Reaktionen auf rhythmisch betonte Musik, und der Musikphysiologe Harrer wies mit Hilfe von EEG, Respirogramm. Oszillogramm usw. nach, dass insbesondere rhythmische und atonale Musikkonstrukte im Tiefschlaf zu enormen vegetativen Veränderungen führen (Traxel/Wrede 1959). Durch Verabreichung von Beruhigungsmitteln konnten diese starken emotionalen und daher auch vegetativen Reaktionen gemindert werden (Harrer 1970).

Schon in diesem Zusammenhang darf die Frage an die Verfechter des Neuen Musiktheaters gestellt werden, weshalb sie rhythmisch betonte und atonale zeitgenössische Kompositionen propagieren, aber Melos und tonale Musik ablehnen.

Johannes Kneutgen (1970) spielte Wiegelieder vor und diagnostizierte einen besonders beruhigenden Effekt auf die Herzfrequenz der Zuhörer. (Kneutgen 1970). Metera und Metera erforschten den Sauerstoffverbrauch und Grundumsatz, die sich beide durch beruhigende (melodische) Musik deutlich senkten (Metera & Metera 1975).

Dass emotionsauslösende Musik das Vegetativum in bedeutendem Maße erfassen kann, haben gleich drei berühmte Dirigenten zu spüren bekommen. Sie starben während einer Aufführung der Richard Wagner Oper *Tristan und Isolde* bei ein und demselben musikalischen Motiv mit seinem emotionalen Höhepunkt (Liedtke 1985).

Herbert von Karajan unterzog sich 1972 bei den Osterfestspielen und ebenfalls bei *Tristan und Isolde* einer entsprechenden Untersuchung. Er war allerdings etwas befremdet, als einer der Solisten bei gleichem Versuch und während einer Bühnenorchesterprobe höhere Pulsfrequenzen erreichte (Der Autor war dabei).

Die psychischen Auswirkungen von differenzierter Musik zeigen also signifikante Unterschiede. Bestimmte Kompositionen können Ärger vermindern und bei beruhigender Musik (Gesang) einen positiven Einfluss auf Zustände emotionaler Ermüdung haben.

Der Mnemologe Lehmann (1991) weist eine Anregung von Emotion, Phantasie und Intellekt durch entsprechende Musik nach (Lehmann 1991), und Reinhard und Lange registrieren teilweise beträchtliche Verbesserungen der Befindlichkeit und Leistungssteigerungen bei Wiener Walzern und langsamen Sätzen aus Klaviersonaten von Mozart. (Ein geflügeltes Wort verbürgt Geschichte: *Der Kongress tanzt* im Juni 1815 in Wien zum Dreivierteltakt, aber eben nicht zu Marschmusik.) Die Befindlichkeit depressiver Patienten erfährt das Gegenteil beim Hören von Musik von Prokofieff. Die nicht mehr streng dem Dur-Moll-System untergeordnete Kompositionsweise ruft Ablehnung hervor (Reinhard/Lange 1982).

Hier geben die psychologischen Gesetze der Wahrnehmung eindeutige Antworten – auch im Hinblick auf die Mehrheit zeitgenössischer Musik. Singen aber, sagt Schwabe (1964), beeinflusst die Stimmungslage positiv. Das gilt natürlich auch für die Oper, wenn die Aufführungspraxis dieses zulässt.

Um Gesang als dominierenden Anteil einer Opernvorführung bei der sinnlichen Kommunikation zwischen Bühne und Auditorium einer näheren Betrachtung zuzuführen, wäre es heute möglich, die Tätigkeit der Aktivitäten in gewissen Hirnfeldern eines jeden Zuhörers im Publikum vor, während und nach den Vorstellungen mit Hilfe neuester Technik sichtbar zu machen. Es wäre möglich, aber kaum durchzuführen.

Im Herbst 1996 erhielt der Autor die Möglichkeit, eine klinische Pilotstudie an der Medizinischen Fakultät der Ludwig-Maximilians-Universität München zu initiieren und zu delegieren: *Gesang als musiktherapeutische Intervention bei depressiven Patienten*. Welche Effektivität könnte eine Einzeltherapie in Form von angeleitetem Atmen und Singen auf depressive Patienten hinsichtlich ihrer Befindlichkeit, Depressivität, ihrem Konzentrationsvermögen, Antrieb, Erregungsgrad und ihrer Ängstlichkeit haben? Die Probanden hatten täglich etwas 10 bis 15 Minuten „Unterricht" und sangen selbst gewählte Volkslieder oder auch Schlager. Um die Ergebnisse dieser Pilotstudie glaubhaft zu untermauern wurde auch ein so genanntes crossover-design durchgeführt. Die Patienten wurden an leichte Kartenspiele herangeführt.

Die Daten nach der Befindlichkeitsskala (BfS) von Zerssen*[7], die visuelle Analogskala VISA und die globale Stimmungseinschätzung (GSE) wurden vor und nach den einzelnen Sitzungen sowie vor der gesamten Studie und zum Ende erfasst. Die Gesangstherapie siegte gegenüber der Spieletherapie (unspezifische Beschäftigung). Die Depression sank durch das Singen auf 12,84 auf der Skala, während die Befindlichkeiten der Spielegruppe sich von 22,68 nur auf 17,47 reduzierten. Die Überprüfung nach MADRS wurde zweimal wöchentlich durchgeführt*[8].

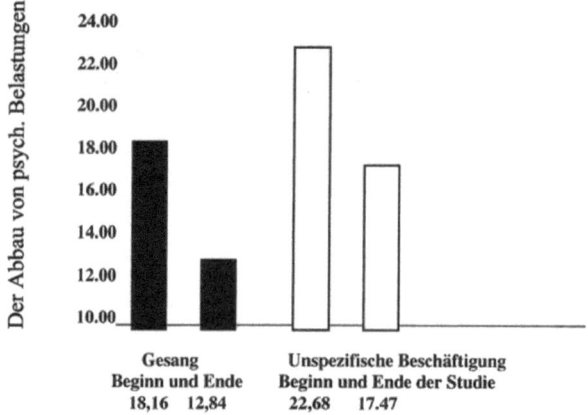

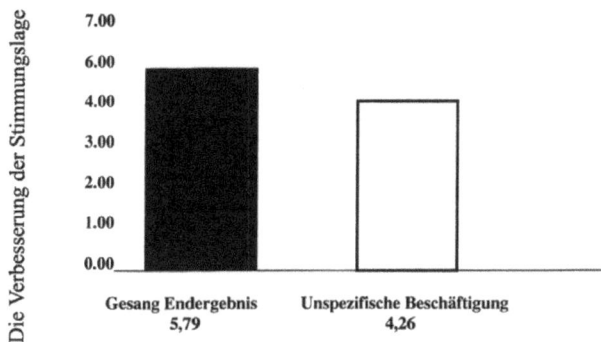

In der Summe gab es ein deutliches Endergebnis zwischen Gesang und unspezifischer Beschäftigung. Gesang verbesserte die Stimmung gegenüber der crossover Studie (Leopold 1999).

Eine bejubelte Opern- oder Konzertvorstellung oder ein ebenso akklamierter Abend im Schauspiel, in der Operette und im Musical geht einher mit großer Freude. In der traditionellen Oper sind (waren) es Musik und Gesangsleistungen ausgezeichneter Mimen, wenn sie das Publikum zu Beifallsstürmen veranlassten. Dort wurde dabei das so genannte limbische Selbstbelohnungssystem im Gehirn aktiv. *Beim Hören von Musik und Gesang wird angenommen, dass die rechte Gehirnhälfte zunächst die Grobstruktur der Musik verarbeitet, wonach in der linken Hemisphäre eine feinere Analyse erfolgt.*

Fachleute messen daher und vergleichen mehr als das unfachmännische Publikum. *Komplexeres – also analytisches Hören und Verarbeiten von Intervallen und Rhythmen geschieht linkshemisphärisch. Allerdings erst nach einem ganzheitlichen Erkennen von Metrum und Melos auf der rechten Seite.*

Und nochmals: Der überwiegende Teil des Publikums genießt, ohne das messende Denken zu bemühen, einen ganzheitlichen Eindruck der künstlerischen Leistung, wenngleich es immer in der Lage ist, diese mit persönlichem Geschmack zu beurteilen. Nicht allen gefällt immer das Gleiche! *Die primäre Hörrinde auf der linken Seite verarbeitet zeitlich sehr rasch ablaufende Informationen; auf der rechten Seite dagegen vorwiegend Tonfrequenzen und Klangfarben* (Altenmüller 2002).

Im rechten Stirnlappen ist die laienhafte Verabeitung von Musik und Gesang, aber dort sei auch der Sitz der Persönlichkeit, weist der Neurologe Bruce Miller von der University of California in San Francisco nach. Alles, was das Selbstverständnis einer Person ausmache, sei wahrscheinlich in der vorderen rechten Gehirnhälfte gespeichert. Miller hat seine wissenschaftlichen Ergebnisse an der American Academy of Neurology vorgestellt und anhand von über 70 Personen mit einem Defekt am rechten Stirnlappen nachgewiesen.

Linke Hirnhemisphäre

Rhythmen

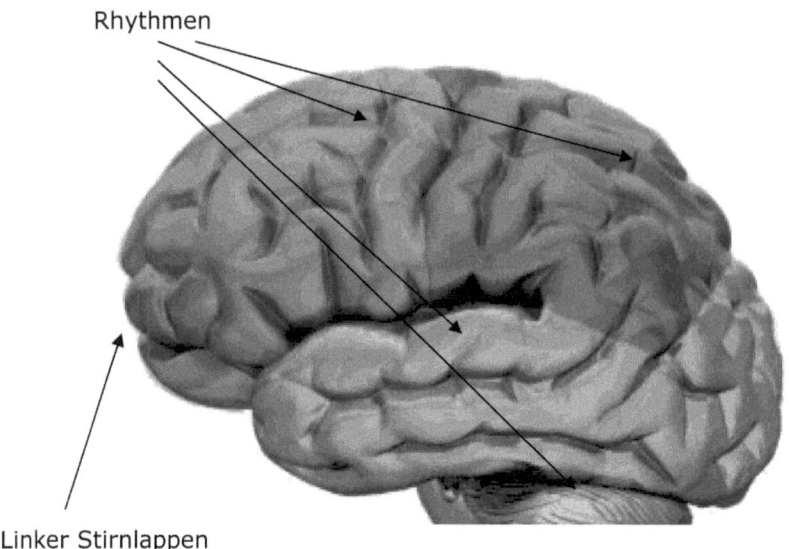

Linker Stirnlappen

Rechte Hirnhemisphäre

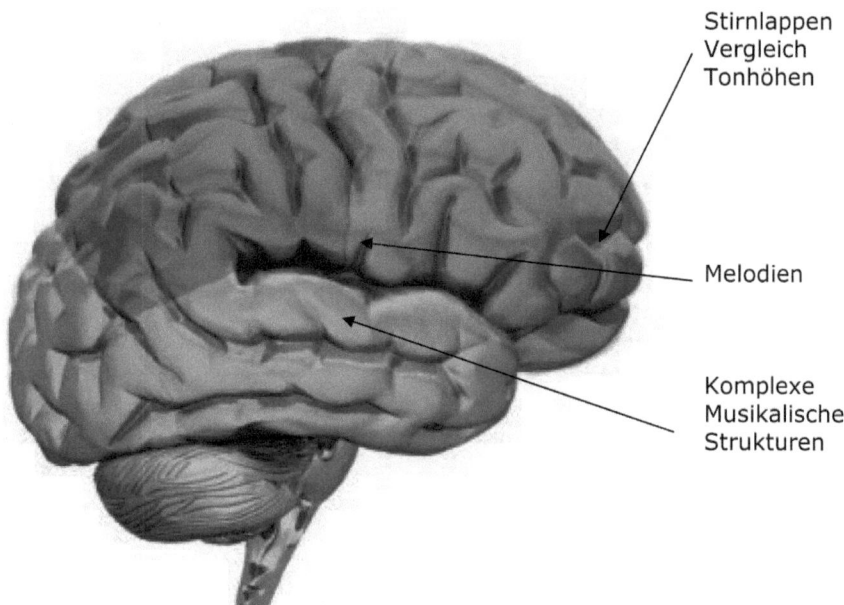

Stirnlappen
Vergleich
Tonhöhen

Melodien

Komplexe
Musikalische
Strukturen

In einem Fall wandelte sich beispielsweise eine dynamische Maklerin aufgrund ihrer Erkrankung zu einer schlampig gekleideten Liebhaberin von Fast-Food, berichtete Miller. Und ein 40-jähriger sehr keuscher Familienvater habe mit der Krankheit eine Vorliebe für erotische Experimente entwickelt. Dagegen hatten fast alle Erkrankten, die keine Änderungen ihrer Persönlichkeit zeigten, einen intakten rechten Stirnlappen. *Offenbar ist ein funktionierender rechter Stirnlappen notwendig, um das eigene Selbstbild zu erhalten* (Miller 2001).

Die Oper – heißt es bei modernen Theatermachern – dürfe kein Museum sein. Körper und Stimmbänder der Sänger reagieren aber nicht auf einen verordneten Paradigmenwechsel. Ebenso wenig die Wahrnehmungsmöglichkeiten eines durchschnittlichen Publikums. Und wie anders wollte man Humperdincks Oper *Hänsel und Gretel* jetzt plötzlich aufführen? Der Text des Librettos eignet sich kaum für intellektuelle Fragestellungen, während die Komposition bis heute von ihrer Aussagekraft nichts eingebüßt hat. Soll dieses Werk von den Spielplänen verschwinden? Wie ist es mit Verdi, Wagner, Tschaikowski? Würde man Gemälde niederländischer Meister in neue Rahmen stecken? Gute Werke, auch Opern, überdauern die Winde der Zeiten und behalten dabei ihre Gültigkeit und mit ihnen auch Autoren, Schriftsteller und Dichter vergangener Tage, wie Schiller, Goethe oder Thomas Mann, wenn sie im positiven Sinne Museum sind.

Die Handlung in einer Oper wird durch Musik und Gesang definiert und am wenigsten durch ihren Text erklärt, wo hingegen dieser für das Sprechtheater wichtigster Bestandteil einer Aufführung sein muss. Der Zuschauer entnimmt die Handlung in der Oper aus dem Bühnengeschehen, und der Text kann und muss bei reich orchestriertem Orchestersatz, wenn er dazu noch gute Sängerinnen und Sänger begleitet, nicht immer verständlich sein. Trotzdem haben sich die meisten Opernhäuser in den letzten Jahren entschlossen, selbst deutschsprachige Texte dem Publikum mit einer laufenden elektronischen Schrift über dem Bühnenportal zum Mitlesen anzubieten.

Das zeigt auch deutlich, wie wenig Vertrauen selbst die Theaterleiter zur musikalischen Aussage in diesem Genre mitbringen. Man geht auch bei den Administrativen von der verbalen Mitteilung aus. Die Darsteller auf der Bühne sehen daher vielfach vom Bühnengeschehen abgewandte Zuschauer über den Bühnenrahmen hinaus nach oben blicken, was lange szenische Probenzeiten und Aktionen auf der Bühne eigentlich ad absurdum führt. Abgesehen davon wird das Publikum beim Studieren des laufenden Textes vom Hören abgelenkt, wo sich doch das Medium *Oper* primär darüber verständlich machen muss (Schlesinger 2001). Wortwissen spielt in der Oper eine untergeordnete Rolle.

Das menschliche Gehirn besitzt viele Milliarden von Nervenzellen, die miteinander sehr effizient kooperieren können und möglicherweise auch immer wieder neue Verbindungen entstehen lassen. Damit wird im Vergleich zum populären Bodybuilding die Hirnmasse nicht vergrößert, sondern als Plastizität stärker vernetzt. Diese naturgegebene Intensivierung unserer Denkfähigkeit betrifft nicht nur Wortwissen und mathematische Vorgänge.

Wir haben auch hier z. B. durch Singen und Zuhören die Möglichkeit, diese Bereicherung an Nervenverbindungen zu unterstützen, denn durch Musizieren und Singen oder bewusstes Hinhören können wir uns besser konzentrieren und unsere Gefühlssphäre differenzierter und intensiver spüren. Dabei wird auch der genannte 3-Sekunden-Rhythmus gefestigt, den Gutyrchik und Pöppel oben beschreiben.

In diesem Zusammenhang und als offensichtliches Tabuthema: In der Vergangenheit wurde auf öffentlichen Plätzen, in U- und S-Bahnstationen größerer Städte per Lautsprecher stark rhythmisierte Popmusik übertragen. Diese Plätze waren u. a. bevorzugte Versammlungsorte von Drogenabhängigen und Alkoholikern. Als die jeweiligen Verkehrsbetriebe begannen, so genannte klassische, weniger rhythmisierte, sondern melodische Musik zu einzuspielen, verschwanden die sonst dort lagernden Junkies. Es ist anzunehmen, dass sie aufgrund ihrer ungeordneten Persönlichkeit Hilfe bei lautem Rhythmus suchten, während Passanten mit geordneter Zeitstruktur dies als störend empfanden.

Altenmüller erklärt an anderer Stelle, dass die primäre Hörrinde der linken Hirnhemisphäre rasch ablaufende akustische Informationen verarbeite, z. B. schnellen lauten Rhythmus, während die rechte Hirnhälfte hauptsächlich für Tonfrequenzspektren sowie Klangfarben zuständig sei und die grobe Struktur beim Hören der Musik erkenne. Die linke Seite unseres Gehirns analysiere die Musik beim Hören genauer (Altenmüller 2002). Es ist also anzunehmen, dass sich das Gros des Opernpublikums von wenigen Fachleuten im Auditorium unterscheidet, wenn es eine andere, vielleicht naivere Erwartungshaltung bei einer musikalischen Darbietung, hier Oper, erfolgreich zu befriedigen gibt.

Die meisten Zuhörer erwarten Schönes. Das Schöne erfährt immer Zustimmung, denn Schönheit und Einfachheit akzeptieren wir als richtig, weil dann die psychologischen Gesetze der Wahrnehmung ein antizipiertes Ziel in unserer Erwartungshaltung befriedigen. Bei Erfolg schaltet sich das Belohnungssystem in unseren grauen Zellen ein, setzt im Nucleus accumbens den Neurotransmitter Dopamin frei und vermittelt so ein beglückendes Aha-Erlebnis. Diese Bestätigung bereichern die von Pöppel erklärten Wissensformen (Pöppel 2010).

Zunächst explizites Wortwissen, das im Musiktheater eine untergeordnete Rolle spielen sollte. Wäre der verbale Inhalt einer Aufführung in diesem Genre tatsächlich Haupt-Informationsträger und die Musik nur untergeordnete, oft sogar störende akustische Berieselung, dann könnten viele Opernwerke gar nicht aufgeführt werden. Der Text des Librettos ist oft so dürftig, dass kaum Wissenswertes darüber eine Rolle spielen würde. Die Handlung bei einer Oper ergibt sich aus dem Gesamtgeschehen, das durch Musik und Gesang im Musiktheater getragen wird.

Es werden allerdings immer wieder lange Abhandlungen über Inhalte der Libretti verfasst und als Teildisziplin der Literatur angenommen. Die enorm wichtige Aussage der Musik wird dagegen wenig beachtet, denn Text ist im Gesamtkunstwerk Oper der bequemste Teil. Dort kann man politische und gesellschaftliche Standpunkte aufsuchen und sie kritisch diskutieren. Dies geschieht sogar in wissenschaftlichen Betrachtungen, wenn sie sich mit Musik befassen. Die Texte in Richard Wagners musikalischen Werken werden seit ihrer Entstehung in unendlich vielen wissenschaftlichen Abhandlungen zumeist kritisch betrachtet. Ein deutsches Phänomen?

Der große italienische Komponist, Giuseppe Verdi, maß dem Libretto weniger Bedeutung bei, wenn er dort von seinen Autoren *parole sceniche* verlangte, für das Publikum verständliche Schlüsselworte, die hervorgehoben den Inhalt der Oper übermittelten. Die Hauptaufgabe für die Verständlichkeit bleiben Musik und Gesang als Sprachrohr des Gefühls (Dahlhaus 2007).

Das implizite Handlungswissen ermöglicht uns z. B. einen rationalen Ablauf unserer täglichen Verrichtungen. Dieses Wissen inkludiert das so genannte Fingerspitzengefühl, wobei das Unterbewusstsein Verbindungen in unserem Hirn miteinander verknüpft, obwohl das messende Denken zunächst nicht aktiviert wird. Es ist eine Verselbständigung von Ahnungen. Ein bildliches Wissen ruft uns in Erinnerung, wie beispielsweise ein Wasserfall oder Tannenbäume aussehen.

Pöppel nennt weiterhin ein Anschauungswissen, also die Erinnerung an ein Bild und ein abstraktes Wissen. Unser Anschauungs- und Erinnerungswissen dürfte bei der Akzeptanz oder Ablehnung einer Vorführung im Musiktheater eine große Rolle spielen. Das jeweilige Publikum ist keine homogene Masse. In der Regel gibt es aber bei einer Vorstellung nur wenige Fachleute im Auditorium die aufgrund ihrer Ausbildung und Erfahrungen auf dem Gebiet der Opernkomposition und Musiktheater-Regie oder Stimmbildung etc. den Anspruch einer Aufführung bestimmen sollten.

Fachleute sind es aber, wenn sie die Kunstform *Oper* mit ihrer vorherrschenden, weil gar nicht anders möglichen Praxis immer wieder in Frage stellen. Theodor W. Adornos Jünger sind es zumeist, wenn sie mehr oder weniger kategorisch verkünden, die Oper sei tot (Adorno 1962), denn an ihren szenischen und musikalischen Strukturen sei dieses traditionelle Genre an avantgardistischen Wünschen der Neuzeit vorbeigegangen. Experimente und die Untersuchung politischer und gesellschaftskritischer Aspekte im Text sollen die älteren musikdramatischen Werke erneuern und so befreien von jeder lästigen traditionellen Sicht. Dafür setzen sich Administrative der Theater, Medien und Politiker vermehrt ein und zitieren gerne Richard Wagners Aufruf *Kinder schafft Neues* ... Geht es heute um eine Dekonstruktion seiner eigenen Werke, um Neues daraus zu erfinden?

Gute musikalische und gesangliche Leistungen haben in der Vergangenheit dazu beigetragen, dass (leider viel zu wenige) Opern – zumeist Klassiker – immer wieder aufgeführt wurden und werden. Das bringt auch stets neue Inszenierungen mit sich, und Regisseure seien durch diesen Umstand etwas entschuldigt, denn es bleibt ihnen gar nichts anderes übrig, als dieselben Werke immer wieder neu zu deuten. Ist es inhaltlich nicht möglich, wird es optisch zur Pflicht .., oder die Werktreue wird eben als *eine nach rückwärts gewandte Utopie von Reaktionären* abgeschafft. Dabei stünden sehr viele geschriebene und oft seit Jahrzehnten unbeachtete Werke zur Verfügung. Etwa 60 000 zählt ein großes Opernlexikon (Stiegler 1975), die werkuntreu dekonstruiert werden könnten, denn wie sonst würden sie wieder aufgeführt werden?

Im Non-Profit-Bereich, heißt es, stehe das Produkt und dessen Aufführungspraxis in keinem Fall zur Disposition und es dürfe niemals dem Publikumsgeschmack angepasst werden (Klein, A. 2005). Moderne Forschungsergebnisse bei neurologischen Studien belegen einen gewaltigen Profit. Und weiter: *Wenn sie* (die Theater) *nur noch als schöne Überbleibsel vergangener Zeiten vor dem Abriss zu retten sind, braucht sie wirklich niemand mehr* (Laudenbach 2003). Und: *Aus der Sphäre der Kunst, etwa von Boulez, Gielen und Mortier, wird die Oper als Auslaufmodell bezeichnet* (Michatsch 2006).

Damit wird das Publikum als nicht zurechnungsfähig entmündigt, doch reihen sich die heutigen Totengräber des Genres *Oper* schon bei Friedrich Nietzsche (1844–1904) ein, wenn dieser wiederum den Kritiker Eduard Hanslick (1825–1904) kopiert: *Mokiert sich Hanslick über Richard Wagners gegeigten Opiumrausch oder Haschischtraum der Schwärmer, konstatiert auch Nietzsche opiatische und narkotische Wirkungen, und Rauschwirkung und greift dann auch zum Ausdruck Haschisch* (Eger 2001). Heute kreist missbilligend das Wort *Narkotikum* unter einigen Administrativen der Theater.

Vierzehn berühmte und ausgebuchte Opernregisseure äußern sich in *Warum Oper.* Es handelt sich um Damen und Herren, die teilweise ein- bis mehrmalig als Regisseure des Jahres ausgezeichnet wurden. Da ist von einer notwendigen Initiative auch gegen das *kulinarische Narkotikum Oper* die Rede ... und die Besonderheit eines Opernhauses definiert sich in erster Linie durch die bei ihm arbeitenden Regisseure ... *Neue Schocks müssen her und ungeahnte Experimente zur weitgehenden Entfremdung eines genußorientierten und aufbaubedürftigen Publikums sind nötig* ... Und: *wenn man die Oper als exterritoriales Gebiet betrachtet, wo man sich wohlfühlt und das wiedererkennt, was man schon vor Jahren gesehen hat, dann würde dies das Ende der Oper bedeuten* (Beyer 2005). Wie anders aber sollte das Belohnungssystem in unserem Gehirn den Neurotransmitter Dopamin ausschütten und über diesen Genuss Hörer mit tiefer strukturierter Emotionalität bechenken? Wir orientieren uns an Schönheit und nicht an Hässlichem, sagt Pöppel.

Wenn man die Oper als exterritoriales Gebiet betrachtet, wo man sich wohlfühlt und das wiedererkennt, was man schon vor Jahren gesehen hat, dann würde dies das Ende der Oper bedeuten. Diese Aussage muss man gleich zweimal lesen, um den Bildungsauftrag richtig zu verstehen: Man darf sich im Theater nicht wohlfühlen. Publikum muss durch „moderne" Inszenierungen provoziert, also betraft werden. Brüskierung eines Publikums, Krieg gegen das Auditorium soll die Attraktivität des jeweiligen Theaters bestimmen, und dieser Garant für eine hohe Besucherquote würde von der öffentlichen Hand, der finanzierenden staatlichen Gemeinschaft überaus geschätzt (Brembeck 2010).

Sind ausgebuhte Inszenierungen ein Indiz für den pfleglichen Umgang mit den Subventionen aus dem Staatssäckel? Ist dieser zweifelhafte Spaß erfüllter Bildungsauftrag? Welche Form von Bildung wird da vermittelt?

> *Spaß hält eine individualisierte Gesellschaft besser zusammen als die Sinnstiftung der Prediger ... Die Wirtschaftskrise und der Wandel des gesellschaftlichen Denkens – so er denn überhaupt zu konstatieren ist – haben keinen Einfluß auf Menschen, die gerne ... zum Spektakel gehen ... Die Spaßgesellschaft ist eine Angstprojektion, eine Chimäre, eine unangenehme Wunschfiktion mürrischer Menschen, die den Verfall beklagen wollen* (Kamann 2002).

Vor längeren Jahren wurde ein Hochhaus am Millerntor in Hamburg gesprengt und 20 000 Zuschauer ließen sich diesen Spaß nicht entgehen. Hubschrauber umkreisten das einstürzende Bauwerk und Kameraleute übertrugen die Vernichtung in die Wohnzimmer von Millionen. Als sich der Intendant der Deutschen Oper Berlin über rückläufige Besucherzahlen beklagte und dass deshalb die Montage zu notwendigen Schließtagen geworden seien, schlug ihm der Autor vor, doch ab sofort an diesen freien Wochentagen Hochhäuser in die Luft zu sprengen, denn das garantiere eine hohe Einschaltquote und *erfülle auch den Bildungsauftrag.*

Nacktrodeln im Harz mit 17 000 Gästen. Sie feiern im Februar 2011 in der Champagner Lounch friedlich und lautstark bei Poprhythmen bis tief in die Nacht. Man will diesen Event schnellstens wiederholen, meint der Bürgermeister von Braunlage (DPA). Mit Events glauben auch moderne Theaterleiter, Regisseure und Medien junges Publikum in die Oper zu locken.

Die Ignoranz gegenüber der finanzierenden Gesellschaft und gleichzeitige Naivität solcher Meinungen und Aussagen von Administrativen der Theater und einschlägiger Medien erinnert sehr an die Methoden totalitärer Systeme, wenn dort Machthaber gegen ihr eigenes Volk regieren. Die Theater produzieren keinesfalls im Non-Profit-Bereich. Bildungsauftrag erwartet Ergebnisse, und dafür erhalten die Theater Subentionen.

Der Bildungauftrag wird aber nur dann eingehalten, wenn Publikum im weitesten Sinne *bedient* wird und positive Ergebnisse dabei erzielt werden. Über Kunst (nicht Künstlichkeit), die ihr Publikum erreicht und auf eine höhere Ebene der Empfindsamkeit transformiert, werden Menschen emotiviert. Solche Zeitgenossen werden damit auch sensibilisiert, um sich in die Gedanken- und Gefühlswelt ihrer Mitmenschen hineinzuversetzen. Sie handeln unter ethischen und moralischen Vorstellungen, begünstigen die dringend notwendigen Bindungen innerhalb eines Gemeinwesens. Die positive Seite unseres Menschlichen, der gute Charakter, kommt zum Tragen. *Der Charakter ist das Rückgrat einer blühenden Kultur. Musik ist das Rückgrat eines blühenden Charakters,* sagte Konfuzius schon vor sehr langer Zeit. Gibt es einen besseren Bildungsauftrag für die *schönen Künste*?

Die ganze Welt sei ein Narrenhaus. Dieser Satz wird als ironische Feststellung Hugo von Hofmannsthal zugeschrieben, *und in der Oper wäre die Zentrale.* So las man es viele Jahre auf dem Sologang der Damengarderoben des Nationaltheaters in München. *Tutto nel mondo è burla, L'uom è nato burlone* (alles in der Welt ist Spaß), heißt es in der Apotheose der Schlußfuge des dritten Aktes der Oper *Falstaff* von Giuseppe Verdi. *Burla* wird oft, aber nicht ganz treffend, mit Spaß übersetzt. Dabei ist eher eine epikureische Lebenseinstellung gemeint: Freude am Dasein, an der Natur, an Schönheit in den Künsten.

18.3 Folgerungen
(Bernd Weikl)

Die Aversion bestimmter Kreise gegen die herkömmliche Oper und deren traditionelle Aufführungspraxis hat bereits vor Jahrzehnten den Begriff *Neues oder Zeitgenössisches Musiktheater* eingeführt. Dabei sollen gesellschaftspolitische Inhalte in den Vordergrund rücken und Szene und Musik bei den Produktionen die gleichen Rechte erhalten. Die vormals überaus dominierende Rolle von Musik und Gesang wird dabei unweigerlich reduziert. Die Videomedien sind auf mehr Sehen gerichtet, und die Theater versuchen damit Schritt zu halten. Jeder vernünftige Kaufmann verhält sich dann lieber antizyklisch und bietet etwas an, was andere nicht in ihrem Sortiment haben.

Kunstwerke haben immer eine Wirkung auf Betrachter und Zuhörer. Es entzieht sich unserer Kenntnis, ob vergleichweise Untersuchungen und Ergebnisse aus Studien vorliegen, die sich mit dem sinnlichen Konsum von Malerei, angewandter Kunst oder Architektur und Belletristik beschäftigt haben. In der bildenden Kunst spielt der *Goldene Schnitt* eine große Rolle, will ein Kunstwerk gefallen und damit beim Betrachter als Selbstbelohnung den Neurotransmitter Dopamin im Gehirn ausschütten.

Wir haben uns aufgrund zugängiger Literatur und empirischer Beiträge zunächst an das Theater und dort an das Musiktheater gehalten. Aufgrund unserer interdisziplinären Untersuchungen möchte wir Hinweise geben, wie ein *Neues Musiktheater* den staatlichen Bildungsauftrag mit einer Ökonomie erfüllen kann, in welcher positive Wirkungsweisen auf den Verbraucher und Kunstrezipienten in die Produktgestaltung und den Vertrieb eingeplant werden.

Wenn heute im Sprechtheater der Gegenwart von Ökonomie die Rede ist, dann wird zunächst über eine Vermittlung von Wissen und weniger oder gar nicht über eine Bereicherung tiefer strukturierter Emotionen referiert:

> *Man ging (bisher) ins Theater zur kontemplativen Betrachtung von Kunst, nun geht man ins Theater, um sich zu informieren, um zu diskutieren, um sich mit anderen zu treffen. Das soziale Netzwerk, welches sich in diesem Rahmen etabliert, überkreuzt die traditionelle ‚Theaterfamilie‘ des Stadttheaters mit der des freien Theaters und der Szuene der musikalischen Clubkultur. Das Publikum wandelt sich, indem es einen anderen Gebrauch von der Institution ‚Theater‘ macht, und dies hat Auswirkungen auf das, was schließlich auf der Bühne gezeigt wird. Denn auf einer zweiten, formal-ästhetischen Ebene findet eine intensive Auseinandersetzung mit dem Lebensstil der Vernetzung, des ‚being online‘ statt* (Schössler/Bähr 2009).

Solche ökonomischen Betrachtungen gehen nicht auf eine notwendige emotionale Wirkung auf den Zuschauer ein. Man will sich ja schließlich informieren und darüber anschließend diskutieren. Man hat sich über emotionale Wirkung vielleicht noch nie Gedanken gemacht. Die Forderungen der Missionare für das Neue Musiktheater lassen den Gewinn – siehe Bildungsauftrag – aus Zuhören und sinnlichem Mitempfinden völlig außer acht.

Sprechtheater mag allerdings soziologische, politische oder betriebs- und volkswirtschaftliche Theman aufgreifen. Im Genre *Oper* und *Konzert* sind manche Texte dieser Art nicht gut mit dem Singen als *Handwerk* zu verbinden, wie es in diesem Buch beschrieben wird. So muss eine Opernproduktion über die fürchterlichen Verbrechen von Auschwitz deshalb auch scheitern. Dagegen kann eine konzertante Aufführung in Form eines Requiems gelingen.

Das Sprechtheater soll jetzt informieren und zu Diskussionen beitragen. Kann Wissen alleine überzeugen? Dann wären alle Umweltprobleme auf dem Globus ad hoc zu lösen. Wissen ist hier ohne Gewissen nicht zielführend.

> *Schauspiel diskutiert politische und soziale Probleme.*
> *(Musik) Konzert und Oper können sie lösen!*

Die Oper, auch gerade das Neue Musiktheater, wird dann weiterleben und konkurrenzlos einen großen Markt erobern, wenn sich das Genre mit neuen Themen über hervorragenden Gesang, publikumsnahe Musik und machbare Inszenierungen in sängerfreundlichen, weil akustisch gut gearbeiteten Bühnenbildern definiert. Wird Publikum auf diese Weise erreicht, entsteht ein sinnlicher Dialog zwischen Bühne und Auditorium, der zu einer Anreicherung kultureller Kompetenz führt. Diese erstreckt sich nach unserer Auffassung auf intellektuelle und kreative Leistungsfähigkeiten, und zwar in Form gesteigerter Wahrnehmungs-, Interpretations- und Gestaltungsfähigkeit.

Diese kulturelle Kompetenz ist unerlässlich, will man in seiner privaten und beruflichen Betriebswirtschaft erfolgreich sein und auf Dauer lukrieren. Auch in nationalökonomischer und globalwirtschaftlicher Hinsicht wäre kultiviertes und damit soziales Handeln ein großer Gewinn hin zum Traum einer dauerhaft friedlichen und grünen Globalisierung. Das Abholzen des Regenwaldes ist nur kurzfristig lukrativ. Mittel- und langfristig ein Verbrechen an der Natur, die den Menschen inkludiert. Um dies zu erkennen und zu ändern, benötigen wir nicht nur unser einschichtiges kausal-lineares Denken – das kann auch der Computer –, sondern bei aller Logik ein umfassendes, ganzheitliches Korrektiv: unser vielschichtiges, komplexes, weil tiefer strukturiertes Empfinden.

Die immer wieder diskutierte soziale Marktwirtschaft und ein verantwortungsvoller *grüner* Umgang mit den natürlichen Ressourcen können nicht per Dekret verordnet werden. Die Korrektur des unsozialen und gefährlichen status quo wird nur von einer in dieser Richtung überzeugten Gemeinschaft freiwillig vorgenommen, wenn sie mit ausdifferenzierten Sinnen einem alleine ungenügenden, analytischen Denken zu Hilfe kommt. Die schönen Künste und hier explizit unser staatlich bezuschusstes Neues Musiktheater haben die Pflicht, sich dieser Aufgabe zu stellen – und diese als ihren Bildungsauftrag anzuerkennen. Neueste wissenschaftliche Erkenntnisse untermauern diese Forderungen.

Für die wissenschaftliche Lehre sind Universitäten zuständig. Für eine möglichst gründliche emotionale Bildung sollten die Künste verantwortlich sein. Beides, lebenslanges Lernen und Ausdifferenzieren der Sinne bringt hohe Lebensqualität, und eine tiefer strukturierte Emotionalität hat sehr viel mit Freude, oder auch Spaß in einem höheren Sinne zu tun. Kunst allgemein und hier Aufführungen eines Musiktheaters sollen auch nach Friedrich Schiller Freude bringen und damit Menschen befähigen, sich und ihre Umwelt bewusster wahrzunehmen. Dieser Bildungsauftrag muss als Bringschuld der Gemeinschaft an sich selbst unbedingt gefördert werden.

Die Menschheit wird erst glücklich sein, wenn alle Künstlerseelen haben werden. Das heißt, wenn allen ihre Arbeit Freude macht. (Goethe)

Alle kognitiven Leistungen werden immer dann von uns bewundert, wenn sie über das Mittelmaß hinausragen. Auch große Kunstwerke können und sollen uns Sichtweisen vermitteln, die über dem Standard positioniert sind. Doch müssen sie auch nachvollziehbar sein – und dann eben diejenige Wirkung in uns hervorrufen, die uns befähigt, wenn auch staunend oder ergriffen, ein höheres Plateau der Erkenntnis, ein tiefer strukturiertes wissenschaftliches und emotionales, eben ganzheitlicheres Denken zu erlangen. Deshalb benötigen wir ein *gut funktionierendes und publikumsnahes* Musiktheater mehr denn je! Dann wird auch die Gemeinschaft weiterhin als Investor überzeugt zur Verfügung stehen, auch bei uns einen neuen Musiktheaterfrühling heraufziehen lassen und einen großen Nutzen davontragen.

Wenn ihr's nicht fühlt, ihr werdet es nicht erjagen, wenn es nicht aus der Seele dringt und mit urkräftigem Behagen die Herzen aller Hörer zwingt. (Goethe)

19   Zusammenfassung und offene Fragen

Ganz unstrittig ist die Tatsache, dass Kunstschaffen, Kunstwerke und Kunstwahrnehmung eine wirtschaftliche Seite aufweisen, sei es in der Nutzung von Werkstätten, Werkzeugen und Werkmaterial, sei es, dass die Kunstwerke als ästhetisch verpackte Botschaften über physische Träger (Buch, Leinwand, Bildwerk, Tonträger) an die Öffentlichkeit gebracht werden oder sei es, dass für die Wahrnehmung von Kunst bauliche und sonstige Einrichtungen hergerichtet werden (Theater, Museen, Ausstellungshallen, Bibliotheken).

Aus dieser Feststellung folgt nicht zwangsläufig, dass die wirtschaftlichen Seiten des Kunstgeschehens mit den gleichen Theorien, Modellen und analytischen Instrumenten bearbeitet werden können, die für herkömmliche Wirtschaftsprozesse in Unternehmen entwickelt wurden und sich dort praktisch bewährt haben.

Das würde nämlich voraussetzen, erstens dass die praktische Anwendung der herkömmlichen Ökonomie offen ist für eine flexible Einfügung in die sachlichen Bedingungen der Kunstproduktion. Tatsächlich aber steht sie fest auf dem Boden ihrer industriewirtschaftlichen Modelle und Methoden und wird auch vom Geist analytischer Herangehensweisen beherrscht. Zweitens ist problematisch, dass dem herkömmlichen ökonomischen Denken eine Vorstellung von Wirtschaft zugrunde liegt, die die dingliche Seite hervorhebt und intellektuelle, welche in die gelebte Kultur gebettet ist, hintanstellt.

Will man diesen methodologischen Fokus der herkömmlichen Ökonomie beibehalten, müsste nachvollziehbar begründet werden, dass beispielsweise der Einbau eines neuen Kirchengestühls in gleicher Weise ökonomisch gedeutet und betriebswirtschaftlich bearbeitet werden kann wie die Ausstattung einer industriellen Werkstatt mit einem neuen Fertigungsverfahren. Der Unterschied dieser beiden Beispiele liegt nicht darin, dass die Maßnahme im einen Fall dem Konsum und im anderen Fall der Investition zugerechnet würde, sondern in der Maßgeblichkeit der kulturellen Werte und Muster, aus denen heraus diese jeweils dirigiert werden.

Ein das Dingliche überschreitender Begriff der Wirtschaft liegt – trotz gelegentlich gegenteiliger Beschreibungen in den Anfangsabschnitten ökonomischer Lehrbücher – der Volkswirtschaftslehre und der Betriebswirtschaftslehre fern. Wirtschaft ist vielmehr aus deren Perspektive und Methodologie jener zu einem definiten, nach eigenen Regeln funktionierenden System hervorgehobene Bereich der Gesellschaft, in dem bedarfsgerecht materielle Güter und immaterielle Dienstleistungen erzeugt und über den Markt an die Endverbraucher abgegeben werden. Das ist nun wahrlich bei einer Kirche nicht der Fall. Wie aber ist es mit den Künsten? Ein Filmproduzent und ein Kunsthändler tun ja formal und im Grundsatz nichts anderes als ein Käseproduzent und ein Gemüsehändler.

Um diese Fragen zu klären, haben wir uns ausführlich mit dem Wirtschaftsbegriff der Ökonomie befassen müssen und sind zunächst auf die Schwächen dieser Sichtweise eingegangen, die zunächst noch nichts unmittelbar mit den Künsten zu haben. Einer der zentralen Ansatzpunkte unserer Kritik des herkömmlichen ökonomischen Denkens, insbesondere der Orthodoxie der neoklassischen Ökonomik, war der Hinweis darauf, dass menschliche Gestaltung in der Welt der Dinge, also das gewollte Herrichten von Gegenständen für zivilisatorische Zwecke, ihren Ursprung in der naturgegebenen Fähigkeit des Menschen hat, sich über das, was getan werden soll, *zuvor* gestaltende Gedanken zu machen. Der Mensch ist durch und durch ein Kulturwesen – auch wenn er das gelegentlich zu vergessen scheint.

Wir haben darauf bestanden, dass menschliches Handeln gleich welcher Art immer eine Kopfgeburt ist, die als das Ergebnis eines gedanklichen Abtastens einer Gestaltidee hinsichtlich ihrer physischen Machbarkeit und ihrer sozialen Akzeptanz und unter Abwägen der Belohnung für den Schaffenden selbst (Ehre, Ruhm, Entgelt usw.) zu verstehen ist.

Im intentionalen, also auf Handeln gerichteten Denken kommen pragmatisches Wissen über die Technik der dinglichen Bearbeitung und verinnerlichte kulturelle Lebensmuster notwendigerweise zu Sprache und zur Geltung, die der Betreffende sich angeeignet hat und die den Spielraum seiner Handlungsmöglichkeiten mitbestimmen. Doch wird das alles eingefasst in den weiten Phantasiehorizont der gedanklichen Projektion von realisierbaren Gestalten. Mit anderen Worten: Alles menschliche Handeln hat stets einen natürlichen und einen kulturellen Bezug, und das gilt für wirtschaftendes Handeln nicht anders als für Kunstschaffen oder Freizeitbetätigungen.

Die kulturelle Verfasstheit allen Wirtschaftens ist in der Theorieentwicklung der Ökonomie seit Adam Smith gegenüber der Naturgebundenheit der Produktionstechnologien mit ihrer Einbindung in naturgesetzliche Kausalitäten weitgehend entfallen. Das herkömmliche ökonomische Denken ist in sich weder unlogisch noch sachlich falsch, sondern einfach unvollständig; wenn man so will: eine Halbheit.

Das kann nicht ohne Probleme und Risiken in der Beurteilung essentiell wirtschaftlicher Vorgänge sein. Aber das war nicht unser Hauptthema und konnte nur soweit gestreift werden, als davon die Grundlagen der Kulturökonomie tangiert werden. Dennoch wurde auch in unseren Streifzügen deutlich, dass wir die traditionelle Ökonomie zwar nutzen, uns aber auf sie allein nicht stützen konnten.

Daraus ergab sich unsere Suche nach einer erweiterten theoretischen Grundlage, die zunächst das ökonomische Denken aus unserem kulturbetonten Horizont heraus vervollständigt, nämlich um auch im Wirtschaften wirksame Dimension der Kultur. Das ist unser Verständnis einer allgemeinen Kulturökonomie, die in dieser Bauart dem gängigen Konzept der Kulturökonomik (Cultural Economics) fast diametral entgegen gesetzt ist, denn die ökonomische Dimension fügt sich bei uns der kulturellen, nicht umgekehrt.

Um unseren Begriff von Kulturökonomie mit Inhalt zu füllen, haben wir einige die Gegenwart bewegende Fragestellungen und Sachgebiete der Wirtschaft exemplarisch aufgegriffen, kompakt dargestellt und mit den Denkansätzen der Kulturökonomie konfrontiert. Es ging uns nicht um eine vollständige Bearbeitung dieses weiten Feldes – das wäre auf eine entsprechend umformulierte und umgestaltete, lehrbuchartige Darstellung der gesamten Ökonomie hinausgelaufen –, sondern um den Nachweis, dass kulturökonomisches Denken Interpretationen eigener Art liefern kann, die auf klassisch ökonomische Weise nicht zu holen sind. Ziel unserer Arbeit auf diesem Teilgebiet war die Schaffung einer geeigneten theoretischen Basis für eine Kulturökonomie der Künste, die wir schließlich *Kunstökonomie* nannten.

Damit hatten wir eine Ausgangsposition für unsere weiteren Überlegungen möglich gemacht, die die Vorgänge im weiten Bereich der Künste auch unter ökonomischen Aspekten zu untersuchen erlaubt, ohne die Hauptsache aus den Augen zu verlieren: Kunst. Diese

Betonung ist aus verschiedenen Gründen wichtig. An erster Stelle steht die Überzeugung, dass Kunst für die vitale Entwicklung einer Gesellschaft einschließlich ihrer Wirtschaft unverzichtbar ist und ihre geistig-schöpferischen Potentiale so frei wie möglich zur Geltung bringen muss.

Gefolgt wird dieses Argument von der Notwendigkeit, die ökonomische Seite des Kunstgeschehens einzubringen, und zwar unter der Prämisse, dass im Zweifel der Anspruch der Kunst die ökonomischen Konzeptionen und Mittel prägen, und nicht umgekehrt, dass die vermeintlich harten ökonomischen Denkmodelle und analytischen Instrumente in das Kunstgeschehen eindringen, um es zu beherrschen. Die dimensionale Verschmelzung von Kunst und Ökonomie führt uns zu dem Postulat, dass keine der beiden Seiten allein herrschen kann, sondern dass in jedem Einzelfall und nur selten in einer Verallgemeinerung eine pragmatische Balance gefunden werden muss.

Aus dieser Position heraus haben wir versucht, mit Systematik das weite Themenfeld der Kunstökonomie, wie wir sie verstehen, auszuleuchten und mit Inhalt zu füllen. Dabei konnte es nicht ausbleiben, dass wir uns nicht in gleicher Intensität sämtlichen Kunstsparten zuwenden konnten – das hätte zu einem Überborden dieses Buches geführt –, sondern es lag nahe, in solchen Sparten in die Tiefe zu gehen, die uns aus eigenen Erfahrungen näher stehen, um exemplarisch zu zeigen, welche pragmatische Relevanz kunstökonomische Betrachtungen haben können. So haben wir uns hauptsächlich und relativ ausführlich mit den Fragen und Themen der darstellenden Künste befasst, wohl wissend, dass selbst in diesem Gebiet immer zahlreiche Lücken bleiben, die zu füllen wir den Lesern überlassen mussten.

Es ergibt sich aus diesen zusammenfassenden Erläuterungen, dass offene Fragen schon damit beginnen, dass für eine umfassende Kunstökonomie alle anderen Sparten, also beispielsweise die Malerei, die Bildhauerei, die Literatur, das Filmschaffen und die Museen, erst noch ausführlich zu untersuchen bleiben. Die Museen sind eine Kunstsparte der besonderen Art, und zwar auch dann, wenn sie ihre Expositionen, seien sie Dauerpräsentationen oder themenbezogene, zeitlich begrenzte Ausstellungen, nicht aus Kunstwerken komponieren, sondern andere Objekte, z. B. archäologische Funde, so zusammenstellen, dass aus ihrer Anordnung gewissermaßen eine Geschichte erzählt wird. Kurz gefasst: Ein Museum ist eine Stätte der darstellenden Kunst mit Bedeutung tragenden Gegenständen statt mit lebenden Personen. Dies könnte eine der interessantesten Facetten der Kunstökonomie werden.

Grundsätzlicher noch als die Fortsetzung der Pragmatiken der Kunstökonomie in allen Sparten der Kunst sind einige offene Fragen, die mit der aktuellen Entwicklung der Künste in einer sich rapide kommerzialisierenden Welt aufgekommen sind und bislang in der Öffentlichkeit allenfalls am Rande und meist nur unter Experten diskutiert werden.

Wie müssen wir die gegenwärtigen Erscheinungen im gesamten Bereich der Kunst deuten, die offensichtlich von Umbrüchen betroffen, wenn nicht heimgesucht werden, denen eine ungewisse Zukunft bevorsteht? Wir haben in unseren kritischen Anmerkungen zur Misere des Theaters, insbesondere des (im Ausland kaum verständlichen) Regietheaters, gezielt Stellung bezogen, dabei übergehend, dass andere Kunstsparten es mit teils ähnlichen, teils auch mit ganz anderen Problemen zu tun haben.

Was sich gesellschaftlich abzuspielen scheint und wovon die Künste fraglos heftig tangiert werden, ist eine Form des kulturellen Wertewandels, der die Idee der Kulturwerdung des Menschen und seiner Gemeinschaften und damit die Basis der Zivilisation mehr und mehr ihrer formenden Kräfte beraubt. Die Eigenart dieser Entwicklung, wenn wir sie einigermaßen richtig deuten, liegt nicht darin, dass sich manche Grundwerte der allgemeinen Kultur verändern. Das ist ja ganz normal, denn die Zeitbedingungen und die modernen Technologien, etwa die elektronischen Medien, können die kulturellen Lebensmuster des Alltags nicht unberührt lassen, sondern vielmehr darin, dass zunehmend überhaupt keine Werte mehr gelten, sondern der Beliebigkeit Platz gemacht wird.

Beliebigkeit ist ein sehr weitgehendes, wenn nicht zu weitgehendes Zugeständnis an die Subjektivität der individuellen Lebensauffassungen mit der Folge, dass soziale Rücksichtslosigkeit, Raffgier und bedenkenloser Umgang mit dem kulturellen und dem natürlichen Erbe um sich greifen, verstärkt durch einige Medien, die in diesen Vorgängen ihre kommerziellen Erfolge suchen. Das sind noch ausstehende Themen, die unter dem Aspekt einer Ethik der kunstökonomischen Praxis zu bearbeiten wären. Auch das haben wir allenfalls streifen können.

Es gibt, wie es scheint, bisher weder eine sichere Plattform der Kritik, die auf verlässlichen gesellschaftlichen Analysen beruht, noch einen breit angelegten öffentlichen Diskurs, der vor allem von den wirksamen Medien mit Verantwortung aufgegriffen wird (mit einigen Ausnahmen). Wenn man über das Stadium bloßer Meinungsäußerungen und strittiger Geschmacksfragen hinauskommen will, braucht man einen wissenschaftlich genügend gefestigten Untergrund, der nichts präjudiziert, wohl aber eine Diskurssprache bietet, die von der Öffentlichkeit aufgegriffen und genutzt werden kann.

Es wäre entschieden zu einfach, wollte man die problematischen Entwicklungen in der Kultur im Allgemeinen und in den Künsten im Besonderen zur Hauptsache der ungehemmten Kommerzialisierung anlasten. Was uns die – darin zweifellos nicht gerade machtlose und teilweise auch bedenkenlose – Wirtschaft vorführt, haben letztlich wir alle zugelassen: Politiker, Wissenschaftler, Journalisten und eine politikbereite Bevölkerung, indirekt auch die politisch gleichgültigen Teile der Bevölkerung.

Es ist ein generelles Problem, dessen Kern und Flanken bereits in der Bildung angelegt sind. Um es kurz zu fassen: Die oft diskutierte Misere der Bildungssysteme ist kein Finanzproblem, sondern ein Inhaltsproblem. Es werden die falschen Akzente in den Bildungsformen und Bildungsinhalten gesetzt, insbesondere die sträfliche Vernachlässigung der ästhetischen Bildung. Dazu haben wir einiges, aber bei weitem nicht genug haben sagen können. Andere haben sich sehr viel ausführlicher und fundierter damit befasst. Worauf es ankommt, ist ein dauerhafter öffentlicher Diskurs, keine voreiligen Rezepte.

Zu Hartmut von Hentigs kürzlich in der 8. Auflage herausgebrachten Essay *Bildung* (Hentig 2009) heißt es in einer Beschreibung (in amazon.de):

> ‚*Die Antwort auf unsere behauptete oder tatsächliche Orientierungslosigkeit ist Bildung – nicht Wissenschaft, nicht Information, nicht die Kommunikationsgesellschaft, nicht moralische Aufrüstung, nicht der Ordnungsstaat, nicht ein Mehr an Selbsterfahrung und Gruppendynamik, nicht die angestrengte Suche nach Identität.‘ Hartmut von Hentigs Forderung: Die Rückkehr zum Wesentlichen, ‚Bildung‘ als zentrale Aufgabe der Schule. Sein Bildungsbegriff: Abscheu und Abwehr von Unmenschlichkeit; Wahrnehmung von Glück; die Fähigkeit und den Willen, sich zu verständigen; ein Bewusstsein von der Geschichtlichkeit der eigenen Existenz; Wachheit für letzte Fragen und die Bereitschaft zur Selbstverantwortung und Verantwortung in der ‚res publica‘.*

Bildung ist thematisch ein Teil der Kulturökonomie; sie wird gezielt ein Teil der Kunstökonomie dadurch, dass die Arbeit mit den Künsten in den Schulen ein offener, viel zu kurz
kommender Programmpunkt ist, der dringend der Erneuerung bedarf. Auch dieses Thema haben wir nicht systematisch abhandeln können. Wir haben die Intelligenz fördernde
Wirkung der musikalischen Bildung ausführlich erörtert und haben auf einschlägige wissenschaftliche Forschungen verwiesen. Musik ist zwar ein Kern der ästhetischen Bildung.
Aber die gleichen Fragen stellen sich natürlich auch in der visuellen Ästhetik und in den
vielen Bereichen der Körpersprache und ihren Ausdrucksformen (im Theater und im Tanz
beispielsweise), aber auch im Film oder in der Literatur.

Offen geblieben ist schließlich die Frage nach den Verhältnissen in anderen Ländern
und Kulturkreisen. Nicht alle Länder haben die gleichen Probleme wie die deutschsprachigen. Viele haben zwar sehr ähnliche Fragen vor sich oder vor sich gehabt und haben eigene
Lösungen gefunden. Es ist für die Kunstökonomie eine Notwendigkeit, sich internationalen
Fragen zu öffnen und entsprechende Einsichten daraus zur Sprache zu bringen. Daraus
leiten wir ab, dass das weite Feld der Kunstökonomie nur andeutungsweise von einem einzigen Lehrbuch erfasst und diskursiv ausgebreitet werden kann. In vieler Hinsicht ist unsere
Schrift daher nur ein Anfang.

Anhang

*[1] Die UNESCO (United Nations Educational, Scientific and Cultural Organization) ist eine eigenständige Sonderorganisation der UN (Vereinten Nationen) mit der besonderen Aufgabe der Pflege und Förderung von Bildung, Wissenschaft und Kultur in allen Ländern und Regionen der Welt. Ihre Gründung ist durch die zerstörerischen Erfahrungen des Zweiten Weltkriegs motiviert gewesen und begann bei ihrer Gründung 1945 zunächst mit 37 Staaten. Die Gründungsstaaten zogen die Lehre aus den historischen Erfahrungen: *Ein ausschließlich auf politischen und wirtschaftlichen Abmachungen von Regierungen beruhender Friede kann die einmütige, dauernde und aufrichtige Zustimmung der Völker der Welt nicht finden. Friede muss – wenn er nicht scheitern soll – in der geistigen und moralischen Solidarität der Menschheit verankert werden.* Die UNESCO hat gegenwärtig 193 Mitgliedsstaaten.

Der Hauptsitz der UNESCO befindet sich in Paris. Jedes Land führt seine eigene UNESCO-Kommission. Die deutsche UNESCO-Kommission hat ihren Sitz in Bonn, die österreichische in Wien, die schweizerische in Bern, die luxemburgische in Luxembourg.

*[2] Das ALP (Arms Length Principle) ist eine Form vornehmlich des Staatshandelns im Verhältnis zur Delegation von Verantwortung auf andere, meist nicht-staatliche Stellen. So kann die Regierung ein bestimmtes Budget aussetzen, um dieses über eine Organisation in größtmöglicher Unabhängigkeit satzungsgemäß zu verwenden. Diese Politik wird beispielsweise im Umgang mit den Arts Councils in Großbritannien gepflegt, denen ein zur Förderung von Kunst und Kultur übertragenes Jahresbudget zur Austeilung überlassen wird, ohne dass sich das zuständige Ministerium in die Einzelheiten der Verteilungsprozedur einschaltet.

*[3] Die Genossenschaft Deutscher Bühnen-Angehöriger (GDBA) ist die gewerkschaftliche Organisation der Bühnenangehörigen. Sie wurde 1871 von Ludwig Barnay in Weimar gegründet. In der GDBA sind Mitglieder des künstlerischen und künstlerisch-technischen Bereiches der Theater der Bundesrepublik Deutschland organisiert. Sie ist regional in sieben Landesverbände gegliedert und erfasst die spezielle Berufsproblematik in den vier Berufsgruppen: Solo, Tanz, Opernchor und ATuV (Ausstattung, Technik und Verwaltung).

Die GDBA hat die Grundlagen des Arbeitsrechts der Bühnen durch spezifische Vertragsformen geschaffen. Zusammen mit dem Arbeitgeberverband, dem Deutschen Bühnenverein, trägt sie die Bühnenschiedsgerichtsbarkeit, die Fachgerichte der Bühnen. Sie gewährt ihren Mitgliedern kostenlosen Rechtsschutz und Beratung in allen Berufsfragen. Sie fördert die Entwicklung der Altersversorgung in der Versorgungsanstalt der deutschen Bühnen und vertritt die Berufsangelegenheiten gegenüber der Öffentlichkeit, den Ländern und Kommunen, wie auch dem Bund.

Die GDBA unterhält Beziehungen zu in- und ausländischen Berufsorganisationen:

- Sie gehört dem „Deutschen Kulturrat e. V. – Sektion Rat für darstellende Kunst und Tanz" an;
- Sie fördert im „Fonds Darstellende Künste e. V." Projekte freier Gruppen;
- Sie ist Mitglied in der „Fédération Internationale des Acteurs" (FIA) und über Kooperationsabkommen mit der „Kulturgewerkschaft – Kunst, Medien, Sport, freie Berufe in der Gewerkschaft GdG-KMSfB", dem „Schweizerischen Bühnenkünstlerverband SBKV", der

britischen „Equity", dem niederländischen „Kunstenbond" FNV und der „American Guild of Musical Artists" verbunden.

Tarifpolitik und Kulturpolitik sind die beiden Brennpunkte der Organisationstätigkeit. Wichtigster Bestandteil der Tarifpolitik der GDBA ist die Ausgestaltung der Arbeits- und Gagenbedingungen der Bühnenangehörigen. Dazu bedarf es gefestigter Grundlagen der Theaterfinanzierung. Die GDBA tritt deshalb dafür ein, die Finanzierung der Theater als öffentliche Pflichtaufgabe auszuweisen. Nur so kann die Theaterlandschaft der Bundesrepublik Deutschland, ohne weiteren Schaden zu nehmen, erhalten bleiben.

Der einigende Zusammenschluss der Bühnenangehörigen in der GDBA hat sich bewährt und seine Kraft bis heute bewahrt. Angesichts der Herausforderungen, denen die Bühnenangehörigen in dieser Zeit konfrontiert sind, ist sie auch in Zukunft unverzichtbar. Rechte müssen nicht nur erworben werden, es gilt auch, sie zu erhalten. Das geschieht nicht von selbst. Es bedarf dazu der gemeinsamen Anstrengungen aller Bühnenangehörigen!

Tragen Sie durch Ihre Mitgliedschaft dazu bei, die GDBA im Bewusstsein der Bühnenangehörigen zu halten und so die Grundlagen zu festigen, die gemeinsam geschaffen wurden, zum Nutzen Ihrer künstlerischen Berufstätigkeit und des Theaters!

*[4] Pythagoras von Samos (um 570 v. Chr.–nach 510 v. Chr.) und seine Anhänger haben unser westliches Tonsystem begründet und eine Tonleiter mit 8 Ganztönen oder 12 Halbtonschritten festgelegt, indem sie mit ihrer natürlichen Einteilung des Frequenzverhältnisses der Oktave, Quinte und Quarte zueinander, genau das natürliche Frequenzempfinden und die sinnliche Aufnahmefähigkeit des Menschen trafen. Mit diesem pythagoräischen System ist auch die Akkordbildung, der harmonische Klang möglich. Fernöstliche Tonleitern mit 20 und mehr Tonschritten bilden keine Konsonanzen, denn zu nahe beieinander liegende Tonschritte stören die Rezeptionsbänder in der Cochlea (Innenohr) und erzeugen deshalb unser natürliches Empfinden.

*[5] Adresse Gernot Hermanussen: http://www.n-tv.de/1143215.html

*[6] Univ Prof. Dr. Berka-Schmid – email: berka-schmid@mdw.ac.at

*[7] BfS: Die Befindlichkeitsskala BfS nach von Zerssen ist heute besonders für Versuchspersonen im Alter zwischen 20 und 64 Jahren mit Verbal-IQ über 80 geeignet (Intelligenzquotient bei Gesprächstherapie).

*[8] MADRS: Die Montgomery Asberg Depression Scale ist hier Parameter für ein etwa 15 minütiges Gespräch zwischen Patient und Therapeuten. MADRS wird zur Überprüfung der Ergebnisse aus der Hamilton Depression Scale als Fremdbeurteilungsverfahren eingesetzt. Diese Erhebung wurde zweimal wöchentlich durchgeführt.

*[9] Vernetztes Denken im Management. Nr. 89 der Reihe „Die Orientierung", Schweizerische Volksbank

Leseempfehlungen nach Sachgebieten

Autonomie/Freiheit der Kunst

Burmeister, Hans P. (Hrsg.): Autonomie und Intervention: Kunst im sozialen Kontext. 49. Loccumer Kulturpolitisches Kolloqium. Ak. Loccum 2005.

Demand, Christian: Wie kommt die Ordnung in die Kunst? Springe 2010.

Dengler, Steffen: Die Kunst der Freiheit?. Die westdeutsche Malerei im Kalten Krieg und im wiedervereinigten Deutschland. München et al. 2010.

Esser, Andrea: Autonomie der Kunst? Zur Aktualität von Kants Ästhetik. Berlin 1995.

Gombrich: Ernst H.: Die Geschichte der Kunst. Berlin 2002.

Hufen, Friedhelm: Die Freiheit der Kunst in staatlichen Institutionen: Dargestellt am Beispiel der Kunst- und Musikhochschulen. Baden-Baden 1982.

Janz, Rolf-Peter: Autonomie und soziale Funktion der Kunst. Studien zur Ästhetik von Schiller und Novalis. Stuttgart 1993.

Kilián, Juraj: Virtuelle Freiheit: Ein Essay über Medien und (Kunst)freiheit. Saarbrücken 2010.

Lorenz, Matthias N.: Literatur und Zensur in der Demokratie: Die Bundesrepublik und die Freiheit der Kunst. Stuttgart 2009.

Mann, Anna Ulrich Dorothee: Kunst zwischen Funktion und Autonomie. Elemente einer Standortbestimmung. Detmold 2006.

Müller, Michael/Bredekamp, Horst/Hinz, Berthold/Verspohl, Franz-Joachim/Fredel, Jürgen/Apitzsch, Ursula: Autonomie der Kunst. Zur Genese und Kritik einer bürgerlichen Kategorie. 2. Aufl. Frankfurt/M. 1974.

Seim, Roland/Spiegel, Josef (Hrsg.): „„Ab 18' – zensiert, diskutiert, unterschlagen. Zensur in der deutschen Kulturgeschichte": ‚Ab 18' – zensiert, diskutiert, unterschlagen. Beispiele ... Deutschland. „Der dritte Grad": BD 1. 3. Aufl. Münster 2002.

Würkner, Joachim: Das Bundesverfassungsgericht und die Freiheit der Kunst. München 1998.

Betriebswirtschaftslehre

Appleby, Robert C.: Modern Business Administration. 6th ed. Financal Times Management. 1994.

Berkley, James D. (Editor): Leadership Handbook of Management and Administration. Baker Books. 2008.

Ebert, Ronald J./Griffin, Ricky W.: Business Essentials. 6th Edition. Prentice Hall. 2006.

Hutzschenreuter, Thomas: Allgemeine Betriebswirtschaftslehre: Grundlagen mit zahlreichen Praxisbeispielen. 3. Aufl. Wiesbaden 2009.

Jung, Hans: Allgemeine Betriebswirtschaftslehre. 12. Aufl. München 2010.

Kleine-Doepke, Rainer/Standop, Dirk/Wirth, Wolfgang: Management-Basiswissen: Konzepte und Methoden zur Unternehmenssteuerung. 3. Aufl. München 2006.

Lussier, Robert N.: Management Fundamentals: Concepts, Applications, Skill Development. South-Western College Pub. 4th edition. 2008.

Müller, Jürgen: Betriebswirtschaftslehre der Unternehmung. 25. Aufl. Haan-Gruiten 2010.

Murray, Alan: The Wall Street Journal Essential Guide to Management: Lasting Lessons from the Best Leadership Minds of Our Time. Harper Paperbacks. 2010.

Olfert, Klaus/Rahn, Horst-Joachim: Einführung in die Betriebswirtschaftslehre. 10. Aufl. Herne 2008.

Schierenbeck, Henner/Wöhle, Claudia B.: Grundzüge der Betriebswirtschaftslehre: Studienausgabe. 17. Aufl. 2008.

Schultz, Volker: Basiswissen Betriebswirtschaft: Management, Finanzen, Produktion, Marketing. 3. Aufl. München 2008.

Thommen, Jean-Paul/Achleitner, Ann-Kristin: Allgemeine Betriebswirtschaftslehre: Umfassende Einführung aus managementorientierter Sicht. 6. Aufl. Wiesbaden 2009.

Vahs, Dietmar/Schäfer-Kunz, Jan: Einführung in die Betriebswirtschaftslehre: Lehrbuch mit Beispielen und Kontrollfragen. 5. Aufl. Stuttgart 2007.

Voss, Rüdiger: BWL kompakt: Grundwissen Betriebswirtschaftslehre. 5. Aufl. Rinteln 2010.

Weber, Wolfgang/Kabst, Rüdiger: Einführung in die Betriebswirtschaftslehre. 7. Aufl. Wiesbaden 2008.

Wöhe, Günter/Döring Ulrich: Einführung in die Allgemeine Betriebswirtschaftslehre. 24. Aufl. München 2010.

Bilderwelten, Bildwahrnehmungen

Allesch, Christian/Neumaier, Otto: Rudolf Arnheim oder die Kunst der Wahrnehmung – Ein interdisziplinäres Portrait. Wien 2004.

Arnheim, Rudolf: Anschauliches Denken. Zur Einheit von Bild und Bildbegriff. Köln 1996.

Arnheim, Rudolf: Film als Kunst. 3. Aufl. Frankfurt/M. 2002.

Arnheim, Rudolf: Kunst und Sehen. Eine Psychologie des schöpferischen Auges. 3. Aufl. Berlin 2000.

Bosch, Christian/Schiel, Stefan/Winder, Thomas: Emotionen im Marketing: Verstehen – Messen – Nutzen. Wiesbaden 2006.

Christ, Andreas: Farbenlehre: Bilderwelten und die Magie der Farben. Geschichte – Symbolik – Praxis. 2. Aufl. Igling 2008.

Elsner, Norbert (Hrsg.): Bilderwelten. Vom farbigen Abglanz der Natur. Göttingen 2007.

Finlay, Victoria:Das Geheimnis der Farben: Eine Kulturgeschichte. Berlin 2005.

Gombrich, Ernst H: Kunst und Illusion: Zur Psychologie der bildlichen Darstellung. Berlin 2002.

Held, Dirk/Scheier, Christian: Wie Werbung wirkt. Erkenntnisse des Neuromarketing. Freiburg 2006.

Kahrmann, Klaus-Ove/Bendixen, Peter: Umkehrungen – Über den Zusammenhang von Wahrnehmen und Wirtschaften. Wiesbaden 2010.

Leinen, Frank/Rings, Guido (Hrsg.): Bilderwelten – Textwelten – Comicwelten: Romanistische Begegnungen mit der Neunten Kunst. München 2007.

Majetschak, Stefan: Bild-Zeichen. Perspektiven einer Wissenschaft vom Bild. München 2005.

Molnar, Kaj-Magdalena: Am Anfang war das Bild. Stuttgart 2007.

Sachs-Hombach, Klaus/Rehkämper, Klaus: Bild – Bildwahrnehmung – Bildverarbeitung. Interdisziplinäre Beiträge zur Bildwissenschaft. 2. Aufl. Wiesbaden 2004.

Schuster, Martin: Fotos sehen, verstehen, gestalten: Eine Psychologie der Fotografie. 2. Aufl. Berlin 2005.

Schuster, Martin: Wodurch Bilder wirken: Psychologie der Kunst. 5. Aufl. Köln 2007.

Tonge, Gary: Bizarre Visionen: Fantastische Bilderwelten – Das Tor zur digitalen Fantasy- und SF-Malerei. Igling 2009.

Waldenfels, Bernhard: Sinne und Künste im Wechselspiel – Modi ästhetischer Erfahrung. Frankfurt/M. 2010.

Zschocke, Nina: Der irritierte Blick: Kunstrezeption und Aufmerksamkeit. München 2005.

Bildungspolitik/Bildungsökonomie

Bank, Volker (Hrsg.): Vom Wert der Bildung: Bildungsökonomie in wirtschaftspädagogischer Perspektive neu gedacht. Bern 2005.

Barz, Heiner (Hrsg.): Handbuch Bildungsfinanzierung. Wiesbaden 2010.

Böttcher, Wolfgang/Weishaupt, Horst/Weiß, Manfred (Hrsg.): Wege zu einer neuen Bildungsökonomie: Pädagogik und Ökonomie auf der Suche nach Ressourcen und Finanzierungskonzepten. Dortmund 1997.

Cortina, Kai S./Baumert, Jürgen/Leschinsky, Achim/Mayer, Karl Ulrich/Trommer, Luitgard (Hrsg.): Das Bildungswesen in der Bundesrepublik Deutschland: Strukturen und Entwicklungen im Überblick. Reinbek b. Hamburg 2008.

Fuhrmann, Manfred: Bildung: Europas kulturelle Identität. Ditzingen 2002.

Heimbach-Steins, Marianne/Kruip, Gerhard/Kunze, Axel Bernd (Hrsg.): Bildung, Politik und Menschenrecht: Maßstab für die Bildungspolitik in Deutschland? Bielefeld 2009.

Held, Martin/Kubon-Gilke, Gisela/Sturn, Richard (Hrsg.): Jahrbuch Normative und institutionelle Grundfragen der Ökonomik: Jahrbuch 8 Bildungsökonomie in der Wissensgesellschaft. Marburg 2009.

Hentig, Hartmut von; Bildung: Ein Essay. 8. Aufl. Weinheim 2009.

Hepp, Gerd F.:Bildungspolitik in Deutschland: Eine Einführung. Wiesbaden 2011.

Liessmann, Konrad Paul: Theorie der Unbildung: Die Irrtümer der Wissensgesellschaft. 4. Aufl. München 2010.

Pechar, Hans: Bildungsökonomie und Bildungspolitik. Münster 2006.

Rauschenbach, Thomas: Zukunftschance Bildung: Familie, Jugendhilfe und Schule in neuer Allianz. Weinheim 2009.

Richter, Ingo: Die sieben Todsünden der Bildungspolitik. Frankfurt/M. et al. 2002.

Seckelmann, Margrit/Lange, Stefan/Horstmann, Thomas (Hrsg.): Die Gemeinschaftsaufgaben von Bund und Ländern in der Hochschul-, Forschungs- und Bildungspolitik: Analysen und Erfahrungen. Baden-Baden 2010.

Weiss, Manfred (Hrsg.): Evidenzbasierte Bildungspolitik: Beiträge der Bildungsökonomie. Berlin 2007.

Weiss, Manfred/Weishaupt, Horst (Hrsg.):Bildungsökonomie und Neue Steuerung. Frankfurt/M. 2000.

Bildung und Wissenschaft

Adorno, Theodor W: Theorie der Halbbildung. Frankfurt/M. 2006.

Blanke, Hermann-Josef (Hrsg.):Bildung und Wissenschaft als Standortfaktoren. Tübingen 2007.

Hammerstein, Notker: Bildung und Wissenschaft vom 15. bis zum 17. Jahrhundert. Enzyklopädie Deutscher Geschichte. München 2003.

Honnefelder, Ludger (Hrsg.): Albertus Magnus und der Ursprung der Universitätsidee: Die Begegnung der Wissenschaftskulturen im 13. Jahrhundert und die Entdeckung des Konzepts der Bildung durch Wissenschaft. Berlin 2011.

Honnefelder, Ludger/Rager, Günter (Hrsg.): Bildung durch Wissenschaft. Freiburg 2011.

Huber, Joseph: Immer mehr Bildung. Zukunftsillusionen oder progressive Illusion?: Essay über die Industrialisierung von Bildung und Wissenschaft. Marburg 2009.

Kraus, Hans-Christof: Kultur, Bildung und Wissenschaft im 19. Jahrhundert. München 2008.

Krautz, Jochen: Ware Bildung: Schule und Universität unter dem Diktat der Ökonomie. München 2007.

Liessmann, Konrad Paul: Theorie der Unbildung: Die Irrtümer der Wissensgesellschaft. 4. Aufl. München 2010.

Münch, Richard: Globale Eliten, lokale Autoritäten: Bildung und Wissenschaft unter dem Regime von PISA, McKinsey & Co. Frankfurt/M. 2009.

Pfähler, Wilhelm/Clermont, Christian/Hofmann, Ulrich: Bildung und Wissenschaft als Wirtschafts- und Standortfaktor. Baden-Baden 1997.

Reheis, Fritz: Bildung contra Turboschule: Ein Plädoyer. Freiburg 2010.

Schindling, Anton:; Bildung und Wissenschaft in der frühen Neuzeit 1650–1800. 2. Aufl. München 1999.

Schweitzer, Friedrich/Lorenz, Sönke/Seidl, Ernst (Hrsg.): Philipp Melanchthon: Seine Bedeutung für Kirche und Theologie, Bildung und Wissenschaft. Neukirchen-Vluyn 2010.

Wernicke, Jens/Brodowski, Michael/Herwig, Rita: Denkanstösse. Wider die neoliberale Zurichtung von Bildung, Hochschule und Wissenschaft. Münster 2005.

Energie und Zivilisation

Borscheid, Peter: Das Tempo-Virus: Eine Kulturgeschichte der Beschleunigung. Frankfurt/M. 2004.

Bührke, Thomas/Wengenmayr, Roland (Hrsg.): Erneuerbare Energie: Alternative Energiekonzepte für die Zukunft. 2. Aufl. Weinheim 2009.

Fischer, Akelei: Der globale Leviathan: Zum unterdrückten Teil der Geschichte der abendländischen Zivilisation. Samerberg 2009.

Frank, Andreas: Nachhaltige Energieversorgung im regionalen Kontext: Eine empirische Analyse der Umsetzungsmöglichkeiten regionaler Akteure. Duisburg-Hamborn 2009.

Geitmann, Sven: Erneuerbare Energien: Mit neuer Energie in die Zukunft. Oberkrämer 2009.

Gruss, Peter: Die Zukunft der Energie: Die Antwort der Wissenschaft. Ein Report der Max-Planck-Gesellschaft. München 2008.

Hartmann, Thom/Kretzschmar, Gisela: Unser ausgebrannter Planet: Von der Weisheit der Erde und der Torheit der Moderne. München 2000.

Kerner, Max (Hrsg.): Technik und Angst. Zur Zukunft der industriellen Zivilisation. Berlin 1996.

Pelte, Dietrich: Die Zukunft unserer Energieversorgung: Über die Bedeutung und Entwicklung der Weltenergieressourcen. Wiesbaden 2009.

Petermann, Jürgen: Energie Zukunft. Hamburg 2011.

Raetz, Karlheinz: Die reale Utopie. Vom energieautarken Wohnhaus zur solaren Zivilisation. Berlin 2000.

Gehirnforschung/Neurowissenschaften

Andrich Jürgen/Nützel, Nikolaus: Das Universum im Kopf. Wie unser Gehirn funktioniert. Berlin 2008.

Bear, Mark F/Connors, Barry W./Paradiso, Michael A: Neurowissenschaften – Ein grundlegendes Lehrbuch für Biologie, Medizin und Psychologie. 3. Aufl. Heidelberg 2008.

Bennett, Maxwell/Hacker, Peter/Searle, John/Dennett, Daniel:Neurowissenschaft und Philosophie: Gehirn, Geist und Sprache. Frankfurtr/M. 2010.

Dudel, Josef/Menzel, Randolf/Schmidt, Robert F.(Hrsg.): Neurowissenschaft: Vom Molekül zur Kognition. 2. Aufl. Berlin 2001.

Goleman, Daniel: EQ. Emotionale Intelligenz. München 1997.

Herrmann, Ulrich (Hrsg.): Neurodidaktik: Grundlagen und Vorschläge für gehirngerechtes Lehren und Lernen. 2. Aufl. Weinheim 2009.

Herschkowitz, Norbert: Das Gehirn: Wissen was stimmt. 4. Aufl. Heidelberg 2007.

Kandel, Eric R./Schwartz, James/Jessell, Thomas (Hrsg.): Neurowissenschaften: Eine Einführung. Heidelberg 1995.

Kandel, Eric: In Search of Memory – The Emergence of a New Science of Mind. New York 2006 (dtsch: Auf der Suche nach dem Gedächtnis: Die Entstehung einer neuen Wissenschaft des Geistes. München 2007).

Kanitz, Anja von: Emotionale Intelligenz. Freiburg 2007.

Libet, Benjamin: Mind Time: Wie das Gehirn Bewusstsein produziert. Frankfurt/M. 2007.

O'Shea, Michael: Das Gehirn: Eine Einführung. Ditzingen 2008.

Pöppel, Ernst: Grenzen des Bewußtseins. Wie kommen wir zur Zeit, und wie entsteht Wirklichkeit? Frankfurt/M 1997.

Pöppel, Ernst: Zum Entscheiden geboren: Hirnforschung für Manager. München 2008.

Roth, Gerhard/Spitzer, Manfred/Caspary, Ralf: Lernen und Gehirn: Der Weg zu einer neuen Pädagogik. 7. Aufl. Freiburg 2006.

Schwake, Michael/Hermey, Guido/Mahlke, Claudia/Sommer-Blöchl, Tobias: Der Experimentator: Neurowissenschaften. Heidelberg 2010.

Seidel, Wolfgang: Emotionale Kompetenz: Gehirnforschung und Lebenskunst. Heidelberg 2008.

Singer, Wolf: Der Beobachter im Gehirn – Essays zur Hirnforschung. Frankfurt/M. 2007.

Singer, Wolf: Ein neues Menschenbild? – Gespräche über Hirnforschung. Frankfurt/M. 2003.

Singer, Wolf: Vom Gehirn zum Bewusstsein. Frankfurt/M. 2006.

Solms, Mark/Turnbull, Oliver: Das Gehirn und die innere Welt: Neurowissenschaft und Psychoanalyse. Düsseldorf 2007.

Spitzer, Manfred/Bertram, Wulf/Hontschik, Bernd (Hrsg.): Braintertainment: Expeditionen in die Welt von Geist und Gehirn. 2. Aufl. Frankfurt/M. 2008.

Spitzer, Manfred/Herschkowitz, Norbert: Warum Lernen Spaß macht: Hirnforschung und Schule. Etsdorf am Kamp, 2009.

Spitzer, Manfred: Geld im Kopf: Wie Ihr Gehirn mit Geld umgeht [Audiobook]. Etsdorf am Kamp. 2009.

Spitzer, Manfred: Lernen: Gehirnforschung und die Schule des Lebens. Heidelberg 2006.

Thompson, Richard F.: Das Gehirn: Von der Nervenzelle zur Verhaltenssteuerung. 3. Aufl. Heidelberg 2010.

Geschichte der ökonomischen Theorie

Beattie, Alan: False Economy: A Surprising Economic History of the World. Riverhead Hardcover 2009.

Blaug, Mark: Economic Theory in Retrospect. Cambridge University Press. 5th edition 1997.

Burkhardt, Johannes/Priddat, Birger P (Hrsg.): Geschichte der Ökonomie. Berlin 2009.

Cameron, Rondo/Neal, Larry: A Concise Economic History of the World: From Paleolithic Times to the Present. Oxford University Press, USA. 4th edition 2002.

Clark, Gregory: A Farewell to Alms: A Brief Economic History of the World. Princeton University Press. 2008.

Kurz, Heinz D. (Hrsg.): Klassiker des ökonomischen Denkens 01: Von Adam Smith bis Alfred Marshall. München 2008.

Linß, Vera: Die wichtigsten Wirtschaftsdenker. Wiesbaden 2007.

Neumark, Fritz: Studien zur Entwicklung der ökonomischen Theorie II. Geschichte merkantilistischer Ideen und Praktiken. (Schriften des Vereins für Socialpolitik) Berlin 1982.

Niehans, Jürg: A History of Economic Theory: Classic Contributions, 1720–1980. The Johns Hopkins University Press. 1994.

Pies, Ingo/Leschke, Martin: Douglass Norths ökonomische Theorie der Geschichte. Tübingen 2009.

Pribram, Karl: Geschichte des ökonomischen Denkens: 2 Bde. Frankfurt/M. 1998.

Priddat, Birger P.: Theoriegeschichte der Wirtschaft. Stuttgart 2002.

Recktenwald, Horst C.: Geschichte der politischen Ökonomie. Stuttgart 1971.

Robbins, Lionel/Medema, Steven G: A History of Economic Thought. Princeton University Press 2000.

Roncaglia, Alessandro: The Wealth of Ideas: A History of Economic Thought. Cambridge University Press. 2006.

Scheer, Christian (Hrsg.): Studien zur Entwicklung der ökonomischen Theorie XXII: Ideen, Methoden und Entwicklungen der Geschichte des ökonomischen Denkens. Berlin 2009.

Söllner, Fritz: Die Geschichte des ökonomischen Denkens. 2. Aufl. Berlin 2001.

Spiegel, Henry W.: The Growth of Economic Thought. University Press Books. 3rd edition 1991.

Starbatty, Joachim: Klassiker des ökonomischen Denkens: Von Platon bis John Maynard Keynes. Hamburg 2008.

Stavenhagen, Gerhard: Geschichte der Wirtschaftstheorie. 4. Aufl. Göttingen 1998.
Ziegler, Bernd: Geschichte des ökonomischen Denkens: Paradigmenwechsel in der Volkswirtschaftslehre. 2. Aufl. München 2008.

Homo oeconomicus

Butterwegge, Christoph/Lösch; Bettina/Ptak, Ralf: Kritik des Neoliberalismus. 2. Aufl. Wiesbaden 2008.
Demeulenaere, Philippe: Homo oeconomicus: Enquete sur la constitution d'un paradigme. Presses universitaires de France. 1996.
Drucker, Peter F.: Ursprünge des Totalitarismus: Das Ende des Homo Oeconomicus. Wien 2010.
Dueck, Gunter: Abschied vom Homo Oeconomicus: Warum wir eine neue ökonomische Vernunft brauchen. Frankfurt/M. 2008.
Goldschmidt, Nils/Nutzinger, Hans G. (Hrsg.): Vom homo oeconomicus zum homo culturalis: Handlung und Verhalten in der Ökonomie. Münster 2009.
Kirchgässner, Gebhard: Homo oeconomicus: Das ökonomische Modell individuellen Verhaltens und seine Anwendung in den Wirtschafts- und Sozialwissenschaften. 3. Aufl. Tübingen 2008.
Kirchgässner, Gebhard: Homo Oeconomicus: The Economic Model of Behaviour and Its Applications in Economics and Other Social Sciences. Berlin 2010.
Manstetten, Reiner: Das Menschenbild der Ökonomie: Der homo oeconomicus und die Anthropologie von Adam Smith. 2. Aufl. Freiburg i. Br. 2002.
Manzeschke, Arne (Hrsg.): Sei ökonomisch! Prägende Menschenbilder zwischen Modellbildung und Wirkmächtigkeit. Berlin 2010.
Martens, Andree: Der homo oeconomicus in der Politikwissenschaft. München 2007.
Nell, Verena von/Kufeld, Klaus (Hrsg.): Homo oeconomicus: Ein neues Leitbild in der globalisierten Welt. Münster 2006.
Prades L'Harmattan, Jacques: L'Homo oeconomicus et la Déraison scientifique. 2001.
Priddat, Birger P./Hengsbach, Friedhelm/Brieskorn, Norbert/Wallacher, Johannes: Homo oeconomicus: Der Mensch der Zukunft? Stuttgart 1998.
Ruá-Mohl, Susanne/Fengler, Stephan: Der Journalist als ‚Homo oeconomicus'. Kostanz 2005.
Schlotterbeck, Florian: Homo Oeconomicus: der Mensch – ein asoziales Wesen? München 2007.

Kreativität

Bolam, Christine: Kreativität – die Kunst im Fluss zu sein. Bielefeld 2005.
Boos, Evelyn: Das große Buch der Kreativitätstechniken. München 2006.
Cameron, Julia: Der Weg des Künstlers: Ein spiritueller Pfad zur Aktivierung unserer Kreativität. München 2009.
Cassou, Michele: Point Zero: Entfesselte Kreativität. Bielefeld 2003.
Csikszentmihalyi, Mihaly: Kreativität: Wie Sie das Unmögliche schaffen und Ihre Grenzen überwinden. 8. Aufl. Stuttgart 2010.
Hentig, Hartmut von: Kreativität: Hohe Erwartungen an einen schwachen Begriff. Weinheim 2000.
Holm-Hadulla, Rainer M.: Kreativität zwischen Schöpfung und Zerstörung: Konzepte aus Kulturwissenschaften, Psychologie, Neurobiologie und ihre praktischen Anwendungen. Göttingen 2011.
Holm-Hadulla, Rainer M.: Kreativität – Konzept und Lebensstil. 3. Aufl. Göttingen 2007.
Jeanmaire, Alexander: Der kreative Funke. Handbuch für Kreativität und Lebenskunst . 3. Aufl. Witten 2006.
Lüchinger, Thomas: Intuitiv Malen: Wege zur Kreativität. Bern 2005.
Osho: Kreativität: Die Befreiung der inneren Kraft. Berlin 2004.
Reckwitz, Andreas: Die Erfindung der Kreativität: Zum Prozess gesellschaftlicher Ästhetisierung. Frankfurt/M., angekündigt Aug. 2011.
Schuler, Heinz/Görlich, Yvonne: Kreativität: Ursachen, Messung, Förderung und Umsetzung in Innovation. Göttingen 2006.
Weidenmann, Bernd: Handbuch Kreativität. Weinheim 2010.
Wierz, Jakobine: Kreativität fördern – Intelligenz entwickeln: Spiele und Übungen zur Förderung kognitiver, sozialer und emotionaler Intelligenz. Münster 2010.

Kulturbegriff

Bachmann-Medick, Doris: Cultural Turns: Neuorientierungen in den Kulturwissenschaften. Reinbek b. Hamburg 2010.

Baecker, Dirk/Kettner, Matthias/Rustemeyer, Dirk (Hrsg.): Kultur: Theorie und Praxis der Kulturreflexion. Bielefeld 2008.

Baecker, Dirk: Wozu Kultur? 3. Aufl. Berlin 2001.

Barth, Dorothee: Ethnie, Bildung oder Bedeutung?: Zum Kulturbegriff in der interkulturell orientierten Musikpädagogik. Augsburg 2008.

Burkart, Günter/Runkel, Gunter (Hrsg.): Luhmann und die Kulturtheorie. 2. Aufl. Frankfurt/M. 2004.

Freud, Sigmund: Das Unbehagen in der Kultur: Und andere kulturtheoretische Schriften. Nachdruck, Frankfurt/M. 2009.

Genthe, Eduard Theodor: Der Kulturbegriff bei Herder ... Schwarzenbeck 2010.

Göschel, Albrecht: Die Ungleichzeitigkeit der Kultur. Wandel des Kulturbegriffs in vier Generationen. Stuttgart 1994.

Göschel, Albrecht: Die Ungleichzeitigkeit in der Kultur. Wandel des Kulturbegriffs in vier Generationen. Essen 2000.

Hansen, Klaus P.: Kulturbegriff und Methode. Tübingen 1993.

Hoffmann, Hilmar/Genscher, Hans D./Anz, Thomas/Glück, Helmut: Die Semantik des Kulturbegriffs. Bamberg 1998.

Isaak, Thomas: ARTE – Europäische Tele-Kultur? Der Kulturbegriff in Deutschland und Frankreich am Beispiel vom TV-Kulturkanal ARTE. Saarbrücken 2008.

Jesenberger, Rainer: Universität wohin? Ende eines Mythos. Von der staatlichen Behinderung zur Handlungskompetenz. Leipzig 2006.

Korte, Hermann/Schäfers, Bernhard (Hrsg.): Einführung in Hauptbegriffe der Soziologie. 8. Aufl. Wiesbaden 2010.

Kuckelberg, Iris: „Was ist Kultur?" Eine Annäherung an den Kulturbegriff unter Bezugnahme auf die Theorien von Clifford Geertz und Norbert Elias. München 2010.

Küver, Jan: Globalisierung, Hybridbildung und Hegemonie – Der Wandel des Kulturbegriffs. München 2007.

Leicht, Imke: Multikulturalismus auf dem Prüfstand: Kultur, Identität und Differenz in modernen Einwanderungsgesellschaften. Berlin 2009.

Lischka, Konrad: Zurück zur Zukunft? Eine inhaltsanalytische Betrachtung der Feuilletonteile von FAZ und SZ im Zeitraum von 1999 bis 2002 – Themen, Darstellungsformen und Kulturbegriff. München 2009.

Moebius, Stephan: Kultur. Einführung in die Kultursoziologie. Bielefeld 2008.

Naucke, Maria: Der Kulturbegriff in der Rechtsprechung des Bundesverfassungsgerichts. Hamburg 2000.

Neufend, Jennifer: Kultur – von der Einheit zur Differenz: Der Kulturbegriff der modernen Gesellschaft aus der Perspektive der Luhmannschen Systemtheorie. Saarbrücken 2010.

Pfändler-Oling, Brigitte: Die verfassungsrechtliche Grundlage der Kulturförderung im Bund: Kulturbegriff, Art. 69 BV im Verfassungszusammenhang. Basel 2010.

Queckbörner, Peter: Zwischen Irrsinn und Verzweiflung: Zum erweiterten Kulturbegriff der Zeitschrift Die Schaubühne/Die Weltbühne im Ersten Weltkrieg. Frankfurt/M. 2000.

Sievers, Anne-Christin: Kulturelle globale Melange oder Nationalkultur: Ein Vergleich zwischen Tenbrucks immateriellem Kulturbegriff und dem Konzept der kulturellen Hybridbildung bei Pieterse/Winter. München 2005.

Wälchli, Martin: Der Kulturbegriff in der Interkulturellen Pädagogik. München 2008.

Kulturfinanzierung

Gerlach-March, Rita: „Gutes" Theater: Theaterfinanzierung und Theaterangebot in Großbritannien und Deutschland im Vergleich. Wiesbaden 2010.

Gerlach-March, Rita: Kulturfinanzierung. Wiesbaden 2010.

Goehler, Adrienne: Verflüssigungen: Wege und Umwege vom Sozialstaat zur Kulturgesellschaft. Frankfurt/M. 2006.

Görsch, Markus: Komplementäre Kulturfinanzierung: Das Zusammenwirken von staatlichen und privaten Zuwendungen bei der Finanzierung von Kunst und Kultur. Berlin 2001.

Lueg, Barbara: Kulturfinanzierung in Deutschland: Ein internationaler Vergleich mit Frankreich, Großbritannien und den USA. Saarbrücken 2007.

Meyer, Jörn-Axel: Kunstförderung durch Unternehmen. Köln 2004.

Palm, Wolfgang: Öffentliche Kunstförderung zwischen Kunstfreiheitsgarantie und Kulturstaat. Berlin 1998.

Scheytt, Oliver: Kommunales Kulturrecht: Kultureinrichtungen, Kulturförderung und Kulturveranstaltungen. München 2005.

Scheytt, Oliver: Kulturstaat Deutschland: Plädoyer für eine aktivierende Kulturpolitik. Bielefeld 2008.

Sturhan, Sabine: Kunstförderung zwischen Verfassung und Finanzkrise: Probleme staatlicher Kunstfinanzierung am Beispiel Berlins. Berlin 2003.
Wendorf, Alexandra: Kunstförderung in Deutschland: Das Praxis-Handbuch für bildende Künstler, Kunstförderer und Kunstvermittler. Bad Honnef 2005.
Widmer, Teresa: Kulturpolitik und Kulturfinanzierung: Modelle im internationalen Vergleich. Saarbrücken 2008.

Kulturmanagement

Bekmeier-Feuerhahn, Sigrid/van den Berg, Karen/Höhne, Steffen/Keller, Rolf/Koch, Angela/Mandel, Birgit (Hrsg.): Forschen im Kulturmanagement: Jahrbuch für Kulturmanagement 2009. Bielefeld 2009.
Bekmeier-Feuerhahn, Sigrid/van den Berg, Karen/Höhne, Steffen/Keller, Rolf/Mandel, Birgit/Tröndle, Martin (Hrsg.): Theorien für den Kultursektor: Jahrbuch für Kulturmanagement 2010. Bielefeld 2010.
Bendixen, Peter: Einführung in das Kultur- und Kunstmanagement. 4. Aufl. Wiesbaden 2010.
Bendixen, Peter: Managing Art – Introduction into Principles and Conceptions. Wien 2009.
Föhl, Patrick S/Glogner, Patrick: Kulturmanagement als Wissenschaft: Überblick – Methoden – Arbeitsweisen. Einführung für Studium und Praxis. Bielefeld (Juli 2011)
Hausmann, Andrea: Kunst- und Kulturmanagement 1: Einführung in Grundlagen, Marketingmanagement und Personalmanagement. Wiesbaden 2011.
Hausmann, Andrea: Kunst- und Kulturmanagement 2: Einführung in Finanzierungsmanagement, Projektmanagement, Gründungsmanagement und Kulturtourismus. Wiesbaden 2011.
Heinze, Thomas (Hrsg.): Neue Ansätze im Kulturmanagement: Theorie und Praxis. Wiesbaden 2004.
Höhne, Steffen: Kunst- und Kulturmanagement: Eine Einführung. Stuttgart 2009.
Keller, Rolf/Schaffner, Brigitte/Seger, Bruno/Baldi, Silvia/Bischof, Philippe/Föhl, Patrick/Wegner, Nora: Spiel plan: Schweizer Jahrbuch für Kulturmanagement 2007/2008. Bern 2008.
Klein, Armin (Hrsg.): Kompendium Kulturmanagement. Handbuch für Studium und Praxis. 2. Aufl. München 2008.
Klein, Armin: Der exzellente Kulturbetrieb. 2. Aufl. Wiesbaden 2008.
Konrad, Elmar D.:Kulturmanagement und Unternehmertum. Stuttgart 2010.
Lewinski, Verena/Lüddemann, Stefan (Hrsg.): Kulturmanagement der Zukunft: Perspektiven aus Theorie und Praxis. Wiesbaden 2008.
Lewinski-Reuter, Verena/Lüddemann, Stefan (Hrsg.): Glossar Kulturmanagement. Wiesbaden 2010.
Mandel, Birgit (Hrsg.): Kulturmanagement, Audience Development, Kulturelle Bildung: Konzeptionen und Handlungsfelder der Kulturvermittlung. München 2008.
Mandel, Birgit: Die neuen Kulturunternehmer: Ihre Motive, Visionen und Erfolgsstrategien. Bielefeld 2007.
Scheurer, Hans/Spiller, Ralf (Hrsg.): Kultur 2.0: Neue Web-Strategien für das Kulturmanagement im Zeitalter von Social Media. Bielefeld 2010.
Schneidewind, Petra: Betriebswirtschaft für das Kulturmanagement: Ein Handbuch. Bielefeld 2006.
Siebenhaar, Klaus (Hrsg.): Karriereziel Kulturmanagement: Studiengänge und Berufsbilder im Profil. 2. Aufl. Nürnberg 2003.
Steirer, Wolfgang/Moser, Susanne/Matt, Gerald: Kulturmanagement leicht gemacht: Der kurze Weg zum Profi. 2. Aufl. Wien 2009.

Kulturmarketing

Battenfield, Jackie: The Artist's Guide: How to Make a Living Doing What You Love. Da Capo Press. 2009.
Bendixen, Peter: Managing Art – An Introduction into Principles and Conceptions. Wien 2010.
Bernstein, Joanne Scheff/Kotler, Philip: Arts Marketing Insights: The Dynamics of Building and Retaining Performing Arts Audiences. Jossey-Bass 2006.
Byrnes, William J.: Management and the Arts. 4. Edition. Butterworth Heinemann. 2008.
Geyer, Hardy/Manschwetus, Uwe (Hrsg.): Kulturmarketing. München 2008.
Grant, Daniel: Selling Art Without Galleries: Toward Making a Living from Your Art. Allworth Press. 2006.
Günter, Bernd/Hausmann, Andrea: Kulturmarketing. Wiesbaden 2009
Klein, Armin: Innovatives Kulturmarketing. Baden-Baden 2002.
Klein, Armin: Kultur-Marketing: Das Marketingkonzept für Kulturbetriebe. 2. Aufl. München 2005.
Mandel, Birgit: PR für Kunst und Kultur: Handbuch für Theorie und Praxis. 2. Aufl. Bielefeld 2009.

Michels, Caroll: How to Survive and Prosper as an Artist: Selling Yourself Without Selling Your Soul. Holt Paper-
    backs; 6 edition. 2009.
Neumann, Eva/Walter, Hans-Conrad/Tischer, Anne/Wendt,Andrea/Lohr, Mareike/Möckel, Julia: Kulturmarken 2010:
    Jahrbuch für Kulturmarketing und Kultursponsoring. Berlin 2009.
O'Reilly, Daragh/Kerrigan, Finola (Editors): Marketing the Arts: A Fresh Approach. Routledge 2010.
Reimann, Michaela/Rockweiler, Susanne: Handbücher Unternehmenspraxis: Handbuch Kulturmarketing: Struktu-
    rierte Planung – Erfolgreiche Umsetzung – Innovationen und Trends aus der Kulturszene. Berlin 2005.
Renz, Thomas: Besucherforschung im Kulturmarketing: Eine empirische Analyse der Besucherbefragungen deut-
    scher Theater. Saarbrücken 2010.
Robertson, Iain (Editor): Understanding International Art Markets and Management. Routledge. 2005.
Smith, Constance: Art Marketing 101, Third Edition: A Handbook for the Fine Artist. ArtNetwork; 3 edition. 2007.
Vitali, Julius: The Fine Artist's Guide to Marketing and Self-Promotion: Innovative Techniques to Build Your Career
    as an Artist. Allworth Press; Revised edition. 2003.
Walter, Hans-Conrad/Neumann, Eva/Brockes, Hans Willy/Düllo, Thomas/Erdmann, Julius/Hewelt, Karolin/Klem-
    stein, Andre/Pöllmann, Lorenz/Smacka, Jan/Branczyk, Alexander: Kulturmarken 2009: Jahrbuch für Kultur-
    marketing und Kultursponsoring. Berlin 2008.

Kulturökonomie und Kulturökonomik

Ang, Soon/Van Dyne, Linn (Editors): Handbook of Cultural Intelligence: Theory Measurement and Application.
    M. E. Sharpe. 2009.
Becker, Gary/Mursphy, Kevin M.: Social Economics: Market Behavior in a Social Environment. Belknap Press of
    Harvard University Press, 2003.
Bloch, Maurice: Essays on Cultural Transmission (London School of Economics Monographs on Social Anthropo-
    logy). Berg Publishers. 2005.
Bräutigam, Gregor: Kulturökonomie. Kulturgenerierung – Kulturanalyse – Kulturkontakt: Wie gesellschaftliche
    Verfahrensmuster die Ausprägung des Humankapitals beeinflussen. Aachen 2006.
Coleman Jordan, Emma/Harris, Angela P.: Cultural Economics: Markets and Cultures. Foundation Press. 2005.
Fischer-Lichte, Erika/Hasselmann, Kristiane/Kittner, Alma-Elisa (Hrsg.): Kampf der Künste!: Kultur im Zeichen
    von Medienkonkurrenz und Eventstrategien. Bielefeld 2011.
Frey, Bruno S.: Ökonomie ist Sozialwissenschaft: Die Anwendung der Ökonomie auf neue Gebiete. München 1990.
Frey, Bruno S./Frey Marti, Claudia: Glück: Die Sicht der Ökonomie. Zürich 2010.
Frey, Bruno S.: Arts & Economics: Analysis & Cultural Policy. 2nd Edition. Berlin (Springer) 2003.
Gottschalk, Ingrid: Kulturökonomik – Probleme, Fragestellungen und Antworten. Wiesbaden 2006.
Groys, Boris: Über das Neue: Versuch einer Kulturökonomie. München 2007.
Harrison, Lawrence E.: Who Prospers: How Cultural Values Shape Economic And Political Success. Basic Books
    1993.
Heilbrun, James/Gray, Charles M: The Economics of Art and Culture. Cambridge University Press; 2 edition 2001.
Lee-Peuker, Mi-Yong/Scholtes, Fabian/Schumann, Olaf J.: Kultur – Ökonomie – Ethik. Mering 2007.
Mossig, Ivo: Netzwerke der Kulturökonomie: Lokale Knoten und globale Verflechtungen der Film- und Fernseh-
    industrie in Deutschland und den USA. Bielefeld 2006.
Pommerehne, Werner W/Frey, Bruno S.: Musen und Märkte. Ansätze zu einer Ökonomik der Kunst. München 1993.
Portes, Alejandro: Economic Sociology: A Systematic Inquiry. Princeton University Press. 2010.
Schößler, Franziska/Bähr, Christine (Hrsg.): Ökonomie im Theater der Gegenwart: Ästhetik, Produktion, Institution.
    Bielefeld 2009.
Swatos, William H./Tomasi, Luigi (Editor): From Medieval Pilgrimage to Religious Tourism: The Social and Cultural
    Economics of Piety. Praeger Publishers, 2002.
Thomas, David C/Inkson, Kerr: Cultural Intelligence: Living and Working Globally. Berrett-Koehler Publishers.
    2nd edition. 2009.
Throsby, David: Economics and Culture. Cambridge University Press. 2001.
Throsby, David: The Economics of Cultural Policy. Cambridge University Press. 2010.
Towse, Ruth: A Textbook of Cultural Economics. Cambridge University Press. 2010.
Zelizer, Viviana A: Economic Lives: How Culture Shapes the Economy. Princeton University Press. 2010.

Kulturwirtschaft und Creative Industries

Bilton, Chris: Management and Creativity: From Creative Industries to Creative Management. Wiley-Blackwell. 2006.

Caves, Richard E.: Creative Industries: Contracts between Art and Commerce, Harvard University Press 2002

Deckert, Steffen: Die kreative Klasse: Wirtschaftswachstum durch die Interdependenz von Technologie, Talent und Toleranz mit einem Ausblick auf den Innovationsraum Jena. München 2008.

Drews, Albert (Hrsg.): Nach uns die Kulturwirtschaft: ...und was wird aus der Kulturpolitik. Loccum 2009.

Euteneuer, Matthias: Unternehmerisches Handeln und romantischer „Geist“: Selbständige Erwerbsarbeit in der Kulturwirtschaft. Wiesbaden 2011.

Florida, Richard: Cities and the Creative Class. Taylor & Francis Ltd. 2004.

Florida, Richard: The Rise of the Creative Class: And How It's Transforming Work, Leisure, Community and Everyday Life, Basic Books 2003.

Grüner, Herbert/Kleine, Helene/Puchta, Dieter/Schulze, Klaus-P. (Hrsg.): Kreative gründen anders!: Existenzgründungen in der Kulturwirtschaft. Ein Handbuch. Bielefeld 2009.

Hartley, John (Editor): Creative Industries. Wiley-Blackwell. 2005.

Henry, Colette (Editor): Entrepreneurship in the Creative Industries: An International Perspective. Edward Elgar Publishing. 2008.

Hesmondhalgh, David: The Cultural Industries. Sage Publications Ltd. 2nd edition 2007.

Holmes, Karen: Creative Industries (Real Life Guides). Trotman & Co Ltd. 2009.

Johannis, Axel: Der Kultur-Promotor: Erfolgreicher managen in der Kulturwirtschaft. Saarbrücken 2008.

Landry, Charles: The Creative City: A Toolkit for Urban Innovators. Earthscan, 2nd edition 2008.

Lange, Bastian/Kalandides, Ares/Stöber, Birgit/Wellmann, Inga (Hrsg.): Governance der Kreativwirtschaft: Diagnosen und Handlungsoptionen. Bielefeld 2009.

Lange, Bastian: Die Räume der Kreativszenen: Culturepreneurs und ihre Orte in Berlin, Bielefeld 2007.

Mandel, Birgit: Die neuen Kulturunternehmer: Ihre Motive, Visionen und Erfolgsstrategien. Bielefeld 2007.

Mayer, Markus: Kulturwirtschaft im Wandel: Analyse der Digitalisierung von Musikindustrie, Filmindustrie und Literaturmarkt, Saarbrücken 2007.

Mayerhofer, Peter/Peitz, Philipp/Resch, Andreas: „Creative Industries“ in Wien: Dynamik, Arbeitsplätze, Akteure. Wien 2008.

Merkel, Janet: Kreativquartiere: Urbane Milieus zwischen Inspiration und Prekarität. Berlin 2009.

Punkenhofer, Robert (Hrsg.): A Way Beyond Creative Industries. Wien 2010.

Söndermann, Michael: Kulturwirtschaft: Das unentdeckte Kapital der Kommunen und Regionen. Bonn 2006.

Stoneman, Paul: Soft Innovation: Economics, Design, and the Creative Industries. Oxford University Press, USA. 2010.

Zimmermann, Olaf/Schulz, Gabriele/Ernst, Stefanie: Zukunft Kulturwirtschaft. Bielefeld 2009.

Musikalische Bildung

Altenmüller, Eckart (Author), Wilfried Gruhn (Author), Edwin E. Gordon: Music, the Brain, and Music Learning: Mental Representation and Changing Cortical Activation Patterns Through Learning: I a Publications 2000.

Altenmüller, Eckart/Kesselring, Jurg/Wiesendanger, Mario (Editor): Music, Motor Control and the Brain. Oxford University Press. 2006.

Altenmüller, Eckart/Gruhn, Wilfried/Parlitz, Dietrich: Musiklernen . Pädagogische Auswirkungen neurobiologischer Grundlagenforschung. In: Scheidegger, Josef/Eiholzer, Hubert (Hrsg.): Persönlichkeitsentfaltung durch Musikerziehung. Aarau 1997, S. 97–109.

Bastian, Hans Günther: Kinder optimal fördern – mit Musik: Intelligenz, Sozialverhalten und gute Schulleistungen durch Musikerziehung. 4. Aufl. Stolberg 2007.

Bastian, Hans-Günther (Hrsg.): Begabungsforschung und Begabtenförderung in der Musik, Dokumentation eines nationalen Symposiums. Mainz 1993.

Bastian, Hans-Günther: Musik be-greifen, Künstlerische Ausbildung und Identitätsfindung. Mainz 1999.

Blank, Thomas/Adamek, Karl: Singen in der Kindheit – Eine empirische Studie zur Gesundheit und Schulfähigkeit von Kindergartenkindern und das Canto elementar-Konzept zum Praxistransfer. Münster 2010.

Fuchs, Michael (Hrsg.): Singen und Lernen. Berlin 2007.

Husler, Frederick: Das vollkommene Instrument. Erweckung des neuen musischen Bewußtseins. (Forum-777), Stuttgart 1982

Jourdain, Robert: Das wohltemperierte Gehirn – Wie Musik im Kopf entsteht und wirkt. Heidelberg 2001.

Neuhold, Thomas: Der Einfluss von Musik auf die Entwicklung des Kindes. München 2008.

Parlitz, Dietrich/Altenmüller, Eckart/Gruhn, Wilfried: Veränderung kortikaler Aktivierungsmuster durch Musikalisches Lernen. Forschungen des Instituts für Musikpsychologie und Musiker-Medizin der Hochschule für
Musik und Theater Hannover. Hannover 2001.

Scheidegger, Josef/Eiholzer, Hubert (Hrsg.): Persönlichkeitsentfaltung durch Musikerziehung. Aarau 1997.

Schönberger, Jörg: Musik und Emotionen: Grundlagen, Forschung, Diskussion. Saarbrücken 2006.

Seidner, Wolfram/Seidner, Jürgen: Die Sängerstimme: Phoniatrische Grundlagen des Gesangs. Berlin 2010.

Spitzer, Manfred: Musik im Kopf – Hören, Musizieren, Verstehen und Erleben im neuronalen Netzwerk. Stuttgart
2005.

Weber Ernst W./Spychiger, Maria/Patry, Jean L.: Musik macht Schule. Biografie und Ergebnisse eines Schulversuchs
mit erweitertem Musikunterricht. o. V. 1993.

Weber, Ernst W.: Schafft die Hauptfächer ab!: Plädoyer für eine Schule ohne Stress. Oberhofen/Schweiz 1991.

Weikl, Bernd: Vom Singen und von anderen Dingen. Wien 1998.

Oper/Musiktheater/Regietheater

Ayckbourn, Alan: Theaterhandwerk: 101 selbstverständliche Regeln zum Schreiben und Inszenieren. 2. Aufl. Berlin
2006.

Beyer, Barbara (Hrsg.): Warum Oper?: Gespräche mit Opernregisseuren. Berlin 2005.

Breth, Andrea: Frei für den Moment – Regietheater und Lebenskunst. Gespräche mit Irene Bazinger. Berlin/Zürich/
Hamburg 2009.

Dahlhaus, Carl: Richard Wagners Musikdramen. Ditzingen 1996.

Garaventa, Alexandra: Regietheater in der Oper. München 2005.

Gess, Nicola/Hartmann, Tina/Sollich, Robert (Hrsg.) Barocktheater heute: Wiederentdeckungen zwischen Wissenschaft und Bühne. Bielefeld 2008.

Gutjahr, Ortrud: Regietheater: Wie sich über Inszenierungen streiten lässt. Würzburg 2008.

Hillmer, Franziska: Peter Zadek und das Regietheater. München 2003.

Jochum, Manfred/Schmid-Reiter, Isolde (Hrsg.): Teure Kunstform Oper? Musiktheater im neuen Jahrtausend. Strategien und Konzepte. Innsbruck/Wien/Bozen 2006.

Kloiber, Rudolf/Konold, Wulf/Maschka, Robert: Handbuch der Oper. 12. Aufl. München 2004.

Schläder, Jürgen (Hrsg.): OperMachtTheaterBilder: Neue Wirklichkeiten des Regietheaters. Berlin 2006.

Schmid-Reiter, Isolde (Hrsg.): Kinderoper: Ästhetische Herausforderung und pädagogische Verpflichtung. Regensburg 2004.

Schmid-Reiter, Isolde (Hrsg.): Repertoire und Spielplangestaltung. Salzburg 1998.

Schmid-Reiter, Isolde (Hrsg.): Richard Wagners „Der Ring des Nibelungen": Europäische Traditionen und Para-
digmen. Regensburg 2010.

Schmierer, Elisabeth: Kleine Geschichte der Oper. Ditzingen 2001.

Vaget, Hans Rudolf (Hrsg.): Im Schatten Wagners: Thomas Mann über Richard Wagner. Texte und Zeugnisse. 2. Aufl.
Frankfurt/M. 2005.

Wagner, Heinz: Das grosse Handbuch der Oper. 4. Aufl. Hamburg 2006.

Seidenstraße/Altantikhandel

Aslan, Rüstem/Blum, Stephan/Schweizer, Frank/Öge, Hakan: Türkei – Städte und Regionen. Köln 2008.

Ehrensvärd, Ulla/Kokkonen, Pellervo/Nurminen, Juha (Hrsg.): Die Ostsee: 2000 Jahre Seefahrt, Handel und Kultur.
Hamburg 2010.

Gassert, Michael: Kulturtransfer durch Fernhandelskaufleute – Stadt, Region und Fernhandel in der europäischen
Geschichte. Frankfurt/M, Berlin, Bern, Bruxelles, New York, Oxford, Wien 2001.

Häberlein, Mark/Jeggle, Christof: Praktiken des Handels. Geschäfte und soziale Beziehungen europäischer Kaufleute
in Mittelalter und früher Neuzeit. Konstanz 2010.

Hauser, Françoise/Häring, Volker: China-Handbuch: Erkundungen im Reich der Mitte. Berlin 2005.

Höllmann, Thomas O.: Die Seidenstrasse. 2. Aufl. München 2007.

Jahns, Christopher/Schüffler, Christine: Logistik: Von der Seidenstraße bis heute. Wiesbaden 2008.

Johnson, Donald S./Nurminen, Juha: Die große Geschichte der Seefahrt: 3000 Jahre Expeditionen, Handel und
Navigation. Hamburg 2008.

Luckow, Beate: Turkmenistan: Versunkene Wüstenstädte an der Seidenstraße. Berlin 2006
Mathis, Franz: Die deutsche Wirtschaft im 16. Jahrhundert. München 1992.
Peltz, Judith: Usbekistan: Entlang der Seidenstraße nach Samarkand, Buchara und Chiwa. 7. Aufl. Berlin 2010.
Priskil, Peter: Die Karmaten: Was arabische Kaufleute und Handwerker schon vor über 1000 Jahren wußten: Religion muß nicht sein. Freiburg 2010.
Ptak, Roderich: Die maritime Seidenstraße: Küstenräume, Seefahrt und Handel in vorkolonialer Zeit. München 2007.
Schreiber, Dagmar: Kasachstan: Auf Nomadenwegen zwischen Kaspischen Meer und Altaj. 3. Aufl. Berlin 2008.
Schulte Beerbühl, Margrit: Deutsche Kaufleute in London. Welthandel und Einbürgerung (1660–1818). München 2007.
Schulte, Johannes: Die europäischen und kolonialen Handelsbeziehungen im 17. Jh. München 2010.
Standage, Tom: Sechs Getränke, die die Welt bewegten. Mannheim 2006.
Weber, Klaus: Deutsche Kaufleute im Atlantikhandel 1680–1830. Unternehmen und Familien aus Hamburg, Cadiz und Bordeaux. München 2004.
Wieczorek, Alfried/Lind, Christoph (Hrsg.): Ursprünge der Seidenstraße: Sensationelle Neufunde aus Xinjiang, China. Begleitbuch zur Ausstellung. Stuttgart 2007.
Wood, Frances: The Silk Road: Two Thousand Years in the Heart of Asia. University of California Press. 2004.

Städtebau und Regionalentwicklung

Becker, Elke/Gualini, Enrico/Runkel, Carolin/Strachwitz, Rupert (Hrsg.): Stadtentwicklung, Zivilgesellschaft und bürgerschaftliches Engagement. Stuttgart 2010.
Frick, Dieter: Theorie des Städtebaus: Zur baulich-räumlichen Organisation von Stadt. 2. Aufl. Tübingen 2008.
Gaebe, Wolf: Urbane Räume. Stuttgart 2004.
Haarmann, Anke/Lemke, Harald (Hrsg.):Kultur/Natur: Kunst und Philosophie im Kontext der Stadtentwicklung. Berlin 2009.
Ivanisin, Marko: Regionalentwicklung im Spannungsfeld von Nachhaltigkeit und Identität. Wiesbaden 2006,
Maier, Gunther/Tödtling, Franz/Trippl, Michaela: Regional- und Stadtökonomik 2: Regionalentwicklung und Regionalpolitik. 3. Aufl. Wien 2005.
Neubauer, Hendrik/Wachten, Kunibert: Städtebau und Architektur: Das 20. Jahrhundert. Potsdam 2010.
Schäfers, Bernhard: Stadtsoziologie: Stadtentwicklung und Theorien – Grundlagen und Praxisfelder. 2. Aufl. Wiesbaden 2010.
Schlögl, Anita: Mehrwert Musik: Musikwirtschaft und Stadtentwicklung in Berlin und Wien. Wiesbaden 2011.
Schmidtke, Holger: Stadt- und Regionalentwicklung in strukturschwachem Raum. Saarbrücken 2008.
Sitte, Camillo: Der Städtebau nach seinen künstlerischen Grundsätzen: Vermehrt um ‚Grossstadtgrün‘. Reprint der 4. Auflage, Wien 1909. Berlin 2007.

Soziale Kommunikation

Forgas, Joseph P.: Soziale Interaktion und Kommunikation: Eine Einführung in die Sozialpsychologie. 4. Aufl. Weinheim 1999.
Fuhse, Jan/Stegbauer, Christian (Hrsg.): Kultur und mediale Kommunikation in sozialen Netzwerken. Wiesbaden 2011.
Goffman, Erving: Rede-Weisen: Formen der Kommunikation in sozialen Situationen (Erfahrung – Wissen – Imagination). Konstanz 2005.
Haferkamp, Hans/Schmid, Michael: Sinn, Kommunikation und soziale Differenzierung. Beiträge zu Luhmanns Theorie sozialer Systeme. Frankfurt/M. 1995.
Hohm, Hans-Jürgen: Soziale Systeme, Kommunikation, Mensch: Eine Einführung in soziologische Systemtheorie. 2. Aufl. Weinheim 2006.
Jäger, Jutta/Kuckhermann, Ralf (Hrsg.): Ästhetische Praxis in der Sozialen Arbeit: Wahrnehmung, Gestaltung und Kommunikation. Weinheim 2004.
Luhmann, Niklas: Soziale Systeme: Grundriß einer allgemeinen Theorie. 14. Aufl. Frankfurt/M. 1987.
Schönhagen, Philomen: Soziale Kommunikation im Internet: Zur Theorie und Systematik computervermittelter Kommunikation vor dem Hintergrund der Kommunikationsgeschichte. Bern 2003.
Schulz von Thun, Friedemann: Klarkommen mit sich selbst und anderen: Kommunikation und soziale Kompetenz: Reden, Aufsätze, Dialoge. 4. Aufl. Reinbek b. Hamburg 2004.
Weischede, Friedhelm: Soziale Kommunikation. Stuttgart 2009.

Technischer Fortschritt

Gonsior, Francois: Technischer Fortschritt und Geldpolitik: Technologieschocks im neukeynesianischen Modell. Saarbrücken 2010.

Irrgang, Bernhard: Technischer Fortschritt. Paderborn 2002.

Jäger, Jill: Was verträgt unsere Erde noch?: Wege in die Nachhaltigkeit. 5. Aufl. Frankfurt/M. 2006.

Jischa, Michael F.: Herausforderung Zukunft. Technischer Fortschritt und ökologische Perspektiven. Heidelberg 1998.

Jischa, Michael F.: Herausforderung Zukunft: Technischer Fortschritt und Globalisierung. Heidelberg 2005.

Latif, Mojib: Bringen wir das Klima aus dem Takt?: Hintergründe und Prognosen. 6. Aufl. Frankfurt/M. 2006.

Meyer, Bernd: Wie muss die Wirtschaft umgebaut werden?: Perspektiven einer nachhaltigen Entwicklung. 2. Aufl. Frankfurt/M. 2008.

Micic, Pero: Das ZukunftsRadar. Die wichtigsten Trends, Technologien und Themen für die Zukunft. 2. Aufl. Offenbach 2006.

Schiepanski, Martin: Politische Urteilsfähigkeit und naturwissenschaftlich-technischer Fortschritt: Eine Untersuchung aus der theoretischen Perspektive Hannah Arendts. Hamburg 1999.

Schmidt-Bleek, Friedrich: Nutzen wir die Erde richtig?: Von der Notwendigkeit einer neuen industriellen Revolution. 4. Aufl. Frankfurt/M. 2006.

Steinmüller, Karlheinz: Die Zukunft der Technologien. Hamburg 2006.

Urheberrecht

Hillig, Hans-Peter (Hrsg.): Urheber- und Verlagsrecht: Urheberrechtsgesetz, Verlagsgesetz, Recht der urheberrechtlichen Verwertungsgesellschaften, Internationales Urheberrecht. 13. Aufl. München 2010.

Hilty, Reto M.: Urheberrecht. Bern 2010.

Höffner, Eckhard: Geschichte und Wesen des Urheberrechts – Band 1 und Band 2. München 2010.

Khomeriki, Elena: Urheberrecht und Copyright – Geschichte und Darstellung der Probleme. München 2008.

Kreile, Reinhold/Becker, Jürgen/Riesenhuber. Karl: Recht und Praxis der GEMA. Handbuch und Kommentar. Berlin 2005.

Löhr, Isabella: Die Globalisierung geistiger Eigentumsrechte: Neue Strukturen internationaler Zusammenarbeit 1886–1952. Göttingen 2010.

Lutz, Peter: Grundriss des Urheberrechts. Heidelberg 2009.

Neubert, Christian-Uwe: Grundlagen des Urheberrechts. 2. Aufl. Duderstadt 2008.

Plinke, Manfred/Nordemann, Jan Bernd/Nordemann, Axel/Dustmann, Andreas: Recht für Autoren. Urheberrecht, Verlagsrecht, Musterverträge. Das neue Urhebervertragsrecht mit dem neuen Gesetzestext. 2. Aufl. Berlin 2002.

Rehbinder, Manfred: Urheberrecht. 16. Aufl. München 2010.

Reuß, Robert M.: Naturrecht oder positivistisches Konzept: Die Entstehung des Urheberrechts im 18. Jahrhundert in England und den Vereinigten Staaten von Amerika. Baden-Baden 2010.

Schulze, Gernot: Meine Rechte als Urheber: Urheber- und Verlagsrechte schützen und durchsetzen. 6. Aufl. München 2009.

Wandtke, Artur-Axel (Hrsg.): Urheberrecht. Berlin 2009.

Wündisch, Sebastian: Richard Wagner und das Urheberrecht. Berlin 2008.

Volkswirtschaftslehre

Altmann, Jörn: Volkswirtschaftslehre: Einführende Theorie mit praktischen Bezügen. 7. Aufl. Stuttgart 2009.

Bendixen, Peter: Understanding the Economy – A Cultural Perspective. Berlin 2008.

Bofinger, Peter: Grundzüge der Volkswirtschaftslehre: Eine Einführung in die Wissenschaft von Märkten. 2. Aufl. München 2006.

Campbell, McConnell/Brue, Stanley/Flynn, Sean: Economics. McGraw-Hill/Irwin. 18th edition. 2008.

Campbell, McConnell/Brue, Stanley/Flynn, Sean: Macroeconomics. McGraw-Hill/Irwin. 18 edition. 2008.

Hazlitt, Henry: Economics in One Lesson: The Shortest and Surest Way to Understand Basic Economics. Three Rivers Press. 1988.

Ip, Greg: The Little Book of Economics: How the Economy Works in the Real World. Wiley. 2010.

Krugman, Paul/Wells, Robin: Volkswirtschaftslehre. Stuttgart 2010.

Mankiw, N. Gregory/Taylor, Mark P.: Grundzüge der Volkswirtschaftslehre. 4. Aufl. Stuttgart 2008.

Pindyck, Robert/Rubinfeld, Daniel: Microeconomics. Prentice Hall; 7 edition. 2008.
Samuelson, Paul Anthony/Nordhaus, William D.: Volkswirtschaftslehre. Das internationale Standardwerk der Makro- und Mikroökonomie. 3. Aufl. München 2007.
Samuelson, Paul/Nordhaus, William: Economics. McGraw-Hill/Irwin. 19th edition. 2009. W. W. Norton & Company. 2010.
Wheelan, Charles/Malkiel, Burton G.: Naked Economics: Undressing the Dismal Science.
Woll, Artur: Volkswirtschaftslehre. 15. Aufl. München 2007.

Zeit (naturwissenschaftlich/philosophisch)

Coveney, Peter/Highfield, Roger: The Arrow of Time: A Voyage Through Science to Solve Time's Greatest Mysteries. London 1990 (dtsch: Anti-Chaos – Der Pfeil der Zeit in der Selbstorganisation des Lebens. Mit einem Vorwort von Ilya Prigogine. Reinbek b. Hamburg 1992).
Fritzsch, Harald: Raum – Zeit – Materie – Auf der Suche nach ihrer Verbindung. In: Mensch und Kosmos. Hrsg. von E. P. Fischer und K. Wiegandt, Frankfurt/M. 2004, S. 98–111.
Gloy, Karen: Philosophiegeschichte der Zeit. München 2008.
Greene, Brian: Der Stoff, aus dem der Kosmos ist: Raum, Zeit und die Beschaffenheit der Wirklichkeit. München 2008.
Hawking, Lucy/Hawking, Stephen: Die unglaubliche Reise ins Universum. München 2009.
Hawking, Stephen/Mlodinow, Leonard: Die kürzeste Geschichte der Zeit. 5. Aufl. Reinbek b. Hamburg 2010.
Klein, Stefan: Alles Zufall – Die Kraft, die unser Leben bestimmt. 3. Aufl. Reinbek b. Hamburg 2008.
Klein, Stefan: Zeit – Der Stoff, aus dem das Leben ist. Frankfurt/M. 2008.
Lenz, Hans: Universalgeschichte der Zeit. Hamburg 2005.
Rosa, Hartmut: Beschleunigung. Die Veränderung der Zeitstrukturen in der Moderne 7. Aufl. Frankfurt/M 2005.
Spektrum Wissenschaft: Phänomen Zeit. Ein Spezial der Zeitschrift „Spektrum der Wissenschaft". Heidelberg 2007.
Zeilinger, Anton: Der Zufall als Notwendigkeit für eine offene Welt. In: Zeilinger, Anton/Leder, Helmut/Lichtenberger, Elisabeth/Mittelstraß, Jürgen/Winiwarter, Verena: Der Zufall als Notwendigkeit. 2. Aufl. Wien 2008.

Zivilisations- und Kulturwandel

Bauval, Robert/Hancock, Graham: Der Schlüssel zur Sphinx: Auf der Suche nach dem geheimen Ursprung der Zivilisation. Rottenburg 2007.
Breithaupt, Fritz: Kulturen der Empathie. Frankfurt/M. 2009.
Dewey, John: Philosophie und Zivilisation. Frankfurt/M. 2003.
Elias, Norbert: Die Gesellschaft der Individuen. Hrsg. v. Michael Schröter. 6. Aufl. Frankfurt/M. 1991.
Elias, Norbert: Über den Prozeß der Zivilisation. Soziogenetische und psychogenetische Untersuchungen. Erst-erscheinung 1939. Nachdr. bei Suhrkamp, Frankfurt/M. 1976.
Fischer-Lichte, Erika: Theater im Prozess der Zivilisation. Marburg (Francke) 2000.
Giesecke, Michael: Sinnenwandel, Sprachwandel, Kulturwandel: Studien zur Vorgeschichte der Informationsgesellschaft. Frankfurt/M. 1992.
Jensen, Derrick: Endgame. Zivilisation als Problem. Zürich 2008.
Jonas, Hans: Das Prinzip Verantwortung – Versuch einer Ethik für die technologische Zivilisation. 3. Aufl. Frankfurt/M. 2003.
Meinberg, Eckhard: Leibliche Bildung in der technischen Zivilisation: Über den Umgang mit dem Leibe. Münster 2011.
Mersch, Peter: Evolution, Zivilisation und Verschwendung: Über den Ursprung von Allem. 4. Aufl. Berlin 2008.
Montgomery, David: Dreck: Warum unsere Zivilisation den Boden unter den Füßen verliert. München 2010.
National Geographic: Große Kulturen: Die Ursprünge der Zivilisation. Hamburg 2011.
Nemo, Philippe; Was ist der Westen?: Die Genese der abendländischen Zivilisation. Tübingen 2006.
Polanyi, Karl: Ökonomie und Gesellschaft: Mit einer Einleitung von S. C. Humphreys. 2. Aufl. Frankfurt/M. 1979.
Polanyi, Karl: The Great Transformation: Politische und ökonomische Ursprünge von Gesellschaften und Wirtschaftssystemen. 8. Aufl. Frankfurt/M. 1993.
Rifkin, Jeremy: Die empathische Zivilisation: Wege zu einem globalen Bewusstsein. Frankfurt/M. 2010.
Rüstow, Alexander: Freiheit und Herrschaft – Eine Kritik der Zivilisation. Münster et al. 2006.
Ward-Perkins, Bryan: Der Untergang des Römischen Reiches: Und das Ende der Zivilisation. Stuttgart 2007.
Zick, Michael: Türkei: Wiege der Zivilisation. Stuttgart 2008.

Verzeichnis der benutzten Literatur

Abrashev, Bozhidar/Gadjev, Vladimir/Radewski, Anton (2008): Illustrierte Enzyklopädie der Musikinstrumente. Potsdam.

Adler, Guido (1975): Handbuch der Musikgeschichte, Dtv., München.

Adorno, Theodor (1975): Einleitung in die Musiksoziologie: Zwölf theoretische Vorlesungen (suhrkamp taschenbuch wissenschaft) 11. Aufl. Frankfurt/M. 1975.

Adorno, Theodor (1962): Einleitung in die Musikpsychologie. Frankfurt/M.

Allesch, Christian/Neumaier, Otto (Hrsg.) (2004): Rudolf Arnheim oder die Kunst der Wahrnehmung – Ein interdisziplinäres Portrait. Wien.

Altenmüller, Eckart (2002): Musik im Kopf. In: Gehirn & Geist, Nr. 1, S. 18–25.

Altenmüller, Eckart/Gruhn, Wilfried/Gordon, Edwin E. (2000): Music, the Brain, and Music Learning: Mental Representation and Changing Cortical Activation Patterns Through Learning: I a Publications.

Altenmüller, Eckart/Gruhn, Wilfried/Parlitz, Dietrich (1997): Musiklernen . Pädagogische Auswirkungen neurobiologischer Grundlagenforschung. In: Scheidegger, Josef/Eiholzer, Hubert (Hrsg.): Persönlichkeitsentfaltung durch Musikerziehung. Aarau 1997, S. 97–109.

Altenmüller, Eckart/Kesselring, Jurg/Wiesendanger, Mario (Editor) (2006): Music, Motor Control and the Brain. Oxford University Press.

Andrich Jürgen/Nützel, Nikolaus (2008): Das Universum im Kopf. Wie unser Gehirn funktioniert. Berlin 2008.

Arnheim, Rudolf (1996): Anschauliches Denken. Zur Einheit von Bild und Bildbegriff. Köln.

Arnheim, Rudolf (2000): Kunst und Sehen. Eine Psychologie des schöpferischen Auges. 3. Aufl. Berlin.

Aslan, Rüstem/Blum, Stephan/Schweizer, Frank/Öge, Hakan (2008): Türkei – Städte und Regionen. Köln.

Aßländer, Michael S. (2007): Adam Smith zur Einführung. Hamburg.

Assmann, Aleida/Gaier, Ulrich/Trommsdorff, Gisela (Hrsg.) (2004): Positionen der Kulturanthropologie. Frankfurt/M.

Austin, Michel/Vidal-Naquet, Pierre (1984): Gesellschaft und Wirtschaft im alten Griechenland. München.

Avenarius, Hermann/Ditton, Hartmut/Döbert, Hans (2003): Bildungsbericht für Deutschland. Wiesbaden.

Ballestrem, Karl Graf (2001): Adam Smith. München.

Bartsch, Katharina (2010): Kultur als Wirtschaftsfaktor: Eine beispielhafte Betrachtung der Stadt Reinbek als Kulturstandort unter besonderer Berücksichtigung der Umwegrentabilität. Saarbrücken.

Bastian, Hans Günther (2007): Kinder optimal fördern – mit Musik: Intelligenz, Sozialverhalten und gute Schulleistungen durch Musikerziehung. 4. Aufl. Stolberg.

Bastian, Hans-Günther (1999): Musik be-greifen, Künstlerische Ausbildung und Identitätsfindung. Mainz.

Bastian, Hans-Günther (Hrsg.) (1993): Begabungsforschung und Begabtenförderung in der Musik, Dokumentation eines nationalen Symposiums. Mainz.

Baumol, William J. und Bowen, William G. (1966): Performing Arts. The Economic Dilemma. New York.

Bea, Franz Xaver/Dichtl. Ernst/Schweitzer, Marcel (Hrsg.) (2000): Allgemeine Betriebswirtschaftslehre – Band 1: Grundfragen. 8. Aufl. Stuttgart.

Becker, Gary/Mursphy, Kevin M.: Social Economics (2003): Market Behavior in a Social Environment. Belknap Press of Harvard University Press.

Bendixen, Peter (2003): Das verengte Weltbild der Ökonomie – Zeitgemäß wirtschaften durch kulturelle Kompetenz. Darmstadt.

Bendixen, Peter (2006): Die unsichtbare Hand hat schon viel Unheil angerichtet – Über Adam Smith. In: „Merkur – Deutsche Zeitschrift für europäisches Denken". Nr. 691. S. 1089–1094.

Bendixen, Peter (2007): Ökonomie der Entgrenzung – Wege aus der Unwirtlichkeit. Berlin.

Bendixen, Peter (2008): Fastfood-Ökonomie – Die unaufhaltsame Kommerzialisierung der Zeit. Berlin.

Bendixen, Peter (2009 a): Kulturmanagement als Handwerk, in: Bekmeier-Feuerhan, Sigrid/van den Berg, Karen/Höhne, Stefan/Keller, Rolf/Koch, Angela/Mandel, Birgit/Tröndle, Martin/Zembylas, Tasos (Hrsg.): Forschen im Kulturmanagement – Jahrbuch für Kulturmanagement 2009. Bielefeld (transcript Verlag) 2009, S. 169–186.

Bendixen, Peter (2009 b): Die Unsichtbare Hand, die Freiheit und der Markt – Das weite Feld ökonomischen Denkens. Wien.

Bendixen, Peter (2009 c): Unternehmerische Verantwortung – Die historische Dimension einer zukunftweisenden Wirtschaftsethik. Wien.

Bendixen, Peter (2010 a): Einführung in das Kultur- und Kunstmanagement. 4. Aufl. Wiesbaden.

Bendixen, Peter (2010 b): Managing Art – Principles and Conceptions. Wien.

Bendixen, Peter (2010 c): Weltwirtschaft – Zwischen Chaos und Struktur. Wien.

Bendixen, Peter (2010 d): James Buchan. Capital of the Mind. How Edinburgh changed the world. In: International Journal of Cultural Policy. Volume 16 Issue 1, 2010, p. 7.

Bendixen, Peter (2011): Kultur ist der geistige Mutterboden der Wirtschaft. In: KM-Magazin Nr. 52/Febr. 2011, S. 47–51.

Bendixen, Peter/Büning, Marina/Kiefer, Barbara/Kasiske, Rolf/Neumann-Cosel, Reino von (1984): Abbau von Belastungen und Entwicklung neuer Arbeitsstrukturen in der verpackenden Industrie. Betriebswirtschaftliche Begleitforschung im Rahmen des Programms *Humanisierung der Arbeit* des Bundesministeriums für Forschung und Technologie. Eggenstein-Leopoldshafen (Fachinformationszentrum Energie, Physik, Mathematik).

Benjamin, Walter (1980): Das Kunstwerk im Zeitalter seiner technischen Reproduzierbarkeit. In: ders. Walter Benjamin: Gesammelte Schriften Band I, Werkausgabe Band 2, herausgegeben von Rolf Tiedemann und Hermann Schweppenhäuser, Suhrkamp, Frankfurt am Main 1980, S. 431–469.

Berglar, Peter (1970): Wilhelm von Humboldt. Rowohlt, Reinbek b. Hamburg.

Bergson, Henri (2007): Denken und schöpferisches Werden: Aufsätze und Vorträge (Neuauflage). Hamburg.

Bernecker, Roland (2002): Worin besteht der Erfolg der Welterbeliste? Zum 30jährigen Bestehen der Welterbekonvention. In: unesco heute online. Ausgabe Nr. 4.

Bernstein, Joanne Scheff/Kotler, Philip (2006): Arts Marketing Insights: The Dynamics of Building an Retaining Performing Arts Audiences. Jossey-Bass.

Beyer, Barbara (Hrsg.) (2005): Warum Oper, Gespräche mit Opernregisseuren. Berlin.

BGBI, Deutsches Patent- und Markenamt (BGBl. I S. 1763; BlPMZ 2011,1)

Bilton, Chris (2006): Management and Creativity: From Creative Industries to Creative Management, Wiley-Blackwell.

Blank, Thomas/Adamek, Karl (2010): Singen in der Kindheit – Eine empirische Studie zur Gesundheit und Schulfähigkeit von Kindergartenkindern und das Canto elementar-Konzept zum Praxistransfer. Münster.

Bletschacher, Richard (1985): Rappresentatione Sacra, Musikwissenschaftlicher Verlag, Wien.

Bock, Ivo/Schlott, Wolfgang/Trepper, Hartmute (2002): Kommerz, Kunst, Unterhaltung. Bremen.

Borstel, Stefan von (2011): Firmen klagen über zu viele Fachidioten. Welt Online 20.01.2011.

Bourdieu, Pierre (2003): Die feinen Unterschiede. Kritik der gesellschaftlichen Urteilskraft. Frankfurt/M.

Brändle, Tobias (2010): 10 Jahre Bologna Prozess: Chancen, Herausforderungen und Problematiken. Wiesbaden.

Brembeck, Reinhard (2010): In: Süddeutsche Zeitung vom 08. Juli.

Brockhaus (o. V.) (2005): Brockhaus Musik: Komponisten, Interpreten, Sachbegriffe. Gütersloh.

Brodbeck, Karl-Heinz (1998/2007): Die fragwürdigen Grundlagen der Ökonomie – Eine philosophische Kritik der modernen Wirtschaftswissenschaften. Darmstadt. 3. Aufl. 2007.

Brodbeck, Karl-Heinz (2009): Die Herrschaft des Geldes: Geschichte und Systematik. Darmstadt.

Brümmerhoff, Dieter (2007): Volkswirtschaftliche Gesamtrechnungen. 8. Aufl. München.

Brünger, Peter (2000): „Musikalische Früherziehung" als Praxisseminar für Lehramtsstudierende an der Universität Eichstätt. In: Üben & Musizieren 5/2000. S. 49–50.

Buchan, James (2006): Adam Smith and the Pursuit of Perfect Liberty. London.

Bühnengenossenschaft (2009): Von der Industriegesellschaft zur Dienstleistungsgesellschaft. Ausgabe 10/09, S. 4 f.

Butterwegge, Christoph/Lösch, Bettina/Ptak, Ralf (Hrsg.) (2008): Neoliberalismus: Analysen und Alternativen. Wiesbaden.

Byrnes, William J. (2008): Management and the Arts. 4. Edition. Butterworth Heinemann.

Caves, Richard E. (2002): Creative Industries: Contracts between Art and Commerce, Harvard University Press.

Cervantes Saavedra, Miguel de (2008): Der sinnreiche Junker Don Quijote von der Mancha. 18. Aufl. München (DTV).

Chong, Derrick: Arts Management (2010). 2nd Edition. London and New York (Routledge).

Christaller, Walter (1968): Die zentralen Orte in Süddeutschland. 2. Aufl. Darmstadt 1968. Nachdruck der Ausgabe von 1933: Die zentralen Orte in Süddeutschland. Eine ökonomisch-geographische Untersuchung über die Gesetzmäßigkeit der Verbreitung und Entwicklung der Siedlungen mit städtischer Funktion.

Christaller, Walter/Lösch, August/Dickinson, Robert E./Schöller, Peter (1972): Zentralitätsforschung. Darmstadt.

Coveney, Peter/Highfield, Roger (1992): The Arrow of Time: A Voyage Through Science to Solve Time's Greatest Mysteries. London 1990 (dtsch: Anti-Chaos – Der Pfeil der Zeit in der Selbstorganisation des Lebens. Mit einem Vorwort von Ilya Prigogine. Reinbek b. Hamburg).

Csikszentmihalyi, Mihaly (1996): Creativity Flow and the Psychology of Discovery and Invention. New York.

Dahlhaus, Carl (1996): Dramaturgie der italienischen Oper, in Pauls, Birgit: Giuseppe Verdi und das Risorgimento: ein politischer Mythos im Prozess, Politische Ideen Bd. 4. Berlin.

Dahlhaus, Carl/Eggebrecht, Hans H. (Hrsg.) (1979): Brockhaus Riemann Musiklexikon in 2 Bänden. Mainz.

Deckert, Steffen (2008): Die kreative Klasse: Wirtschaftswachstum durch die Interdependenz von Technologie, Talent und Toleranz mit einem Ausblick auf den Innovationsraum Jena. München.

Degen, Horst/Lorscheid, Peter (2002): Statistik-Lehrbuch: Methoden der Statistik im wirtschaftswissenschaftlichen Grundstudium. 2. Aufl. München.

Destunis, G. (1958): Zur Frage der Musikwirkung auf die zwischenhirngesteuerten Funktionen des Kindes. In: Teirich: Musik in der Medizin, Stuttgart, S. 34–52.

Deutsche UNESCO-Kommission (Hrsg.) (1983): Weltkonferenz über Kulturpolitik. Schlussbericht der UNESCO-Konferenz vom 26. Juli bis 6. August 1982 in Mexiko-Stadt. München.

Die Welt (2003): Der Preis der Bildung – Kommentar. Erschienen am 8.10.2003.

DPA: Quelle:DPA,http://www.n-tv.de/panorama/Nacktrodeln-lockt-Tausende-article2660 611.html.

Drucker, Peter F. (2010): Ursprünge des Totalitarismus: Das Ende des Homo Oeconomicus. Wien.

Dueck, Gunter (2008): Abschied vom Homo Oeconomicus: Warum wir eine neue ökonomische Vernunft brauchen. Frankfurt/M.

Eckardt, Philipp (2005): Der Bologna-Prozess. Entstehung, Strukturen und Ziele der europäischen Hochschulreformpolitik. Berlin.

Eger, Manfred (1988):Wenn ich Wagnern den Krieg mache. Der Fall Nietzsche und das Menschliche, Allzumenschliche. Paul Neff Verlag KG Wien.

Eger, Manfred (2001): Nietzsches Bayreuther Passion. Rombach.

Elias, Norbert (1976): Über den Prozeß der Zivilisation. Soziogenetische und psychogenetische Untersuchungen. Ersterscheinung 1939. Nachdruck Frankfurt/M.

Elias, Norbert (1991): Die Gesellschaft der Individuen. Hrsg. v. Michael Schröter. 6. Aufl. Frankfurt/M.

Enquete-Kommission (2008): Kultur in Deutschland – Schlussbericht der Enquete-Kommission des Deutschen Bundestages. Regensburg.

Fehl, Ulrich/Oberender, Peter (2002): Grundlagen der Mikroökonomie. 8. Aufl. München.

Felderer, Bernhard/Homburg, Stefan (2005): Makroökonomik und neue Makroökonomik. 9. Aufl. Berlin et al.

Fischer-Lichte, Erika (1993): Kurze Geschichte des deutschen Theaters. Tübingen und Basel.

Fischer-Lichte, Erika (2000): Theater im Prozess der Zivilisation. Marburg (Francke).

Fleck, Christina Juliane (2006): Genie und Wahrheit. Der Geniegedanke im Sturm und Drang. Marburg.

Florida, Richard (2003): The Rise of the Creative Class: And How It's Transforming Work, Leisure, Community and Everyday Life, Basic Books.

Florida, Richard (2004): Cities and the Creative Class. Taylor & Francis Ltd.

Frey, Bruno S. (2003): Arts & Economics: Analysis & Cultural Policy. 2nd Edition. Springer.

Frey, Bruno S./Busenhart, Isabelle (1997): Kunst aus der Sicht rationalen Handelns. In: Jürgen Gerhards (Hrsg.): Soziologie der Kunst – Produzenten, Vermittler und Rezipienten, S. 41–53. Opladen.

Fritzsch, Harald (2004): Raum – Zeit – Materie – Auf der Suche nach ihrer Verbindung. In: Mensch und Kosmos. Hrsg. von E. P. Fischer und K. Wiegandt. S. 98–111. Frankfurt/M.

Fuchs, Michael (Hrsg.) (2007): Singen und Lernen. Berlin.

Fuhrmann, Manfred (2002): Bildung, Europas kulturelle Identität. Ditzingen. Reclam

Galbraith, John Kenneth (1991): A History of Economics – The Past as the Present. Penguin-Books.

Galbraith, John Kenneth (2005): Die Ökonomie des unschuldigen Betrugs – Vom Realitätsverlust der heutigen Wirtschaft. München.

Gembris, Heiner/Langer, Daina (2005): Von der Musikhochschule auf den Arbeitsmarkt. Erfahrungen von Absolventen, Arbeitsmarktexperten und Hochschullehrern. Augsburg.

Genz, Henning (2008): War es ein Gott? Zufall, Notwendigkeit und Kreativität in der Entwicklung des Universums. Reinbek b. Hamburg.

Geyer, Hardy/Manschwetus, Uwe (Hrsg.) (2008): Kulturmarketing. München.

Gigerenzer, Gerd (2008): Bauchentscheidungen – Die Intelligenz des Unbewussten und die Macht der Intuition. 3. Aufl. München,

Girtler, Roland (2006): Kulturanthropologie. Eine Einführung. Münster.

Glauber, Johannes K.(1986): In: Rund um Jan Wellem/Oper, Düsseldorfer Hefte 13/86.

Goldschmidt, Nils/Nutzinger, Hans G. (Hrsg.) (2009): Vom homo oeconomicus zum homo culturalis: Handlung und Verhalten in der Ökonomie. Münster.

Gombrich, Ernst H. (1996): Die Geschichte der Kunst. 16. Aufl. Berlin.

Gottschalk, Ingrid (2006): Kulturökonomik – Probleme, Fragestellungen und Antworten. Wiesbaden.

Grampp, Sven (2009): Das Universum technischer Reproduzierbarkeit: Der Buchdruck als historiographische Referenzfigur in der Medientheorie. Konstanz.

Grasskamp, Walter (1998): Kunst und Geld – Szenen einer Mischehe. München.

Grimal, Pierre (1961): Römische Kulturgeschichte, München/Zürich.

Grüner, Herbert/Kleine, Helene/Puchta, Dieter/Schulze, Klaus-P. (Hrsg.) (2009): Kreative gründen anders!: Existenzgründungen in der Kulturwirtschaft. Ein Handbuch. Bielefeld.

Günter, Bernd/Hausmann, Andrea (2009): Kulturmarketing. Wiesbaden.

Hamburger Abendblatt (2003) Bericht erschienen am 21. Oktober 2003.

Hamburger Morgenpost (2005): Bericht am 04. 06. 2005.

Hannig, Gunnar (2004): Psychische Störungen bei solistisch tätigen Opernsängern: Prävalenz, Selbsteinschätzung du Handlungsstrategien der Sänger. Innaugural-Dissertation. Westfälische Weilhelms-Universität Münster.

Hanslick, Eduard (1880): Die moderne Oper, Kritiken und Studien. A. Hoffmann & Co, Berlin.

Hanslick, Eduard (1891): Vom Musikalisch-Schönen. Leipzig.

Harrer, C. (1970): Somatische Aspekte des Musikerlebens. In: Medizinischer Monatsspiegel 6/1970, S. 124–127.

Hartley, John (2005): Creative Industries. Wiley-Blackwell.

Hauschild, Stephanie (2008): Maler – Modelle – Mäzene: Geschichte und Symbolik der Porträtmalerei. Ostfildern.

Hauser, Françoise/Häring, Volker (2005): China-Handbuch: Erkundungen im Reich der Mitte. Berlin.

Heilbrun, James/Gray, Charles M (2001): The Economics of Art and Culture. Cambridge University Press; 2nd edition.

Heinze, Thomas (Hrsg.) (1995): Kultur und Wirtschaft – Perspektiven gemeinsamer Innovation. Opladen.

Hentig, Hartmut von (2009): Bildung: Ein Essay. 2. Aufl. Weinheim.

Herdlein, Hans (2010): in www.buehnengenossenschaft.de.

Hochreiter, Walter (1994): Vom Musentempel zum Lernort – Zur Sozialgeschichte Deutscher Museen 1800–1914. Darmstadt.

Hofmann, Martin Ludwig/Korta, Tobias F./Niekisch, Sibylle (Hrsg) (2004): Culture Club: Klassiker der Kulturtheorie. 4. Aufl. Frankfurt/M.

Homann, Karl/Suchanek, Andreas (2005): Ökonomik – Eine Einführung. 2. Aufl. Tübingen.

Husler, Frederick (1982): Das vollkommene Instrument. Erweckung des neuen musischen Bewußtseins. (Forum-777.). Stuttgart.

Hüther, Gerald (2009): Die Macht der inneren Bilder – Wie Visionen das Gehirn, den Menschen und die Welt verändern. Göttingen.

Jentschke, Sebastian/Koelsch, Stefan (2007): Einflüsse von Entwicklungsveränderungen auf die Musikwahrnehmung und die Beziehung von Musik und Sprache. In Fuchs, Michael (Hrsg.): Singen und Lernen, Kinder- und Jugenstimme. Berlin.

Jesenberger, Rainer: Universität wohin? Ende eines Mythos. Von der staatlichen Behinderung zur Handlungskompetenz. Leipzig 2006.

Jischa, Michael F. (2005): Herausforderung Zukunft: Technischer Fortschritt und Globalisierung. 2. Aufl. Heidelberg.

Jochum, Manfred/Schmid-Reiter, Isolde (Hrsg.) (2006): Teure Kunstform Oper? Musiktheater im neuen Jahrtausend. Strategien und Konzepte. Innsbruck/Wien/Bozen.

Jonas, Hans (2003): Das Prinzip Verantwortung: Versuch einer Ethik für die technologische Zivilisation. 3. Aufl. Frankfurt/M.

Jourdain, Robert (2001): Das wohltemperierte Gehirn – Wie Musik im Kopf entsteht und wirkt. Heidelberg.

Kahrmann, Klaus-Ove/Bendixen, Peter (2010): Umkehrungen – Über den Zusammenhang von Wahrnehmen und Wirtschaften. Wiesbaden.

Kahrmann, Klaus-Ove/Schmid, Wolfgang (2011): Geschichte der Wahrnehmung. In Vorbereitung.

Kaiser, Michael: Revisiting Baumol and Bowen (2011). In: Huffington Post 2.1.2011. Zitiert aus: http://www.huffingtonpost.com/michael-kaiser/revisiting-baumol-and-bow_b_533719.html.

Kamann, Matthias/Kreitling, Holger (2002):Die Welt vom 13. Juli 02.

Kandel, Eric (2007): In Search of Memory – The Emergence of a New Science of Mind. New York 2006 (dt.: Auf der Suche nach dem Gedächtnis: Die Entstehung einer neuen Wissenschaft des Geistes. München).

Kandinsky, Wassily (1986): Punkt und Linie zu Fläche. Beitrag zur Analyse der malerischen Elemente. 8. Aufl. Bern.

Kant, Immanuel (1986): Kritik der Urteilskraft. Ditzingen.

Kempers, Bram (1989): Kunst, Macht und Mäzenatentum: der Beruf des Malers in der italienischen Renaissance. München.

Kersting, Wolfgang (2002): Thomas Hobbes zur Einführung. 2. Aufl. Hamburg.

Kirchgässner, Gebhard (2008): Homo oeconomicus: Das ökonomische Modell individuellen Verhaltens und seine Anwendung in den Wirtschafts- und Sozialwissenschaften. 3. Aufl. Tübingen.

Klein, Stefan (2008 a): Alles Zufall – Die Kraft, die unser Leben bestimmt. 3. Aufl. Reinbek b. Hamburg.

Klein, Stefan (2008 b): Zeit – Der Stoff, aus dem das Leben ist. Frankfurt/M.

Kleins, Steffan (2008), Im Gespräch mit Vittorio Gallese. In: ZeitMagazin Nr. 21 v. 15.05.2008, S. 26 ff.

Klonovsky, Michael (2010): Bericht. In: Focus 42/2010.

Kneutgen, Johannes (1970): Eine Musikform und ihre biologische Funktion. Über die Wirkungsweise von Wiegenliedern für experimentelle und angewandte Psychologie. Band XVII, Stuttgart. S. 245–256.

Koelsch, S. (2006): Investigating emotion with music: an fMRI study. Human Brain Mapping, 27(3), 239–250.

Köhler, Horst: Berliner Reden. de.wikipedia.org/wiki/Be#44DC72.

Konold, Wulf (2006): Claudio Monteverdi. Mit Selbstzeugnissen und Bilddokumenten. RowoltsMonografien, Reinbek b. Hamburg.

Koop, Andreas/Moock, Hardy (2007): Lineare Optimierung: Eine anwendungsorientierte Einführung in Operations Research. Heidelberg.

Kortmann, Walter (2006): Mikroökonomik – Anwendungsbezogene Grundlagen. 4. Aufl. Heidelberg.

Koslowski, Peter (1989): Wirtschaft als Kultur. Wirtschaftskultur und Wirtschaftsethik in der Postmoderne, Wien.

Kössler, Henning (1989): Bildung und Identität. In: Henning Kössler (Hrsg.): Identität. Fünf Vorträge, S. 51–65. Erlangen.

Kraus, Josef (2009): Ist die Bildung noch zu retten: Eine Streitschrift. 2. Aufl. Hamburg.

Krautz, Jochen (2008): Ware Bildung: Schule und Universität unter dem Diktat der Ökonomie. München.

Kürsten, Reinhard (2008): in Süddeutsche Zeitung vom 5. Januar 2008.

Lamm, Kathrin (2003): Das Mäzenatentum. München.

Landry, Charles (2008): The Creative City: A Toolkit for Urban Innovators. Earthscan, 2nd edition.

Lange, Bastian (2007): Die Räume der Kreativszenen: Culturepreneurs und ihre Orte in Berlin, Bielefeld.

Lange, Bastian/Kalandides, Ares/Stöber, Birgit/Wellmann, Inga (Hrsg.) (2009): Governance der Kreativwirtschaft: Diagnosen und Handlungsoptionen. Bielefeld.

Lanners, Edi (1990): Illusionen. München.

Lechner, Karl/Egger, Anton/Schauer, Reinbert (2005): Einführung in die Betriebswirtschaftslehre. 22. Auifl. Wien.

Lee-Peuker, Mi-Yong/Scholtes, Fabian/Schumann, Olaf J.(2007): Kultur – Ökonomie – Ethik. Mering.

Lehmann, Dieter (1991): Musik und Kreativität. Musik-, Tanz- und Kunsttherapie In: Zeitschrift für künstlerische Therapien im Bildungs-, Sozial- und Gesundheitswesen. H2. 1991

Lemke-Matwey, C. (2010): Bericht in: ZeitOnline, 20. 12. 2010.

LeMont, Patrick (2003): Die amerikanische und die deutsche Wirtschaftskultur im Vergleich: Ein Praxishandbuch für Manager. Göttingen.

Leopold, Christine (1999): Gesang als musiktherapeutische Intervention bei depressiven Patienten, eine klinische Pilotstudie. Dissertation an der Ludwig-Maximilians-Universität München.

Libet, Benjamin (2007): Mind Time: Wie das Gehirn Bewusstsein produziert. Frankfurt/M.

Liebs, H.(2008): Damien-Hurst-Versteigerung – Ich bin Kunst. Süddeutsche.de v. 12. 09. 2008.

Liedtke, Rüdiger (1985): Die Vertreibung der Stille. Wie uns das Leben unter der akustischen Glocke um unsere Sinne bringt. Schönberger Verlag, Ulm.

Liessmann, Konrad Paul (2010): Theorie der Unbildung – Die Irrtümer der Wissensgesellschaft. 4. Aufl. Wien.

Lottmann, Joachim (2006): Kommentar. In: Der Spiegel Nr. 10/2006.

Luhmann, Niklas (1997): Die Kunst der Gesellschaft. 6. Aufl. Frankfurt/M.

Luhmann, Niklas (2009): Einführung in die Theorie der Gesellschaft. 2. Aufl. Heidelberg.

Lustig, Monika (1996): Zur Geschichte des Hammerklaviers: 14. Musikinstrumentenbau-Symposium in Michaelstein 1993. Blankenburg (Stiftung Kloster Michaelstein)

Maalouf, Amin (2010): Die Auflösung der Weltordnungen: Essay. Frankfurt/M.

Mahlert, Ulrich (2005): Über ästhetische Bildung und ihre Funktionen. Bielefeld.

Malle, Thomas (2011): Wirtschaftsethik und Hedgefonds. Bd. 2 der Schriftenreihe *Wirtschaft und Kultur* des Instituts für Wirtschafts- und Kulturforschung. Wien (LIT-Verlag) (in Vorbereitung).

Mandel, Birgit (2009): PR für Kunst und Kultur: Handbuch für Theorie und Praxis. 2. Aufl. Bielefeld.

Mankiw, N. Gregory (2004): Grundzüge der Volkswirtschaftslehre. 3. Aufl. Stuttgart.

Manstetten, Reiner (2002): Das Menschenbild der Ökonomie: Der homo oeconomicus und die Anthropologie von Adam Smith. 2. Aufl. Freiburg i. Br.

Manzeschke, Arne (Hrsg.) (2010): Sei ökonomisch! Prägende Menschenbilder zwischen Modellbildung und Wirkmächtigkeit. Berlin.

Mayer, Markus (2007): Kulturwirtschaft im Wandel: Analyse der Digitalisierung von Musikindustrie, Filmindustrie und Literaturmarkt, Saarbrücken.

Meyer, L. B. (1956): Emotion and meaning in music. Chicago: University of Chicago Press.

Meffert, Heribert/Bruhn, Manfred (1995): Dienstleistungsmarketing – Grundlagen, Konzepte, Methoden. Wiesbaden.

Menke, Birger (2010): DPA-Meldung am 07.12.2010.

Merkel, Janet (2009): Kreativquartiere: Urbane Milieus zwischen Inspiration und Prekarität. Berlin.

Metera, A./Metera, A. (1975): Influence of music on the minute oxygen consumption and basal metabolic rate. Anaesth. Resus Inten. Therap. 3, S. 261–264.

Meuschel, Stefan (2003): In: Oper & Tanz – Zeitschrift für Opernchor und Bühnentanz. Ausgaben.

Miller, Bruce (2001): Gehirn, Sitz der Persönlichkeit, in: Spiegel online, 09. 05. 2001.

Mitterauer, Michael (1980): Markt und Stadt im Mittelalter: Beiträge zur historischen Zentralitätsforschung. Stuttgart.

Moebius, Stephan (2008): Kultur. Einführung in die Kultursoziologie, Bielefeld.

Möller, Hans-Jürgen (1972): Tendenzen und Problem der gegenwärtigen Musiktherapie. In: Zeitschrift für Psychotherapie und medizinische Psychologie. Nr. 22/1972, S. 140–149.

Möller, Hans-Jürgen (1982): Psychotherapeutische Aspekte in der Musikanschauung der Jahrtausende. In: Revers, Wilhelm Josef/Harrer, Gerhard/Simon, Walter (Hrsg.): Neue Wege der Musiktherapie. München.

Molsen, Uli/Harnoncourt, Nikolaus (1993): Die Geschichte des Klavierspiels in historischen Zitaten: Von den Anfängen des Hammerklaviers bis Brahms. 2. Aufl. Balingen (Molsen).

Mondwurf, Georg (2002): Giuseppe Verdi und die Ästhetik der Befreiung. Peter Lang, Frankfurt/M.

Montgomery, David (2010): Dreck: Warum unsere Zivilisation den Boden unter den Füßen verliert. München.

Motte-Haber, Helga de la (2008): My life in music psychology in Germany. In: Psychomusicology. (Special issue: The history of the psychology of music in autobiography), Band 20. München.

Nell, Verena von/Kufeld, Klaus (Hrsg.) (2006): Homo oeconomicus: Ein neues Leitbild in der globalisierten Welt. Wien.

Netdoktor.de vom 11.04.2001.

Neuhold, Thomas (2008): Der Einfluss von Musik auf die Entwicklung des Kindes. München.

Nettl, B. (2000): An ethnomusicologist contemplates universals in musical sound and musical culture. In: N. L. Wallin, B. Merker and S. Brown (Eds.), The origin of music, (pp 463–472). Cambridge, Massachusetts: MIT Press.

Nix, Christoph/Hegemann, Jan/Hemke, Rolf (2008): Normalvertrag Bühne, Handkommentar. Nomos Baden-Baden.

Oerter, Rolf/Frey, Dieter/Mandl, Heinz/Rosenstiel, Lutz von/Klaus A. Schneewind, Klaus A. (Hrsg.) (2010): Neue Wege wagen: Innovation in Bildung, Wirtschaft und Gesellschaft. Stuttgart.

Oevermann, Ulrich/Süßmann, Johannes/Tauber, Christine (Hrsg.) (2007): Die Kunst der Mächtigen und die Macht der Kunst. Untersuchungen zu Mäzenatentum und Kulturpatronage. Berlin.

Opolony, Bernhard (2007): Die Rechtsnatur des Gastspielvertrages darstellender Bühnenkünstler, in: ZUM.

Pahlen, Kurt (1995): Heyne Opernführer. Klagenfurt.

Pahlen. Kurt (2000): In: Die Presse, Wien, 25. April 2000

Parlitz, Dietrich/Altenmüller, Eckart/Gruhn, Wilfried (2001): Veränderung kortikaler Aktivierungsmuster durch Musikalisches Lernen. Forschungen des Instituts für Musikpsychologie und Musiker-Medizin der Hochschule für Musik und Theater Hannover. Hannover.

Pies, Ingo/Leschke, Martin (2009): Douglass Norths ökonomische Theorie der Geschichte. Tübingen.

Platon (2008): Das Gastmahl. Reclam-Ausgabe, Ditzingen.

Polanyi, Karl (1997): The Great Transformation. Frankfurt/M.

Pöppel, Ernst (1997): Grenzen des Bewußtseins. Wie kommen wir zur Zeit und wie entsteht Wirklichkeit? Frankfurt/M.

Pöppel, Ernst (2008): Zum Entscheiden geboren: Hirnforschung für Manager. München.

Pöppel, Ernst (2010). Je älter, desto besser. Überraschende Erkenntnisse aus der Hirnforschung. München.

Priddat, Birger P. (2008): Wirtschaft als Kultur. Marburg.

Quantz, Johann Joachim: (o.J.): Das XVIII. Hauptstück. Wie ein Musikus und eine Musik zu beurtheilen sey. 24. §.,Nachdruck der 3. Auflage, Bärenreiter 1789,

Raschke, Benjamin (2005): Methodologischer Individualismus. München.

Ratz, Erwin (2003): Einführung in die musikalische Formenlehre. 3. Aufl. Wien.

Reckwitz, Andreas (2008): Unscharfe Grenzen: Perspektiven der Kultursoziologie. Bielefeld.

Reinhard, U./Lange, E. (1982): Musikwirkungen bei Depressiven. Psychiat. Neurol. Med. Psychol., 34. Jg., 7, 414–421.

Richter, Klaus-Peter (1997): Soviel Musik war nie. Von Mozart zum digitalen Sound. Eine musikalische Kulturgeschichte. Luchterhand München.

Rittelmeyer, Christian (2010): Warum und wozu ästhetische Bildung?: Über Transferwirkungen künstlerischer Tätigkeiten. Ein Forschungsüberblick. Oberhausen.

Rizzolatti, Giacomo/Fogassi, Leonardo/Gallese, Vittorio (2006): Mirrors in the Mind. In: Scientific American. Bd. 295, Nr. 5, S. 30–37.

Rüstow, Alexander (2006): Freiheit und Herrschaft – Eine Kritik der Zivilisation. Münster.

Sachs-Hombach, Klaus (Hrsg.): Bildtheorien: Anthropologische und kulturelle Grundlagen des Visualistic Turn. Frankfurt/M. 2009.

Safranski, Rüdiger (2006): Wieviel Globalisierung verträgt der Mensch. 2. Aufl. Frankfurt/M.

Safranski, Rüdiger (2007): Romantik – Eine deutsche Affäre. München.

Safranski, Rüdiger (Hrsg.) (2010): Arthur Schopenhauer – Das große Lesebuch. Frankfurt/M.

Samuelson, Paul A./Nordhaus, William D. (1998): Volkswirtschaftslehre. 15. Aufl., Frankfurt/Wien.

Sauberzweig, Dieter (2005): Urbanität und Kultur. Erfahrungen beim Deutschen Städtetag und in Berlin. Essen.

Scheck, Gustav (1962): Die Flöte und ihre Musik, Schott 1975. MGG, Band 10, Sp. 1797–1804, Bärenreiter.

Scheer, Christian (Hrsg.) (2009): Studien zur Entwicklung der ökonomischen Theorie XXII: Ideen, Methoden und Entwicklungen der Geschichte des ökonomischen Denkens. Berlin.

Scheidegger, Josef/Eiholzer, Hubert (Hrsg.) (1997): Persönlichkeitsentfaltung durch Musikerziehung. Aarau.

Schiller, Friedrich von (2000): Über die ästhetische Erziehung des Menschen in einer Reihe von Briefen: Mit den Augustenburger Briefen. Ditzingen.

Schlesinger, Robert (2001): Die Emotionale Revolution. Die Oper als Schlüssel zu den 150 Jahren des 19. Jahrhunderts, Czernin Verlag Wien.

Schleuning, Peter (1989): Das 18. Jahrhundert: Der Bürger erhebt sich. Reihe Geschichte der Musik in Deutschland. Reinbek b. Hamburg.

Schlotterbeck, Florian (2007): Homo Oeconomicus: der Mensch – ein asoziales Wesen? München.

Schmidt, Jochen (2004); Die Geschichte des Genie-Gedankens in der deutschen Literatur, Philosophie und Politik 1750–1945. 2 Bde. 3. Aufl. Heidelberg.

Schmidt, Philipp (2004 a): Das Konzept der Wirtschaftsstile und seine Bedeutung für eine moderne kulturelle Ökonomik. München.

Schmidt-Bleek, Friedrich/Wiegandt, Klaus (Hrsg.) (2006): Nutzen wir die Erde richtig? Von der Notwendigkeit einer neuen industriellen Revolution. Forum für Verantwortung. 4. Aufl. Frankfurt/M.

Schnauber, Cornelius (1994): Placido Domingo. Econ Verlag Düsseldorf/Wien/New York. S. 50/1

Schneider, Volker/Tenbücken, Marc (Hrsg.): Der Staat auf dem Rückzug: Die Privatisierung öffentlicher Infrastrukturen. Frankfurt/M. 2004.

Schönberg, Arnold (1966): Harmonielehre. Wien.

Schönberger, Jörg (2006): Musik und Emotionen: Grundlagen, Forschung, Diskussion. Saarbrücken.

Schopenhauer, Arthur (2010): Über die Grundlagen der Moral. Abgedruckt in: Rüdiger Safranski (Hrsg.): Arthur Schopenhauer – Ein Lesebuch. Frankfurt/M. 2010, S. 227–256.

Schössler, Franziska/Bähr, Christine (Hsg) (2009): Ökonomie im Theater der Gegenwart. Ästhetik, Produktion, Institution. Bielefeld.

Schultheis, Franz/Cousin, Paul-Frantz/Roca i Escoda, Marta (2008): Humboldts Albtraum. Der Bologna-Prozess und seine Folgen. Konstanz.

Schumpeter, Joseph A. (1970): Das Wesen und der Hauptinhalt der theoretischen Nationalökonomie. 2. Aufl. Berlin.

Schuß, Heiko/Weiß, Dieter/Wippel, Steffen (Hrsg.) (2008): Wirtschaftskultur und Institutionen im Osmanischen Reich und der Türkei: Ein Vergleich institutionenökonomischer und kulturwissenschaftlicher Ansätze zur Erklärung der wirtschaftlichen Entwicklung, Berlin/Tübingen.

Sennett, Richard (2008): HandWerk. Berlin.

Seidner, Wolfram/Wendler, Jürgen (2010): Die Sängerstimme: Phoniatrische Grundlagen des Gesangs. Henschel Verlag. Berlin.

Siegler, Franz (1975): Opernlexikon. Hans Schneider Tutzing 1975

Simmel, Georg (2009): Philosophie des Geldes. Köln.

Singer, Wolf (2003): Ein neues Menschenbild? – Gespräche über Hirnforschung. Frankfurt/M.

Singer, Wolf (2006): Vom Gehirn zum Bewusstsein. Frankfurt/M.

Singer, Wolf (2007): Der Beobachter im Gehirn – Essays zur Hirnforschung. Frankfurt/M.

Smith, Adam (2003): Der Wohlstand der Nationen – Eine Untersuchung seiner Natur und seiner Ursachen. Deutsch v. Horst Claus Recktenwald. 10. Aufl. München.

Skrodzki, Klaus (2011) in Zeiß, Katrin, dpa (Adresse: http:/www.n-tv.de/wissen/Zappelphilipp-besonders-anfällig-article282674.html).

Spahn, Claus (2003). In: Zeit-Online 09.10.2003 Nr. 42.

Spitzer, Manfred (2005): Musik im Kopf – Hören, Musizieren, Verstehen und Erleben im neuronalen Netzwerk. Stuttgart.

Standage, Tom (2006): Sechs Getränke, die die Welt bewegten. Mannheim.

Stanley, Dick (2007): A Reflection on the Function of Culture. Council of Europe Publishing. Strasbourg.

Stavenhagen, Gerhard (1998): Geschichte der Wirtschaftstheorie. 4. Aufl. Göttingen.

Stehr, Nico (2007): Die Moralisierung der Märkte: Eine Gesellschaftstheorie. Frankfurt/M (Suhrkamp).

Stiegler, Franz: (1975): Opernlexikon. Tutzing.

Stiglitz, Joseph E. (1999): Volkswirtschaftslehre. 2. Auf. München/Wien.

Sturm, Lotte E. (2009): Lernort Museum: Kunstbetrachtung und ästhetische Praxis. Braunschweig.

Sucher, C. Bernd (2003): Takt2, Bayerische Staatsoper Oktober/November. München.

Suntum, Ulrich van (2000): Die unsichtbare Hand – Ökonomisches Denken gestern und heute. 2. Aufl. Berlin/Heidelberg/New York.

Swatos, William H./Tomasi, Luigi (Editor) (2002): From Medieval Pilgrimage to Religious Tourism: The Social and Cultural Economics of Piety. Praeger Publishers.

Thies, Christian (2009): Einführung in die philosophische Anthropologie. 2. Aufl. Darmstadt.

Throsby, David (2010): The Economics of Cultural Policy. Cambridge University Press.

Toch, Ernst (2005): Die gestaltenden Kräfte der Musik: Eine Einführung in die Wirkungsmechanismen von Harmonik, Melodik, Kontrapunkt und Form. Hofheim.

Towse, Ruth (2010): A Textbook of Cultural Economics. Cambridge University Press.

Traxel, Werner/Wrede, Gunhild (1959): Hautwiderstandsänderung bei Musikdarbietung. In: Zeitschr. für experimentelle und angewandte Psychologie 6, S.125.

Veeser, Caroline (2008): Der Genie-Gedanke in der deutschen Literatur des Sturm und Drang und der Romantik und seine Verwirklichung in Robert Schneiders „Schlafes Bruder" und Christa Wolfs „Der Schatten eines Traumes". München.

Wagner, Beatrice (2009): Musik macht Menschen klüger. Unter: http://www.morgenpost.de/printarchiv/wissen/article1068634/M. 10.04.2009.

Wagner, Richard (1898): Das Wiener Hofoperntheater, Bd. 8, Verlag von E. W. Fritsch.

Waldenfels, Bernhard (2010): Sinne und Künste im Wechselspiel – Modi ästhetischer Erfahrung. Frankfurt/M.

Walter, Thomas: Der Bologna-Prozess: Ein Wendepunkt europäischer Hochschulpolitik? Wiesbaden 2006.

Wapnewski, Peter (1978): Richard Wagner, Die Szene und ihr Meister. C. H. Beck, München.

Wapnewski, Peter (2010): Richard Wagner, Die Szene und ihr Meister. Berlin.

Weber, Ernst W. (1991): Schafft die Hauptfächer ab!: Plädoyer für eine Schule ohne Stress. Oberhofen/Schweiz.

Weber, Ernst Waldemar (1993): Musik macht Schule: Biografie und Ergebnisse eines Schulversuchs mit erweitertem Musikunterricht. Verlag Die Blaue Eule Essen.

Weikl, Bernd (1998): Vom Singen und von anderen Dingen. Wien.

Weikl, Bernd (2003): Singen, Handwerk, Therapie und Prävention. In: Vanecek, Erich/Wenninger-Brenn, Chr. (Hrsg.): Kunst – Medizin – Therapie. Wien.

Weikl, Bernd (2006): Teure Oper und Bildungsauftrag. In: Jochum, Manfred/Schmid-Reiter, Isolde (Hrsg): Teure Kunstform Oper? Musiktheater im neuen Jahrtausend. Strategien und Konzepte, Innsbruck.

Weikl, Bernd (2007): Licht & Schatten, Meine Weltkarriere als Opernsänger. Berlin.

Weintraub, E. Roy (2002): How Economics Became a Mathematical Science (Science and Cultural Theory). Duke University Press Books.

WELT ONLINE (2011a) vom 02.01.2011: Warum waren Ihre Prognosen so falsch, Herr Franz? http://www.welt.de/wirtschaft/article11929062/Warum-waren-Ihre-Prognosen-so-falsch-Herr-Franz.html.

WELT ONLINE (2011 b) vom 19.2.2011: Die Kultur sollte sparen, bevor es die Politik tut. http://www.welt.de/debatte/kommentare/article11743938/Die-Kultur-sollte-sparen-bevor-es-die-Politik-tut.html

Wertheimer, Jürgen/Zima. Peter V. (2006): Strategien der Verdummung: Infantilisierung in der Fan-Gesellschaft. 6. Aufl. München.

Wertheimer, Max (1925): Drei Abhandlungen zur Gestalttheorie. Erlangen.

Wieczorek, Alfried/Lind, Christoph (Hrsg.) (2007): Ursprünge der Seidenstraße: Sensationelle Neufunde aus Xinjiang, China. Begleitbuch zur Ausstellung. Stuttgart.

Wieler, Jossi (2005). In: Beyer, Barbara (Hrsg.) (2005): Warum Oper, Gespräche mit Opernregisseuren. Berlin, S. 75.

Winter, Eggert/Mosena, Riccardo/Roberts, Laura (Hrsg.) (2009): Gablers Wirtschaftslexikon. 8 Bde: Die ganze Welt der Wirtschaft: Betriebswirtschaft, Volkswirtschaft, Wirtschaftsrecht, Recht und Steuern. 17. Aufl. Wiesbaden.

Wittgenstein, Ludwig (1963): Tractatus logico-philosophicus: Logisch-philosophische Abhandlung. 32. Aufl. Frankfurt/M.

Wood, Frances (2004): The Silk Road: Two Thousand Years in the Heart of Asia. University of California Press.

Wüst, Thomas (2004): Urbanität. Ein Mythos und sein Potential. Wiesbaden.

Zeilinger, Anton (2008): Der Zufall als Notwendigkeit für eine offene Welt. In: Zeilinger, Anton/Leder, Helmut/Lichtenberger, Elisabeth/Mittelstraß, Jürgen/Winiwarter, Verena: Der Zufall als Notwendigkeit. 2. Aufl. S. 19–24. Wien.

Zeilinger, Anton/Leder, Helmut/Lichtenberger, Elisabeth/Mittelstraß, Jürgen/Winiwarter, Verena (2008): Der Zufall als Notwendigkeit. 2. Aufl. Wien.

Zimbardo, Philip G. (1992): Psychologie. Berlin/Heidelberg/New York.

Zimbardo, Philip G. (2008): Menschliche Gewalt und Aggression in Psychology and Life,

Zimbardo, Philipp G./Gerrig, Richard J./Engel, Irma/Hoppe-Graff, Siegfried (2003): Psychologie. 7. Aufl. Berlin et al.

Zimbardo, Philipp G./Gerrig, Richard J. (2008): Psychologie. 18. Aufl. München.

Zimmermann, Olaf/Schulz, Gabriele/Ernst, Stefanie (2009): Zukunft Kulturwirtschaft. Bielefeld.

Neu im Programm Politikwissenschaft

Carlo Masala / Frank Sauer /
Andreas Wilhelm (Hrsg.)

Handbuch der Internationalen Politik

Unter Mitarbeit von Konstantinos Tsetsos
2010. ca. 510 S. Br. EUR 49,95
ISBN 978-3-531-14352-1

Das Handbuch der Internationalen Politik
vermittelt theoretische und methodische
Grundlagen der Forschungsdisziplin Internationale Beziehungen. Die Einzelbeiträge
geben einen Überblick über Akteure,
Strukturen und Prozesse sowie Handlungsfelder der internationalen Politik und
dienen darüber hinaus der Vermittlung
von aktuellen Erkenntnissen der Forschung. Der Sammelband richtet sich
sowohl an Studierende und Wissenschaftler als auch die interessierte Öffentlichkeit.

Thomas Meyer

Was ist Politik?

3., akt. u. erg. Aufl. 2010. 274 S. Br.
EUR 19,95
ISBN 978-3-531-16467-0

Das Buch bietet allen politisch Interessierten und all denen, die genauer verstehen
möchten, wie Politik funktioniert, eine
fundierte und leicht verständliche Einführung. Es hat zwei besondere Schwer-
punkte: die neuen politischen Fragen
(Identitätspolitik, Zivilgesellschaft, Biopoli-
tik und Globalisierung) und die neuesten
Entwicklungen der Mediendemokratie.

Gerhard Naegele (Hrsg.)

Soziale Lebenslaufpolitik

Unter Mitarbeit von Britta Bertermann
2010. 775 S. (Sozialpolitik und Sozialstaat)
Br. EUR 69,95
ISBN 978-3-531-16410-6

Die demographische Entwicklung in
Deutschland hat uns bewusst gemacht,
dass sich Gesellschaft, Politik und Wirtschaft auf die Einbindung von älteren
Menschen in die Arbeitswelt einstellen
müssen. Damit gewinnt aus durchaus
praktischen Gründen die wissenschaftliche Erforschung des sozialen Lebenslaufs
und seine politische Gestaltung insgesamt
eine zentrale Bedeutung: Die schnelle und
fundamentale Änderung von modernen
Lebensverläufen erfordert eine bewusste
Politik in zahlreichen Bereichen. Dieser
Band bietet einerseits die wissenschaftlichen Grundlagen der Lebenslaufffor-
schung, andererseits untersucht er die
Politikbereiche, in denen Lebenslaufpolitik
verstärkt betrieben werden muss.

Erhältlich im Buchhandel oder beim Verlag.
Änderungen vorbehalten. Stand: Juli 2010.

www.vs-verlag.de

VS VERLAG

Abraham-Lincoln-Straße 46
65189 Wiesbaden
Tel. 0611.7878-722
Fax 0611.7878-400

Elemente der Politik

Hrsg. von Bernhard Frevel / Klaus Schubert / Suzanne S. Schüttemeyer / Hans-Georg Ehrhart

Aden, Umweltpolitik
2011. ca. 120 S. Br. ca. EUR 12,95
ISBN 978-3-531-14765-9

Blum / Schubert, Politikfeldanalyse
2., akt. Aufl. 2011. 195 S. Br. ca. EUR 16,95
ISBN 978-3-531-17276-7

Dehling / Schubert,
Ökonomische Theorien der Politik
2011. ca. 120 S. Br. ca. EUR 12,95
ISBN 978-3-531-17113-5

Dittberner, Liberalismus
2011. ca. 120 S. Br. ca. EUR 14,95
ISBN 978-3-531-14771-0

Dobner, Neue Soziale Frage und Sozialpolitik
2007. 158 S. Br. EUR 12,90
ISBN 978-3-531-15241-7

Frantz / Martens, Nichtregierungs-
organisationen (NGOs)
2006. 159 S. Br. EUR 14,90
ISBN 978-3-531-15191-5

Frevel, Demokratie
Entwicklung - Gestaltung - Problematisierung
2., überarb. Aufl. 2009. 177 S. Br. EUR 12,90
ISBN 978-3-531-16402-1

Fuchs, Kulturpolitik
2007. 133 S. Br. EUR 14,90
ISBN 978-3-531-15448-0

Gareis, Internationaler Menschenrechtsschutz
2011. ca. 150 S. Br. ca. EUR 13,95
ISBN 978-3-531-15474-9

Gawrich, Das politische System der BRD
2011. ca. 120 S. Br. ca. EUR 12,95
ISBN 978-3-531-16407-6

Holtmann / Reiser, Kommunalpolitik
2011. ca. 120 S. Br. ca. EUR 12,95
ISBN 978-3-531-14799-4

Jahn, Vergleichende Politikwissenschaft
2011. ca. 120 S. Br. ca. EUR 12,95
ISBN 978-3-531-15209-7

Jahn, Frieden und Konflikt
2011. ca. 120 S. Br. ca. EUR 14,95
ISBN 978-3-531-16490-8

Jaschke, Politischer Extremismus
2006. 147 S. Br. EUR 14,95
ISBN 978-3-531-14747-5

Johannsen, Der Nahost-Konflikt
2., akt. Aufl. 2009. 167 S. Br. EUR 16,95
ISBN 978-3-531-16690-2

Kevenhörster / v.d. Boom, Entwicklungspolitik
2009. 112 S. Br. EUR 12,90
ISBN 978-3-531-15239-4

Kost, Direkte Demokratie
2008. 116 S. Br. EUR 12,90
ISBN 978-3-531-15190-8

Meyer, Sozialismus
2008. 153 S. Br. EUR 12,90
ISBN 978-3-531-15445-9

Piazolo, Die Europäische Union
2011. ca. 120 S. Br. ca. EUR 12,95
ISBN 978-3-531-15446-6

Schmitz, Konservativismus
2009. 170 S. Br. EUR 16,90
ISBN 978-3-531-15303-2

Schröter, Verwaltung
2011. ca. 120 S. Br. ca. EUR 14,95
ISBN 978-3-531-16474-8

Erhältlich im Buchhandel oder beim Verlag.
Änderungen vorbehalten. Stand: Juli 2010.

www.vs-verlag.de

VS VERLAG

Abraham-Lincoln-Straße 46
65189 Wiesbaden
Tel. 0611.7878 - 722
Fax 0611.7878 - 400